KB082190

책은, 읽는 것인가?
보는 것인가? 어루만지는 것인가?
하면 다 되는 것이 책이다.

— 이태준, 『무서록』에서

세계의 북 디자이너 10

2016년 6월 17일 초판 발행 ○ 2020년 9월 30일 2쇄 발행 ○ **지은이** 전가경 정재완
펴낸이 안미르 ○ **주간** 문지숙 ○ **편집** 민구홍 강지은 ○ **디자인** 정재완 ○ **사진 보정** 오효정
영업관리 한창숙 ○ **인쇄** 스크린그래픽 ○ **제책** 영림인쇄 ○ **펴낸곳** (주)안그라픽스 우10881
경기도 파주시 회동길 125-15 ○ **전화** 031.955.7766(편집) 031.955.7755(고객서비스)
팩스 031.955.7744 ○ **이메일** agdesign@ag.co.kr ○ **웹사이트** www.agbook.co.kr
등록번호 제2-236(1975.7.7)

이 책의 국립중앙도서관 출판예정도서목록(CIP)은 서지정보유통지원시스템
홈페이지(seoji.nl.go.kr)와 국가자료공동목록시스템(www.nl.go.kr/kolisnet)에서 이용하실 수 있습니다.
CIP제어번호: CIP2016013270

ISBN 978.89.7059.857.4(93600)

세계의 북 디자이너 10

전가경, 정재완 지음

안그라픽스

	들어가는 글
마생	목소리에서 타이포그래피까지
요스트 호훌리	제3의 스위스 타이포그래피
리처드 홀리스	유연한 모더니즘
정병규	책, 문자 그리고 한글
뤼징런	북 디자인 3 + 1
스즈키 히토시	미묘한 삼각관계: 영화, 사진 그리고 책
칩 키드	배트맨 키드
로허르 빌렘스	타이포그래피에서 구조로
마르쿠스 드레센	현대적 책
데이비드 피어슨	책 표지 디자인의 수사학
	참고 문헌
	찾아보기
	사진 출처

17 178

33 214

51 252

67 290

83 336

97 368

113 408

129 440

147 482

163 530

577

583

591

들어가는 글

배경

이 책 『세계의 북 디자이너 10』은 현대를 살고 또 살았던 세계의 북 디자이너 열 명에 관한 이야기를 담은 책이다. 총 열 편의 글과 관련 도판이 수록되어 있다. 전가경과 정재완이 함께 썼지만, 조금 더 정확하게 역할을 구분하면 다음과 같다: 전가경은 마생Massin, 요스트 호훌리Jost Hochuli, 리처드 홀리스Richard Hollis, 스즈키 히토시鈴木一誌, 칩 키드Chip Kidd, 로허르 빌렘스Roger Willems, 마르쿠스 드레센Markus Dreßen, 그리고 데이비드 피어슨David Pearson에 관해 썼다. 정재완은 정병규鄭丙圭와 뤼징런呂敬人에 관해 썼다. 이 가운데 정병규에 관한 글은 전가경이 2014년 네이버 캐스트 '디자이너 열전'에 게재한 원고를 초안으로 정재완이 개작한 것이다.

이 책은 여러 경위로 진행된 인터뷰를 기초로 한다. 출판 계약서에 서명한 뒤 전가경과 정재완은 2010년 11월, 뉴욕으로 먼저 떠났다. 그곳에서 칩 키드를 만났다. 다음 해인 2011년 8월, 전가경은 홀로 유럽으로의 일주일 기행에 올랐다. 영국 런던에서 리처드 홀리스와 데이비드 피어슨 인터뷰를 시작으로, 프랑스 파리에서는 마생을, 라이프치히에서는 마르쿠스 드레센을, 그리고 마지막으로 스위스 동북부에 있는 장크트갈렌에서는 요스트 호훌리를 대면했다. 인터뷰는 평균 세 시간이었다. 이는 더 긴 경우도 있었고, 상대적으로 더 짧은 경우도 있었음을 뜻한다. 유럽 여정 이후에는 같은 해 12월, 일본 도쿄로 떠났다. 다시 정재완과 전가경의 동행이었다. 그곳에서 스즈키 히토시와의 인터뷰가 성사되었다. 이후 정재완은 중국 베이징에서 뤼징런의 사무실을 방문했다. 로허르 빌렘스 인터뷰는 서면으로 진행했다. 그의 작업실을 직접 찾아갈 수 없었던 아쉬움은 크지만, 그는 누구보다 진지한 태도로 나의 질문지에 꼼꼼하게 답해주었다. 이 책 『세계의 북 디자이너 10』은 이런 물리적 경위의 결과물이다.

구성

이 책은 총 2부로 구성된다. 1부는 북 디자이너 열 명에 관한 글을 담고 있다. 2부는 그들이 생산해낸 북 디자인 작품을 싣고 있다. 1부는 글, 2부는 도판이 중심이 되는 셈이다.

이 책에서는 도판이 글 만큼이나 평등하다. 글과 사진의 완벽한 대립각은 두 가지 층위에서 이 책의 '감상' 방식을 의도한 것이다. 읽는 책으로서의 전통적 기능이 보는 책으로서의 기능에 따라 언제든 전복될 수 있다는 생각에서 출발한다. 1부의 글은 빼곡하고 건조하게 조판되어 다소 버거운 인상을 준다. 그래서 1부의 '읽기'가 부담스럽다면, 2부만 '봐도' 무방하다. 디자이너당 최대 스물 펼침면에 걸쳐 작품 도판을 실은 2부는 이 책이 전형적인 '작품집'으로도 기능할 수 있음을 보여준다. 그럼에도 책이 '읽기'와 '보기'를 모두 충족해야 하고, 그래서 궁극에는 '읽기'에 충실해야 한다고 생각하는 독자는 1부와 2부에 마련된 '인쇄된' 하이퍼링크를 적극 활용하기를 바란다. 1부와 2부의 하이퍼링크는 서로를 참조한다.

인물

이 책에 수록된 북 디자이너들은 각 국가 또는 문화권을 대표한다 말할 수 있다. 이는 이들이 누리는 각 문화권 안에서의 상대적 명성을 뜻하기도 한다. 실제로 이들은 그런 명성을 누릴 만큼 많은 성과를 낸 인물들이기도 하다. 우리는 세계 북 디자인계의 어휘 목록을 풍성하게 확장시켜 나갔고, 또 나가고 있는 이들을 충분히 존경할 필요가 있다. 하지만 명성과 업적이 이 책에 실리지 않은 여타 다른 북 디자이너들에 대한 상대적 우위가 될 수는 없다. 그러므로, 이 책의 보이지 않는 부제는 다음과 같을 수 있다: "북 디자이너 열 명을 통해 보는 북 디자인 변천사" 또는 "북 디자이너 열 명을 통해 보는 북 디자인 문화."

이 책을 쓴 전가경과 정재완은 일차적으로는 '인물'을 부각했지만, 해당 인물은 어디까지나 참조 사례이다. 각 글의 개념적 토대는 인물론이되, 이 인물론은 책과 디자인의 문화를 '부분적으로' 관통하는 데 궁극적 목적이 있다.

사진

이 책에 수록된 몇몇 글은 사진 또는 이미지에 관한 이야기를 풀어내고 있다. 리처드 홀리스에 관한 글 가운데 일부가 그렇다. 스즈키 히토시에 관한 글은 사진 책에 관한 글이기도 하다. 칩 키드의 경우, 사진을 차용하는 그의 표지 디자인에 주목했다. 마르쿠스 드레센과 로허르 빌렘스 글에서도 이미지(사진)에 관한 논의가 글의 동력이 되고 있다. 이는 전가경의 개인 관심사의 반영이기도 하다. 동시에 사진에 대한 '애호'는 학문적 의도이기도 하다. 책의 형태와 기능은 변하기 마련이며, 그 중심에는 사진이 있다는 문제의식의 발로가 작동했다. 이는 매체학적 관점에서 본 책에 대한 시선이기도 하다. 1928년 얀 치홀트Jan Tschichold는 말했다. "사진이야 말로 타이포그래피에서 우리 현대인과 앞선 선조를 구별해준다."

북 디자인

이 책은 제목이 시사하듯 '북 디자인'에 관해 다루고 있다. 하지만 책은 제안한다. 기존에 통용되는 합성 명사로서의 '북 디자인'이 아닌, 각 독립적인 개별 행위이자 개념으로서 '책'과 '디자인'을 분리해 사고해보기를. 역사와 문화에 따라 동일한 단어라 해도 가리키고 뜻하는 대상은 달라지기 마련이다. 단어가 시간과 공간의 흐름에 따라 의미를 증폭하다가도 사어가 되는 이유이기도 하다. 최근 몇 년 동안 한국의 출판계는 책과 관련된 풍성한 단행본을 생산해내고 있다. 다매체의 디지털 시대에 책을 '다시' 바라보는 현상 가운데 하나로 풀이할 수 있다. 반면, '북 디자인'에 대한 사유는 정체되어 있다. 여전히 '북 디자인'을 특정 테두리 안에 협소하게 정의하고 있는 형국이다.

이 책은 그러므로 '북 디자인'에 대한 재성찰을 위해 기존의 '북 디자인' 용어를 해체하고자 한다. 그리고 합성된 각 용어를 지금의 시점에서 재검토한 뒤 단어를 다시 만들기를 제안한다. '책'과 '디자인'을 '북 디자인'을 구성하는 독립 인자로 인식하게 되는 순간, 매체로서의 책과 행위로서의 디자인이 새롭게 포착된다. 이때 '북 디자인'은 책과 디자인이라는 두 용어 사이에 미끄러지고 유동하는 비정형의 '무엇'이 될 수 있다. 그것은 과거의 관습적 정의로부터 탈피하는 것이자, '북 디자인'에 관한 정의를 무한대로 미루는 시도이기도 하다. 미루는 시간의 공간 만큼 확보할 수 있는 다양한 '북 디자인' 담론이 있으리라 기대한다. "… 책은 항상 책이 아니다. … a book is not always a book." 〈스위스의 아름다운 책 The Most Beautiful Swiss Books〉 60주년을 반추하는 글에서 스위스 문화계 인사 미하엘 구겐하이머Michael Guggenheimer가 던진 이 말을 생각해볼 필요가 있다.

한계

이 책에서 북 디자인에 관한 기술적 방법론을 기대했다면, 책은 실망스러울 것이다. 디자이너가 선호하거나 추천하는 글자체는 물론이요, 마이크로 타이포그래피 또는 매크로 타이포그래피 범주에서 논의될 만한 기술적 요소는 의도적으로 배제했다. 여러 원인이 있겠지만 첫째, 책을 바라보는 개인의 편향적 관심사의 결과요, 둘째, 기술적 방법론에 관한 논의는 여타 다른 타이포그래피와 디자인 문헌 또는 웹의 자료를 통해 활발하게 전개되고 있다는 판단 때문이기도 하다. 그 밖의 다른 원인은 앞서 '북 디자인'을 설명한 글에서 밝혀 놓았다.

이 책을 쓰기 위해 각 디자이너가 만들고 쓴 책을 가능한 한 많이 살펴보고자 노력했다. 그럼에도, 시간과 공간의 한계로 디자이너 열 명이 밟아온 폭넓은 북 디자인 스펙트럼을 총체적으로 다루지는 못했다. 원칙적으로는 지은이가 직접 보고 만진 책 위주로 싣는 게 옳겠으나, 자료집으로서의 풍성함을 갖추기 위해 실물로 보지 못한 책 역시 다뤘음을 고백한다. 도판으로 수록한 책 사양은 제목, 작가, 발행 연도, 출판사, 크기, 쪽수, 제책 항목에 한해 기재했다. 이 또한 북 디자인에 관해 다룬 이 책의 내용적 한계라 생각한다.

질문들

이 책을 통해 소심한 저자로서 하나의 바람이 있다면, 그것은 이 책이 명쾌한 답변을 제시하기보다는 여러 질문이 오가는 플랫폼이 되었으면 한다는 것이다. "저는 이 책이 논쟁 도구가 되길 바랍니다. 논쟁이 뜨거워지면 좋은 신호죠. 사람들이 여전히 신경 쓰고 있다는 걸 말하니까요." 스위스 그래픽 디자이너 코르넬 빈들린Cornel Windlin이 '스위스의 아름다운 책' 관련 단행본을 두고서 한 말에 전적으로 동의한다. 책 디자인의 화려한 '공예적' 트렌드를 소개하는 어느 한 기사는 "사라지는 매체(책)의 퇴폐적인 과잉 몸짓인가?"라며 북 디자인의 부활을 질문했다. 마치 바통을 이어받듯 로빈 킨로스Robin Kinross는 "그건 페티시즘의 천국이다. 도대체 내용은 어디 있는가? 이 책들을 어디에 두고 볼 것인가? 밀봉된 봉투에? 찬장에? 물론 난 과장하고 있다."라고 말한 바 있다. 나는 이런 질문이 흥미로운 논쟁을 일으킨다고 생각하지만, 최소한 국내에서는 좀 더 후일로 미뤄져도 좋다고 본다. 왜냐하면 우리는 보다 아름다운 책들을 더 많이, 자주 볼 권리가 있기 때문이다. 그리고 '아름다움'을 형상화하는 '북 디자인'의 수행성에 대해 더 싸우고 논의할 필요가 있기 때문이다. 그러므로, 이 책이 던지는 유일한 답이라면, 북 디자인에 대한 정의는 영원히 미뤄질 수밖에 없다는 것. 그리고 이 책이 품고 있는 유일한 주제라면, 아름다운 책이란 무엇인가에 대한 질문이라는 것이다.

감사의 말

—인터뷰에 응해주고 자료를 제공해준 디자이너 열 명
—마생과의 대화를 이끌어준 디자이너 고(故) 귀 쇼카르트 Guy Schockaert 씨
—마생과의 통역과 사진 촬영에 도움을 주신 이화열 선생님, 올리비에 르그랑Olivier Legrand
—요스트 호훌리의 자료 제공에 도움을 준 롤란트 슈티거 Roland Stieger
—리처드 홀리스의 연락망을 마련해주신 최성민 선생님과 로빈 킨로스Robin Kinross
—리처드 홀리스와 데이비드 피어슨의 인터뷰에 동행해주신 안병학 선생님
—뤼징런과의 통역을 진행해주신 디자이너 차이치翟稚 씨, 북 디자이너 류샤오샹劉曉翔, 리우징刘静 씨
—스즈키 히토시와의 인터뷰를 주선해주신 김경균 선생님
—스즈키 히토시와의 통역을 진행해주신 디자이너 최슬 씨
—마르쿠스 드레센의 책을 촬영해준 양지태 씨

—로마퍼블리케이션스 자료 촬영을 위해 책을 빌려준 더북소사이어티
—이 책을 함께 만들어준 안그라픽스 출판팀
—공저자이자 이 책의 디자이너 정재완
—끝으로 나의 딸 수인

2016년 5월 대구에서 전가경

일러두기

- 이 책에는 미국, 독일, 네덜란드, 중국, 일본 등 여러 나라의 인물, 단체 등이 등장한다. 외래어는 국립국어원에서 정한 각 나라의 외래어 표기법에 따라 표기했다.
- 글은 「 」, 단행본과 논문은 『 』, 작품과 행사는 〈 〉, 신문과 잡지는 《 》로 묶었다.
- 이 책에서 글로 이루어진 1부와 도판으로 이루어진 2부는 서로를 참조한다. 1부 본문 옆 동그라미 안 숫자는 본문에서 언급한 도판이 있는 2부의 쪽 번호이고, 2부에서 화살표 옆 숫자는 해당 도판이 있는 1부의 쪽 번호이다.
- 2부에서 도판 정보는 기본적으로 제목, 지은이, 옮긴이, 출판사, 출판 연도, 크기, 전체 쪽수, 제작 방식 순서로 정리하고, 경우에 따라 옮긴이, 편집자, 사진가 등을 표기했다.

1부

마생　　　　Massin

목소리에서 타이포그래피까지[1]

슈퍼텍스트

2013년 문화역서울284에서 열린 제3회 〈타이포잔치〉를 기억해본다. '문학과 타이포그래피'라는 흥미로운 주제를 내건 제3회 〈타이포잔치〉는 '슈퍼텍스트Supertext'라는 전시명으로 막이 올랐다. "어렵고 난해하다"에서 "정말 재미나다" "무척 좋았다"까지 부정과 긍정의 다양한 반응 사이에서 '슈퍼텍스트'는 내게 호불호를 둘러싼 단정과 판단을 요구하기보다는, 질문과 사색을 자극한 전시였다. 전시 그 자체가 하나의 텍스트로서 기능했기 때문에 어떤 가이드라인과 명쾌한 해석을 기대한 사람들에게는 불친절하고, 난해했을 것이다. 그런 의미에서 전시는 충분히 유의미한 주제를 선보였으나, 전달 방식에서 몇 가지 의문을 남기고, 큐레이션의 역할과 의미를 되새기게 하기도 했다.

그와 별개로 전시가 내게 던지는 질문들은 자못 진지하고 흥미진진했다. 정리하면, '슈퍼텍스트'는 화이트 큐브에 들어선 '미술작품'으로서의 북 디자인과 책 그리고 타이포그래피의 '위상'을 논하는가 하면, 대량 생산 체제에서의 책과 타이포그래피가 가지는 기존 역할과 기능을 '전복'시키는, 그 자체로서 논쟁적인 텍스트이기도 했다.

---

1. 이 제목은 마생의 책『인간의 목소리에서 타이포그래피까지 De la Voix Humaine à la Typographie』, (Typograhies Expressives, 2006)에서 가져왔다.

구체적인 질문들은 다음과 같았다. 1960년대 이미 순수 미술과 문학에서 저자성에 대한 반문과 함께 이 개념이 폐기된 지금, 책을 만드는 디자이너 또는 글자를 부리는 타이포그래퍼에게 저자성이 '양도'되는 이 현상을 어떻게 바라봐야 할 것인가? 대량 생산물로서의 책과 화이트 큐브에 들어간 책의 차이와 간극은 무엇이며, 그 안에서 타이포그래피의 기능은 무엇인가? 말과 문자, 그리고 타이포그래피 사이의 상호 텍스트성은 어떻게 탐문되어야 할 것이며, 그 과정에서 종이책은 이런 상호텍스트성을 구현하는 매체로서 어떻게 기능할 수 있을 것인가?

디자인적이기보다는, 비교문학적이고 한편에선 매체론적이기까지 한 이 질문에 대해서는 단문의 답변보다는 논쟁적 서사가 오히려 어울린다. 여기서 떠오르는 사람이 있으니, 프랑스의 북 디자이너 마생이다. 그는 '슈퍼텍스트'가 질문하고 있는 여러 지점을 이미 건드리는 몇 안 되는 '진보적' 인물이기 때문이다. 록산느 주베르Roxane Jubert가 자신의 글 「시각The Sense of Sight」의 부제로 단 '마생은 곧 메시지다'[2]라는 '명제'가 성립하는 이유이기도 하다.

잠재문학실험실

글은 다시 2013년 〈타이포잔치〉로 돌아간다. 〈타이포잔치〉를 관람하고, 이후 전시 도록 및 『잠재문학실험실』(2013)을 보면서 매체들의 표면 위로 자꾸 어른거린 인물이 마생이었다. 이것은 매우 개인적인 취향 또는 의견으로 치부될 수 있으나, 마생의 부재는 어떤 단순한 바람을 넘어 하나의 당위성 차원에서 아쉬웠다고 할 수밖에

2. 이 부제는 프랑스 저술가 프랑수아 위예강François Weyergans이 1990년 마생에 관한 글에서 쓴 제목을 록산느 주베르가 가져온 것이다. Roxane Jubert, 「The Sense of Sight: Massin is the Message」, 『Massin and Books: Typography at Play』, Ensad/Archibooks, 2007.

없었다. 마생은 그 자체로 '슈퍼텍스트'라는 '문학과 타이포그래피'의 관계를 논할 수 있는 살아 있는 증표이기 때문이다.

마생 만큼 문학과 타이포그래피라는 경계 안에서 '오랜 기간' 책이라는 매체를 실험해온 인물도 드물다. 2006년부터 시작한 작은 출판인 티포그라피엑스프레시프Typographies Expressives를 통해 마생은 '표현적 타이포그래피Expressive Typography'라는 주제로 타이포그래피와 음악(혹은 목소리) 간의 상관관계를 연구하고 있다. 나아가 프랑스의 실험적 문학 집단이었던 울리포OuLiPo[3] 내 핵심 인물인
레몽 크노Raymond Queneau의 책인 『백조 편의 시Cent mille milliards de 190
poèmes』와 『문체 연습Exercices de Style』을 각각 1961년과 1963년에 디 192
자인했다. 이에 대한 크노의 화답이었을까. 크노는 마생의 대작 가
운데 하나라고 할 수 있는 『글자와 이미지La Lettre et l'Image』(1970) 서 202
문을 썼다. 또한, 마생은 편집자이자 저술가, 그리고 기자로서 글과 책을 둘러싼 다종다양한 경험을 축적시킨 전방위 타이포그래퍼이기도 하다. 〈타이포잔치〉 전시 공간에 마생은 연관 검색어로서 따라다닐 수밖에 없었던 인물이었다.

마생의 집은 20세기 초중반 파리 문화 예술계를 풍미한 인사들이 잠자고 있는 파리 몽파르나스 묘지 부근에 자리해 있다. 그리고 마생은 그들 사이에서 활동한 인물이기도 했다. 주베르가 언급하듯이 마생과 교유한 인물들은 마르셀 뒤샹Marcel Duchamp, 롤랑 바르트Roland Barthes, 앙드레 브레통André Breton, 호안 미로Joan Miro,

---

3. 프랑스어 'Ouvroir de Littérature Potentielle'의 준말로 국내에서는 '잠재문학 실험실'로 번역된다. 1960년 11월 24일, 프랑스 문학인 레몽 크노Raymond Queneau와 프랑수아 르 리오네François Le Lionnais가 중심이 되어 결성한 실험적 문학 집단이다. 결성 이후, 조르주 페렉Georges Perec, 이탈로 칼비노Italo Calvino, 마르셀 뒤샹을 비롯해 여러 수학자들이 동참했다. 이들은 '제약'을 문학과 글쓰기의 창작 도구로 사용했으며, 이런 제약 조건을 통해 일상에서 잠재된 문학의 가능성을 모색했다. 이를 한국어에 적용시킨 사례가 『잠재문학실험실』(작업실유령, 2013)이란 이름으로 국내에서 출간된 바 있다.

막스 에른스트Max Ernst, 만 레이Man Ray, 마르크 샤갈Marc Chagall, 외젠 이오네스코Eugène Ionesco, 루이 아라공Louis Aragon, 레몽 크노까지 다양하다. 이들과의 교유는 마생을 초현실주의와 다다이즘, 미래파의 영향권 안으로 끌어 들였다. 그리고 이 운동들은 마생의 타이포그래피적 토대를 다지는 기능을 했다. 마생은 여전히 북 디자이너로 불리는 인물 가운데 한 명이지만, 그의 감수성은 '그래픽'적이기보다는 '문학적'이고 '회화적'이다. 스스로 시인했듯, 그래픽 디자인에서 그는 철저한 독학도였기 때문이다. 글자와 문자에 대한 감수성은 그래픽 디자인이 아닌, 회화와 문학의 토양에서 꽃피웠던 것이다. 그리고 이 감수성은 시류에 흔들리지 않는 디자이너로서 그를 성장시켰다. 특히 그에게 세계적인 명성을 안겨준 이오네
194 스코의 부조리극 『대머리 여가수La Cantatrice Chauve』(1964)가 스위스 기능주의 타이포그래피가 한창 절정에 달해 있을 무렵에 제작된 것임을 감안한다면, 마생의 작업에서 드러나는 특정 흐름으로부터의 거리 두기는 마생의 시그니처라고 봐야 할 것이다.

록산느 주베르는 마생을 "언제나 유동적인 그는, 광범위한 범주화에 저항적이고, 이해하기 어렵다."라고 평했고, 리처드 홀리스Richard Hollis는 마생이 자주 인용하는 장 콕토Jean Cocteau의 문구인 "유행이 아닌 것이 유행이다Fashion is what goes out of fashion"를 언급하며 유행으로부터 거리를 두는 마생을 칭송했다. 역사적 평가의 한편에서 마생은 '정전' 중 하나로 자리매김했지만 오히려 오늘의 시선에서 볼 때 그의 작품이 여전히 낯설게 보이는 이유는, 특정 시각의 훈육에서 벗어나 있기 때문이다.

최고의북클럽

마생을 관통하는 키워드는 '오브제로서의 책Livre Objet'과 '표현적 타이포그래피'이다. 전자는 그가 본격적으로 북 디자이너로 활동

한 북 클럽에서 제작된 책의 어떤 지향점을 말한다면, 후자는 마생 개인의 타이포그래피 특징 및 성향을 지칭하는 용어라고 볼 수 있다.[4] 사전적 용어와 별개로 이 두 키워드는 마생의 디자인 활동을 두 영역으로 나누는 기준이기도 하다. 전자는 북 디자인에, 후자는 타이포그래피에 방점이 찍혀 있다.

마생은 두 군데의 북 클럽에서 일했는데 처음 일을 시작한 곳은 '프랑스북클럽Club Français du Livre'[5]이었다. 출생지인 샤르트르를 떠나 파리, 영국, 스칸디나비아, 독일 등을 거쳐 안착하게 된 이곳에서 마생은 1948년도부터 월간 소식지 《리앙Liens》의 편집자로 일했다. 당시 편집자의 몫에는 지면 레이아웃도 포함되어 있던 터라 재능 있는 마생은 그 길로 북 디자이너가 된다. 마생은 첫 디자인 작업으로 1949년 아르튀르 랭보Arthur Rimbaud의 『전집Œuvres』을 진행 180
했고, 1951년에는 윌리엄 로렌스William Laurence의 『핵폭탄La Bombe H』을 디자인했다. 이런 그의 활동이 인정받으면서 이듬해 1952년, 마생은 '최고의북클럽Le Club du Meilleur Livre'으로 직장을 옮기고, 이곳에서의 첫 북 디자인 작업인 디오 헤이어달Thor Heyerdhal의 『콘티키로의 탐험L'Expedition du Kon-Tiki』을 세상에 내놓게 된다.

당시 프랑스의 북 클럽들은 클럽 회원만을 대상으로 매달 네

---

4. 마고 루아드스노맨Margo Rouard-Snowman이 쓴 「표현적 타이포그래퍼 마생Massin, the Expressive Typographer」 글에 따르면, '표현적 타이포그래피'의 공식적인 첫 사용은 1961년 미국의 아트디렉터스클럽Art Director's Club에서 열린 한 강연에서 에드워드 고트샬Edward Gottschall에 의해서다. 이후 1979년 허브 루발린Herb Lubalin의 타이포그래피를 지칭하면서 보다 광범위하게 사용되었다고 한다.

5. 마생이 처음 일하기 시작한 '프랑스북클럽Club Français du livre'은 1948년도에 미국인 스테판 오브리Stéphane Aubry와 독일계 유대인 파울 슈타인Paul Stein이 망명 중에 프랑스에서 설립했다. 이곳에서 1952년도까지 있었던 마생은 갈리마르와 아셰트Hachette 그리고 로베르 라퐁Robert Laffont이 자금을 지원하는 '최고의북클럽 Le Club du Meilleur Livre'으로 옮겼다. Margo Rouard-Snowman, 「Massin, the expressive typographer」, 『Massin and Books: Typography at Play』, Ensad/Archibooks, 2007, p.34.

권의 책 가운데 한 권을 회원의 선택에 따라 제공했다. 고전에서부터 번역서, 그리고 절판본에 이르기까지 북 클럽의 책들은 출판인의 개성과 의지가 확고하게 드러냈다. 게다가 책은 회원제를 기반으로 우편으로 발송되고, 한정판으로 제작되었기 때문에 상업적인 제약에서 벗어나 북 디자인에 막강한 공을 들일 수 있었다. 이에 대한 홀리스의 설명이 도움이 된다. "서가에서 눈에 띄기 위해 경쟁할 필요가 없었던 만큼 시선을 사로잡는 표지는 필요 없었다. 각 권은 응집력 있게 디자인된 오브제로서, 이를 디자인한 디자이너는 글자체와 레이아웃뿐 아니라 제작의 모든 요소를 책임져야 했다. 북 클럽의 책은 일종의 '오브제로서의 책'이었고, 마생은 이를 '텍스트적 내용으로부터 독립한 하나의 예술 작품, 조각물, 꽃병, 가구에 가깝다'고 설명한 바 있다." 그리고 '펼침unfolding'[6]이라는 북 디자인 방식은 마생을 포함한 북 클럽 디자이너들이 '오브제로서의 책'을 구현하기 위해 도입한 새로운 '책 언어'였다.

1936년도에 설립된 '이달의미국북클럽American Book of the Month Club'과 스위스 로잔에 있었던 '스위스책길드The Guilde Suisse du Livre'의 영감을 받아 형성된 프랑스의 북 클럽들은 TV의 대중화와 책의 대량 생산 및 판매가 막을 올리기 직전인 과도기에 출현했다. 북 클럽은 제2차 세계대전 때까지 남아 있던 아방가르드의 기류가 출판이라는 매체 안에 흡수된 현상으로 독특하고도 한정된 책 문화를 발아한 시스템이자 공간이었다. 여기에는 프랑스의 선도적 북 디자이너라고 할 수 있는 피에르 포쇼Pierre Fauchaux의 역할이 매우 컸다. '오브제로서의 책'은 곧 포쇼의 '책'에 대한 관념을 이어받은 것으로, 완성도 있는 견고한 사물로서 책을 바라보는 관점이다.

6. 프랑스어로는 'deroulement'라고 불리는 이것은 면지에서부터 표제지에 걸쳐 이미지와 타이포그래피로 조합된 펼침면을 구상하고 배치하는 것이다. 표지에서 표제지에 걸친 책의 도입부에 일종의 인쇄된 영상이 구현되는 것이다.

이런 기본적인 인식의 공유를 통해 마생은 '최고의북클럽'에서 문
학의 시각적 형상화를 실험해볼 수 있는 책들을 만들 수 있었다. 피
에르 불Pierre Boulle의 『콰이 강의 다리Le Pont de la Rivière Kwai』(1953), 182
장 지오노Jean Giono의 『언덕Colline』(1953), 쥘 로맹Jules Romains의 『동 184
무들Les Copains』(1953) 등이 이에 해당한다. 다양한 제본과 '펼침', 그 186
리고 박력 있으면서도 유희적인 타이포그래피를 통해 1950년대에
그는 이미 토털 디자인으로서의 북 디자인을 실천해나갔던 것이
다. 한편, 그것은 북 디자이너로서의 첫 정식 경력치곤 꽤 화려하고
혜택받은 무대이기도 했다.

표현적 타이포그래피

이후 마생은 1958년부터 1979년까지 약 20여 년 동안 갈리마르출판사Éditions Gallimard의 아트 디렉터로서 북 디자인을 총괄했다. 그것은 북 디자이너로서의 자신의 입지를 다지는 개인적 사건만은 아니었다. 체계적 북 디자인을 위한 사내 골격을 세우는 공공적 성격의 사건이기도 했다. 출판사 안에 그래픽 디자인 관련 부서를 만들고, 이후 열두 명의 관련 직원이 상주하는 부서로 키워나갔다. 동시에 디자인 실무를 진행했다.

그는 활자 주조사인 드베르니&페뇨Deberny&Peignot에서 포맷
을 잡았던 'NRF(Nouvelle Revue Française)'의 시리즈와 로고타입에 약
간의 변화를 주며 기존 안을 수정해나갔다. 그리고 1957년에는 '르 204
솔레유Le Soleil' 시리즈, 1972년에는 '폴리오Folio' 시리즈, 1977년에 206
는 '리마지네르L'Imaginaire' 시리즈를 각각 디자인함으로써 프랑스 207
출판계의 표정을 일궈나갔다. 특히, 오늘도 여전히 프랑스 출판계
의 묵직한 출판물로서 한 자리를 차지하고 있는 '폴리오' 시리즈는
앞선 '최고의북클럽'에서 제작된 '오브제로서의 책'들과 달리 페이
퍼백의 저렴한 출판물로, 대비되는 이 두 공간에서 디자인된 책들

은 마생의 북 디자인적 대위법을 보여준 사례라 평할 수 있다.

상업 출판에서의 활동과 별개로 마생은 갈리마르의 호의에 따
라 실험 또한 실천할 수 있었던 특혜를 입었으니, 그것이 곧 갈리마
194 르 출판사에서 출판된 이오네스코의 『대머리 여가수』이다. 이 책
은 마생이 오늘까지 천착해오고 있는 '표현적 타이포그래피'의 효
시라고 일컬을 수 있다. 마생의 두 번째 키워드라고 할 수 있는 '표
현적 타이포그래피'를 폴 쇼Paul Shaw는 "단어를 지면 위에 나열하
기 위한 기계적 도구로서의 타이포그래피가 아닌, 그래픽적 표현
의 충격을 더 드러내기 위해 고안된 것으로, 어떤 개념을 표현하는
창의적 도구"라고 설명했다. 하지만 이 글에서는 이런 방법론에 입
각한 정의와는 다른 해석을 시도해보고자 한다.

196 1964년 출판된 『대머리 여가수』를 시작으로 『군중La Foule』
198 (1965), 『대화-교향곡Conversation-Sinfonietta』(1966), 『두 사람은 돌았
200 다Délire à Deux』(1966) 등으로 이어지는 마생의 표현적 타이포그래피
작업들은 기존 글자체를 다시 '부리는' 과정에서 로마자에 잠재된
소리와 음성을 부활시키는 타이포그래피를 구현했다. 그것은 기호
의 자의성에 따르기보다는, 단어라는 기호에 잠재된 구술성을 기
표라는 껍질로부터 해방시킨다. 소리로부터 멀어져온 문자와 활자
의 물성이 이 과정에서 회복된다.

마생의 타이포그래피를 단순히 인간의 목소리나 음악의 한 부분을 글자로 번안한 것으로만 본다면 마생의 타이포그래피가 던지는 무언의 메시지는 증발하기 쉽다. 그가 선보이는 타이포그래피는 미디어 발달 단계의 몇몇 지점에서 의미 있는 질문을 던지고 있다. 그것은 소리의 일차원적이고 평면적인 시각화를 넘어 소리에서 글자, 글자에서 문자, 문자에서 활자 등으로 넘어가는 미디어의 발달 단계와 그에 관한 사유를 촉발시키기 때문이다.

사전적 정의에서도 나타나는 바, 문자는 인간의 말 또는 목소

리의 또 다른 실체이다.[7] 인류 의사소통의 시작에는 문자가 아닌 말(목소리)이 있었다. 그러나 고대로부터 경제적 이유로 말을 보존하기 위한 반항구적인 매체를 필요로 하게 되었고, 이 자리에 문자가 들어섰다. 그것은 말을 기록할 수 있는 최소 단위의 매체가 된다. 이후 15세기 구텐베르크 혁명이 일어나기 전까지 문자는 각 문명권마다 형식과 쓰기 방식을 달리하는 등의 진화 과정을 거치며 인류의 문명과 역사관에 길을 터놓는다. 문제는 르네상스 시대 인본주의의 도래와 함께 표준화된 모듈 속에 문자가 생산되고 복제되기 시작하면서부터이다.

"루이 14세 시대에 가난한 사람과 미친 사람은 격리, 구금되었고, 문자는 격자 무늬의 감옥(모눈종이) 속에 가두어졌다."라고 조르주 장Georges Jean은 『문자의 역사L'Écriture, Mémoire des Hommes』(1995)에서 말한다. "구속을 좋아하던 시대인지라 문자는 수학적 정밀성을 자랑하는 도식 속에 가두어져 철장 속의 포로 같이 되었다. 모든 문자는 정사각형 속에서 도안되었고, 정사각형은 다시 예순네 개의 자그마한 모눈으로 나누어져 격자 모습을 취했다." 그리고 그는 단언했다. "이것이 타이포그래피가 완성되는 원형"이었다고.

기능 중심의 타이포그래피 서술은 목소리, 글자, 문자, 그리고 글자체 간의 차이에 대해 침묵한다. 서양 인쇄술의 확립과 정착 이후 서양의 현대 타이포그래피가 주목하는 것은 '항구적 그리고 보편적 언어'로서의 글자체의 기능이다. 헤르베르트 바이어Herbert Bayer의 유니버설Universal에서부터 얀 치홀트의 새로운 타이포그래피, 이후 국제주의 타이포그래피로 이어지는 서양 모더니즘 타이

---

7. "그만큼 문자는 말과 직접적인 관계를 가지면서 그 말을 기록하는 체계라는 점을 가장 큰 특징으로 한다. 아무리 인간의 의사소통의 수단으로 쓰이고 또 그것이 시각적인 수단이라고 하더라도 만일 그것이 말과 직접적인 관계를 맺지 않는다면, 또는 그것이 말을 기록하는 수단으로 쓰이는 것이 아니라면 문자라 할 수 없다." 『국어국문학자료사전』, 한국사전연구사, 1998년.

포그래피의 밑바탕에는 대량 인쇄를 중심으로 한 기능주의적 사고관이 자리해 있다. 그러나 이 사고관이 놓치는 것이 있다. 미디어 철학자 빌럼 플루서Willem Flusser는 『글쓰기에 미래는 있는가Die Schrift: Hat Schreiben Zukunft?』(1987)에서 "문자가 발명된 이래로, 인간은 타이포그래피한다"라고 지적했다. 타이포그래피라는 '현상' 이전에 문자의 다른 기원과 속성이 있음을 암시하는 대목으로, 종교와 주술, 소리와 이미지가 복잡하게 결부된 총체로서의 문자들이다.

언어학자 월터 J. 옹Walter J. Ong은 『구술문화와 문자문화Orality and Literacy』(1982)에서 인류 사회가 어떻게 목소리 또는 말 중심의 구술 문화에서 점차 글자와 문자를 기반으로 하는 문자 중심의 사회로 진화해나가는가를 밝히고 있다. "씌어진 텍스트라 하더라도 직접적이든 간접적이든 본래 언어가 사는 장소인 소리의 세계에 결부되지 않고서는 의미를 지닐 수 없다. 텍스트를 '읽는다'는 것은 음독이든 묵독이든 간에 그 텍스트를 음성으로 옮기는 일이다. 그리고 서서히 읽을 때에는 한 단어 한 단어 똑똑히 음성화하고, 고도의 기술 문화에서는 공통적으로 마치 스케치라도 하는 것처럼 생략할 수 있는 곳은 생략해서 재빨리 음성화한다. 쓴다는 것은 목소리로서의 말의 성격 없이는 결코 성립하지 않는다."

마생은 바로 이 지점에 착안했다. 활자를 기반으로 한 기능주
(194) 의 타이포그래피가 주류가 되었던 무렵인 1960년대, 그는 『대머리 여가수』를 통해 타이포그래피의 기원을 상기시킨 것이다. 추상적인 기호가 되어버린 활자 중심의 사고에서 이탈해 구술성의 문화에 눈을 돌렸으며, 소리를 기반으로 한 구술성과 문자성, 나아가 소리와 결탁하는 과정에서 생성되는 문자와 이미지의 혼연일체를 부각시켰다. 이것은 주베르가 정리하듯이, 인간 커뮤니케이션의 '복합성Complexity'을 표현한 결과물이었다.

마생의 『대머리 여가수』를 두고 주베르는 "해석적 표기Interpre-

tative Transcription"라고, 『두 사람은 돌았다』는 "구술적 캘리그래피 200
Oral Calligraphy"라고 명명했다. 마생 스스로 『두 사람은 돌았다』에
는 "음성적 캘리그래피에 관한 에세이Essay in the Calligraphy of Sound",
『대화-교향곡』에는 "타이포그래피적 지휘로 쓴 에세이An Essay in 198
Typographical Orchestration"라는 부제를 달았다. 이런 명명과 부제에서 우리는 그의 표현적 타이포그래피의 지향점을 목격한다. 문자와 글자는 비단 내용을 전달하는 수동적 도구가 아니다. 그것은 그 자체로서 음악이자 톤이자 궁극에는 목소리이기도 하다. 전통 서양 철학에서 침묵할 수밖에 없었던 문자의 잠재된 기능을 그는 재활성화한 것이다. 플루서의 표현을 다시 빌려온다면, 마생은 활자 발명 이전의 '캐릭터'로서의 문자에 주목하고 있는 것이다. 기능적 도구로서 인식된 문자관에 마생은 또 하나의 공존하는 문자관을 독자적으로 기술해나갔다. 이것은 미디어 학자 프리드리히 키틀러 Friedrich Kittler의 "글은 더 이상 소리와 이미지를 짊어질 수 없게 됐다."[8]라는 주장에 관한 이론적 그리고 실천적 반박이라 할 수 있다.

선형적 역사관에서 문자는 추상적 기호이자 메시지 전달의 투명한 매체로서 '진보'한 것으로 투영되었을지도 모른다. 하지만 그것은 진보이기보다는, 착각이자 망각이었다. 마생은 이미지로서의 글자가 예나 지금이나 그 숨을 끊지 않고 존속해오고 있음을 환기시키고 있다. 착각과 망각 이면에 공존하는 문자의 또 다른 모습을 반추시키고 있는 것이다.

글자와 이미지

이런 마생의 문자로의 집착과 천착은 유년 시절의 경험으로 거슬

8. 존 더럼 피터스, 윤원화 옮김, 「해제: 프리드리히 키틀러가 선사하는 빛의 향연」, 『광학적 미디어: 1999년 베를린 강의』, 현실문화, 2011년.

러 올라간다. 유년기에 대한 자서전인 『나는 어떻게 그래픽 아티스트가 되었는가Comment Je suis Devenu Graphiste』(2006)에서 마생은 글자와 이미지 등에 집착할 수밖에 없었던 자신의 어린 시절을 떠올린다. 심지어 그는 "나는 네 살 반에 그래픽 아티스트가 되었다."라는 호언장담을 하기까지 한다. 하지만 그의 배경을 조금이라도 살펴보면 문자와 문자의 '표의성'에 관한 그의 관심은 태생적일 수밖에 없었음에 수긍하게 된다.

묘비석에 글을 새기는 일이 직업이었던 그의 아버지는 언제나 어린 마생을 데리고 자신의 작업실에서 함께 시간을 보내곤 했다. 심지어 아버지를 따라 묘지에 나가 비석 사이를 놀이터처럼 돌아다니며 놀던 마생이었다. 그러던 그에게 글자를 몸으로 체험하는 순간이 다가왔다. 마생은 자신의 책에서 이렇게 회상한다. "어느 날 아버지가 아틀리에에서 일하는 모습을 보고 있는데, 아버지가 돌판 하나를 집어 들더니 작업대 옆 테이블에 내려놓고는 자를 대고 가로선을 긋기 시작했다. 그리고 각 선과 나란히 어떤 기호를 그려 넣었다. 아버지가 다 쓰고 나서 말씀하셨다. '내가 여기 쓴 걸 봐라. 네 이름과 나이, 그리고 주소다. 이제 끌과 망치를 줄 테니 내가 하던 걸 하기만 하면 된다'." 이때 마생은 태어나서 처음으로 글자를 새기게 되었다. 석회암 위에 세로선과 가로선 등을 그려 넣으며 연장으로 글을 새긴 것이다. 그 당시 그는 네 살 반이었고, 읽을 줄도 쓸 줄도 몰랐다. 그가 새긴 글자는 말 그대로 해독되지 않는 기호 또는 대상이 드러나지 않는 어떤 추상적인 그림이었다. 이후 학교에 들어가 '발음 교본'의 그림부터 글까지 모두 외우다시피 한 마생은 아버지와의 지속적인 교유 속에서 글자, 책, 레이아웃, 형태 등에 대한 감각을 익혔다. 그리고 여기서 그가 주목한 것은 문자의 형태였다. 추측컨대, 어린 나이에도 그의 내면은 '성숙한' 반발심이 일었다. 그것은 형태가 다른데 어떻게 같은 문자일 수 있느냐는 의문이었다. 여기서 그가 생각해낸 것이 음악에서 따온 '변주Variation'라는 개념이었다.

변주는 곧 문자의 변화에 대한 마생의 관심을 의미하기도 한다. "난 문자뿐 아니라 문자의 변화에도 관심을 기울였다. 2,000년이 넘는 시간 동안 사람들은 문자를 사용하면서 단순히 기분 전환을 위해서든, 아니면 좀 더 분명한 이유로는 잊혀진 상형문자에 대한 향수 때문이든 계속해서 문자를 변화시켜왔는데, 무엇보다 문자는 이미지이기 때문이다"라고 그는 회고했다. 그리고 그 탐구의
첫 결과물이 바르트도 칭송했다던 『글자와 이미지』였다. 이 걸작 (202)
은 지난 수십 년, 그리고 지금까지 이어져오고 있는 글자에 대한 마생의 탐구를 집대성한 책이다.

1964년 이오네스코의 희곡인 『대머리 여가수』부터 2000년 (194)
대에 들어서야 완성할 수 있었던 『달에 홀린 피에로Pierrot Lunaire』 (210)
(2006)에 이르는 작업들은 연구자로서의 마생이 아닌, 이론적 연구에 대한 실천적 예술가로서 그를 평가할 수 있는 근거들이기도 하
다. 『글자와 이미지』가 이론이자 연구라면, 그가 오늘날까지 만들 (202)
고 있는 일련의 책들은 이론의 '실천'이다. 『글자와 이미지』에서 마생은 서양에서 문자가 발전하는 과정을 세심하게 기록했으며, 그 과정에서 어떻게 문자가 끊임없이 이미지와 조우했는지를 추적해 나갔다. 이는 기존의 서양 타이포그래피 역사가 소리와 몸짓에서 점차 벗어나는 형국을 보인 것에 비하면 오히려 역설적이고도 대립되었던 과정으로, 마생은 로마자가 걸어온 몸짓과 소리를 향한 갈구와 갈증의 역사를 수면 위로 건져 올렸다고 볼 수 있다.

로마자의 근원

개념적 그래픽 디자인이 십여년 동안 국내와 서유럽 일부에서 주도적인 흐름으로 자리해 있었다. '문학과 타이포그래피'라는 주제

를 내걸었던 2013년 〈타이포잔치〉 '슈퍼텍스트' 또한 그런 흐름에 부응했다. 그곳에서 문자는 텍스트라는 개념으로 치환되면서 책과 독서 행위, 그리고 그 사이에 자리한 타이포그래피 또는 문자의 기능과 위상을 반복적으로 질문했다. 더 이상 그래픽 디자이너에게 책을 디자인한다는 것은 표지를 어떤 글자체와 이미지로 포장하고 내지를 어떤 판면에 앉히는가와 같은 조형적 행위로만 수렴될 수 있는 것이 아니다.

책의 위기에 대한 질문이 제기되고 있다. 읽기와 문자 그리고 읽기와 타이포그래피 간의 관계는 역사적 궤도 속에서 새로운 방향을 잡아가야 하는 운명에 직면해 있기도 하다. 이런 흐름 속에서 마생의 '표현적 타이포그래피'에 대한 한결같은 부침은 깊은 울
212 림이 있다. 여기 『인간의 목소리에서 타이포그래피까지De la Voix Humaine à la Typographie』(2006)[9]에서 마생이 말한다.

"내가 모은 1,100가지 정도의 자료(40년 동안 일하면서, 그리고 미국 도서관에서까지 연구하면서 모은)를 보면 '표현적 타이포그래피'가 곳곳에 적용되었다는 사실을 알게 될 것이다. 모든 지역 그리고 알파벳을 사용하는 모든 언어권에, 게다가 인도 문자와 수천 년 동안 훼손당했다가 자신의 모양, 역할, 최초의 의미를 되찾은 표의문자에 말이다. 중세 유럽 전역에 걸쳐 유대인 디아스포라Diaspora를 통해 10세기부터 '하가다Haggadah(유월절에 사용되는 전례서)' 필사본이 만들어졌는데 이 책의 채색 삽화에서 동물 모양이나 가상의 존재 형태를 띤 히브리어 문자를 찾아볼 수 있다. 8세기부터 동물 형태의 문자가 카롤링거 왕조의 문서를 장식했고 유명한 필사실에서 나온 수많은 원고에서도 이와 같은 내용을 발견할 수 있다. 코르비, 투르, 콜로뉴, 벤느방 수도원, 그리고 후에는 시토 수도원에서 이런 원고들이 발

9. 이 글의 한국어판은 『마생』(사월의눈, 2015년)에 부분적으로 개정되어 수록되었다.

견되었는데, 시토 수도원에서는 성 그레고리St. Gregory의 『욥기의
윤리Moralia in Job』가 발견되었다. 기독교 초기 시대에 이미 동물 모
양으로 문자를 표시하는 전통이 만들어졌다고 생각할 수 있다. 소
플리니우스Pline le Jeune가 로마 필사가들이 물고기와 새 모양의 이
니셜을 그리는 모습을 봤다고 말했기 때문이다. 자, 표현적 타이포
그래피는 아주 오래전부터 시작되었고, 앞으로도 계속 이어질 것
이다." 그리고 1973년 9월, 그는 『글자와 이미지』 말미를 이렇게 장 202
식했다. "로마자는 형상으로부터 유래한다. 그리고 끊임없이 그 근
원으로 되돌아간다."

마생의 주장을 대입시켜 현재의 그래픽 풍경을 바라본다. 왜곡되고 뒤틀린 로마자의 향연, 그림과 활자의 경계가 무너지고 있는 화면에서 우리는 이미지가 되고자 하는 로마자를 다시 목격하고 있는 중이다.

요스트 호훌리　　Jost Hochuli

제3의 스위스 타이포그래피

다운 투 도그마

화초로 무성하게 둘러싸인 요스트 호훌리의 집. 그 집 응접실에 앉아 있는 나에게 호훌리가 커피 한 잔을 내온다. 자신이 만들 수 있는 것은 오로지 커피밖에 없다고 말하며, 호훌리는 에스프레소 잔에 각설탕 두 개를 넣고 커피를 내젓는다. 그와 나, 단둘뿐인 평화로운 그 거실에서 미스 반 데어 로에Mies van der Rohe가 디자인한 바르셀로나 의자[10]에 앉아 있는 호훌리에게 나는 "요즘엔 어떻게 지내세요?" 하고 상투적 질문을 던진다. 그는 이 질문을 기다렸다는 듯 이내 자신이 걸어온 길고 긴 디자인 여정을 이야기한다.

시간은 1959년으로 거슬러 올라간다. 그 당시 호훌리는 스물여섯. 그래픽 디자이너란 직함을 처음 달았다. 초기에는 혼자, 이후에는 부인과 함께 2년 동안 그래픽 디자이너로 활동하고, 6개월이 더 지나 첫 딸을 낳았다. 부인의 내조를 의식해서인지 부인에 관한 이야기를 들려준다. 집안 형편이 어려웠던 관계로 학업을 지속해나가지 못한 부인의 삶을 호훌리는 안타까운 심정으로 묘사했다. 일흔셋의 우르술라 호훌리Ursula Hochuli는 남편의 일을 돕고 있으며, 식물학에도 관심이 많다. 거실 주변을 싱그럽게 품고 있는 정

---

10. 로에가 1929년 만국박람회 독일관을 위해 별도로 디자인한 의자다. 당시 박람회가 스페인 바르셀로나에서 개최되면서 '바르셀로나 의자'라는 이름이 붙었다. 1953년부터는 독일 가구 회사 놀Knoll 이 판매권을 갖고 있으며, 놀에서 제작되는 이 의자에는 로에의 서명이 찍혀 있다.

원의 미감은 그녀의 '작품'이었다. 호훌리가 디자인한 책 몇 권에는 우르술라 호훌리의 판화 작품들이 수록되어 있는데, 대표적으로는
239 『변신Metamorphose』(2014)이 있다.

이야기는 호훌리의 삶으로 이어진다. 그는 일흔부터는 완벽하게 홀로 일하기 시작하고, 현재 휴가 없이 일하고 있음을 무척 강조했다. 하루에 11시간씩 일한단다. "전 지난 토요일에도 일요일에도 계속 일했어요. 활자를 디자인하고 있기 때문이죠." 주말에 일하는 것이 특별한 것이냐고 반문할 수 있다. 하지만 1년에 최소 두 번은 보름 이상씩 휴가를 떠나며, 그 시간을 철저하게 누리는 일부 서유럽인에게 주말 업무는 분명 일상적인 것이 아니었다. 길고 긴 이야기를 하던 가운데 그가 갑자기 단호해진다. 그가 내뱉는다. "독단을 버려라Down to Dogma." 사실 이 한 문장이 그를 대변한다고 해도 과언이 아닐 것이다.

제3의 스위스 타이포그래피

요스트 호훌리라는 인물을 설명하기 위해서는 스위스 타이포그래피를 언급할 수밖에 없다. 1950-1960년대 그래픽 디자인계에 막대한 영향력을 행사하며 '국제주의 타이포그래피'로 불리게 된 이 사조는 오늘의 그래픽 디자인에 도달하려면 통과할 수밖에 없는 역사적 터널이다. 나아가 극복해야 할 역사관이자 여전히 다르게 재해석되고 있는 진행형의 사조다. 따라서 제아무리 오늘의 흐름에 민감한 그래픽 디자이너라도 1950-1960년대 그래픽 디자인계를 창궐한 스위스 타이포그래피의 영향으로부터 절대적 자유를 누릴 수가 없다.

그런 가운데 호훌리는 스위스 타이포그래피와 묘한 관계를 형성한다. 호훌리 주변의 여러 조건을 보았을 때 그가 스위스 타이포그래피의 충직한 일원으로 거론되는 것은 자연스럽다. 1933년 스

위스 출생이라는 점, 그리고 그가 그래픽 디자이너로서 본격적으로 일을 시작한 시기가 스위스 타이포그래피가 절정에 달할 무렵인 1950년대 후반과 겹친다는 점. 이 사실로 호훌리를 전형적인 스위스 디자인을 전개해나간 인물로 떠올리기 십상이다. 하지만 그는 오늘날 일반적으로 이해되는 취리히와 바젤 중심의 스위스 타이포그래피에 편입되는 인물이 아니다. 여기엔 장크트갈렌St. Gallen이라는 호훌리의 태생적 요인이 한몫 작용한다. 그리고 이는 호훌리로 하여금 기존 스위스 타이포그래피에 대한 비평적 태도를 낳았다. 궁극에 이 태도는 '제3의 스위스 타이포그래피'를 가능하게 했다. 그것은 독선적이고 독단적이라는 악평을 듣는 스위스 타이포그래피가 수용하지 못한 '그 밖의' 다른 가치관을 수용하는 것이었다. 여기서 질문해야 할 것은 '제3의 스위스 타이포그래피'라고도 불리는 호훌리의 디자인, 그리고 그 맥락 속에서 스위스 타이포그래피의 독선과 독단은 어떻게 정의될 수 있는가이다.

스위스 타이포그래피의 전개

호훌리는 『스위스 북 디자인Book Design in Switzerland』(1993)에서 '스위 246
스 타이포그래피'라고 이름 붙일 수 있는 그래픽 디자인 풍경을 조금은 다른 시각에서 이야기한다. 그동안 많은 이들이 하나의 도로만을 알고 그 길을 따라 운전하며 풍경을 감상했다면, 호훌리는 그 반대편의 길을 간다. 그가 운전하며 읊는 풍경은 그래서 기존 시각과 상당히 대비된다. 자연스럽게 호훌리의 관점은 풍경에 대한 입체적 조망을 가능하게 한다. 당연히 기존 지식이 지닌 편협함과 단출함, 그리고 단면성이 드러날 수밖에 없게 된다. 그는 스위스 타이포그래피가 사실상 잘못된 명명이라는 점, 그리고 이런 이해와 같은 맥락에서 스위스 그래픽 디자인에 대한 역사 의식이 제대로 자리하지 못했음을 지적한다.

유럽 중앙에 위치한 관계로 주변 국가에 민감할 수밖에 없었던 스위스. 그런 탓에 스위스에 어떤 식의 국가주의적 잣대는 들이밀 수 없다고 호훌리는 말한다. “외국의 요소는 토착적인 것과 함께 언제나 조화로운 모습으로 뒤섞였다. 그러므로 스위스 북 아트와 관련해 어떤 식으로든 국가주의적으로 사고하는 것은 말도 안 된다.”라
246 는 빌리 로츨러Willy Rotzler[11]의 말을 그는 『스위스 북 디자인』에서 인용했다. 물론 이 와중에도 “깔끔함과 정확함”을 스위스적 특징이라고 설명하는 호훌리는 정밀한 시계 공업 분야에서 빛을 발할 수밖에 없는 스위스인의 기질을 인정한다. 이런 자질이 북 디자인과 관계된 조판, 인쇄, 제본, 그리고 후가공 영역에서 필요한 것임을 그는 말하며, 스위스 북 디자인이 어느 정도 괄목할 만한 성장을 이룰 수 있는 데는 이런 국민성이 작용했다고 판단한다. 하지만 어떤 기질이 특정 양식을 지배할 수는 없다. 그렇게 따진다면 스위스에서는 클래식한 롤렉스Rolex와 발랄한 스와치Swatch의 디자인이 함께 태동할 수 없었을 것이다.

바로 이런 맥락 속에서 호훌리는 ‘스위스 타이포그래피’라는 용어의 문제점을 지적한다. 그리고 바로 여기에 전반적으로 결여된 역사적 문제의식을 짚고 넘어간다.

“보편적 스위스 문학이 없듯 보편적 스위스 타이포그래피란 존재하지 않는다. 전 세계에 걸쳐 문자 그대로 수용해 통용되는 ‘스위스 타이포그래피’는 부적절한 용어다. 이는 오로지 제2차 세계대전 이후 스위스의 독일어권 지역에서 전개된 어떤 특정 타이포그래피 단체에만 적용된다. 그리고 이 양식은 북 디자인 분야보다는 산업 디자인과 제도권 타이포그래피Institutional Typography, 그리고

11. 바젤 출신으로, 1961년까지 취리히공예박물관Kunstgewerbemuseum의 큐레이터와 스위스에서 발행된 문화 잡지 《두Du》의 편집장을 역임했다. 1972년 이후 취리히를 기반으로 디자인 저술가로 활동하고 있다.

예술 포스터에서 좀 더 강하게 드러났다." 호훌리는 『스위스 북 디 246
자인』에서 기술한다. 이 지점에서 그는 얀 치홀트의 역할과 바우하우스Bauhaus, 그리고 그로부터 파생된 스위스 타이포그래피의 전개 양상에 색다른 시각을 제공한다.

호훌리는 독일어권 스위스가 1950년대 타이포그래피의 중심지로 설 수 있던 배경에는 나치 탄압을 피해 바젤에서 망명 생활을 한 얀 치홀트와 바우하우스의 역할이 있었다고 설명한다. "우리는 바우하우스가 스위스 타이포그래피에 미친 영향력 및 막스 빌Max Bill과 리하르트 파울 로제Richard Paul Lohse가 제2차 세계대전 이후 진행한 작업도 고려해야 한다. 전쟁 이후 파생된 이 흐름은 1950년대 '스위스 타이포그래피'란 이름으로 잘못 알려지게 됐다. 이 타이포그래피 양식은 취리히와 바젤에서만 발전했기 때문에 이 양식이 스위스 전역에 걸쳐 모든 또는 대부분의 스위스 타이포그래퍼들이 전개해나간 것이라고 생각하면 안 된다. 이 스위스 타이포그래피의 가장 중요한 특징은 그리드Grid 시스템이다. 이는 지면에서 일관되게 유지되는 그리드 위에 텍스트와 그림이 조화되는 것을 의미한다. 스위스가 20세기 타이포그래피에 공헌한 것은 이 그리드 시스템이다. 그런데 이 '스위스 타이포그래피'가 그토록 빠른 시간 안에 국제적으로 인정받게 된 이유는 형식에 관한 이성적 접근과 복잡한 텍스트와 이미지를 명료하고 경제적으로 조직하는 데 그리드 시스템을 사용했기 때문이다."

엄밀하게 말하면, 일반적으로 우리에게 알려진 스위스 타이포그래피는 취리히와 바젤, 두 도시에만 국한된 디자인이었다. 그럼에도 이것은 스위스의 모든 디자인을 대변하는 것인 양 많은 이들에게 각인되었다. 이는 특수한 성격을 보편적 테두리 안에 묶어버리는 것이었다. 그 테두리 안에서 다른 스위스 타이포그래피 양식이나 디자인은 딱히 설 자리가 없었다. '스위스 타이포그래피'라는

경제적 부름 밑에서 그 밖의 다른 디자인 양식과 접근법은 침묵할 수밖에 없었다.[12]

타이포그래피적 거리 두기로서의 장크트갈렌

1950년대는 스위스 타이포그래피 돌풍이 불었다. 스위스인 호훌리도 자유로울 수 없었다. 문제는 단순히 유행 차원이 아니었다. 바로 독단이란 이름으로 이뤄질 수밖에 없었던 디자인이었다. 한스 페테르 빌베르크Hans Peter Willberg[13]는 호훌리에 관한 글에서 스위스 타이포그래피를 다음과 같이 기술한 바 있다. "협상은 없다. 그리드 타이포그래피, 산세리프 글자체, 비대칭적 레이아웃, 기능주의… 다른 방식으로 작업하거나 사고하는 것은 업신여겼다. 자신의 디자인 발전을 위해 이것은 단단한 토대가 될 수 있었지만, 이보다 더 나약한 성격의 소유자에게는 무미건조함의 집합이 될 수도 있었다. 하지만 그 어떤 누구도 이로부터 자유로울 순 없었다."[14]

그것은 마치 타이포그래피적 블랙홀이나 다름없었다. 바젤과

---

12. 호훌리는 이와 관련해 세밀하게 들여다보면 스위스 타이포그래피가 사실상 이분화한 모습을 보여주었다고 말한다. "(그럼에도) 1950년에 자주 인용된 '스위스 타이포그래피'의 중심지였던 바젤과 취리히는 타이포그래피에서 각각 다른 차별성을 보인다. 취리히는 당시 《노이에 그라피크Neue Grafik》(1958년과 1965년 사이에 총 열일곱 권이 출간되고, 마지막 호는 17호와 18호의 합본이었다.)와 막스 빌의 특징을 이어받았고, 빌로 인해 울름조형대학Universität Ulm과 상대적으로 가까운 관계에 있었다. 바젤은 에밀 루더Emil Ruder와 로버트 뷔흘러Robert Büchler의 특징을 갖고 있었는데, 이들은 처음부터 유니버스Univers를 옹호한 반면 취리히는 울름과 함께 헬베티카Helvetica를 지지했다. 이들은 유니버스가 객관적이고 비개인적이기에는 여전히 불충분하다고 여겼다. 몇십 년이 지난 시점에서 보았을 때 루더와 뷔흘러가 책 타이포그래피 분야에서 생산해낸 극히 적은 수량의 작업은 일관성 면에서 빌을 제외한 취리히의 작업보다 덜 경직되고 독단적인 양상을 보인다." Jost Hochuli, 『Book Design in Switzerland』, Pro Helvetia, 1993.

13. 독일 출신 타이포그래퍼이자 일러스트레이터, 북 디자이너였다. 문자 및 타이포그래피에 대한 다수의 저서를 남겼으며, 전후 시대 독일의 대표적인 북 디자이너 가운데 한 명으로 꼽힌다.

14. J. C. Bürkle, H. P. Willberg, R. Kinross, J. Hochuli, 『Jost Hochuli: Printed Matter, Mainly Books』, Niggli, 2002, p.33.

취리히에 있으면 스위스 타이포그래피의 독단주의적 블랙홀에 말려드는 것이다. 질문을 허용하지 않는 엄숙주의와 독단주의가 팽배했다. 하지만 호훌리에게는 다행히도 이 블랙홀로부터 거리를 둘 수 있었던 몇 가지 요인이 있었다. 첫째, 장크트갈렌이라는 지역에 따른 지리적 그리고 심리적 거리 두기였다. 둘째, 루돌프 호스테틀러Rudolf Hostettler와의 만남이었다.

장크트갈렌은 빌베르크가 설명하듯 호훌리 디자인의 출발점이자 지향점이다. 호훌리는 그곳에서 태어나 유년 시절을 보냈다. 이후 취리히와 파리에서 잠시 수학한 시간을 제외하면 장크트갈렌에서만 살았고, 또 살고 있는 장크트갈렌 토박이다. 유네스코 세계유산인 장크트갈렌수도원도서관Stiftsbibliothek St. Gallen이 있으며, 제1차 세계대전 전까지는 섬유 산업으로 상당한 부를 축적한 곳이기도 하다. 호훌리를 장크트갈렌과 떼어 놓고 생각할 수 없을 정도로, 그는 스위스 타이포그래피를 대변하는 인물이기보다는 독자적 장크트갈렌 타이포그래피를 일궈나가는 인물이라고 보는 것이 타당할 것이다. 그도 그럴 것이 그에게 디자인적 전환점이 된 호스테틀러와의 만남 또한 장크트갈렌에서 실현되었기 때문이다.

장크트갈렌미술공예학교Kunstgewerbeschule St. Gallen에서 그래픽 디자이너 과정을 수학한 뒤 호훌리가 일을 시작한 곳은 장크트갈렌에 있는 유서 깊은 인쇄소 졸리코퍼Zollikofer[15]였다. 1954년, 그러니까 스물하나에 호훌리는 여기서 인쇄소 견습생으로 일을 시작했고, 이때 그에게는 타이포그래피적 전환점이라고 일컬을 수 있는 호스테틀러와의 만남이 이뤄졌다. 호훌리는 회상한다. "그 당시는 스위스 타이포그래피가 정점에 달했을 때였어요. 호스테틀러는

15. 1789년 설립된 인쇄소로, 1803년 이후로 신문, 잡지, 책을 꾸준히 인쇄했으며, 후반에는 출판을 병행하기도 했다. 지금은 스위스 미디어 그룹 링기어Ringier 소속이다.

잡지 《TMTypographische Monatsblätter》의 편집장이었어요. 《TM》은 에밀 루더Emil Ruder의 영향력이 크게 작용한 매체였는데, 호스테틀러는 루더와 매우 가까운 사이였죠. 호스테틀러도 사실상 모더니스트였습니다. 그 당시 젊었던 저는 그래픽 디자인만 알았어요. 그리고 얀 치홀트는 모더니즘을 배신한 사람 정도로만 알고 있었어요. 그게 바로 에밀 루더가 만들어낸 세계이기도 했죠."

일종의 주류 디자인이라고 할 수 있었던 당시 스위스 그래픽 디자인에 대한 질문은 이후 호훌리에게 하나의 과제가 되었다. 그런 그에게 디자인적 전환이 이뤄진 것은 몇 년 뒤였다. 파리에서 에이드리언 프루티거Adrian Frutiger 밑에 들어가 레터링을 더 공부한 호훌리는 장크트갈렌으로 돌아와 프리랜스 그래픽 디자이너로 활동하기 시작한다. 이때 그가 의뢰받은 것은 의학 관련 북 디자인이었다. 그런데 그 당시 방법론적 대세였던 스위스 타이포그래피로는 그 책을 디자인하는 것이 불가능했다. 적어도 호훌리에게는. 그는 호스테틀러를 찾아가 고민을 털어놨다. "아직도 선명하게 기억이 나요. 그는 부드러운 미소를 지으면서 서랍에서 출판사 한스후버Verlag Hans Huber를 위해 디자인한 의학 관련 책을 꺼내는 거였어요. 책들은 모두 전통적 타이포그래피 방식인 대칭적 디자인으로 되어 있었어요." 치홀트를 모더니즘의 배신자로 이해했고, 비대칭적 타이포그래피만이 유일한 방법론이었다고 생각했던 그에게 호스테틀러의 대칭적 디자인은 충격에 가까웠다. 더더욱 놀라운 것은 호스테틀러가 당시 분위기를 의식해 그 북 디자인을 그동안 공개하지 않았다는 점이다. "요스트, 넌 루더같이 할 수 없어. 스스로 생각해야 해. 치홀트도, 루더도 다 좋아. 하지만 결정은 네가 하는 거야." 이후 호훌리는 한동안 북 디자인에서 손을 뗐다.

하지만 궁극적으로 그것은 타이포그래피 역사에 하나의 사건이 되었다. "세계 타이포그래피 지도에 바젤과 취리히는 당연히 존재하지만, 장크트갈렌은 그렇지 못하다. 아니, 호스테틀러와 호훌리가 없었더라면 장크트갈렌은 세계 타이포그래피 지도에 모습을 드러내지 못했을 것이다."[16] 로빈 킨로스의 이 한마디는 스위스 타이포그래피의 '분화'가 지니는 상징적 의미를 압축적으로 말해주고 있다.

장크트갈렌 디자인의 출현

요약하자면 이렇다. 바우하우스와 러시아 구성주의 디자인, 그리고 이들의 글자체와 지면에 대한 모더니즘적 접근은 치홀트를 중심으로 좀 더 대중적인 영역 안에서 '새로운 타이포그래피'란 이름으로 전개되었다. 치홀트는 아방가르드 미술의 영향을 받으면서 모던 디자인의 신봉자로서의 자신의 위치를 1927년 『새로운 타이포그래피Die Neue Typographie』 출간과 함께 확고하게 다진다. 그의 비대칭적 타이포그래피, 산세리프 및 표준 규격 종이 사용 등에 대한 옹호는 기능주의와 합리주의, 그리고 보편적 소통을 최우선으로 한 모더니즘적 철학의 시각적 대응물이었다. 이런 치홀트의 사고는 그가 나치의 탄압을 피해 1933년 스위스 바젤로 가게 되면서 스위스 그래픽 디자이너들 사이에 수용된다. 그리고 이는 1950년대 후반 만개하게 되는 스위스 타이포그래피의 씨앗이 된다.

흥미로운 것은 막상 스위스 타이포그래피가 위세를 떨칠 때 치홀트의 디자인관은 다시금 전통주의적인 디자인관으로 회귀해 버렸다는 점이다. 위키백과의 한 문장이 전하듯 "얀 치홀트가 모더니즘적 원리를 버렸다는 것은 그가 전쟁 이후 스위스에서 살았음에도 스위스 타이포그래피 스타일의 중심에 서 있지 않았음을 의

16. Robin Kinross, 「Jost Hochuli in English Perspective」, 『Jost Hochuli: Printed Matter, Mainly Books』, Niggli, 2002, p.76.

미한다." 다시 말해, 씨를 뿌린 농부는 씨만 뿌렸을 뿐 막상 이를 경작하고, 궁극에 이를 통해 부와 명성을 누린 자들은 달랐다는 것이다. 여기서 치홀트의 변화된, 전통주의적 디자인관은 새로운 곳에서 싹을 틔운다. 영국과 스위스 장크트갈렌이 바로 그곳이다.

널리 알려졌듯 치홀트는 1937년과 1947년 두 차례에 걸쳐 영국으로 건너갔다. 그리고 두 번째 방문에서는 500권에 이르는 펭귄북스Penguin Books의 문고판 디자인을 책임지게 되었다. 이때 이미 그는 대칭적인 타이포그래피의 독단성을 버리고 각각의 책에 유연하게 접근하면서 그에 어울리는 디자인 어법을 찾고자 고심했다. 동시에 치홀트의 이런 사고 또는 모더니즘에 대한 '변절'은 당시 스위스에서도 디자인 변방이었던 장크트갈렌에서 도피처를 찾는다.[17] "치홀트가 호소한 '내가 가장 좋다고 생각하는 방식으로 일할 수 있는 권리', 그것이 '새롭게 부활한 전통주의적 타이포그래피'든 '기능주의 타이포그래피'든 그래픽 디자이너 커뮤니티에서는 무시당했지만 북 디자이너들 사이에서, 무엇보다 취리히에서 동쪽으로 50마일 떨어진 작은 도시인 장크트갈렌에서 뿌리내리게 된다."[18] 폴 쇼가 쓴 이 글에서도 알 수 있듯 장크트갈렌은 얀 치홀트의 유연한 사고가 자리를 잡은 곳이었다. 그리고 이를 수용한 인물이 장크트갈렌 출신 호스테틀러였다.

호스테틀러는 에밀 루더 등과의 친분이 있었음에도, 앞선 호훌리와의 일화에서도 볼 수 있듯 주류 디자인에 대한 의구심을 갖고 새로운 방법론을 모색하고 질문한 인물이었다. 무엇보다 치홀

17. 호훌리가 오늘날 스위스의 전통적 타이포그래피 맥락보다는 로빈 킨로스와 홀리스와 함께 좀 더 깊은 친분을 나누고 있다는 사실은 이런 공유된 역사적 의식에서 비롯되었다고 볼 수 있다.
18. Paul Shaw, 「Sixty Years of Book Design at St. Gallen, Switzerland」, www.printmag.com/design-inspiration/sixty-years-of-book-design-at-st-gallen-switzerland/, June 27, 2011.

트의 유연한 사고관과 북 디자인, 즉 독자의 읽기 행위가 우선시되어야 한다는 태도가 수용되었다. "치홀트를 따른 장크트갈렌의 디자인 태도는 책이란 무엇보다 읽기를 위한 것이었다는 점이다. 그러므로 디자인보다 중요한 것은 내용이었다. 내용에 따라 디자인은 대칭적(전통적)이거나 비대칭적이거나, 또는 이 두 가지 양식의 혼합이 될 수 있다. 글자체 또한 세리프나 산세리프, 또는 두 가지를 모두 사용할 수 있다." 바로 이 대목에서 장크트갈렌 디자인의 특징이 드러난다. 독단과 폐쇄로 치달을 수 있는 교조주의적 양식주의를 거부하는 태도로서 내용에 따른 가장 최적화된 디자인을 따른다는 것이 장크트갈렌 디자인이다.

호훌리는 이런 장크트갈렌 디자인에 상징적 인물로 자리매김했다. 장크트갈렌 디자인 양식을 잉태한 인물로 거론되는 호스테틀러의 이중적 입지는 오히려 호훌리에게 좀 더 뚜렷하게 스위스 타이포그래피와 선을 긋는 계기가 되었다. 막스 빌과 얀 치홀트 간에 논쟁[19]이 오고 갈 때 호스테틀러는 장크트갈렌에 머무르며《슈바이처 그라피셰 미타일룽겐Schweizer Graphische Mitteilungen, SGM》을 거쳐《TM》과《레뷰 스위스 드 램프리메리Revue Suisse de l'Imprimérie》의 편집장을 맡았다. 스위스 타이포그래피를 전 세계에 알리는 데 큰 역할을 한 이 매체의 편집장으로서 호스테틀러가 전통적 타이포그래피에 입각한 북 디자인 또한 동시에 전개해나갔다는 사실은 상당히 흥미롭다.[20] 호스테틀러는 사실상 장크트갈렌 디자인의 성

19. 막스 빌은 1946년 잡지《SGM》에 수록된 글「타이포그래피에 관하여Über Typografie」에서 얀 치홀트의 전통주의 타이포그래피를 강도 높게 공격했다. 반면, 치홀트는 같은 해 같은 잡지에 수록된 글「믿음과 현실Glaube und Wirklichkeit」에서 다음과 같이 주장했다. "새로운 타이포그래피는 여전히 대세지만 오로지 광고와 기관 디자인에 어울리는 것으로 입증되었다. 책, 특히 문학과 관련된 디자인에서 새로운 타이포그래피는 적절하지 않은 양식이다." 그러나 궁극에 국제주의 타이포그래피라고 불리는 스위스 디자인은 사실상 빌의 견해를 좀 더 적극적으로 수용해나갔다.

20. 엄밀하게 말해 호스테틀러는 이중 노선을 걸었다고 할 수 있다. 헤르만

장판 역할을 했다는 데 그 의미가 있다.

디자인 양식 또는 스타일은 궁극적으로 하나의 이미지다. 그래서 어떤 양식이 한 시대를 지배하란 법은 없다. 누구에게 양식이란 기득권을 유지하는 것일 수도 또는 그 기득권에 저항하기 위해 만들어낸 또 하나의 양식적 무기일 수도 있다. 궁극에 양식이란 기득권 싸움이다. 호훌리는 그로부터 오히려 벗어나고자 한다. 바로 이 지점에서 그가 내용에 집중할 수밖에 없는 이유가 드러난다. 그는 말한다. "모든 것을 그리드 시스템 안으로 강요할 순 없다. 다른 것과 마찬가지로 책과 관련한 타이포그래피에서 딱딱한 형식주의적 이데올로기보다 중요한 것은 지성과 세심한 감성이다."[21]

튀포트론과 알레그라

우르술라 호훌리가 손수 요리한 맛난 점심을 내놓는다. 점심 대화에 디자인은 끼어들지 않는다. 식사 후 호훌리는 내게 양해를 구한다. 점심을 먹고 나면 30분 정도 짧은 수면을 취하는 것이 그의 일과 가운데 하나라 했다. 그는 나를 거실 한 층 아래 있는 자신의 작업실로 안내했고, 곧 다시 보자며 날 그곳에 홀로 놓고 사라졌다.

그의 작업실은 중앙 정렬 구조였다. 문을 열고 들어서면 정면에는 한쪽 벽면을 가득 채운 통유리가 있고, 그 너머엔 잔디밭이 보인다. 작업실 내부 통유리 앞엔 벽을 따라 테이블이 놓여 있다. 작업실로 들어서는 초입에 위치한 작업대 한 곳엔 도제용 샤프가 열 개 이상 놓여 있다. 디지털 매체가 아닌 손의 감각에 여전히 의존하고 있는 그의 일면을 볼 수 있는 상징적 지표였다.

호훌리는 전한다. "예전에 제 목표는 북 디자이너이자 글자체

슈트렐러Hermann Strehler와 함께 세운 임프린트 SGM 북스SGM Books에서 그는 전통주의 타이포그래피에 입각한 북 디자인을 전개했다.

21. Jost Hochuli, 『Book design in Switzerland』, Pro Helvetia, 1993, p.64.

디자이너였죠. 북 디자이너는 40대에 달성했어요. 그런데 활자 디자이너는 되지 못했죠. 지금 '알레그라Allegra'라는 글자체[22]를 만들고 있어요." 그러면서 그는 프루티거와의 일화를 전해준다. 자신이 열심히 그린 글자체를 디자인해서 프루티거에게 전달했지만 제대로 전달되지 않아 실망했다는 이야기. 이제 뒤늦게 글자체 디자이너로서의 꿈을 실현하고 있는 단계에 와 있다. 무엇보다 그의 주변에 있는 제자들이 큰 도움이 되고 있다. 그들의 도움을 받아 자신이 예전에 그린 글자체를 디지털화하는 중이라고 한다. 동시에 그는 책을 꾸준히 디자인하고 있다. 그의 북 디자인에서 가장 주목할 작업은 비영리 출판사 VGSVerlagsgemeinschaft St. Gallen, 장크트갈렌출판협회
에서 나온 고객을 위한 작은 판형의 시리즈물 '튀포트론Typotron'이 234~237
다. 그는 25년 동안 이 출판사의 대표였으며, 장크트갈렌 지역 문화의 표본이 될 만한 소재를 출판했다. "우리가 집중하는 것은 장크트갈렌 현지local의 것과 지역적regional인 요소입니다. 처음 시작은 헤르베르트 매더르Herbert Maeder[23]가 장크트갈렌 시의 주문으로 뤼틀리라는 지역에 있는 오래된 가스 시설물을 사진으로 기록하면서부터죠. 이후에는 우물, 골목길, 공원 등을 소재로 한 책이 이어졌죠. 일종의 공동체가 만들어지고, 1979년에 우리는 VGS를 법인

---

22. 호흘리가 제자 롤란트 슈티거Roland Stieger와 요나스 니더만Jonas Niedermann의 도움을 받아 디자인하고 제작한 산세리프 계열 글자체. 2013년 출시되었으며, 총 열세 개의 자족으로 구성되어 있다. 이름인 '알레그라'는 스위스에서 사용되는 네 가지 공용어 가운데 하나인 레토로만어로, '안녕하세요'라는 뜻을 지닌 인사말이다. 글자체 이름에서도 동스위스에 대한 호흘리의 자부심과 강한 애착이 엿보인다. 레토로만어는 스위스 동남부에 위치한 그라운뷘덴Graubünden 주에서 사용되는, 4만여 명의 소수 스위스인이 사용하는 방언이다. 롤란트 슈티거는 레드닷 수상작이기도 한 튀포트론 29호인 『세 개의 연못Drei Weieren』(2011)에 이 글자체를 적용시키기도 했다.
23. 스위스 출신의 사진가이자 정치인. 특히, 동스위스 지역의 풍경과 사람에 관한 작품들이 많다. 1991년에는 장크트갈렌주립도서관과 장크트갈렌미술협회 주최로 그의 사진 회고전이 열리기도 했다. 위키백과 참고.

으로 출범했습니다." 그것은 하나의 작은 북 클럽이기도 했다. 마생이 활동한 북 클럽에 견줄 바가 아니지만, VGS는 나름대로 지역을 기반으로 한 특색 있는 출판 문화를 꾸려나간 것이다. 매년 한 권의 책자가 만들어지면 후원자를 초대하는 환영회가 열린다. 튀포트론은 이 자리에서 후원자들에게 무료로 나눠주는 답례품 시리즈였다. 지역의 소소한 문화를 발굴해 재정적 지원을 아끼지 않는 후원자에게 다시 책으로 답례하는 문화는 아직 한국에서는 상상하기 어려운 문화다.

호훌리는 1998년을 기점으로 튀포트론 시리즈 북 디자인을
238~241 끝냈다. VGS에서 새로운 인쇄업자와의 인연으로 시리즈 에디치온
오스트슈바이츠Edition Ostschweiz를 시작했다. 그리고 튀포트론의 연장선이라 할 수 있는 책자를 계속 만들고 있다. 그의 역할은 단순히 디자인에서 끝나지 않고 기획과 편집 등을 모두 아우른다. VGS의 에디치온 오스트슈바이츠는 소량 제작되며 급변해가는 세계정세와는 동떨어진 내용을 담고 있다. 호훌리가 기획하고 디자인한 일련의 책을 보면, 세계보다는 장크트갈렌의 토양과 문화, 그리고 기후가 보이고 읽힌다. 그 만듦의 모양새가 매우 세밀하고 정갈해 우리에게는 그토록 낯설기만 한 장크트갈렌과 그 주변 문화에 관심을 갖도록 이끈다. 꾸미지 않은 단아함 속에서 책과 텍스트를 읽도록 만드는 힘이 호훌리 북 디자인, 그리고 장크트갈렌 북 디자인에 숨어 있는 것이다.

248 그가 직접 쓴 『마이크로 타이포그래피Das Detail in der Typogra-fie』
250 (1987)와 『책 디자인하기Bücher Machen』(1989)[24] 외에도 그다지 알려지
지 않은 『스위스의 북 디자인』까지. 얼핏 보면 그의 북 디자인은 모

24. 1989년 아그파Agfa에서 독일어 초판본이 나왔고, 1990년 하이픈 프레스에서 영문판이 출간되었다. 영문판은 현재 절판되었으며, 독일어판은 VGS에서 1996년에 재발행되었다.

던 디자인의 조류와 같은 선상에 서 있는 듯하다. 하지만 좀 더 세밀하게 들여다보라. 스위스 타이포그래피에서 발견하게 되는, 특히 취리히 중심의 절대주의적 양식에서 찾아볼 수 없는 유연함과 열린 태도가 읽힌다. 그의 북 디자인은 소장하고 싶은 욕구와 소장을 넘어서서 읽고 싶게끔 만드는 욕구를 돋운다. 첫째 욕구를 돋우는 책은 많지만, 둘째는 드물다. 그것은 글자체와 글줄 사이, 레이아웃, 판형, 제본 등 여러 제반 요소가 함께 화하지 않으면 만들어낼 수 없는 것이다. 호훌리 북 디자인이 지니는 힘은 바로 이 점이다. 보고 소장하는 것이 아닌, 책을 읽도록 만드는 힘. 로빈 킨로스는 말했다. "호훌리는 디자이너들에게 스스로 생각하기를 촉구했다. 어떻게든 독창적으로 보이기 위해서가 (대부분 이는 의도와는 반대로 지루한 모방을 낳고야 만다.) 아니라 스스로 생각하는 것이야말로 도그마가 지니는 폭압에 저항하는 유일한 방법이기 때문이다. … 호훌리의 미덕은 좋은 작업을 위해 요구되는 일련의 원리를 상실하지 않고서도 매사에 유연하게 반응해나갈 수 있다는 점에 있다."[25]

"이제 우르술라와 수영하러 갈 거예요. 그 시간이 가장 평온해요. 생각을 정리할 수 있어요." 장크트갈렌 역으로 나를 배웅해주면서 그가 차 안에서 말한다. 바쁘다고는 하지만, 녹음 짙은 장크트갈렌 주변에서 그는 오늘의 젊은 디자이너들이 누릴 수 없는 부와 여유를 만끽하고 있는 듯했다. 하지만 이런 태도는 그가 철저하게 주류와 담을 쌓아온 방식에서 비롯된 것이리라. 그와 장크트갈렌 디자인은 주류와 비주류의 신경전 속에서 어느 순간 비주류가 주류의 모습을 답습하는 일방통행 식의 역사 전개에 편입되지 않는다. 호훌리가 걸어온 길과 그로 대변될 수 있는 장크트갈렌 디자인은

25. Robin Kinross, 「Jost Hochuli in English Perspective」. 『Jost Hochuli: Printed Matter, Mainly Books』. Niggli, 2002. p.74.

철저하게 어떤 대세와 비타협적이다. 그리고 그것은 다양성의 문제이자 선택의 폭을 넓혀주는 행동이자 사고이다. 이제 그의 제자인 롤란트 슈티거Roland Stieger와 가스통 이소즈Gaston Isoz 등이 각각 장크트갈렌과 베를린에서 호흘리의 디자인과 생각을 계승해나가고 있는 중이다. 호훌리를 비롯한 그의 제자들이 다층적 풍경을 제공해준다는 점에서 이들의 존재는 세계 그래픽 디자인계에 분명 하나의 축복이다.

리처드 홀리스 Richard Hollis

유연한 모더니즘

영국적 이미지

“저는 아무도 못 말리는 영국 예찬가라서 그래픽 디자인 분야는 고사하고, 영국적인 것이라면 뭐라도 흠을 잡기가 힘들어요. 저는 《펀치Punch》와 오래된 만화 『자일스Giles』의 합본호를 사 모았던 아버지 밑에서 자랐어요. 영국 잡화점 부츠Boots나 웨이트로스Waitrose에서 나온 모든 상품에 중독됐고, 오래전, 이걸 밝히면 제 나이가 드러나겠지만, 우리 자매와 어머니는 비바Biba 패션에 완전히 빠져 있었죠. 그리고 웰컴인스티튜트Wellcome Institute는 말할 것도 없고요. 무엇보다, 길 산스Gill Sans가 공식 글자체인 국가를 어떻게 비판하겠어요?”[26]

에이드리언 쇼네시Adrian Shaughnessy가 쓴 『그래픽 디자인 사용 설명서Graphic Design: A User's Manual』(2009)에 수록된 ‘영국 디자인’ 항목에는 미국 디자이너 제시카 헬펀드Jessica Helfand의 말이 인용되어 있다. 한국에 사는 우리는 그녀가 열거하는 영국의 문화 상품을 일일이 알 수도 없지만, 설사 안다고 한들 그녀의 찬사에 무조건 동조하기도 어렵다. 그럼에도 영국 그래픽 디자인과 시각 문화에 관한 그녀의 호들갑에 대해서는 이 책을 읽는 한국 독자 대다수는 어느 정도 수긍할 것이다. 그래픽 디자인 전공자가 아니어도 패션, 음

---

26. 에이드리언 쇼네시, 전가경·이소요 옮김, 『그래픽 디자인 사용 설명서Graphic Design: A User's Manual』, 세미콜론, 2015년, 67쪽.

악, 건축, 문학, 미술 등 광범위한 문화 영역에서 전통적이고도 현대적인 혼성의 매력을 빚어내는 '영국의' 문화 상품에는 익숙하기 때문이다. 무엇보다 엄격하고 보수적인 왕실 국가의 이미지를 구축하면서도 펑크 문화에서 볼 수 있듯 진보적이고 저항적인 문화를 극단적으로 표출해나간 모순된 양면성은 영국의 성공적인 문화적 자산이라고도 할 만하다. 오늘의 '대영 제국'이 실업난과 경제 불황에 몸 사리고 있다 한들, 광범위한 분야에서 영국이 보여준 '해가 지지 않는 나라'라는 이미지의 아우라만큼은 쉽게 희석되지 않을 것이다. 영국이 매력적이고, 그래서 그 이미지에 동반되는 영국의 디자인은 한층 더 매력적일 수밖에 없는 이유다.

하지만 이 매력은 온갖 다양한 매체가 우리 안에 무의식적으로 그려나간 이미지이자 이로 인해 구성된 지도다. 지도의 구체적 윤곽선을 따라가 보자. 그곳에는 영국의 그래픽 디자인이 자리해 있고, 표면에서는 읽어낼 수 없는 뒤엉킨 상흔이 뒹굴고 있다. 그 상흔이란 제2차 세계대전이다. 전쟁을 전후로 영국의 그래픽 디자인은 명과 암이 뒤바뀌기도 했지만, 역설적으로 그 전환은 또 하나의 창조적 에너지원이 되기도 했다. 우리는 지도에 그려진 윤곽만을 영국이라 알고 있었을 뿐이다. 윤곽 너머의 이야기로 들어가지 않는 한 영국 그래픽 디자인의 실체는 여러 의미가 겹겹이 붙어 있는 비대한 기호에 불과하다.

그랜드 투어

섬나라 영국은 인쇄와 활자 디자인에서 오랜 전통을 갖추고 있었다. 18세기 글자체 캐슬론Caslon을 주조한 윌리엄 캐슬론William Caslon은 영국 타이포그래피의 주춧돌 역할을 했으며, 배스커빌Baskerville을 비롯해 에릭 길Eric Gill, 스탠리 모리슨Stanley Morison 등으로 이어지는 로만체 발달사는 서양 타이포그래피 역사에 뚜렷한 족적을 남겼다. 윌리엄 모리스William Morris의 미술공예운동과 앨런 레인Allan Lane이 정착시킨 양질의 대중서 보급은 영국이 공헌한 출판 디자인과 책의 역사이기도 하다. 하지만 영국의 미술공예운동이 바우하우스와 모던 디자인의 단초가 되었음에도, 정작 영국은 20세기 초중반 유럽 대륙의 시공간을 전혀 다른 모습으로 팽창시켜나갔던 모던 디자인과는 상대적으로 동떨어진 공간이었다. 당연히 그 모습은 몇몇 영국인들에게 폐쇄적이고 보수적으로 보일 수밖에 없었다. 제2차 세계대전이라는 암흑의 터널을 막 헤쳐 나왔을 때 영국인이 느꼈을 고립감은 확대되었다. 영국은 그야말로 그래픽적 섬이었다.[27]

영국의 저명한 디자인 저술가이자 북 디자이너 리처드 홀리스에게 전후 시대 영국의 그래픽 풍경은 새로운 수혈이 필요했다. 대륙, 특히 독일과 스위스에서 강한 전파력을 타며 그래픽의 풍경을 새롭게 채색해나가고 있는 얀 치홀트와 그의 새로운 타이포그래피는 몇몇 영국 디자이너에게만 국한된 이슈였을 뿐이다.

홀리스는 1934년생으로, 제2차 세계대전이 종결된 후 윔블던에 위치한 첼시스쿨오브아트Chelsea School of Art에서 미술 공예 과정을 밟았다. 하지만 그는 곧 학교 수업 과정이 지나치게 전통주의적이라는 생각에 1957년 자퇴한다. 자퇴로 인한 공백은 실크스크린 등 인쇄 기술 훈련과 습득의 시간으로 채웠고, 센트럴스쿨오브아트앤드크래프트Central School of Arts and Crafts에서 제공하는 타이포그래피 야간 강좌를 수강했다. 리처드 홀리스가 회고하기를 "(이곳이야말로) 영국에서 유일하게 모던 타이포그래피를 공부할 수 있었던 곳이다. 허버트 스펜서Herbert Spencer와 에드워드 라이트Edward

27. 전후 시대의 영국 그래픽 디자인에 대해 더 자세하게 알고 싶으면 다음 책을 추천한다. Paul Stiff(ed.), 『Typography Papers 8: Modern Typography in Britain: Graphic Design, Politics, and Society』, Hyphen Press, 2009.

Wright[28]가 그곳에서 가르쳤다. 하지만 나를 교육한 건 도서관이었다. 왜냐하면 그곳엔 내가 이전에 한 번도 본 적 없는 책이 있었기 때문이다. 바우하우스의 책들이나 폴 랜드Paul Rand의 『디자인이란 무엇인가Thoughts on Design』(1947) 같은 책 말이다." 모더니즘에 이렇게 경도된 홀리스는 결국 1958년 취리히로 떠났다. 그의 책 『스위
284 스 그래픽 디자인Swiss Graphic Design』(2006)[29] 의 붉은색 하드 커버를 열면 등장하는 머리말에는 그가 처음 본 취리히의 모습이 생생하게 기록되어 있다.

"1958년 취리히 기차역에서 내리자 마치 아방가르드 전시장을 걷는 듯한 느낌이 들었다. 취리히 중앙역에는 플랫폼 위를 가로질러 설치돼 있는 담배 광고판이 있었다. 이것은 흡연자들의 머리와 상체, 그리고 그들의 웃는 얼굴을 담은 흑백 사진이었다. 이것과 붙어 있는 검은색 판넬에는 '튀르마크Trumac'라는 동양풍의 적색 대문자 담배 로고가 크게 써 있고, 나머지 문안은 작은 일반적인 산세리프체로 디자인돼 있었다." 스물넷의 홀리스는 그렇게 처음 스위스에 발을 디뎠다.

1950–1960년대 많은 영국 디자이너에게 스위스는 일종의 그래픽 성지였다. 로빈 킨로스가 '그랜드 투어Grand Tour'라 명한 이 '성지 순례'에 1934년생인 젊은 홀리스 또한 동참하지 않을 수 없었다. 그는 당시 기하학적이고 수학적인 추상회화에 이끌렸고, 개념 미술 작가이자 그래픽 디자이너로 활동하고 있던 스위스의 리하르트 파울 로제Richard Paul Lohse를 찾아가는 중이었다. 하지만 자신이 기하학적 미술에는 재능이 없음을 이내 깨닫고 그래픽 디자인으로

28. 영국의 화가이자 타이포그래퍼. 1958년 런던에서 열린 전시 〈이것이 내일이다This is Tomorrow〉의 카탈로그를 디자인하고, 영국의 디자이너 켄 갈랜드Ken Garland의 선언문 「중요한 것 먼저First Things First」(1963)에 서명한 인물 가운데 한 명이었다. 위키백과 참고.

29. 리처드 홀리스, 박효신 옮김, 『스위스 그래픽 디자인』, 세미콜론, 2007년.

눈을 돌렸다. 1960년대 초 파리로 건너간 홀리스는 그래픽 디자이너로 활동했다. 그리고 1964년, 노먼 포터Norman Potter의 권유로 영국으로 돌아갔다. 포터의 표현에 따르면 "영국 브리스틀에 새로운 바우하우스를 설립"하는 것이 이유였다. 웨스트잉글랜드예술대학West of England College of Art의 공동 설립은 그렇게 이뤄졌고, 홀리스는 1964년부터 1967년까지 이 학교의 그래픽 부서 학과장을 역임하면서 앤서니 프로스하우그Anthony Froshaug, 제르마노 파세티Germano Facetti, 에드워드 라이트, 에밀 루더 등 당대 모더니스트를 학교에 초청했다. 그곳은 영국의 바우하우스를 꿈꾸는 영국 모더니즘의 진원지였다. 그리고 당시 홀리스는 전형적 스위스 모더니스트의 옷을 두껍게 껴입은 영국인이었다.

하지만 홀리스는 1960년대 말에 가서 대륙에서 수입해온 스위스 모더니즘 언어의 옷을 벗기 시작한다. 1933년생인 호홀리에게 그랬듯 홀리스 또한 1960년대 국제주의 타이포그래피라는 깃발은 당대 그래픽 표현물을 대변할 수 있는 온전한 상징이 될 수 없었던 것이다. 1960년대 후반, 홀리스의 작업에 우리가 주목해야 할 이유다. 그리고 이 시기는 그래픽 디자인 전반에 걸쳐 모더니즘 언어와 이를 조형적 표상으로 했던 '세계관'에 대한 회의와 반성이 일어나는 시점이기도 했다.

혼용의 미학

1960년대 초반 파리 라파예트La Fayette백화점, 문학 잡지 《MPT 256
Modern Poetry in Translation》 디자이너로 활동하기 시작한 홀리스는 1967년까지 웨스트잉글랜드예술대학에서, 1970년까지는 센트럴스쿨오브아트앤드크래프트에서 그래픽 디자인을 가르치며 강의에도 전념했다. 게다가 그는 오늘날까지 여러 그래픽 디자인 관련 글을 쓴 저술가이자 디자인 역사에 대한 해박하고도 냉철한 지식을 자랑하는 디자인 역사학자기도 하다. 이런 그의 활동 이력 때문에 그를 단순히 '디자이너'로 규정하기가 쉽지 않다. 홀리스의 타이포그래피가 그렇듯이, 그의 활동에는 하나의 키워드로 추출할 수 있는 명료함이 존재하기보다는 혼성 그 자체에 그만의 특이점이 있다고 해야 할 것이다.

그의 디자인 작업을 보면 모던 디자인을 자기만의 언어 또는 대륙과는 다른 성질로 조율해나간 모습이 보인다. 스위스 모더니즘의 편집증적 강박이 지나친 곳에서는 나사를 조금 풀어버렸고, 전통적인 과거에 안주해 있는 영국적 타이포그래피에 관해선 모더니즘의 나사를 좀 더 조여버렸다. 그 결과 그의 인쇄물엔 대칭과 비대칭의 혼성이 흥미롭게 드러난다. 이와 관련해서는 킨로스가 카럴 마르텐스를 논한 1993년 잡지 《아이eye》 기고문을 참고할 만하다. 그는 이 글에서 홀리스의 본문 조판을 마르텐스의 그것과 비교하며 다음과 같이 말한 바 있다. "실제로 홀리스와 마르텐스의 경로는 매우 유사한 형태를 보이는데, 특히 건조한 기하 추상에서 출발해 더욱 풍부하고, 유연하고, 그럼에도 뚜렷이 현대적인 접근 방식으로 이행하는 모습이 그렇다. 좀 더 까다로운 논문을 각오한다면, 1965년에서 1993년 사이 마르텐스와 홀리스의 타이포그래피에서 나타나듯, 본문 들여짜기를 사회적, 정치적 변화와 연관해 연구하는 작업에도 도전할 만하겠다."[30]

1960년대 스위스 모더니즘의 금욕적인 도그마로부터 심리적, 지리적 거리를 취할 수 있었던 홀리스와 마르텐스는 모더니즘에 대한 한층 더 유연한 감각을 발휘할 수 있었던 것이다. 이는 스튜어트 베일리Stuart Bailey가 '홀리시안Hollisian'으로 부를 만큼 독특한 홀

30. 최성민·최슬기, 『불완전하고 불공평한 네덜란드 디자인 여행』, 안그라픽스, 2008년, 42쪽.

리스만의 디자인 방법론으로도 해석할 수 있다. 하지만 그것은 개인의 특이점이기보다는, 유럽 대륙의 모더니즘과 팽팽한 평행선을 그어나갔던 영국적 상황이 잉태한 자연스러운 모더니즘 변종으로 보는 게 더 타당할 것이다. 영국 내 정치적 정황과 결부된 상징 언어로서의 모던 디자인은 홀리스뿐 아니라 다시 사회 운동가로서 활발하게 활동했던 로빈 피오르Robin Fior의 작업에서도 발견할 수 있는 특이점이기 때문이다. 홀리스의 몇 가지 사례를 보자.

68 혁명의 해인 1968년, 홀리스는 미술 디자인 교육 탄압에 관
한 포스터 〈MORADE Movement for Rethinking Art & Design Education, 미 260
술디자인교육재고운동〉를 디자인했다. 이 포스터는 홀리스 타이포그래피의 특징(그의 북 디자인에서 빈번하게 나타나는 특징이기도 하다.)을 가장 극명하게 보여주는 사례라 할 수 있다. 〈MORADE〉에서 홀리스는 각 문장에 다른 들여쓰기를 적용했고, 가운데 정렬과 비대칭이 유연하게 뒤섞인 조판을 감행했다. 상단과 하단으로 분리된 이 포스터에서 타이포그래피는 붉은색의 '더하기' 기호와 검은색의 '빼기' 기호를 통해 일차적으로는 중앙 정렬의 형식을 취하고 있다. 하지만 이를 중심으로 그는 왼쪽과 오른쪽으로 유연하게 들어가고 나가는 비대칭적 타이포그래피를 적용시켰다. 그리고 여기에 모노타입Monotype의 글자체 산스 150Sans 150을 다양한 크기로 적용시켜 강조할 지점을 시각화했다. 결과적으로 깔끔하게 재단된 타이포그래피가 아닌, 혼용을 통한 대비와 역동의 화면이 만들어졌다.

제목 글자나 상징적인 기호는 가운데로 배치하고 긴 텍스트와
설명 문구는 넓은 들여쓰기로 배치한 사례는 잡지 《MPT》 디자인 256
이나 홀리스가 아트 디렉터로 일한 플루토프레스Pluto Press[31]의 북

31. 1969년 런던에 설립된 사회주의 계열의 독립 출판사. 1970년대에는 국제 사회주의자International Socialist와의 연대 속에서 정치적 논쟁과 운동을 개진해나갔다. 노동 계급, 여성 인권, 마르크시즘 등을 다룬 서적을 출판했으며,

278~279 디자인에서도 지속적으로 나타났다. 이런 타이포그래피 운영은 지면에 여러 레이어가 거칠게 형성되면서 풍성한 질감을 만든다. 급진적인 사회주의 운동에 적절히 부합하는 역동적인 타이포그래피였던 것이다.

262~265 홀리스의 유연한 타이포그래피가 특징적으로 드러난 또 하나의 사례는 두 시기에 걸쳐 진행되었던 화이트채플갤러리Whitechapel Gallery와의 협업이었다. 홀리스는 두 시기, 그러니까 1970년에서 1972년, 그리고 1978년에서 1983년에 걸쳐 화이트채플갤러리 디자인을 담당했다. 전시 공간을 상징하는 아이덴티티로서 홀리스는 베르톨트Berthold의 블록Block 글자체를 사용했다. 그는 1908년 출시된 이 글자체가 1901년 건립된 화이트채플갤러리와 비슷한 시대를 배경으로 하고 있고 건물의 모양새가 글자체와 흡사하다는 생각에 이 글자체를 사용했다고 한다. 그가 작업한 1983년 브루스 맥린Bruce Mclean의 전시 포스터에서도 볼 수 있듯 홀리스는 별도의 올드 스타일 숫자를 직접 그려 사용했다. 다시 말해, 넌라이닝Non-lining을 부활시켰고, 이를 기존의 블록과 결합한 것이다. 변형과 혼용이라는 홀리스의 방법론이 글자체 선택과 타이포그래피 운용 방식에서 드러났다.

글과 이미지

홀리스를 독특한 모더니스트로 위치시킬 수 있는 또 하나의 단서가 있는데, 바로 그의 북 디자인, 특히 '영상적' 어법이 돋보이는 본문 조판이다. 이에 앞서 사진에 대한 홀리스의 깊은 이해를 파악해 봐야 한다. 그가 쓴 『그래픽 디자인 역사』[32]와 『스위스 그래픽 디자

영국 진보 단체들과 연대했다. 홀리스는 1970년대에 이곳에서 아트 디렉터를 맡았다. www.plutobooks.com

32. 리처드 홀리스, 문철 옮김, 『그래픽 디자인의 역사』, 시공사, 2000년.

인』에서도 드러나듯 홀리스의 그래픽 디자인론에는 사진이 주요 284
시각 요소로 서 있다. 아방가르드 그래픽 디자인과 사진의 관계에
관해 집중적으로 논한 간명한 글인 『아방가르드 그래픽스 1918–1934 282
1934 Avantgarde Graphics 1918–1934』(2005)에서도 사진에 대한 홀리스의 깊은 이해를 읽어낼 수 있다. 이는 마이크로 타이포그래피에 몰두하는 디자이너들과 차별되는, 사진에 대한 포용력이 돋보이는 자세다. 홀리스의 사진사에 관한 기술이 그래픽 디자인과 사진사의 통합된 이론적 줄기를 그려나가는 것이었다면, 그가 존 버거John Berger와 함께 작업한 두 권의 책에서 보여준 북 디자인은 이런 이론의 실천에 가깝다.

홀리스와 버거의 인연은 버거가 부커상The Booker Prize을 수상
한 소설 『G』(1972)[33]의 북 디자인으로 거슬러 올라간다. 1960년대 266
중반 홀리스는 당시 디자인하던 잡지 《뉴 소사이어티New Society》를 258
매개로 버거와 우연히 만났다. 『G』를 디자인할 당시, 지면 조판을 위해 글을 좀 잘라내야 한다는 홀리스의 의견에 버거가 너무나 흔쾌히 수용해 심히 놀랐다는 일화가 있다. 이후 홀리스가 디자인한,
이제는 시각 문화 관련 서적 가운데 고전으로 당당하게 자리한 『다 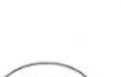

른 방식으로 보기Ways of Seeing』[34]는 출간 연도가 1972년임을 볼 때 상당히 진보적인 텍스트와 이미지 사이의 관계를 설정해놓은 독특한 북 디자인을 선보였다. BBC에서 방영된 방송을 책이라는 매체로 옮겼다는 면에서 이 책은 영상 언어를 인쇄된 활자 언어로 옮기는 작업이기도 했다. 그런데 자칫 지루한 활자 중심의 책이 될 수 있었던 이 작업을 버거와 홀리스는 영상 문법이 기본'그리드'로 깔린 유연한 본문 조판을 시도했다. 그 결과 글과 이미지가 적재적소

33. 존 버거, 김현우 옮김, 『G』, 열화당, 2008년.
34. 존 버거, 최민 옮김, 『다른 방식으로 보기』, 열화당, 2012년.

에서 만나 결합하고 상부상조하는 매끄러운 화면이 만들어졌다. 물론 홀리스와 버거를 포함해 총 다섯 명이 이 책에 관여했고, 버거가 기획 초기 단계에서 이미 이미지가 들어간 텍스트를 고안해냈다는 사실에서 이 조판을 온전히 홀리스만의 전유물로 판단하는 건 옳지 않다. 또한 버거가 쓴 책 제목이 말하고 있듯 사진이라는 하나의 장르 안에서 고립되지 않고 사진을 매개하는 여타 다른 장
268~271 치들을 적극 불러들이고자 하는 버거의 학제적인 연구가 『다른 방식으로 보기』의 일차적 단서를 제공한 건 틀림없다. 하지만 홀리스에 대한 사진과 글 그리고 이 두 요소 간의 관계에 대한 이해가 없었더라면 『다른 방식으로 보기』의 설득력 있는 글과 이미지 조판이 제공하는 차분하면서도 짜임새 있는 전개는 불가능했을 것이다. 그동안 이 고전은 내용의 층위에서만 호명되었을 뿐이지만, 이제는 편집과 디자인에서의 고전으로 재평가되어야 할 시점이다.

스튜어트 베일리는《닷닷닷Dot Dot Dot》에 홀리스의 북 디자인의 독특한 면모를 소개하는 의미심장한 글을 쓴 바 있다.「일하는 방식Ways of Working」이라는 이 글에서 베일리는 『다른 방식으로 보기』를 포함해 홀리스가 디자인한 총 네 권의 책을 각 하나의 펼침면과 함께 설명했다. 전반적인 작업 과정을 충실하게 소개하고 베일리의 짧은 의견을 전후반에 덧붙인 경쾌하지만 가볍지 않은 이 글은 1970년대에서 1980년대 초반 홀리스의 실험적이지만 난해하지 않은 디자인 방법론을 보여준다. 그는 홀리스가 디자인한 책을 떠올리며 말한다. "그 책들은 대화가 주는 매력이 있다. 톤은 편안하고 사람을 끌어들인다. 스케치북, 사진 또는 비디오가 들어 있는 캐리어를 들고 온 작가와 함께 진지하게 술을 마시는 느낌이다. 주제를 접근하는 각 작가의 특이점을 번역한다는 점에서 디자이너의 역할은 장식이 아닌, 해석이다." 베일리가 소개한 세 권의 다른

책은 버거의 『제7의 인간A Seventh Man』(1975)[35], 콜린 매케이브Colin 272
McCabe의 『고다르: 이미지, 소리, 정치Godard: Image, Sounds, Politics』 274
(1980), 그리고 영국영화협회British Film Institute의 외뢰로 제작된 『험 276
프리 제닝스: 영화 제작자, 화가, 시인Humphrey Jennings: Filmmaker, Painter, Poet』(1982)이다. 베일리도 언급했지만, 책들의 공통점은 이미지를 글자체와 대등한 요소로 활용한 조판 방식이다. 홀리스가 선보인 이미지 다루기는 러시아 구성주의와 바우하우스, 그리고 얀 치홀트와 허버트 매터Herbert Matter 등으로 이어지며 객관적 언어로서 표상되어온 사진과는 그 성격이 다르다. 그가 디자인한 책에서 이미지는 이야기를 이끌어나가는 적극적인 내러티브 요소로 등극한다.

『다른 방식으로 보기』에서는 표지의 독특한 편집 디자인 요 268~271
소가 이목을 끈다. 책의 첫 문장이 책을 펼치기 전에 이미 표지에 제시되는 것이다. 표지를 열고 들어가면 굵은 모노포토 유니버스로 조판된 숫자 1이 지면 상단에 제시되어 있고, 넓은 여백을 건너 그 유명한 구절인 “말 이전에 보는 행위가 있다. 아이들은 말을 배우기에 앞서 사물을 보고 그것이 무엇인지 안다. Seeing comes before words. The child looks and recognizes before it can speak.[36]”가 나온다. 그리고 다시금 넓은 여백 또는 행간이 등장하고 둘째 문단이 시작한다. 앞뒤 두 문단 모두 넓은 들여쓰기로 되어 있다. 이어지는 쪽은 유연한 텍스트와 사진의 관계로 승부한 멋진 편집 디자인이다. 홀리스는 글에서 언급되는 도판이 그 위치에 바로 등장하는 것이 좋겠다고 판단해 이런 지면 연출을 시도했다고 한다. 그 결과는, 매우 영상적인 화면이었다. 중간중간 삽입된 도판은 읽기라는 행위를 중단시키기보다는, 오히려 돕고 있다.

35. 존 버거, 장 모르, 차미례 옮김, 『제7의 인간』, 눈빛, 2014년.
36. 존 버거, 최민 옮김, 『다른 방식으로 보기』, 열화당, 2012년, 9쪽 재인용.

적절한 위치에 적당한 크기로 배치된 도판은 평상시 우리가 세상을 인지하는 방식에 충실하다. 우리는 보는 것과 동시에 읽는다. 또268~271는 읽는 것과 동시에 본다. 이는 존 버거가 설파하는 『다른 방식으로 보기』의 주제이기도 하다. 따지자면, 홀리스는 버거의 주제에 매우 잘 부합하는 편집 디자인을 성공적으로 연출해 풀어낸 셈이다. 이 책의 압권은 이런 서술 행위가 글 중심 그리고 이미지 중심으로 분화되어 있다는 점이다.

1, 3, 7장에는 글과 도판이 어울린 편집이 전개되는 반면, 2, 4, 6장에 글 없이 도판 중심으로 된 지면이 삽입되어 있다. 지표로서 기능하지만 사실상 무언의 이미지가 방만하게 노출되어 있다. 이 낯선 지면과의 조우는 당황스러울 수 있다. 하지만 1장부터 버거의 글을 눈으로 밟아나간 독자라면 알 것이다. 앞장 글이 곧 뒤에 이어지는 글 없는 도판에 대한 해석의 단서를 제공하고 있다는 것을. 각 개별 도판에 대한 해설은 부재하지만, 세상에 '부유하는' 이미지를 어떻게 바라볼 것인가에 대한 적극적 시도를 무언의 '서사 언어'인 편집과 디자인으로 전개하고 있는 셈이다. 크리스 마커Chris Marker의 『코멘터리Commentaries』에서 영감을 얻어 진행되었다는 『다른 방식으로 보기』는 이렇듯 이미지와 글 간의 유연한 상호작용이 읽기의 호흡을 자극한다.

홀리스는 글과 이미지의 관계를 주관해나감으로써 기존 사진 또는 글 중심의 책들이 주는 순혈주의의 베일을 벗겨버렸다. 주목해야 할 점은 그 과정에서 지나친 자의식이 발현되는 실험적 편집을 고수하지도, 전통성의 애호가로서 나서지도 않았다는 점이다. 이는 어쩌면 홀리스의 진정한 자의식이라 할 수 있는 "디자인은 사회적 과정"이라는 명제에서 비롯한 것일 수도 있다. 그는 북 디자인이나 책 표지에 큰 의미를 부여하는 분위기를 우려한다. 어디까지나 협업의 모델이자, 사회의 한 산물로서 생산되는 책의 디자인에 개인의 강한 자아가 개입되는 것은 좌파 성향의 홀리스에게는 교환 가치로 획득되는 허상일 수도 있다.

홀리스에게 책은 값싸고, 쉽게 손에 쥘 수 있고, 대량 생산되는 민주적 매체다. 그가 늦은 나이에 시작한 일종의 1인 출판사인 '리처드홀리스'는 파이브리브스Five Leaves라는 독립 출판사의 임프린 288
트이고, 여느 독립 출판이 그렇듯 한정된 범위 안에서 마이너리티의 취향을 더듬는다.[37] 하지만 그곳에는 숭고한 예술가적 자의식은 개입되지 않는다. 그래서 홀리스가 바라보는 책이란 일면 건조하기까지 하다. 킨로스는 이를 두고 "너무 심심하다Too Unshowy"는 표현을 썼다. 홀리스는 물성적 과부화와 자아를 드러내기보다는, 한정된 책의 구조 안에서 책의 몇몇 요소를 개념으로 치환하는 데 주력했다. 그 결과, 조형적이고 물성적인 맥락에서는 다소 지루하지만, 개념적으론 밀도가 높은 북 디자인이 완성된 셈이다. 이런 관점에서 볼 때, 그의 북 디자인은 전달하고자 하는 메시지에 적재적소에 응답한다. 최소 물량으로 최대 효과. 펭귄북스의 창립자 앨런 레인의 값싸고 질 좋은 북 디자인 정신이 홀리스에게서도 일면 읽어낼 수 있는 것은 바로 이 점 때문이다.

선택적 모더니즘

영국과 스위스의 모더니즘은 달랐다. 비록 그 언어를 수입했다 한들, 모든 언어는 그 언어가 사용되는 공간에 기생하게 된다. 그것을 혼성이라고 할 수도 있고, 경우에 따라서는 토착화의 과정이라고도 할 수 있을 것이다. 어떤 이름으로 부르든 양식이란 그렇듯 유연성 또는 변질이란 유전 인자를 갖고 태어나며, 그 '성장'의 과정에서

37. 이에 관해서는 킨로스가 홀리스의 출판 행위에 관해 하이픈프레스 웹사이트에 쓴 글 「발행인으로서의 디자이너Designer as Publisher」(https://hyphenpress.co.uk/journal/article/designer_as_publisher)를 참고.

긍정적 의미의 발전 또는 변화와 부정적 의미의 변종을 겪게 된다. 조형적 양식의 궁극에 두 가지 서로 상이한 견해가 맞물려 있을 수밖에 없는 이유다. 어쩌면 가장 가시적으로 드러나는 지금의 양식이란 다수가 좋아하고 따라 하는 양식이라기보다는, 가장 첨예하게 갈등을 빚고 서로 등을 맞대고 있는 '사이 공간'이 만들어낸 이미지 또는 '환상'일지도 모른다.

스위스 모더니즘에서 국제주의 타이포그래피로 발전해나간 그 모습이란 하나의 양식이 표출할 수 있었던 최고의 독선적 아름다움이었을지 모른다. 1960년대 말 이후로 조형적 이데올로기는 무너졌고, 다양해졌고, 다원주의적이 되었다. 지구화는 하나의 양식을 가져온 것이 아닌, 거대한 흐름 위로 수많은 양식 메뉴를 제공하는 플랫폼이 되어버렸다. 더 이상 시대가 양식을 부르는 때가 아니다. 이제 양식은 누구나 자신의 입맛에 맞게끔 선택할 수 있는 공허한 메뉴가 되었기 때문이다. 홀리스에게도 모더니즘은 문법이 아닌, 그렇게 선택할 수 있는 여러 메뉴 가운데 하나였다. 모든 양식은 토착화의 길을 걷는다.

정병규

Chung Byoung-kyoo

책, 문자 그리고 한글

한국 북 디자인의 시작

한국에서 최초로 장정가북 디자이너의 이름이 표기된 책은 극작가이자 언론인이었던 김영보의 『황야에서』(1922)다. 책 속 표제지의 저자 이름 아래 '동인장정同人裝幀'이라고 표기되어 있다.[38] '장정裝幀, 裝訂, 裝釘'이란 책의 겉모양을 꾸미는 행위를 말한다. 이후 우리 책의 장정은 이상, 구본웅, 김환기, 이인성, 이주홍, 정현웅 등 화가와 문인에 의해 활발하게 진행되었으며, 이는 한국 현대 북 디자인의 초석을 다졌다.

1970년대 말, '북 디자인'이라는 개념이 한국 출판계에 처음 소개되면서 장정의 시대는 서서히 막을 내린다. 장정이 책의 내용을 보호하고 겉모양을 보기 좋게 꾸미는 행위였다면, 북 디자인은 원고의 체계를 편집하고, 그에 맞는 글자체를 선택하며, 디자이너가 지면 연출에 직접적으로 개입하는 등 본문과 표지 전체를 아우르는 종합적 설계라는 데 차이점이 있다.

정병규鄭丙圭는 국내 출판계에 북 디자인이라는 개념을 도입하고, 스스로 북 디자이너 1세대의 삶을 살았다. 이는 당시 좋은 책을 만들고자 함께 뭉친 출판인의 의지가 있었기에 가능했다. 민음사 대표 박맹호, 열화당 대표 이기웅 등은 한국 출판 환경에 전문 디자이너가 필요함을 알고, 1982년 6월 정병규의 파리 유학을 지

38. 박대헌, 『한국 북 디자인 100년』, 21세기북스, 2013년.

원했다. 당시 정병규는 일에 상당히 몰입해 있었던 것으로 보인다. 정병규는 가족에 대해 회상했다. "파리로 공부하러 나가려고 보니까, 가족이 먹고사는 문제를 해결 안 한 거예요."

파리 에콜에스티엔느École Estienne에서 타이포그래피를 배우고 온 정병규는 1984년 마포 용강동에 당시로서는 이례적으로 자신의 이름을 내건 '정병규출판디자인(일명 정디자인)'을 열었다. 한국 출판계에 출판사와 편집자, 그리고 디자이너 사이의 긴밀한 협업 관계가 시작된 것이다.

정병규출판디자인

많은 그래픽 디자인 스튜디오가 문을 열고 닫는다. 크고 작은 사무실에 많고 적은 디자이너가 모여 밤 늦도록 문자와 종이와 씨름한다. 세월이 흘러 건물 외형, 인테리어, 사용하는 장비는 더욱 풍요로워졌을지 몰라도 클라이언트의 요구 사항을 마감에 맞춰야 하는 늦은 밤의 사무실 풍경은 그대로다.

정병규는 스물아홉에 《소설문예》에서 당시 주간이었던 이청준과 선배 편집자 이제하 밑에서 편집자 생활을 시작했다. 이후 홍성사에서 에리히 프롬Erich Fromm의 『소유나 삶이냐To Have or To Be』(1984)를 시작으로 지성인을 위한 시리즈 '홍성신서'를 기획하며 이를 베스트셀러로 만들어내는 등 기획 편집자로 활약했다. 민음사 편집부장 시절에는 일명 '와리스케割り付け, 레이아웃을 뜻하는 일본어 잘하는 편집자'로 책 표지를 장식하는 일을 하기도 했다. 많은 사람들은 정병규의 대표 초기 작업으로 당시 민음사에서 출판된 소설
292 가 한수산의 『부초』(1977)를 떠올린다. 이 작업에 관해 디자인 기획자 권혁수는 "그동안 지속된 장정의 시대, 즉 글과 그림이 서로 어울려 꾸며지는 표지의 관행적 기술을 과감히 마감하고 제목과 표지화를 나란히 배치하는 차원이 아닌, 글자체(타입)와 심상(이미지)을

서로 병치시키는, 다시 말하면 서로 바라보는 입장이 아니라 대화하는 관계로서 새로운 표지를 제시하고 있다."라고 평했다. 1979년 정병규는 2개월 동안 도쿄 유네스코 편집자 훈련 과정을 연수하고 돌아와 다니던 회사를 그만두었다. 새로운 개념인 북 디자인에 눈을 뜨고, 독학을 시작한 것이다.

정디자인 사무실은 일종의 도서관이다. 정병규는 대학에서 불문학을 전공한 것이 늘 마음에 걸렸다고 고백한다. 디자인을 공부하지 않았기 때문에 자신이 기초가 약하고 현장 정보에 뒤질 것이라고 걱정했다. 이를 만회하기 위해 일본이나 서양의 책과 잡지 등을 사 모으고 열심히 읽었다. 그런 자료가 정디자인 책장에 가득 꽂혀 있는데, 지금은 구하기조차 힘든 책과 잡지다. 대학에서 디자인을 공부하지 않았기 때문에 일종의 콤플렉스를 가졌던 것인데, 오히려 이것이 당시 세계적 디자인 흐름을 읽어내는 데 작용했다.

파리와 도쿄에서 디자인을 공부하고 온 정병규는 자신의 명함에 '타이포그래퍼 정병규'라는 당시에는 조금 낯선 수식어를 붙이기도 했다. 이때부터 그는 민음사와 열화당 등 출판사 북 디자인을 도맡아 진행했다. 정병규는 당시를 이렇게 회상한다. "일이 있다는 자체만으로 무조건 고마워했다. 차비만 주면 무슨 일이든 했다." 『정병규 북 디자인』(1996)에 실린 책 가운데 3분의 1은 돈을 받지 않 328~331 고 한 일이었다. 경쟁해야 할 동료가 없었기 때문에 그에게는 기회가 많았겠지만, 그가 아니었으면 북 디자인이 자칫 의미 없는 행위에 머물렀을지 모른다. 당시 월간《디자인》에 기고한 정병규의 글 「북 디자인은 모든 그래픽 디자인의 원점」에서 우리는 북 디자인에 대한 그의 각오를 살펴볼 수 있다.

"…매클루언 사상의 가장 큰 약점은 활자 미디어와 전파 미디어의 관계를 직선적으로만 생각했을 뿐이지 활자가 담긴 구체적인 생명체로서의 책과, 그리고 인간과의 관계를 무시했다는 데 있다.… 책과 그것을 수용하는 수용자, 즉 인간 사이에는 반드시 인간의 '손'이 게재되어야 한다.… 인간과 인간이 서로 손을 맞잡을 때 그 사이에 또 하나의 세계가 태어나는 것처럼 인간과 손이 만나서 책을 읽는다는 행위가 시작될 때 거기서 하나의 세계가 이룩된다. 북 디자이너는 바로 이런 세계의 창출에의 산파이다.… 북 디자인의 다른 이름이라 할 수 있는 타이포그래피에 대한 관심이 고조되고 있는 지금, 우리는 한글의 구체적인 조형적 결합물로서 우리의 책에 대한 인식을 다시금 새롭게 하지 않으면 안 되겠다. … 북 디자인은, 크게 말하자면 출판 디자인은 이제부터 비주얼 커뮤니케이션에 관심을 가진 모든 디자이너들의 출발점이 되어야 할 것이다. 북 디자인 또는 출판 디자인이 모든 그래픽 디자인의 '기초적인 원점'이라는 말이 상식이 되는 날이 오기를 기대한다."[39]

1990년대 중반, 정디자인을 홍익대학교 앞으로 옮기면서 정병규는 홍익대학교 시각디자인과에서 편집 디자인 강의를, 한겨레교육문화센터에서 현장 편집자를 상대로 편집 디자인 강의를 시작했다. 이때 결성된 '북 치는 사람들'은 이후 정병규시각문화학교PEDEM(일명 페뎀)를 만들었고, 이런 흐름 속에서 정병규는 현장과 교육에 대한 균형감을 추구하고자 했다. "50대에 내가 행한 가장 중요한 일이 한겨레교육문화센터 강의였어요. 가르치고 새벽까지 학생들과 술 마시며 토론하는 일을 재개하는 것도 장차 꿈이에요. 사람들은 술자리를 삶의 쉬어가는 자리, 또는 어쩔 수 없이 닥치는 행사로 여기는데, 술자리는 술자리 나름대로 독립된 기능과 따로 할 일이 있더라고요. 그것이 빠지니 도무지 나사가 안 맞아요. (애주가인 그는 건강이 나빠져 술을 잠시 끊었다.) 또 하나, 디자이너가 조로早老하는 우리 사회의 경향에 거스르고 싶어요. 디자인은 감성의 일로 치부

39. 정병규, 「북 디자인은 모든 그래픽 디자인의 원점」, 월간 《디자인》, 1984년 9월.

하며 합리성과 거리를 두는 이상한 나라가 됐는데, 디자인이야말로 삶과 체험에서 나와야 하거든요. 쉰이 되던 해 전시회를 한 것, 쉰이라는 나이와 디자인을 아무 관련 없다고 생각하는 사회에 도전하고픈 마음에서였어요. 배우, 스태프와 더불어 나이 들어가는 감독이 있어야 하듯, 책의 세상에서는 저자와 같이 나이 들어가는 디자이너가 있어야 해요. 나도 열심히 하면 그런 저자를 찾을 수 있지 않을까요?"[40]

1996년은 정병규가 처음 디자인한 『부초』가 출간된 지 20년, 292
자신의 이름을 건 정병규출판디자인을 차리고 본격적으로 북 디
자인을 시작한 지 14년이 된 해다. 그해 8월, 그는 그동안 디자인한
책 약 500여 점을 추려 개인전[41]을 선보였고, 400여 점을 담은 도록
을 발간했다. 노란 표지에 그가 직접 쓴 글씨 '정병규 북 디자인'을 328~331
박은 도록은 한 개인의 흔적이자 동시에 한국 북 디자인의 현재를
보여주는 상징이 되었다. 당시는 한국에 DTP 시스템이 도입되어 새로운 컴퓨터 편집 프로그램이 운용되고 있었고, 데이비드 카슨 David Carson, 네빌 브로디Neville Brody 등의 작업을 통해 서양 포스트모던 그래픽 디자인의 세례를 받던 시기였다. 이때 한국 그래픽 디자인계는 기업 홍보의 맨 앞에서 활약했고, 상업적 성공을 거둔 디자이너들은 동시에 실험적인 작업도 종종 시도할 수 있었다. 단행본 출판사 또한 디자인의 가능성을 받아들이기 시작했고, 조혁준, 민진기, 안지미 등 2세대 북 디자이너들이 등장하기 시작했다.

정디자인은 당시 출판사 편집자와 디자인 지망생에게 '편집 디자인 사관학교'로 불리기도 했다. 정디자인은 기업 비즈니스를

40. 「김혜리가 만난 사람: 한국 책의 숨 쉬는 역사, 출판 디자이너 정병규」, 《씨네21》, 2006년 7월.

41. 「국내 첫 북 디자인 전시, 청담동 지현갤러리, 1996년 8월 1일-10일」, 《경향신문》, 1996년 7월 31일.

지양하고, 단행본 출판사와의 협업을 지향했다. 정병규는 한국의 그래픽 디자인이 기업의 광고와 밀착된 당대 현실에 저항하며 고집스럽게 디자이너를 '문화 생산자'로 자리매김하고자 했다.

일책일자와 테이프 타이포그래피

정병규의 북 디자인을 관통하는 핵심어는 '일책일자一冊一字'다. 정병규의 일책일자론은 하나의 내용에는 그에 어울리는 하나의 고유한 글자꼴이 있다는 주장이다. 이는 활자를 보편적 커뮤니케이션 수단으로 여기는 20세기 서구 모더니즘 타이포그래피의 역사와 가치에 의문을 제기하는 것이기도 하다. 비어트리스 워드Beatrice Warde, 헤르베르트 바이어, 바우하우스, 그리고 스위스 타이포그래피에서도 볼 수 있듯 서양 모던 타이포그래피는 극단적 투명성에 기반을 둔 보편적 유토피아관을 표방했다. 그 보편성에는 동양적 문자 가치에 대한 이해가 빠져 있다. 그러므로 정병규의 일책일자는 정병규의 북 디자인 방법론이기도 하지만, 서양 중심주의와 알파벳 우월주의에 바탕을 두고 있는 문자론과 타이포그래피론에 대한 반론이자 알파벳의 편재성에 대한 반문으로 보아야 할 것이다.

세 번의 진화 단계를 거친 정병규의 타이포그래피 작업은 책표지 디자인에 녹아 있다. 먼저 북 디자인을 본격적으로 시작한 1970년대부터 1990년대까지 보이던 엄숙한 활자 중심의 타이포
302 그래피 작업에서는 문자 자체의 힘이 느껴진다. 민음사 이데아 총서, 대화 시리즈 등을 보면 사각형 위에 놓인 활자와 이미지의 연출은 곧바로 한 장의 강력한 시각 언어인 포스터 디자인을 떠올리게 만든다. 디자인을 독학하며 마시모 비넬리Massimo Vignelli와 스기우라 고헤이杉浦康平의 작업에서 영향을 받은 그였다. 따라서 그의 작업에는 굵은 명조 계열 글자체가 자주 등장하고, 면에 가까운 굵은 선이 수직 또는 수평으로 과감하게 연출되는 등 서구 모더니즘과

일본 디자인의 잔향이 남아 있다. 민음사의 '오늘의 작가총서' 시리 294
즈는 굵은 선 상자와 과감한 사진 편집, 방향성을 극대화한 두꺼운
글자체 등을 사용하면서 민음사 북 디자인의 대표성을 만들기도
했다. 당시 정병규의 지면에 대한 접근은 묵직했다. 이런 레이아웃
은 종종 러시아 구성주의 작품과 비교되기도 한다.

2000년 이후, 정병규의 디자인은 파격적이었다. 글자를 직접
쓰고 그리며 글자 자체가 뿜어내는 강력한 이미지를 만들어냈다.
디자인을 잘하는 '편집자'를 거쳐 텍스트를 독파하는 '디자이너'가
되면서 정병규는 자신의 고유한 시각적 정체성을 본격적으로 드러
내기 시작한 것으로 보인다. 2000년대는 그 숫자가 상징하는 만큼
새로운 시대였다. 인터넷과 새로운 미디어 기술은 모든 면에서 과
거와의 단절을 불렀고, 출판 디자인에서도 마찬가지였다.

정병규는 영월책박물관의 특별전과 기획전 디자인 작업에서
실험을 시작한다. 묵직하고 단단했던, 특히 지면의 힘을 활자에 의
존하던 그의 디자인은 이때부터 완전히 달라진다. 영월책박물관에
서 열린 〈종이로 보는 생활 풍경〉전에서 무지갯빛 천연 색상, 활자 314
를 다루는 거칠고 유아적인 손놀림, 한글이 가진 이미지성을 건드
리면서 새로운 타이포그래피를 시도한 것이다. 2006년에 〈생각의 332
바다로 간다〉전에서 그는 자신의 책에 스스로 쓴 다양한 형태의 서
명(장서표)을 모두 모았다. 각기 다른 표정을 품은 글자(서명)들은 곧
정병규의 일책일자 초상으로 기능했다.

2000년대 들어 정병규의 작업은 책이라는 울타리를 뛰어넘
어 문자, 이미지, 한글이라는 좀 더 원초적인 디자인 재료에 접근한
점이 특징이다. 이 시기 정병규의 작업은 이전보다 자유롭고 이미
지성이 물씬 풍긴다. 그것은 마치 액체처럼 '흐르는' 문자였다. 안타
까운 것은 보통의 클라이언트가 그와 작업하는 것을 어려워했던
것인데, 우선 젊은 디자이너들이 만들어내는 (디자인 비용마저) 효율적

인 디자인이 한국 그래픽 디자인 판을 주도했고, '시안 작업은 하지 않는다'는 정병규의 작업 원칙도 썩 맘에 들어 하지 않았다. 거기에 더해 변화하는 매체와 사용자에게 더 이상 그와 함께할 일거리는 많지 않았다. 하지만 이런 상황 속에서도 정병규와 협업을 고집하는 편집자와 출판사, 한국문학번역원, 영월책박물관, 한국영상문화학회등의 단체가 있었는데 디자인 비용 대신에 마음껏 디자인할 수 있는 권한을 주는 경우가 많았다. 다행히도 정병규라는 이름을 앞에 내세울 수 있는 독특하고 고집스러운 작품이 나올 수 있는 분위기가 마련된 것이다. 어느 때도 보지 못했던 정병규의 시각 실험에 대한 젊은 디자이너들의 호불호가 엇갈렸는데, 한국 그래픽 디자인 판의 다양성이라는 측면에서 의미 있는 작업임은 분명하다.

320~327 정병규의 일책일자론은 '테이프 타이포그래피Tape Typography'로 진일보했다. 테이프 타이포그래피는 이제 정병규 디자인 세계의 또 하나의 서명으로 자리 잡고 있다. 젊은 시절 인쇄소에서 만난 마스킹 테이프를 다시 불러내고, 그것을 찢어서 덕지덕지 붙여나갔다. 정병규는 이전 작업들에서 글자의 획을 재조합集字해 제목 글자에 적용했고, 익숙하지 않은 왼손으로 직접 글씨를 써서 시각적으로 낯선 제목 글자 이미지를 만들기도 했다. 모두 기존 활자가 가진 획일성을 거부하고자 했던 접근 방식이었는데, 테이프 타이포그래피는 재조합과 직접 쓰기의 다음 단계로 볼 수 있다.

테이프 타이포그래피에서는 기존 그래픽 디자인 판으로부터 확연하게 동떨어진 다이내믹하고 파격적인 문자 조형과, 그 안에 내재된 한국 전통 서예의 미학을 이은 타이포그래피적 개성과 성찰의 의미를 확인할 수 있다. 정병규는 평소 서양 타이포그래피의 투명성에 대해 강박적이다 싶을 정도로 끊임없이 비판해왔다. 비판의 핵심은 서양 타이포그래피의 한계를 겨냥하고 있다. 말은 문자가 되면서 소리를 잃고, 문자는 다시금 활자가 되면서 더욱 다듬

어진 형태로 규격화된다. 그런데 정병규는 바로 이 활자의 중성화된 복제 양식으로부터 벗어나고자 스스로 쉼 없이 의문을 제기한다. 그는 문자가 가지는 이미지의 힘을 믿으며, 디자인된 문자의 복제적 타이포그래피 이미지를 넘어 문자 이전 영역이라고 할 수 있는 음성의 신체성을 시각적으로 구현할 수 있다고 본다. 선형적으로만 흐르는 로마자 세계관에 내재된 표준화, 규격화 그리고 보편화에 대한 반박이다.

"한글 캘리그래피 유행은 지금까지 활자에 억눌려온 한글의 표현적 에너지의 분출입니다. 한글 캘리그래피는 한글의 이미지 세계를 넓히고 깊게 하는 도구적 상상력의 세계지요. 우리는 이를 붓이라는 도구에만 의지하는 전통적 태도에서 벗어나야 해요. 물론 붓은 어쩌면 가장 중요한 도구 가운데 하나입니다. 나는 새로운 한글 타이포그래피가 붓이라는 도구에만 의존해 자칫 전통적 서예의 표현적 세계에만 한글 시각 에너지가 한정되어버릴까 우려하는 입장입니다. 다양한 도구적 실천이 시도돼야 해요. 그것이 디지털 시대의 한글 캘리그래피가 나아가야 길이라고 생각합니다."[42]

정병규는 테이프 타이포그래피로 문자와 활자, 쓰기와 만들기 (320~327)
의 경계에서 문자에 내재된 힘과 에너지를, 궁극에는 한글의 새로운 시각적 가치를 일깨우려 한다. '일책일자'와 '테이프 타이포그래피' 작업은 결국 정병규가 이야기하는 '한글의 상형성'에 관한 문제이다. 이 개념은 한글이라는 문자가 알파벳과 같은 표음문자이지만, 시각적 가치는 알파벳과 차별화된 속성, 즉 동양 문자적 원형에 바탕을 둔 시각적 특성을 지녔다는 인식에서 출발한다.

"알파벳은 타이포그래피를 통해 문자 그 자체를 시각화, 이미지화할 가능성이, 다시 말해 디자이너가 만질 요소가 한글에 비해

---

42. 정병규, 『백색인간』 표지 설명.

적은 문자다. 한글은 자음, 모음이 독립되어 창제되었다. 그 각각은 문자의 요소일 뿐이지 독립적으로 사용할 수 없다. 반드시 모아져야 하나의 낱글자가 된다. 한글의 최대 특징이자 장점은 바로 여기에 있다. 비독립적인 낱자들이 모아져 비로소 낱글자로서 기능을 한다. 낱자를 모으는 행위 자체가 이미지화, 즉 디자인이다.… 한글은 다양한 조합이 가능한 문자이며 여기서 한글의 이미지성이 나온다. 이것은 훈민정음에 적혀 있는 원리다.… '한글의 상형성'이라 함은 음운적 차원에 치중하는 제자 원리로서의 상형적 원리를 넘어 시각 언어로서 한글의 이미지 표현성, 생성력을 가리킨다. 한글의 상형성은 한글 타이포그래피의 역동적 특성이다."[43]

320~327 테이프 타이포그래피를 적용한 표지 디자인 작업에서 정병규는 다른 어떤 이미지에 의탁하지 않고 오로지 글자의 힘만으로 책과 원고의 격을 살려놓는다. 일체의 수식이 없는 최근의 담백한 표지 디자인 작업에서는 세월이 느껴지기도 한다. 그는 종이 위에 글자를 배열하는 방법이 젊은 시절 자신이 관심을 갖던 전각에서 출발했다고 말한다. 정병규의 테이프 타이포그래피 작업을 보고 있으면, 정디자인 사무실 벽면에 걸려 있던 액자 속 전각 작업, 굵은 유성 매직으로 새 책에 이름을 새기던 모습, 마스킹 테이프를 잘라서 축소·확대해 복사한 조각을 이리저리 배치하던 그의 손놀림이 떠오른다.

훈민정음

정병규는 자신의 정체성을 훈민정음訓民正音에서 찾았다. 그는 "서양이나 일본의 디자이너가 하지 못하는 것, 할 수 없는 것을 해야

43. 정병규, 「한글의 상형성 또는 한글의 이미지성」, 『우리 디자인의 제다움 찾기』, 안그라픽스, 2006년.

한다는 생각을 늘 하고 살았는데, 그것이 한글 타이포그래피였다." 라 말한다. 문자와 책을 다루는 한국의 디자이너에게 '한글'은 늘 맞닥뜨려야 하는 대상이기 때문에 어쩌면 새로운 것은 아니다. 다만 정병규는 디자이너 입장에서 한글과 타이포그래피 문제를 바라보고 현장에서 작업으로 실천했다.

최근에 만난 정병규는 훈민정음에 깊이 빠져 있었다. 훈민정음 연구는 이미 오래전에 시작했지만, 근래에는 연구가 또 다른 국면으로 전개되고 있음이 강하게 느껴졌다. 그동안 북 디자인에 대한 정병규의 태도에서도 그래왔듯 그의 한글과 훈민정음에 대한 탐구도 끝없는 재성찰과 반문의 연속일 것이기 때문이다. 정병규의 한글 타이포그래피 이론과 훈민정음 연구는 많은 사람들이 생각하는 편협한 민족주의적 또는 국수주의적 시선과는 거리가 있다. "이제 우리는 맹목적 한글 찬양에서 한걸음 더 나아가 이것을 방법론화할 필요가 있다. 그러기 위해서는 우선 한글이 무엇인지, 어떤 문자인지 새롭게 성찰할 필요가 있다. 국어학의 입장을 바탕으로 시각적인 차원에서 말이다." 2010년 어느 잡지와의 인터뷰에서 그가 말한 내용이다.

서양 타이포그래피를 공부하면 15세기 구텐베르크 시대는 말할 것도 없고 라스코 동굴 벽화까지 거슬러 올라가듯, 우리도 우리가 사용하는 문자이자 디자인의 출발인 한글의 시각적 특성을 숙고하고, 훈민정음으로 돌아가 실천 기반으로 삼고 탐구하는 태도가 필요하다. 하지만 서양 중심의 타이포그래피관에 익숙한 우리에게 한글 타이포그래피 영역, 특히 한글 타이포그래피의 실천을 뒷받침하고 이끌 이론의 구축은 한없이 부족하다. 그는 말한다.

"알파벳식 기본 조형적 가치에 머물러 있는 한글 타이포그래피에 대한 새로운 문자학적 성찰과 새로운 한글 글자꼴 만들기는 우리 디자인에서 무엇보다 중요한 두 가지 당면한 과제입니다. 물론 이것은 한글이 창제된 문자라는 사실을 바탕으로 해야 할 것이지요. 그래서 나는 '훈민정음으로 돌아가자'고 말하고 싶어요."

북 디자인 스펙트럼

타이포그래피 중심의 단행본 작업 외에도 정병규의 북 디자인 이
력은 스펙트럼이 꽤 넓다. 정치 선거 홍보 책자를 만들기도 했고, 일
본 배우 미야자와 리에宮沢りえ의 누드 사진집 『산타페Santa Fe』 한국
어판(1992)을 기획하기도 했다. 1980년대에는 사진가 김수남, 강운
304 구와 협업해 『경주 남산』(1987), 『한국의 탈, 탈춤』(1988) 등을 만들
기도 했고, 1990년대에는 사진가 구본창과 '생각의바다'라는 출판
사를 등록하기도 했다. 이미지 연출법에 관한 관심에서 시작된 '그
림책 특강'을 비롯해 젊은 일러스트레이터들과 어린이책 디자인에
집중한 작업도 많다. 그림책 작가 이혜리의 『비가 오는 날에』(2001)
는 그 가운데 손꼽을 만한 수작이다. 이밖에도 여기에 언급하지 못
한 많은 작업이 있을 텐데, 그 작업들은 지금 정디자인 사무실 구석
이든, 헌책방이든, 누군가의 서재든 조용히 꽂혀 있을 것이다. 이것
이 책의 운명인지도 모른다.

정병규의 디자인 포트폴리오를 한자리에 모을 수 있을까. 아마도 불가능할 것이다. 정디자인은 홍익대학교 앞에서도 수차례 이사를 다녔다. 사무실과 집, 작업실에 수북했던 책과 자료는 그때마다 조금씩 어디론가 숨기도 했고, 떠나기도 했을 것이다. 그에게는 정리하는 즐거움보다는 쌓아놓는 즐거움이 더욱 커 보인다. 어느 인터뷰에서 "나와 책이 있는 곳이 서재다."라는 말을 했을 정도이니, 멋진 작업 공간이나 서재는 그에게는 중요한 문제가 아니었을 것이다. 공간 욕심이 없던 그는 사무실에 책이 너무 많이 쌓이면 외부에서 약속을 잡는 일이 많았는데, 그때마다 담배를 피울 수 있는 카페를 찾았다. 홍익대학교 앞 물고기카페가 좋은 곳이었지만,

아쉽게도 지금은 문을 닫았다. 고백하자면, 나도 정디자인에서 잠깐 빌려온 책을 10년이 훌쩍 지난 지금까지 '대여 중'에 있다. 정병규 북 디자인을 모두 보기 위해서, 어쩌면 우리는 이 집, 저 집, 헌책방 등을 유람해야 할지 모른다.

계획가 북 디자이너
1996년 출판 평론가 이중한은 그를 두고 "끊임없이 자기 갱신의 노력을 한다는 점에서도 독자를 즐겁게 한다."라 말했다. '자기 갱신'이란 기존 디자인 개념과의 싸움, 그리고 그로부터의 도주이며 나아가 새로운 디자인 실천일 것이다. 그는 새로운 디자인과 책을 잉태하는 문자와 이미지에 관해 끊임없이 생각하고 실천하는 사람이다. 정병규를 단순히 북 디자이너로 부르기에 부족한 이유가 여기 있다. 그의 사유와 성찰은 일반적인 디자이너상을 훨씬 넘어서는 곳에서 놀이하며 실천하고 있기 때문이다. 그의 절친한 동료였던 작가 고(故) 이윤기는 20여 년 전에 이미 그를 두고 '계획가'라는 표현을 썼다.

정병규는 인문학에서 개념을 빌려와 한국 디자인계에 수많은 개념을 만들고 제출해온 디자이너다. 그는 디자인 개념을 만드는 것도 디자인 행위라 주장한다. 이를 그는 '동명사로서 디자인'이라고 말한다. "'동명사로서 디자인'은 명사, 즉 결과물로서 디자인과 사유 행위, 즉 동사로서의 디자인을 아우르는 개념입니다. 우리는 수동적으로, 사유하지 않으면 아무것도 할 수 없는 새로운 시대에 살고 있기 때문이에요. 그래서 나는 무엇보다도 일차적 감성에 의존하는 '디자인 = 아이디어' 관념을 보완하고 넘어서지 않는다면, 결국 디자이너는 설 자리가 없어질 것이라고 늘 전망합니다. 무엇보다도 우리의 디자인적 감성, 우리의 아이디어라는 것이 컴퓨터의 기능에 깜짝 놀라며 졸졸 따라 다니지 않기 위해서 말이죠."

북 디자이너 정병규, 그는 아직 현역이다. 그는 오늘도 디자인을 공부한다. 끊임없이 새로운 디자인을 꿈꾸는 그가 할 수 있는 방책으로 '공부'라는 말이 어울린다. 빼곡하게 정리된 그의 노트에서 책과 문자, 그리고 한글이라는 화두가 쉼 없이 요동친다. 그는 분명 우리 디자인의 현실과 내일을 총체적으로 성찰하고, 그에 관한 의견을 제출하는 몇 안 되는 인물 가운데 한 명일 것이다.

정병규는 최근 '독립 출판'을 시작했다. 출판사 이름은 '정병규
334 에디션', 출간된 첫 책은 양명학자 최재목이 쓴 『동아시아 양명학의 전개』(2016)이다. 한자가 빼곡한 두꺼운 학술서를 흔쾌히 펴낼 출판사를 찾지 못해서 내린 결정이라고 하지만 예사롭지가 않다. 젊은 시절, 출판 기획자로 이름을 날렸고 조판 솜씨가 좋았던 편집자였다. 디자인에 눈을 뜨고 나서 한국 북디자이너 1세대를 자청했다. 그런 그가 다시 출판 기획자가 되었다. 그동안 약 40여년이 흘러서 현장의 상황과 세간의 유행에 많은 변화가 있지만, 책을 매만지는 정병규의 눈과 손의 감각은 여전히 예민하다.

뤼징런 Lu Jingren

북 디자인 3 + 1

동아시아

2000년 이후 한국에서는 동아시아의 북 디자인을 주목하는 심포지엄과 전시가 몇 차례 기획되었다. 2011년에 열린 〈타이포잔치 2011〉은 '동아시아의 불꽃東亞火花'이라는 주제로, 한중일 그래픽 디자이너의 포스터와 책을 전시했다. 2012년 예술의전당 한가람미술관에서는 '페이퍼로드, 지적 상상의 길'이라는 주제로 종이에 기반을 둔 동아시아 디자이너들의 포스터와 북 디자인 작품을 다뤘다. 아울러 파주출판도시에서는 2005년부터 매년 가을 포럼 '동아시아 책의 교류'가 열린다. 한국, 중국, 일본, 대만 등에서 활동하는 디자이너와 편집자가 모여 동아시아 디자인의 현재와 미래를 조망하는 심포지엄과 전시를 포함한다. 이 행사에서는 일본의 스기우라 고헤이, 중국의 뤼징런呂敬人, 대만의 황영쑹黃永松, 한국의 정병규와 안상수 등 원로 디자이너와 각국의 젊은 디자이너들이 참여해 동아시아의 역사와 전통을 어떻게 재해석했는지 이야기하고, 오늘날 우리에게 닥친 문제를 우리 안에서 접근해 스스로 해결해 보자는 의견을 나눈다. 이런 시도에는 서양 알파벳과 다른 동양 문자를 중심으로 디자인을 사유한다는 가능성이 있지만, 동시에 동아시아라는 지리적 한계에 갇혀 담론을 확장하지 못한 점은 아직 숙제로 남아 있다. 이런 상황에서 꾸준히 동아시아라는 키워드로 뭔가를 모색하는 시도는 동아시아 한자 문화권이 만들어낸 문자와 책에 대한 자부심 때문이기도 할 것이다. 이 자부심을 자기 작업에

고스란히 품어내는 디자이너가 바로 중국의 뤼징런이다. 그는 중국 전통문화를 오늘날의 시각 문법으로 재해석해오고 있다.

2013년 무더운 여름 오후, 중국 디자인의 실체를 알아보기 위해 베이징을 방문했다. 내가 아는 중국 디자인과 삶의 현장에서 보는 중국 디자인과의 간극이 어느 정도인지 궁금했던 것이다. 베이징 시내에서 조금 떨어진 곳에 있는 뤼징런의 개인 작업실을 찾았다. 직원 안내를 받으며 작업실 입구에 막 들어서는데, 뤼징런이 앞에 있던 인터뷰가 조금 늦어지고 있다며 양해를 구했다. 기다리는 동안 선반에 가득한 책과 그 외의 것을 구경할 수 있었다. 그곳에서는 물건을 책과 책이 아닌 것으로 나눠 생각하는 게 편했다. 개인이 소장한 다양한 물건은 그의 관심사를 고스란히 보여준다. 거기서 생겨난 심미적 취향은 자신의 작품 세계와 연결되어 있을 테니 내가 잠시 본 것은 뤼징런 디자인의 열쇠가 될 수 있을 것이다. 그것은 오래된 단단함과 따스함이 스민 기품이었다. 비로소 뤼징런과 만났을 때 마침 그는 자신의 북 디자인 인생에 관한 인터뷰 원고를 정리하고 있었다. 이 글은 그 원고 일부를 참고해 썼다.

문화대혁명

중국에서 문화대혁명이 일어난 1966년부터 1976년까지는 중국 출판계가 어려워진 시기였다. 디자이너들은 지식인으로 몰려 농촌으로 내려가게 되었고, 뤼징런 또한 고등학교를 졸업하고 중국 동북 지방에 위치한 베이다황[44]으로 가야 했다. 문화대혁명의 실패는 중국 출판물과 북 디자인의 질을 떨어뜨렸다. 뤼징런은 그때를 다음과 같이 회고한다. "문화대혁명 10년은 같은 시대를 산 사람에게

44. 1950년대부터 중국 정부는 식량 문제 해결을 위해 전국 각지의 황야를 개간했는데, 문화대혁명 시기에 수만 명의 청년을 베이다황으로 강제 이주시켜 대규모 옥토 개간 사업을 진행했다. 현재 베이다황은 중국의 곡창 지대가 되었다.

비극적인 시기였어요. 지금 젊은 사람에게도 마찬가지고요. 가치관 전도와 도덕적 타락은 우리 민족의 슬픔이었죠. 정의감과 기골이 있는 여러 지식인이 억울하게 죽었어요. 사람들끼리 싸우고 해치고……. 유감스러운 상황이었어요. 그 시대 사람들은 청춘을, 그 귀한 10년을 잃어버렸어요. 하지만 그 10년은 치욕을 참아가며 와신상담하는 기간이기도 했어요. 제게도 귀한 인생의 경험이었죠. 그때는 정신적 스트레스가 가장 무서웠어요. 기업가, 자본가 집안이었던 우리 집안은 베이다황에 있을 때 취직을 하거나 군대에 가거나 학교에 다니는 것 모두 할 수 없었어요. 읽을 수 있는 책은 별로 없었고, 신문도 없었어요. 저는 배우고자 하는 욕구가 컸죠. 마침 신화서점新華書店에서 일하는 친구 덕에 『레 미제라블Les Misérables』이나 『적과 흑Le Rouge et le Noir』, 모파상Guy de Maupassant의 소설 등 좋은 책을 많이 읽을 수 있었어요. 정말 행운아였어요."[45]

서평가 장샤오위안江曉原도 다음과 같이 묘사한다. "문화대혁명이 시작되자 문화는 거대한 재난을 만났다. '봉자수(봉건주의, 자본주의, 수정주의를 가리키는데, 이 말이 지금 40대 이상의 중국 사람에게는 귀에 익을 것이나 젊은이라면 사전을 뒤질지 모르겠다.)'에 중국 전통문화, 서구 문화와 소련 동구의 사회주의 문화가 포함되며 거의 모든 서적이 '독초'로 분류돼 금서 목록에 올랐다. 지식욕이 왕성한 청소년에게 남은 거라곤 마오쩌둥毛澤東의 어록과 루쉰魯迅의 책뿐이었다. 읽을 책이 없는 그때의 괴로움을 많은 사람이 이야기하곤 한다. 그러나 이제 그 시절도 그리운 풍경이 되었다. … '눈 내리는 밤, 문을 닫고 금서를 읽는' 것은 중국 문인이 줄곧 사랑해온 경지다. 수많은 책이 금지된 그 시절, 문을 닫고 갖가지 '봉자수'의 '독초'를 읽는 것은 얼마나 자

45. 《서적설계书籍设计》 제10호. 중국청년출판사中国青年出版社, 2013년. 94-143쪽 뤼징런 인터뷰 참고.

극적인 일이었는지!"[46] 책을 쉽게 접하기조차 어려웠던 시절을 거치며 오히려 책을 만나고 사랑하게 된 과정을 보면, 결핍이야말로 누군가에게는 창작의 자극제였던 것이다.

베이다황에서 지내며 뤼징런은 만화가 학우지贺友直[47]에게 그림을 배우고, 농장 홍보 그림을 그리기도 했다. 뤼징런은 문화대혁명 시기에 학우지에게 예술관과 전문 이론, 뛰어난 통찰력, 근엄한 창작 태도 등을 배운 것이 가장 큰 행운이었다 말한다.

문화대혁명이 끝난 1976년 뤼징런은 중국청년출판사中國青年出版社에서 편집과 삽화 그리는 일을 시작했다. 그는 이곳에서 미술편집 부장이었던 진경생秦耕生에게 장정을 배웠다. 진경생은 뤼징런이 북 디자이너가 될 수 있도록 이끈 인물이었다. 하지만 당시 장정에 대한 출판계 인식은 외부적 장식으로서의 표지 디자인에 그쳐 있어, 오늘날 디자인 개념과는 차이가 있었다. 편집, 장정, 출판, 인쇄, 판매, 유통 등이 서로 유기적이지 않았기 때문에 편집 디자인 또한 발전하지 못했다. 그러던 가운데 1989년에 뤼징런은 일본 유학자 닝청춘寧成春에게 북 디자이너 스기우라 고헤이를 소개받고, 일본의 출판사 고단샤讲谈社에서 연수를 받게 된다. 연수를 마친 뤼징런은 스기우라의 사무실에서 일하게 되었는데, 이 시기에 스기우라에게 깊은 영향을 받았다.

"스기우라 선생의 한결같고 학식 높은 우수한 품성은 제게 큰 영향을 주었습니다. 선생은 디자인뿐 아니라 다른 학과 분야도 많이 연구했습니다. 특히 도표학, 만다라학, 문자학 등의 분야에서 높은 연구 수준을 이뤘습니다. 유학 기간에 정보 디자인을 배워보니 북 디자인 가운데 정보를 해석하고 분석하는 부분이 얼마나 중요

---

46. 장샤오위안, 이경민 옮김, 『고양이의 서재』, 유유, 2015년.
47. 학우지(1922-2016). 만화가이자 편집자. 1949년부터 상하이 인민미술출판사에서 편집자로 일했고, 50여 년 동안 수많은 선 드로잉의 만화 작품을 그렸다.

한지 알게 됐습니다. 북 디자인은 단순히 책을 장정하는 것이 아닙니다. 책 한 권은 디자이너가 저자와 소통한 뒤 편집, 일러스트레이션, 글자체, 출판, 인쇄 등 여러 분야를 고려하고, 끊임없이 검토하고 수정해 완성하는 것임을 알게 됐습니다. 선생은 디자인할 때 책의 내용에 대해서도 많이 생각하고 저자와도 이야기한 뒤 편집 디자인의 사고방식으로 디자인을 정리했습니다. 문자 부분과 문자로 표현할 수 없는 부분을 시각 정보 전달 방식으로 표현하고 항상 독자 입장에서 내용을 잘 전달하고 있는지 검토해야 한다고 했습니다. 논리적 사고방식과 감성적 창의력이 결합된 완벽한 책을 만들기 위해서는 각자 역할을 잘 수행해야 하는데, 이때 북 디자이너는 감독의 역할과 비슷하다고 했습니다. 그래서 디자이너는 디자인 분야뿐 아니라 다른 종류의 예술도 공부해야 합니다. 예를 들어 건축, 조각, 회화 같은 시각 분야, 음악, 시 같은 청각 분야, 춤, 연극, 영화 같은 공간과 시간 분야 등 알아야 할 게 많습니다. 제 평생 가장 큰 행운은 만화가이자 미술 교육가인 학우지 선생과 동아시아 시각 문화 연구자이며 북 디자이너이자 교육가인 스기우라 고헤이 선생을 만난 것입니다."[48]

내가 바라보는 1980-1990년대 한국의 북 디자인 풍경에도 스기우라 고헤이의 영향이 깊게 스며 있다. 일본과 한국이라는 동일한 한자 문화권과 이에 대한 문제 의식, 활판과 사진식자 등 조판과 인쇄 시스템의 영향, 서양 타이포그래피에 대한 비판적 수용 자세 등이 그렇다. 그밖에 정보의 시각화, 전통 문양, 노이즈 활용 등 표현 양식은 물론, 입체로서의 책, 극대화한 손의 감각, 물성을 담은 책 등의 철학적 개념 또한 당시의 북디자이너들은 스기우라 고헤

48. 《서적설계书籍设计》 제10호. 중국청년출판사中国青年出版社, 2013년. 94-143쪽 뤼징런 인터뷰 참고.

이로부터 영향을 받았다. 일본 그래픽 디자인의 영향으로부터 자유로워진 것은 한글을 주체적으로 디자인에 사용하기 시작하면서부터라고 생각한다.

북 디자인 3 + 1

중국으로 돌아온 뤼징런은 1996년에 닝청춘寧成春, 주홍朱虹, 우융吳勇과 함께 〈북 디자인 4인전書籍設計四人展〉전을 연다. 중국에서 '북 디자인'이라는 말을 처음 사용한 것이 이때 함께 저술한 『북 디자인에 대한 4인의 논의書籍設計四人說』에서였는데, 이는 '장정'에 머물러 있던 디자이너와 출판인에게 '북 디자인'에 대한 인식을 새롭게 심어주는 계기가 되었다. 장정이 책을 보관하기 쉽게 제본하고 표지를 장식하는 행위라면, 북 디자인은 그보다 더 총체적인 디자인 행위가 담긴 말이다.

완전한 책 디자인은 제본, 타이포그래피, 편집 디자인의 세 과정이 필요하다고 말한다. 먼저, 제본이란 책 내용을 보호하고 홍보할 수 있는 표지 디자인을 포함한 패키지 디자인이다. 오랜 기간 많은 비용을 들여 만든 그의 책은 종이 선택과 제본 방식에서 전통적 미감과 섬세함을 자랑한다. 제본은 책의 내용에서 출발한다. 과거 화가나 문인이 장정가로서의 역할을 담당한 시절에는 심미적 접근이 주로 이뤄졌다면, 뤼징런은 기능과 내구성을 기본으로 하면서 책의 구조적 외형을 통해 내용을 매력적으로 전달한다.

둘째, 타이포그래피 디자인은 글자체, 일러스트레이션, 레이아웃, 색 등의 요소로 정보를 시각화하는 것으로, 맥락에 맞는 내용 구성과 좋은 가독성을 통해 지면의 조화와 아름다움을 표현하는 것이라 말한다.

셋째, 그가 말하는 편집 디자인은 편집으로서의 디자인 개념이다. 원고 전체를 이해하고, 시각 언어가 필요한 부분을 보충해서 디자인하는 것이다. 북 디자인이 미적 장식에 그치는 것이 아니라, 시각화 과정에서 내용의 본질에 접근해야 한다. 따라서 뤄징런은 좋은 북 디자이너는 제2의 저자라 했다. 실제로 좋은 북 디자이너는 글과 이미지를 정확하게 파악하고 풍성하게 보이도록 해야 한다. 주어지는 원고에 수동적이고 소극적으로 접근한다면 기존의 틀을 반복하는 오퍼레이터Operator 역할에 머물고 말 것이다.

뤄징런은 제본, 타이포그래피, 편집 디자인 과정을 가리켜 '정보의 시각화 과정'이라 부르며, 여기에 두 가지 새로운 개념을 덧붙인다. 하나는 북 디자인 전반을 아우르는 핵심 콘셉트로서의 편집 디자인이다. 정보를 해체하고 재구조화해 독자에게 시각적 읽기를 제공하기 위한 것으로, 북 디자인은 단지 보기 좋게 만드는 것뿐 아니라, 디자인 콘셉트의 완벽함을 추구해야 한다는 것이다. 다른 하나는 인포그래픽 디자인이다. 뤄징런은 디자이너가 정보 구조를 이해하고 분석해야 하고, 독자가 쉽게 이해할 수 있도록 시각 정보 체계를 구축해야 한다고 이야기한다. 이와 같이 뤄징런은 '북 디자인 3 + 1' 개념의 필요성을 주장하며 모든 과정이 융합되고 반복되는 순환 과정이라 설명한다.

뤄징런의 북 디자인

뤄징런은 제2의 저자로서 자신의 작업관에 대해 다음과 같이 설명한다. "책의 특성에 따라 진심으로 디자인하는 것이 '저의 디자인 성격'이라고 할 수 있겠습니다. 최근 2년 동안 표지 디자인 의뢰를 많이 받지 않았습니다. 총체적 북 디자인 이념을 가지고 원고부터 여러 번 읽으며 편집할수록 매 권 해야 하는 일이 많아지고 시간도 많이 필요하기 때문에 일을 줄였습니다."

『메이란팡전梅兰芳全传』은 뤄징런이 2002년에 디자인한 책이 342
다. 처음에는 단지 30만 자로 이뤄진 원고만 받았을 뿐 도판이나 관련 자료가 하나도 없었다고 한다. 그는 경극 예술가인 메이란팡이 무대에서 보여주는 다채로운 이미지를 시각화해야 독자가 읽을 수 있는 책이 될 것이라 생각했다. 그는 메이란팡 유족의 동의를 구해 몇백 장의 사진을 받았고, 원고 내용에 따라 사진과 글을 편집했다.

뤼징런은, 책은 평면 매체가 아니라 정보가 훨씬 풍부한 육면체라 강조한다. 그는 책 배면 또한 특별하게 디자인했다. 책을 왼쪽으로 비틀면 무대의상을 입은 메이란팡을 볼 수 있고 오른쪽으로 비틀면 평범한 일상복을 입은 메이란팡을 볼 수 있다. 책을 제본하는 과정에서 배우 메이란팡을 입체적으로 보여줌으로써 독자가 이 책을 읽고 펼 때 자기도 모르게 매이란팡의 두 이미지를 잘 기억할 수 있도록 의도했다.

350~353 뤼징런의 북 디자인 대표작 가운데 하나인 『회수아물怀袖雅物-苏州折扇』(2010)은 중국 쑤저우 지역의 전통 부채를 다룬 책이다. 작업을 의뢰받았을 때, 뤼징런은 부채의 아름다움을 좀 더 잘 보여줄 수 있는 기록물을 만들고자 의뢰인을 설득해 다섯 권을 세트로 출간할 것을 제안했고, 결국 책은 5년 뒤에야 출판되었다.

평범함을 추구하는 것은 한 사회의 재난이라 말하는 뤼징런은, 디자이너가 책의 내용을 해석하고 책이 지닌 매력을 극대화해야한다고 강조한다. "이 책을 디자인하면서 비용과 시간이 애초 계획보다 더 많이 들었지만, 결국 독자가 좋아하고 판매량도 높았다. 북 디자이너는 이 책에서 가장 중요한 역할을 담당했다. 이것이 바로 북 디자인의 가치다."

344~349 또 다른 대표작 『중국을 기억하다中国记忆』(2008)는 2008년 베이징올림픽을 기념하는 책으로 중국 외교사절이 중국을 대표해 다른 나라 귀빈에게 선물하기 위해 만든 것이다. 제본 방식을 달리해 두 종류를 만들었는데, 정교하게 포장된 책은 정부에서 외교용으로 사용하고, 간편하게 포장된 책은 일반인이 구입할 수 있다. 제목

글자는 『주희천자문朱熹千字文』에서 '中' '国' '记' '忆', 네 글자를 뽑아 재구성했다. 뤼징런 북 디자인에는 중국 문화의 예술적인 깊이를 부각하고, 외적 형태뿐 아니라 동양 정신을 담아내기 위한 노력의 흔적이 돋보인다. 이 책은 2009년 〈라이프치히도서박람회Leipzig Book Fair〉에서 '세계에서 가장 아름다운 책'에 선정되기도 했다.

뤼징런의 북 디자인은 수공예적이다. 전시회에서 마주한 그의 작품은 책이라 하기에는 성스러울 정도로 아우라를 풍겼다. 종이에 인쇄된 책은 고급 마감재와 함께 연출되었다. 그의 스승인 스기우라 고헤이의 영향이 느껴지는 부분이다. 중국은 인구가 많고, 인건비가 저렴하고, 출판사를 나라에서 운영하는 만큼 책을 마음껏 수공예적으로 디자인할 수 있을 것이라는게 보통의 생각이다. 하지만 우리의 이런 부러움은 사실 오해에 가깝다. 이런 결과물이 책에 대한 애정과 고집 없이는 만들어질 수 없다는 것을 우리는 이미 잘 알고 있다. 예산이 적어 책을 못 만드는 것이 아니라, 적당히 만드는 것에 익숙해 잘 만들지 못하는 것이 현실이다.

한국의 북 디자이너들은 세계적으로도 수준급의 활동을 해오고 있다. 좋은 글자체를 만들고, 글자를 매력적으로 운용하고, 멋진 화면을 만들어낸다. 그런데 한국 디자인은 제작 현장과 괴리가 크다. 우리는 북 디자인을 디자이너가 책상에 앉아서 만들어내는 것으로만 여기는 듯하다. 막상 인쇄소와 제본소에 가보면 상황은 좋지 않다. 디자이너와 인쇄공의 경험 차이는 너무 크다. 기계를 돌리는 공장은 시간이 곧 돈이기 때문에 디자이너의 고민과 요구에 부응해주지 못한다. 어려움은 이뿐이 아니다. 쓸 만한 종이는 수입해야 하기 때문에 가격이 비싸다. 제작 한계는 끝이 없다. 이를 잘 아는 '영리한' 디자이너는 제작하기 쉬운 디자인을 만들어 납품하기도 한다. 어느 날 바라본 우리 북 디자인은 결국 공장에서 대량으로 찍혀 나온 그저 상품에 불과하다는 인상이었다. 애초에 책은 대량으로 복제되며 존재의 의미가 빛이 바랬으니, 나무랄 일은 아니라고 말할 수 있을 것이다. 그런데 대량 복제 자체가 의미가 있었던 시대가 15세기였다면, 21세기의 책은 적어도 대량 복제가 미덕인 시대는 아니다. 그렇게 많이 만들어낸 책이 오히려 공해가 되어가는 느낌마저 든다. 중국의 북 디자인, 뤼징런의 작품을 보며 새삼스럽게 공예적 접근으로서의 호화본이 주는 감동을 받게 된다. 그저 장식품으로서의 책이어도 좋다. 소장하고 싶은 책은 언젠가 독자의 손으로 열리게 될 것이고, 거기에 담긴 글과 이미지는 시공간을 초월할 것이 틀림없다.

이런 뤼징런의 대표 작품을 이야기하는 과정에서 한 가지 짚고 넘어가야 할 것이 있다. 중국의 많은 디자이너가 뤼징런과 비슷한 위치에 있지는 않다는 것이다. 인민문학출판사人民文學出版社의 디자이너 리우징刘静을 만났을 때 현실을 조금은 알 수 있었다. 그의 사무실은 내가 다닌 출판사 풍경과 크게 다르지 않았다. 마감이 밀려 있는 업무 일정, 표지 필름과 교정쇄, 가제본되어 있는 책 더미가 쌓인 풍경, 출판사에서 디자이너에게 주어진 역할과 위상, 책 한 권을 디자인하고 받는 비용도 우리와 크게 다르지 않았다. 미래에 대한 바람 또한 비슷했다. "모두가 뤼징런 선생처럼 일하고 싶어 하지만, 그런 기회를 얻기 쉽지 않아요. 현장에서 열심히 실력을 쌓아 그런 기회를 갖고 싶습니다."

중국 북 디자인의 스승

뤼징런은 중국 디자인계와 후학을 위해서도 역할을 해오고 있다. 이는 뤼징런이 개인의 유명세를 넘어 중국 디자인을 좀 더 섬세하게 살피는 스승이자 선배로서 평가되는 부분이다. 그는 1998년에 개인 작업실 '징런북디자인스튜디오敬人設計工作室, Jingren Art Design Studio'를 설립하고, 이때부터 신문출판국교육센터新闻出版署培训中心

에서 교육 활동을 시작했다. 2002년부터 2012년까지 칭화대학교 清華大學校 시각디자인과에서 북 디자인을 가르쳤고, 현재 뤼징런의 영향을 받은 많은 디자이너들이 중국 출판 현장에서 활동하고 있다. 학교에서 은퇴한 뒤 뤼징런은 '페이퍼로그Paperlogue, 敬人纸语'를 만들어 학생과 디자이너를 대상으로 워크숍과 공방, 전시 등의 프로그램을 기획 운영하고 있다. 뤼징런은 2011년부터 중국출판협회가 발행하는 계간 잡지 《서적설계书籍设计》를 후배 디자이너인 358~361 류샤오샹刘晓翔과 함께 만들며, 중국 북 디자인의 과거를 발굴, 기록하고 현대 디자인과의 접점을 찾는 작업을 해오고 있다. 전통의 현대적 해석을 위한 그의 노력은 중국 북 디자인이 고유한 정체성을 만들어가는 데도 어느 정도 역할을 하고 있는 듯하다. 2014년 파주에서 열린 행사 제10회 〈동아시아 책의 교류〉에서 뤼징런은 젊은 디자이너들의 활동에도 주목하며 '새로운 책 만들기'에 관해 이야기했다. 책의 구조성은 내재적 측면도 함께 추구해야 하고, 책은 시간과 공간의 유동성을 가진다고 말하며 책은 정보의 서식지라고 바라봤다.

중국에서는 이미 1959년에 첫 전국 북 아트 전시가 열렸는데, 같은 해 독일 〈라이프치히도서박람회〉에서 중국 북 디자인 작품과 삽화가 수상하기도 했다. 2000년대에 들어 라이프치히 시에서 선정하는 '세계에서 가장 아름다운 책'에는 뤼징런, 류샤오샹 등 중국 디자이너의 북 디자인 작품이 수차례 수상했다. 중국 전통을 현대 디자인의 방법론으로 재해석한 책은 미적 완성도는 물론, 제작의 섬세함도 뛰어나다는 평가를 받았다. 한자를 비롯한 동양의 이미지가 서양 디자이너들의 눈에 새롭게 비치기도 하는 장점을 등에 업은 면도 있겠지만, 중국 현대 북 디자인 작품에 나타나는 형식적 진지함은 대량 생산의 속도와 효율성으로 점점 잊혀져가는 책의 원형을 다시 보여주고 있는 것 같다.

뤼징런은 중국의 북 디자인 수준을 높이기 위해 중국에서 가장 아름다운 책을 선정하는 일에도 노력을 기울인다. 그는 중국이 문자와 종이를 발명했고, 오랜 시간 수준 높은 철학과 기록물로서의 책을 만들어온 것에 자부심이 있을 것이다. 문화대혁명 기간 동안 눈앞에서 사라져가게 한 많은 전통문화가 불타 없어지는 것을 목격하며 그 가치를 더욱 단단히 마음에 새겼을 것이다. 한자가 복잡하다는 이유로 간체자를 사용하는 현실에 대해서도 뤼징런은 우려를 표한다. 젊은 세대가 더는 과거의 글을 읽지 못하는 것을 보며, 문화조차 효율성 위주로 흐르는 상황을 안타까워하는 것이다.

어느 곳에서든, 어느 때이든 문화는 다양함과 단단함이 자랑일 것이다. 젊은 디자이너들의 활동은 중국에서도 활발하다. 다양한 주제와 형식을 가진 출판물이 만들어지고 유통되고 있다. 이런 흐름이 순간의 유행에 그치지 않고 의미 있는 정체성을 만들어나가기를 바란다면 욕심일까. 적어도 뤼징런을 통해 본 중국 북 디자인은 그런 단단함이 스며 있다고 느껴진다. 책과 문자에 대한 그들의 오랜 자부심은 그렇게 자연스럽게 드러나는 것인가 보다. 뤼징런은 말한다. "우리는 전통에 얽매일 필요가 없다. 동시에 과거로부터 떨어져 나가서도 안 된다."

베이징 시내를 거닐다가 조용한 길목에 자리 잡은 인문 서점 삼미서옥三昧书屋에 들어갔다. 단정한 분위기에 규모는 동네 책방 정도로, 책 판매 외에도 강연회와 연주회 등이 열리는 문화 공간이기도 했다. 그러나 서점은 규모와 속도의 시대를 따라가기에는 어딘가 지쳐 보였다. 어느 도시에서든 자본과 문화가 이상적으로 공존하기란 쉽지 않다. 하지만 우리는 문화에 대한 억압과 궁핍이 곧 창작의 불씨를 마련하기도 한다는 것을 과거에서 경험했다.

스즈키 히토시 Suzuki Hitoshi

미묘한 삼각관계: 영화, 사진 그리고 책

단절과 연속

우연히 펴본 사진 책 한 권이 있었으니, 사진가 이대일의 『길』(1993)이었다. 북 디자이너 정병규가 디자인한 것으로, 소재는 사진가가 여러 나라를 돌아다니며 찍은 사진이었다. 12절 판형에 사진 한 장 한 장이 넉넉한 여백에 담겨 있다. 그 모습이 중후한 여유로움을 뽐낸다. 책을 보면서, 사진을 본다. 그리고 동시에 사진가 이대일이 떠난 여행의 족적을 따라가 본다. 사진가의 여행 사진은 편집의 축을 따라 새롭게 나열된다. 여행의 시공간은 전복된다.

이대일이 찍은 다양한 장소의 건물 파사드Façade 사진이 한쪽에서 그다음 쪽으로 이어진다. 여행의 표면만을 무심하게 기록한 인상이다. 여행 사진은 억지스럽게 장소성을 표방하기보다는 은유의 이미지로서 기능해야 한다는 메시지가 지면 사이에 숨어 있다. 사진 책 보기란, 사진을 보는 것이 아니라 지면 사이를 보는 것이 아닐까 생각해본다. 행간이 아닌, '지간紙間'을 읽는 것. 사진 책을 보는 일종의 방법론이라 말하고 싶다.

종이를 한 장씩 넘기다 보니 어느새 책 말미에 도착했다. 문자 없는 여행기에 관한 넋두리가 필요했던 걸까. 사진이 끝나는 그곳엔 빽빽한 글이 몇 쪽에 걸쳐 정렬되어 있었다. 긴 글이었다. 다행히 단락별로 적용된 깊숙한 들여쓰기는 속독을 위한 말뚝이 되어주었다. 여러 말뚝 한 구석에 시선을 잡는 문구들이 나타났다. "이런 의미에서, 시간이란 비연속적이고 고독한 순간으로 이어지는 것이라는, 앙리 베르그송Henri-Louis Bergson의 지속적 시간 개념에 반대되는 가스통 바슐라르Gaston Bachelard의 말이 오히려 내게로 넉넉한 공감을 불러일으킨다." 자신의 유년 시절 사진을 놓고 사진가 이대일은 시간의 지속과 단절에 대해 고민한다. 베르그송은 시간을 '지속'이라는 개념으로 논했지만 사진가인 글쓴이는 시간에서 지속보다는 '단절'이라는 비연속성을 실감했나 보다. 그는 이어서 썼다. "그러나 무엇보다도 시간적 지속이란 경험적인 것이 아니라 사고의 것이다. 우리는 결코 시간적인 지속을 체험하지 못한다. 지속이란 시간적인 '여기'와 '거기'를 연결 짓는 추상적인 거리 개념이기 때문이다. 따라서 시간적 지속에 대한 체험은 단지 사고의 체험이며 또한 주관적인 체험이 된다."

시간과 공간, 그리고 단절과 지속. 마생은 3차원의 연극을 2차원의 평면 공간인 책으로 옮겼다. 3차원 연극의 시간과 공간의 존재는 책으로 옮기면서 '번안'될 수밖에 없었다. 연극에서의 침묵이 책으로 공간 이동한다. 연극에서 침묵이 보이지 않는 존재였다면, 책에서 침묵은 보이는 존재가 되어야 했다. 공간의 이동으로 보이지 않는 시간은 보이는 그래픽, 다시 말해 그래픽이 점유하는 공간이 된다. 일본의 그래픽 디자이너 스즈키 히토시鈴木一誌에게도 이 과제는 익숙한 것이었다. 단지 연극이 아닌, 영화가 그 출처였다는 점이 다를 뿐이다.

"언어가 번역된다는 것, 특히 문학이 번역된다는 것은 육체와 정신의 떨림을 동반하는 과정이다. 특히 원천 언어와 목표 언어 사이의 구조와 논리가 다르면 다를수록, 그 떨림의 강도는 더욱 심해진다."[49] 소설가 배수아는 말했다. 이 글은 이런 일련의 떨림에 관한, 독특한 형식의 '번역'에 관한 보고서라고 하겠다.

---

49. 배수아, 「옮긴이의 말」, 『인간과 말』, 봄날의책, 2013년.

이력의 측면

일본 그래픽 디자이너 스즈키 히토시는 이력이 독특하다. 그는 그래픽 디자이너이지만 영화 평론가이기도 하다. 이 글에서는 그의 그래픽 디자인, 좀 더 구체적으로 쓰면 북 디자인의 독특한 한 면을 조명하고자 한다. 그 조명의 방법론이란 영화 평론가로서의 이력을 살펴보는 것이다.

2011년 겨울, 도쿄에 있는 그의 디자인 사무실을 찾아갔다. 엄밀하게 말하면 그곳은 사무실 겸 자택이었다. 그리고 그곳은 거대한 고치이기도 하다. 일본 건축가 사이토 유타카齋藤裕의 건축물이었다. 오랜 시간으로 이제는 넝쿨로 무성하지만 본래 이 건물 외관은 회색 콘크리트의 달걀 모양으로 설계되었다. 스즈키 히토시는 나를 포함한 인터뷰 일행을 높은 천정에 수많은 책이 둥그런 벽면을 따라 꽂혀 있는 공간으로 안내했다. 3·11 동일본 대지진의 여파가 작업 공간 곳곳에 남아 있었다. "당시 지진으로 책이 많이 떨어졌죠. 아직 책을 정리하지 못하고 있습니다." 스즈키가 덤덤하게 말했다. 차라리 악몽이길 바랐던 참사. 수개월이 지난 시점에도 책들은 본래의 자리로 돌아가지 못하고 있었다.

1950년생인 스즈키는 도쿄도 다치카와시에서 태어났다. 일본의 대표적인 다독가이자 저명한 편집자인 마쓰오카 세이고松岡正剛는 스즈키의 『페이지와 힘, 그리고 디지털 디자인ページと力: 手わ 402
ざ、そしてデジタル・デザイン』(2002)에 관한 서평을 자신의 서평 블로그에 올린 바 있다.[50] 그 내용 가운데 일부에 따르면, 스즈키 히토시가 태어난 다치카와 시는 군사 비행 기지가 있던 곳으로, 어린 스즈키는 비행기를 찍는 데 여념이 없는 사내아이였다고 한다. 몇 문단에 걸

50. 세이고는 매일 한 편의 서평을 쓰고 올리는 프로젝트인 '센야센사쓰千夜千冊'를 몇 년째 진행하고 있다. 이 글에서 언급하는 히토시의 『페이지와 힘, 그리고 디지털 디자인』은 세이고가 쓴 1,575번째 서평이었다. http://1000ya.isis.ne.jp

쳐 세이고가 소개하는 스즈키의 이력은 "검도부"와 "뒤안길"이란 두 단어로도 요약될 수 있다.

"검도부"는 야쿠자 영화와 남성성으로, "뒤안길"은 삶의 비가시적인 측면과 적극 대면하는 스즈키의 박력과 의지를 표상한다. 도쿄 작업실에서 스즈키는 밝히기를, 어릴 적부터 영화광이었다고 한다. 특히 야쿠자 영화를 좋아했으며, 그중에서도 스즈키 세이준鈴木清順의 야쿠자 영화에 탐닉했다고 한다. "내 작업은 남성적입니다. 나는 야쿠자 영화를 좋아합니다."라고 농담조로 그는 말한 바 있다. "스즈키 세이준의 〈동경방랑자東京流れ者〉(1966)를 좋아했습니다. 이 영화에서 주인공이 총을 쏘는 장면이 있는데 화면이 완전히 하얗다가 빨갛게 변해요." 스즈키는 이 장면을 보고 적잖은 충격을 받았다고 한다. 그에게 충격은 영감과 감동의 다른 이름이었다. 이 영화를 계기로 스즈키는 영화와 책을 연결시키는 방법에 대해 고민하게 된다. 영화 평론가이자 북 디자이너라는 독특한 그의 이력은 이때부터 시작되었다.[51] 그리고 1971년, 영화에 대한 그의 관심이 공적인 무대를 밟게 되었는데, 어린 영화광이었던 스즈키가 스물한 살이라는 젊은 나이에 평론으로 데뷔한 것이다. 제목은「공격, 고집스럽게 버티는 무의미성…멜로드라마에 관한 비판적 서론斬り込み意地で支える無意味性…メロドラマ批判序説」으로, 1971년 6월 《시네마シネマ》71호에 실렸다. 멜로드라마에 대한 비평이었다.

1981년, 스즈키는 영화 비평「사랑의 영상, 사랑의 퇴장愛の映像, 愛の退場」으로 다게레오ダゲレオ 출판사에서 수여하는 제1회 다게레오 출판평론상ダゲレオ出版評論賞을 받는다. 이때는 이미 그가

51. 세이고에 따르면 고등학교 검도부 시절 부상당한 스즈키는 의사로부터 "무릎 뼈 종양이 재발하지는 않겠지만, 다리를 쓰지 않아도 되는 직업을 가지라."는 진단을 받았다고 한다. 세이고는 이 일화로 스즈키가 북 디자이너가 되지 않았을까 하는 흥미로운 추측을 한다.

여러 영화 관련 책을 디자인한 시점이기도 하다. 일본의 디자이너
사토 게이치佐藤啓一에 따르면,[52] 1977년에 디자인한 일본 영화감
독 마키노 마사히로マキノ雅弘의 『영화 살이映画渡世』를 시작으로, 370
1979년에는 영화 평론가 하스미 시게히코蓮實重彦의 『영화의 신화 371
학映画の神話学』, 2002년에는 『쇼와 드라마: 극작가 가사하라 가즈 374
오昭和の劇: 映画脚本家笠原和夫』 등을 디자인한다. 이런 그의 영화 관
련 북 디자인 행보에 정점을 찍은 책이 있었으니 다름 아닌 『장면 404
의 탄생画面の誕生』(2002)이었다. 스즈키의 영화론과 영화 관련 북 디
자인이 응집된 이 책을 게이치는 "영화를 정면으로 보도록" 하는
평론이라고 치켜세웠다.[53]

『장면의 탄생』은 영화를 보지 말고, 읽으라 권한다. "영화를 읽는다는 것은 이미지를 통해 본다는 행위와 이에 대한 구체적인 의식을 자각하는 행위"라고 스즈키는 썼다. 무엇보다 이 책에서 강조한 것은 '쇼트short'라고도 부를 수 있는 장면의 속성, 그리고 그 속성이 야기하는 관객의 위치다. 스즈키에게 영화를 보는 관객은 영화적 편집에 동참하는 사람이다. "편집은 관객에게서 일어난다. 관객은 이미지와 사운드를 결합한다. 과거에 본 것과 지금 바로 영화에서 본 것들 간의 충돌은 현재진행형이다. 과거의 이미지는 현재 시제로 편집된다." 의미는 작품 속에 있는 것이 아니라 "복합적인 사회관계"[54] 속에서 생성된다는 주장의 사례는 오늘의 여러 관객 참여형 미술에서 쉽게 찾아볼 수 있다. 하지만 이것은 신기술도 아니고, 새로운 개념도 아니다. 이미 1960년대 '저자의 죽음'이란 선고로 저자 중심의 작품 해석은 무너진 지 오래다. 오히려 "보는 이

52. www.yidff.jp/docbox/21/box21-4-e.html 참고.

53. 앞의 웹사이트.

54. Marita Sturken et al., 「Viewers make Meaning」, 『Practices of Looking』, Oxford University Press, 2001, p.45.

들의 이미지로부터 의미를 만드는 만큼, 이미지 스스로 관객을 구성한다."라는 주장이 현실성 있는 오늘이 되었다.[55] "관객과 장면 간의 관계 전복이 일어나고" "영화는 일방적으로 의미를 만들지 않고" "바로 영화를 보는 '나' 또한 의미를 만든다."라고 말하는 스즈키는 이런 문화의 의미 생성 메커니즘을 적극 수용했던 셈이다.

그에게 영화는 완성품이 아니다. 누가 어떻게 읽는가에 따라 다르게 만들어지는 미완성품이다. 완성은 영원히 미뤄진 과제이다. 그래서 스즈키에게는 일방적 해석을 강요하는 멜로드라마는 진부하다. 이는 그가 바라보는 사진 책에도 적용된다.

영화에서 책으로

"영화도 책처럼 페이지를 넘기죠. 다만 인간이 아닌 기계가 넘긴다는 점에서 책과 다를 뿐입니다." 스즈키가 진지하게 설명한다. 여기서 '페이지'는 '장면'으로, '기계'는 '영사기'로 해석하면 된다. 장면과 페이지는 매체가 다를 뿐, 스즈키에겐 사실상 동의어다. 책에서의 지면과 영화에서의 장면이 지니는 속성은 단절에서 시작하지만, 연속이란 개념을 내포한다. 정확하게 말하면 단절과 연속이 장면과 지면을 생성한다.

스즈키는 이런 단절과 연속의 운동 사이에서 관객 참여가 일어난다고 보았다. "책은 독자가 참여해서 읽고 넘기는 것입니다. 영화에서 필름이 돌아간다는 것은 책의 페이지가 넘어가는 것과 같은 개념이죠. 영화의 각 장면은 분리되어 있지만, 관객이 참여함으로써 연속적으로 보이게 됩니다. 책도 넘기면서 봅니다. 이것을 우리는 무의식중에 연속해서 보는 것이죠."[56] 이것은 일종의 몽타주

---

55. 같은 책.

56. 스즈키의 영화적 내러티브와 책의 상관관계는 그의 또 다른 주요 저작물인 『중력의 디자인重力のデザイン』(2007)의 주제이기도 하다. 앞선 『장면의 탄생』과 『페이지와

를 설명하는 내용이기도 하다. 영화학자 뱅상 피넬Vincent Pinel에 따르면 "영화의 시간성은 연속성과 단절에 의해 규정"된다.[57] 이는 20세기 초반 자각하게 된 이미지 편집이라는 혁명과 맞닿아 있다.

우리가 눈으로 보던 세상은 카메라라는 기계가 동원되면서 새로운 시각으로 비춰진다. 그리고 좀 더 적극적인 행위의 세상 보기 운동이 일어나면서 시각이 전환된다. 카메라로 포착되는 영상이 만드는 이의 지각과 의식으로 재구조화되는 순간, 바로 이 순간이 스즈키가 주목하는 20세기 초 포토 저널리즘의 효시였다. 시곗바늘을 돌려 2009년 1월 29일로 거슬러 가본다. 서울 장충동 디자인하우스 1층에서 스즈키 히토시는 '사진 책'에 관해 강의하며 바로 이 편집과 포토 저널리즘의 혁명을 박력 있는 톤으로 전달했다.

강연 초반, 스기우라 고헤이의 영향임을 밝히며 작업한 책 가운데 유난히 사진 책이 많다던 스즈키는 의미심장한 고백 한마디를 던지고는 근 100여 년에 가까운 사진 책의 역사 속으로 청중을 안내했다. "최근에 제가 느낀 게 있다면, 그래픽 디자이너라고 해서 누구나 사진집 디자이너가 되는 것은 아니라는 겁니다."

회화에 비하면 초라하기 짝이 없는 역사지만, 속출하는 뉴미디어의 역사에 비하면 나름대로 궤도를 그려나가고 있다고 자부할 수 있는 사진의 역사를 설명했다. 대다수 청중에게 사진 책이 책 중에서도 막연한 장르라 생각했는지 그는 사진 책에 관한 몇 가지 개념을 간략하게 소개했다. "우선 사진 책이라는 것은 문자와 사진이라는 비주얼을 함께 연결해 만드는 매체죠. 그래서 일반적으로 글

힘, 그리고 디지털 디자인』에서 파생시킨 논의는 이 책에서 학제적 연구의 맥을 이어 나간다. '중력'이라는 개념을 중심에 놓고 스즈키는 영화인 프레더릭 와이즈만Frederick Wiseman부터 사진가 아라키 노부요시荒木経惟와 모리야마 다이도森山大道까지 분석한다. 이 글에서는 스즈키 저작물인 『장면의 탄생』 『페이지와 힘, 그리고 디지털 디자인』 『중력의 디자인』의 핵심에까지 다가서지는 못한 점을 아쉽게 생각한다.

57. 뱅상 피넬, 심은진 옮김, 『몽타주』, 이화여자대학교출판부, 2006년, 58쪽.

자체와 사진에 대한 지식이 필요하며, 인쇄로 재현되기 때문에 제본에 다양한 기술을 집약해야 합니다."

이윽고 본격적으로 시작된 강연은 포토 저널리즘에 관한 언급을 시작으로 선택과 나열이라는 사진 편집의 혁명이 20세기 초반에 일어났다는 것이 핵심이었다. "포토 저널리즘은 사진 한 장이 아니라 여러 사진으로 메시지를 전달하는 것입니다. 사진이 회화에서 독립하지 못하고, 회화의 제자나 꼬마였던 때가 있었죠. 다시 말해, 사진이 자기만의 독립성을 갖기 어려웠을 때는 한 장에 승부를 걸었어요. 그런데 여러 사진을 나열해 상황을 전달하게 됐다는 것은 기록을 위한 수단으로서의 매체였던 기존 사진이 전혀 다른 방향으로 진행되었음을 뜻합니다. 한 장의 정물적 사진이 아니라, 어떻게 선택하고 나열하는지에 관한 논의가 일어난 거죠. 1920년대와 1930년대 사이에 사진의 선택과 나열에 대한 혁명이 정점을 찍습니다. 나열에 대한 사진의 고민은 영화의 영향입니다."

스즈키의 영화 평론가적 기질이 발휘되기 시작했다. 그는 영화의 몽타주 이론을 인용하며 사진의 나열이 어떻게 새로운 의미를 획득하게 되는지 진지하게 설명했다. 영화에서 논의되던 몽타주 이론이 포토 저널리즘에 영향을 미치면서 새로운 의미의 다큐멘터리가 정착하게 되었다고 말하며, 여기서 스즈키는 시각 문화의 한 단면을 짚어냈다. "다큐멘터리는 있는 그대로의 현실을 보여주지만, 어떻게 나열하고 편집하는지에 따라 드라마틱한 상황을 만들어냅니다."

세상은 편집의 연속이다. 대상을 포착하는 행위에서 편집은 시작된다. 그리고 편집은 동시에 의미 부여 행위다. 포착한 이미지를 다시 분류하고 선택해 나열하는 것은 또 다른 주관적 해석을 개입시키는 고도의 가공 기술이기 때문이다. 엄밀한 의미에서 객관적 실체란 존재하지 않는다. 대상을 해독해서 그 구조 관계를 읽어내야만 하는 것은 어쩌면 그래서 태생적일 수 있다. 이런 영화적 사유를 기반으로 한 스즈키의 사진론은 그의 사진 책 이론에 그대로 흡수된다. 사진 책은 분산된 이미지들의 나열인 것이다. 그리고 나열은 단절과 연속을 전제로 한다. 단절과 연속이 운동으로서 나타나는 부분이 종이의 넘김이다. 이 넘김으로 독자는 사진 책에 개입하는 공간과 시간을 확보한다. 그리고 읽게 된다. 가장 적극적인 의미의 이미지 읽기를 독려하는 매체가 사진 책인 이유다. 종이를 넘기는 '사이 공간'이 사진 책을 읽는 독서 행위를 자극한다.

두 명의 거장

스즈키 사진론 또는 사진 책론의 이론적 토대가 영화 평론이라는 캔버스를 기반으로 그려졌다면, 그의 책과 사진의 방법론적 토대는 일본의 두 거장을 축으로 발전, 전개되었다고 볼 수 있다. 그 두 축이란 그래픽 디자이너 스기우라 고헤이와 사진가 아라키 노부요시荒木經惟다. 이는 영화, 책 그리고 사진과 별개로 또 다른 흥미로운 삼각관계를 내포한다. 스기우라는 책에 대한 방법론적이면서도 정신적인 사유의 힘을 촉발시킨 스승이라면, 아라키는 사진 책을 위한 물적 토대를 제공했다. 물론 이들은 스즈키와의 관계와 별개로 일본 사진사뿐 아니라 일본 사진 책 역사의 주요 전환점에 서 있다.

"스기우라 고헤이는 존경스러운 분이죠. 일본에는 그런 말이 있어요. 스기우라 고헤이가 지나간 길에는 풀이 자라지 않는다고." 스즈키가 자신의 스승인 스기우라 고헤이에 대해 내뱉은 자기 고백이었다. 대학을 중퇴하고 12년 동안 스기우라 고헤이 사무실에서 도제식을 따르는 디자이너로서 살았던 스즈키였다. 독립할 적 스승인 스기우라는 존경과 동시에 가장 큰 극복의 대상이 될 수밖에 없었다. "독립할 때부터 어떻게 스기우라 고헤이로부터 이탈할까 고민했습니다. 손오공이 부처님 손바닥에서 노는 느낌이었죠."

1932년생 스기우라 고헤이는 일본 그래픽 디자인계를 새롭게 디자인해나간 장본인이다. 요코 다다노리横尾忠則와 함께 일본 현대 그래픽 디자인의 양대 산맥을 이룬다 해도 과언이 아니다. 스기우라는 북 디자인을 산업에 종속된 하위 개념에서 독립시킨 장본인이다. "스기우라는 표지만 디자인한 것이 아니라 구조를 만들었어요."라고 스즈키는 평했다. 이런 스기우라에게 사진 책 또한 예외일 수는 없었다. 스기우라가 디자인한 사진 책은 일본 사진 책 역사의 분기점이었다.

『포토북The Photobook』(2004)의 저자 개리 배저Gerry Badger와 마틴 파Martin Parr, 그리고 1960-1970년대 일본 사진 책에 대한 심도 있는 분석을 내놓은 아이반 바르타니언Ivan Vartanian은 일본 사진 책 역사에 대해 하나의 공통된 목소리를 내고 있다. 다름 아닌, 스기우라 고헤이에 대한 평가이다. 전후 시대 일본 사진계를 강타했던 잡지 《프로보쿠Provoke》[58] 출판 이후, 일본 사진과 사진 책에 새 물결을 몰고 왔던 스기우라 고헤이였다. 한국에서는 『형태의 탄생かたち誕生』(1997)과 계간지 《긴카銀花》 등 몇몇 심오한 저술과 디자인으로 잘 알려져 있지만, 그의 사진 책 디자인 이력은 밝혀진 바가 없는 음의 영역이었다. 스기우라 사진 책 디자인 가운데 걸작이라고 평가할 수 있는 호소에 에이코細江英公의 『장미에 죽다薔薇刑』(1963)와 기쿠지 가와다川田喜久治의 『지도地図』(1965)는 일찍이 1960년대 일본 사진 책 디자인의 격을 드높인 인쇄물로, 그 여파로 일본은 세계 사진사 역사에서 독립적인 장을 써나갈 수 있었다.

12년 동안 스기우라를 사사한 스즈키 히토시에게 사진 책 디자인 유전인자는 이어질 수밖에 없었다. 독립한 스즈키는 일본 사

58. 1968년 일본에서 발행된 독립 사진 잡지로, 3호까지만 발간하고 폐간했다. 모리야마 다이도는 2호부터 참여했다. 제도권 사진에 저항하며 전후 일본의 실험적 사진 언어를 다지는 데 크게 일조했다.

진계의 아이콘이자 문제적 인물인 아라키 노부요시와 인연이 닿고, 더 이상 스기우라의 어시스턴트가 아닌 독립 디자이너로서 사진 책을 디자인하기에 이른다.[59] 스기우라는 일본 사진 책 디자인의 거장이었고, 그가 제안한 사진 책 디자인이 일본 사진 및 출판 문화의 도랑을 파냈다면, 450여 권이 넘는 사진 책을 내놓은 아라키는 일본 사진 및 출판 문화가 횡으로 팽창할 수 있도록 주도한 인물이라고 볼 수 있다. 『포토북』에서도 언급된 바, 아라키 덕에 다종다양한 판형과 디자인부터 값싸고 고급스러운 사진 책까지, 사진 책 관련 어휘 목록에 더 다양한 어휘를 추가할 수 있었다.

스즈키는 아라키와 몇 권의 사진 책을 진행했다. 첫 책은 『도 378
쿄 여행 일기東京旅日記』(2003)로, 아라키 특유의 이중적 감수성이 반영된 사진 책이다. 아트지에 연달아 배치된 흑백 사진은 무미건조한 도쿄의 도시 풍경을 배경으로 서 있거나 앉아 있는 어느 젊은 여성을 포착했는가 하면, 어떤 지점에서는 온몸을 자극적으로 드러낸 여성 모델을 두서없이 등장시켰다. 아라키 사진에서 항상 논쟁의 핵심이 되는 결박 장면 또한 이 책에 등장한다. 하지만 아라키의 사진이 그렇듯 그는 포르노그래피적 서정의 가능성을 질문하게 만든다. 이 책에 등장하는 여성은 당당하게 신체 노출을 즐기고 있다. 스즈키는 엄격한 사진 레이아웃을 적용하기보다는 여러 시리즈로 구분된 사진마다 다양한 레이아웃을 구현했다. 그리고 독특한 장식적 요소로도 읽히는 쪽 번호 디자인을 지면에 적용했다. 편집의 유연한 흐름과 지면의 장식적 요소가 조화롭다.

이렇게 첫 아라키 사진 책을 시작으로 스즈키는 『유방, 꽃이 380
되다乳房、花なり』(2004), 『센티멘털 오키나와 1971–2005 センチメンタ 386

59. 아라키와의 첫 인연에 관해서는 스즈키가 디자인한 첫 아라키 사진 책 『도쿄 여행 일기』에 수록되어 있다. 스즈키는 디자이너로서는 드물게 자신이 디자인한 이 사진 책에 글을 썼다.

388 ル沖縄 1971–2005』(2005)[60], 『청의 시대青ノ時代』(2005), 그리고 『작년 여
390 름去年の夏』(2005) 등 여러 권의 아라키 사진 책을 디자인했다. 아라키의 서정적 포르노그래피와 스즈키의 디테일에 대한 집념이 돋보이는 한 권 한 권의 사진 책이다. 그의 사진 책 디자인은 일본의 공예적인 부분을 계승하면서 타이포그래피의 절제와 화려함이 공존하고 있으며, 판형과 제본의 각개전투가 돋보인다. 궁극에 그의 사진 책 디자인의 특징을 꼽으라면, 하나의 방법론으로 귀결되거나 요약할 수 없는 그의 북 디자인일 것이다.

이런 그의 작업 세계에서 놀라운 것은 그가 디자인한 사진 책이 상업 시장이라는 테두리 안에서 생산되었다는 사실이다. 그는 '독립 출판' 계열의 책이나 사진 책과는 엄격하게 선을 긋는다. 독립 출판이 '연습'을 위해 의미 있다고 말하는 그에게서는 주류 출판계에서 좋은 디자인을 끝까지 관철시키고자 하는 승부욕이 엿보인다. 검객처럼 꼿꼿하면서도 예리한 전문성에 대한 자존감이라고도 볼 수 있다. '자유'와 '독립'이라는 미명 아래 재미로 만드는 출판물은 사양하겠다는 의지로 읽힌다. 독립 출판이라는 매체에 부여하는 의미가 순진하기만 한 국내의 주류 언론에 비춰볼 때 스즈키의 태도는 시사하는 바가 크다. 상업 출판에 대한 자극제로서가 아닌, 도피처로서의 독립 출판은 영원한 미숙함을 전제로 하는 고립된 독백에 그칠 수 있기 때문이다.

운동의 연장

스즈키 히토시는 디자이너로서는 드물게 법정을 오갔다. 그는 아사히신문朝日新聞에서 출간한 현대 용어 사전 『지에조知恵蔵』의 레

---

60. 『센티멘털 오키나와』 초판본은 1971년도에 나왔다. 이 글에서 소개하는 책은 2005년도 스즈키가 디자인한 것으로 1971년도부터 2005년도까지 진행된 오키나와 이야기를 모은 개정판이다.

이아웃 디자인에 대한 저작권을 주장했던 것이다. 10여 년 이상 지난 지금도 디자인 저작권을 이야기하기란 요원한 시점에서 그는 일본의 아사히신문을 상대로 디자이너의 레이아웃 저작권을 주장했다. 7년간의 법정 공방 끝에 결국 그는 패소하고 말았지만 이 내용을 『지에조 재판 전기록知恵蔵裁判全記録』(2001)이라는 책으로 묶어냄으로써 자신의 입장을 끝까지 관철했다. 편집 디자인은 책을 구성하는 또 하나의 독립 언어임을 명시화한 셈이다.

지에조 재판 사건을 계기로 그는 동료이자, 마찬가지로 스기우라를 사사한 도다 츠토무戸田ツトム와 함께 비평적 디자인 계간지인 《d/SIGN》을 발행한다.[61] 스즈키는 자세하게 말한다. "『지에조』 398~401
재판에서 질 수밖에 없었던 논리는 '책이란 그 안에 담긴 내용에만 의미가 있고 그 형태, 즉 디자인이나 레이아웃에는 전혀 의미가 없다'는 마지막 판결문의 맥락과 같다. 그러나 형태와 의미는 결코 따로 떼어놓을 수 없는 관계라는 것이 우리들의 생각이었기 때문에 이 잡지에서는 그런 사고가 자연스럽게 표출되고 있을 것이다. … 디자인 잡지도 소재와 그것을 다루는 기술의 경쟁이 중요한 쟁점이 되어서는 곤란하다는 생각과 아울러 이런 식으로 디자인을 다루는 저널리즘에 대한 불만이 표출된 것이 바로 잡지 《d/SIGN》이다." 디자이너 김경균과의 인터뷰에서 밝힌 내용이다. 그는 이 잡지를 설명하면서 "자원봉사 차원에서 일하고 있다."라고 말했으며, 이에 대해 김경균은 "운동적 차원"에서 시작한 일로 묘사했다.

이처럼 스즈키에게 사진 또는 사진 책에 관한 이론 또한 운동적 의미가 강하다. 그는 제도권의 사진 역사, 인쇄물 중심의 출판 역사, 영상 중심의 영화 역사, 그 어느 한 범주에도 쉽게 안주하지 않는다. 그는 한 장르에 고립되어 있기보다는 세 가지 매체가 결탁하

---

61. 스즈키의 아내는 편집자로서 이 잡지 작업에 관여했다.

는 지점에 오히려 주목한다. 배수아가 말한 "번역의 떨림"을 어쩌면 스즈키도 즐기고 있을지 모른다. 2015년 서울시립미술관에서 열린 전시의 제목이기도 한 '미묘한 삼각관계'는 그래서 그의 디자인 행위를 가장 적절하게 요약하는 키워드다. 세 꼭짓점은 연결되어 있지만 그 관계는 미묘하다. 단순히 하나의 꼭짓점에만 집중하기에 관계된 다른 꼭짓점이 시선에 들어온다. 스즈키의 사진론이 지금 이 시점에서 중요한 이유는, 로허르 빌렘스Roger Willems의 표현처럼 한편에서는 상업적인 오늘의 다양한 사진 책 관련 행사에 대한 좀 더 매체론적 접근과 사유을 허용하기 때문이다. 나아가 오늘의 책과 사진을 논하는 데 중요한 통찰을 제공해주기 때문이다. 다름 아닌, 왜 사진은 책으로 만들어져야 하는지에 대한 논의를 촉발시킨다.

"사진 책이라는 것이 사람들에게 어떻게 전달되는지를 중심으로 이야기하고 싶습니다. 쾰른의 맨홀 뚜껑이 대표적이겠지만, 여러분은 일상에서 스쳐 지나가는 것들에 어떤 의미를 부여하나요. 그것을 다른 사람에게 어떻게 전달할 수 있을까요. 그것이 중요합니다. 사진 책을 만든다는 것은 여러분들이 일상에서 느끼는 감각을 약간 바꿔내는 것이며, 이 점이 사진 책의 가능성이 될 수 있습니다." 이런 의미에서 스즈키에게 사진 책은 각 개인이 행하는 시각 문화 비평이다. 아주 소소하고도 개인적인 비평으로, 자신의 눈의 감각으로 세상을 재단해나가는 것이다. 이미지로 포착해서 인쇄물로 구현시킨다. 모리야마 다이도森山大道가 "사진은 책으로 인쇄될 때 완성된다."라고 말하지 않았던가. 완성의 의미를 우리는 되새김질해봐야 한다.

수전 손택Susan Sontag은 "사진은 파편이기 때문에 사진의 윤리적이며 감성적인 무게도 사진이 놓인 장소에 따라 달라진다. 사진에 대한 느낌은 사진이 보이는 전후 상황에 따라 변화한다."라고 말한 바 있다. 사진은 책으로 놓여야만 전후 상황이 생성된다. 그렇다면 이런 전후 상황의 맥락은 왜 필요할까?

20세기 초 이론가들은 증폭하는 도시의 이미지를 보며 '분산된 지각'을 체험했다. 도시가 토해내는 '이미지의 양'은 오늘날 더 증폭했지만, 충격의 강도는 어쩌면 변화가 더 급격하게 일어난 19세기 말이 더 셌을지 모른다. 매체의 개발과 함께 그에 수반되는 이미지는 날로 증가한다. 각 이미지는 네모난 틀 안에 실리며 우리의 주변을 배회하거나 부유한다. 우리가 비평적 감각을 갖고 이 풍경을 포착한다 한들, 그 또한 결국에는 하나의 기기에 실리게 되는 이미지의 또 다른 연장이다. 바로 이런 이유에서 이미지는 거처를 찾아야만 한다. 책이라는 거처를.

전자책의 한계를 말하며 종이책의 '불변하는' 장점에 대해 낭만적으로 동조하는 건 거부하겠다. 대신 이미지가 왜 인쇄물 속으로 들어가야 하는지를 논해야 한다고 본다. 전후 맥락이 만들어지기 때문이다. 그 전후 맥락이란 이미지, 나아가 시각 문화에 대한 비평적 사유로 전개될 수 있기 때문이다. 스즈키는 이를 종이의 넘김과 이의 조건이기도 한 지면의 단절과 연속의 개념으로 정교화했다. 이미지를 나열하고 인쇄함으로써 이미지는 정지된다. 드디어 독자는 부유하는 이미지를 분산시켜 지각하기보다는 침잠된 상태의 이미지를 바라보는 고요한 시간과 공간을 확보하게 된다. 적극적인 능동적 독서의 세계로 자연스럽게 초대받는다.

사진 책은 지면 사이에서 그 의미가 작동한다. 책으로 완성된 사진은 독자를 만난다. 그리고 독자는 사진 책을 완성시켜준다. 이미지로 범람하는 시각 문화는 비로소 의문의 대상이 된다.

칩 키드 Chip Kidd

디 아메리칸

칩 키드를 찾아가는 여정은 그 자체가 미국적이다. 시장 경제와 자본주의의 상징 미국, 그 자본과 금융을 모두 끌어안고 유통시키는 곳 뉴욕, 그것이 첨예하게 시각화된 맨해튼, 그리고 세계 책의 흐름을 쥐락펴락하는 곳 랜덤하우스Random House. 이 네 가지의 이름은 미국과 금융, 그리고 문화 자본이란 키워드를 관통하고 있으며, 그 한가운데 북 디자이너 칩 키드가 있다.

내가 칩 키드를 찾아간 것은 2010년 11월이었다. 엘리베이터를 타고 랜덤하우스 빌딩 19층에 도착하니 그가 맞이한다. 동그란 테의 안경을 쓰고 남색과 회색이 배합된 줄무늬 바지를 입은, 제법 큰 체격이었다. 그는 나를 자신의 방으로 안내한다. 흔하게 떠올릴 수 있는 저명한 디자이너의 멋스럽고 널찍한 작업실이나 스튜디오 모습과는 다르게 그는 세 평 남짓한 작은 공간에서 일하고 있었다. 하지만 창 너머로 보이는 풍경은 매우 근사했다.

"내 사무실이 좀 작긴 하지만 전망은 아주 좋아요."라고 보내온 칩 키드의 이메일이 떠올랐다. 19층 높이에서 내려다본 창밖에는 허드슨 강이 흐르고, 잡지 재벌이라 할 수 있는 윌리엄 랜돌프 허스트William Randolph Hearst의 건축물 허스트 타워Hearst Tower가 가까이 자리하고 있었다. 창밖에서 창 내부로 시선을 돌려본다. 사무실 내부 창가를 따라 코카콜라 병, 배트맨과 로빈의 드로잉, 아크릴판에 새겨진 슈퍼맨 문자, 각종 슈퍼 히어로가 등장하는 다트판, 스누피의 친구 우드스탁의 입체 모형물 등이 진열되어 있다. 바깥의 풍경과 실내의 모습이 한데 어우러져 완벽한 미국적 풍경을 그리고 있었다. 이때 그가 한 권의 두꺼운 책을 건넨다. "이 책이 가장 최
428 근에 작업한 거예요." 칩 키드가 기획하고 디자인한 『배트망가: 일본 배트맨의 숨겨진 역사Bat-Manga: The Secret History of Batman in Japan』(2008)였다. 그는 흥분하며 말한다. "일본에는 40여 년 전부터 독자적인 배트맨이 있었어요. 정말 멋져요. 일본 배트맨 만화부터 배트맨 관련 이미지와 상품을 집대성한 책입니다." 허드슨 강과 허스트 타워를 배경으로 다양한 미국 대중 아이콘이 진열된 자신의 사무실에서 내게 미국의 슈퍼 히어로인 배트맨 책을 선물하는 칩 키드. 그 순간 그는 어떤 북 디자이너보다 미국적이었다.

배트맨 키드

칩 키드의 본명은 찰스 I. 키드Charles I. Kidd다. 1964년 미국 동북부 펜실베이니아 주의 작은 마을 실링턴에서 태어났다. 그의 유년 시절은 슈퍼 히어로에 대한 흠모와 환상으로 가득했다. 그 가운데 그가 특별히 더 많은 애착을 보였던 영웅은 배트맨이었다. 슈퍼 히
438 어로와 관련된 그의 이야기는 스스로 만들고 쓰고 편집한 책 『칩 키드: 제1권, 1986–2006년의 작업들Chip Kidd: Book One, Work 1986–2006』(2006)에 사진과 함께 잘 드러나 있다.[62]

배트맨 슈트를 입고 있는 그의 유년 시절 사진과 과자 포장에 그려져 아이들을 자극하는 배트맨 이미지가 보여주듯, 칩 키드는 미국의 전형적인 대중문화 속에서 슈퍼 히어로 가운데 가장 암울한 캐릭터인 배트맨과의 교감 속에서 성장해나갔다. 여느 미국 아

---

62. 이 책에 관한 《뉴욕 타임스New York Times》의 서평에서 예일대학교 교수이자 시인이며, 칩 키드의 파트너인 매클라치J. D. McClatchy는 칩 키드의 주거 공간을 '박쥐 동굴bat cave'에 빗대 설명했다.

이들과 마찬가지로 미국 대중문화가 만들어낸 슈퍼 히어로의 세계에 탐닉했고, 이를 적극 흡수한 것이다. 단지 그들과 달랐던 점은, 이런 유년 시절의 탐닉이 결국 그에게 북 디자이너뿐 아니라 출판사 판테온Pantheon의 그래픽 노블 편집자로서의 직함 또한 주었다는 사실이다. 칩 키드는 북 디자이너로서 명성을 날리기 시작했지만 최근 몇 년 동안에는 그래픽 노블 편집자로서의 역량 또한 과시하고 있다. 판테온의 그래픽 노블 편집자로 일하는 그는 크리스 웨어Chris Ware의 『지미 코리건: 세상에서 가장 똑똑한 아이Jimmy Corrigan: The Smartest Kid on Earth』(2000), 찰스 슐츠Charles Schultz의 『피너츠Peanuts』(2001) 등의 주요 그래픽 노블 제작을 총괄 지휘했다.

북 디자이너이자 그래픽 노블 편집자로서의 칩 키드의 노련함은 궁극에는 그를 그래픽 노블 작가로 등극시키기도 했다. 그가 스스로 이야기를 구성한 『배트맨: 디자인으로 죽다Batman: Death by 431
Design』(2012)는 이미 출간 전부터 세간의 관심을 산, 그의 최근작이다. 출간과 동시에 《뉴욕 타임스New York Times》 베스트셀러 대열에 이름을 올렸고, 아마존에서는 2012년 6월 최고의 책으로 선정되기도 했다. 여전히 암울한 고담 시를 배경으로 한 이 만화에서 칩 키드는 오늘날 여러 도시에서 볼 수 있는 건축 붐을 풍자하고 있다. 건축과 디자인이라는 이름으로 천문학적인 예산이 투입되고, 무분별한 개발과 파괴가 진행되는 과정에서 배트맨이 '디자인' 구원 투수로 2012년에 등장하는 것이다. 파괴를 수반하는 개발로서의 디자인이냐, 또는 재생과 재활로서의 디자인이냐에 대한 질문을 던지게 만드는 칩 키드의 첫 그래픽 노블은 궁극에 "글쓰기는 또 하나의 디자인 행위"라고 말하는 그의 태도를 집약적으로 보여준 성과물이라고 할 수 있다.

『배트맨: 디자인으로 죽다』의 작품성과 별개로 이 책에 주목할 수 있는 지점은 저술가이자 만화가 그리고 북 디자이너로서의

칩 키드 한 개인이다. 어렸을 적 배트맨의 영향과 그로부터 촉발
된 배트맨 관련 사물에 대한 강박적 집착은 폴 디니Paul Dini의 저술
과 칩 키드의 디자인으로 제작된 『배트맨 TV 만화Batman Animated』
(1998), 배트맨과 관련된 사물을 집대성하고 사진가 제프 스피어
430 Geoff Spear와의 협작으로 만든 『배트맨 모음Batman Collected』(1996),
428 『배트망가』 등으로 이어졌다. 칩 키드의 판타지에서 배트맨은 그
의 동거인이다. 미국에서 만들어지는 배트맨 관련 출판물에 그의
이름을 발견하기란 어렵지 않기 때문이다. 편집자, 저자, 디자이너
로서 그는 자신의 영웅을 각색하고 재창조하고 주무른다. 그리고
431 이런 일련의 과정이 2012년 『배트맨: 디자인으로 죽다』에서 정점
을 찍은 것이다. 이제는 슈퍼 히어로의 새로운 창조자가 되었다. 그
것은 분산된 개별적인 행위로 진행되어온 그의 여러 창작 활동을
한곳에 응집해놓은, 말 그대로 칩 키드의 창의적 엑기스 그 자체라
할 수 있을 것이다.

북 디자인 입문

438 묵직하다 못해 무겁기까지 한 두 권의 책 『칩 키드: 제1권, 1986-
2006년의 작업들』과 『배트망가』에선 현란하고 감각적이고 때로
는 환각적인 이미지 서술로서의 북 디자인이 눈에 들어온다. 2000
년대 초중반 이후 서유럽과 동유럽을 중심으로 일면 포스트모더니
즘과 모더니즘 사이에서의 교묘한 동거를 지향하는 것으로 보이던
그래픽 언어 속에서 칩 키드의 북 디자인, 더 정확하게 말하면 그의
표지 디자인에는 1990년대 이 나라의 그래픽 동네를 일부 강타한
포스트모더니즘 그래픽의 흔적이 읽힌다. 그런 면에서 칩 키드에
게는 모더니스트의 기질이 드러나지 않는다. 배트맨 키드인 칩 키
드에게 한때 미국의 1960년대 전집 디자인의 이정표를 찍은 루돌
프 드 하라크Rudolf de Harak의 개념적이고 모더니스트적 태도를 기

대하기란 애초부터 어려울 수밖에 없다.

그가 북 디자이너가 된 배경은 평범하다. 스물두 살이 되던 해인 1986년, 펜실베이니아주립대학교Pennsylvania State University의 그래픽 디자인 과정을 졸업한 칩 키드는 랜덤하우스 출판 그룹 임프린트 출판사 앨프러드 A. 크노프Alfred A. Knopf에 새라 아이젠먼Sara Eisenman의 어시스턴트 디자이너로 입사한다.[63] 이곳에 입사한 뒤 그가 지금까지 디자인한 책은 1,500여 권이 넘는다. 무라카미 하루키村上春樹, 존 업다이크John Updike, 마이클 크라이튼Michael Crichton, 코맥 매카시Cormac McCarthy, 데이비드 세다리스David Sedaris, 오르한 파묵Orhan Pamuk 등은 앨프러드 A. 크노프에서 북 디자이너로 일한 칩 키드가 감각적인 표지와 함께 재탄생시킨 책의 저자들이다. 특히 칩 키드는 소설이라는 문자의 세계가 주는 여러 심상을 단 하나의 이미지적 엑기스로 추출하는 데 일가견이 있다.

그의 히트작 가운데 하나로 언급되는 마이클 크라이튼의 『쥐 411
라기 공원Jurassic Park』(1990) 표지는 공룡 뼈대만을 이미지로 내세우
고 흑과 백의 대비로 공포심을 시각화한 것이다. 또한 널리 알려진
데이비드 세다리스의 『네이키드Naked』(1997) 작업에서는 'naked' 416
라는 제목에 착안한 기호학적 놀이를 풀어나갔다. 표지 상단에 놓
인 제목 아래로 남성용 속옷 사진이 자리한다. 띠지로 처리된 이 사
진을 들춰내면 그 밑에 하반신의 엑스레이 사진이 등장한다. '벌거
벗은'이란 용어에 대한 칩 키드식 해설인 셈이다. 그 밖에도 미술사
에 관한 로버트 휴즈Robert Hughes의 한 책에는 캔버스의 뒷면을 촬 413
영한 사진을 사용함으로써 기존 미술에 대한 저자의 비평적 시선
을 상징적으로 처리했다. 엘런 럽튼Ellen Lupton의 『뒤섞인 메시지 415
Mixing Messages』(1996)에서는 전혀 다른 두 이미지를 만들어 병치, 대

63. 그로부터 30년이 지난 지금, 그의 공식 직함은 '어소시에이트 아트 디렉터'이다.

비시킴으로써 제목의 의미에 '매우 충실한' 파격적인 디자인을 선보였다. 이렇듯 칩 키드는 제목과 표지에 발랄하면서도 긴장감 있는 줄다리기 관계를 만드는 데 능수능란하다. 그 느낌은 쾌락적이고 현란하다.

이런 북 디자인 작업 속에서 칩 키드식의 시그니처 디자인이 있다. 바로 사진을 활용한 그의 표지 디자인이다. 베로니크 비엔Veronique Vienne은 자신의 책 『칩 키드Chip Kidd』(2003)에서 칩 키드의 북 디자인을 통해 떠올리게 되는 것은 사진적 이미지라고 말한 바 있다. 심지어 비엔은 칩 키드의 사진 활용 방식은 그의 선배 디자이너인 캐럴 카슨Carol Carson보다도 뛰어나 사진 활용을 통해 자신의 북 디자인 정체성을 확립하는 데 성공했다고 평가했다. "칩 키드는 자신만의 독특한 가능성을 정립해나가기 위해 사진 매체를 활용하는 방법을 고안해낼 수 있었다. 이렇게 볼 때 카슨은 뛰어난 재능에도 사진 선별에서는 키드만큼 혁신적이진 못했다."

실제로 그의 표지 디자인에서는 사진 비중이 매우 크다. 표지 사진 한 장을 전면에 깔거나, 또는 여러 장의 사진을 몽타주 하거나 병렬하는 경우가 대부분이다. 그리고 강렬한 이미지의 사진들 중에는 초현실적이거나 몽환적인 것으로 시각적 호기심을 이끌어내는 경우가 빈번하다. 스테파니 라우서Stephanie Rausser의 사진을 사용한 기쉬 젠Gish Jen의 『아일랜드인은 누구인가Who's Irish』(1999) 표지에는 여자아이로 보이는 인물이 허리를 뒤로 꺾은 요가 자세를 취하고 있다. 비스듬하게 배치된 사진에 운동화를 신은 여아의 벌어진 다리, 그 다리 사이로 보이는 속옷은 소재 그 자체만으로도 일면 선정적이다. 이런 소재의 기이함과 초현실적인 측면은 사진
414 의 과감한 절단과 반전을 통해서도 만들어진다. 『신약성서The New Testament』(1996)에서는 고통받는 예수상을 형상화한 듯 피가 흥건히 묻은 인물의 눈 부위만을 잘라 편집했다. 당연히 상단에 있는 제

목보다 하단에 있는 '눈' 사진에 시선이 머무르게 된다. 데이비드 실
즈David Shields의 『익사를 위한 핸드북A Handbook for Drowning』(1991) 412
에서는 사진을 거꾸로 뒤집었으며, 커트 앤더슨Kurt Anderson의 『세 418
기의 전환Turn of the Century』(1999)에서는 '전환'이라는 제목의 의미
에 집중하여 같은 사진을 180도 돌려 서로 마주하게끔 디자인했다.
매 클라치J. D. McClatchy의 『스무 가지 질문Twenty Questions』(1998) 또 417
한 시선을 집중시키는 사진 이미지가 표지를 장식했다.

이처럼 기이한 사진을 다양한 수법으로 활용하는 것 이외에
도 칩 키드는 제목에 대한 은유로서 사진을 사용하기도 한다. 이때
칩 키드의 사진을 통한 문학적 재해석의 기지가 돋보인다. 앞서 언
급한 로버트 휴즈의 『아주 비판적인Nothing If Not Critical』(1992)이 대 413
표적이다. 캔버스의 뒷면을 촬영한 사진을 사용해 기존 미술 서적
에서 봐왔던 시각적 클리셰로부터 벗어났다. 표지 디자인이 마음
에 든 휴즈가 "광고가 아닌, 시각적 경구A Visual Epigram"라고 평한
이 디자인은 대개의 미술 작품이 미술 서적에 실리는 어떤 어법으
로부터 과감하게 벗어난 사례다. 데이비드 세다리스의 『네이키드』 416
표지 또한 제목에 부합하는 사진 활용술을 보여주었다.

이렇듯 그는 다양한 방식으로 소설책의 표지 디자인에 사진을 접목시켰다. 이는 사진이 현실을 충직하게 그려내기 때문에 '픽션'인 소설에서는 '논픽션'인 사진을 금기시해야 한다는 국내 일부 출판계의 고정관념과 상반된다. 일러스트레이션은 '픽션'이어서 소설책에 쓰일 수 있으며, 사진은 '팩트'라서 소설책에 쓰일 수 없다는 생각은 사진 이미지의 속성에 대한 무지라고 밖에 해석할 수 없다. 현실을 객관적으로 기록하는 사진은 신화다. 엄밀하게 말해, 찍는 이의 시각이 피사체에 반영된 것을 사진이라 한다면 이미 사진은 태생부터 기록이기 이전에 조작이자 픽션에 가까운 매체였다. 즉, 북 디자인에 사진을 사용하는 것은 논픽션 분야에만 국한되어

야 한다는 주장이나 관념이 애초부터 성립되지 않는, 기록으로서의 사진에 덧입혀진 신화에 따른 시대착오적 태도라고 탓할 수밖에 없을 것이다. 사진이 구상이냐 추상이냐 또는 현실의 기록이냐 자아의 표현이냐는 사진에 관한 해묵은 존재론적 질문은 칩 키드에게 해당되지 않는다. 사람이 시각으로 표현할 수 있는 언어 도구에는 문자와 그림, 그리고 사진이 있다. 칩 키드는 여러 시각 언어 가운데 사진 언어를 북 디자인의 방법론으로 취했을 뿐이다.

미국 북 디자인 소사[64]

칩 키드의 사진술을 활용한 북 디자인은 소위 말하는 미국 포스트모던 그래픽 디자인 흐름과 연결된다. 잠시 미국의 북 디자인 역사를 살펴보자.

1980년대 스위스 그래픽 디자이너 볼프강 바인가르트Wolfgang Weingart 밑에서 포스트모더니즘 디자인의 세례를 받은 미국 디자이너 에이프릴 그레이먼April Greiman과 댄 프리드먼Dan Friedman은 스위스에서 공부한 뒤 미국으로 돌아가 미국 포스트모던 디자인이라 불릴 경작지를 일군다. 이때부터 미국 북 디자인 풍경은 1970년대의 단발적인 침체기를 겪은 뒤 새로운 활로를 찾게 된다. 북 디자이너 카린 골드버그Carin Goldberg의 등장이 그 발단이었다.

『표지로 보다By Its Cover』(2005)의 두 저자 네드 드루Ned Drew와 폴 스턴버거Paul Sternberger는 골드버그야말로 폐쇄적이고 엘리트주의 성향이 강했던 미국 포스트모던 그래픽 디자인 언어를 대중적인 북 디자인 영역으로 끌고 온 장본인이라 말했다. 그레이먼으로 촉발된 포스트모던 그래픽 디자인에 롤랑 바르트와 자크 데리다

64. 여기서 전개되는 내용 대부분은 네드 드루Ned Drew와 폴 스턴버거Paul Sternberger의 『표지로 보다By Its Cover』를 기반으로 하고 있음을 밝힌다. 미국 북 디자인사의 개요를 정리하고 중간중간 내 견해를 덧붙였다.

Jacques Derrida 같은 프랑스 후기구조주의 학자들의 이론이 접목되면서 미국의 그래픽 디자인은 이론적이고 개념적인 성향이 짙어졌다. 특히 크랜브룩아카데미오브아트Cranbrook Academy of Art를 중심으로 미국 포스트모던 그래픽 디자인과 그 이론이 파급되어 나갔다. 하지만 그것은 스스로를 언어의 감옥에 가둬버리는 폐쇄적이고 엘리트적인 행위였다.

"제가 학교 다닐 때는 크랜브룩 스타일이 유행이었죠. 하지만 저희 학교는 어떤 스타일을 특별히 가르치진 않았어요. 개념적이고, 장식으로부터 벗어나는 정도였죠. 역사적 양식을 가르치긴 했지만 강요하진 않았습니다. 크랜브룩 스타일을 이야기하면 대부분 '어, 쿨하지.'라는 반응이 대부분이었어요. 하지만 막상 그 스타일의 의미를 이야기한다면, 전 의미가 없다고 봐요." 칩 키드가 학창 시절을 회고하며 말한다. 분명한 건 한편에서는 크랜브룩 스타일이 유행이었지만 그것은 닫힌 유행이었다. 스타일의 운명이란 본래 자기 본연의 의미와 탄생으로부터 멀어지는 것이다. 그래서 유행이 되는 순간 의미가 없어지는 것이 스타일의 길이다. 하지만 칩 키드가 들어간 랜덤하우스의 앨프러드 A. 크노프는 오히려 이 크랜브룩 스타일의 호혜를 입고 있던 곳이었다.

스티븐 헬러Steven Heller의 1993년도 문제적 에세이인 「추함의 숭배Cult of the Ugly」에서도 전개되었듯 지나치게 이론적이고 현학적인 디자인을 향한 공격이 일어났다. 이런 분위기 속에서 랜덤하우스의 카린 골드버그는 이론으로 무장한 포스트모던 그래픽 언어를 다시금 대중과의 소통의 장으로 옮겨온다. 현학적 그래픽 디자인 이론이 대중과의 소통을 위한 시각 어법으로 전환하게 된 것이다. 다른 한편에선, 골드버그와 동시대 인물들인 루이스 필리Louis Fili와 폴라 셰어Paula Scher 등은 좀 더 기업화되고 있는 북 디자인 영역에 포스트모던 그래픽 언어를 적용했다. 다시 말해, 이들의 움직

임은 그래픽 디자인계의 폐쇄적인 잠금 장치를 융통성과 유연함의 코드로 풀어낸 것이다. 이런 미국 포스트모던 그래픽 디자인의 흐름 속에서 칩 키드는 포스트모던의 어법을 책 표지 디자인이라는 대중의 플랫폼으로 전개해나간 기수 가운데 가장 젊은 층에 속하는 인물이다. 네드 드루와 폴 스턴버거가 "칩 키드는 20세기 말엽의 책 표지 디자인을 정의하는 역할을 했다."고 말했듯 칩 키드의 북 디자인에는 20세기 미국 북 디자인의 한 흐름이 집약되어 있다.

상대적으로 점진적이고 체계적으로 인쇄 문화가 발전된 역사를 지닌 유럽과 달리, 미국은 자생적 인쇄 문화가 부재했다. 미국의 북 디자인은 여타 미국의 모든 시각 문화가 그렇듯 20세기 나치즘과 전체주의를 피해 미국으로 망명한 급진적 사상의 디자이너와 예술가 덕분에 태동했다. 1928년에 출간된 얀 치홀트의 『새로운 타이포그래피』와 독일 그래픽 디자인 잡지였던 《게브라우흐스그라픽Gebrauchsgraphik》은 미국 그래픽 디자인계에 큰 영향력을 미쳤다. 이에 민감하게 반응한 인물 가운데 한 명이 윌리엄 드위긴스William A. Dwiggins로, 그는 총체적 디자인으로서의 북 디자인 개념을 미국 내에 새롭게 일깨운 인물이었다. 북 디자인의 새로운 인식을 추구해온 드위긴스에 대한 오마주였을까, 칩 키드는 자신이 쓴 자
436 전적 소설 『치즈 원숭이Cheese Monkeys』(2008) 속에서 그를 상징적 인물로 등장시켰다.

일찍이 드위긴스는 미국 내 수준 낮은 북 디자인을 비판했는데, 이런 관심을 환기시킨 배경에는 매우 열악하고 조악한 미국의 타이포그래피와 인쇄술이 있었다. 1930년대 미국 옥외 광고 간판을 기록한 워커 에번스Walker Evans의 사진을 보라. 그가 찍은 거리의 간판 사진들은 '조악하다'고 표현할 수 있는 타이포그래피와 개념적이기보다는 설명적인 이미지, 그리고 가운데로 정렬한 레이아웃 일색의 풍경을 건드린다. 1930년대 미국의 일상은 전통적인 그래

픽 문법이 지배적이었음이, 유럽에서 진행된 모더니즘 운동과 얀 치홀트의 새로운 타이포그래피는 대서양 건너에 있는 먼 나라 이야기였음이 드러난다.[65]

이런 위기 속에서 윌리엄 드위긴스는 광고와 그래픽 디자인의 차별을 명확히 하며, '그래픽 디자인Graphic Design'이란 용어를 창안해낸다. 이쯤이면 그는 미국 내에서, 나아가 세계 그래픽 디자인계에서도 진보적 운동가가 아닐 수 없다. 하지만 드루와 스턴버거는 그를 평가하는 데 한층 더 냉정하다. 유럽의 모더니즘이 미국의 실용주의와 만나게 되면서 '차세대' 의식 있는 디자이너들이 등장했다. 폴 랜드Paul Rand와 앨빈 러스티그Alvin Lustig 등이 바로 그들이었다. 이들에 견주어볼 때 드위긴스는 보수적이고 전통적인 북 디자인을 고수한 인물이다. 북 디자인에 대한 새로운 자각을 드위긴스가 선도했다면, 이를 바탕으로 폴 랜드 등은 형식미에 대한 새로운 추구로서 북 디자인을 한 단계 더 끌어올린 것이다.

한편 잡지 디자인에서는 뉴욕을 중심으로 황금기를 구가하고 있었던 1960년대에 루돌프 드 하라크가 미니멀하고 개념적인 표지 디자인을 통해 전집 디자인의 이정표를 찍게 되었고, 1970년대 잠시 공황에 빠졌던 미국의 북 디자인은 포스트모더니즘이라는 화두를 만나면서 다시 새 옷을 입는다. 이른바 젊은 혈기의 미국 북 디자이너들이 이 시기에 등장한 것인데, 칩 키드가 소속되어 있는 앨프러드 A. 크노프는 이런 새로운 그래픽 물결의 합류 지점으로

---

65. 이 내용은 드위긴스가 편집한 『책의 물성적 요소에 관한 고찰에서 뽑아낸 발췌문Extracts from an Investigation into the Physical Properties of Books』(1919)에 잘 드러나 있다. 1910년 이후 미국에서 출판된 책의 물리적 속성에 관해 조사한 결과가 정리된 책인데, 이 소책자는 "오늘날 모든 책들은 후지게 제작되었다."라는 결론과 함께 당대 미국의 북 디자인과 출판 환경을 혹평한다. 미국 캘리그래퍼협회The Society of Calligraphers에서 진행하고 주도해나간 이 프로젝트는 미국 내 북 디자인에 대한 인식이 전반적으로 부재했음을 단면적으로 보여주는 생생한 현장 보고서다.

기능했다. 드위긴스에서 헤르베르트 바이어, 앨빈 러스티그, 폴 랜드까지 거쳐간 이 출판사는 당시 책의 물성에 깊은 관심을 보였던 앨프러드 A. 크노프의 수준 높은 미감과 식견을 바탕으로 설립되었으며, 영국의 펭귄북스와 독일의 주어캄프Suhrkamp에 견줄 만큼 북 디자인에 대해 높은 집중도를 선보였다. 드루와 스턴버거는 앨프러드 A. 크노프가 미국 디자인사에 가장 크게 공헌한 것은 "상대적으로 높은 수준의 창의적인 자율성을 유지하면서 편집자, 마케터 그리고 저자들의 끈질긴 요구를 처리할 줄 아는 인하우스 디자인 그룹을 설립"한 것이라고 평했다. 1987년 서니 메타Sonny Mehta가 편집장으로, 캐럴 카슨이 미술 부장으로 앨프러드 A. 크노프에 오면서, 이 둘은 다시금 그래픽 디자인 역사 안에서 종종 볼 수 있는 모범적인 편집자와 아트 디렉터의 관계가 된다. 칩 키드는 그녀가 이끄는 북 디자이너 팀의 일원으로 바버라 드 와일드Barbara de Wilde, 아치 퍼거슨Archie Ferguson, 존 골John Gall 등과 함께 침체기의 미국 북 디자인에 새로운 활력을 불어넣는 주인공이 된다.

결국 앞서 언급된 칩 키드의 사진술을 활용한 북 디자인은 두 가지 축을 기반으로 형성되었다고 볼 수 있다. 하나는 지금까지 설명한 미국 포스트모던 그래픽 디자인이고, 다른 하나는 그가 졸업한 뒤 줄곧 이탈하지 않은 채 일하고 있는 앨프러드 A. 크노프 특유의 북 디자인 전통이다. 칩 키드의 북 디자인은 바로 이 두 축이 하나로 수렴되는 지점에 서 있다. 다시 말해 사진을 활용한 칩 키드의 북 디자인 방법론은 사실상 칩 키드 개인의 활약이자 성과이기보다는 미국 포스트모던 북 디자인과 앨프러드 A. 크노프의 오랜 디자인 마인드에서 비롯되었다고 보는 것이 타당할 것이다.[66] 칩 키

66. 실제로 베로니크 비엔은 칩 키드의 북 디자인을 설명할 때 다음과 같이 기술했다. "오늘날 대중적인 사진적 접근은 앨프러드 A. 크노프에서 일하는 젊은 디자이너 그룹이 처음 개척해나갔다. 랜덤하우스의 계열사인 앨프러드 A. 크노프는 진보적이고 의식

드의 디자인을 드위긴스로부터 시작한 북 디자인에 대한 전문적이면서도 심미적인 인식의 발로, 그리고 그로부터 촉발된 미국 북 디자인의 큰 흐름 속에서 읽어야 하는 것은 바로 이 때문이다.

북 디자인 예외주의

칩 키드 사무실에 놓인 여러 책을 감상하며 내가 물었다. "마케팅이나 편집자와의 갈등은 없나요?" "당연히 있죠."라며, 그는 『진정 434
한 프레피True Prep』(2010)란 책을 보여준다. "마케팅 부서는 무조건 큰 판형으로 해야 한다고. 저는 끝까지 안 된다고 우겼습니다. 물론 지금 나온 책도 여전히 커 보이긴 하지만……." 국제적 명성을 누리는 것에 비해 그가 털어놓은 '고충'은 평범한 인하우스 디자이너 이야기와 별반 다를 것이 없다. 하지만 사람들은 그를 작가주의적 북 디자이너로 인식한다. 그만큼 다른 디자이너에 비해 많은 권한과 자유를 누린다는 사실이다. 이에 대해 칩 키드 스스로도 인정했다. "제 위의 아트 디렉터가 캐럴 카슨이죠. 그녀는 참 많은 것을 책임져야 해요. 그에 비하면 상대적으로 전 상당한 자유를 누리죠."

프리랜서처럼 다른 일도 하느냐고 물었더니 당연히 한다고 답한다. 그는 실제로 상당한 '직업적' 자유를 누리고 있었다. 당시 뉴욕에서는 〈뉴욕아트북페어The NY Art Book Fair〉가 막 시작될 즈음이었다. 〈뉴욕아트북페어〉에 관한 의견을 들을 수 있을 것 같아 넌지시 물었다. "〈뉴욕아트북페어〉에 갈 건데요……." 그런데 예상 밖의 반응이 나왔다. "그게 뭐죠?" 당황한 내가 설명한다. "아트 북 페어요." 미국의 저명한 북 디자이너란 인물 앞에서 한국에서 날아온

있는 디자인을 하는 출판 벤처다." 앨프러드 A. 크노프는 1987년 기존 상업 출판사와는 다른, 혁신적인 디자인 행보를 추진해나갔다. 1987년 미술부를 별도로 두고, 그곳에 캐럴 카슨을 앉힘으로써 당시 미국 상업 출판사에서는 보기 드물게 북 디자인의 가치를 중시하는 디자인 정책을 실현시켜나갔다. 『표지로 보다』의 두 저자는 폴라 셰어의 말을 통해 앨프러드 A. 크노프의 공헌을 인정하고 있다.

이방인이 과연 잘 설명할 수 있을까? "흠, 제가 모르는 행사 같아요. 전 그보다는 〈고서적페어The New York Antiquarian Book Fair〉에 가요. 그곳에서 버내큘러적인 것에 대한 영감을 많이 얻죠."

아트 북 페어에 관심 없다는, 또는 잘 모른다는 미국 대형 출판사의 유명 북 디자이너에게 상업 출판과 아트 북이 이토록 노선을 달리할 수밖에 없는 것인지 질문할 수밖에 없는 순간이었다. 생리가 다른 아트 북 판은 책이라는 같은 형상을 가지고 있지만 사상이 다른 것일까. 뉴욕의 상업 북 디자이너 칩 키드에게 〈뉴욕아트북페어〉는 존재해도 해독이 불가능한, 또는 그 시야 안으로는 들어서지 못하는 몸짓일 수밖에 없는 것일까. 별도로 진행된 이메일 인터뷰에서 독립 출판에 관한 질문에 그가 답했다. "출판 산업의 각 층에 훌륭한 출판물이 있다는 것은 멋진 일이에요. 기업에 의해 형성된 출판 시장 또는 핸드 메이드 또는 그 사이, 어디에 있든 말이죠. 전 각각의 스펙트럼에서 발행된 멋진 책을 봐왔어요. 앨프러드 A. 크노프에 속해 있어서 좋은 점은 상대적으로 넓고 교양 있는 독자층이 저의 디자인을 감상할 수 있다는 점이죠. 게다가 제가 하는 일에 신뢰도 얻으니까요. 이곳에서 스스로 책 프로젝트를 진행해나갈 수 있는데, 이것이야말로 정말 환상적이죠."

칩 키드는 '북 디자이너적 예외주의Exceptionalism'를 한껏 누리는 북 디자인계의 1퍼센트였다. 편집자이자 디자이너의 입지를 동시에 누리는 경우는 예외라고 스스로 시인한 그는, 자신이 이제 지나치게 '응석받이Spoiled'가 되어 독립해서 스튜디오를 꾸릴 수 없다고 말한다. 사실 그는 상업 출판계로부터 독립할 필요가 없었다. 매우 역설적이게도 독립 출판이 지니는 '어떤' 메리트를 그는 상업 출판에서도 누리고 있기 때문에, 그토록 특별하기 때문에.

로허르 빌렘스　　Roger Willems

타이포그래피에서 구조로

비엔나 주유소

네덜란드 출판사 로마퍼블리케이션스Roma Publications의 책을 처음 접한 건 2010년으로 거슬러 올라간다. 나는 칩 키드를 인터뷰하기 위해 뉴욕을 방문했고, 때는 〈뉴욕아트북페어〉 일정과 겹쳤다. 사람과 온갖 다종다양한 책들 사이에서 정신은 금세 혼미해졌다. 책에 대한 집중도가 떨어질 무렵, 누군가 행사장 한 구석에서 “머스트 해브 아이템Must-have Item!”이라고 외치며 호객행위를 했다. 가까이 다가가 보니 『멋진 나날들Wonder Years』(2008)이라는 제목의 책이었다. 베르크플라츠 티포흐라피Werkplaats Typografie 에서 생산된 그래픽 디자인을 몇십 가지 형태적 지표로 나눠 다루고 있었다. 당시 한국은 네덜란드 디자인에 대한 열기가 기이하게 고조되어 있을 무렵이었다. 호기심에 한 권 샀다. 귀국과 동시에 책은 서가로 직행했다. 이 책이 로마퍼블리케이션스에서 출간되었다는 사실을 알게 된 건 한참 후였다. 이 글을 쓰며 돌이켜 보니, 로마퍼블리케이션스와 나의 만남은 무지와 진지한 호기심이라는 병렬관계 속에서 진행되어왔다. 『멋진 나날들』은 까맣게 잊은 채, 로마퍼블리케이
션스의 사진 관련 책들에는 탐닉했던 것이다. 『비엔나 주유소 스물 464
여섯 곳Sechsundzwanzig Wiener Tankstellen』(2010)은 내가 의식적으로 로마퍼블리케이션스에 접근한 첫 책이었던 셈이다.

이 책의 구입은 우연이자 필연이기도 했다. 새로운 사진 책을 보고 싶다는 생각에 인터넷을 검색하던 중 만나게 되었다. 내게

는 책의 물성이 책의 완성도를 좌지우지할 수 있는 사진 책이나 아티스트 북은 직접 보고 구매해야 한다는 나름대로의 신념이 있다. SNS 타임라인의 줄기를 타고 매끄럽게 흐르는 책의 이미지는 종
464 종 실물을 배신한다. 웹상의 이미지로 만난 『비엔나 주유소 스물여섯 곳』도 의심의 대상이었다. 그럼에도 난 이 책의 구매를 감행했다. 에드 루샤Ed Ruscha를 오마주하는 듯한 책 제목 때문이었다. 그리고 작은 고백이지만, 유년 시절 1년 동안 타국의 기숙사에서 생활할 때 서양의 인종 차별을 제대로 각인시켜준 비엔나란 도시에 이질적 친숙함을 느끼는 것도 이유였다.

우려와 달리 배송된 책은 만족스럽고 게다가 흥미롭기까지 했다. 나의 예상대로 책은 루샤가 1960년대에 발표한 사진 책 시리즈의 연장선에 있었다. 그 안에는 루샤와 관련된 짧은 인터뷰도 실려 있었다. 구매에 대한 자기만족은 책의 물성을 탐미하면서 더 솟구쳤다. 출판사 애퍼처파운데이션Aperture Foundation이나 슈타이들Steidl, 하티에칸츠Hatje Cantz 등에서 볼 수 있는 고급스러운 작품집과는 확연히 다른 면모의 사진 책으로 눈길을 사로잡았다. 두꺼운 하드커버, 커피 테이블 북에 가까운 판형, 라미네이팅의 향연과 광택 아트지의 일렬 등에서 흔히 연상하는 '작품집'의 호화로운 부산스러움은 존재하지 않는다. 소박한 물성이라고 표현해야 할까. 이 가운데서도 나의 눈길을 끌었던 장치는 사진 사이사이에 고안된 빈 펼침면들이었다. 종종 빈 펼침면이 느닷없이 등장한다. 쉬어가는 여백의 의미로 받아들이기에는 편집의 의도가 강해 보인다.

로마퍼블리케이션스와의 첫 만남은 다음 책을 찾게 만들었고, 그래서 구매하게 된 책이 『전화하는 루스Ruth on the Phone』(2012)였다. 디자이너 폴 엘리먼Paul Elliman의 편집과 율리 페이터르스Julie Peeters의 디자인으로 진행된 이 책은 무덤덤하게 사진을 보여준다. 루스라는 한 여인이 전화하는 모습을 장기간 촬영한 사진을 한곳

에 모은 이 책은 전화기라는 장치를 바퀴 삼아 마지막 쪽까지 이끌고 가는 동력을 표현했다. 그리고 이 무심한 일상의 반복은 어느 순간 인생의 경이로움과 함께 끝난다. 무료하리만큼 반복적인 패턴 속에서 이 경이로운 순간 또한 차분한 태도로 편집되었다.

『전화하는 루스』가 주는 매력이란 바로 일상과의 덤덤한 거리 두기일 것이다. 편집하되 지나치게 의미를 부여하지 말 것, 그리고 독자에게 충분히 다가설 수 있는 편집과 공간의 여유를 배려할 것. 그렇게 『전화하는 루스』는 내가 꼽는 가장 멋진 사진 책 목록에 들게 되었고, 로마퍼블리케이션스는 한때 사진 책 출판사의 모델로 삼았던 슈타이들을 제치고 내가 선망하는 출판사가 되었다.

아티스트 북의 시작

로마퍼블리케이션스의 시작은 1998년으로 거슬러 올라간다. 그래픽 디자이너인 로허르 빌렘스와 미술가인 마르크 만더르스Mark Manders, 그리고 마르크 나흐트잠Marc Nagtzaam이 함께 만든 이 출판사는 2016년 5월을 기준으로 18년이 되었고, 총 269종의 책을 발행했다. '독립 출판' 또는 '소규모 출판'이라는 용어로 수렴되는 오늘의 다종다양한 작은 출판사를 떠올린다면 로마퍼블리케이션스는 소규모 출판사 중에서도 명실상부 '중견'의 모습에 더 가깝다. 로마퍼블리케이션스에서 축적된 출판 노하우와 노련한 세련미를 발견하는 건 놀라울 일이 아니다.

출판사를 만들게 된 동기는 대부분의 소규모 출판사가 그렇듯 거룩하지 않았다. 네덜란드의 작은 도시 브레다에 있는 성요스트 미술디자인학교Akademie voor Kunst en Vormgeving St. Joost에서 수학 중이었던 빌렘스는 1998년 같은 도시에서 전통성 있는 레지던시 프로그램 프리드롬Prix de Rome에 참여한 나흐트잠을 만나게 되었고, 그와 함께 첫 출판물을 기획했다. 만더르스를 만난 것은 그 뒤였는데, 제24회 〈상파울루비엔날레São Paulo Art Biennial〉에 참여하는 만더르스를 위한 전시 카탈로그를 빌렘스가 디자인한 것이 계기였다. 그리고 이 인연이 로마퍼블리케이션스의 시작이 되었다.

이들이 만나는 순간에 어떤 직관과 감성이 교차했을까. 잡지 《포암Foam》과의 인터뷰에서 빌렘스는 만더르스와의 만남을 이렇게 회고한다. "만더르스를 처음 만났을 때부터 나는 우리가 상당히 많은 것을 함께해나갈 수 있을 것이라 확신했다. 그의 자유로운 사고와 작업 방식이 정말 좋았다. 의뢰받는 작업이 지닌 한계를 넘어 좀 더 자기 주도적인 작업을 해나가고자 하는 내 바람과도 잘 맞았다. 이후 나는 장소를 옮겨 새로 문을 연 베르크플라츠 티포흐라피에 작업실을 얻게 되면서 아른험에서 살게 되었고, 나와 만더르스는 여러 책자와 포스터 및 작품집, 신문 등을 함께 만들었다. 이는 점차 다양한 예술가와 출판물을 생산하고 발표하는 협업의 플랫폼으로 발전해나갔다."[67]

이제 10년째 암스테르담에 살면서 작업하고 있는 빌렘스는 절친한 동료인 한스 흐레먼Hans Gremmen과 라딤 페스코Radim Peško, 그리고 만더르스와 긴밀하게 협업 관계를 유지하고 있다. 흐레먼은 'Fw: 북스Fw: Books'라는 사진 중심의 출판사를 운영하는 디자이너이고, 페스코는 디지털 글자체 공방을 운영하는 체코 출신 글자체 디자이너이다. 종종 로마퍼블리케이션스의 책에서 이들과의 협업이 드러나는데, 가령 『람야Ramya』(2014)는 Fw: 북스와 공동 발행
473 했고, 『슈퍼블록Superquadra』(2010)에서는 페스코가 디자인한 제목용 글자체를 표지에 사용했다. 이밖에도 흐레먼은 로마퍼블리케이션스에서 발행한 다수의 인쇄물을 디자인하기도 했다.

---

67. Hester Keijser, 「Holding the Course: Interview with Roma Publications」, 《Foam》, Vol. 33, Winter 2012/2013, pp.12-18.

2016년 5월, 국립현대미술관의 로마퍼블리케이션스 전시로 내한한 로허르 빌렘스를 만났다. 그와 함께 진행할 사진책 관련 라운드테이블 사전 준비를 위해서였다. 전시 설치가 한창인 디지털 아카이브를 찾았을 때다. 그는 나를 주요 전시 테이블로 안내하며 선별하여 내놓은 책들을 친절하게 설명해줬다. 나흐트잠과의 첫 책인 로마 1호에서부터 로마의 가장 최근작이 될, 그러나 아직은 번호를 붙이지 못한 바티아 수터르Batia Suter의 더미북까지. 로마퍼블리케이션스의 출판을 이야기하는 빌렘스에게서는 세심하고 진지하게 주변 작가들과 협업하는 면모를 볼 수 있었다.

출판의 기준을 묻는 나의 질문에 빌렘스는 일전에 이런 답변을 메일로 보내왔다. "이전에 함께 작업했거나 출판물을 함께 생산하는 사람들이 우선 고려 대상이 됩니다. 그건 로마퍼블리케이션스의 뼈대라 할 수 있는 충성과 우정의 문제기도 하죠." 그가 나를 안내했던 전시 테이블에는 몇몇 작가들의 이름과 출판물들이 반복적으로 거론되고 있었다. 근 20년 가까운 로마퍼블리케이션스의 시간대에는 우정과 협업의 족적들이 깊게 새겨져 있었다. 바티
462
아 수터르, 마르크 만더르스, 마레이에 랑에라르Marije Langelaar, 마
450 
르크 나흐트잠, 헤이르트 호이리스Geert Goiris, 케이스 하웃즈바르
454
트Kees Goudzwaard, 필리퍼 판 카위테런Philippe Van Cauteren, 바르트 로
458 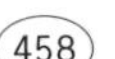
데베이크스Bart Lodewijks, 디터르 룰스트라에테Dieter Roelstraete 등의 이름들. 빌렘스가 관계를 구축하는 친구들이자 협업자들이다.[68]

전시 테이블을 앞에 두고서 내가 말했다. "'친밀함Intimacy'이라는 수식이 적절할 수 있겠군요." 빌렘스가 그에 응수한다. "과거에는 물론 동료들과의 공동 생산 의미도 컸어요. 그런데 이제는 명실

68. 이 이름들은 빌렘스가 『Dutch Resource: Collaborative Excercises in Graphic Design』(WT/Valiz, 2006)에 실린 인터뷰에서 밝힌 목록이기도 하다.

상부 정식 출판사이기도 하죠. 모든 걸 저 혼자서 합니다. 제작, 유통, 관리까지. 이제는 전문 출판인이고, 그에 관한 책임감도 느껴요." 그리고 웃으며 덧붙인다. "심지어 아들까지 둘이나 있어요."

빌렘스는 1998년 로마퍼블리케이션스 설립 이후 2016년 3월을 기준으로 약 160여 권에 달하는 책을 출간하고 디자인했다. 2015년의 경우, 발행된 총 스물한 권 가운데 열한 권을 디자인했으며, 2014년에는 발행된 열아홉 권 가운데 열세 권을 디자인했다. 그간의 경험에 비춰볼 때 평균 스무 권 정도가 출판사가 한 해에 감당할 수 있는 발행 종수라고 한다. "그 이상은 비즈니스가 되어버리고, 그 이하는 이 일을 부업으로 전락시킬 가능성이 있죠. 후자의 경우, 이 일로 생계를 유지하는 건 어려워집니다." 그의 부연 설명에 따르면 디자이너로서 직접 출판에 가담하는 경우, 책에 투자하는 비용을 감축시킬 수 있고 상대적으로 적은 이윤으로 버틸 수 있는 힘이 된다. 외주 디자이너가 로마퍼블리케이션스의 출판물을 디자인할 때 빌렘스는 예산을 담당하되 지나치게 개입하지는 않는다. 하지만 예술가와 디자이너 간의 협업이 잘 이뤄질 수 있도록 교두보의 역할을 하는 정도로는 관여한다.

명실공히 네덜란드의 대표적 예술 출판사 가운데 하나라고 볼
446 수 있는 로마퍼블리케이션스는 2015년 빌렘스가 디자인한 『오푸
스 1, 예술가의 시작Opus 1, The Artist's Beginning』으로 '최고의 네덜란
드 북 디자인Best Dutch Book Design'을 수상했다. 같은 해에는 그가 디
444 자인한 다나 릭센베르그Dana Lixenberg의 사진 책인 『임페리얼 코
트 1993–2015Imperial Courts 1993–2015』가 2015년 파리포토애퍼처재
단Paris Photo-Aperture Foundation의 사진 책 최종 후보작에 오름과 동
시에, 몇몇 매체에서는 '최고의 사진책' 가운데 하나로 거론되기도
했다. 수상 경력은 빌렘스에게는 더 이상 낯선 이력이 아니다. 2002
년에 라이프치히서적예술대학에서 수여하는 '발터 티만상Walter

Tiemann Förderpreis'을 수상했던 그는 이후 '최고의 네덜란드 북 디자인'상을 여러 차례 받았다. 로마퍼블리케이션스의 북 디자인을 보면 좋은 북 디자인의 지표가 보이는 이유이기도 하다.

자기 주도적 작업

1961년생인 빌렘스의 삶에 비춰볼 때 로마퍼블리케이션스는 그가 찬찬히 차근차근 밟아온 디딤돌의 연장이다. 네덜란드 남부 시골 마을 틸뷔르흐에서 태어난 빌렘스는 유년 시절 가족의 영향을 직간접적으로 받은 것으로 보인다. "나의 부모는 예술과 정치에 많은 관심을 갖고 있던 전후 시대 구교 집안 출신입니다. 내가 어렸을 적 아버지는 좌익 운동가였고, 사회주의 녹색당의 일원이었죠. 상업적인 것을 추구하기보다는 내가 뜻하는 삶을 살아가도록 자극을 많이 받았어요."

고등학교에 진학한 빌렘스는 미술 시간을 가장 좋아했고, 회화나 드로잉을 공부하기 위해 미술대학에 입학했다. 하지만 첫 해에 다른 전공 분과를 발견하게 되면서 그래픽 디자인을 알게 되었고, 이후 이쪽으로 진로를 틀게 되었다. 그러나 대다수의 작가가 그렇듯 그가 회상하는 학창 시절은 그다지 아름답지만은 않다. "처음에는 많이 배웠어요. 하지만 시간이 좀 흐르면서 실망하게 됐습니다. 대기업 디자인 부서와 디자인 에이전시에서 일하는 게 어떤 의미가 있는지 잘 모르겠더군요. 도서관에서 멋진 아티스트 북을 발견하게 되었고, 순수 미술이나 사진으로 전공을 변경할까 잠시 고민도 했습니다. 하지만 스스로 예술가가 되기보다는 예술가와 협업하는 게 나을 거라고 판단했어요."

성요스트미술디자인학교를 졸업한 뒤 빌렘스는 자신의 삶에서 가장 큰 스승이라고 할 수 있는 카럴 마르텐스Karel Martens를 만나고, 그의 어시스턴트가 된다. 1993년에서 1995년 사이였다. "내

삶에서 카럴 마르텐스는 중요한 인물입니다. 인턴으로 빔 크라우얼Wim Crouwel에 관한 연구를 돕게 되었고, 그와 함께 몇몇 책 프로젝트를 진행할 수 있었죠. 그에게 나는 그다지 큰 도움이 안 됐을 거예요. 하지만 그의 작업 공간에 오갈 수 있는 혜택을 누리면서 나는 큰 영감을 받았습니다. 이 경험 덕분에 지금 그래픽 디자인 분야에서 활동하고, 출판을 할 수 있게 되었다고 생각합니다. 마르텐스와의 인연은 베르크플라츠 티포흐라피가 설립되기 이전으로 거슬러 올라갑니다. 학교 설립 초기부터 나는 그의 일에 관여할 수 있었고, 마르텐스와 비허르 비르마Wigger Bierma를 도우면서 학교 안에 작업실을 얻을 수 있었죠. 그리고 여전히 많은 베르크플라츠 티포흐라피 학생들이 나의 좋은 친구들입니다."

이후 그는 헤릿리트벨트아카데미Gerrit Rietveld Academie의 대학원 과정인 산드베르흐인스티튜트Sandberg Institute에 진학하고 1999년에 졸업한다. 졸업과 함께 빌렘스는 자립할 수 있을 만큼 클라이언트를 확보하고, 만더르스, 나흐트잠과의 긴밀한 협업 체제를 구축한다. 로마퍼블리케이션스는 이미 출항한 배였다. 빌렘스는 회고한다. "초기 로마퍼블리케이션스는 일종의 취미이자, 비상업적 활동이었죠. 하지만 점차 오랜 기간 진행되면서 이 활동은 내 일의 큰 부분을 차지하게 됐고, 오히려 의뢰받은 일은 부업이 됐어요."

빌렘스는 디자이너 스스로 주도적으로 할 수 있는 작업을 오래전부터 열망해왔다. "그래픽 디자인 내부에서 박물관이나 관심 있는 출판사를 위해 총체적 디자인을 한다면 정말 좋겠다고 생각해왔다. 스스로 생각을 발전시켜 나가고 책임자와 함께 편집에 관여할 수 있는 묵직한 과제 같은 것을 하고 싶었다. 얀 판 토른Jan van Toorn이 예안 레이링Jean Leering과 함께하고, 빔 크라우얼과 암스테르담스테델레이크박물관Amsterdam Stedelijk Museum, 카럴 마르텐스와 출판사 SUN, 발터르 니켈스Walter Nikkels와 루디 푸흐스Rudi

Fuchs, 그리고 빌럼 산드베르흐Willem Sandberg가 함께한 사례처럼 말이다. 작은 규모의 출판을 시작하게 되면서 그래픽 디자인을 할 때보다 내가 중시하는 것과 즐기는 것에 좀 더 가까이 다가설 수 있었다. 이것은 마치 박물관 없이 박물관의 출판 프로그램을 진행하는 것과 다름없다. 좀 더 많은 자유를 주기 때문이다." 그가 『더치 리소스: 그래픽 디자인에서의 공동 작업Dutch Resource: Collaborative Excercises in Graphic Design』(2006)에서 밝힌 내용이다.[69]

타이포그래피에서 구조로

로마퍼블리케이션스의 책들은 출판 브랜딩의 관점에서 볼 때 근래 새로운 개념으로 확장·정착하고 있는 유연한 아이덴티티, 즉 가변적 아이덴티티Flexible Identity 개념에 인접해 있다. 과거 출판 브랜딩이 정교하게 짜인 형식 안에서 여러 변형을 구현해나가는 과정이었다면, 최근 몇몇 소규모 출판에서 보여주는 출판사의 아이덴티티란 '보이지 않는' 아이덴티티의 구축일 것이다. 다시 말해, 비가시적인 아이덴티티로서 아이덴티티를 유지시켜 나가는 것은 마치 무인양품의 '무지' 콘셉트와 상통하는 역설의 수사학이기도 하다.

책등을 보면 책마다 다르게 글자체를 적용한 출판사명이 돋보인다. 책등에 기재되지 않는 경우도 많다. 나아가 각 책에 적용된 다양한 편집과 디자인에서는 콘텐츠에 대한 디자이너의 개입과 해석이 상당히 깊게 관여하고 있음을 본다. 외부 디자이너가 자유롭게 개입하는 범위 안에서 출판사는 일관된 줄기를 찾아가기보다는, 다양한 시각적 노선을 만들고 또 흐트러뜨린다.

설립 이후 빌렘스가 로마퍼블리케이션스라는 이름으로 만들

---

69. P. Elliman, M. Kopsa, 『Dutch Resource: Collaborative Exercises in Graphic Design』, WT/Valiz, 2006, p.116.

어온 초창기 책들은 하위 문화의 시각적 감수성을 적극 발현한다. 주제는 직관적이다가도 개념적이고, 과정을 무미건조하게 노출하는 데 집중한다. 뚜렷한 목표점을 향한 거대 서사를 뒤로 밀어낸 그곳에는 잡다하거나 일상적인 이면을 조금은 다른 각도에서 들춰보는 시각 실험이 숨어 있다. 이 행위란 분명 예술의 이름으로 불릴 수 있겠지만, 그렇다고 고결하지는 않다. 낮은 밀도, 불분명한 행위들, 지면에서 우러나는 어떤 냄새는 비자극적이고 무덤덤하다. 이런 로마퍼블리케이션스의 색깔에는 특정 수식어로 수렴되지 않는
458 작가들의 특질이 작용한다. 나흐트잠의 추상적 드로잉, 만더르스
450 의 개념적 설치 작업, 수터르의 이미지 리서치 등, 이들은 시각 생산
454 자이지만 비가시성을 탐구한다. 이런 일부 현대 미술의 특징은 로마퍼블리케이션스의 인쇄물로 번질 수밖에 없다. 그리고 이런 작가군은 빌렘스가 편집과 디자인에 임하는 태도와 방식, 그리고 궁극에는 로마퍼블리케이션스의 비가시적 아이덴티티에 일조를 한다. 빌렘스가 밝힌다. "디자인의 일관성이란 이렇게 말할 수 있겠다. 작업이 직접적으로 재현되는 걸 바라는 작가들과 협업할 때 디자인이 많이 필요하지 않다. 인쇄물에서 우리는 이렇듯 간단 명료한 생각을 기반으로 작업한다. … 나는 디자인 요소를 가능한 한 줄이려고 노력한다."[70]

이와 별개로 로마퍼블리케이션스의 책을 크게 특징짓는 것 중의 또 하나가 사진에 대한 진보적 관념이다. 초기 로마퍼블리케이션스의 출판물에는 빌렘스가 직접 촬영한 사진으로 내용을 채운 책들이 있다. 만더르스나 로데베이크스에 관한 출판물에서부터도 사진 이미지를 매개로 하는 이미지 기반의 서술이 빈번하게 등장한다. 여기서 네덜란드 그래픽 디자인계가 일궈놓은 시각 문화 또

70. 앞의 책, 120–122쪽.

는 이미지에 대한 인식의 틀이 깊이 반영되어 있음을 본다. 바로 작품 이미지로서의 사진이 아닌, 정보 전달을 매개하는 민주주의적이면서도 분산된 이미지로서의 사진이다. 이미 일찍이 네덜란드 그래픽 디자인의 대가 가운데 한 명으로 평가받은 얀 판 토른은 시각 문화에 대한 견해를 자신의 여러 인쇄 작업들을 통해 제출한 바 있고, 여기서 사진은 메시지 전달의 주요 매개물로서 기능한다.

'더치 프로파일스Dutch Profiles'라는 시리즈로 기획된 영상[71]에서 판 토른은 과거 자신의 작업 가운데 사진 콜라주 포스터를 예로 들며 다음과 같이 말한다. "'본다Seeing'는 것은 설명하기 어렵다. 하지만 중요한 경험이다." 그는 영상 시대의 이미지 과잉을 지적하며, 자신의 콜라주 포스터는 이미지 과잉에 대한 질문을 던지고 있다고 설명했다. 성욕을 자극하는 사진도 과잉이 되는 순간, 추상이 된다. 그래서 포르노그래피의 이미지는 그의 작품 안에서 질문을 던지는 도구가 된다. 판 토른에게 이미지는 경배해야 하는 묵직한 작품이기 이전에 시각 문화의 비가시적 구조를 드러내는 수단으로 존재한다. "의미 전달에만 집중하는 이미지 너머를 생각해본 적이 있는가? 내 작업은 바로 그에 관해 말한다."

우리 주변을 둘러싼 숱한 이미지는 시각이라는 구성체를 이뤄낸다. 그 구성체의 역학과 구조 원리는 이미지에 대한 의심에서부터 시작된다. 다시 말해, 표면으로 드러난 가시성에 대한 의문이 곧 지금의 시각 문화 이해를 위한 진입로가 되는 것이다. 우리는 작가로서의 사진가 이전에 미디어망으로 걸러지고 그 과정에서 원본 및 실재와는 전혀 다른 메시지로 가공되는 이미지에 주목해야 한다. 로마퍼블리케이션스의 출판물은 이런 이미지의 속성에 제대로 천착하고 있으며, 인쇄물의 다양한 편집 및 디자인 원리를 동원해

71. www.youtube.com/watch?v=taHBRF2-cHs.

시각 문화를 질문하고 있다. 그리고 그 내부에는 특유의 미학적 디자인 방법론이 숨어 있다.

요약하자면 이렇다. 로마퍼블리케이션스의 여러 책에 적용되는 몇 가지 공통 키워드라면 건조한 디자인, 다층적 편집, 그리고 이미지의 적극적 분해일 것이다. 건조한 디자인은 마이클 락Michael Rock과 페테르 빌라크Peter Bil'ak가 네덜란드 그래픽 디자인을 설명하는 글에서 언급한 바 있다. 마이클 락은 "수수하게 입기Dressing Down",[72] 페테르 빌라크는 "과잉 디자인에 대한 저항Tendency against Overdesigning"[73]이라는 말로 표현했다. 물론 이런 '반反디자인'적 특징이 빌렘스의 디자인과 로마퍼블리케이션스의 모든 출판물에 적용될 수는 없다. 하지만 차분한 표지에서 드러나는 금욕적이거나 미니멀한 조형미, 다소 무심한 듯 고안된 판면, 치밀하기보다는 간혹 드러나는 헐거운 타이포그래피 등은 분명 로마퍼블리케이션스를 설명할 수 있는 몇 안 되는 수식들이다. "단순함과 함께 디자이너의 존재가 사실상 느껴지지 않는 평범하거나 뻔한 방법론이 다시 각광받는다. 이 접근법은 역설적이다."[74] 빌라크의 이 흥미로운 코멘트가 주창하듯 이런 디자인의 무심함은 작가로서 존재하는 디자이너를 오히려 표방한다. "결국 '디자인 안 하기Undesign' 그 자체는 디자인 전략이 아니겠는가."라고 빌라크는 되묻는다.[75]

흥미로운 것은 타이포그래피와 표지에서의 '디자인 안 하기'가 가시적으로마나 구원받는 토양이 편집이라는 사실이다. 그리

---

72. Michael Rock, 「Mad Dutch Disease」, www.2x4.org/ideas/19/mad-dutch-disease, 2x4, 2004.
73. Peter Bil'ak, 「Contemporary Dutch Graphic Design: An Insider/Outsider's view」, www.typotheque.com/articles/contemporary_dutch_graphic_design, 《Typotheque》, November 24, 2004.
74. 앞의 글.
75. 앞의 글.

고 이 점이 지적하고 싶은 빌렘스와 더불어 오늘날 작가주의적 성향의 디자이너들이 공유하는 특징이다. 적어도 내게 로마퍼블리케이션스에서 빌렘스가 구현해나간 북 디자인이 매력적으로 다가오는 점은 타이포그래피의 전통적 기능주의에 정박해 있기보다는 북 디자인의 구조를 해부하고 해체한 뒤 다시금 재구축하는 선상에서 편집과 디자인의 경계를 허물어뜨리는 유연한 편집술이다. 이 경계에서 디자인과 편집의 전통적인 구분은 의미가 없다. 기존의 차례 구조와 디자인, 그것의 위치, 책 내용의 선형적인 흐름 등 책의 구조를 주축으로 통일성과 일관성에 대한 강한 의문이 책을 지배한다. 책 구조의 해부와 해체, 그 자체가 책을 구축하는 조형 화법이자 내용이 된다.

이 편집술은 이미지의 분해 방식에 적용된다. 과거 그리고 지금도 여전히 갤러리에서는 '작품 도록'이라고 일컫는 책자를 만난다. 대부분 한 페이지 또는 한 펼침면에 짧은 작품 캡션과 함께 완성된 작품 이미지가 한 장씩 실린다. 판형만 제각기 다를 뿐 도록이라는 형식에는 암묵적 합의가 존재하는 인상이다. 이미지가 들어갈 영역의 크기를 정해놓고 지면을 배치한 뒤, 계속해서 작품 이미지만 불러와 앉힌다. 이미지 재현의 무한 반복이다. 앞뒤에는 당연히 평론가들의 주례사 같은 글이 들어가거나 작가의 긴 약력이 수록된다. 우리가 아는, 그리고 여전히 대중적으로 회자되는 아티스트 북이란 이 같은 작품 도록이다. 이때 디자이너는 수동적인 기술자다. 작품에 대한 이해와 해석이란 부재하기 이전에 불필요하다.

이미지를 어떻게 분류할 것인지의 문제는 빌렘스에게 디자인과 편집의 핵심이다. 수터르의 작품집 『표면 시리즈Surface Series』 462
(2011)에서 나타난 작업 과정과 전시 장면의 철저한 분리, 『정면 474
뷰Frontal Views』(2004)에서 보여준 케이스 하웃즈바르트의 회화 작품에 대한 과감한 시도, 『(미완된 기념물을) 관통하는 통로Passages through

(The Unfinished Monument)』(2010)에서 등장한 차례의 해체와 재구조화,
456 『카라라Carrara』(2011)에서 세로축을 중심으로 이미지를 분해해 연
출한 영상적 시퀀스 등 그것이 사진, 회화 또는 드로잉이든 작품 이
미지를 적재적소에 배치함으로써 이미지 이해를 위한 단서를 게
릴라식으로 흩뿌려놓는다. 책은 난해해진다. 하지만 우리는 그 과
정에서 적극적인 연출 과제이자 번역으로서의 북 디자인을 경험
한다. 그리고 우리는 질문해본다. 책은 앞으로 어떻게 더 변모할 것
인가. 진화의 시작과 끝은 과연 존재하는가. 우리는 어쩌면 코덱
스Codex로서의 책의 최전선을 이미 목격하고 있는 것은 아닌가.

공적 아나키

2000년대 초중반 한국 그래픽 디자인계의 화두 가운데 하나는 '더치 디자인Dutch Design'이었다고 해도 과언이 아닐 것이다. 더치 디자인은 유럽의 작은 나라, 네덜란드의 디자인이다. 하지만 어느새 더치 디자인이란 용어는 수십 년 또는 수백 년 풍요로운 시간을 통과해온 네덜란드의 풍부한 시각 문화의 유산을 거세당한 채 몇몇 현대의 특정 디자이너 및 그룹으로 수렴되는 양상을 보였고, 그 결과 더치 디자인 자체가 하나의 트렌드이자 브랜딩이 되었다. 2010년 가을, 뉴욕을 찾았을 때 그곳에서 활동하고 있던 한국인 그래픽 디자이너는 "뉴욕은 몇 년 전까지 더치 디자인 광풍이었다."라며 오히려 가라앉은 당시의 풍경을 반가워했다.

2000년대 초중반 더치 디자인과 관련된 미국과 몇몇 국가의 관심에 응답하듯 마이클 락과 막스 브라윈스마Max Bruinsma, 그리고 페테르 빌라크 등은 2003년과 2004년에 걸쳐 네덜란드 그래픽 디자인에 관한 흥미로운 에세이를 써나갔다. 이들의 세 에세이에 공통으로 등장하는 것은 네덜란드의 경제적 풍요로움과 이를 기반으로 한 정부의 너그러운 문화 예술 분야에 대한 지원 정책이었다.

특히 특유의 거친 입담이 고스란히 배어 있는 글을 쓴 미국인 마이클 락은 시종일관 미국과 네덜란드의 정책과 상황을 비교해가며 네덜란드가 얼마나 독보적으로 그래픽 디자인에 투자하고, 또 얼마나 그 혜택을 입고 있는 국가인지를 역설했다. 심지어 그는 네덜란드를 "국제적 디자인 테마 파크"로까지 호명했다. 그리고는 다음과 같이 말했다. "네덜란드다운 것과 네덜란드 디자인은 네덜란드인에게 내놓기 위한 지구화되고 자본화된 기업의 도구가 되었다. 브랜딩 도구, 그리고 만들어진 기표로서의 네덜란드 디자인 또는 네덜란드의 가치는 풍차와 튤립만큼이나 진기하고 매력적인 것이 되었다."[76]

흥분된 어조의 락과 달리 빌라크는 좀 더 차분하게 네덜란드 그래픽 디자인을 기술한다. 그도 체코 출신의 타이포그래퍼로 락과 같은 이방인의 시선에서 그 풍경을 그려나가지만 더 분석적이고 친절하다. 그는 네덜란드의 오랜 예술 전통과 풍요로운 경제가 창의적인 분위기를 낳았다고, 여기에 정부의 넉넉한 재정적 지원이 뒷받침되면서 경제적 풍요가 비관습적 접근을 가능하게 했다고 말했다. 특히 그는 한 대목에서 네덜란드가 대항해 시대에 누린 전성기 이후 예술가들은 높은 지위를 누리며 살았다고 했다.

이들과 같으면서도 다른 이방인들인 우리의 시선에서 보았을 때 네덜란드는 분명 인재를 길러낼 줄 알고, 이를 활용할 줄 아는 창의적 실용 마인드가 독보적인 나라임에는 틀림없다. 그리고 지금 활동하고 있는 비교적 젊은 세대의 네덜란드 디자이너에게 그들의 조상이 대대로 구현해온 문화 자산이란, 네덜란드 그래픽 디자인 스튜디오인 익스페리멘털 제트셋Experimental Jetset의 표현대로

---

76. Michael Rock, 「Mad Dutch Disease」, www.2x4.org/ideas/19/mad-dutch-disease, 2x4, 2004.

태생부터 함께해온 '모어母語'로서의 모더니즘이다. 지금의 네덜란드는 우리와 전혀 다른 출발선에서 그래픽 디자인을 구현해왔다. 네덜란드 그래픽 디자인과 오늘날의 이 나라 그래픽 디자인을 표면의 이미지로만 비교할 수 없는 이유는 토양이 다른 곳에서 자란 식물을 모양새만 보고 호불호 또는 취향의 차이를 비교하는 것과 같기 때문이다.

그리고 빌렘스 또한 자신의 이전 세대로부터 물려받아 보고 자라온 풍요로운 문화 경험을 덤덤하게 스스로 인정한다. "현재의 네덜란드 디자인에 영향을 미치는 네덜란드 북 디자인만의 전통이 있다고 봅니다. 나는 역사학자가 아니지만, 내가 이 전통의 일부분이라고 느끼며 개인사적으로도 끈이 닿아 있다고 생각해요. 가령 제 할머니는 암스테르담스테델레이크박물관에서 빌럼 산드베르흐 밑에서 일했고, 딕 엘페르스Dick Elffers는 그녀의 이웃이었어요. 제2차 세계대전 이후에는 피트 몬드리안Piet Mondrian과 같은 비전 강한 모더니스트 예술과 강한 연대로 전후 세대 디자이너들, 예로 들면 헤릿 리트벨트Gerrit Rietveld, 테오 판 두스뷔르흐Theo van Doesburg, 피트 즈바르트Piet Zwart가 네덜란드를 재건해나갔습니다. 디자인은 비평적이고, 문제 해결의 행동이자 평등한 부의 분배를 말하는 것이기도 했습니다. 디자인은 간명하고 경제적이고 미적으로도 혁신적이어야 했지만 절대로 과시적이어선 안 되었어요. 돈이 있다고 해결되는 건 아니었죠. 산드베르흐가 스태프 회의에서 박물관을 위해 포스터나 카탈로그를 스케치한 일화나, 타이포그래피 디자이너 하리 시르만Harry Sierman이 자전거를 타고 온 클라이언트만을 위해 일한다는 이야기를 생각해보세요. 전후 시대 디자인은 인본주의적 이상보다 개념 미술에서 더 영향을 받으면서 끝났습니다. 여기에서 더 깊이 논하는 건 나에게 어려울뿐더러 오늘날 네덜란드 북 디자인의 위상을 자세하게 이야기하는 것에는 관심 없습니다. 하지만 적어도 독립 디자이너들은 다른 나라에 비해 네덜란드에서 여전히 좋은 지위를 누리고 있으며 비판적이고 혁신적이길 요구받습니다. 정부 또한 지난 몇십 년 동안 디자이너를 지원했고요. 나를 비롯해 많은 이들이 북 디자인과 같은 어려운 일을 하면서도 먹고 살 수 있고, 로마퍼블리케이션스와 같이 자유롭고 멋진 것을 만들 수 있도록 도와줬죠."

네덜란드는 그래픽 천국이다. 그 천국의 그래픽 이미지란 풍요로움의 다른 이름이다. 천국의 이미지를 해부하지 않는 한, 네덜란드의 그래픽 디자인과 출판은 누구나 쉽게 이식하고 싶은 타인의 천국일 뿐이다. 단, 그것은 계단 없는 천국의 이미지이다. 로마퍼블리케이션스에서 돋보이는 현대적 공예술로서의 책. 그것은 노동과 평등, 자유 민주주의에 대한 또 다른 지시체였다.

마르쿠스 드레센 Markus Dreßen

현대적 책

재매개

"오늘날 우리가 사는 디지털 시대에서 '종이의 죽음'은 언젠가는 광범위하게 실현될, 그럴듯한 개념이 되었다. '모든 것의 디지털화'는 모든 과거의 미디어를 대체할 것이라며 강하게 협박한다. 그런 가운데 현 시대를 위해 꼭 필요하다고 생각되는 새로운 성질을 갖추어 나가야 한다고 주장한다. 그 성질이란, 휴대와 검색, 편집과 공유가 가능한 것을 말한다." 알레산드로 루도비코Alessandro Ludovico는 자신의 책 『후기-디지털 인쇄: 1894년 이후 출판의 변화Post-digital Print: The Mutation of Publishing Since 1894』(2012)의 첫머리를 이렇게 시작한다. "이미 존재하던 미디어와 새로운 미디어 간의 충돌과 갈등은 오늘날 명백한 사실이 되었다. 그 가운데 종이를 기반으로 한 책과 잡지, 그리고 신문 등의 미디어는 오늘날 존재하는 여러 미디어 가운데 오랜 역사를 지닌 것으로, 새로운 미디어가 등장할 때마다 '사망 선고'를 받아야만 한다. 종이 미디어 가운데 책은 가장 혹독한 위협에 시달린 미디어라 해도 과언이 아닐 것이다. 문자 다음으로 인류와 함께해온 오랜 미디어가 책이기 때문이다."

기원전 2세기 이집트에서 파피루스가 발명된 이후 중국의 종이 발명, 그리고 15세기 구텐베르크의 인쇄 발명 등으로 이어져 오면서 책이라고 불리는 미디어는 끊임없이 진화했다. 한때 책은 지배층의 권력을 유지하기 위한 견고한 텍스트였다. 그것은 곧 가르침, 다시 말해 종교인과 권력가들의 또 다른 신성한 '말씀'이자 권위의 상징 그 자체였다. 한쪽의 메시지를 다른 쪽으로 전달하는 일방통행의 미디어였다. 또한 책은 종교적 가르침을 몸과 마음으로 수양하게 돕는 미디어이기도 했다. 책은 엄숙하고 신성했지만 다른 미디어에 비해 보수적이고 낡았다. 책이 지니는 진부함과 낡음의 이미지는 미디어 이론가 마셜 매클루언Marshall McLuhan이 들고 나온 '핫 미디어'와 '쿨 미디어' 이론에서 정점을 찍는다. 관객 참여 면에서 텔레비전이 훨씬 더 열린 미디어로 책보다 더 진보했다고 믿었던 매클루언에게 책은 오늘과 어울리지 않는, 사망 선고를 받아야 마땅한 미디어였다.

하지만 이처럼 보수적인 책도 미디어의 각축장이 되어가고 있는 현대 사회에서 고정불변의 주인공으로만 남아 있을 수만은 없는 법이다. 새로운 미디어의 등장은 곧 책의 종말론으로 이어지곤 했지만, 그 숱한 종말론 속에서도 아직까지 존재의 가치를 입증하고 있는 것이 또 책이라는 미디어다. 루도비코는 매클루언에 이론적 펀치를 가하듯 책의 첫 장 제목을 「종이의 죽음The Death of Paper (which never happened) (하지만 한 번도 일어나지 않은)」이라 지었다. 다시 말해 책은 죽은 것이 아니라 변화하는 시대에 유기적으로 대응해나가고 있으며 그 모습은 실로 유연하다는 것이다.

책의 변화된 면모를 설명해줄 수 있는 개념이 '재매개Remediation'이다. 데이비드 볼터J. David Bolter는 '재매개'라는 개념을 통해 기존의 미디어가 새로운 미디어와의 만남 속에서 과거와는 다른 성격을 획득한다고 설명했다. 그는 『글쓰기의 공간Writing Space』(2001)에서 미디어가 파피루스에서 코덱스로, 필사 코덱스에서 인쇄본으로 변화하는 글쓰기의 '개조 과정'을 통해 계속 변화해나간다고 보았고, 이를 '재매개'라 불렀다. "'재매개'란 말 속에는 새로운 매체가 앞선 매체를 대체하면서 그 매체의 글쓰기 특징을 빌려와 재조직하며, 그것들의 문화적 공간을 새롭게 형성한다는 의미가 담겨 있다."라고 말한 그는, 재매개에는 미디어 간의 "존경과 경쟁"이 함께한다고 설명한다. 그리고 이 과정에서 책으로 대표되는 종이를 매개로 한 미디어는 새로운 특질을 획득하게 된다.

이 글은 책이 진화하는 면모를 마르쿠스 드레센과 그가 운영하는 출판사인 스펙터북스Spector Books를 통해 묻고자 함이다. 그 과정에서 북 디자인에 대한 반추 또한 시도해보고자 한다. 여기서 추려낼 수 있는 세 가지 쟁점이란 저자성, 이미지와 문자의 위상 전복, 그리고 선형성의 분쇄이다. 이미 오래전 문학에서 '선고'된 바 있는 '저자의 죽음'은 죽음이 아닌 책에 관여한 이들과의 공존과 협업으로 탈바꿈한다. 그리고 인쇄술의 발달로 이미지와 텍스트 간의 적극적인 상호작용이 일어난다. 마지막으로, 볼터의 표현을 빌리자면 "분쇄된 선형성"이다. 이는 월드와이드웹의 하이퍼텍스트 개념을 책에 적용한 사례로 볼 수 있다. 드레센이 만들고 또 그가 개입해서 출판하고 있는 책들은 이 세 가지 요소를 어떤 식으로든 장착시켜 만들어지고 있다. 볼터는 이를 "책의 개조"가 일어나고 있는 것이라 표현했다.

저자로서의 북 디자이너

"1992년에 라이프치히를 처음 방문했는데, 그 당시 도시의 분위기가 정말 마음에 들었어요. 라이프치히는 통일 독일의 중심에 있었죠. 통일 이후 방문했는데 도시 전체에서 그 분위기가 전해져왔습니다. 사람들은 라이프치히가 혁명의 중심에 서서 독일 통일에 기여했다는 사실에 큰 자부심을 갖고 있었어요. 특히 월요 시위[77]에

77. 1989년 9월 4일 라이프치히 니콜라이교회St. Nikolaikirche에서 시작한 평화 시위. 구동독 정부에 불만이 많았던 당시 동독 시민들은 라이프치히에 모여 자유로운 해외여행과 민주주의 정권을 요구했다. 매주 월요일 저녁 라이프치히에서 진행된 이 시위는 10월 23일을 기점으로 시위 참가자가 32만 명까지 불어났다. 그리고 얼마 지나지 않아, 11월 9일 베를린 장벽이 무너지면서 독일 통일은 현실이 되었다.

대해서 말이죠. 저는 이런 도시의 분위기가 마음에 들었습니다." 2011년 8월, 나는 드레센과의 인터뷰를 위해 라이프치히에 있는 그의 스펙터북스 사무실을 찾아갔다. 현재 드레센은 라이프치히에서 라이프치히그래픽서적예술대학Leipzig Hochschule für Grafik und Buchkunst의 교수이자 이제 14년째 동료들과 운영하고 있는 스펙터북스라는 소규모 출판사의 공동 대표다. 얀 벤젤Jan Wenzel과 안네 쾨니히Anne König는 그의 출판사 동료다.

"원래 뮌스터에서 시각 디자인을 공부했습니다. 하지만 책을 좀 더 깊이 공부하고 싶었어요. 라이프치히가 마음에 들었던 건 좀 더 보수적으로 책을 공부할 수 있는 분위기 때문이었습니다. 그곳에는 이미 책과 북 디자인 관련 시스템뿐 아니라 다양한 워크숍이 있었고, 저는 북 디자이너가 되고 싶었죠. 1992년 겨울 라이프치히그래픽서적예술대학에 지원했고, 합격했습니다." 라이프치히에 있었던 책 관련 워크숍은 궁극에 그의 삶의 전환점이 되었다.

다시 그곳을 가기 위해 그가 선택한 길은 라이프치히그래픽
서적예술대학이었고 이제 이곳은 그의 일터이자 삶터가 되었다.
486 1993년에 라이프치히로 이주한 뒤, 1999년 드레센은 졸업논문
을 제출하고, 조교수 자격으로 학교에서 강의를 시작했다. 그리고
2000년부터 오늘날 그의 활동의 가장 중심이 되는 스펙터북스를
시작했다.

본격적 출판이라고 부르기에 스펙터북스의 초기 모습은 매우
488~489 느슨했다. 오늘날 주목받는 스펙터북스지만 출발은 잡지 《스펙터
커트 + 페이스트Spector Cut + Paste》(2001)였다. 잡지라 하기에는 지나
치게 비정기적으로[78] 드문드문 발간했고 현실적 어려움에 얼마 지
나지 않아 4호를 끝으로 중단했다. "기획, 편집, 기사 작성부터 디자

78. 2001년 창간 이후 2002년, 2004년 그리고 2008년에 4호를 발간했다.

인까지 각 호를 위한 이슈 뽑기가 매우 어려웠습니다." 그는 그 당시를 회상하며 특히 저술과 사진에 능숙한 동료들의 힘이 컸다고 말했다. 그러나 지금의 그들을 모이게 한 응집력의 모체였던 잡지는 과거일 뿐이다. 이제 그들은 어엿한 출판인이 되었고, 수십 권의 책을 출간하고 있다. 스펙터북스는 드레센의 또 다른 자아다.

스펙터북스가 본격적인 출판사로서 오늘날의 활약상을 보여주기 전에 드레센은 북 디자이너로 더 알려져 있었다. 그리고 그 일면을 전달해주는 장이 바로 그의 개인 웹사이트이기도 한 미크로튑 Microtyp[79]이다. 미크로튑은 그가 1999년부터 2005년까지 디자인하고 만든 책을 모아놓은 웹사이트다. 독특한 웹 언어를 기반으로 하고 있어서 웹 개발자 사이에서 화제가 되기도 했다.

미크로튑에 올라간 책들이 주는 어떤 인상이 있다면, 특정 스타일로 수렴되기 어려운 다양한 양식의 모색과 전환이 돋보인다는 점이다. 특이한 것은 그 모색과 전환 속에서도 소위 말하는 '절충주의'적 태도는 드러나지 않는다. 굳이 하나의 특징을 잡아낸다면, 글자체의 사용 범주와 조판 양식이 상당히 긴 역사적 스펙트럼에 걸쳐 있다는 사실이다. 한편에서는 18세기 타이포그래피 천재들이 활동하던 시기를 연상케 하는 전통주의적 타이포그래피와 조판이 부각된다면, 다른 한편에선 균질화된 그래픽 디자인의 풍경을 시사하듯 건조하고 프로그램화된 언어를 적극 수용하고 있다.

드레센도 인터뷰에서 자신의 성향을 인정한 바 있어 이러한 나의 견해가 단순한 인상 비평이라 하기 어려울 것이다. "내 북 디자인은 라이프치히에서 공부하면서 영향을 받은 것입니다. 라이프치히에서는 스위스 타이포그래피와 네덜란드 타이포그래피의 흐름에 대해서도 잘 파악하고 있습니다. 크랜브룩과 데이비드 카슨

79. www.microtyp.org

도 마찬가지에요. 하지만 내 스승은 전통적인 입장을 견지해온 인물이었고 우리에게도 전통적인 북 디자인을 강조했어요. 책 이론에 관한 풍부한 전통도 있고요. 바로크에서 르네상스까지 거슬러 올라갑니다. 그래서 나는 책을 디자인하기 전에 조사를 많이 합니다. 네덜란드 디자인에서도 영향을 많이 받지만, 전통적인 북 디자인에서도 많은 영향을 받고 있어요. 일종의 혼성이라고 보면 될 것 같아요." 이쯤이면 드레센이 만드는 책의 매력은 특정 시기나 양식에 치우치지 않는 범용성에 있다고 볼 수 있지 않을까. 그러나 이런 그가 오히려 북 디자이너의 태도와 정의에 관해선 확고한 태도를 취하고 있다.

2005년 AGI의 포르투갈 포르토 강연에서 드레센은 명료하고 설득력 있는 어조로 현대적 개념의 북 디자이너 상을 피력했다. 그는 이 강연에서 그래픽 디자이너이자 북 디자이너로서 자신이 보여주는 작업 방식은 현대 미술가와의 관계에서 성립된다고 했는데, 무엇보다 현대 미술과 북 디자인이야말로 오늘날의 시각 현상이 지속적으로 탐구되고 확장되는 곳이라고 했다. 그런 맥락에서 그에게 북 디자인은 '재연출Restaging'과 '바꿔 말하기Rephrasing'가 중요하게 작용하는 분야다. "내가 작업에서 특별히 관심 갖는 지점은 책이라는 미디어 안에 예술가의 태도나 개념을 재연출하는 것이다. 오늘날 우리는 예술품의 단순한 재현 그 이상의 작품 도록을 기대한다. 그래서 나는 내 작업을 '예술 작품 바꿔 말하기'라고 설명하고 싶다." 여기서 북 디자인은 예술품에 대한 번안이 된다. 북 디자인에 관한 드레센의 인식에는 저자로서의 북 디자이너 상이 서 있다.[80] 포르토 강연에서 그는 영화 평론가 앙드레 바쟁André Bazin의

80. 이 시각은 『라이너 노츠Liner Notes』에도 수록되어 있는데, 이 책의 제7장에 해당하는 「제7일: 저자로서의 디자이너7. Tag: Autoren」에는 영화 이론과 평행선상에서 논의되는 북 디자이너의 이미지가 그려지고 있다.

'감독 지상주의Auteur Theory' 이론을 인용하며 종이와 글자체, 제본 등을 통해 책에 담길 내용의 새로운 번안을 시도하는 북 디자이너는 또 한 명의 저자 또는 공동 저자로서 기능한다고 말했다.

나아가 이런 저자 상과 더불어 그가 그리는 북 디자이너의 또 다른 모습은 협업자로서의 모델이다. "나는 북 디자이너의 역할을 협업자로 묘사하고자 한다. 예술가, 글쓴이, 또는 전시 기획자와 동등하고 평등한 입장에서 협업한다. 여기서 북 디자이너는 편집, 디자인, 그리고 제작까지, 책 전체 과정에 개입한다." 드레센은 이 과정에서 북 디자인의 열기가 좀 더 창의적으로 발산될 수 있다고 보았다. "이것은 기존 북 디자인 분야와 다른 노선을 긋는다. 한편에선 진정한 예술가의 면모를 드러내면서도 다른 한편에선 서비스 직종에 불과한 면모를 드러내니 말이다. 디자이너는 보이지 않는 서비스 종사자도 저자도 아닌, 책을 조직화하는 데 특별한 기술이 있는 협업자인 것이다."

한국의 대표적인 소규모 출판물을 유통하고 취급하는 서점이라 할 수 있는 유어마인드와 더북소사이어티의 풍경을 잠시 떠올려본다. 한 사람이 모든 것을 도맡아 하는 '자기 주도적' 출판물이 놓여 있는가 하면, 현대 미술가와의 긴밀한 협업을 바탕으로 한 작품집과 저작물들이 또 주를 이룬다. 그렇다면 소규모 출판을 관통하는 키워드, 또는 북 디자인은 '자주'와 '협업'이라고 할 수 있을까?

산업화 과정을 거쳐 책 또한 대량 생산되면서 책을 만드는 디자이너의 손길은 저자와 출판사의 그림자에 불과했다. 그나마 디자이너의 존재감이 부각된 것도 1990년대에 들어서다. 마이클 락의 글 「저자로서의 디자이너Designer as Author」(1996) 등은 바로 이런 흐름을 환기했다. 역설적인 것은 문학에서는 1960년대에 이미 저자의 죽음이 선고된 반면 디자인 분야에서는 오히려 '하수인' 역할을 해온 디자이너들이 책이란 사물의 생생한 증언자이자 제작자로서 부상했다는 사실이다. 저자의 죽음은 저자의 그림자 밑에 비가시적일 수밖에 없었던 존재의 호명 또는 부활의 또 다른 표현이다. 내용에 대한 적극적인 디자인적 해석은 책 곳곳에 흔적으로 남아 있다. 책은 디자이너의 정체성을 드러내는 하나의 수단이 되었다.

스펙터북스

스펙터북스는 드레센의 북 디자이너에 대한 비전과 정의가 실시간으로 실현되고 있는 플랫폼이라 할 수 있다. 잡지를 만들던 스
516~519 펙터북스가 출판사로 전환된 배경에는 2009년 『라이너 노츠Liner Notes』라는 책의 발간이 결정적이었다. 이제는 더 이상 구입할 수 없는, 품절되어버린 책이다.

"이 책은 라이프치히와 오늘날의 독립 출판에 관한 것입니다. 참여한 사람들은 모두 라이프치히그래픽서적예술대학 출신이에요. 책과 관련된 주제를 각자 하나씩 연출했는데, 그 과정에서 참여자는 자신의 개인 포트폴리오를 갖고 와서 책에 대해 이야기했습니다." 드레센의 설명이다. '라이너 노츠'는 CD나 LP 재킷 뒷면에 기록되는 글로 대부분 프로듀서나 음악인들이 쓰는 걸 일컫는 용어이다. 책의 제작과 디자인에 관여한 사람들의 소견과 관련 기록이 수집된다는 측면에서 책의 이름을 '라이너 노츠'라 지었다고 한다. 기획과 디자인, 즉 책과 북 디자인에 관한 흥미로운 발상과 연출이 돋보이는 『라이너 노츠』는 한 명 또는 다수의 저자가 중심이 되는 것이 아니라 네 명의 가상 인물이 나누는 대화가 구성의 주축이 되었다. 글의 단일 매개체로서의 저자 대신 그 자리에 등장한 것은 다수로 혼성된 가상의 목소리다. '유령 저자'라는 개념이 적용될 만큼 이 글은 사실에 근거한 책 이야기를 전달하지만, 막상 이를 발화하는 사람은 존재하지 않는 배우들이다. 또한 「제1일: 도착1. Tag: Ankommen」 「제2일: 분류하기2. Tag: Sortieren」 「제3일: 미술 도록3. Tag:

Kunstkataloge」 등 시간 순으로 내용을 배치한 『라이너 노츠』는 참여 516~519 한 이들이 공동으로 써나간 '책에 관한 희곡'으로 부를 만하다. 기존 희곡과 다른 점은 극 연출의 장면들을 텍스트 사이에 삽입했다는 점이다.[81] 책의 시작은 사전 인터뷰였다. "이 책을 만들기 전에 우리는 아홉 또는 열 건의 인터뷰를 진행했어요. 이 인터뷰로부터 책의 개념을 착안했죠." 이로부터 참여진은 가상의 인물들을 배양해 냈고, 각 역할에 어울리는 책 및 북 디자인과 관련된 담론을 인쇄된 육성으로 풀어나갔다.

오늘의 흐름 속에서 책과 출판의 의미를 살펴보고 싶은 사람이라면 『라이너 노츠』는 소유할 수밖에 없는 책이다. 그것이 담고 있는 내용뿐 아니라 그 내용을 전달하기 위해 취한 제스처 또한 단일화된 저자의 개념에서 탈피하고 있으며, 책을 제작하게 된 배경 또한 다층적 구조와 해석을 기반으로 하고 있기 때문이다. 소위 국내에서 말하는 기획 출판의 축에 속하겠지만, 기획 그 자체를 다시금 개념으로 치환하고 있다는 점에서 『라이너 노츠』는 오늘의 출판과 책 그리고 앞으로의 출판 생태계에 대한 흥미로운 제안으로 해석된다. 스펙터북스가 이 책 이후 본격적으로 출판에 더 몰입하게 된 것은 『라이너 노츠』의 책 성격을 염두에 둘 때 놀랍다기보다는 자연스럽다. 이 책의 출간은 그 자체가 지금의 출판과 책에 대한 진지한 성찰이자 발언이기 때문이다.

『라이너 노츠』가 스펙터북스에 가져다준 변화를 목격할 수 있었던 때는 2013년 6월 라이프치히의 스펙터북스를 두 번째 방문했을 때였다. 나는 2014년 디자이너 안상수가 설립한 파주타이포그

81. 원본은 독일어로만 되어 있고, 각 상황을 연출하는 극과 책의 이미지가 대화 사이사이에 삽입되어 있다. 출간된 다음 해에는 영문판이 발간되었고, 이 책에는 오로지 글만 수록되어 있다. 비록 사진이 없는 것이 흠이지만, 간결한 판형, 독서에 충실한 타이포그래피와 조판, 그리고 건조한 디자인으로 읽기라는 행위 자체에 집중할 수 있는 최적의 조건을 제공한다.

라피학교Paju Typography Institute, PaTI에서 진행한 여행 수업 '길 위의 멋짓'의 일환으로 학생들을 이끌고 그의 사무실을 다시 방문했다. 2년 전과 마찬가지로 상냥하게 웃는 그의 모습과 달리, 현관문 앞에 제자리를 찾지 못하고 방황하는 양 수북하게 쌓인 책 상자는 이들의 활동에 심오한 변화가 있음을 말해주는 단서였다.

그가 학생들에게 몇 권의 책을 소개하기 시작했다. 잡지《바우하우스Bauhaus》에서부터 올라프 니콜라이Olaf Nikolai의 작품집 등 2013년에 진행한 책을 설명했다. 한 해에 출간하는 책이 생각보다 많지 않을까 하는 생각에 난 불쑥 물었다. "한 해에 몇 종의 책을 출간하나요?" 그가 답했다. "매해 두 배씩 늘어나고 있죠. 이제는 최고점을 도달한 것 같아요." 질문에 대한 직접적인 대답 대신 그럴싸한 비유로 답하는 그였다. 실제 스펙터북스의 웹사이트[82]를 살펴보면 드레센의 대답이 틀리지 않았음을 알 수 있다. 2008년에 여섯 권을 출간했던 스펙터북스의 출간 종수는 2009년에 네 권으로 줄
516~519 었다. 하지만 역시나 2009년에 출간된 『라이너 노츠』의 바람 때문이었을까. 스펙터북스는 2010년에는 열 권, 2011년에는 열여덟 권, 2012년과 2013년에는 스무 권을 출간했다.[83] 2010년과 2012년에는 전해 출간 종수의 두 배에 달하는 성장을 한 셈이다. 저성장 시대에 세상에서 가장 작은 출판사 가운데 하나인 스펙터북스는 역설적이게도 고성장을 하고 있었던 것이다.

라이프치히

『라이너 노츠』를 중심으로 서적 출판을 향한 분기점을 마련한 스펙
490~493 터북스는 크리스틴 힐Chrisitne Hill이나 올라프 니콜라이 등 드레센

494

82. http://www.spectorbooks.com

504

83. 이 자료는 스펙터북스 웹사이트에 올라온 책을 기초로 작성된 것이며, 공식 집계된 종수나 통계와는 다소 차이가 있을 수 있다.

510~515

이 북 디자이너 활동 초기에 지속적으로 협력해나갔던 작가들의 작품집 디자인 외에도 사진 책, 역사책 등 다양한 출판물을 다뤄나갔다. 특히 사진을 적극 이용하는 출판과 다양한 형식 실험, 그리고 지역 문화를 기반으로 가공한 내용을 통해 뉴미디어 환경에서 책이 생존하는 방안을 모색해나갔다. 이 중에서도 돋보이는 것은 이미지를 연출하는 방식이다.

볼터는 『글쓰기의 공간』에서 이렇게 말한다. "인쇄술은 처음 발명된 이래 계속 이미지를 통제하면서 단어를 효과적으로 배치해 왔다. … 그리고 인쇄술은 중세 채색 사본의 특징으로 꼽힌 문자와 시각 요소 간의 유기적인 관계를 끝내 달성해내지 못했다." 사진과 일러스트레이션 등에 비해 '책'이라는 공간에서 우위를 점했던 문자의 '위상'에 관한 서술이다. 하지만 책은 오래 전부터 이미지와 문자가 적극적으로 상응해왔던 매체이다. 다만, 우리의 편협된 관심사는 책을 읽기라는 행위와 문자 중심으로 파악해왔을 뿐이다.

오르한 파묵의 사진 소설인 『이스탄불: 도시의 기억Istanbul: Memories of a City』(2005)에 관한 일련의 서평에서도 이런 '편협된 시선'을 발견하게 된다는 것이 가브리엘 쿠레아스Gabriel Koureas의 주장이다. 『이스탄불: 도시의 기억』은 200여 점에 달하는 터키 사진가 아라 귈레르Ara Güler의 사진이 수록되어 있는 사진 소설임에도 대부분의 서평은 사진 또는 사진과 글의 관계에 관해 침묵했다는 것이다.[84] 이에 대해 2012년에 출간된 『사진 책: 탈보트에서 루샤까지, 그리고 그 너머로The Photobook: From Talbot to Ruscha and Beyond』는 진중한 논평을 통해 책에 대해 우리가 취해야 할 새로운 태도를 다

84. Gabriel Koureas, 「Orhan Pamuk's Melancholic Narrative and Fragmented Photographic Framing: Istanbul, Memories of a City(2005)」, 『The Photobook: From Talbot to Ruscha and Beyond』, ed. by Patrizia di Bello et al. I.B. Tauris, 2012, p.214.

각적으로 논한다. 그 핵심은 이미지(사진)와 텍스트(글, 문자)와의 관계 설정이다.

서문을 쓴 파트리치아 디 벨로Patrizia Di Bello와 섀넌 자미르 Shannon Zamir는 표면적으로는 '사진 책'이라는 용어를 통해 특정 장르에 주목하는 인상을 준다. 하지만 이들이 시도하는 사진 책의 정의는 기존 '예술가' 중심의 사진 책 정의를 뛰어 넘어선다. 이미지와 텍스트가 교차하는 모든 책들이 사진 책인 셈이다. 이는 디지털 시대 책의 향방성 만큼이나 책을 경험하는 방식("다른 말로, 사진 책이란 제작 방식만큼이나 경험하는 방식에 의해 정의된다.")에 관한 힌트이기도 하다. 이미지가 개입하면서 책은 선형성이라는 나사에서 풀리게 된다. 문자의 정렬과 글줄, 문단으로 이어지는 선형적 구조가 기존 글 중심의 책이었고, 또 그렇게만 경험해야만 했던 책이었다면, 지면 사이 또는 글 사이 개입된 사진은 볼터의 표현대로 "선형성을 분쇄"시켜버린다. 이미지가 개입된 책에서 전통적인 책의 구조와 읽기의 흐름은 와해되고, 그 자리에 이미지 시대에 부응하는 이미지 중심의 읽기 행위가 자리하게 된다. 현대의 책은 책에 대한 '현대적' 태도를, 다른 말로 하면, '현대적' 읽기를 요구하는 것이다.

소설과 달리 이미지 중심의 책은 열린 구조인 셈이다. 자연스럽게 선형성과 비선형성, 질서와 무질서의 긴장감이 발생한다. "제본된 책은 사진을 단단하게 담아내고 질서와 무질서, 시퀀스와 무작위적 들춰보기, 그리고 안정과 불안정, 기억과 변화의 평형을 유지하게 된다." 이는 볼터가 말하는, '재매개'를 통해 이미지와 문자 간의 위상이 재정립된다는 주장과도 상통한다. 이런 맥락에서 스펙터북스는 단지 전자책을 만들지 않을 뿐 그들이 책과 문자 그리고 이미지에 대해 취하는 태도는 전자책과 전통적인 책 사이에 대한 사유를 실천으로 옮기는 행위에 더 가깝다고 해야 할 것이다. '후기 디지털 시대'의 책을 대하는 현대적 태도인 셈이다. 스펙터북

스는 그런 의미에서 현재와 현대에 충실한 출판의 면모를 보여준
다. 『라이너 노츠』에서부터 올라프 니콜라이의 『자브리스키 포인 514
트Zabriskie Point』(2010), 『긴 목록Lange Liste』(2013), 『안즈레 비르트: 앞으로의 도피Andrzej Wirth: Flucht nach Vorn』(2013)까지 스펙터북스에서 출간되고 드레센과 그의 동료 디자이너들이 번갈아가며 디자인하는 책들은 현대적이다. 문자를 기반으로 한 선형적 흐름에서 탈피하고, 이미지의 새로운 나열을 시도한다.

이와 더불어 스펙터북스가 가진 또 하나의 매력이라면 출간하는 책들의 주제라고 할 수 있다. 스펙터북스의 출간 목록과 책 소개를 보자. 우리는 그 가운데 많은 책들이 건축, 구동독, 구동독과 서독의 관계에 관한 것임을 알 수 있다. 여기서 스펙터북스와 라이프치히라는 도시의 지정학적 위치 간의 깊은 연관성을 추측하게 된다. 출판과 그 출판이 이뤄지는 도시나 지역은 자연스럽게 인쇄된 지면으로 스며들게 된다. 출판과 책이 대량 생산과 복제술의 원리 아래에 있다고 하지만, 궁극적으로 그 원리 또한 좁게는 어느 한 도시나 지방에 사는 자의 이야기, 넓게는 어느 도시의 속살을 드러내는 일종의 방법론이기 때문이다.

스펙터북스는 라이프치히에 있다. 이 도시의 지정학적 위치를 살펴보면 유럽의 중앙임을 발견할 수 있다. 흥미로운 것은 독일 통일 전후로 이 도시의 운명이 흥망을 거듭했다는 점이다. 통일 전 라이프치히는 유럽에서 가장 큰 역사驛舍가 있었던 교통 요지였다. 그러나 독일이 동서로 분단되면서 자본주의와 사회주의 체제라는 다른 정치 시스템이 정착하게 된다. 자연스럽게 서독은 과거 라이프치히가 그랬듯 교통과 경제의 중심지 역할을 할 새로운 곳을 물색해야 했고, 그곳이 프랑크푸르트였다. 전환은 통일이었다. 라이프치히는 잃어버린 과거의 영광을 되찾는 듯했다. 열화당 대표 이기웅은 〈라이프치히도서박람회〉에 관한 글에서 프랑크푸르트와

비견될 수 있는 라이프치히의 입지를 이렇게 설명한 바 있다. "중유럽 및 동유럽과의 접촉이 용이한 지리적 요건, 황제의 검열과 국수주의로부터의 자유, 종교 개혁이 더 적극적으로 진행된 북부와 동부 독일의 판로 덕에 라이프치히는 급속도로 서적의 중심지로 부상하게 된다. 제2차 세계대전까지 독일 출판물의 절반이 이 도시에서 발행되었을 정도로 출판업이 번성했지만, 독일 분단 이후 상대적으로 그 위상이 추락하게 되는데, 서독의 경제적 호황과 출판업의 급성장으로 〈프랑크푸르트도서전〉이 유럽을 넘어서는 국제적 행사로 자리매김했기 때문이다. 그러나 이는 소위 '돈'과 '새것'의 견본 시장으로 성장한 〈프랑크푸르트도서전〉과는 반대로 〈라이프치히도서박람회〉가 독일 내부 독자와의 교류에 가치를 두고 특성화할 수 있게 하는 계기를 제공했다. 책을 둘러싼 수많은 문화 장르와 전문가들이 독일의 역사를 만들었고, 제2차 세계대전과 독일의 분단은 그 역사의 흐름을 막게 되지만, 오히려 그것이 옛 독일의 참모습을 지키도록 돕는 아이러니."

스펙터북스는 라이프치히라는 도시가 주는 그 장점을 십분 활용하고 있었다. 그리고 통일이 된 지금, 그 장소에 솔직한 이야기를 출판하고 있다. 통일 후 빚어진 독일인 간의 갈등, 구동독인의 옛 체제에 대한 어떤 회상과 그리움, 삶과 가치관, 그리고 동독과 일종의 공동체를 이뤄갔던 동구권의 삶들. 그 실타래가 단어가 되고 문장이 되어 스펙터북스 책으로 수렴되는 것이다. 그런 면에서 스펙터북스의 출판은 오늘날 흔히 보게 되는 소규모 출판의 가벼움과는 거리가 있다. 그 안에는 역사에 대한 깊은 인식이 배어 있다. 이는 다시금, 드레센과의 인터뷰에서도 짐작할 수 있었듯이, 혹자는 보수적이라고 할 수도 있는 라이프치히그래픽서적예술대학 특유의 전통에 대한 강조, 그리고 그로 인해 중세로까지 거슬러 올라가 빚어내는 타이포그래피와 책에 대한 안목과 연결된다. 그래서 스펙터북스는 장소 특정적이다. 당사자들은 이를 부인할지 몰라도 라이프치히라는 도시만이 내뱉을 수 있는 이야기의 층을 책으로 다질 줄 아는 기술은 다른 곳에서는 쉽게 이뤄내지 못한다. 정주자定住者의 시선이 배어 있지 않는 지역 담론과 출판은 소재주의로 환원될 수 있을지언정 주제가 되지는 못하기 때문이다.

첫 방문 때 나를 앞에 두고 피자를 시키는 그와 그의 동료를 보며 나는 휴가를 꼬박꼬박 챙기는 독일인의 이미지를 허물어뜨릴 수밖에 없었다. 그는 매우 바빴다. "앞으로도 라이프치히에 계속 있을 건가요?" 그가 웃으며 농담을 던진다. "사람 앞날은 모르는 거죠. 하지만 여기엔 제가 일하는 학교랑 사무실이 있어요. 휴가도 없이 일하고 있어요. 지금 여름인데도 전 해변이 아니라 여기 있잖아요." 사람의 미래는 모른다. 하물며 책의 미래를 예측한다는 것이 가소롭기나 할 것인가. 미래를 예측하기보다 지금에 충실하며 지금의 언어로 책을 빚어내는 것이 스펙터북스와 드레센의 현대적 책 만들기 방식이다. 그 과정에서 책은 연명할 뿐 죽지 않는다.

데이비드 피어슨 David Pearson

책 표지 디자인의 수사학

상품으로서의 책

얼마 전 한국에 론칭한 영국 패션 브랜드 코스COS의 웹사이트[85]에
는 웹진이 있다. 문화 예술계의 유명 인사 인터뷰와 다양한 직업 소
개가 눈에 띈다. 그래픽 디자인계에 종사하는 사람으로서 그 가운
데 단연 시선을 사로잡은 것은 펭귄북스에서 출간한 시리즈 '그레 532~555
이트 아이디어Great Ideas'로 출판 디자인계 스타로 떠오른 데이비드
피어슨일 수밖에 없었다. 그가 2002년 펭귄북스에 입사한 지 얼마
지나지 않은 2004년부터 2010년까지 디자인하게 된 그레이트 아
이디어는 세계 북 디자인계에 '데이비드 피어슨'이라는 신선한 고
유명사를 새겨놓았다.

웹진에서 피어슨은 모노톤 의상을 걸친 채 소위 말하는 '쿨한' 이미지를 연출하고 있었다. 그 모습은 이제 하나의 패션 아이템 또는 상품으로 '당당하게' 자리한 책의 상품성에 대한 은유기도 했다. 그레이트 아이디어가 들고 다니면 '폼' 나는 그런 포켓북이었던 만큼 웹진에서 중후한 이미지를 뽐내는 북 디자이너 피어슨의 모습은 패션 브랜드와 제법 잘 어울리는 조합이었다. 이런 관점을 뒷받침해주듯 미국의 저술가이자 그래픽 디자이너인 엘런 럽튼은 「읽기와 디자인하기Reading and Designing」(2011)에서 그레이트 아이디어

85. 2011년 8월 당시 www.cosstores.com/gb/site/home_start.nhtml#column4-pagemodule-0로 접속했으나, 2016년 4월 현재, 해당 페이지는 없는 것으로 나타났다.

시리즈 가운데 성 아우구스티누스St. Augustine의 『고백록Confessions of a Sinner』(2004)을 가리키며 이런 대목을 달았다. "데이비드 피어슨은 풍부한 색감과 촉각적 인쇄술을 이용해 이전에 나온 고전을 매혹적인 신상품으로 탈바꿈시켰다." 그리고 이어지는 괄호 안에 다음 문장을 삽입했다. "정말 성 아우구스티누스의 『고백록』을 읽고 싶을까? 표지에 인쇄된 도발적 인용문과 함께라면 모를까." 〈바젤 아트북페어Basel Art Book Fair〉의 슬로건 '나는 절대로 읽지 않는다 I Never Read Books'가 지난 몇 년 동안 책을 둘러싼 인식의 변화를 포착하고 있듯 어쩌면 책은 읽는 것에서 보는 것, 아니 이제는 보는 것에서 '입는 것'을 위한 아이템으로 약삭빠르게 진화하고 있다. 패션의 상품성이 당연한 개념이듯 북 디자인의 상품성은 책의 거룩한 의미를 탈취하고, 그 자리에 향긋한 트렌드의 감각을 입혔다. 인터뷰 취지와 내용의 진지함과 달리 웹진에 올라온 피어슨은 그렇게 '트렌드세터Trendsetter'의 이미지로서 소비되고 있었다.

물론 피어슨의 그 모습은 연출된 이미지에 불과했다. 실제로 만난 그는 큰 키에 마른 체격, 그리고 무엇보다 곱슬머리가 인상적인 젊고 유쾌하고 소탈한 인물이었다. 런던 인쇄업의 중심지였다는 클러큰웰에 스튜디오가 있는 그를 처음 만나러 간 것은 2011년이었다. 그는 나와 인사하기 무섭게 "커피 괜찮겠어요?" 하고 물으며 스튜디오 바로 아래 카페로 내려갔다. 그가 작업실을 비운 사이 나는 주인 없는 스튜디오를 탐색할 수 있었다.

그의 스튜디오는 책으로 꽉 찬 서가에 둘러싸인 모습을 상상한 내 예상과는 다소 거리가 멀었다. 사람을 알려면 그의 집을 보고, 무엇보다 서가를 보라는 말이 있다. 하지만 그 공간은 피어슨의 보이지 않는 내밀한 면모에 대한 어떤 단서를 주기에는 무게가 가벼웠다. 빽빽한 책장은 부재했고, 드러나는 텅 빈 백색 벽면은 차가운 화이트 큐브나 다름없었다. 그의 취향을 읽어내기에 그곳은 무미건조했다. 같은 날 오전에 방문한 리처드 홀리스의 공간과는 대비되는 모습이자 분위기였다. 나중에 그가 고백했다. "집값이 너무 비싸 친구 두 명과 나눠 쓰고 있어요. 미안해요. 집에 책이 엄청나게 많은데, 갖고 오기가 어려웠어요." 작업실 한쪽에 그가 작업해온 책이 수북이 쌓여 있다. 인터뷰를 위해 일부러 갖다 놓은 그레이트 아이디어 몇 권과 그가 2007년 펭귄북스에서 독립하며 작업한 전집이었다. 인터뷰는 그가 집에서 가져온 책을 펼쳐보며 시작되었다.

피어슨은 전통주의적 타이포그래피에 깊은 애정이 있었고, 스마트폰을 쓰지 않을 정도로 신기술과는 거리가 멀었다. 사진보다는 일러스트레이션을 선호했으며, 표지 디자인의 영감을 얻기 위해 인근 세인트브라이드도서관St. Bride Library을 찾아가 연구에 몰두했다. 내가 만난 그는 성실한 디자이너였고, 여느 디자이너가 그렇듯 워커홀릭이었다. 일러스트레이터 조 매클래런Joe McLaren의 설명처럼 피어슨은 유행으로부터 거리를 두고 있었으며, 사안에 대해서는 자못 진지했다. 과거의 북 디자인적 요소를 복원하고자 하는 의지도 일면 강해 보였다.

다음 날 웹진에서 본 그의 이미지는 말 그대로 이미지였다. 스튜디오에서 만난 피어슨과 웹진에서 본 피어슨 사이에는 이질감이 존재했다. 그 이질감에서 드러나는 간극은 대중이 피어슨의 북 디자인을 소비하고 해석하는 것과 그가 책을 생각하고 접근하는 방식에서 드러나는 차이였다. 생산과 소비의 분절이 그렇듯 기호로서 드러나는 북 디자이너 데이비드 피어슨에게는 책과 북 디자인을 둘러싼 외연과 내연이 혼재되어 있었다.

펭귄북스

1978년 영국 중서부 항구 도시 클리소프스에서 태어난 피어슨은 고향 인근에 있는 그림스비예술대학Grimsby Art College과 영국 중부에 있는 리즈예술대학Leeds College of Art을 거쳐 런던 센트럴세인트마틴스Central Saint Martins에 입학한다. 여기서 그는 스승 필 베인스Phil Baines와 캐서린 딕슨Catherine Dixon을 만난다. 이후 최우수 학생으로 그래픽 디자인 과정을 졸업한 피어슨은 졸업 바로 다음 날부터 오래전부터 열망한 펭귄북스에서 디자이너로 일하게 된다. 피어슨이 펭귄북스의 북 디자이너가 되는 데는 필 베인스의 영향이 크게 작용했다.

베인스는 출판사 파이돈Phaidon에서 나오는 미술 작품집 디자인에 피어슨을 동참시켰고, 그 과정에서 피어슨은 책 제작과 관련된 과정을 전수받았다. 피어슨에겐 그 어떤 학교에서의 가르침보다 현장을 배울 수 있는 기회였고, 이렇게 다져진 베인스와의 경험으로 피어슨은 대학 3학년 때 북 디자이너가 되기로 결심한다.[86] 어느덧 펭귄북스의 표지를 담당하게 된 그에게 가장 기억에 남는 작
556 업을 묻는다면, 그는 단연 그레이트 아이디어와 『펭귄 북 디자인 1935–2005 Penguin by Design: A Cover Story 1935–2005』(2005)[87]를 꼽는다.
532~555 그 가운데 그레이트 아이디어는 피어슨을 그래픽 디자인 역사 한 곳에 위치시킨 사건이자 1930년대 이후 지속되는 펭귄 디자인의 계보를 이어나갈 수 있었던 상징적 드라마였다.

펭귄북스 편집자 사이먼 윈더Simon Winder는 이탈리아를 방문했을 때 길거리 매점에서 판매되는 문고판 철학책을 본 뒤 이 시리

86. 피어슨이 말했듯, 스승과 제자의 관계를 넘어 우정으로 발전한 둘의 관계는 피어슨이 펭귄북스에 입사한 뒤에도 지속되었다. 피어슨이 6개월 동안 펭귄북스의 조판 부서에서 일한 뒤 구조 조정 문제에 휘말렸을 때 표지 부서로 이동할 수 있었던 것은 베인스가 구세주 역할을 했기 때문이다. 그리고 피어슨은 이에 답례라도 하듯 펭귄북스의 북 디자인 역사와 디자이너의 계보를 흥미롭게 전개시킨 두 권의 책 『펭귄 북 디자인 1935-2005』와 『펭귄 북 디자이너Penguin by Designers』(2007)의 저술과 편집을 모두 베인스에게 의뢰한다. 그레이트 아이디어에 베인스가 북 디자이너로 참여하게 된 배경도 모두 피어슨의 의뢰가 있었기 때문이다.

87. 필 베인스, 김형진 옮김, 『펭귄 북 디자인 1935-2005』, 북노마드, 2010년.

즈에 대한 아이디어를 얻었다고 한다. 시리즈 아트 디렉터 자리는 펭귄북스의 짐 스토더트Jim Stoddart의 손에 쥐어졌다. 하지만 그가 디자이너 피어슨에게 던진 주문은 소박할 정도로 짧고 간명했다. 각 표지는 제목과 저자 이름, 그리고 글에서 뽑아낸 인용구가 포함되어야 한다. 디자인 조건이기 이전에 최소한의 정보 제공에 대한 주문에 불과한 '디렉션'이었다.

책 제목, 저자 이름, 그리고 인용문. 이 세 가지 재료로 몇십 권에 이르는 시리즈 디자인을 어떻게 운영할 것인지는 온전히 피어슨의 몫이었다. 고대부터 현대에 이르는 철학자, 정치인, 문인 등의 사상을 나열하는 작업은 애초부터 쉬운 기획도 아닐뿐더러 100여 권에 이르는 책에서 통일성과 다양성을 구현하는 디자인은 대상에 대한 미시적이고도 거시적인 거리 두기가 필요한 작업이었다. 방대한 시대적 스펙트럼 그리고 관념적이고도 현학적인 사상의 줄기를 관통하는 디자인 방법론으로 결국 피어슨이 꺼내든 카드는 글자였다. 다시 말해, 글자 중심의 책 표지 디자인이었다.[88] 2004년도에 시리즈의 첫 책을 선보인 그레이트 아이디어는 2010년 8월 100권에 이르는 찬란한 타이포그래피적 만찬을 독자에게 선사하며 완간되었다. 세계 출판 디자인계의 이목을 끄는 것은 당연했다. 중세의 필사체부터 현대적 글자체까지 한 편의 타이포그래피 파노라마를 연상시키는 다양한 글자의 사용과 이를 기초로 한 공간 구성은 전례를 보기 힘든 아름답고 근사한 타이포그래피 향연이었기 때문이다. 그리고 그 자체는 책 표지로 보는 타이포그래피의 역사이기도 했다. 100번에 걸친 글자의 변주는 전집 디자인의 새로운 선례를 남긴 사건이었다.

---

88. 이 시리즈는 순차적으로 발행되었는데, 매 시리즈는 총 스무 권으로 구성되었고, 북 디자인에는 피어슨을 포함해 베인스, 캐서린 딕슨, 알리스테어 홀Alistair Hall이 참여했다.

의미의 자동 생성

532~555 피어슨은 그레이트 아이디어로 그래픽 디자인계의 젊은 스타로
부상했다. 동시에 그에게는 전집 디자이너, 출판사의 브랜딩에 효
과적인 북 디자이너라는 명성이 따라붙게 되었다. 실제로 펭귄북
스에서 근무할 때도 피어슨의 주된 작업은 전집이었다. 2004년과
2005년에 출간한 '펭귄 레퍼런스Penguin Reference'부터 2005년 '포
켓 펭귄Pocket Penguin', 2007년 '그레이트 저니Great Journeys' '그레이
트 러브Great Loves' '파퓰러 클래식Popular Classics'까지. 그는 펭귄북
스의 대표적인 전집 디자이너였다. 이런 그의 명성에 더 확고한 근
거를 마련하기라도 하듯 2007년 펭귄북스를 떠난 뒤 그가 관여한
562 주요 북 디자인 또한 전집이었다. 프랑스의 작은 출판사 에디숑줄
마Édition Zulma를 위한 소설 시리즈, 출판사 맥밀란Macmillan의 임프
563 린트 피카도르Picador를 위한 '코맥 매카시Cormac McCarthy', 그리고
'화이트북스White Books' 등이 그것이다. 여기서 피어슨이 취하는 전
집 디자인의 수사학을 읽어낼 수 있다. 글자, 패턴 그리고 유연성이
라는 세 가지 키워드를 둘러싼 그의 전집 디자인의 계보와 변모다.

그레이트 아이디어에서 피어슨이 구현한 전집 디자인의 특징이라면 글자와 글자를 중심으로 한 타이포그래피적 화면의 변주에 있다. 역사적으로 보면 글자가 중심이 된 전집 디자인은 여럿 존재했다. 저명한 출판사 주어캄프의 '에디치온 주어캄프'와 '주어캄프 타젠부흐Suhrkamp Taschenbuch'부터 마생의 감각이 스며든 갈리마르의 '리마지네르', 1970년대 초반 데릭 버솔Derek Birdsall이 디자인한 펭귄북스의 '에듀케이션Education', 그리고 2006년 비크 반 데르 폴Bik Van der Pol의 '패스트 임퍼펙트Past Imperfect'까지, 수많은 북 디자인 명작 가운데 타이포그래피 중심의 표지 디자인이 많다는 것을 확인하기란 어려운 일이 아니다. 단 피어슨의 특징이나 차이는 그가 이미지로서의 타이포그래피에 더 주안점을 둔다는 사실이다.

그레이트 아이디어는 네 명의 다른 디자이너가 동참해 만든 100권의 책이지만, 그곳에 소위 말하는 '벌거벗은 단어Naked Words'의 맥락에서 논의될 수 있는 타이포그래피의 수는 적다. 오히려 오너먼트Ornament, 구체시, 레터리즘Letterism, 영화 타이틀 등 글자와 이미지의 경계를 가로지르는 화면을 구사함으로써 글자를 둘러싼 과거와 현재의 생태계에 대한 한 편의 파노라마로서 기능하고 있다. 그의 웹사이트[89] 이름인 '이미지로서의 활자Type as Image'가 말해주듯 그에게 활자는 곧 이미지다. 의미를 전달하는 글자라는 매체는 하나의 시각 기호로서 다뤄지는 순간 그 어떤 조형적 패턴보다 풍성한 뉘앙스를 풍기는 수단이자, 경우에 따라서는 역사적 환기를 일으키는 효과적인 조형물이다.

그리고 바로 이 역사적 환기라는 측면에서 글자는 시대의 기억이 남긴 습작이다. 굵직한 정방형의 한글 간판에서는 억척스러운 경제 발전의 강박증이 읽히다가도 북한 서체와의 유사성으로 사회주의 국가 특유의 호전성을 발견하기도 한다. 20세기 초반 고딕체를 둘러싼 독일 글자 디자이너들의 논쟁이나 헬베티카Helvetica와 유니버스Univers 간의 논쟁도 글자를 놓고 벌인 이데올로기적 줄다리기였다. 박정희는 어딜 가나 휘호를 남겼고, 히틀러는 블랙레터blackletter를 제3제국의 상징으로서 각인시키고자 했다. 글자는 시대의 사생아이자, 어떻게 돌변하고 착취당할지 모르는 이미지이기도 하다. 변종의 무한 반복 속에서 각양각색의 글자체가 적용된다. 총 다섯 시리즈로 완간된 그레이트 아이디어는 글자의 변화무쌍한 되풀이를 통해 동어 반복이 아닌, 역사적 의미까지 보태질 수 있는 지루하지 않은 조형물로 타이포그래피를 아름다운 예술 작품으로 승화시켰다.

89. www.typeasimage.com

조형적 패턴으로서의 글자를 전집 디자인의 도구로 적극 활용한 사례와 달리 그가 프리랜스 디자이너로서 진행한 전집은 기하학적
562 패턴과 일러스트레이션이 주를 이루었다. 에디숑줄마는 과거 진보적인 소설을 내세운 소규모 출판사인데, 이 출판사에서 펴낸 에디숑줄마 소설 시리즈는 20세기 초 독일 라이프치히에서 설립된 인젤출판사Insel Verlag의 인젤 뷔허라이Insel Bücherei가 선보인 장식적 표지 디자인의 형식을 가져와 현대적으로 각색했다. 1인 출판사라고도 부를 수 있는 화이트북스의 협업에서는 각 책에 어울리는 적절한 일러스트레이터들을 물색했고, 그에 따라 전집 디자인의 원칙이라 할 수 있는 다양성과 통일성을 적용시킨 일러스트레이션 중심의 책 표지 디자인을 구현해냈다. 영국의 저술가이자 큐레이터 에밀리 킹Emily King이 평하듯, 이 작업을 통해 피어슨은 탁월한 감각의 의뢰자로서의 모습도 입증한 셈이다.

두 출판사와 협업한 작업은 타이포그래피 중심의 그레이트 아이디어와는 차별된 노선으로, 피어슨의 전집 디자인을 둘러싼 유연한 재간을 볼 수 있다. "패턴 중심의 표지들은 소설에 잘 어울린다. 책 표지가 분명한 목소리를 내야 한다는 생각에 대해선 고민하게 된다. 나는 표지의 역할이 안내문 정도며, 나머지는 독자들이 알아서 이해하도록 자극하는 것, 그 이상은 아니라고 본다. 주인공이 어떻게 생겼는지 드러내고 실제 사진이 의도하지 않았던 의미를 가득 채우는 게 내 할 일은 아니라고 본다. 타이포그래피 또는 패턴 중심의 표지는 독자로 하여금 표지를 통해 의미를 투영하도록 만들면서 공감을 얻을 수 있다. 그리고 프랑스 출판 산업은 살짝 암시적인 표지 디자인을 포용할 줄 아는 것 같아 난 운이 좋았다." 그리고 2013년, 그는 또 하나의 시리즈로 언론에서 호명되기 시작했다.
566~575 조지 오웰George Orwell 선집 디자인이 그 이유였다.

펭귄북스는 '그레이트 오웰Great Orwell' 선집 열 권을 기획했

고, 그 가운데 다섯 권을 2013년에 먼저 선보였다.[90] 여기에는 조
지 오웰의 명저 가운데 하나인 『1984』도 포함되어 있었다. 이를 566
둘러싼 언론의 관심과 화제는 오웰의 대표작인 이 책이 발단이었다. 피어슨은 '제목 없는' 책 표지를 만들었다. 이 표지는 펭귄북스의 북 디자인에서 가장 전형적인 형식이라고 할 수 있는 '수평 그리드Horizontal Grid'에 기초해 있다. 1935년 펭귄북스의 첫 제작 담당자인 에드워드 영Edward Young이 고안한 수평 그리드는 1948년 얀 치홀트가 런던 펭귄북스로 초대받아 오면서 약간의 세밀한 수정 작업을 거쳤고, 그 결과 둔탁한 상단에 자리했던 보도니Bodoni 울트라 볼드를 길 산스가 대체했고, 세밀한 타이포그래피 교정이 이루어졌다. 피어슨은 『1984』 표지를 위해 에드워드 영에서 치홀트의 손길을 거친 '수평 그리드' 기반의 표지 콘셉트를 그대로 차용했다. 누가 봐도 펭귄북스의 책임을 알려주는 시각적 증표는 남게 된 셈이다. 단 하나의 큰 차이는 본래 책 제목 글자가 자리해야 하는 가운데 공간이었다. 그곳에는 검은색 사각형으로 칠한 두 개의 사각형이 있다. 얼핏 보기에는 러시아 절대주의 회화를 연상시키기도 한다. 제목 없는 책이 오늘의 출판 시장에서 낯선 개념은 아니다. 특히 사진 책에서는 제목 대신 사진 이미지가 책 표지 레이아웃을 대신하는 경우도 많다. 하지만 일반 출판 시장에서 제목 없는 단행본을 내놓기란 쉽지 않다. 정보가 인지되지 않기 때문이다. 상업 출판계에서 표지는 광고이자 포스터이다. 그렇다면 표지의 모습을 한 이 무심한 절대 추상의 화면은 무엇을 말할까. 핵심은 후가공에 있었다. 제목이 없는 표지지만, 무광의 검정 박으로 제목과 저자 이름을 인쇄했다. 소설의 디스토피아적 세계관에 부합하는 표지라는 점에서는 일면 수긍할 만하다. 많은 이들의 찬사가 이어졌다.

90. 그레이트 오웰의 나머지 다섯 권은 2014년 1월에 발행되었다.

그러나 조지 오웰의 선집이 지닌 흥미로운 요소는 다소 파격적으
로 느껴지는 『1984』의 비가시적인 제목 때문만은 아니었다. 우리
566 는 여기에서 피어슨이 『1984』『동물농장Animal Farm』『파리와 런던
567 의 따라지 인생Down and Out in Paris and London』『정치와 영어Politics
568 and the English Language』『카탈로니아 찬가Homage to Catalonia』『버마
569 시절Burmese Days』로 이어지는 오웰의 저작에 적용시킨 서로 상이
570 한 조형성에 주목해야 한다. 이 선집은 일면 브랜딩의 새로운 개념
574 으로 정착하고 있는 가변형 아이덴티티의 북 디자인 버전을 보여
주고 있다고도 볼 수 있다. 일반적으로 전집 디자인 등에서 흔히 볼
수 있는 특정 요소의 반복적 재현에 기대고 있지 않다. 그레이트 아
562 이디어부터 에디숑줄마의 소설 시리즈와 피카도르의 화이트북스,
그 밖의 다양한 전집 디자인은 글자체, 일러스트레이션, 레이아웃 등 어떤 공통된 시각적 질료를 매개로 표지 디자인의 조형적 반복과 재생을 시도해나갔다. 그리고 이것이 한편에선 깨뜨릴 수 없는 전집 디자인의 '문법'이라고 생각해왔다. 하지만 오웰 선집에서 피어슨은 도발적인 시도를 감행했다.

출판사의 입장에서 표지 디자인을 활용한 시각 아이덴티티 구축은 곧 브랜딩 방법론이라는 측면에서 중요할 수밖에 없다. 그것은 출판사의 존재를 알리는 이미지적 이정표이자 그 자체로 정체성이다. 그래서 북 디자인은 넓은 의미에서 브랜딩의 메커니즘을 닮았다. 하지만 최근 일련의 어떤 흐름 속에서는 과거와 다른, 좀 더 유연한 아이덴티티 구축으로 방향을 선회하고 있음을 본다. 어떤 조형적 틀 속에 가두는 방법론을 지양하는 것이다. 조지 오웰의 이번 펭귄북스 선집 디자인은 그 흐름의 표본 가운데 하나라고 할 수 있다. 피어슨은 특정 요소를 반복 재현하지 않고, 각 표지에 서로 다른 개성을 부여했다. 그럼에도 다섯 권의 책은 하나로 묶인다. 정체성을 형성하는 명백한 요소가 이미 존재하기 때문이다. 작가 오웰

과 빈티지 페티시즘을 자극하는 '재활용' 콘셉트가 바로 그것이다.

피어슨은 이 선집 디자인에서 이미 존재하는 화법을 재활용
하고 있었다. 그는 애써 새로운 콘셉트와 레이아웃을 구현하기보
다, 이미 사람들에게 익숙한 이미지들을 내놓았다. 『동물농장』은 567
1945년도의 소설이라는 점에 착안했기 때문일까. 그 당시 영화의
타이틀 디자인을 연상시키는 타이포그래피와 표지 화면을 갖고 왔
다. 『파리와 런던의 따라지 인생』은 펭귄북스의 또 다른 시그니처 568
인 '마버 그리드Marber Grid'[91]를 적용했다. 『카탈로니아 찬가』는 20 569
세기 초반 아르데코 양식의 일러스트레이션과 글자체를 활용했다.
이후 출간된 나머지 다섯 권의 시리즈에서도 방법론은 동일했다.
피어슨은 모 매체와의 인터뷰에서 말했다. "앞선 다섯 권을 디자인
할 때와 같은 양식적 동일함을 적용했다. 주문은 똑같았고, 사용할
수 있는 색Color Palette은 제한되어 있었다. 나는 해당 소설이 나왔
던 시대의 인쇄물을 참고했고, 오웰의 이전 출판물의 양식에 세심
한 주의를 기울였다." 이런 그의 발언으로 보아 그레이트 오웰은 시
대적 배경에 근거를 두고 역사주의적 태도를 취했다는 점에서 그
레이트 아이디어와 방법론이 닮아 있다. 단, 구현된 결과물이 그레
이트 아이디어와 달리 전집으로서의 시각적 통일성이 약하다는 점
이 차이일 것이다.

이 선집에서 주목할 부분이 바로 여기 있다. 출판계의 브랜딩을 일정 부분 크게 책임지는 전집 디자인에 대한 고정관념이다. 조형적 통일성은 방법론으로 숨어버렸다. 이는 출판 디자인과 이를

91. 로메크 마르베르Romek Marber가 1961년에 고안한 그리드다. 1961년 당시 펭귄북스 아트 디렉터였던 제르마노 파체티Germano Fecetti는 디자이너 세 명에게 펭귄북스의 새로운 시리즈인 '펭귄 크라임Penguin Crime'의 표지 디자인을 위해 새로운 그리드를 주문했고, 당시 펭귄북스의 디자이너였던 마르베르의 것이 채택되었다. 펭귄 크라임의 효용성을 깨달은 파체티는 소설 시리즈와 펠리칸북스에도 이 그리드를 적용시켰다. Phil Baines, 『Penguin by Design』. Penguin Books, 2005.

통한 정체성 문제가 과거의 방법론에 더 이상 안주하지 않음을 보여주는 작은 사례이기도 하다. 조형적 요소가 아닌, 비가시적인 체제와 방법론이 곧 가시적인 정체성이 되는 것이다.

표지와 표지 사이

피어슨의 북 디자인을 둘러싼 일련의 평가 배경에는 책 표지 디자인이 놀라운 판매 부수로 연결되면서 동시에 얻게 되는 대중의 호평이 존재하기도 한다. 북 디자인의 성과를 경제적 효과와 연결 짓
532~555 는 평가는 피어슨이 디자인을 책임지고 의뢰한 그레이트 아이디어의 경우 유독 빈번하게 나타난다. 이런 경우 미적 평가가 경제적 평가로부터 완벽하게 자유롭다고는 누구도 말할 수 없을 것이다. 판매 부수가 미적 평가에서 무의식적 잣대로 작용하는 것이다. 킹은 "그레이트 아이디어 가운데 마르쿠스 아우렐리우스 Marcus Aurelius 의 『명상 Meditations』(2005)은, 리디자인하기 전에는 한 해에 2,000부가 팔렸던 책이다. 하지만 아름다운 타이포그래피 표지로 재단장한 다음에는 한 해 25만 부로 판매 부수가 급등했다."라고 말했다. 리디자인 전후로 같은 책의 판매량이 달라졌다는 사실에는 몇 가지 요인을 추측할 수 있다. 조금 더 공격적인 마케팅 전략, 기획의 힘 또는 북 디자인 자체의 매력 등이다. 오늘날 리디자인이 상업 출판계에 자리 잡은 마케팅 전략임을 볼 때 리디자인 후 판매 부수가 올라갔다는 사실은 디자인을 통한 판매 전략이 효과적이었음을 뜻하며, 이는 디자인의 힘을 믿은 마케팅이 궁극에는 독자들에게 설득력 있게 다가섰음을 반증한다. 게다가 해외 유수 출판사들이 단단한 시스템 안에서 표지 디자인에 들이는 공을 보면 이들이 바라보는 표지 디자인이란 단순히 북 디자이너 개인의 조형적 재간을 과시하는 장은 절대 아니다.

"이전 출간 도서 목록이든 신간 목록이든 간에 모든 책 표지

는 관련 아트 디렉터, 상무 이사, 마케팅 디렉터 그리고 영업 부서가 참석하는 책 표지 의뢰 회의에서 엄격하게 논의된다. … 이 회의를 통해 우리는 각각의 책이 어떻게 대중을 겨냥해나갈 것인지 알아내고자 한다. 그것은 매우 복잡한 시장이며, 책에 잘못된 표지를 입히는 것은 기회를 잃는 것과 마찬가지다. … 그러므로 표지로 책을 판단하지 말라는 말은 이미 오래전에 죽은 이론이다. 책은 대개 표지로 판단된다." 펭귄북스 아트 디렉터 짐 스토더트의 주장이다.

책은 엄연히 하나의 상품이라는 현실적 조건을 인정할 때, 피어슨은 단연 출판사들이 인정하고 선호할 수밖에 없는 북 디자이너다. 심미적 그리고 상업적 효과라는 일거양득이야말로 출판계가 가장 바라는 바가 아닐까. 피어슨은 전집 디자인을 하나의 패션 아이템으로 만들어버렸다. 시대를 초월한 듯 대중적 흐름에는 무심한 피어슨이지만 대중적 그리고 상업적 성공을 이끌어낸다는 그의 디자인이 보여주는 아이러니가 바로 그의 매력이다.

여기서 스위스 북 디자이너 요스트 호훌리가 던지는 일침에 잠시 주목해보자. 그가 『책 디자인하기』에서 책 표지 역할을 담당하는 덧싸개Jacket에 내린 다소 혹독한 평가는 표지에 과도한 의미 부여를 하는 일련의 흐름에서 볼 때 신선하다. "독자의 소유가 되면 바로 버려질 수 있는 덧싸개의 경우, 그렇지 못하다. (책에 속하는 요소가 아니다.) 덧싸개의 기능은 정보를 주고, 광고를 하며, 판매하기 전에 책을 보호하는 기능을 한다." 호훌리는 덧싸개의 기능이 '구조적인 문제'인 것을 제외하면 광고 또는 정보 제공에 불과하다고 보았던 것이다. 그런 의미에서 오히려 최소한의 정보 제공만을 하는 덧싸개가 의미 있다고 주장한다. 각 시대와 문화권 그리고 디자이너마다 다르게 실현되는 동일한 작가의 수십 개의 표지 디자인을 보면 오히려 호훌리가 냉철하게 바라보는 덧싸개 디자인이 설득력 있음은 사실이다.

그럼에도 '코덱스'라는 형식으로서 책이 인식되고 유통되는 한 우리는 그 인상을 포기하진 못할 것이다. 여전히 예쁘고 근사한 외모를 (물론 그 기준은 다르겠지만) 선호하는 우리 인간의 본능이 함께하는 한 책 표지 디자인에 목숨 거는 우리의 북 디자인 생태계는 쉽게 변하진 않을 것이다.

2부

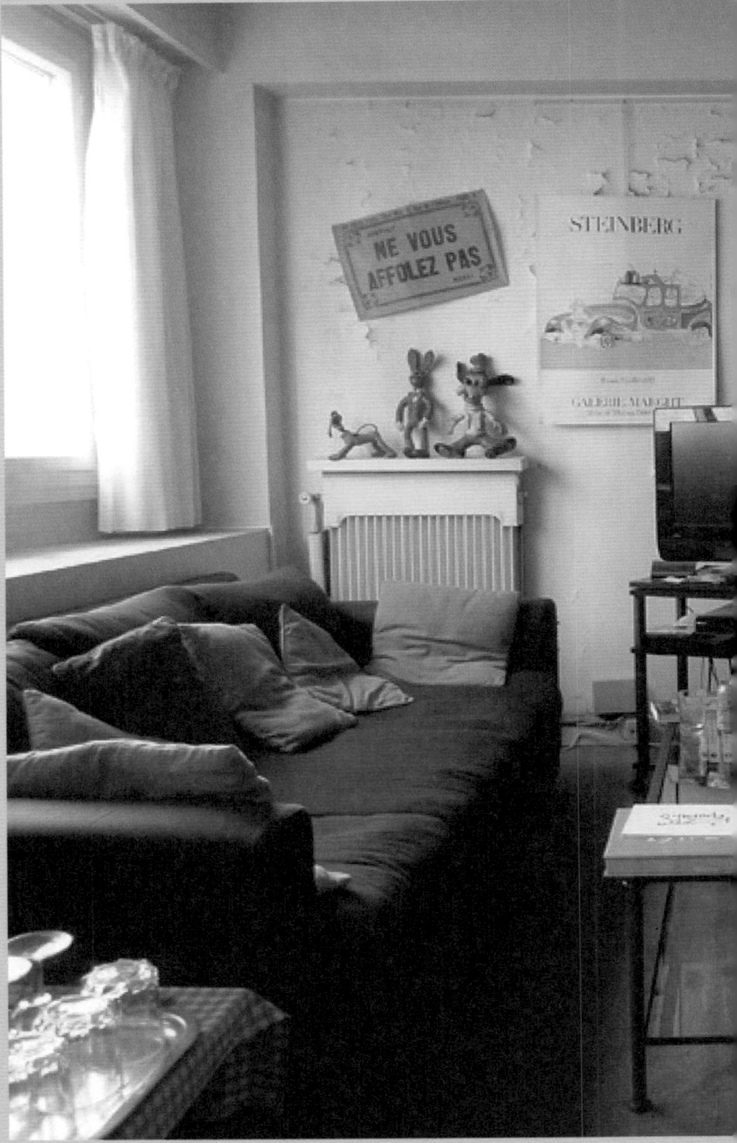
NE VOUS
AFFOLEZ PAS
STEINBERG

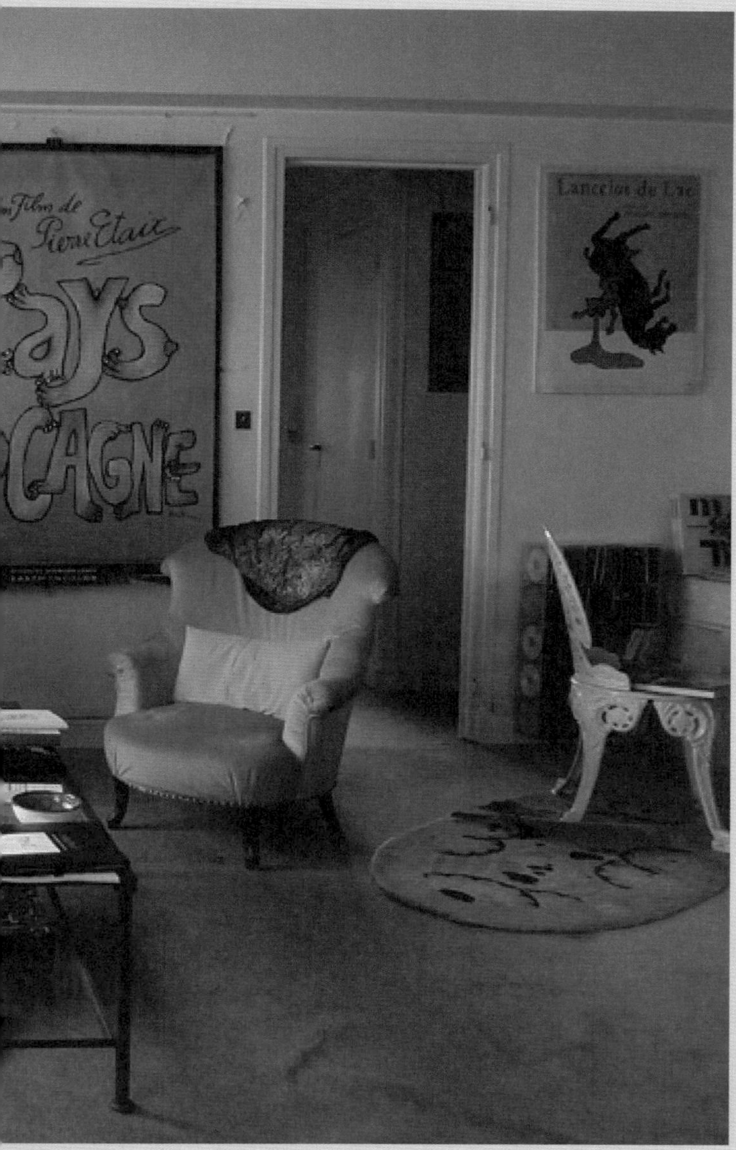

Paris, 2011 © Kay Jun

 → 21

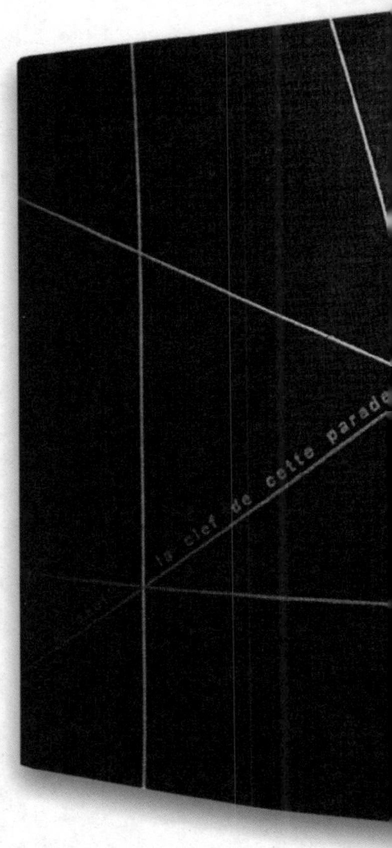

「전집Œuvres」
아르튀르 랭보Arthur Rimbaud 지음,
프랑스북클럽Club Français du Livre,
1949, 135×206mm, 324쪽, 양장

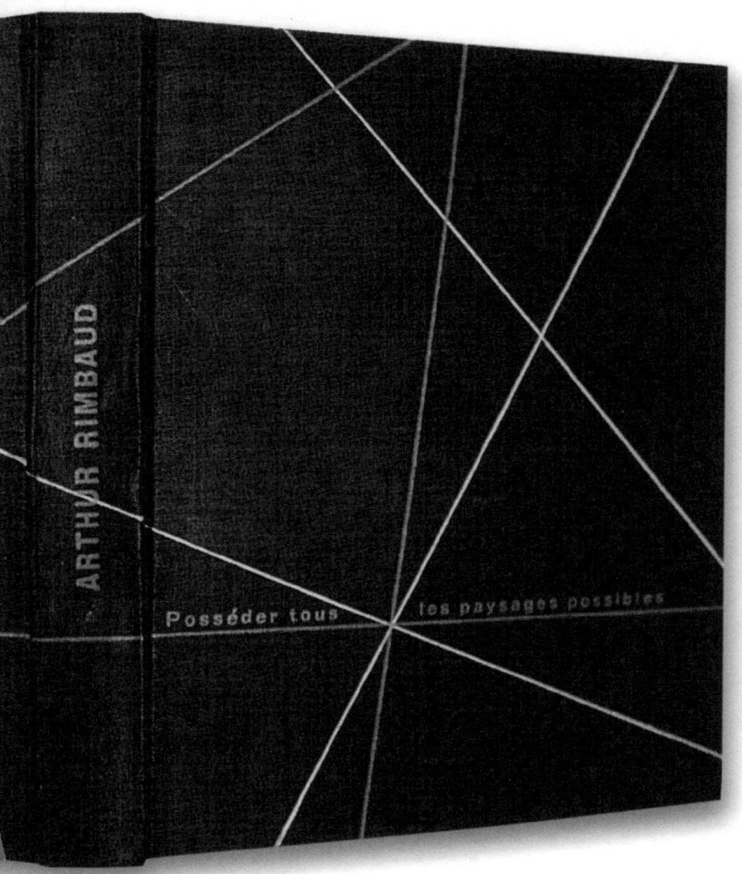
ARTHUR RIMBAUD
Posséder tous
les paysages possibles

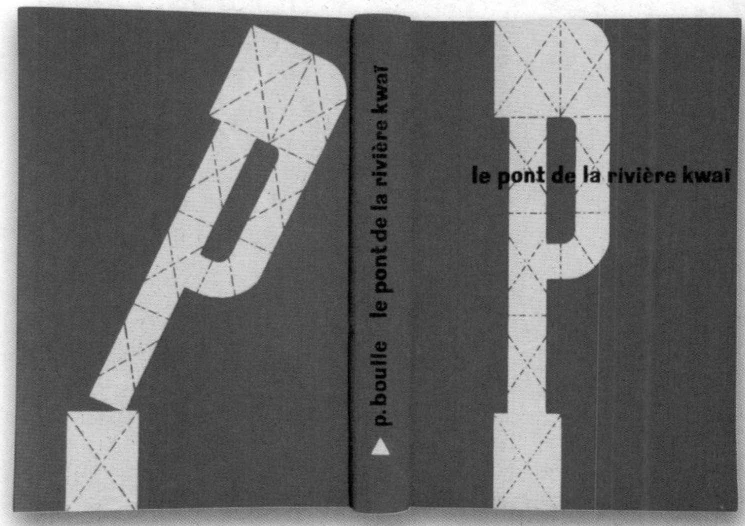

『콰이 강의 다리Le Pont de la Rivière Kwai』
피에르 불Pierre Boulle 지음, 최고의북클럽Le Club du Meilleur Livre,
1953, 130×195mm, 240쪽, 양장

le P ont de la R ivière K wai

pierre boulle

no, it was not funny; it was rather pathetic; he was so representative of all the past victims of the great joke. but it is by folly alone that the world moves, and so it is a respectable thing upon the whole. and besides, he was what one would call a good man. joseph conrad.

「언덕Colline」
장 지오노Jean Giono 지음,
최고의북클럽, 1953,
130×195mm, 234쪽, 양장

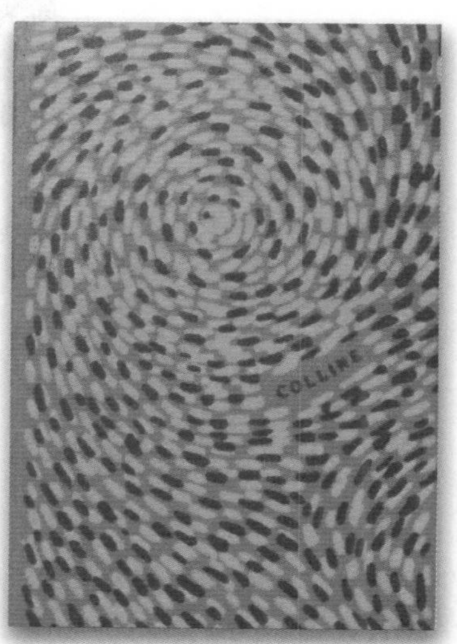

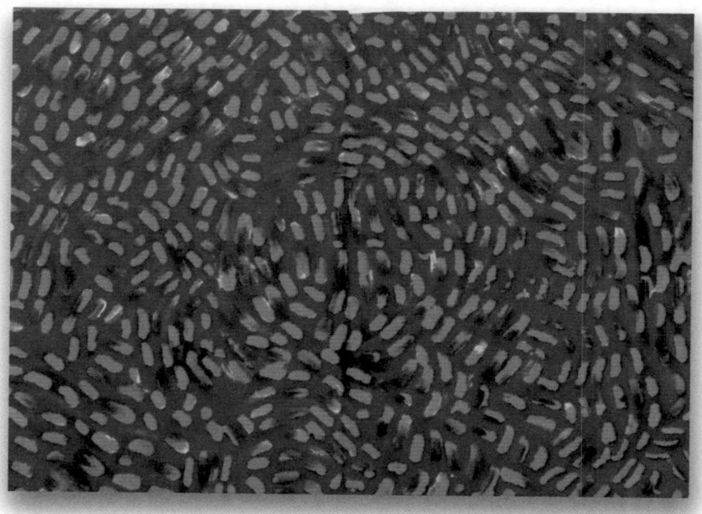

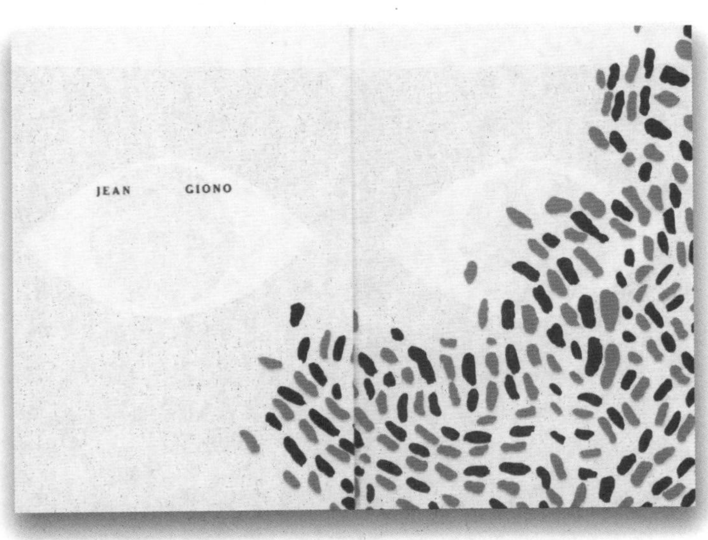
JEAN GIONO

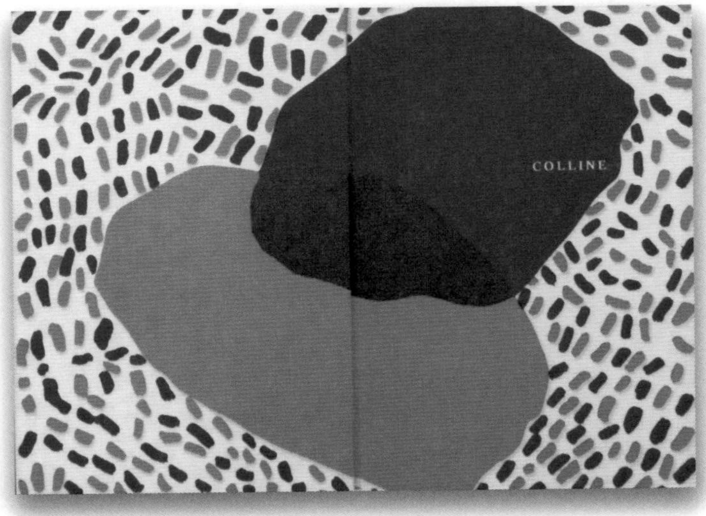
COLLINE

 → 23

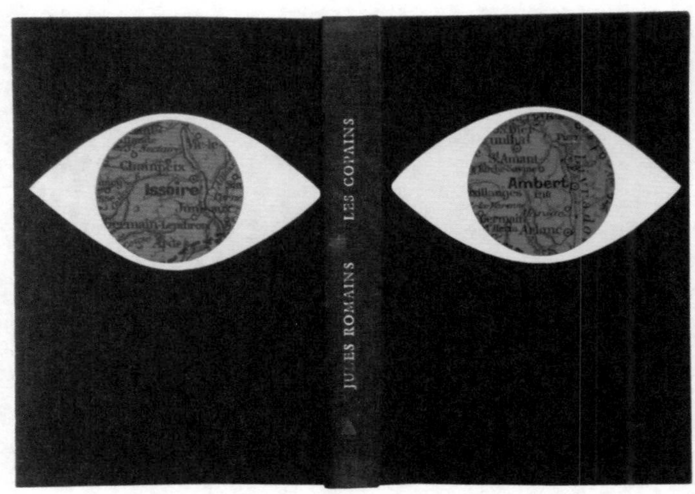

「동무들Les Copains」
쥘 로맹Jules Romains 지음, 최고의북클럽,
1953, 130×195mm, 290쪽, 양장

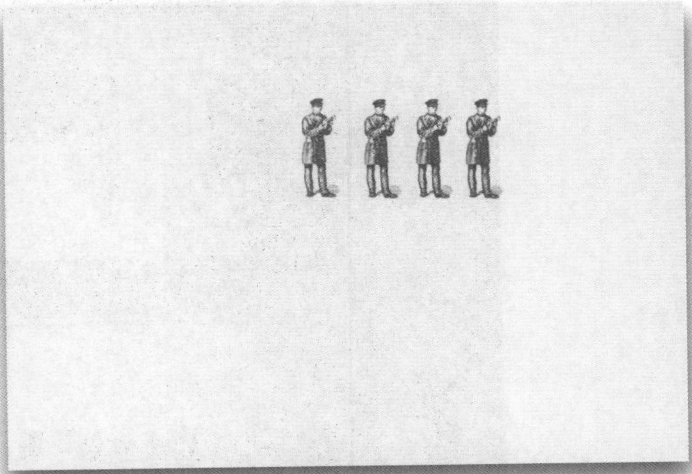

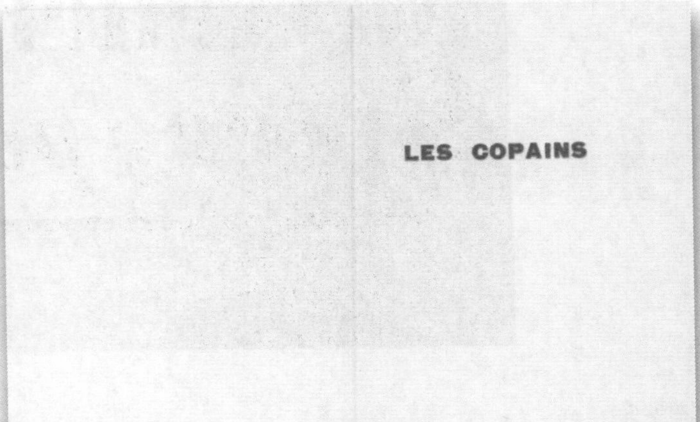

LES COPAINS

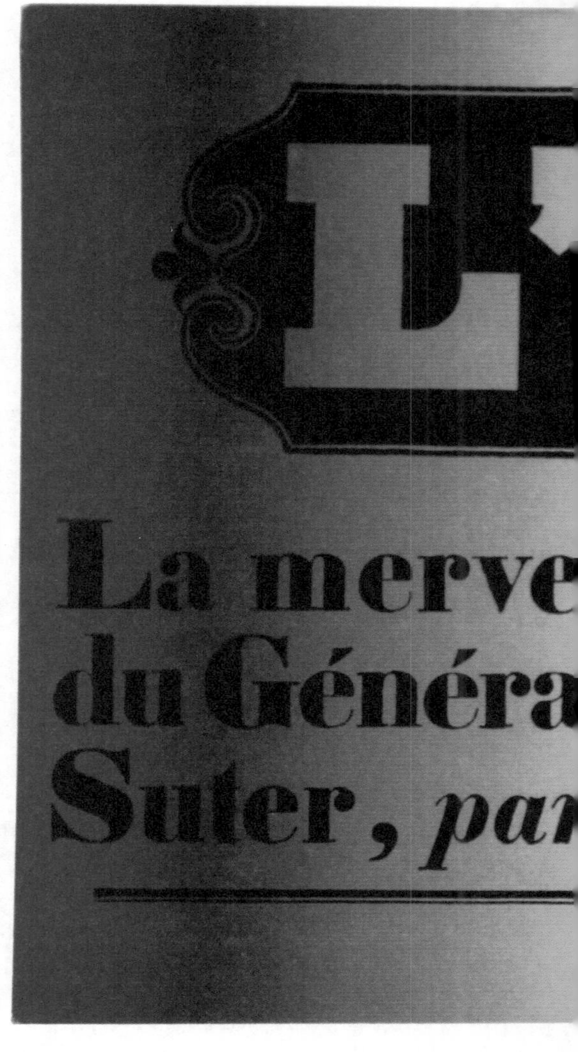

『황금L'Or』
블레즈 상드라르Blaise Cendrars 지음, 최고의북클럽,
1956, 125×192mm, 178쪽, 양장

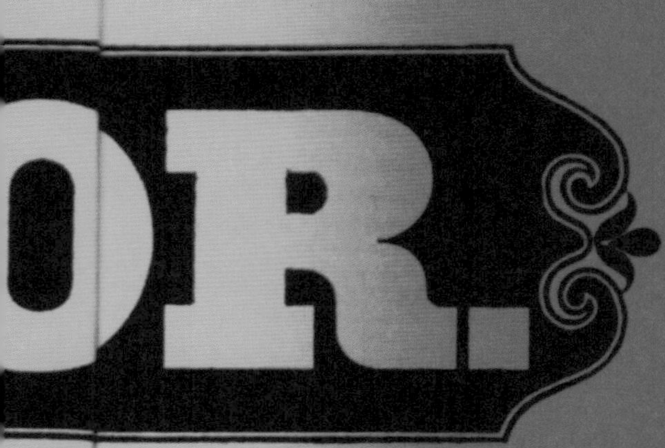
OR.
euse histoire
ohann August
laise Cendrars.

「백조 편의 시Cent Mille Milliards de Poèmes」
레몽 크노Raymond Queneau 지음,
갈리마르출판사Éditions Gallimard, 1961,
240×290mm, 38쪽, 양장

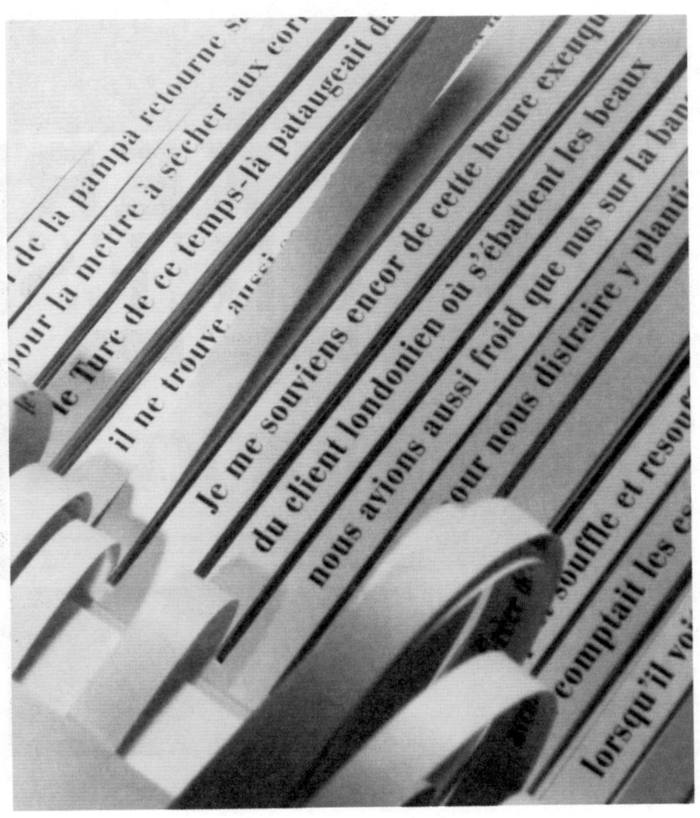
de la pampa retourne
pour la mettre à sécher aux
le Turc de ce temps-là pataugeait
il ne trouve
Je me souviens encor de cette heure
du client londonien où s'ébattent les beaux
nous avions aussi froid que nus sur la
nous distraire y
souffle et
comptait les
lorsqu'il

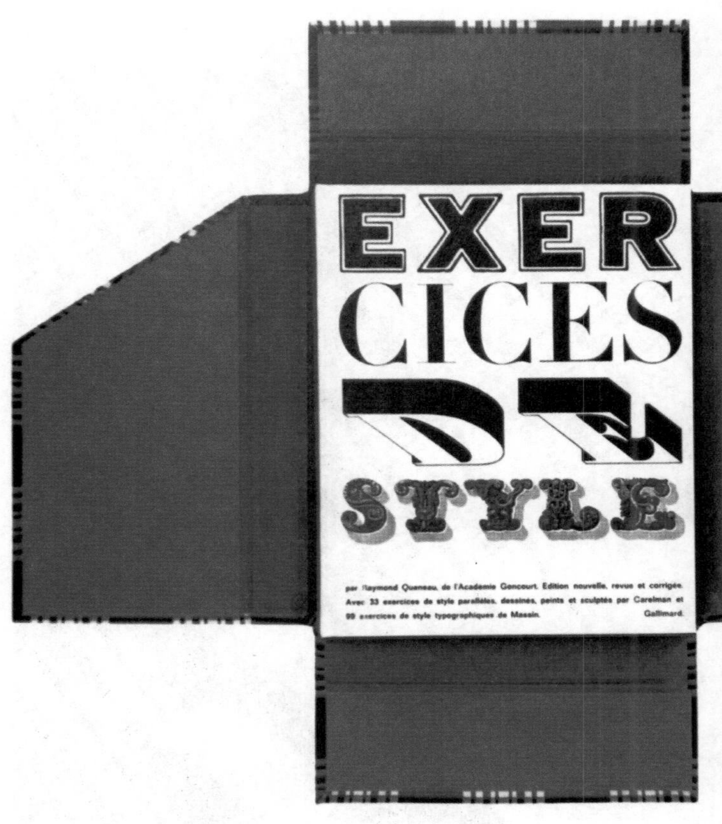

『문체 연습Excercises de Style』
레몽 크노 지음, 갈리마르출판사,
1963, 225x280mm, 190쪽, 양장

RAYMOND QUENEAU

EXERCICES DE STYLE

nrf

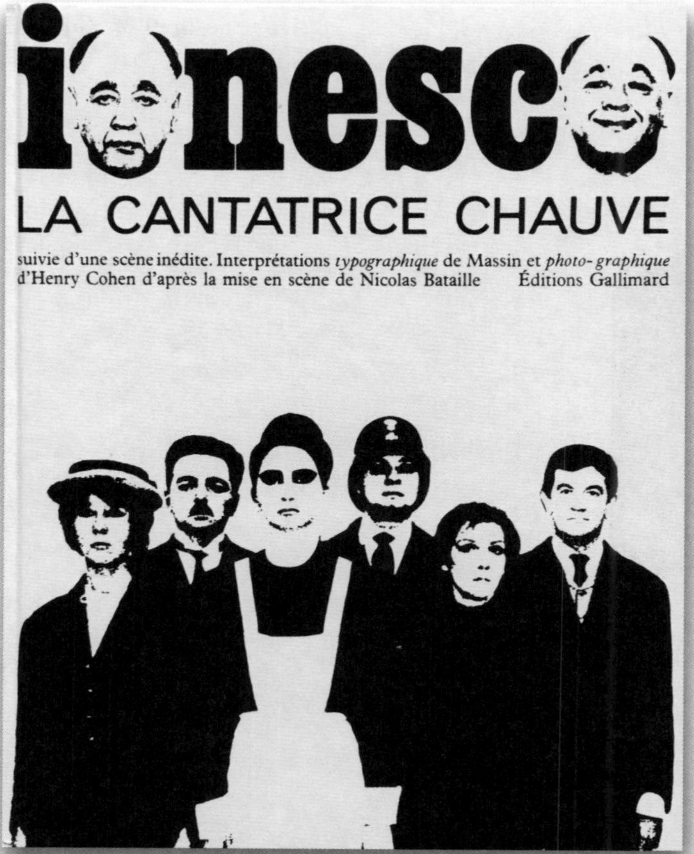

→ 20, 24, 26, 29

ionesco
LA CANTATRICE CHAUVE
suivie d'une scène inédite. Interprétations *typographique* de Massin et *photo-graphique* d'Henry Cohen d'après la mise en scène de Nicolas Bataille Éditions Gallimard

「대머리 여가수La Cantatrice Chauve」
외젠 이오네스코Eugene Ionesco 지음, 갈리마르출판사,
1964, 210x270mm, 192쪽, 양장

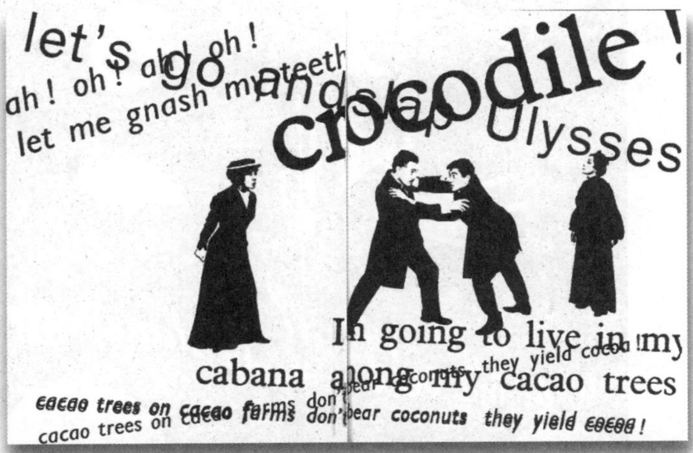
let's go
crocodile !
ah ! oh ! ah ! oh !
let me gnash my teeth
Ulysses
going to live in my
cabana among my cacao trees
cacao trees on cacao farms don't bear coconuts they yield cocoa !
cacao trees on cacao farms don't bear coconuts they yield cocoa !

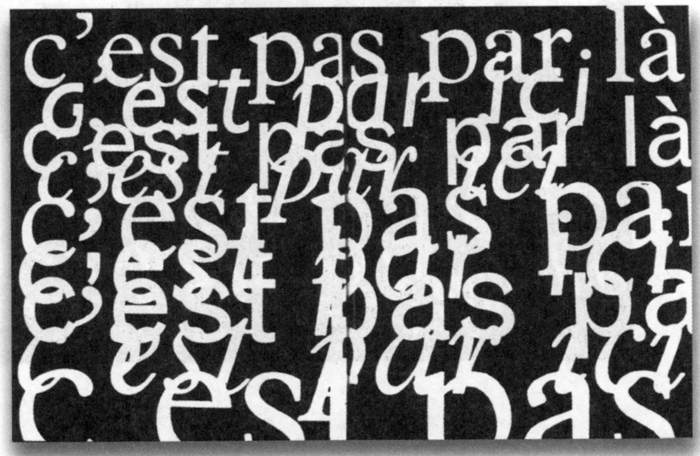
c'est pas par là
c'est par ici
c'est pas par là

 → 24

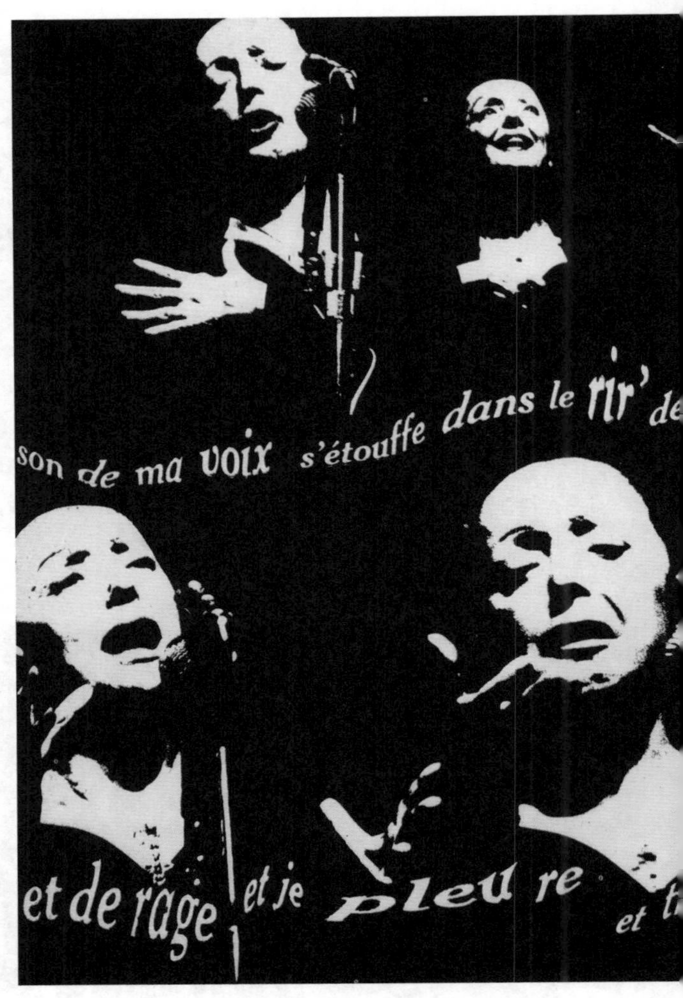

「군중La Foule」
에디트 피아프Edith Piaf 지음, 《에버그린 리뷰Evergreen Review》 38호,
그로브프레스Grove Press, 1965, 210x279mm, 96쪽, 무선

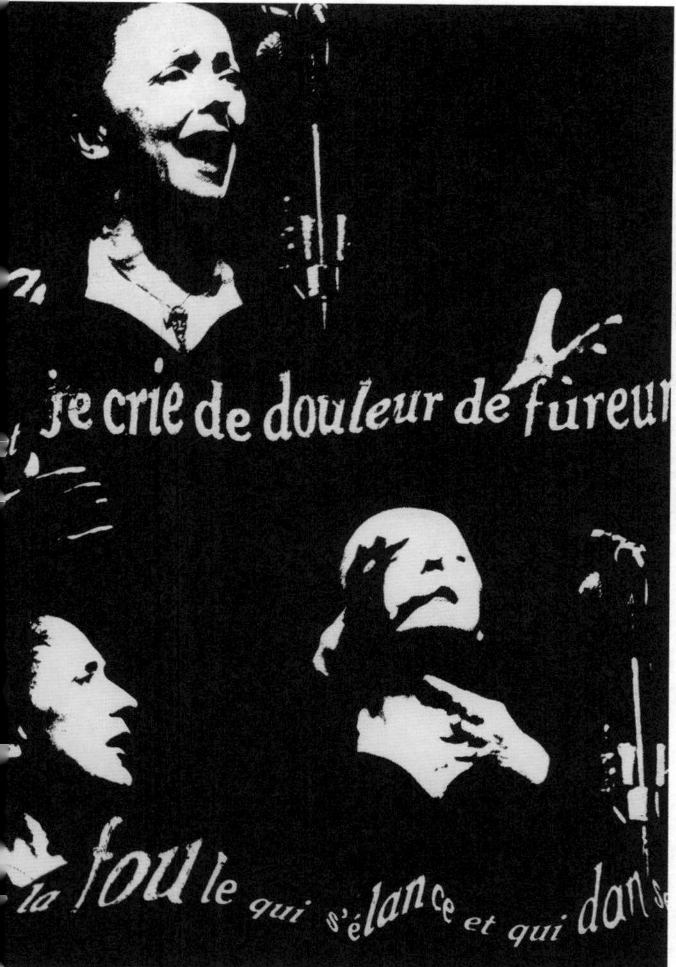
je crie de douleur de fureur
la foule qui s'élance et qui danse

「대화-교향곡Conversation-Sinfonietta」
장 타르디외Jean Tardieu 지음, 갈리마르출판사,
1966, 210x180mm, 84쪽, 무선

C'était la Compagnie
Des touristes réunis
Qui faisait de la publicité
Pour les croisières de cet été.

Et moi aussi

Et moi aussi

Ah! je comprends

Moi, Madame, je suis déçue :
J'aurais voulu que ce fût
Un vrai bateau qui voguât dans la rue!
La vie est tellement monotone!

Mais non, mais non,
mais non, mais non!

Mais non, mais non,
mais non, mais non!

Et ça s'embrasse au fond des bois! oh oh oh oh oh oh oh oh oh oh oh oh

oh oh oh oh oh oh oh oh oh oh oh oh

oh oh oh oh oh oh oh oh oh oh oh oh

oh oh oh oh oh oh oh oh oh oh oh oh

oh oh oh oh oh oh oh oh oh oh oh oh nos jeunes gens
sont bien entreprenants

Parlons bas
Parlons bas

oh oh oh oh oh oh oh oh oh oh oh oh

Les glaces

Les choux

Les fruits

Les flans

Les frit'es

J'aim', j'aim', j'aim', j'aim',
J'aim', j'aim', j'aim', j'aim',
J'aim', j'aim', j'aim', j'aim',
J'aim', j'aim', j'aim', j'aim',

Le vin

J'aim', j'aim', j'aim', j'ai
J'aim', j'aim', j'aim', j'ai
J'aim', j'aim', j'aim', j'ai
J'aim', j'aim', j'aim', j'ai

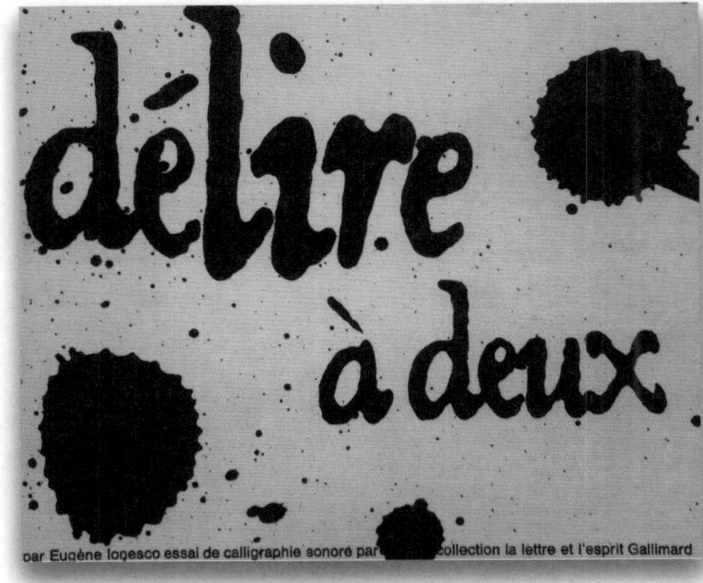

『두 사람은 돌았다Délire à Deux』
외젠 이오네스코 지음, 갈리마르출판사,
1966, 210×180mm, 72쪽, 무선

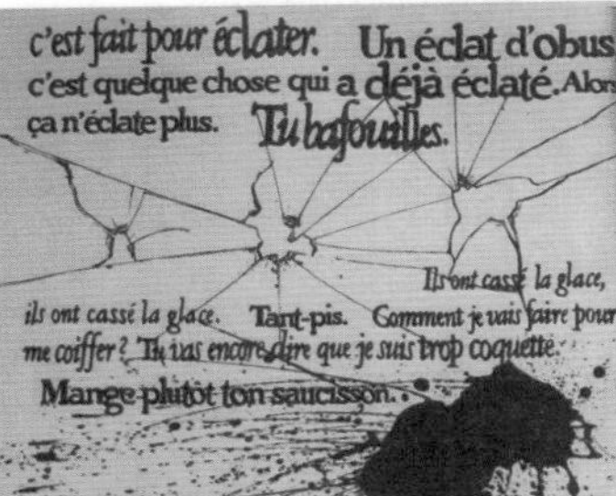

Quand j'étais petite, j'étais une enfant. Les enfants
de mon âge aussi étaient petits. Des petits garçons, des petites filles.
On n'était pas tous de la même taille. Il y a toujours des plus petits,
des plus grands, des enfants blonds, des enfants bruns, des enfants
ni bruns, ni blonds. On apprenait à lire, à écrire, à compter. Des
soustractions, des divisions, des multiplications, des additions.
Parce qu'on allait à l'école. Il y en a qui apprenaient à la maison.
Il y avait un lac, pas loin. Avec des poissons, les poissons vivent
dans l'eau. C'est pas comme nous. Nous on ne peut pas,
même quand on est petit; pourtant, on devrait. Pourquoi
pas ? Si j'avais appris la technique, je serais
technicien. Je fabriquerais des objets. Des
objets compliqués. Des objets très compliqués,

Au lieu de mourir tout seul,
il y a des gens qui se font tuer par les
autres. Ils n'ont pas la patience. Ou
ça leur fait plaisir. Ou bien c'est pour se prouver
que c'est pas vrai. Ou parce que c'est peut-être
plus facile. C'est plus gai. C'est ça la
communauté. Ils se tuent les uns
les autres. Ils se tuent chacun leur tour. En même
temps, c'est pas possible.
J'étais sur le seuil de la porte.
Je regardais. Il y avait aussi un bois avec des arbres. Quels
arbres? Des arbres qui poussaient. Plus vite que nous. Avec des feuilles.

L'automne, les feuilles tombent.
Aïe! Qu'est-ce que
tu as? Ça ne t'a pas touché! Toi non plus.
Alors, qu'est-ce que tu as? Ça aurait pu.
C'est bien toi. Toujours tu grognes. C'est toi qui
grognes toujours. Tu peux parler des autres,
oh la la, tu as toujours peur de ce qui pourrait t'arriver.
Tu es un inquiet, pour ne pas dire un poltron; au lieu d'avoir un métier,
c'est ça qui fait vivre son homme. Tout le monde en a

La paix a éclaté; ils ont déclaré...
la paix. Qu'est-ce que nous allons devenir? Qu'est-ce
que nous allons devenir?
Tu entends,
tu vois, ça recommence. Je t'avais dit que
ça recommencerait. Tu vois bien, c'est
encore le conflit. Nous font
justice dans la sérénité. Ils
ont installé la guillotine au-dessus.

Tu vois bien que c'est la paix.
Qu'est-ce qu'on va faire?
Le pétrin où tu m'as mise!
On s'en fiche!... Vaut mieux se cacher.
Donne-moi un coup de main
Paresseux! Séducteur!
Tortue!
Limace!

→ 19, 29, 31

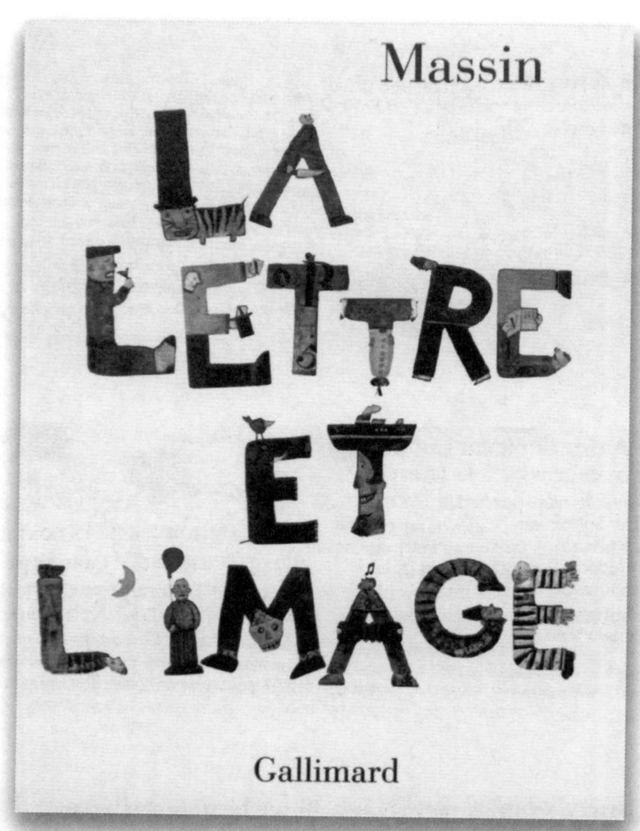

『글자와 이미지La Lettre et l'Image』
마생 지음, 갈리마르출판사, 재판본, 1993,
240×305mm, 304쪽, 양장

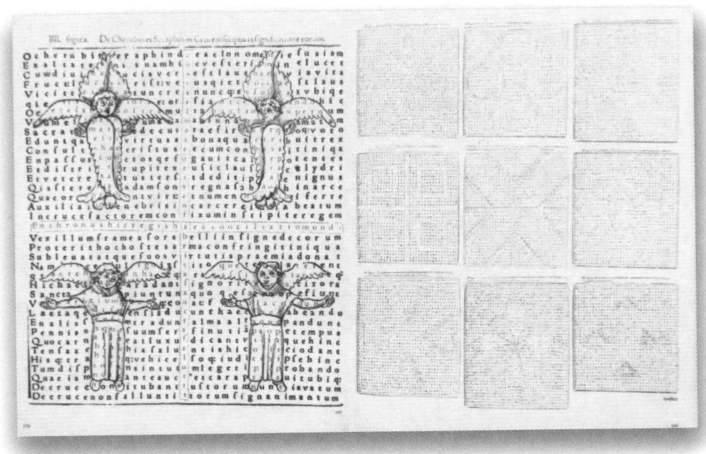

 → 23

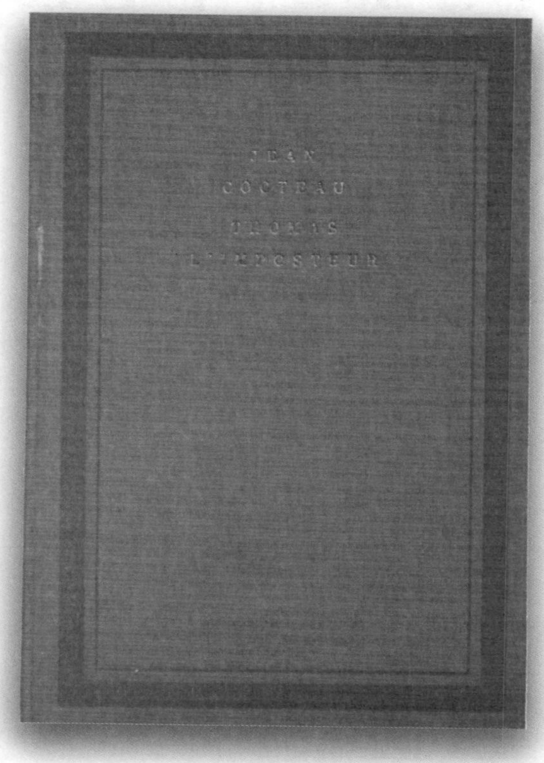

르 솔레유 시리즈Le Soleil Series
갈리마르출판사, 140×200mm, 양장

MARCEL AYMÉ LA VOUIVRE
ALBERT CAMUS CARNETS II
LOUIS-FERDINAND CÉLINE CASSE-PIPE
LOUIS-FERDINAND CÉLINE LE PONT DE LONDRES
ALBERT CAMUS CARNETS
JEAN GENET ŒUVRES COMPLÈTES I
JEAN GENET ŒUVRES COMPLÈTES II
ANDRÉ GIDE LA SYMPHONIE PASTORALE

폴리오 시리즈Folio Series
갈리마르출판사, 1972, 108x178mm, 무선

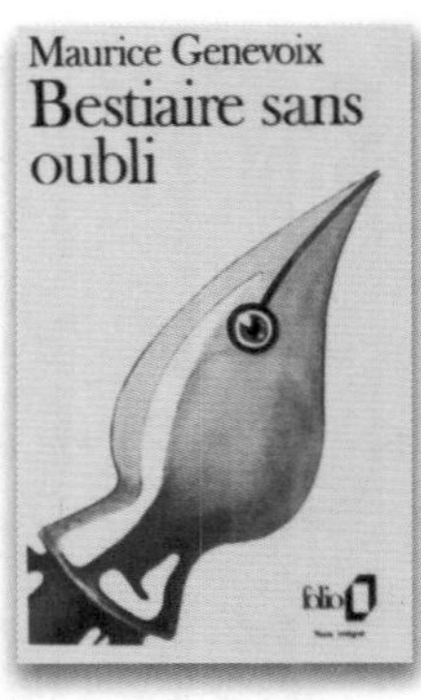

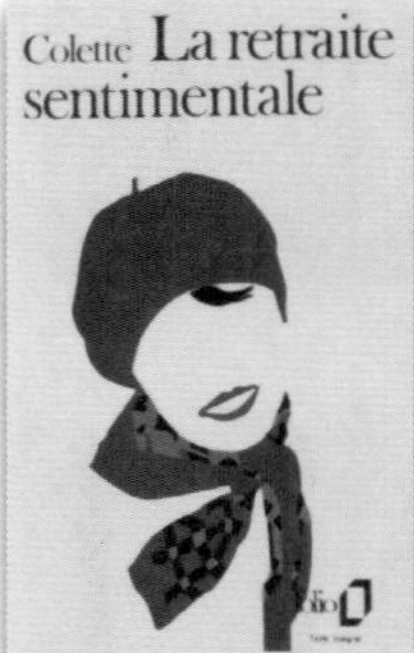

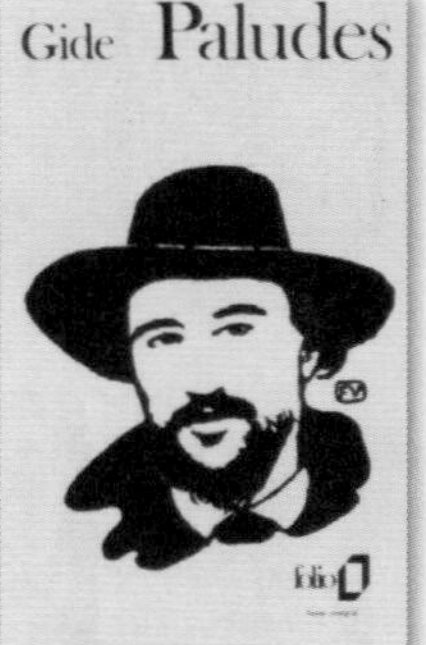

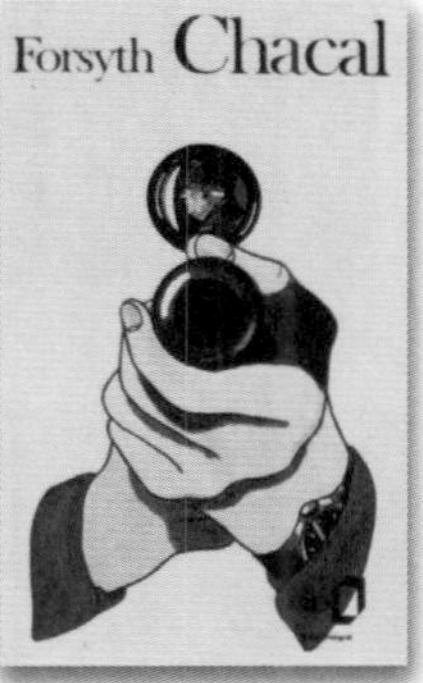

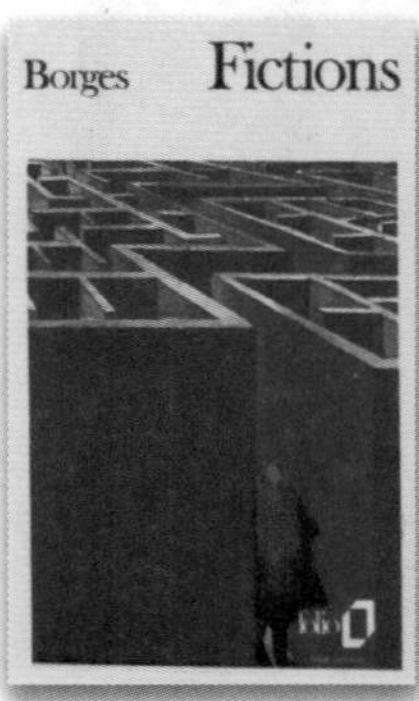

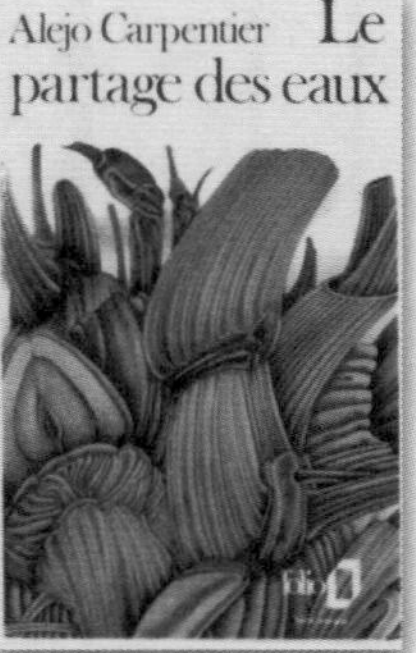

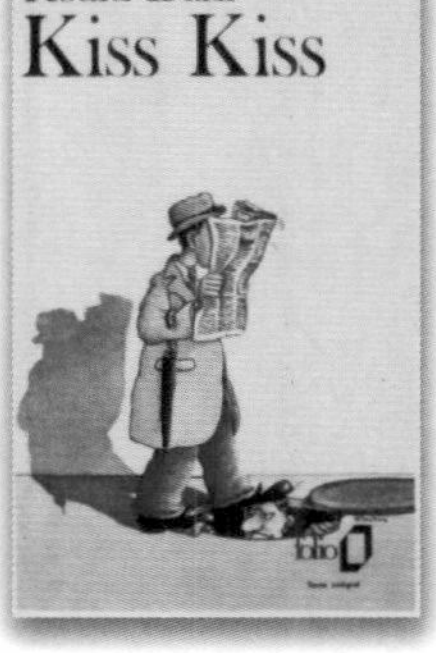

리마지네르 시리즈L'Imaginaire Series
갈리마르출판사, 1977, 125x190mm, 무선

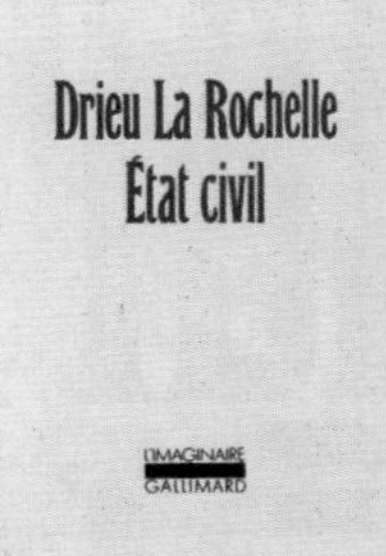

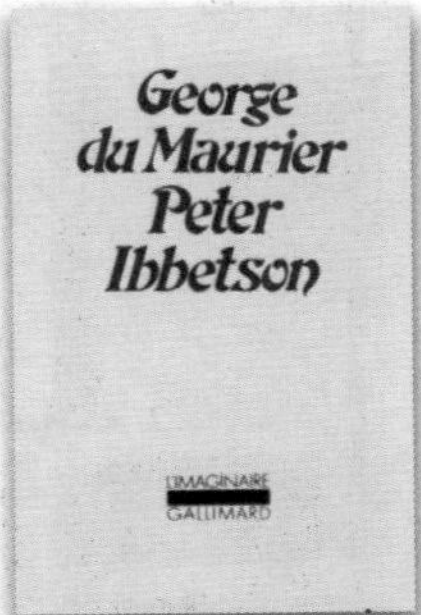

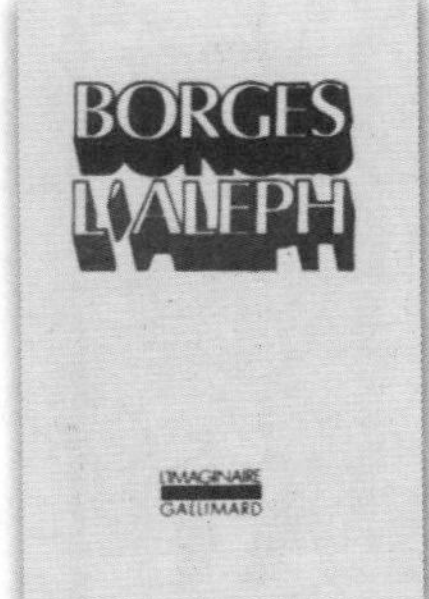

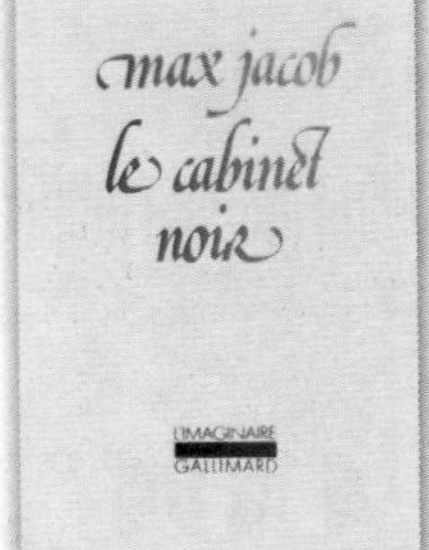

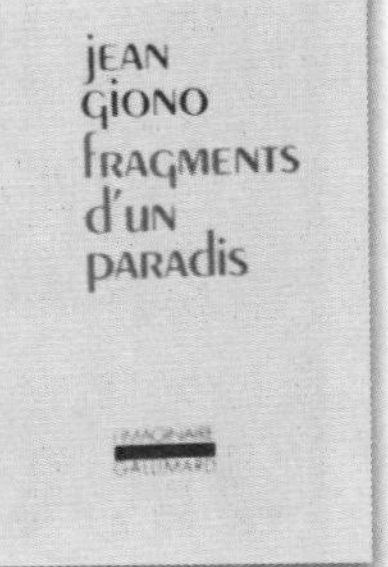

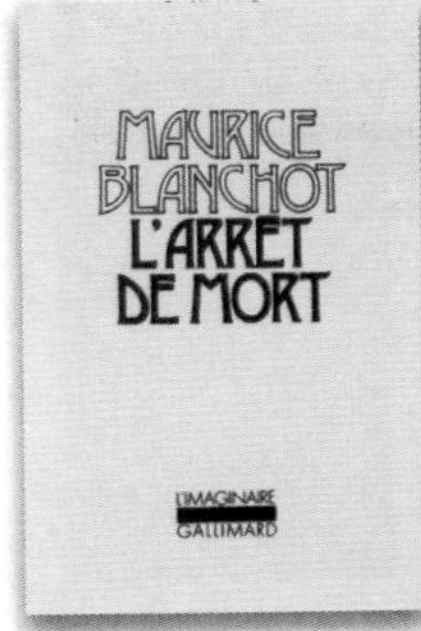

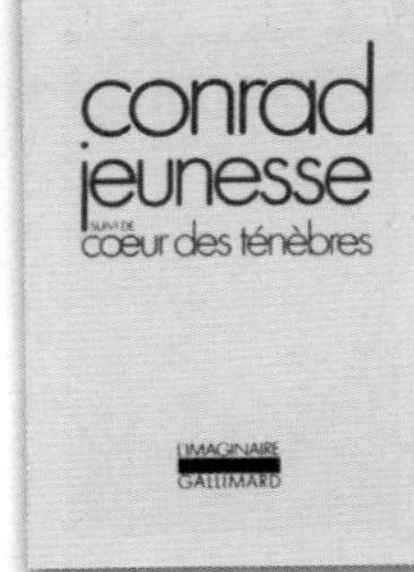

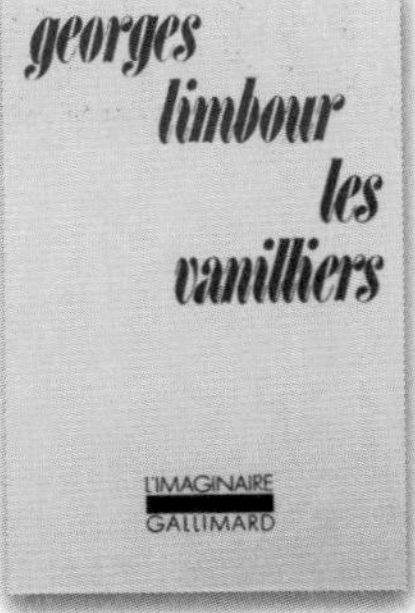

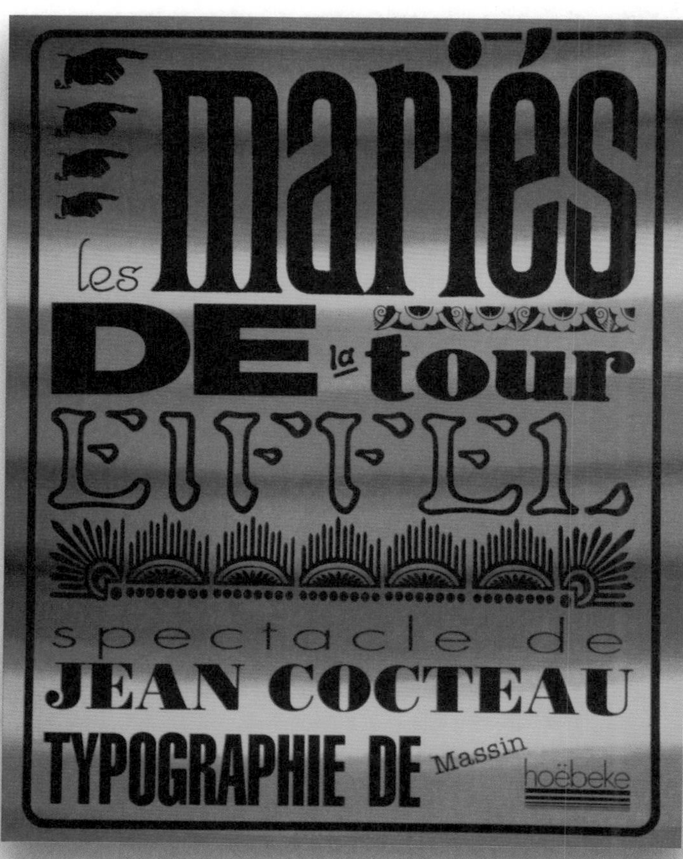

『에펠탑의 신혼부부Les Mariés de la Tour Eiffel Paris』
장 콕토Jean Cocteau 지음, 휘베케Hoëbeke, 1994,
245×310mm, 226쪽, 양장

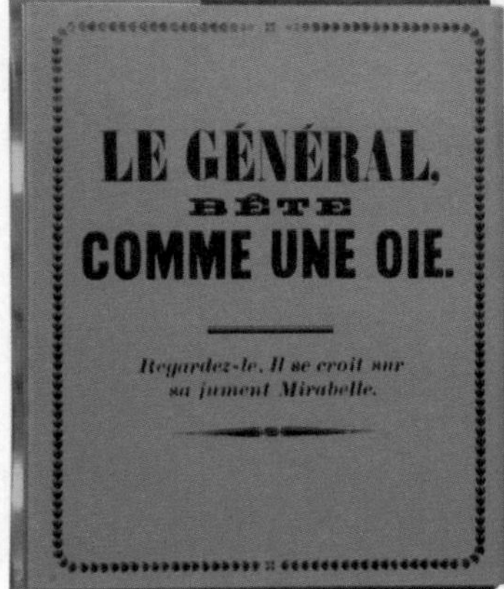
LE GÉNÉRAL,
BÊTE
COMME UNE OIE.
Regardez-le. Il se croit sur
sa jument Mirabelle.

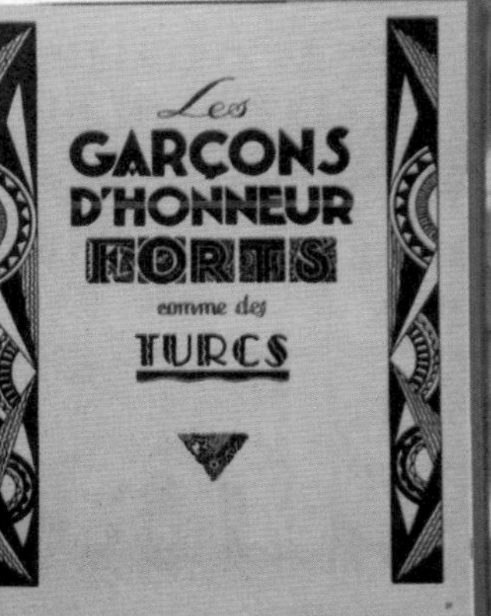
Les
GARÇONS
D'HONNEUR
FORTS
comme des
TURCS

pan!
pan!
pan!

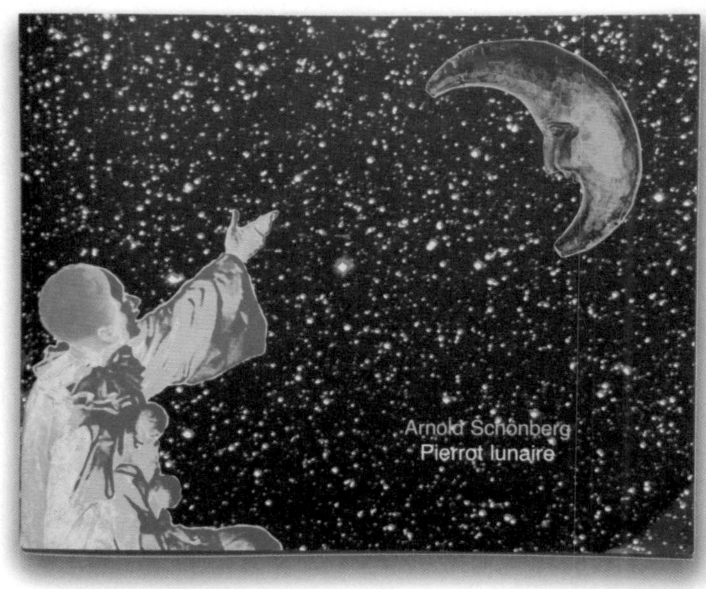

『달에 홀린 피에로Pierrot Lunaire』
아르놀트 쇤베르크Arnold Schönberg 지음,
티포그라피엑스프레시프Typographies Expressives,
2006, 295x242mm, 78쪽, 무선

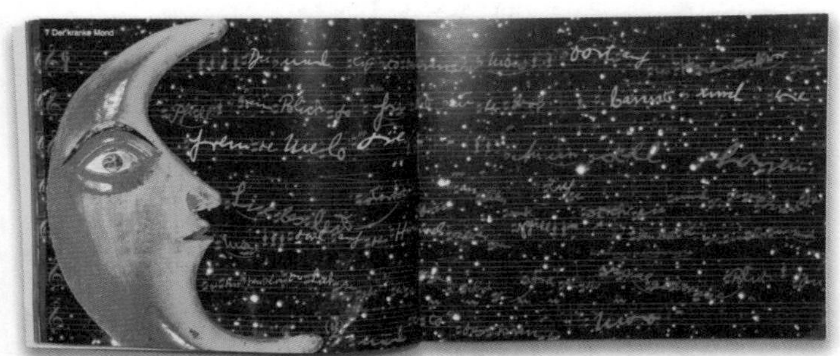
7 Der kranke Mond

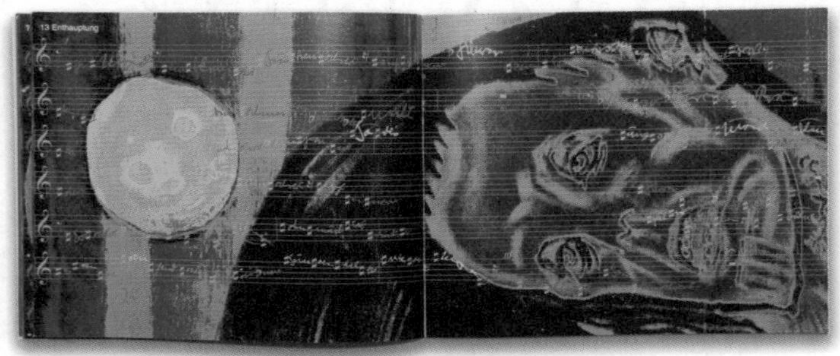
13 Enthauptung

 → 30

『인간의 목소리에서 타이포그래피까지De la Voix Humaine à la Typographie』
마생 지음, 티포그라피엑스프레시프, 2006, 242×295mm, 78쪽, 무선

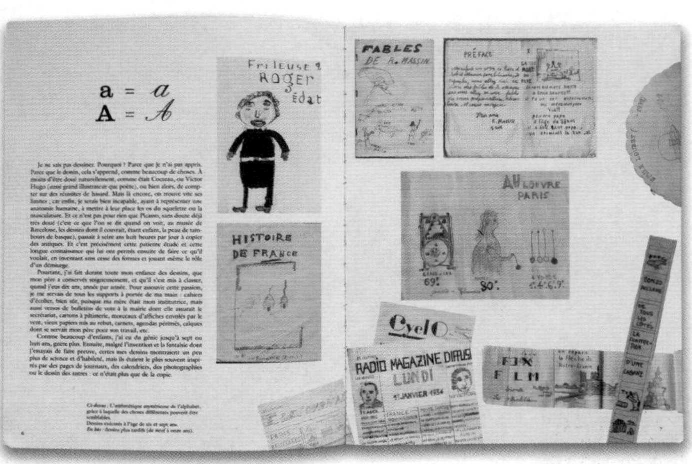

Je ne sais pas dessiner. Pourquoi ? Parce que je n'ai pas appris. Parce que le dessin, cela s'apprend, comme beaucoup de choses. À moins d'être doué naturellement, comme était Cocteau, ou Victor Hugo (aussi grand illustrateur que poète), ou bien alors, de compter sur des réussites de hasard. Mais là encore, on trouve vite ses limites ; car enfin, je serais bien incapable, ayant à représenter une anatomie humaine, à mettre à leur place les os du squelette ou la musculature. Et ce n'est pas pour rien que Picasso, sans doute déjà très doué (c'est ce que l'on se dit quand on voit, au musée de Barcelone, les dessins dont il couvrait, étant enfant, la peau de tambours de basque), passait à seize ans huit heures par jour à copier des antiques. Et c'est précisément cette patiente étude et cette longue connaissance qui lui ont permis ensuite de faire ce qu'il voulait, en inventant sans cesse des formes et jouant même le rôle d'un démiurge.

Pourtant, j'ai fait durant toute mon enfance des dessins, que mon père a conservés soigneusement, et qu'il s'est mis à classer, quand j'eus dix ans, année par année. Pour assouvir cette passion, je me servais de tous les supports à portée de ma main : cahiers d'écolier, bien sûr, puisque ma mère était mon institutrice, mais aussi versos de bulletins de vote à la mairie dont elle assurait le secrétariat, cartons à pâtisserie, morceaux d'affiches envolés par le vent, vieux papiers mis au rebut, carnets, agendas périmés, calques dont se servait mon père pour son travail, etc.

Comme beaucoup d'enfants, j'ai eu du génie jusqu'à sept ou huit ans, guère plus. Ensuite, malgré l'invention et la fantaisie dont j'essayais de faire preuve, certes mes dessins montraient un peu plus de science et d'habileté, mais ils étaient le plus souvent inspirés par des pages de journaux, des calendriers, des photographies ou le dessin des autres : ce n'était plus que de la copie.

Ci-dessus : L'arithmétique mystérieuse de l'alphabet, grâce à laquelle des choses différentes peuvent être semblables.
Dessins exécutés à l'âge de six et sept ans.
En bas : dessins plus tardifs (de neuf à onze ans).

6

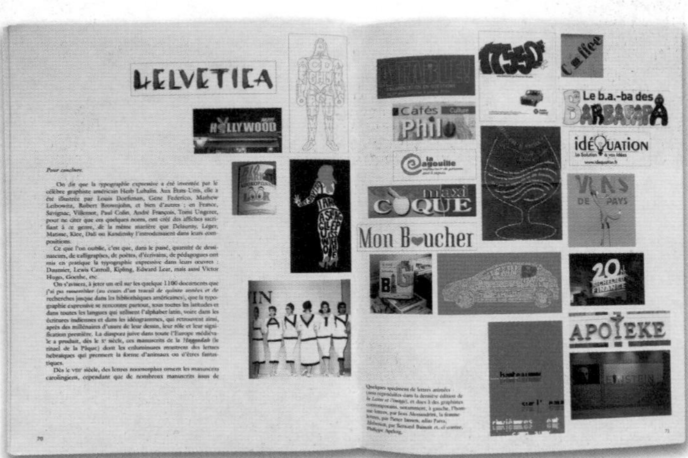

Pour conclure.

On dit que la typographie expressive a été inventée par le célèbre graphiste américain Herb Lubalin. Aux États-Unis, elle a été illustrée par Louis Dorfsman, Gene Federico, Mathew Leibowitz, Robert Brownjohn, et bien d'autres ; en France, Savignac, Villemot, Paul Colin, André François, Tomi Ungerer, pour ne citer que ces quelques noms, ont créé des affiches sacrifiant à ce genre, de la même manière que Delaunay, Léger, Matisse, Klee, Dali ou Kandinsky l'introduisaient dans leurs compositions.

Ce que l'on oublie, c'est que, dans le passé, quantité de dessinateurs, de calligraphes, de poètes, d'écrivains, de pédagogues ont mis en pratique la typographie expressive dans leurs œuvres : Daumier, Lewis Carroll, Kipling, Edward Lear, mais aussi Victor Hugo, Goethe, etc.

On s'avisera, à jeter un œil sur les quelque 1100 documents que j'ai pu rassembler (au cours d'un travail de quinze années et de recherches jusque dans les bibliothèques américaines), que la typographie expressive se rencontre partout, sous toutes les latitudes et dans toutes les langues qui utilisent l'alphabet latin, voire dans les écritures indiennes et dans les idéogrammes, qui retrouvent ainsi, après des millénaires d'usure de leur dessin, leur rôle et leur signification première. La diaspora juive dans toute l'Europe médiévale a produit, dès le Xe siècle, ces manuscrits de la *Haggadah* (le rituel de la Pâque) dont les enluminures montrent des lettres hébraïques qui prennent la forme d'animaux ou d'êtres fantastiques.

Dès le VIIIe siècle, des lettres zoomorphes ornent les manuscrits carolingiens, cependant que de nombreux manuscrits issus de

Quelques spécimens de lettres animées (non reproduites dans la dernière édition de *la Lettre et l'image*), et dues à des graphistes contemporains, notamment, à gauche, l'homme lettres, par Jean Alessandrini, la femme lettres, par Pieter Janssen, alias Patva, *Helvetica*, par Bernard Baissait et, ci-contre, Philippe Apeloig.

70 71

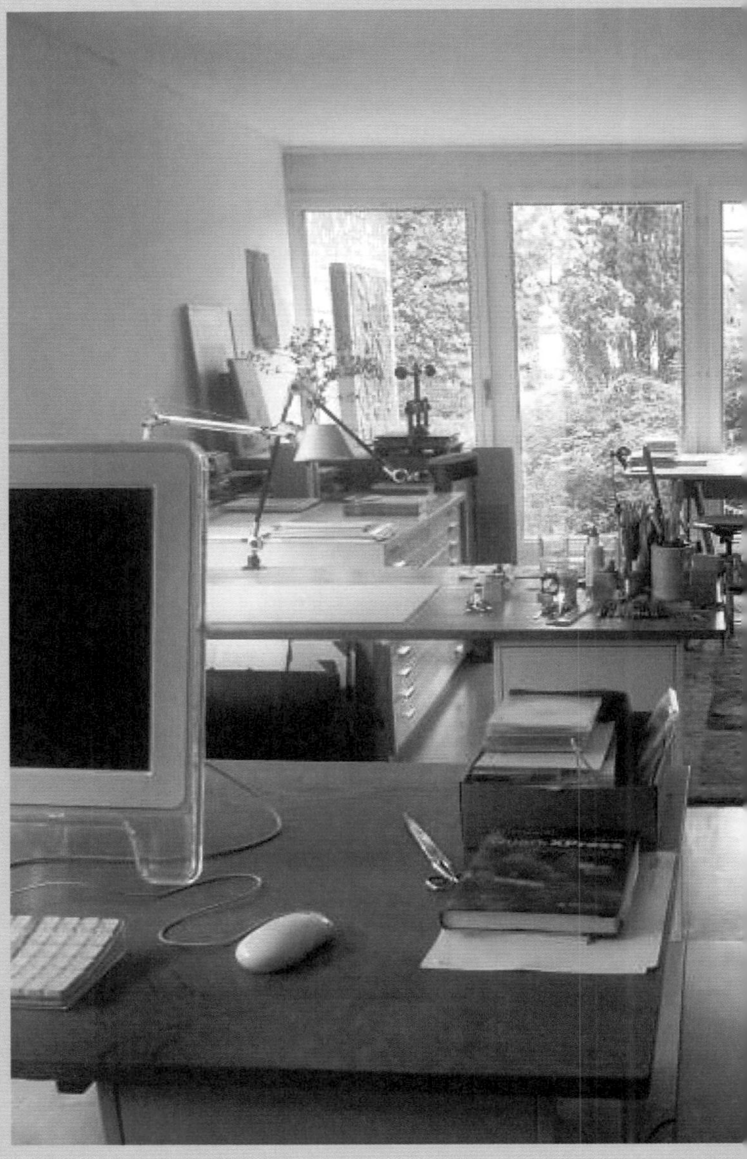

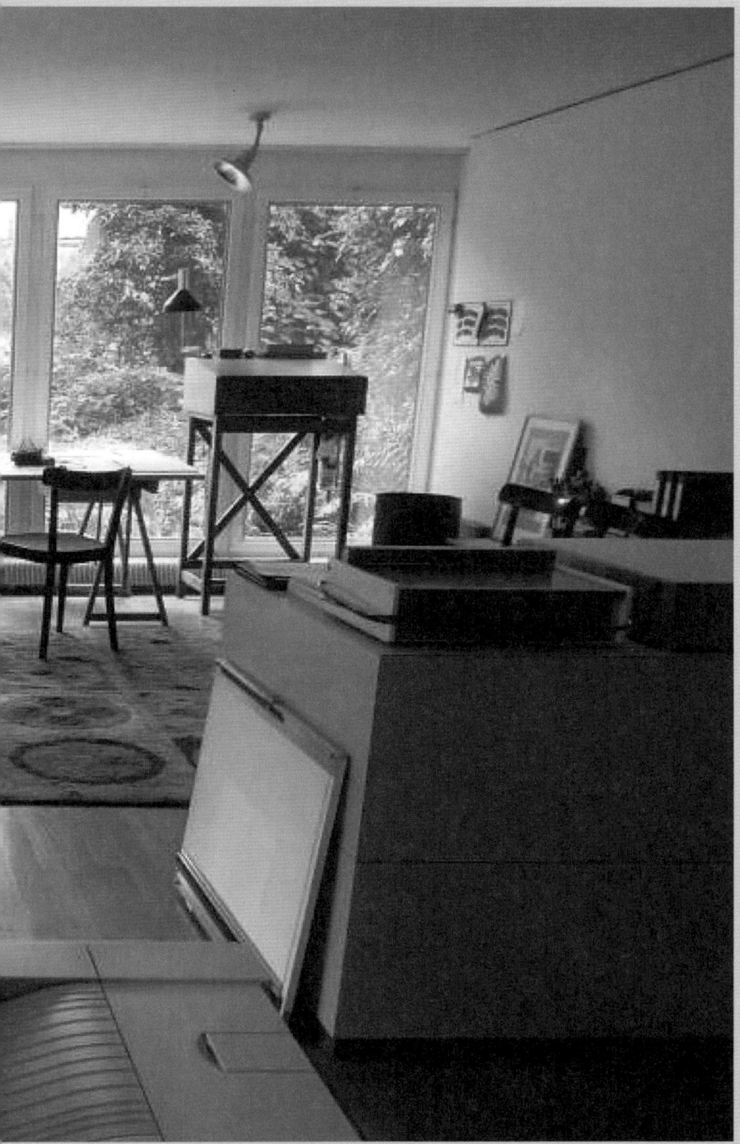

St. Gallen, 2011 © Kay Jun

 → 34

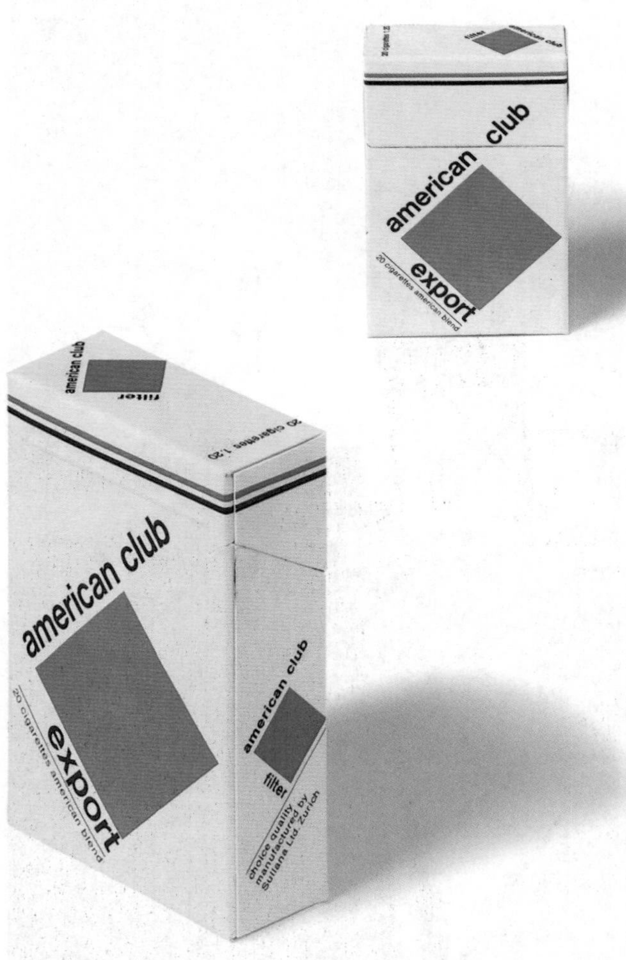

아메리칸 클럽American Club 담배갑
담배공장 술라나Cigarettenfabrik Sullana, 1961

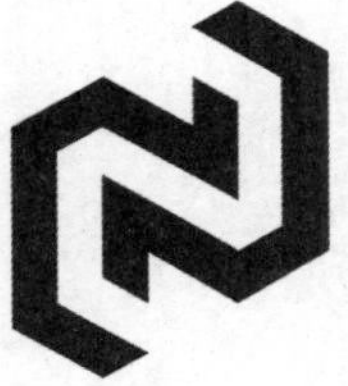

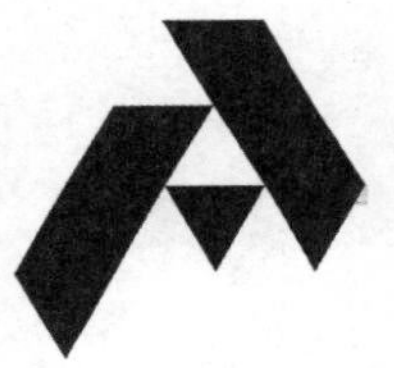

장크트갈렌 자연과학 컬렉션을 위한 로고 디자인
Logo for the Naturwissenschaftliche Sammlungen St. Gallen, 1976
목재 및 가구 제조업체 아고스티를 위한 로고 디자인
Logo for Bau-und Möbelschreinerei Agosti, 1991
국제 패션 대학생 공모전을 위한 로고 디자인
Logo for the Rencontre Internationale du Jeune Talent
(Competition for Students of International Fashion Colleges), 1982

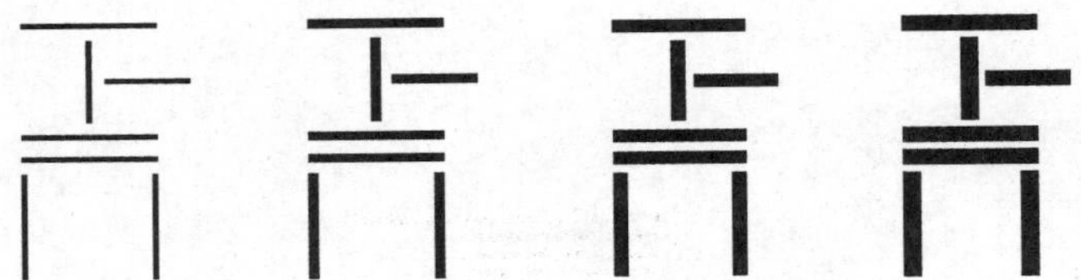

서적 조합 로고 리디자인Redesign of Logo for the Büchergilde, Frankfurt am Main, 1994

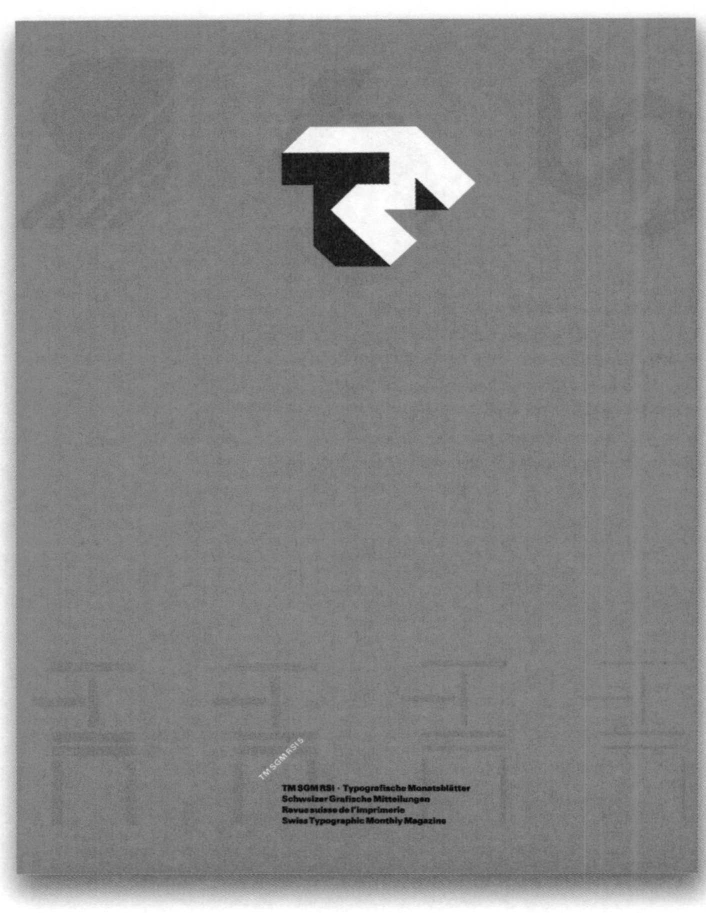

《Typographische Monatsblätter》 5호 표지 디자인
TM/SGM 편집, 스위스교육인쇄종이연합The Printing and Paper Union of Switzerland for the Advancement of Education in the Profession, 1985, 230×297mm, 54쪽

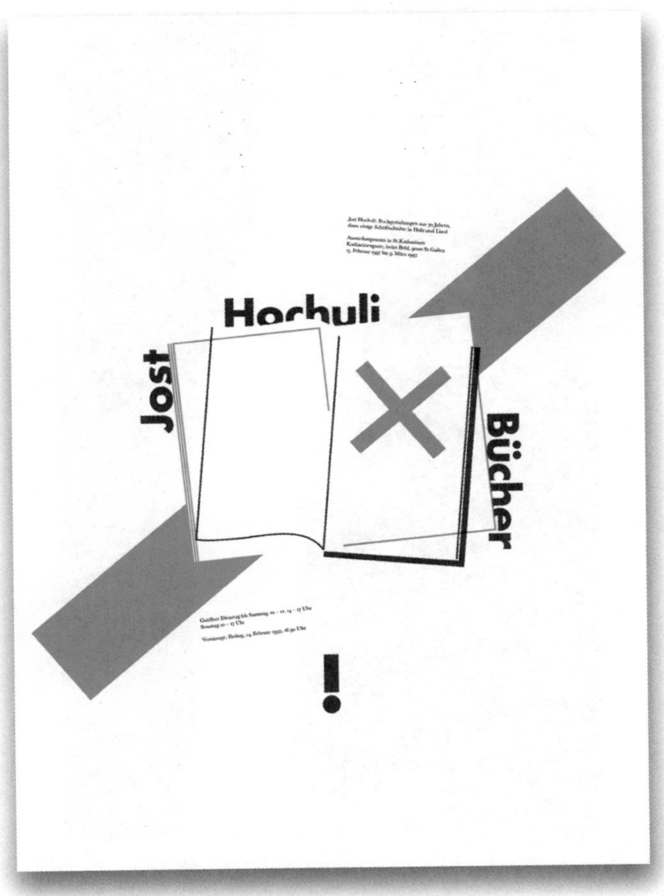

장크트갈렌 요스트 호훌리 전시 포스터
Poster for Jost Hochuli Exhibition in St. Gallen
1997, 420×600mm, 접지 포스터

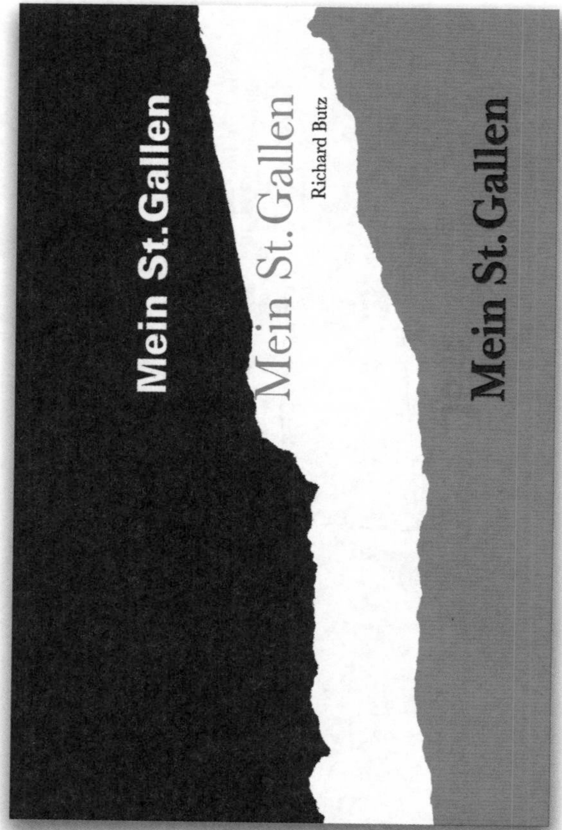

→ 46

『나의 장크트갈렌Mein St. Gallen』
리처드 버츠Richard Butz 지음, VGS, 1994,
150×240mm, 192쪽, 반양장

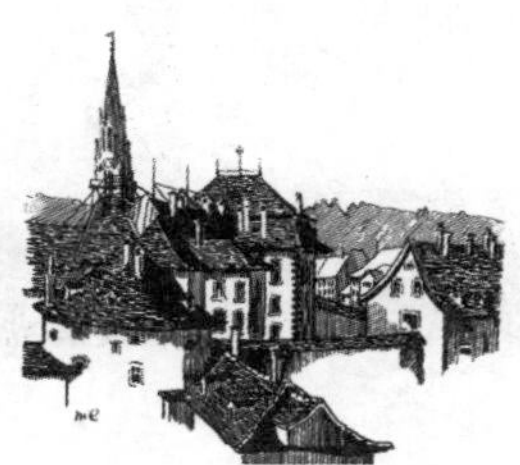

Gelobt und gefährdet – St.Galler Dialekt

Ich rede gerne, wie mir der Schnabel gewachsen ist: St.Galler Dialekt, städtische Variante, spitzig und mit Zäpfchen-r.

Längst ist der St.Galler Dialekt kein Witzthema mehr. Das war nicht immer so. In meiner Schulzeit gab es beispielsweise kaum einen Radiosprecher oder eine Radiosprecherin mit St.Galler Dialekt. Zürcher, Berner oder Basler Dialekt beherrschten den Äther. Da hat sich viel geändert, und beim Fernsehen scheinen sie inzwischen direkt den Narren an den Ostschweizer Dialekten gefressen zu haben.

Möglich, daß die Mundartwelle mitgeholfen hat, Vorurteile abzubauen. Wäre dem so, hätte diese ‹Seuche› wenigstens ein Gutes gehabt. ‹Seuche› darum, weil die nicht mehr dialektgetreue Allerweltsmundart immer mehr zu einem Mischmasch verkommt und sich dabei immer stärker vom eigentlichen Dialekt entfernt, ihn sogar einebnet.

Darüber zu jammern hat wenig Sinn, Widerstand zu leisten dagegen schon. Dieses Kapitel ist ein Beitrag dazu.

Geklagt über das Verschwinden des Alt-st.gallischen hat schon Ernst Hausknecht im Jahre 1916. Hoffnung schöpfte Hans Hilty 1936, dem wir die längst vergriffene St.Galler Dialektanthologie *Chumm mit, mer wend is froie* verdanken. Der gleiche Hans Hilty, Vater von Hans Rudolf Hilty und verheiratet mit der Dialektdichterin und Künstlerin Frida Hilty-Gröbly, legte ein Jahr später die Mundartlieder-Sammlung *Chumm mit is go singe* vor, mit Vertonungen von Paul Baumgartner, Max Haefelin, Siegfried F. Müller, Paul Schmalz und anderen.

Dieses Kapitel verstehe ich auch als eine Hommage an den früheren, inzwischen verstorbenen Lokalredaktor der Tageszeitung *Die Ostschweiz*, Hermann Bauer. Er hat sich unermüdlich für den St.Galler Dialekt eingesetzt, gescheit und witzig über ihn geschrieben. Er wußte, worauf es ankommt, wenn es um die Erhaltung des Dialekts geht. Statt zu jammern, ist es besser, aufzuklären, den Gebrauch des Dialekts populär zu machen und dessen Wörter und Begriffe zu sammeln und zu erklären.

Weniger positiv fällt die Bewertung aus, wenn es um die Dialektliteratur geht. Frida Hilty-Gröbly, Clara Wettach oder Liseli Müller sind Namen, die nur noch wenige kennen. An sie und andere erinnert die kleine Anthologie der St.Galler Dialektlyrik, die sich an die eher theoretischen Beiträge anschließt. Von Liseli Müller stammt der schöne Titel ‹Ha Heiweh und cha nümme heib›.

Aus der Zeit nach dem Zweiten Weltkrieg ist wenig zu vermelden. St.Gallen hat keinen Mani Matter oder Polo Hofer hervorgebracht, und die Mundart-Liedermacherwelle verebbte in Zürich. So bleibt wenig: Johann Linder, Peter Morger oder – eher erstaunlich – Niklaus Meienberg.

R.B.

Alt-st.gallisch ist selten geworden

‹Von allen Deutschschweizern, die ich kennengelernt habe, verstehe ich die St.Galler am besten›, erklärte mir einst ein feingebildeter Norddeutscher, wobei er natürlich die Mundart und nicht das von uns gehandhabte Hochdeutsch im Auge hatte. Die ästhetische Seite unseres Stadt-st.gallischen Idioms würdigte ein Westschweizer, dem unsere Mundart als die lieblichste der deutschen Schweiz erschien; auch passe sie vorzüglich zum Charakter der Leute. Und damit hätten wir die große Frage nach dem schönsten Schweizerdialekt aufgerollt, eine eitle Frage, die kaum in den Bereich der Sprachwissenschaft fällt, und deren Entscheidung dem persönlichen Geschmack überlassen werden muß. Immerhin ist es interessant zu untersuchen, worauf sich die beiden Urteile stützten. Dem Norddeutschen war unsere Sprache verständlicher, weil deren Lautbestand dem der Schriftsprache mehr als irgend ein anderer ihm bekannter Schweizerdialekt nahe kam; für den Westschweizer war offenbar das Vorherrschen der hellen Vokale und das gänzliche Fehlen der überoffenen, ‹breiten› ä, ai und ae ausschlaggebend. Doch ist dies nicht das echte, alte Gewand unserer städtischen Mundart; denn die Sprache der ältern Generation hebt sich durch die offene Lautqualität von der der jüngern deutlich ab. Es ist, als ob sich die heute Lebenden der angestammten farbigeren, aber auffälligeren Tracht schämen und das nach der Mode oder besser nach der Schriftsprache zugestutzte Kleid angelegt haben. Auch die Vertreter des Alt-st.gallischen sind selten geworden.

ERNST HAUSKNECHT, aus ‹St.Galler Mundart›, in: Gottlieb Felder, *Die Stadt St.Gallen und ihre Umgebung*, 1916.

Gefordert sind Elternhaus und Schule

Immer eindringlicher wird seit einigen Jahren von verschiedenen Seiten die Forderung nach vermehrter Pflege und Übung der Mundart erhoben. Während lange Zeit in gewissen Kreisen von der Zerstörung und Auflösung der Mundarten gesprochen und ihr baldiger Untergang vorausgesagt worden ist, glaubt man heute wieder an die Lebenskraft unserer Volkssprache und schätzt ihren ethischen und politischen Wert wieder höher ein. Otto von Greyerz sieht in der Mundart mit Recht ‹eines der gegebenen Mittel zur Erhaltung unserer Unabhängigkeit nach außen und des demokratischen Geistes im Innern›.

Der bloße Glaube an den Wert und die Lebenskraft der Mundart genügt freilich nicht. Wenn wir die Gefahr der sprachlichen Verarmung und der geistigen Überfremdung bannen wollen, müssen wir auch etwas tun. ‹Wie die Behauptung unserer Landesgrenzen und unserer Landesfreiheit, zum Teil wenigstens, in unserer Macht liegt, so ist es auch mit der Erhaltung unserer einheimischen Sprache. Auf unseren Willen kommt es an, auf unsere Bereitschaft, das, was unser eigen und uns teuer ist, zu verteidigen. Pflegen wir diesen Willen, diese Bereitschaft!… An den Gebildeten liegt es, mit dem Beispiel der Sprachachtung und -pflege voranzugehen. An der Lehrerschaft vor allem liegt es, dem natürlichen Sprachgefühl der Kinder mit Liebe zu begegnen, ihr Vertrauen zur mundartlichen Redeweise zu kräftigen.› Elternhaus und Schule sind also die ersten und wichtigsten Stätten für die Pflege dieses wertvollen Erbgutes unseres Volkes.

HANS HILTY, aus ‹Zum Geleit›, in: *Chumm mit, mer wend is froie*, 1936. Zitat von Otto von Greyerz.

Nahe am Hochdeutschen

In St.Gallen ist diese Sprachbegabung bis zum heutigen Tage wachgeblieben. Trefflich parlieren sie Deutsch, Welsch, Italienisch, Englisch, die jungen St.Galler; natürlich nicht alle, aber viele. Mit seinen hellen und spitzen Vokalen kommt der St.Galler Dialekt dem Hochdeutschen recht nahe; deshalb macht es bereits dem Abc-Schützen weniger Mühe, das Hochdeutsche zu lernen! Im Stadtparlament – im Gemeinderat – kann der St.Galler dann ‹gutes Deutsch› gebrauchen. Nicht zu überhören allerdings ist der Unterschied zwischen diesem ‹St.Galler Deutsch› und dem ‹Bühnendeutsch›, das die Künstler nunmehr im nigelnagelneuen Stadttheater sorgsam, liebend pflegen. Nichtsdestoweniger gefällt sich der St.Galler im natürlichen Anstrich dienstbarer Sprachgewandtheit. Warum nicht? Fast in jedem Restaurant kann heute jeder St.Galler sein Bier auf italienisch, spanisch, griechisch, türkisch oder gar auf serbokroatisch bestellen. Im Schrifttum erfährt zurzeit der St.Galler Dialekt wenig Pflege. In den letzten Jahren sind weder Gedichte noch Geschichten in der Mundart herausgegeben worden. Schade! Nur noch am Radio und in der Gesellschaft für deutsche Sprache ist gelegentlich St.Galler Dialekt zu hören.

HERMANN STREHLER, aus ‹St.Galler Dialekt›, in: *St.Gallen für St.Galler*, 1972.

Minderwertigkeitskomplexe unnötig

Auf was es ankommt im Umgang mit unserer Mundart, ist: Verzicht auf unnötige schriftdeutsche Anpassungen; sich stets erinnern, ob es dafür keinen Dialektausdruck gibt; nicht schriftdeutsche Lautgebung übernehmen, wo wir eigene haben, also beispielsweise nicht Zucker, sondern Zocker oder Zogger, nicht rund, sondern rond, nicht gsund, sondern gsond, Bömm statt Bäum, Tröm statt Träum sagen und wo immer möglich bloß modische Fremdwörter meiden (effektiv!). Der Art, wie uns Sanggallern der Schnabel gewachsen ist, treu bleiben, bedeutet nicht «ööötberlo», weder «of Zöri abe» noch in Richtung Bundesrepublikanien und schon gar nicht in Richtung überhandnehmender Anglisierung unserer Sprache. Hier erfüllen Elternhaus und Schule tatsächlich eine wichtige Aufgabe. Hier sollte aber auch jeder erwachsene Sanggaller sich selbst und seiner

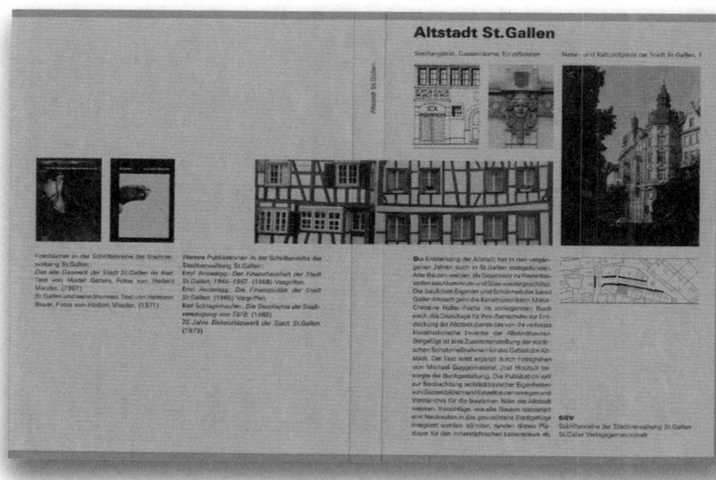

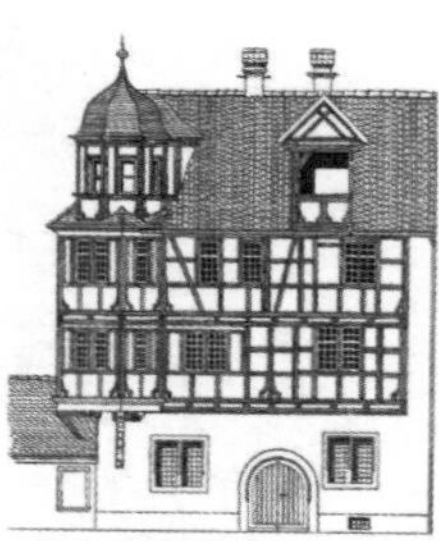

『구도시 장크트갈렌Altstadt St. Gallen』
마리크리스틴 할러푸흐스Marie-Christine Haller-Fuchs 지음,
VGS, 1978, 175×240mm, 166쪽, 양장

Hauptetappen der Altstadtentwicklung

Überblickt man die bauliche Entwicklung durch die Jahrhunderte, so stellt man fest, daß das heutige Altstadtbild durch vier große Bauphasen geprägt worden ist:

	zeitlicher Schwerpunkt
Spätgotik	1580–1610
Klassizismus	1805–1865
Historismus, Jugendstil	1880–1910
Neubauten	1956–1975

Diese Etappen kommen im dritten Übersichtsplan mit den strukturellen Elementen am Einzelbau deutlich zum Ausdruck. Der Plan darf indessen nicht mit einem Baualtersplan verwechselt werden. Entscheidend für die Zuordnung ist hier nicht das Baudatum, sondern die heutige Gestalt des Einzelbaus mit seinen wichtigsten strukturellen Elementen. Die wenigen barocken Bauten figurieren in der Kategorie Klassizismus, weil die vorherrschenden Strukturelemente übereinstimmen. Man muß sich bewußt sein, daß viele Häuser im Laufe ihrer jahrhundertelangen Geschichte immer wieder Umbauten, Aufstockungen und Veränderungen erfahren haben. Im Innern wurden neue sanitäre Einrichtungen, bequemere Treppen und größere Räume eingebaut. Fassaden wurden modernisiert, indem regelmäßige Fensterachsen mit größeren Einzelfenstern unregelmäßige Fensteranordnungen ersetzten. Durch Aufstockungen wurde mehr Raum gewonnen, wodurch die lebhaft gegliederten Dachlandschaften meist vereinfacht wurden. Bis zur Jahrhundertwende kamen jedoch bei allen Umbauten die gleichen handwerklichen Techniken, die gleichen natürlichen Materialien und die gleichen Grundprinzipien im Fassadenaufbau zur Anwendung. Daher bilden diese Bauten trotzdem eine Einheit. Bei der Beurteilung solcher umgebauter Häuser kommt es darauf an, welche strukturellen Merkmale an der Fassade dominieren. Bei einem spätgotischen Gebäude können trotz des späteren Einbaus von regelmäßigen Fensterachsen die spätgotischen Strukturelemente in Fassadenformat und Dachgestalt mit Aufzugsgiebel noch vorherrschen. Es ist aber auch möglich, daß neue Elemente wie betonte Rahmungsarchitekturen um die Fenster, Teilungen durch Gurtgesimse oder andere Dachabschlüsse die Oberhand gewinnen. Die heute dominanten Strukturelemente entscheiden daher über die Zuteilung zu einer Stilepoche.

Übersichtsplan: Dominante Gestaltungselemente am Einzelbau

Bauten mit dominanten spätgotischen Gestaltungselementen

Bauten mit dominanten klassizistischen Gestaltungselementen

Bauten mit dominanten Gestaltungselementen der Jahrhundertwende (Historismus und Jugendstil)

Zeitgenössische Bauten (seit 1920)

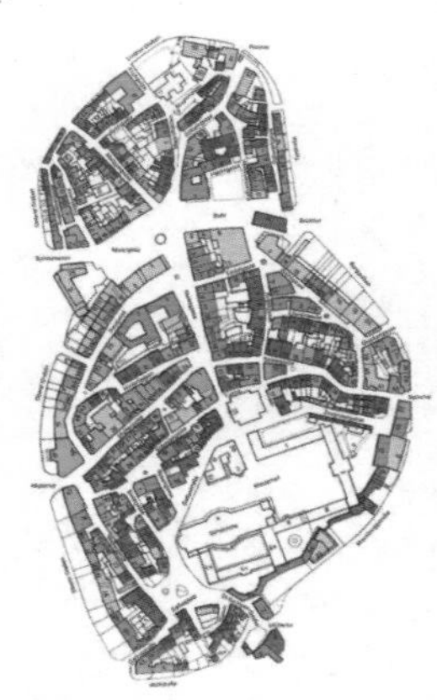

50

Moosbruggstraße

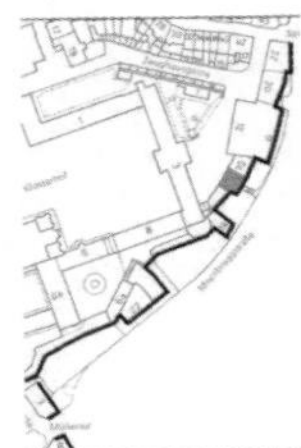

Moosbruggstraße 6, 14, 22; St.Georgen-Straße 3; Klosterhof 6a, 6e, 10; Zeughausgasse 20, 22

Die Moosbruggstraße markiert den Rand der mittelalterlichen Altstadt zwischen Müllertor und Spisertor. Sie liegt über dem ehemaligen Stadtgraben. Während die übrigen Abschnitte des Grabens vor der Stadtmauer meist trocken lagen, bildete hier der Lauf der Steinach eine natürliche Grenze. Die Stadtmauer begleitet fast in der ganzen Länge der Straße den Klosterbezirk. Daher ist die Geschichte dieses Mauerabschnittes eng mit der Geschichte des Klosters verknüpft. Nachdem 1566 der Bau einer Trennmauer zwischen Stadt und Kloster beschlossen worden war, errichtete der damalige Abt 1570 ein eigenes Tor. So konnte er seine Ländereien direkt und ohne Umweg über Stadtgebiet betreten. Der Lauf der Steinach bestimmte als zweiter wichtiger Faktor die Geschichte der Moosbruggstraße. Über die Steinach führten verschiedene Brücken, so beim Spisertor, beim Runden Turm und beim Haus «Zum Eckstein» (St.Georgen-Straße 8), wo die Steinach aus der Mühlenenschlucht heraustritt. Eine der Spisertorbrücken hieß Muesbrugg, da sie bei der Habermuesdarre lag. Auf diese Weise kam die Moosbruggstraße zu ihrem verballhornten Namen. In der zweiten Hälfte des 19. Jahrhunderts erfolgte im Zuge der Grabenüberwölbungen auch die Überdeckung der Steinach (1864/1868 Abschnitt zwischen Spisertor und Karlstor, 1903 Abschnitt zwischen Karlstor und Müllertor).

Vergleicht man den heutigen Zustand der Moosbruggstraße mit jenem vor gut hundert Jahren, wie er auf den Zeichnungen von Johann Jacob Rietmann überliefert ist, so hat sich die Situation entscheidend verändert. Die stark gegliederte Flußlandschaft mit Gewerbebauten, Gärten und Baumgruppen ist einem einheitlichen Straßenzug gewichen. Erhalten hat sich jedoch die Befestigungsanlage. Hier befindet sich das einzige verbliebene Stück Stadtmauer mit dem letzten Befestigungsturm. Damit verfügt dieser Bereich über eine große Bedeutung für das Stadtbild. Hinzu kommt die interessante Abwicklung der Bauteile, weil der Mauerzug mehrfach abgewinkelt und mit Gebäuden besonderer Qualität durchsetzt ist (Klostergebäulichkeiten, Runder Turm, Karlstor; Blick auf die beiden Klostertürme). Gesamthaft handelt es sich um einen historisch wie kunsthistorisch höchst schützenswerten Bereich.

90

Karlstor

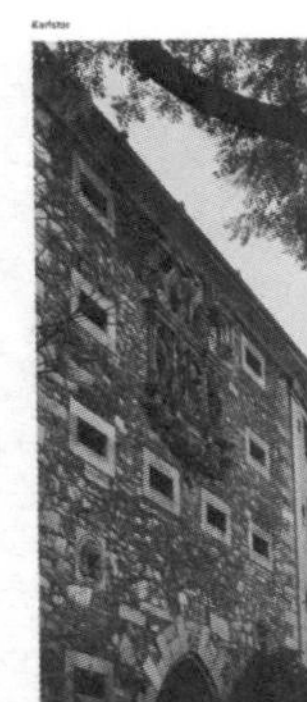

Karlstor

Das Karlstor, das letzte erhaltene Tor der mittelalterlichen Befestigungsanlage, ist mit einem großen Relief geschmückt. Die Steinhauerarbeit stellt das einzige an Ort und Stelle vorhandene Werk dieser Art dar. Das Steinrelief des Irertors ist zwar noch erhalten, befindet sich jedoch seit dem Abbruch des Tors im Stadthaus. Die übrigen Tore waren nur mit einfachen Wappendarstellungen verziert.

Das Relief am Karlstor ist in drei Teilen aufgebaut. Im mittleren Teil prangt zwischen den Schutzheiligen Gallus und Othmar das Wappen des Bauherrn. Im oberen Feld ist eine Kreuzigungsgruppe angebracht. Das Relief ruht auf einer bewegt gestalteten Konsole, die nach unten in den Inschriftstein mit der Jahreszahl 1570 und der Selbstdarstellung des Steinmetzen Baltus von Salmannsweiler (Salem über dem Bodensee) ausläuft. Die Arbeit zeugt von hervorragender Qualität. Sie zeigt in den ornamentalen Rahmenpartien das für jene Zeit bezeichnende Nebeneinander von Motiven der Gotik und der Renaissance (korinthische Halbsäulen im Mittelfeld, gotisch profilierte Stäbe im oberen Teil). Der Wert dieses Reliefs ist für St.Gallen einzigartig, weist doch die Altstadt – abgesehen von den Erkern – an skulptierten Werken nur noch einige kleine Wappensteine auf (siehe Kugelgasse 19, St.Georgen-Straße 8, Goliathgasse 5 und Hechtgasse 3).

91

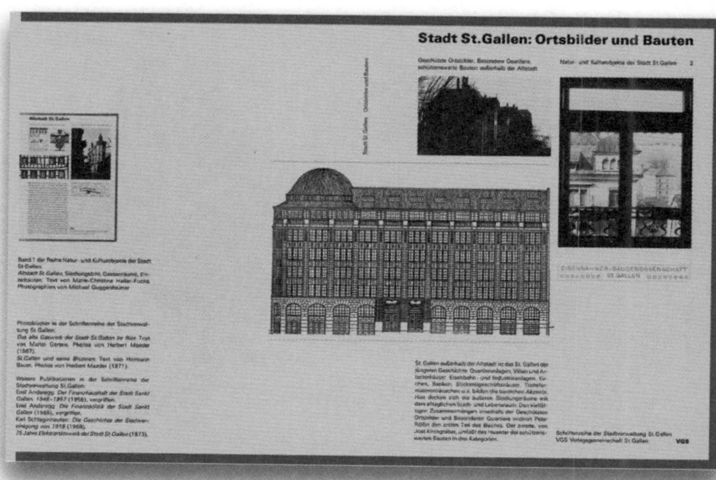

Stadt St.Gallen: Ortsbilder und Bauten

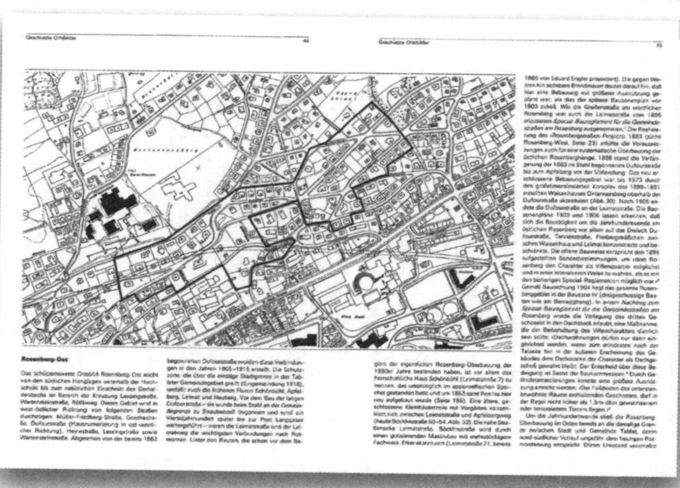

『도시 장크트갈렌: 장소의 사진과 건축물Stadt St. Gallen: Ortsbilder und Bauten』
요스트 키르흐그라버Jost Kirchgraber, 페터 룔린Peter Röllin 지음, 1984,
175×240mm, 294쪽, 양장

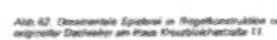

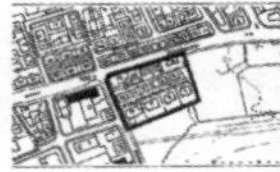

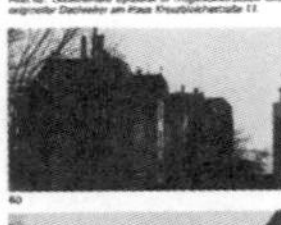

Kreuzbleichestraße

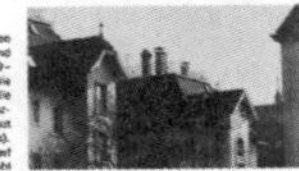

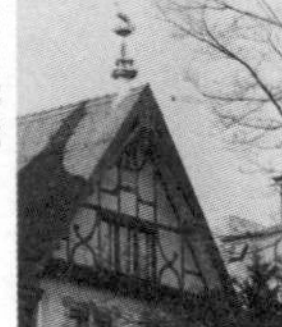

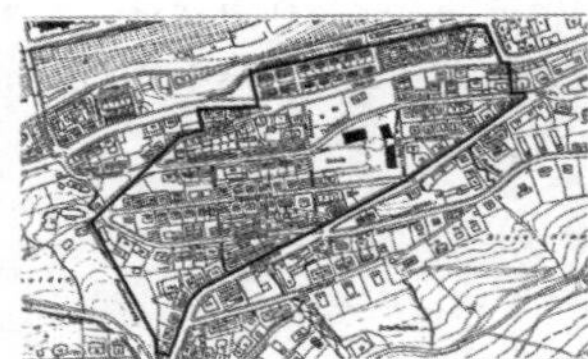

Oberstraße, Ruhberg

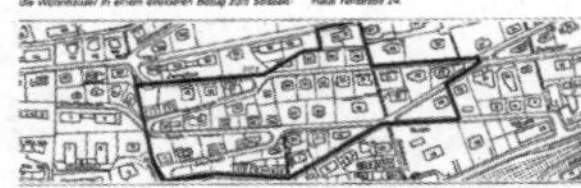

Tellstraße

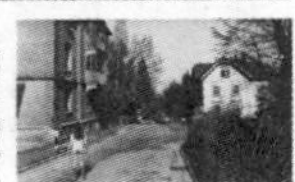

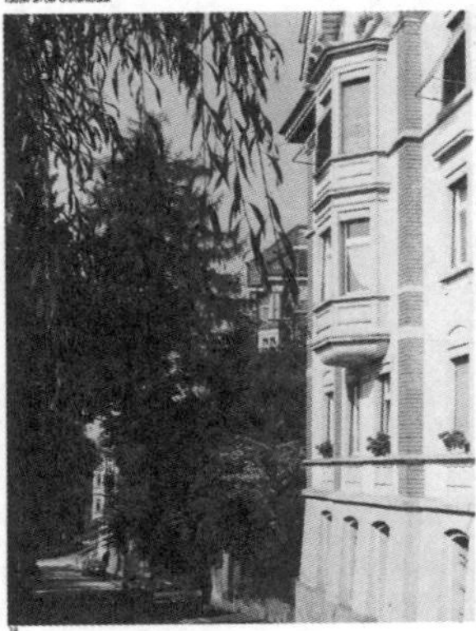

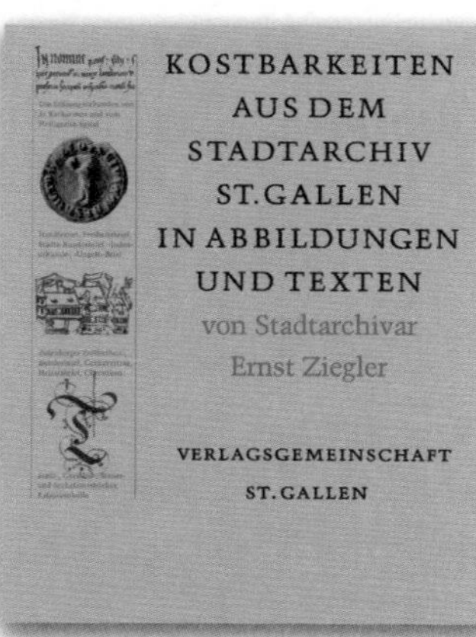

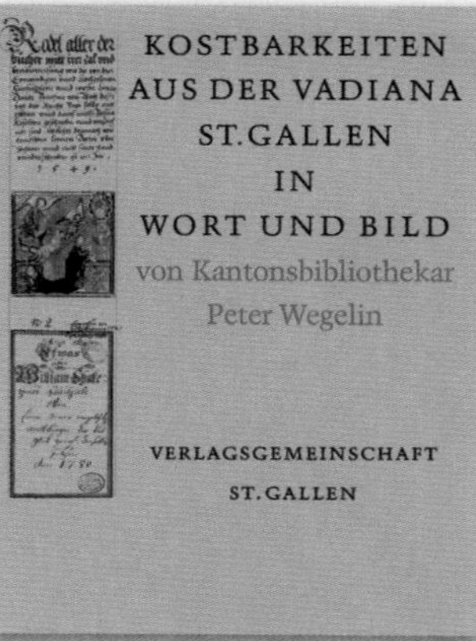

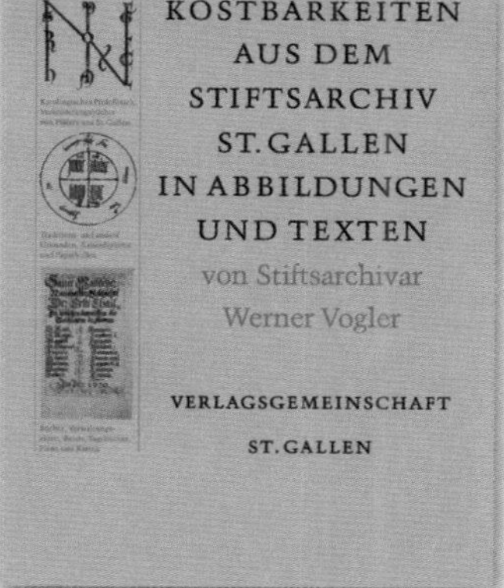

『도판과 글로 보는 장크트갈렌 시립 아카이브 귀중품
Kostbarkeiten aus dem Stadarchiv St. Gallen in Abbildungen und Texten』
에른스트 지글러Ernst Ziegler 지음, VGS, 1983, 175×240mm, 88쪽, 무선
『단어와 그림으로 보는 장크트갈렌 바티칸 귀중품
Kostbarkeiten aus der Vadiana St. Gallen in Wort und Bild』
페터 베겔린Peter Wegelin 지음, VGS, 1987, 175×240mm, 120쪽, 무선
『도판과 글로 보는 장크트갈렌 수도원 아카이브 귀중품
Kostbarkeiten aus dem Stiftsarchiv St. Gallen in Abbildungen und Texten』
베르너 보글러Werner Vogler 지음, VGS, 1987, 175×240mm, 120쪽, 무선

IOACHIMI VADIANI VITA PER IOANNEM KESSLERVM SAN-gallensem conscripta.

Ioachimus Vadianus Heluetius Sangallensis ex …

zů einer zeit widerumm eruordert vnd zů den andern buchern gelegt werdind.› Die Bücherausleihe war geregelt.

– Zur Orientierung des Benützers, aber auch zur Kontrolle der Ausleihe war ein Inventar erforderlich, das die Bestände übersichtlich gliedert und erschließt. Das Testament berichtet vom Bücherschatz, ‹die alle In ainen rodell (So er vns angendts überantwurt) von stuck zů stuck vertzaichnet vnd genumeriert werenn›. Stadtschreiber Josua Keßler, als Sohn von Vadians Freund Johannes Keßler dem Bürgermeister ohnehin zugetan, registrierte in den Jahren 1549 bis 1553 in vier Anfertigungen die Bücherei in einem ‹Rodel aller der bücher mitt irer zal vnd benammsung wie die von dem Eerwirdigen vnnd Hochgelerten Fürsichtigen vnnd wysen Herrn Doctor Joachim von Watt diser zyt des Rychs Vogt selbs angegebenn vnnd durch mich Josua Keßlern geschryben vnnd verzeichnet sind›. Von der Hand Vadians trägt einer der hohen, schmalen Pergamenteinbände den Vermerk: ‹Index Librorum omnium Bibliothecae Ioachimi Vadiani›. Wer in dem nach Sachgebieten gegliederten Katalog blättert, durchgeht mit der Überschrift jeder Abteilung die offene, weite Bildungswelt des Humanismus: Grammatica – Dialectica – Rhetorica et Poetica (das eigentliche mittelalterliche Trivium) – Moralia (= Philosophie) – Physica (= Naturwissenschaften) – Mathemata – Historica – Medica – Iura – Theologica (umfaßt allein einen Drittel des Bestandes). Der Katalog ordnet und erschließt die Fülle von gegen 1300 Schriften (*Ms 2*).

– Mit dem Verzeichnis haben die Stadtbehörden aber auch eine Verpflichtung übernommen, daß sie ‹Schutzherren daruber sin vnd denselbigen ain Statt (daran sy wol gelegen vnd versorget syind) verordnen … Zů dem allem darob vnd daran sin, damit bemelte bucher des

12

Links: Johannes Keßler, Lebensbeschreibung Vadians im ersten Bibliothekskatalog, S. 1 (Ausschnitt). Ms 1 (20 x 21,2). Darin Vadians Bibliotheksanweisung, ‹ut senatus *in publicam civium utilitatem curam suscipiat*›.

Unten: Bücherrodel, Titelblatt. Ms 2 (31,3 x 10,5).

Rechts: Bücherrodel, verzeichnet lateinische Buchtitel in humanistischer Kursive, deutsche in gotischer Kursive, fol. 27v/28r. Ms 2.

Seiten 14/15: Donatorenbuch 1, fol. 28v/29r. Ms 10 (35,5 x 22,5).

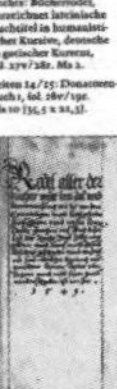

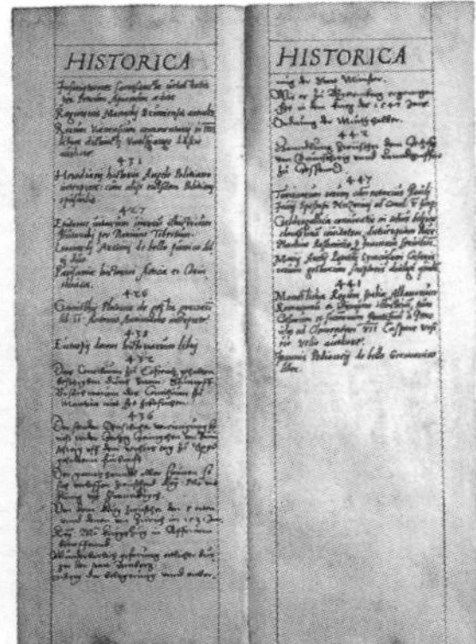

13

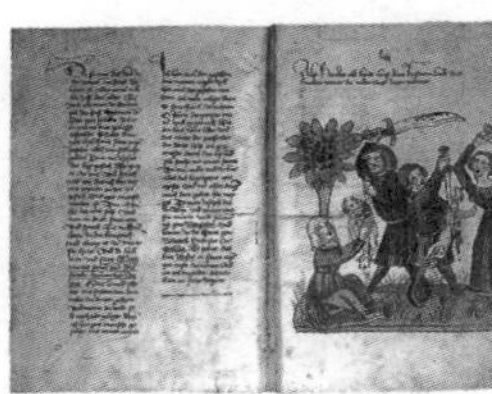

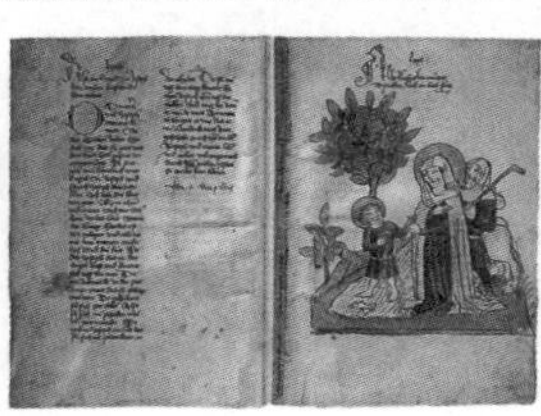

44

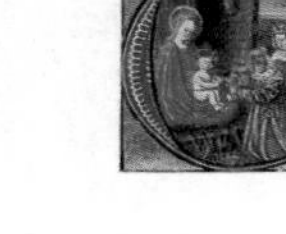

Links: Historienbibel, fol. 41v/42r und 54v/55r. Ms 343d (38,2 x 27).

Oben: Stundenbuch, fol. 40r. Ms 327 (Originalgröße).

Seite 46: Stundenbuch, fol. 40v. Ms 327 (Originalgröße).

Seite 47: Historienbibel, fol. 40r. Ms 343d (38,2 x 27).

Seiten 48/49: Livius, Historia Romana 3, fol. 54v/55r. Ms 308 (36,5 x 23,2).

eine Initiale in Farbe und Gold übergreift vier oder auch neun Zeilen, und ihr geht, mit roter Tinte geschrieben, ein Incipit voraus. Indessen bleibt auch solcher Schmuck im Dienste des Lesens, kennzeichnet den Übergang vom einen zum andern Kapitel. Eine reich ausgestattete Randverzierung am Fuß der Eingangsseite jedes Bandes umkränzt ein Wappenschild, wohl Zeichen des Auftraggebers. Die Schlußzeilen am Ende des Bandes nennen Schreiber und Jahr: 1442, einmal 1443.

Ähnlich die Historienbibel: ein Doppelwappen im ersten der beiden Bände auf Blatt 6 verso, von einem Engel gehalten, bezeichnet das Empfängerpaar Heinrich Ehinger, Säckelmeister zu Konstanz (gestorben 1479), und sein Eheweib Margarete von Cappel. Überdies nennt Blatt 106 recto Hans Ott als Künstler. Er gehörte zur elsäßischen Werkstatt des Diebolt Lauber zu Hagenau. Der zweite Band mit den Historien des Neuen Testaments berichtet aus dem Marienleben nach der Dichtung von Bruder Philipp aus dem Kartäuserkloster Seitz in der Steiermark. Zutraulich, unmittelbar spricht das Buch den Betrachter an, weckt sein Mitempfinden. Es wählt gern biblische Szenen, die als Sensationsbericht wirken und läßt mit ansehen, wie die grausame Soldateska des Herodes das Blutbad unter den Kindlein von Bethlehem anrichtet, zeigt händeringend die schreienden Mütter. In den Legenden des Marienlebens weiß herzhafte Fabulierfreude auch zartere Gefühle anzusprechen: ‹Also Jhesus sin můtter drucken durch

45

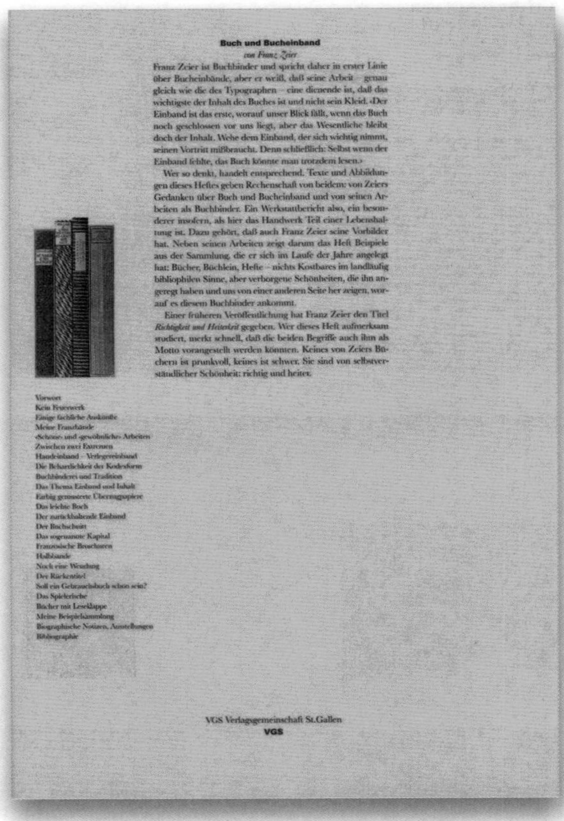

Buch und Bucheinband

von Franz Zeier

Franz Zeier ist Buchbinder und spricht daher in erster Linie über Bucheinbände, aber er weiß, daß seine Arbeit – genau gleich wie die des Typographen – eine dienende ist, daß das wichtigste der Inhalt des Buches ist und nicht sein Kleid. «Der Einband ist das erste, worauf unser Blick fällt, wenn das Buch noch geschlossen vor uns liegt, aber das Wesentliche bleibt doch der Inhalt. Wehe dem Einband, der sich wichtig nimmt, seinen Vortritt mißbraucht. Denn schließlich: Selbst wenn der Einband fehlte, das Buch könnte man trotzdem lesen.»

Wer so denkt, handelt entsprechend. Texte und Abbildungen dieses Heftes geben Rechenschaft von beidem: von Zeiers Gedanken über Buch und Bucheinband und von seinen Arbeiten als Buchbinder. Ein Werkstattbericht also, ein besonderer insofern, als hier das Handwerk Teil einer Lebenshaltung ist. Dazu gehört, daß auch Franz Zeier seine Vorbilder hat. Neben seinen Arbeiten zeigt darum das Heft Beispiele aus der Sammlung, die er sich im Laufe der Jahre angelegt hat: Bücher, Büchlein, Hefte – nichts Kostbares im landläufig bibliophilen Sinne, aber verborgene Schönheiten, die ihn angeregt haben und uns von einer anderen Seite her zeigen, worauf es diesem Buchbinder ankommt.

Einer früheren Veröffentlichung hat Franz Zeier den Titel *Richtigkeit und Heiterkeit* gegeben. Wer dieses Heft aufmerksam studiert, merkt schnell, daß die beiden Begriffe auch ihm als Motto vorangestellt werden könnten. Keines von Zeiers Büchern ist prunkvoll, keines ist schwer. Sie sind von selbstverständlicher Schönheit: richtig und heiter.

Vorwort
Kein Feuerwerk
Einige fachliche Auskünfte
Meine Franzbände
«Schöne» und «gewöhnliche» Arbeiten
Zwischen zwei Extremen
Handeinband – Verlegereinband
Die Beharrlichkeit der Kodexform
Buchbinderei und Tradition
Das Thema Einband und Inhalt
Farbig gemusterte Überzugpapiere
Das leichte Buch
Der zurückhaltende Einband
Der Buchschnitt
Das sogenannte Kapital
Französische Broschuren
Halbbände
Noch eine Wendung
Der Rückentitel
Soll ein Gebrauchsbuch schön sein?
Das Spielerische
Bücher mit Leseklappe
Meine Beispielsammlung
Biographische Notizen, Ausstellungen
Bibliographie

VGS Verlagsgemeinschaft St.Gallen
VGS

『책과 장정Buch und Bucheinband』
프란츠 자이어Franz Zeier 지음, VGS, 1995,
200×300mm, 48쪽, 중철

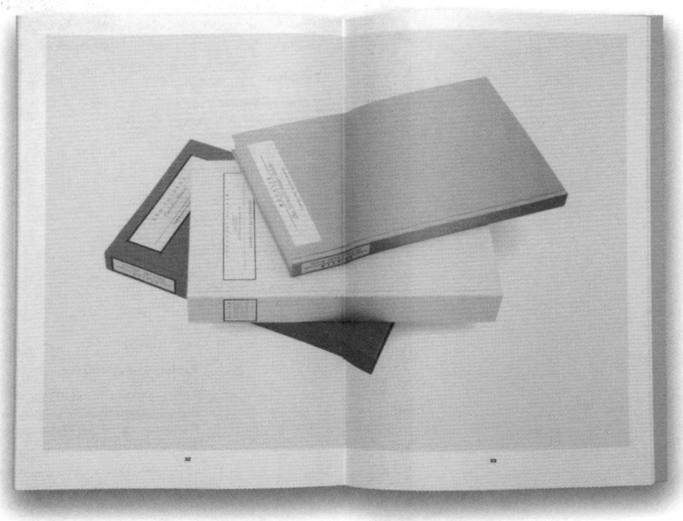

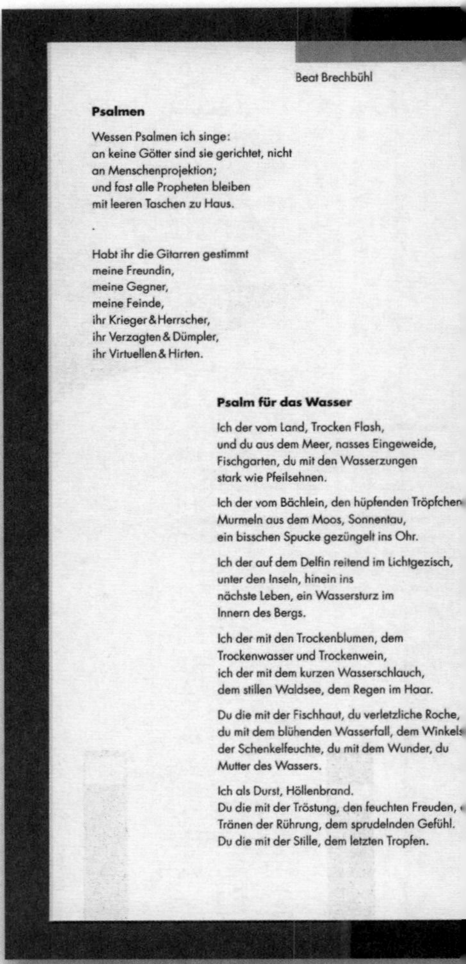

Beat Brechbühl

Psalmen

Wessen Psalmen ich singe:
an keine Götter sind sie gerichtet, nicht
an Menschenprojektion;
und fast alle Propheten bleiben
mit leeren Taschen zu Haus.

Habt ihr die Gitarren gestimmt
meine Freundin,
meine Gegner,
meine Feinde,
ihr Krieger & Herrscher,
ihr Verzagten & Dümpler,
ihr Virtuellen & Hirten.

Psalm für das Wasser

Ich der vom Land, Trocken Flash,
und du aus dem Meer, nasses Eingeweide,
Fischgarten, du mit den Wasserzungen
stark wie Pfeilsehnen.

Ich der vom Bächlein, den hüpfenden Tröpfchen
Murmeln aus dem Moos, Sonnentau,
ein bisschen Spucke gezüngelt ins Ohr.

Ich der auf dem Delfin reitend im Lichtgezisch,
unter den Inseln, hinein ins
nächste Leben, ein Wassersturz im
Innern des Bergs.

Ich der mit den Trockenblumen, dem
Trockenwasser und Trockenwein,
ich der mit dem kurzen Wasserschlauch,
dem stillen Waldsee, dem Regen im Haar.

Du die mit der Fischhaut, du verletzliche Roche,
du mit dem blühenden Wasserfall, dem Winkels
der Schenkelfeuchte, du mit dem Wunder, du
Mutter des Wassers.

Ich als Durst, Höllenbrand.
Du die mit der Tröstung, den feuchten Freuden,
Tränen der Rührung, dem sprudelnden Gefühl.
Du die mit der Stille, dem letzten Tropfen.

『물떼새를 만든 너Der du die Regenpfeifer Gemacht Hast』
베아트 브레흐뷜Beat Brechbühl 외 지음, VGS,
2000, 140×260mm, 32쪽, 사철

Psalm für das Schlachtvieh

Beat Brechbühl

Vor dem Morgengrauen fahren
die einsamen Chauffeure
mit den Lastwagen
zum einsamen Hof in der Hügelfalte,
gesichtslos treiben sie die Schweine
aus den Ställen in die Lastwagen in den Schlachthof in
den Hammer vom Leben zum Tod ins Messer des Metzgers in
die Fleischvermanschmaschine
die alles gleichmacht zu Menschen- und Tierfutter, das
verdaut und ausgeschieden
den Kreislauf der nutzlosen Geburt und des nutzlosen Todes alimentiert.

Wenn ich die Sonne bin würde
ich euch baden in Kamille und Ehrenpreis, würde
ich euch lausen und salben mit Nussöl, würde
ich euch Kühle suchen in fläziger Suhle und saftige Wiesen, würde
ich euch die Schweinesprache lehren und den Schweinegesang, würde
ich eure Geburt verhindern und damit den Tod.
Aber ich bin nicht die Sonne,
ich bin ein Schweinepriester mit Gabel und Messer.

Ich bin euer Bruder.

8·9

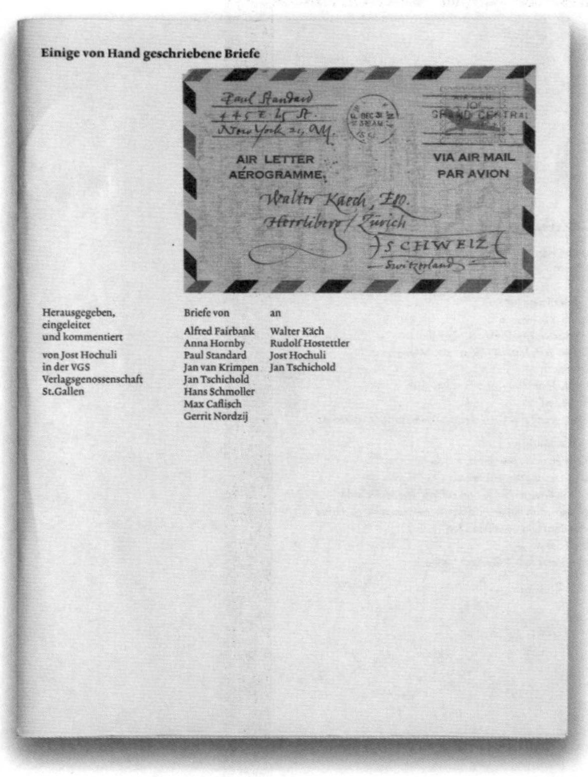

『필사 편지들Einige von Hand Geschriebene Briefe』
요스트 호훌리Jost Hochuli 지음, VGS, 2013,
230×305mm, 48쪽, 중철

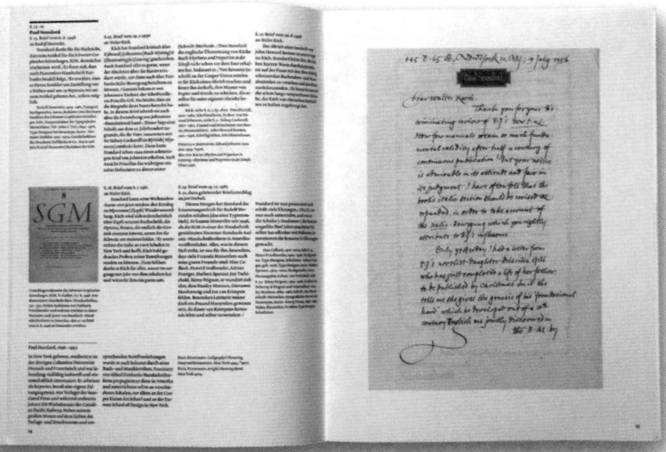

J. VAN KRIMPEN

Dear Mr Tschichold,
I received your note of August
10th this morning. I have been
told that the pulls were, at long
last, sent to you last Friday
or thereabouts. They have taken
so long because we have been
waiting for a few sheets of
larger paper which Bühemann
had promised to supply. After
several weeks I decided to use
ordinary coated paper. I hope
that in the meantime you have
recieved the pulls.
Haarlem Yours sincerely
13 August 1952 J van Krimpen

 → 45

「새장Bird Cages」 요스트 호훌리 지음, 튀포트론Typotron 3호, VGS, 1985, 150×240mm, 36쪽, 사철

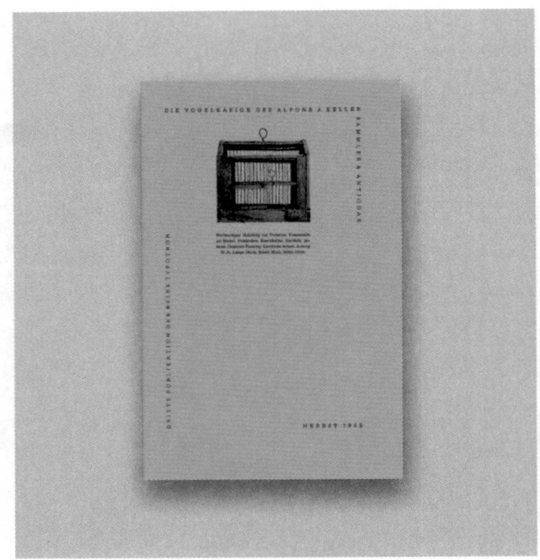

「기호Signs」 에이드리언 프루티거Adrian Frutiger 지음, 튀포트론 7호, VGS, 1989, 150×240mm, 44쪽, 사철

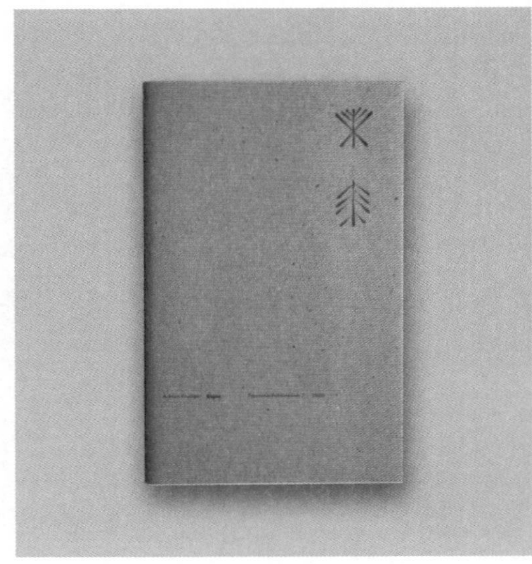

『활자의 즐거움
Joy in Type』
요스트 호훌리 지음,
튀포트론 11호,
VGS, 1993,
150×240mm,
44쪽, 사철

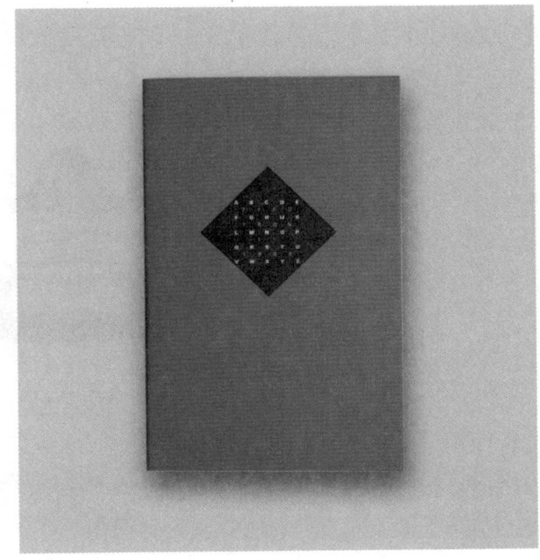

『타이포그래피의
모든 것: 그리고
그밖의 모든 것
Typografisches
Allerlei-und Allerlei
Anderes』
요스트 호훌리 지음,
튀포트론 15호,
VGS, 1997,
150×240mm,
44쪽, 사철

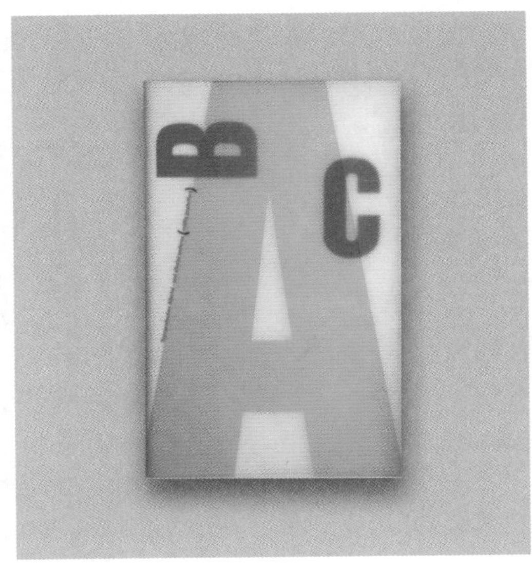

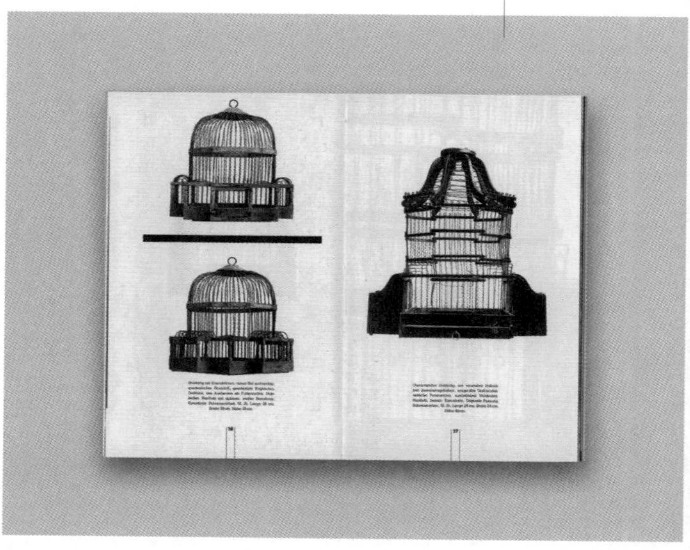

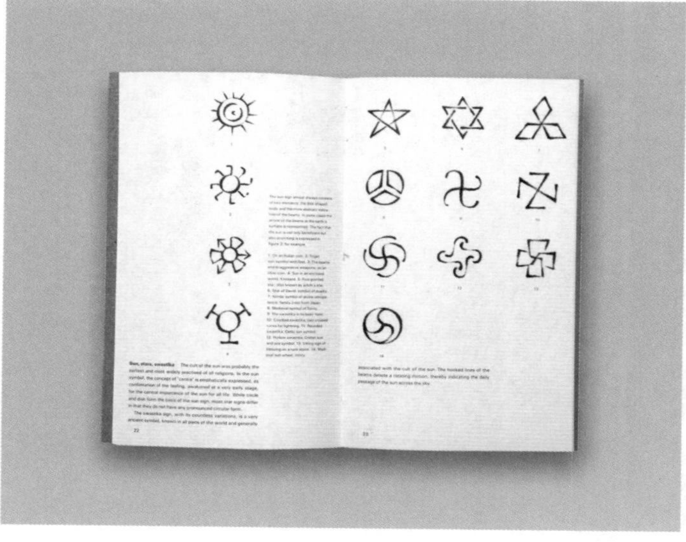

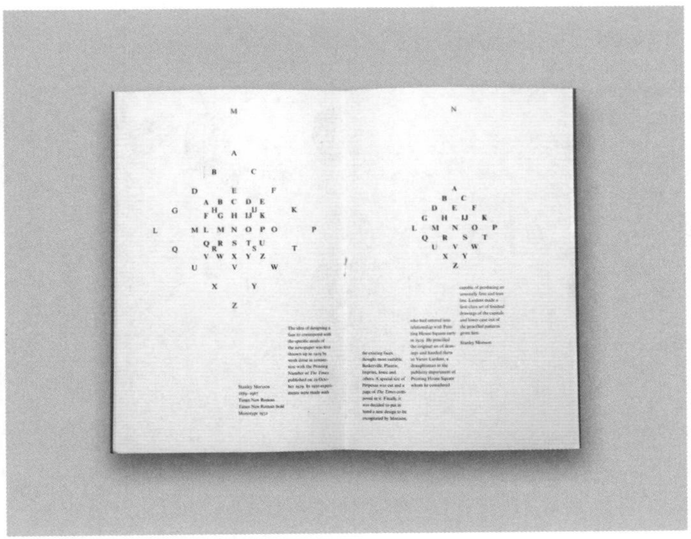

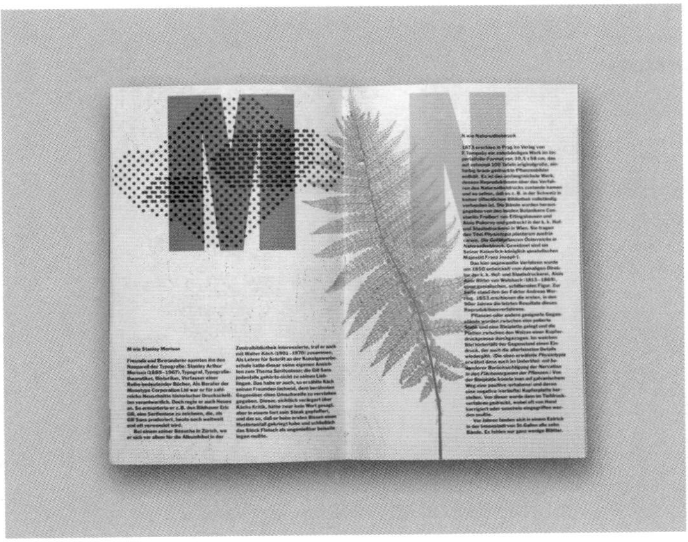

「시터조약돌
Sitterkiesel」
오스카 켈러
Oskar Keller 지음,
우르스 호훌리
Urs Hochuli 그림,
에디치온
오스트슈바이츠Edition
Ostschweiz 1호,
VGS, 2000,
148×235mm,
48쪽, 사철

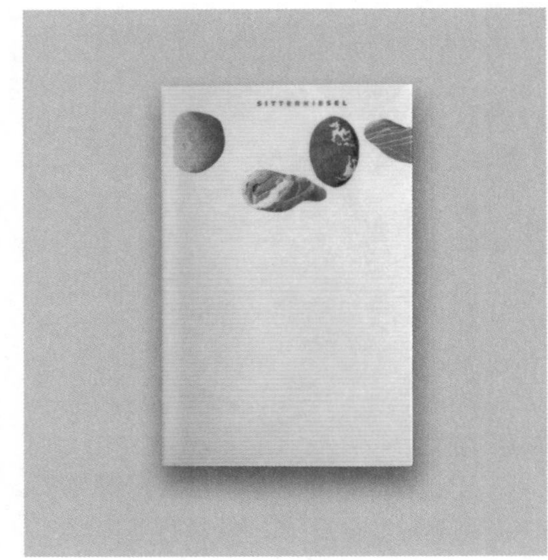

「가을 낙엽
Herbstlaub」
루돌프 비드머
Rudolf Widmer 지음,
미하엘 라스트
Michael Rast 사진,
에디치온
오스트슈바이츠 4호,
VGS, 2003,
148×235mm,
48쪽, 사철

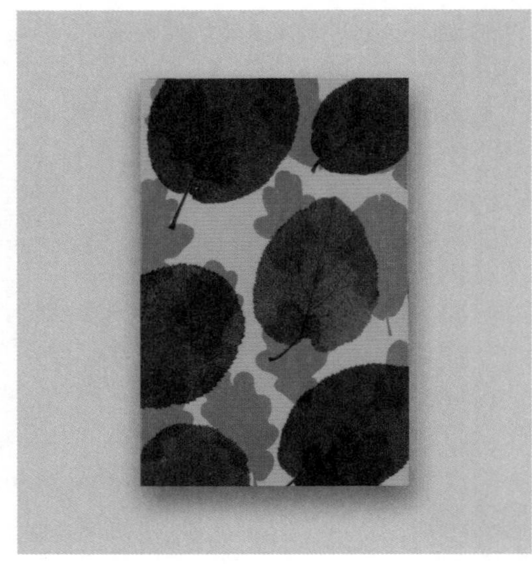

『윤활유와 생강쿠키Charesalb ond Chlausebickli』 롤란트 이나우엔 Roland Inauen 지음, 에디치온 오스트슈바이츠 11호, VGS, 2010, 148×235mm, 66쪽, 사철

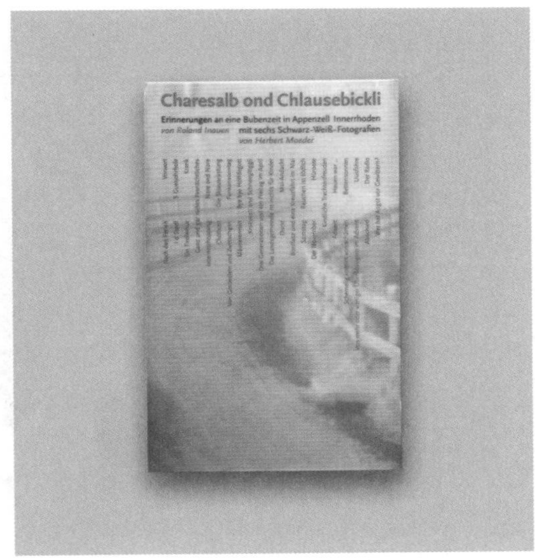

『변신Metamorphose』 우르술라 호훌리 Ursula Hochuli 그림, 요스트 호훌리 기획 및 서문, 에디치온 오스트슈바이츠 15호, VGS, 2014, 148×235mm, 40쪽, 사철

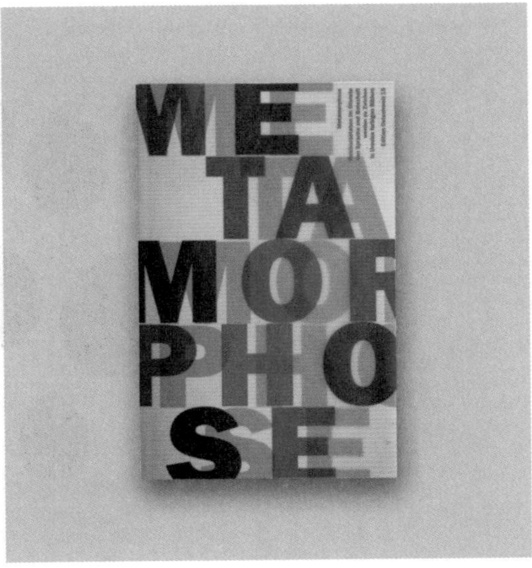

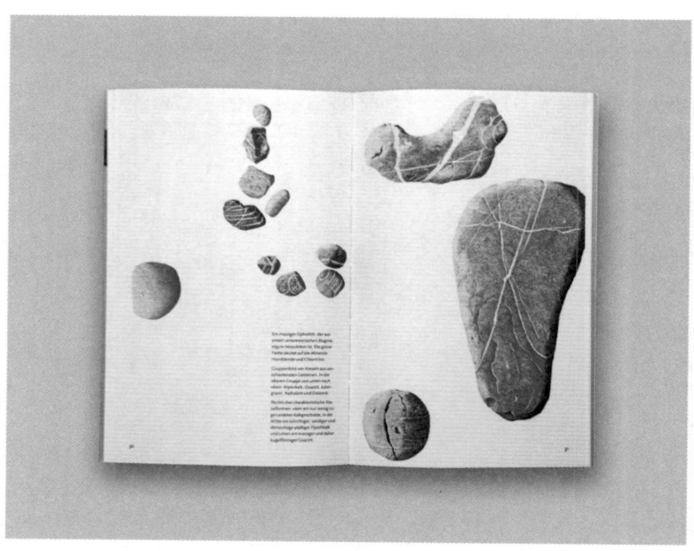

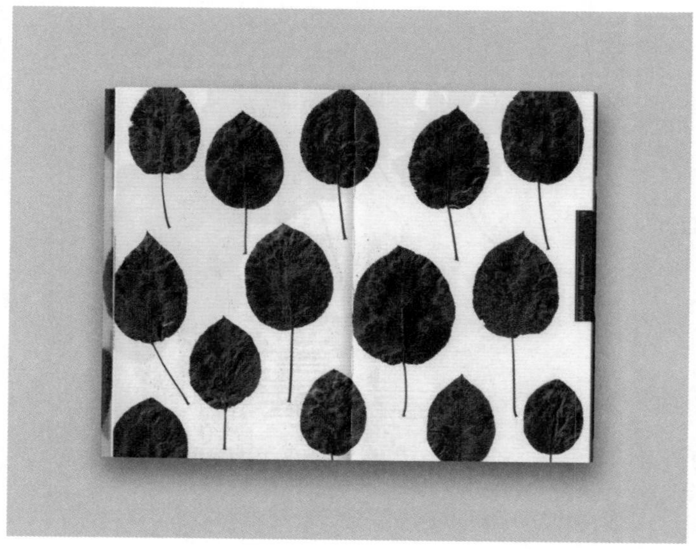

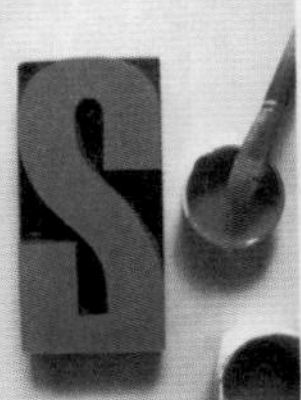

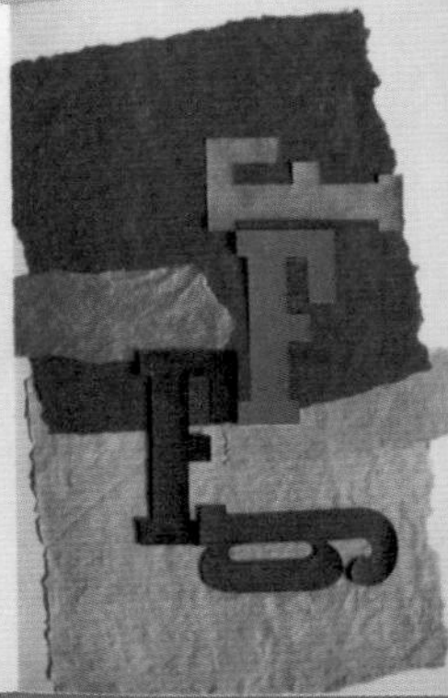

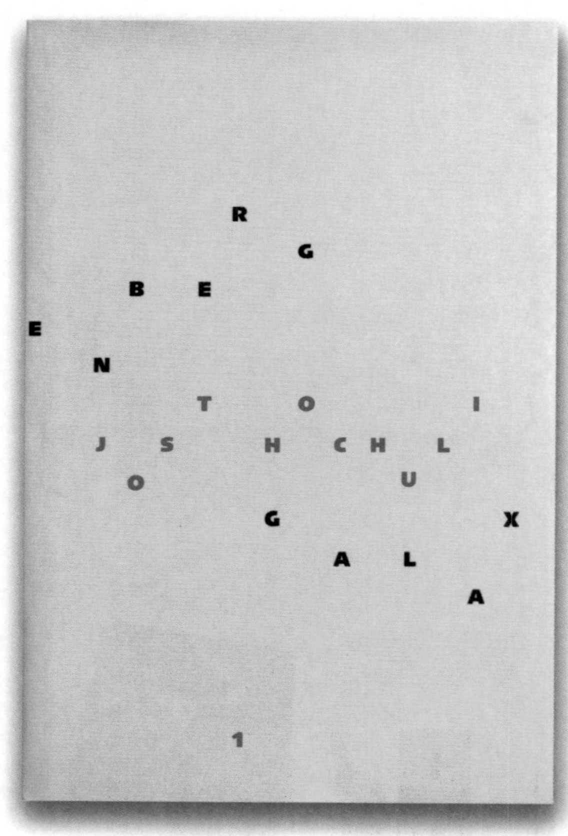

「구텐베르그 갤럭시 1Gutenberg Galaxie 1」
요스트 호홀리 지음, 율리아 블루메Julia Blume, 귄터 카를보제Günter Karl-Bose 발행,
라이프치히서적예술연구소Insitut für Buchkunst Leipzig, 2000, 190×290mm, 96쪽, 양장

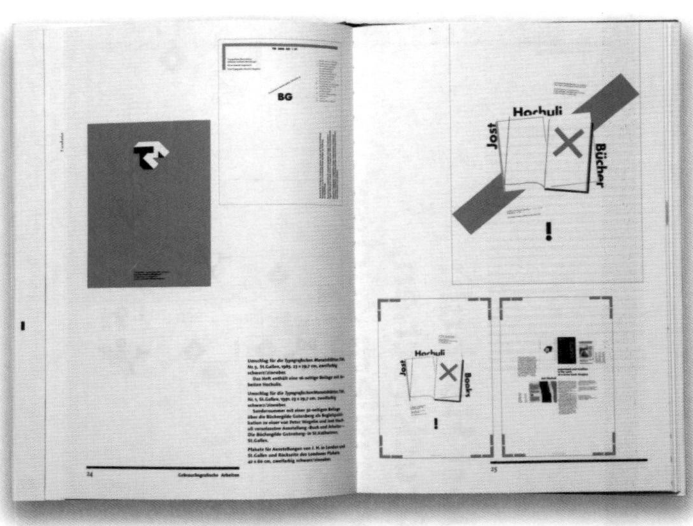

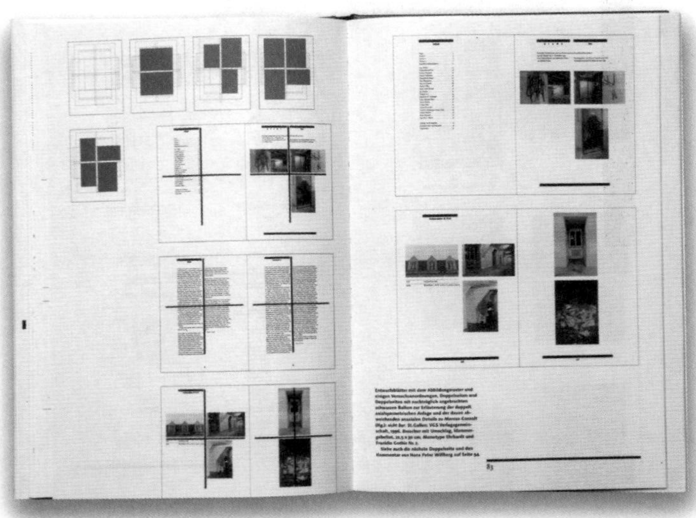

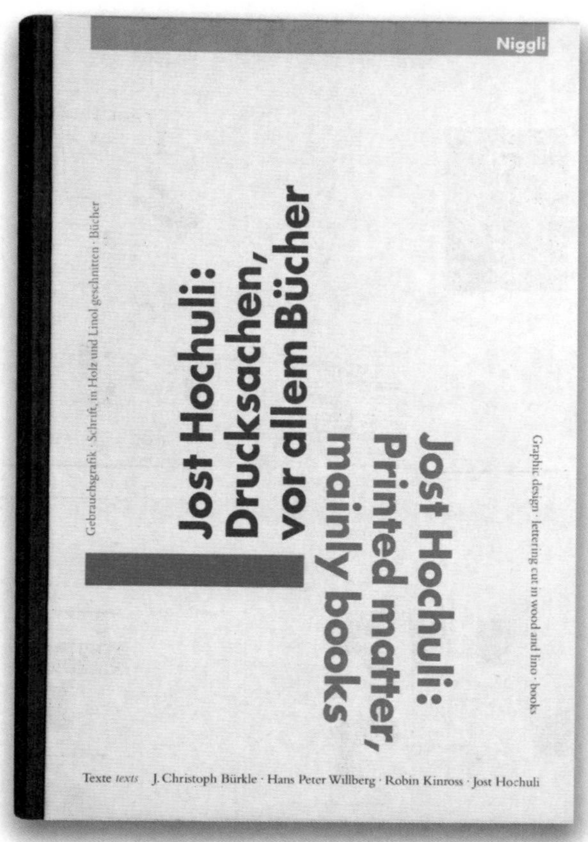

『요스트 호훌리: 인쇄물, 대부분은 서적Jost Hochuli: Printed Matter, Mainly Books』
로빈 킨로스Robin Kinross, 한스 페터 빌베르크Hans Peter Willberg, 요스트 호훌리 지음,
니글리Niggli, 2002, 200×300mm, 212쪽, 양장

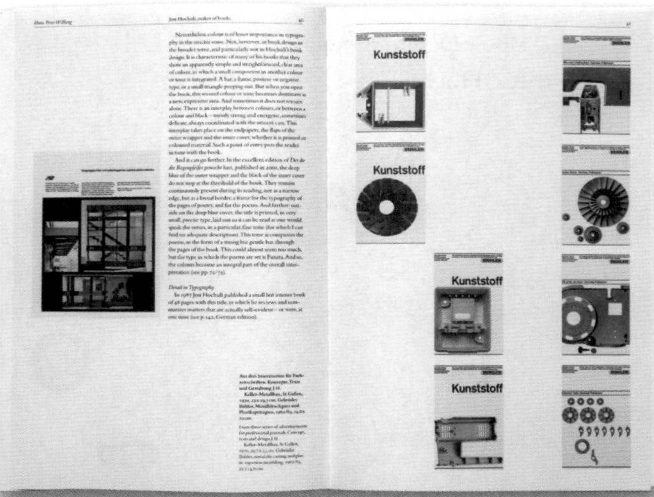

Nevertheless, colour is of lesser importance in typography in the stricter sense. Not, however, in book design in the broader sense, and particularly not in Hochuli's book design. It is characteristic of many of his books that they show an apparently simple and straightforward, clear area of colour, in which a small component in another colour or tone is integrated. A bar, a frame, positive or negative type, or a small triangle peeping out. But when you open the book, this second colour or tone becomes dominant as a new, expressive area. And sometimes it does not remain alone. There is an interplay between colours, or between a colour and black – mostly strong and energetic, sometimes delicate, always coordinated with the utmost care. This interplay takes place on the endpapers, the flaps of the outer wrapper and the inner cover, whether it is printed or coloured material. Such a point of entry puts the reader in tune with the book.

And it can go further. In the excellent edition of *Der du die Regenpfeifer gemacht hast*, published in 2000, the deep blue of the outer wrapper and the black of the inner cover do not stop at the threshold of the book. They remain continuously present during its reading, not as a narrow edge, but as a broad border, a frame for the typography of the pages of poetry, and for the poems. And further: outside on the deep blue cover, the title is printed, in very small, precise type, laid out so it can be read as one would speak the verses, in a particular, fine tone (for which I can find no adequate description). This tone accompanies the poems, in the form of a strong but gentle bar, through the pages of the book. This could almost seem too much, but the type in which the poems are set is Futura. And so, the colours become an integral part of the overall interpretation (see pp. 72/73).

Detail in Typography

In 1987 Jost Hochuli published a small but intense book of 48 pages with this title, in which he reviews and summarizes matters that are actually self-evident – or were, at one time (see p. 142, German edition).

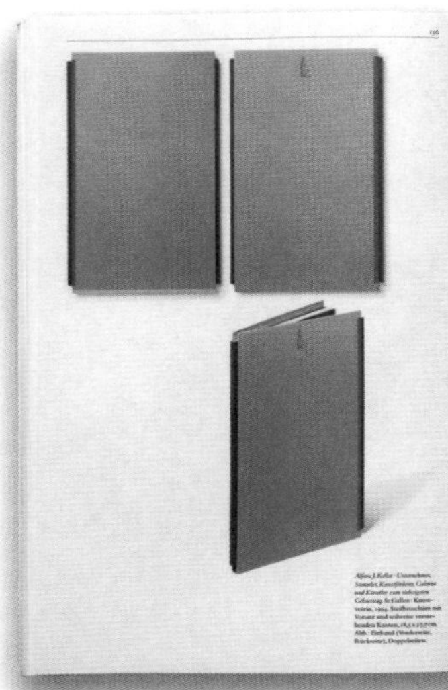

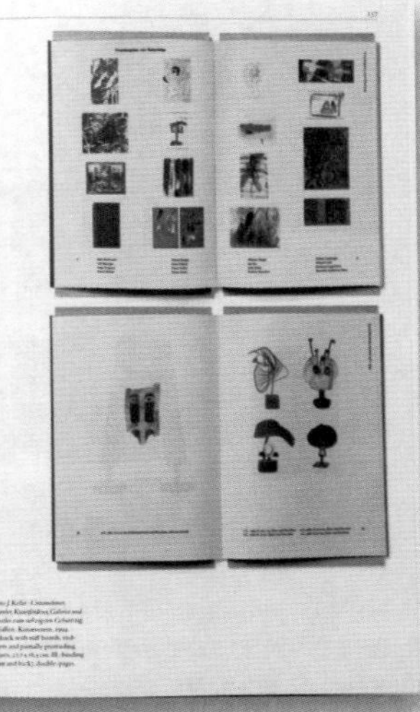

→ 35, 36, 37

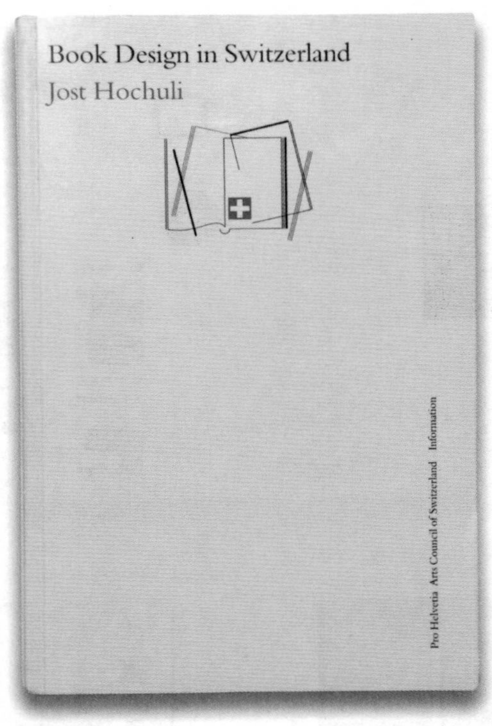

『스위스 북 디자인Book Design in Switzerland』
요스트 호훌리 지음, 프로헬베치아Pro Helvetia, 1993,
135×210mm, 160쪽, 사철

Book design, a survey 46

type used inside or the title type and a reference to the design principles of the book's typography will suffice to create this unity: the type area need not correspond to that of the text in either height or width.

Systematic design

As has already been frequently mentioned, whatever the design principles a book follows, all its parts should be based on a consistent plan, so that from the first page to the last, the same elements are consistently employed. This is not merely an aesthetic requirement, but also important for the comprehension of the text: chapter titles and subtitles, systems and spaces are signs that perform a communicational function. For the book designer, binding or cover are part of the book; he will include them in his overall concept as he will the jacket of an elegant book. Colour is – although this cannot be demonstrated here – also a part of systematic design. The tone of the text paper, the colours of the endpapers, the binding materials, headband and bookmark, and the colour(s) of the jacket all make an important contribution to the overall effect.

Jost Hochuli

The text of this chapter is largely a summary of the following publications: Jost Hochuli: *Detail in typography*. Wilmington (Mass.), Compugraphic, 1987. – Jost Hochuli: *Designing books*. Wilmington (Mass.), Agfa, 1990.

The book trade and publishing in Switzerland

We can only speak of a book trade, as we understand the term today, in Switzerland after the invention of moveable type by Johannes Gutenberg (about 1450).[1] There is also a close connection here with the founding of the University of Basle in 1460, for not only are the first printers who carried on their trade on a commercial basis to be found in Basle, but so too are many of the academics whose works were published by these printers.

Books themselves could of course have been encountered in Switzerland much earlier. The monasteries of Reichenau in the neighbouring region of Lake Constance, of St Gall, Pfäfers, Einsiedeln, Engelberg and St Urban in German-speaking Switzerland, and of St-Maurice, Romainmôtier, St-Ursanne, Moutier-Grandval, Geneva and Sion in the French-speaking part of the country, were all famous for their schools of writing and illumination. In the later Middle Ages, Zurich gained significance at the beginning of the 14th century with the Manesse manuscript; Berne and Lucerne, but also smaller towns like Bremgarten in Aargau, followed with the Swiss pictorial chronicles. These were commissioned by leading families. But there had already been a remarkable mass production of manuscripts for a wider market, in the Atelier Lauber in neighbouring Alsace, for example. The family of Diebold Schilling, author of the Lucerne chronicle, came from this workshop. At the same time, a certain delay in the production of books in large editions is observable, compared with places where universities were founded early, like Bologna or Paris.

The early printers – Johann Amerbach, Johann Froben and Johann Petri in Basle, for example, or Christoph Froschauer the elder in Zurich – were printer, publisher and bookseller in one. It soon became clear that the domestic market area had not reached the necessary size to enable the sale of editions which would cover their costs. It was necessary to discover new, additional sales potential – a situation in which Swiss publishers have found themselves down the centuries, and in which they still find themselves today. It comes, then, as no surprise that Basle printers offered their books for sale in Leipzig, or that printing commissions from Nuremberg were carried out in Basle. By today's standards the editions were small and the market limited. Even the aristocracy were frequently unable to read or write – some educated ladies excepted. Particularly when it was a matter of Latin texts, they were dependent on students from the monastic schools.[2] The Reformation and Counter-

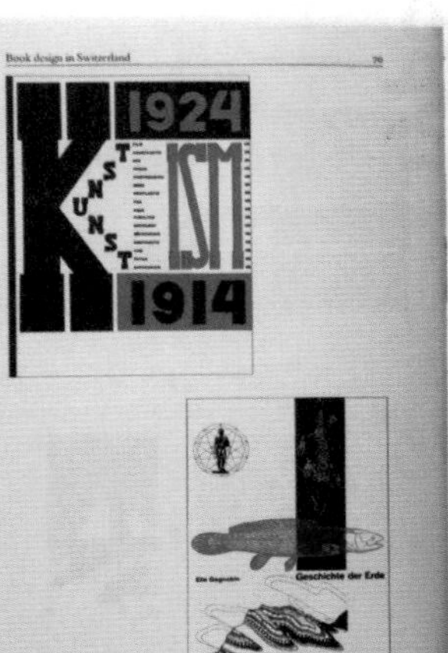

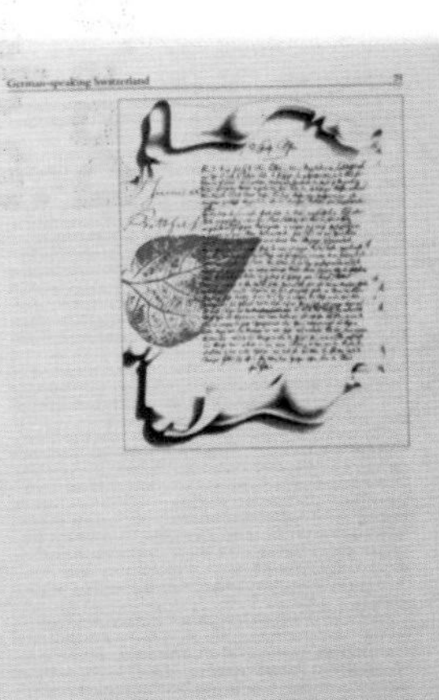

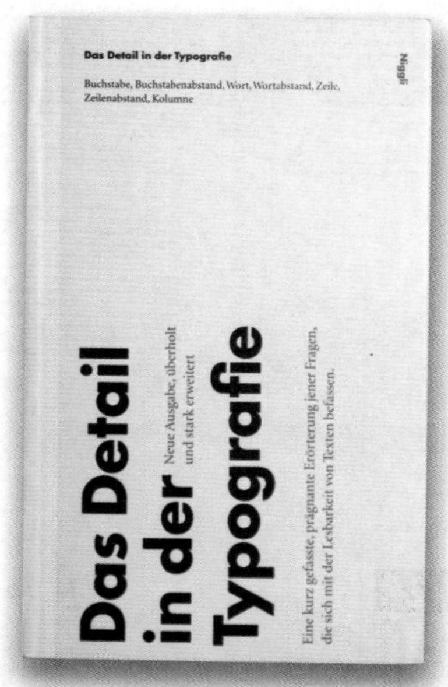

『마이크로 타이포그래피Das Detail in der Typografie』
요스트 호훌리 지음, 니글리, 재판본, 2011,
130×210mm, 68쪽, 사철

Wenn die Lesbarkeit einer Druckschrift von der differenzierten und deutlichen Gestaltung der oberen Hälfte der Mittellängen abhängt, wären die meisten Serifenlosen gegenüber klassischen Buchschriften im Nachteil, besonders jene, deren gemeines a die vereinfachte Form hat (Abb. 13).

Wie alle andern zweidimensionalen Figuren, die von unserm Auge wahrgenommen werden, unterliegen auch die Buchstaben optischen Gesetzen. Maßgebend für die Beurteilung ihrer formalen Qualitäten sind daher nicht Messgeräte, sondern allein das gesunde menschliche Auge. Die folgenden Punkte, auf die bei der Gestaltung von Schrift zu achten ist, wollen wir daher nicht optische Täuschungen, sondern optische Tatsachen nennen:

1. Kreis und Dreieck wirken, bei genau gleicher Höhe, kleiner als das Rechteck. Damit sie gleich hoch erscheinen, müssen Spitzen und Rundungen ein wenig über bzw. unter die Kopf- und Fußlinie gezogen werden (Abb. 14).

2. Die geometrisch genaue horizontale Halbierung einer Fläche ergibt eine obere Hälfte, die optisch größer wirkt als die untere. Zwei optisch gleichwertige Hälften ergeben sich, wenn die horizontale Teilung über der geometrischen, nämlich in der sogenannten optischen Mitte liegt (Abb. 15).

3. Bei gleicher Strichstärke wirkt eine Waagrechte breiter als eine Senkrechte. Um optisch ausgeglichene, gleich breit wirkende Stämme und Querbalken zu erhalten, muss die Waagrechte etwas schmaler sein. Das gilt nicht nur für gerade, sondern auch für runde Formen, die an der breitesten horizontalen Stelle sogar etwas breiter sein müssen als die entsprechenden Senkrechten (Abb. 16). Aus optischen Gründen muss auch die Rechtsschräge etwas breiter, die Linksschräge etwas schmaler sein als die Senkrechte. Nicht alle gleich langen Senkrechten sind gleich breit: je mehr waagrechte Anschlüsse, umso schmaler der Stamm.

4. Beim Zusammentreffen von Kurven mit Geraden oder andern Kurven sowie von zwei Schrägen ergeben sich – sofern nicht korrigiert wird – Knoten, die den Buchstaben verunstalten und das Satzbild fleckig erscheinen lassen (Abb. 17; siehe auch Abb. 4).

5. Kleine Schriftgrade müssen proportional breiter sein als größere. Dies ist ein optisches Erfordernis, das für eine optimale Lesbarkeit unabdingbar ist. (Wir können das übrigens an unserer eigenen

18

Der Buchstabe

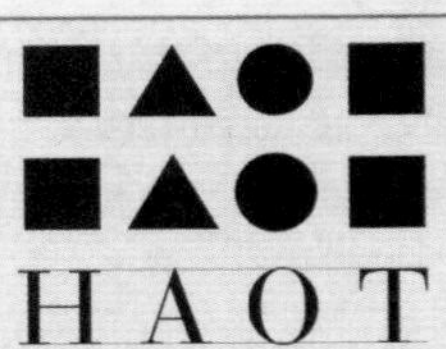

Abb. 14

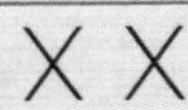

Abb. 15. Der mittlere waagrechte Balken links in geometrischer, rechts in optischer Mitte; Kreuzung links in geometrischer, rechts in optischer Mitte.

TT OO

Abb. 16 unkorrigiert korrigiert unkorrigiert korrigiert

rr VV

Abb. 17 unkorrigiert korrigiert unkorrigiert korrigiert

19

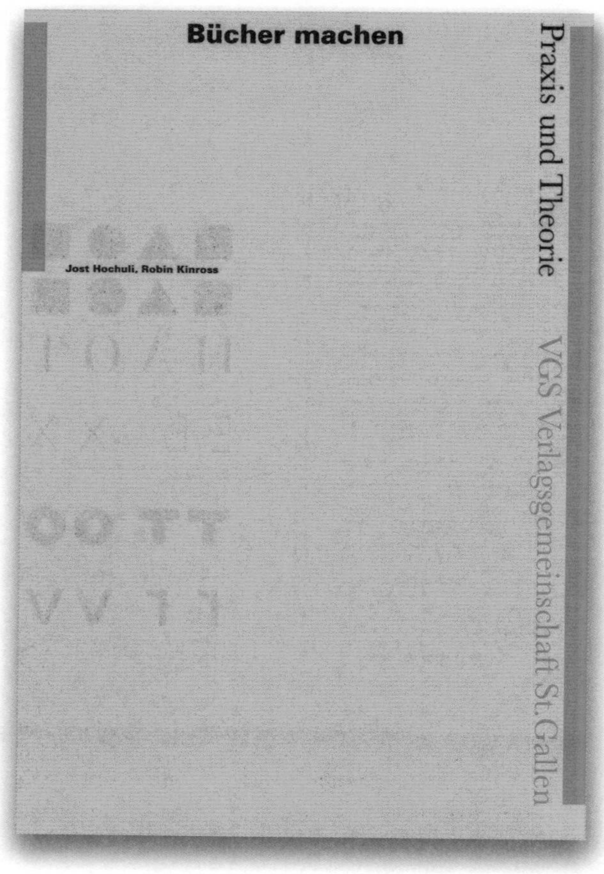

『책 디자인하기Bücher Machen』
요스트 호훌리, 로빈 킨로스 지음,
VGS, 1996, 170×255mm, 168쪽, 사철

(우)『책 디자인하기Designing Books』
요스트 호훌리, 로빈 킨로스 지음,
하이픈프레스Hyphen Press, 재판본,
2007, 170×255mm, 168쪽, 사철

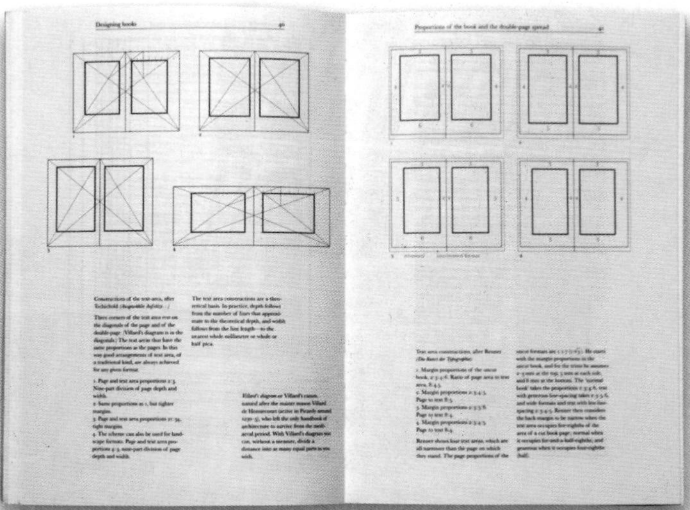
Designing books
Proportions of the book and the double-page spread

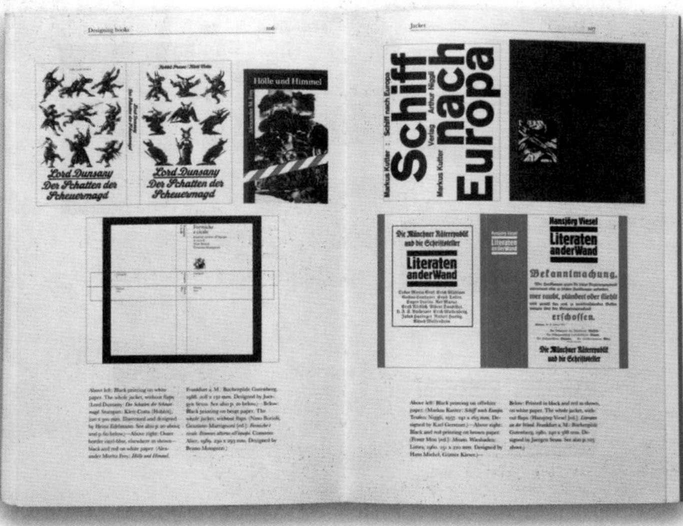
Designing books
Lord Dunsany
Der Schatten der Scheuermagd
Lord Dunsany
Der Schatten der Scheuermagd
Hölle und Himmel
Jacket
Markus Kutter
Schiff nach Europa
Verlag Arthur Niggli
Schiff
nach
Europa
Die Münchner Räterepublik und die Schriftsteller
Literaten an der Wand
Hansjörg Viesel
Literaten an der Wand
Bekanntmachung.
erschossen.
Die Münchner Räterepublik und die Schriftsteller

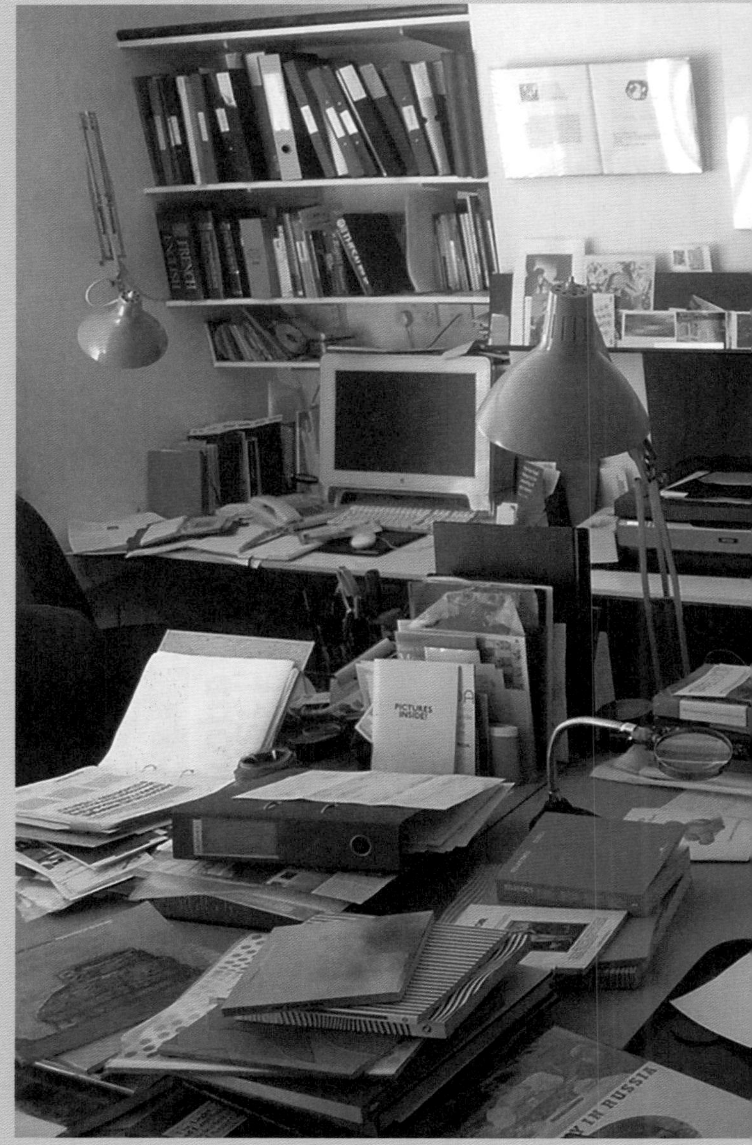
PICTURES
INSIDE!

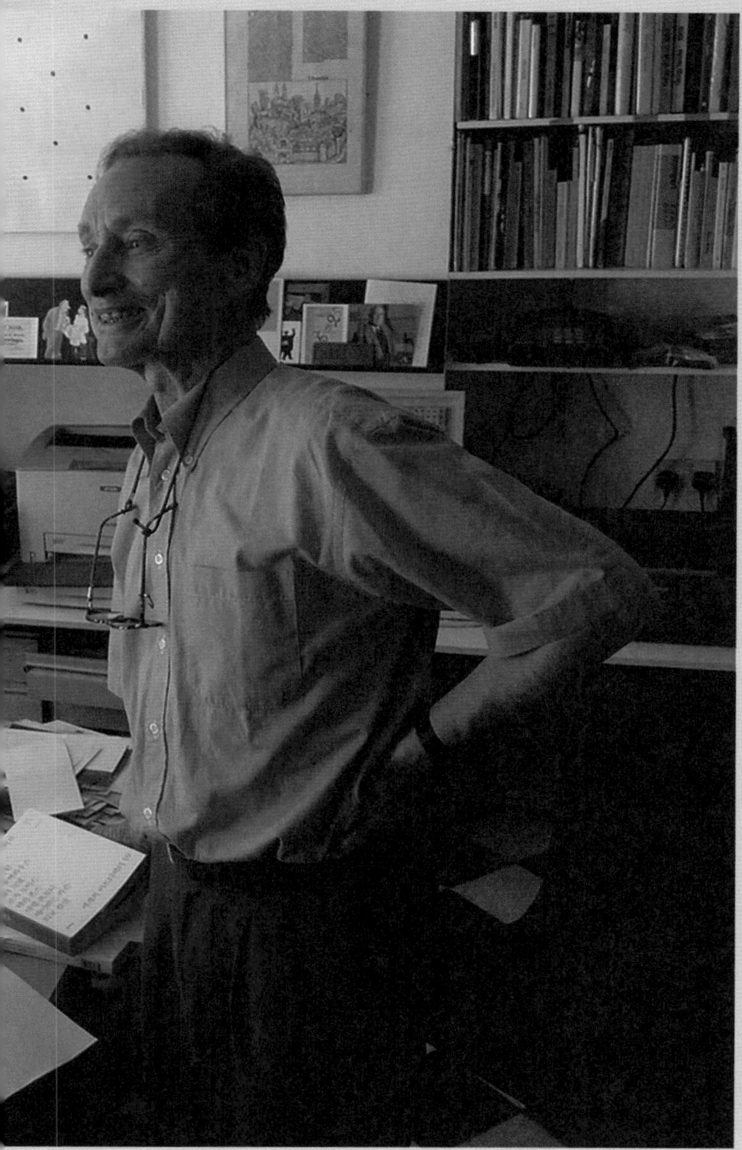

London, 2011 © Kay Jun

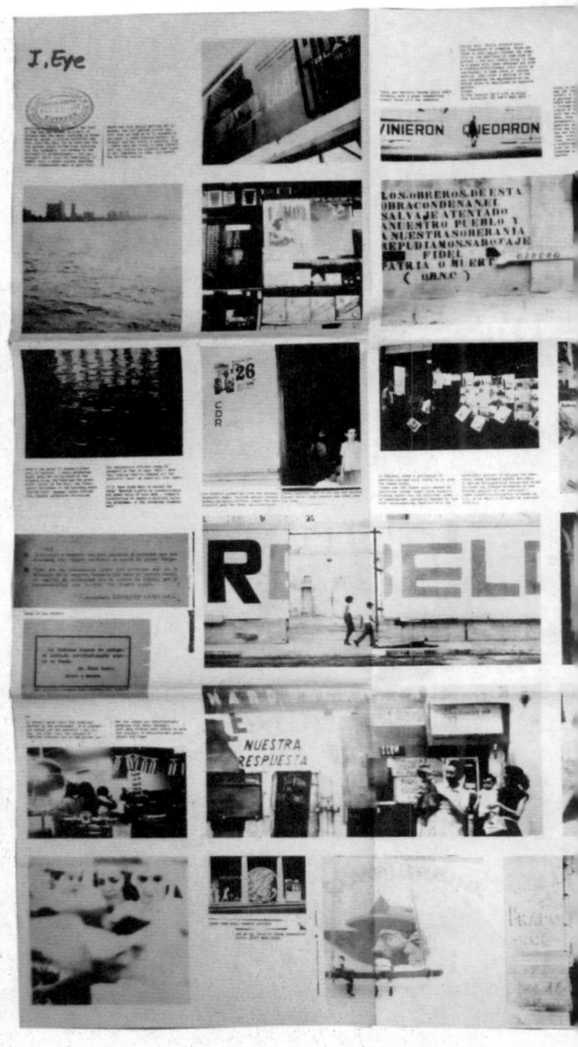

「나, 눈, 알비온 브로드시트 I, Eye, Albion Broadsheet」
자가 발행Self-published, 1962, 962×738mm

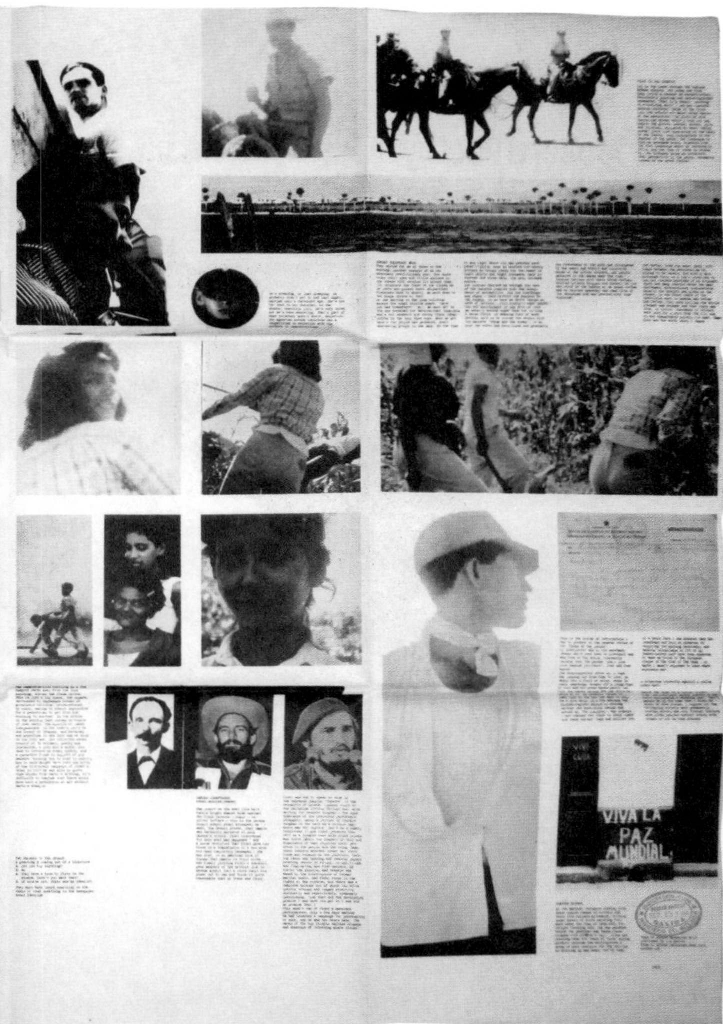
VIVA LA
PAZ
MUNDIAL

→ 55, 57

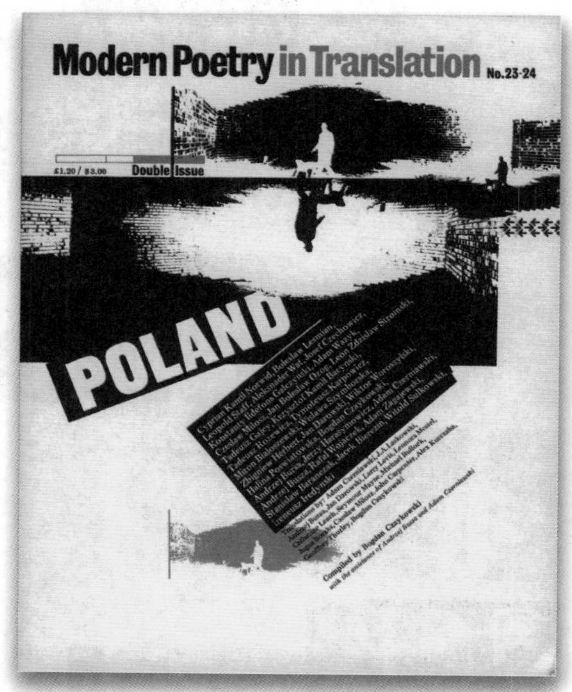

《모던 포이트리 인 트랜스레이션Modern Poetry in Translation》 23-24호
1975, 202×254mm, 무선

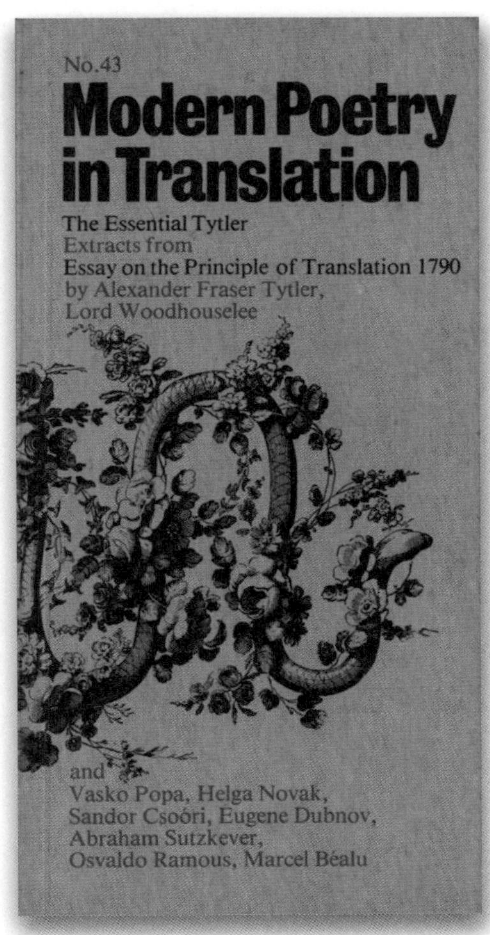

《모던 포이트리 인 트랜스레이션》 43호
1981, 100×200mm, 중철

 → 59

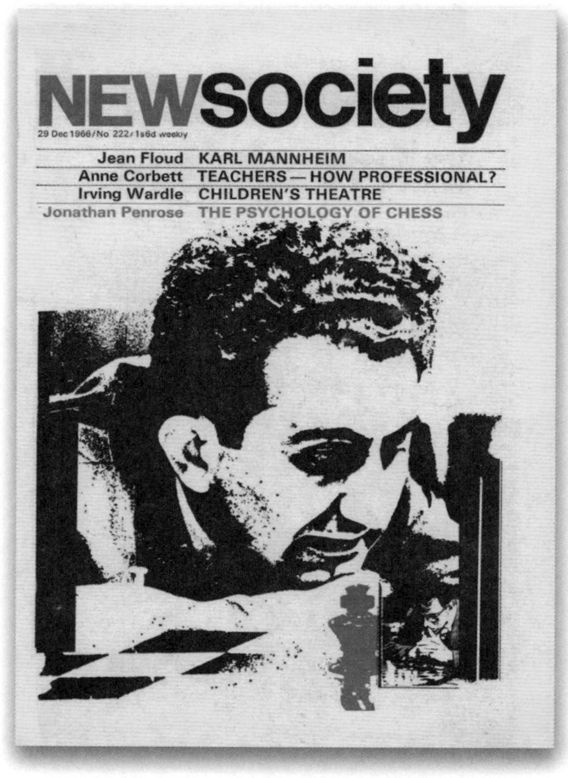

《뉴 소사이어티: 체스의 심리학New Society: The Psychology of Chess》 222호
1966, 235×332mm, 32쪽, 중철

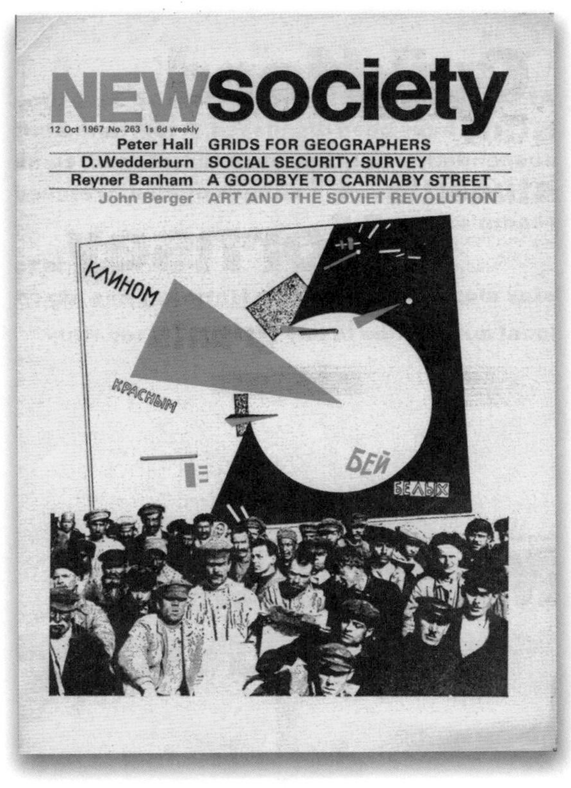

《뉴 소사이어티: 미술과 소비에트 혁명New Society: Art and the Soviet Revolution》 263호
1967, 235×332mm, 36쪽, 중철

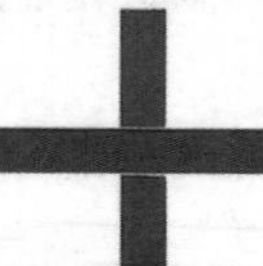

MORADE미술디자인교육재고운동Movement for Rethinking Art and Design Education 포스터
1968, 508×762mm

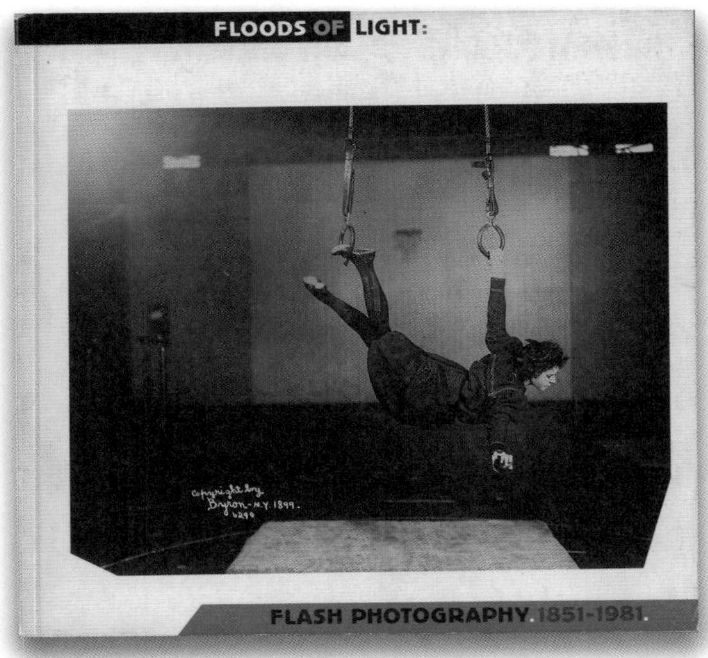

『빛의 홍수: 섬광 촬영, 1851–1981Floods of Light: Flash Photography, 1851-1981』
루퍼트 마틴Rupert Martin 편집, 포토그래퍼스갤러리Photographer's Gallery, 1983,
210×200mm, 96쪽, 무선

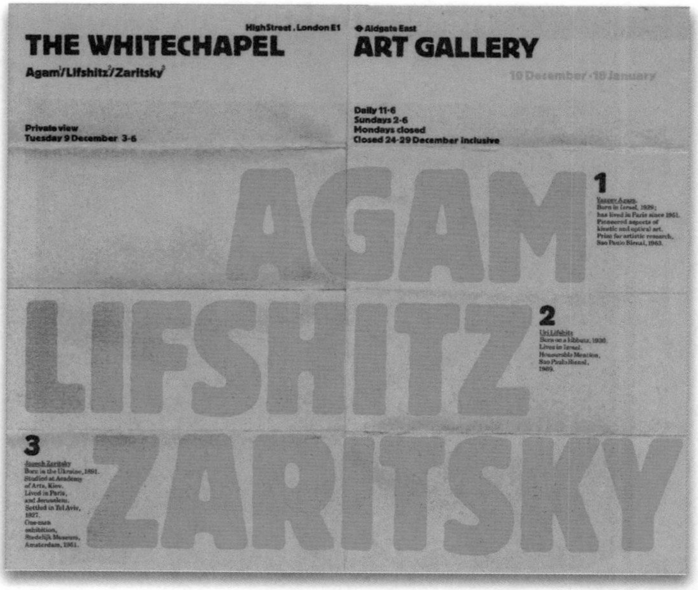

THE WHITECHAPEL ART GALLERY
High Street, London E1
Aldgate East
Agam/Lifshitz/Zaritsky
Private view
Tuesday 9 December 3-6
Daily 11-6
Sundays 2-6
Mondays closed
Closed 24-29 December inclusive
AGAM
LIFSHITZ
ZARITSKY

세 명의 이스라엘 예술가: 아감, 리프쉬츠, 자리츠키
Poster for Three Israeli Artists: Agam, Liftshitz, Zaritsky 포스터
화이트채플갤러리Whitechapel Gallery, 1969, 367x340mm

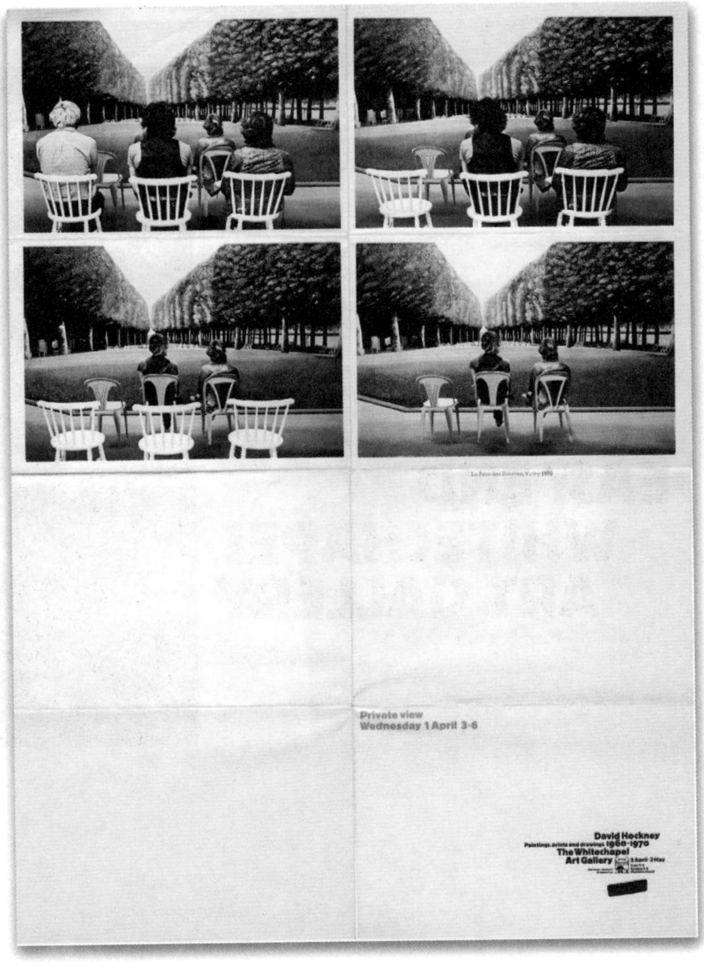

데이비드 호크니Poster and Invitation to Private View: David Hockney 포스터
화이트채플갤러리, 1970, 508x762mm

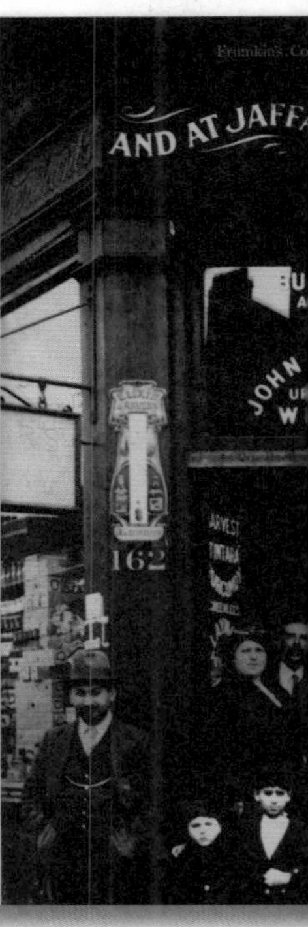

런던 이스트 엔드의 유대인 예술가 네 명Four Jewish Artists of London's East End 포스터
화이트채플갤러리, 1980, 420×297mm

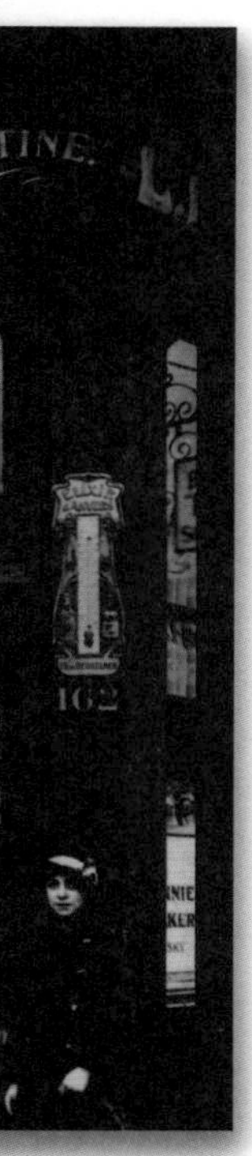

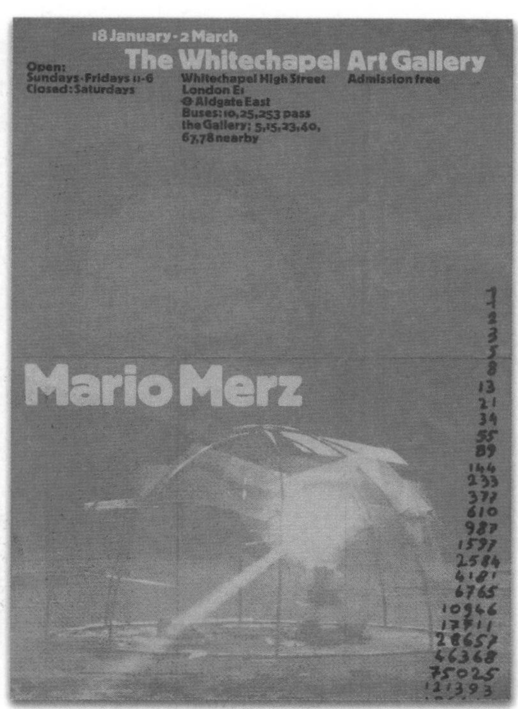

마리오 메르츠Mario Merz 포스터
화이트채플갤러리, 1980, 210×297mm

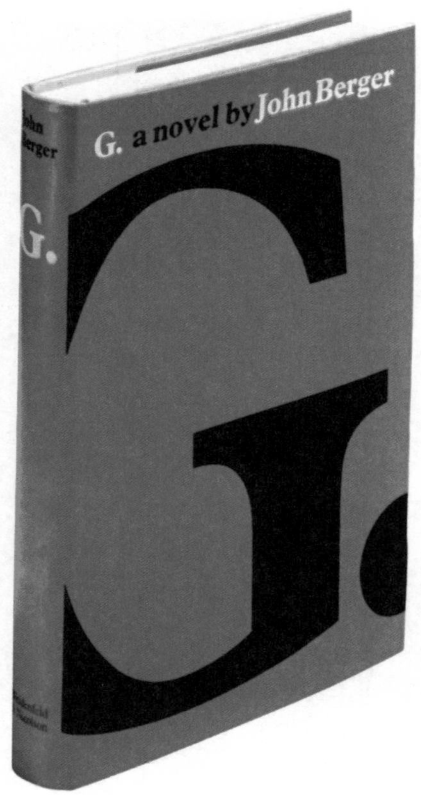

『G』
존 버거John Berger 지음,
바이덴펠트앤드니콜슨Weidenfeld & Nicolson,
1972, 158×253mm, 318쪽, 양장

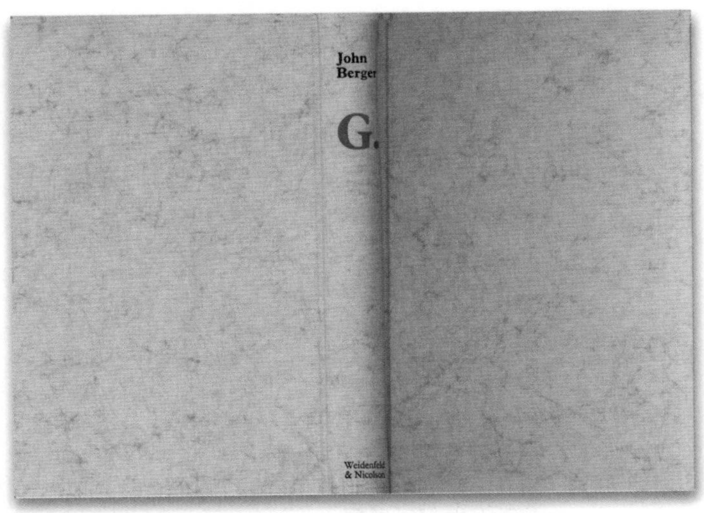
John
Berger
G.
Weidenfeld
& Nicolson

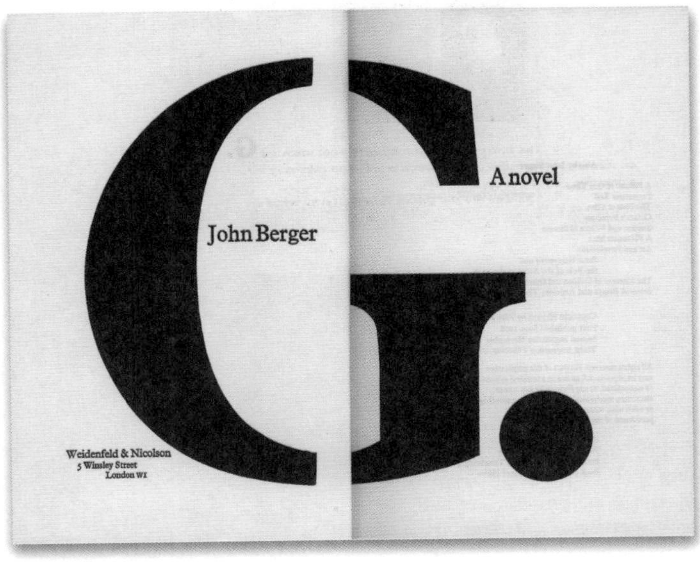
G.
A novel
John Berger
Weidenfeld & Nicolson
5 Winsley Street
London W1

 → 59-62

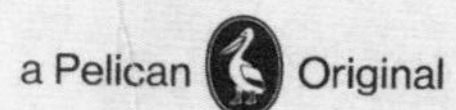

WAYS OF SEEING

Based on the BBC television series with

JOHN BERGER

Seeing comes before words. The child looks and recognizes before it can speak.

But there is also another sense in which seeing comes before words. It is seeing which establishes our place in the surrounding world; we explain that world with words, but words can never undo the fact that we are surrounded by it. The relation between what we see and what we know is never settled.

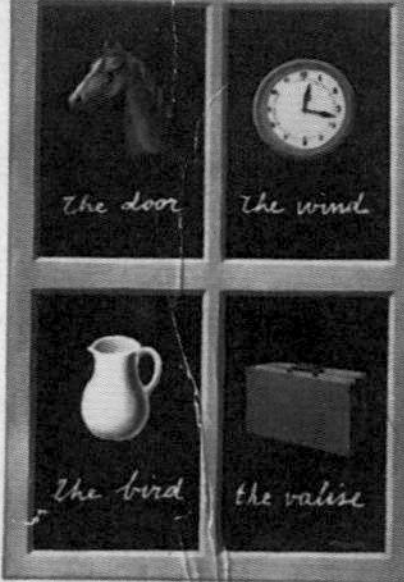

The Surrealist painter Magritte commented on this always-present gap between words and seeing in a painting called The Key of Dreams.

The way we see things is affected by what we

「다른 방식으로 보기Ways of Seeing」
존 버거 지음, 펠리칸북스Pelican Books,
1972, 125×195mm, 176쪽, 무선

Nevertheless the special relation between oil painting and property did play a certain role even in the development of landscape painting. Consider the well-known example of Gainsborough's Mr and Mrs Andrews.

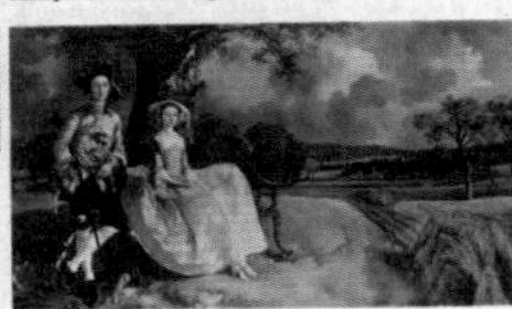
MR AND MRS ANDREWS BY GAINSBOROUGH 1727–1788

Kenneth Clark* has written about Gainsborough and this canvas:

At the very beginning of his career his pleasure in what he saw inspired him to put into his pictures backgrounds as sensitively observed as the corn-field in which are seated Mr and Mrs Andrews. This enchanting work is painted with such love and mastery that we should have expected Gainsborough to go further in the same direction; but he gave up direct painting, and evolved the melodious style of picture-making by which he is best known. His recent biographers have thought that the business of portrait painting left him no time to make studies from nature, and they have quoted his famous letter about being 'sick of portraits and wishing to take his Viol de Gamba and walk off to some sweet village where he can paint landscips', to support the view that he would have been a naturalistic landscape painter if he had had the opportunity. But the Viol de Gamba letter is only part of Gainsborough's Rousseauism. His real opinions on the subject are contained in a letter to a patron who had been so simple as to ask him for a painting of his park: 'Mr Gainsborough presents his humble respects to Lord Hardwicke, and shall always think it an honour to be employed in anything for His Lordship; but with regard to *real views* from Nature in this country, he has never seen any place that affords a subject equal to the poorest imitations of Gaspar or Claude.'

* Kenneth Clark, *Landscape into Art* (John Murray, London)

106

Why did Lord Hardwicke want a picture of his park? Why did Mr and Mrs Andrews commission a portrait of themselves with a recognizable landscape of their own land as background?

They are not a couple in Nature as Rousseau imagined nature. They are landowners and their proprietary attitude towards what surrounds them is visible in their stance and their expressions.

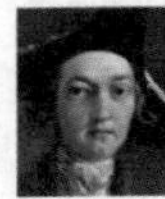
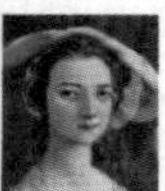

Professor Lawrence Gowing has protested indignantly against the implication that Mr and Mrs Andrews were interested in property:

Before John Berger manages to interpose himself again between us and the visible meaning of a good picture, may I point out that there is evidence to confirm that Gainsborough's Mr and Mrs Andrews were doing something more with their stretch of country than merely owning it. The explicit theme of a contemporary and precisely analogous design by Gainsborough's mentor Francis Hayman suggests that the people in such pictures were engaged in philosophic enjoyment of 'the great Principle ... the genuine Light of uncorrupted and unperverted *Nature*.'

107

When a painting is reproduced by a film camera it inevitably becomes material for the film-maker's argument.

A film which reproduces images of a painting leads the spectator, through the painting, to the film-maker's own conclusions. The painting lends authority to the film-maker.

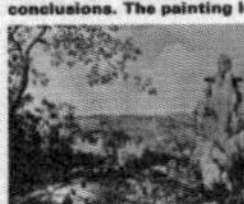
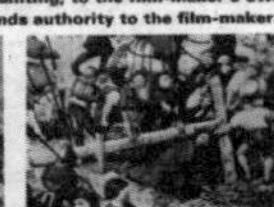

This is because a film unfolds in time and a painting does not.

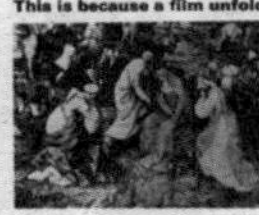
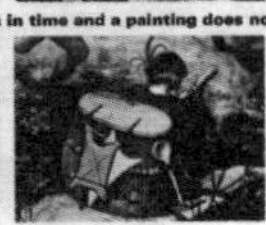

In a film the way one image follows another, their succession, constructs an argument which becomes irreversible.

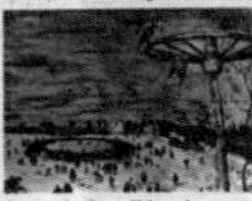
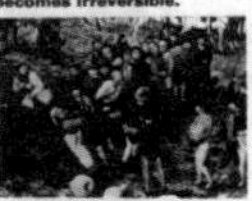

In a painting all its elements are there to be seen simultaneously. The spectator may need time to examine each element of the painting but whenever he reaches a conclusion, the simultaneity of the whole painting is there to reverse or qualify his conclusion. The painting maintains its own authority.

26

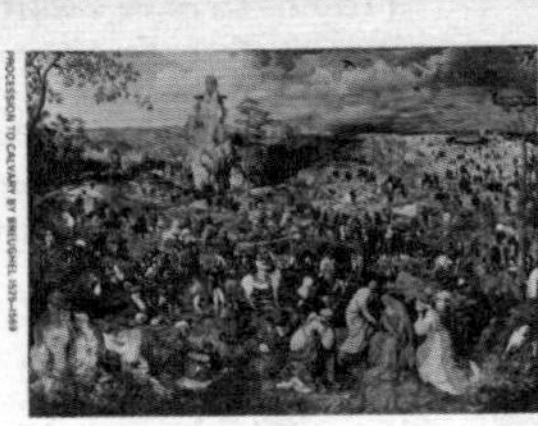
PROCESSION TO CALVARY BY BREUGHEL 1525–1569

Paintings are often reproduced with words around them.

This is a landscape of a cornfield with birds flying out of it. Look at it for a moment. Then turn the page.

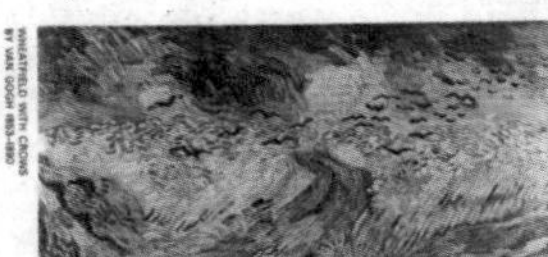
WHEATFIELD WITH CROWS BY VAN GOGH 1853–1890

27

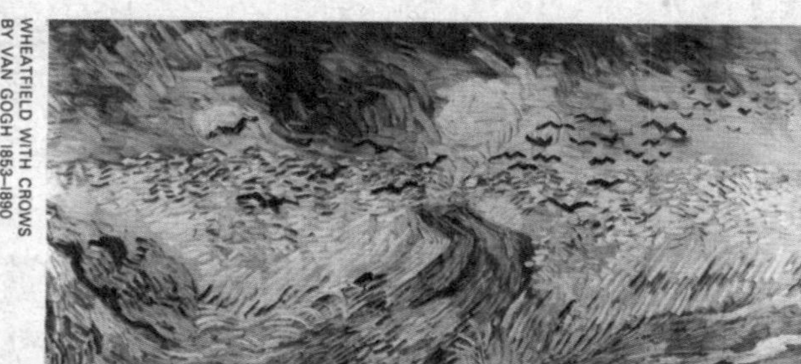

WHEATFIELD WITH CROWS
BY VAN GOGH 1853–1890

This is the last picture that Van Gogh painted before he killed himself.

It is hard to define exactly how the words have changed the image but undoubtedly they have. The image now illustrates the sentence.

In this essay each image reproduced has become part of an argument which has little or nothing to do with the painting's original independent meaning. The words have quoted the paintings to confirm their own verbal authority. (The essays without words in this book may make that distinction clearer.)

Reproduced paintings, like all information, have to hold their own against all the other information being continually transmitted.

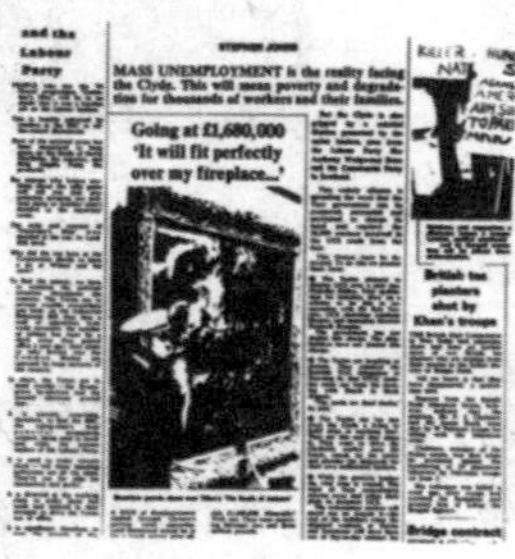

MASS UNEMPLOYMENT is the reality facing the Clyde. This will mean poverty and degradation for thousands of workers and their families.

Going at £1,680,000
'It will fit perfectly over my fireplace...'

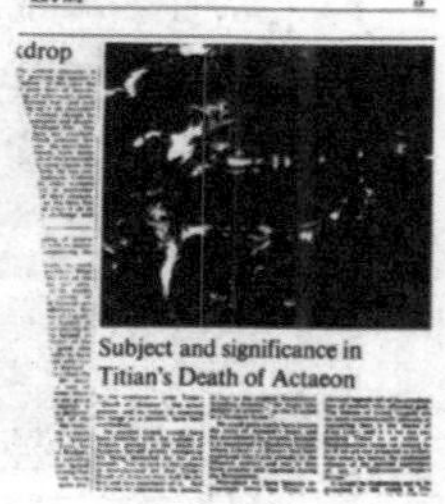

Subject and significance in Titian's Death of Actaeon

Consequently a reproduction, as well as making its own references to the image of its original, becomes itself the reference point for other images. The meaning of an image is changed according to what one sees immediately beside it or what comes immediately after it. Such authority as it retains, is distributed over the whole context in which it appears.

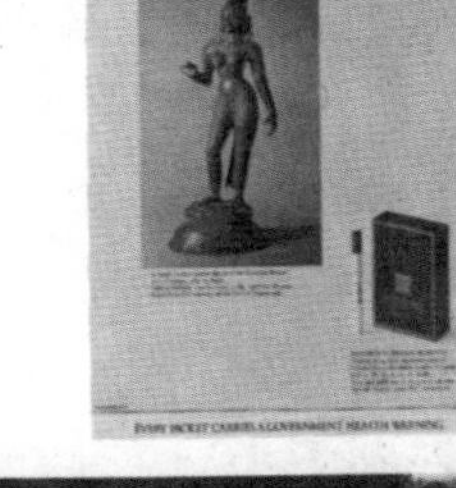

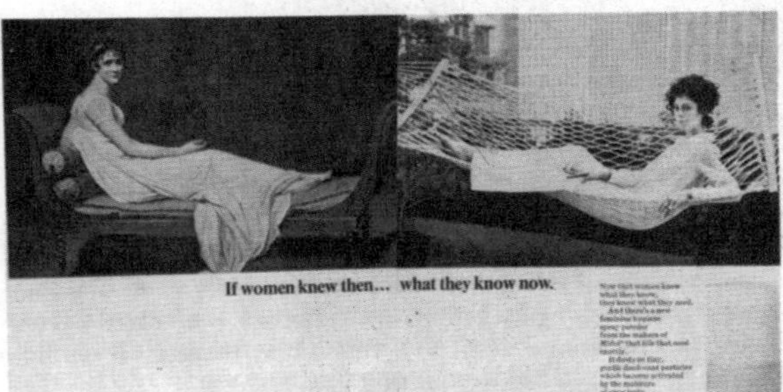

Because works of art are reproducible, they can, theoretically, be used by anybody. Yet mostly – in art books, magazines, films or within gilt frames in living-rooms – reproductions are still used to bolster the illusion that nothing has changed, that art, with its unique undiminished authority, justifies most other forms of authority, that art makes inequality seem noble and hierarchies seem thrilling. For example, the whole concept of the National Cultural Heritage exploits the authority of art to glorify the present social system and its priorities.

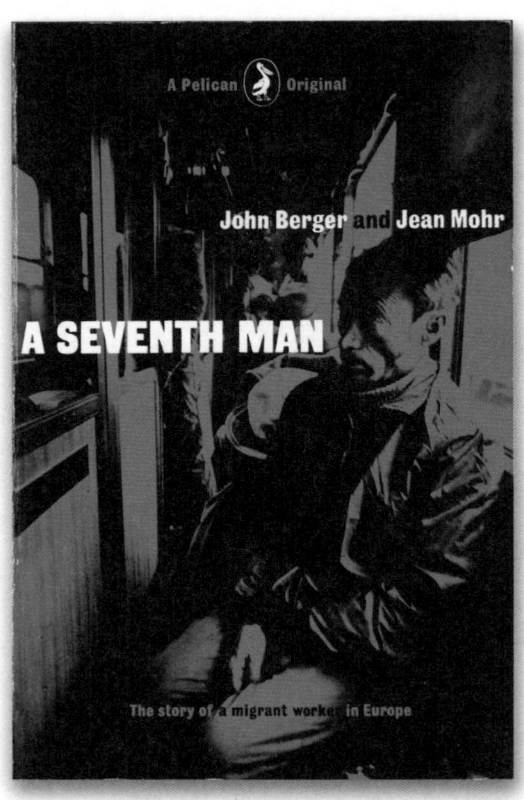

『제7의 인간The 7th Man』
존 버거 지음, 장 모르Jean Mohr 사진,
펠리칸북스, 1975, 130×195mm, 240쪽, 무선

becomes a migrant worker. He might have crossed it in a dozen ways. Here are three ways of describing a crossing:

A Turkish peasant, who failed to pass the official medical examination, decided to enter Germany as a tourist. But a Turk in a crowded train, who says he is a tourist, may have to prove himself to the frontier police by showing what currency or cheques he has on him. And so the peasant bought a first-class ticket to Cologne, confident that in a first-class compartment he would have the air of being wealthy enough not to be questioned. He crossed the frontier.

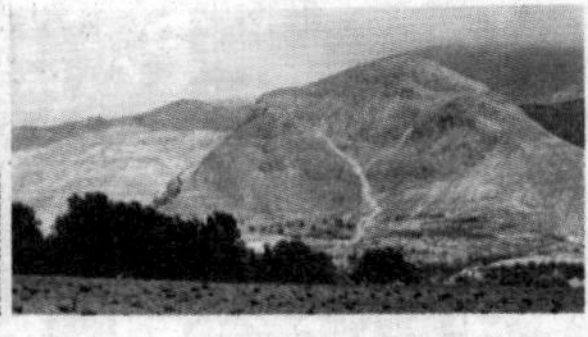

Until recently most emigration from Portugal was illegal. Both the Spanish and French frontiers had to be crossed clandestinely. Smugglers in Lisbon arranged such crossings. Their fee was $350 per person. Having paid this sum, many would-be migrants were cheated. They were led into the mountains just across the Spanish frontier and left there. Totally disorientated, some died of starvation and exposure: some found their way back, $350 the poorer. ($350 at this time represented as much as a year's earnings for the average Portuguese peasant. In 1964 the average

44

per capita income in Portugal – an average which included the incomes of the upper class – was $370.) So the migrants devised a system to protect themselves. Before leaving they had their photographs taken. They tore the photograph in half, giving one

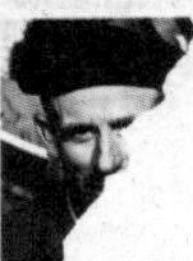

half to their 'guide' and keeping the other themselves. When they reached France they sent their half of the photograph back to their family in Portugal to show that they had been safely escorted across the frontiers; the 'guide' came to the family with his half of the photograph to prove that it was he who had escorted them, and it was only then that the family paid the $350. The migrants crossed in groups of a hundred or so. Mostly they travelled by night. Hidden in lorries. And on foot.

After nine days he reached Paris. He had the address of a Portuguese friend, but he knew no directions. To find the address he must take a taxi. Before letting him open the door, the taxi

45

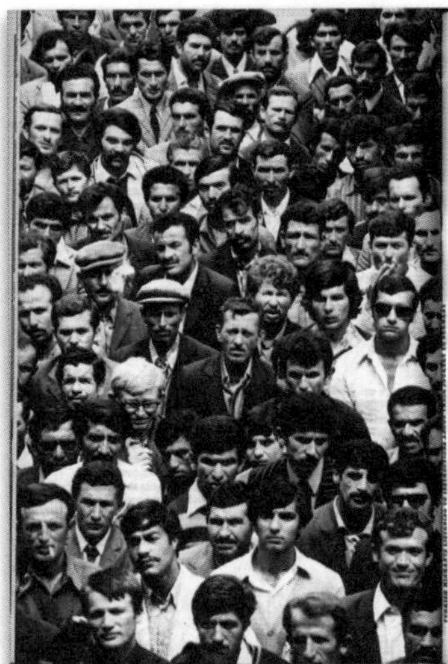

The migrant takes with him his own resolution, the food prepared in his home, which he will eat during the next two or three days, his own pride, the photographs in his pocket, his packages, his suitcase.

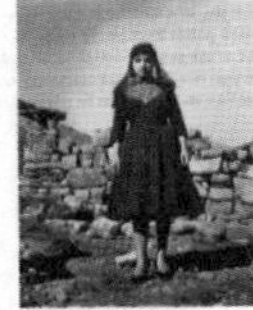

Yet his migration is like an event in a dream dreamt by another. As a figure in a dream dreamt by an unknown sleeper, he appears to act autonomously, at times unexpectedly; but everything he does – unless he revolts – is determined by the needs of the dreamer's mind. Abandon the metaphor. The migrant's intentionality is permeated by historical necessities of which neither he nor anybody he meets is aware. That is why it is as if his life were being dreamt by another.

A Turk: 'For six months a year in the countryside you sleep because there is no work and you are poor.'

At some point he crossed the frontier. This may or may not have coincided with the geographical frontier of his country. It isn't the geographical frontier that counts: the frontier is simply where he is liable to be stopped and his intention to leave thwarted. On the far side of the frontier, when he has crossed it, he

48

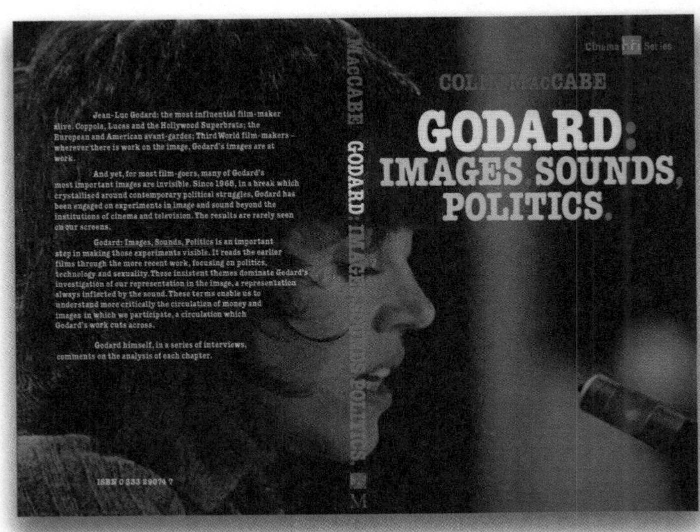

『고다르: 이미지, 소리, 정치Godard: Images, Sounds, Politics』
콜린 매케이브Colin MacCabe 지음, 맥밀란프레스MacMillan Press, 1980,
135×215mm, 176쪽, 양장

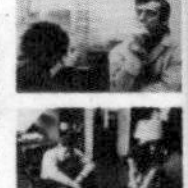

to earn his living by using his technical skills to make advertising films is to avoid the reality of oppression and struggle at the level of his work. This evasion of the political is impossible and it is this lesson that Fonda drives home in the central scene in the film when, after their return to Paris, they have a row. Montand wants to divide his life into different compartments. Fonda, however, realises that such a division is impossible, that personal relations cannot be divorced from the other practices with which they are articulated. In short, that one can understand subjectivity only in terms of class.

But, and here we come to the paradox of the film, if the film analyses the struggles that dominate our life in terms of an economic base and its inadequate political representation, it has no analysis of that economic base nor of the dominant political representations. If we must understand subjectivity in terms of class, the content of the notion of class is reduced to the slogan **'it is right to rebel'**. That economic analysis is joined to a political one in which the only representative of struggle at the level of politics is a communist party which is seen as nothing more than a repressive fiction. If **Tout va bien** is a truly remarkable political film in that it introduces its audience to some of the ideological and social struggles that composed France four years after 1968 (and this marks its superiority to **British Sounds** or **Pravda** which rarely, if ever, manage to articulate the struggles in Britain or Czechoslovakia), there is no place in the film to include the fact that the contemporaneous signing of the Common Programme by the parties of the left was to provide a political focus for those ideological and political struggles over the next five years.

This weakness is exemplified in the third section, 'France Today', in which the lessons of the film are spelt out at a national level. Images and sounds of revolt from throughout France are followed by images and sounds of consumption as Fonda visits one of the huge hypermarkets situated on the outskirts of towns which had just begun to open in the early 1970s. If the use of the camera had prevented many of the traditional identifications we experience in the cinema, the organisation of the narrative still privileges one view. In the factory it is the strikers: their personal appearance, their relaxed manner of speaking and their obvious solidarity contrast with the repressed and repressive appearance of the manager and the shop

The manager of the factory being timed for a visit to the toilet by one of the strikers.

From **Tout va bien**

70

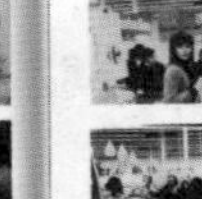

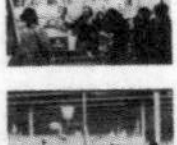

From **Tout va bien**

steward. It is Fonda who becomes the representative of the strikers in the rest of the film as in the row with Montand she demonstrates that she has learnt the lesson of their experience better than he. In the final scene as we see her walking through the hypermarket, her voice-over commentary, which represents the report that she is unable to write in the forms offered to her by journalism, can be read as nothing less than the summary of the film's conclusions. If the strength of the film is its insistence that we cannot separate our personal lives from the contemporary economic, political and social struggles, its weakness is its assertion of the dominance of a politics whose only content is finally a random violence. The political question that Fonda asks in the hypermarket is **'Where do we begin to struggle against the compartmentalisation of our lives?'** The answer is the morally powerful but politically vacuous, **'Everywhere at once'**. But insofar as the film insists that it is political, this vacuity must be given a content. The content of politics is provided by an image which acts, in the most traditional way, as the visible evidence of the truth of Fonda's voice-over. Into the hypermarket where a communist party member is selling copies of the party's programme erupt a group of leftists. After taunting the communists, they ransack the hypermarket. The image of revolt finally enters into the image of consumption.

This emphasis on violence which is the final political conclusion of **Tout va bien** runs through all the Dziga-Vertov films and is present before then in **La Chinoise** and **Weekend.** At the time of its appearance **La Chinoise** was virulently attacked by Maoists, whose principal objection was that the emphasis on terrorism at the end of the film was in total contradiction with the political analysis provided by Maoism. But Godard's analysis has, in the long run, proved more accurate than it seemed at the time. Terrorism was in contradiction with traditional Leninist emphases and with Mao Tse-tung's teaching. However, Western Maoism's rejection of all intermediate economic and political demands and the subsequent inevitability of betrayal by the delegate provided by the union or the communist party did often leave violence as the only political strategy. Much of the glorification of the violence in these films is objectionable. Nevertheless, ten years later, when a pessimistic view might discern terrorism as the only visible heritage of

71

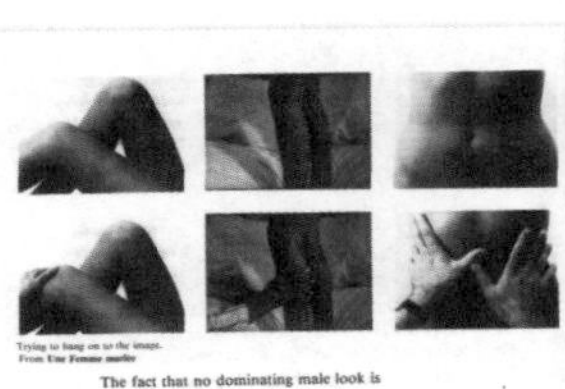

Trying to hang on to the image.
From **Une Femme mariée**

The fact that no dominating male look is produced by the story is what allows the camera to escape that narrative domination which ties it to a logic of point of view and establishing shots.

For example, the camera's movements cannot be rationalised by any reference to the action in the sequence of shots which show Charlotte and her stepson taking a taxi to the aerodrome to meet her husband.

1.

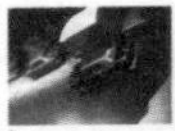

2.

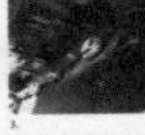

3.

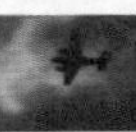

4.

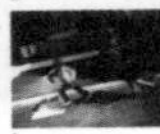

5.

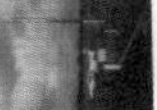

6.

7.

36

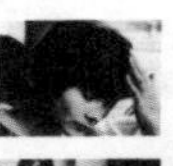

Even more striking is the sequence of advertisements that Charlotte looks at in *Elle*, the women's weekly magazine.

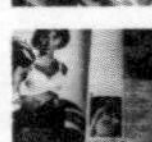

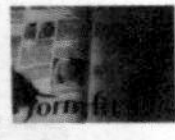

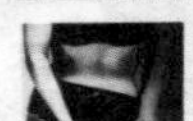

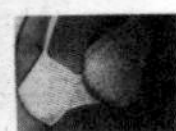

From **Une Femme mariée**

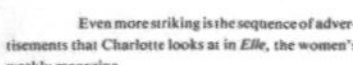

Suddenly we find that the last image is not a magazine advertisement and that Charlotte, whose point of view we had been assuming, abruptly appears in the shot running along the street. Charlotte's look,

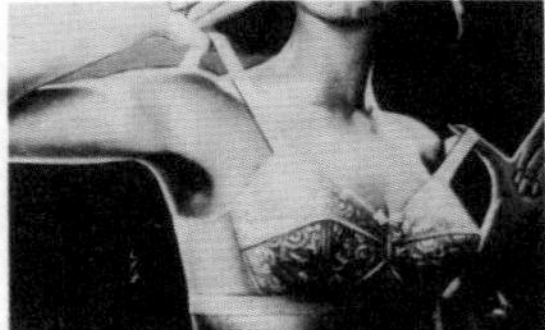

37

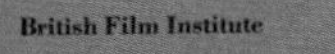

HUMPHREY JENNINGS:
FILM-MAKER, PAINTER,
POET.

Edited by
Mary-Lou Jennings

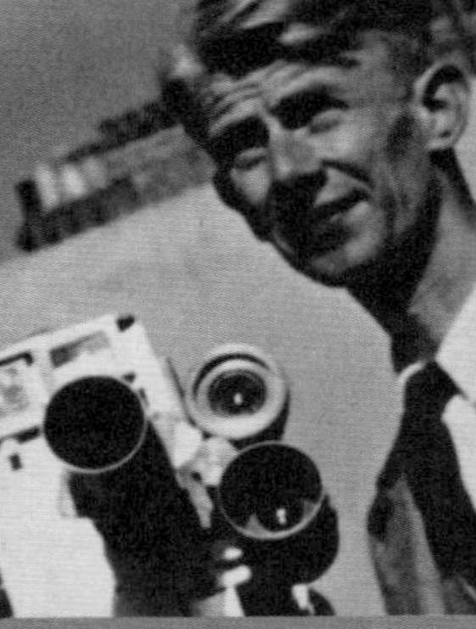

Contributions by
Lindsay Anderson
Charles Madge
David Mellor
Kathleen Raine
Dai Vaughan
with an introduction by Sir Roland Penrose

And the children laughing
'Run along little Tishy run along'

Notes for 'Diary for Timothy'

Diary for Timothy (production still)

Dark waves fill the screen: the sea before dawn —
On the wall the BBC signal light flashes
The face of Frederick Allen turns to the microphone: 'Good morning everybo
this is the seven o'clock news for Sunday September 3rd read by Frederick A
The fifth anniversary of our entry into the war sees the Germans retreating in
South, the East and the West. . .'
Big Ben in silhouette
The first flare of the sun on the Thames
The shining face of the Sphinx in the Embankment listening also as Allen's v
continues —
Now the voice spreads out over the country this bright September morning
— along trim little streets
— among V1 wreckage

『험프리 제닝스: 영화 제작자, 화가, 시인
Humphrey Jennings: Film-maker, Painter, Poet』
영국필름협회British Film Institute 편집,
영국필름협회, 1982, 210×202mm, 76쪽, 무선

— out across the fen levels where the wind ruffles the water, past the cathedral towers, the turning windmill
the new pumping station
to be drowned by the roar of Forts and Lancasters wheeling overhead.

As people are going to church the hands of Big Ben touch eleven o'clock — the exact anniversary hour.
Do you remember that same moment — from the same Big Ben — on Sunday September 3rd 1939: 'I am speaking to you from No 10 Downing Street . . . this country is at war with Germany . . . for it is evil things we are fighting against . . . but in the end I am certain the right will prevail . . .'
and today challenging the tired voice from the past comes the wail of the new-born babe — as the camera swings across the row of cots to the pillow of TIMOTHY JAMES JENKINS, the hero of our picture, born today September 3rd, 1944.

39

Timothy (production still)

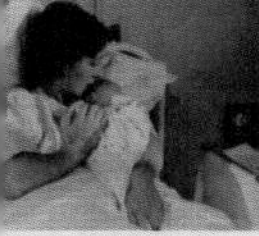

On her pillow Tim's mother lies dreaming. Father an RAMC sergeant out in West Africa.

Tim opens his eyes and thinks — of the work & worry, of the grandeur & beauty of the world he knows as yet nothing —
Of the roar of town traffic and the clamour of country markets — nothing —
Of that good soul filling her buckets at the pump and that farmer fretting over his harvest — nothing
Nothing of history either:
Of the American invasion of Britain
Of that convoy leaving for the Far East
Of the newsreels of the liberation of Paris
Of the latest Hamlet questioning the First Gravedigger:
'Why was he sent to England?' 'Why because he was mad. . .'
Of the milk-bar rumours of V2: 'Tom says it's a kind of flying refrigerator — come down and freeze everybody. . .'
Of all this, nothing.
He has never tasted the blackout or seen the Londoners sheltering from V1 in the Tubes.

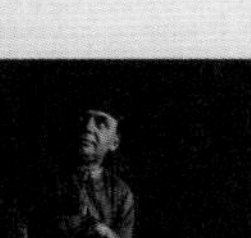

But all this is the world which he inherits: whose people — whether they know it or not — are working for him — helpless as he lies in the cot:
the airman, peering through the perspex windscreen
the engine driver leaning out of his cab
the farmer looking over the years accounts
the actor holding up Yorick's skull: 'I knew him, Horatio . . . a fellow of infinite jest. . .'
The miner combing the coal dust out of his hair.

Tim will have his individual place in the world, as they have. What is it to be?

Notebook on **'Diary for Timothy'**/1944

 → 58

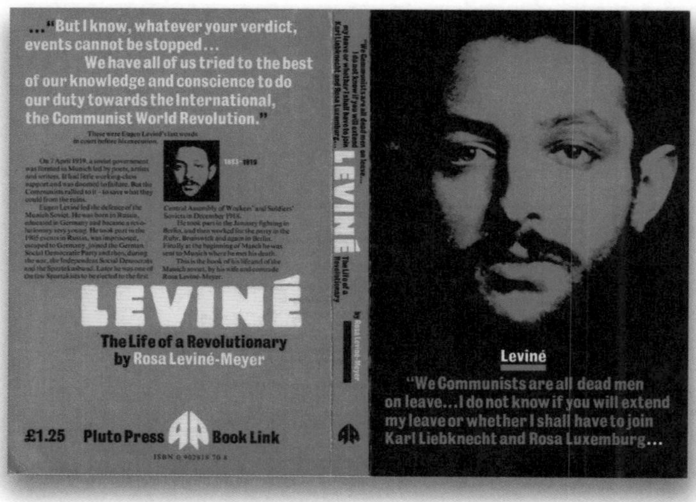

『레비네Leviné』
로사 레비네메이어Rosa Leviné-Meyer 지음,
플루토프레스Pluto Press,
1974, 136×210mm, 226쪽, 무선

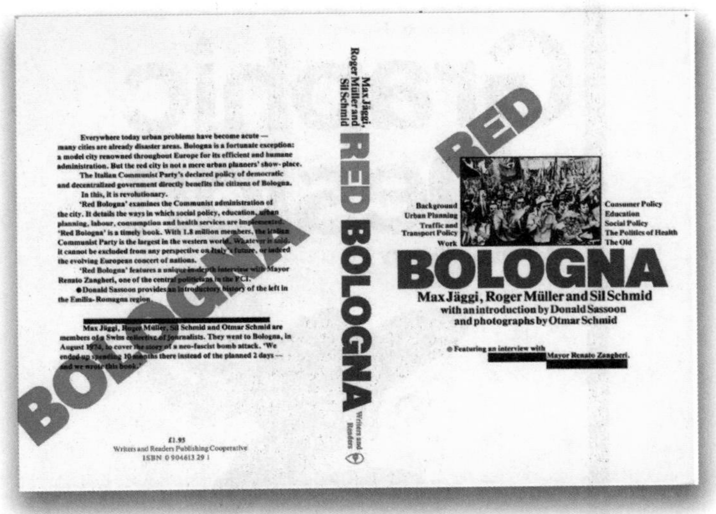

『붉은 볼로냐Red Bologna』
막스 재기Max Jaeggi 외 지음, 저자와독자출판조합
Writers and Readers Publishing Co-operative, 1977,
126×195mm, 208쪽, 무선

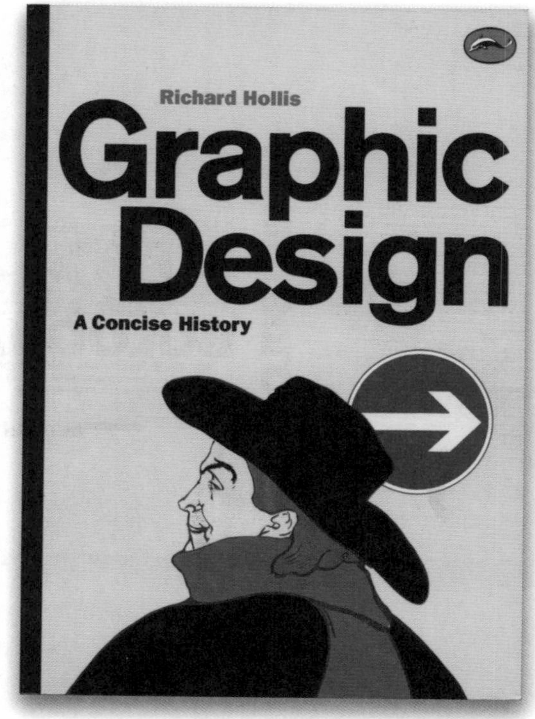

『그래픽 디자인 역사Graphic Design History』
리처드 홀리스 지음, 템스앤드허드슨Thames & Hudson,
2001, 150×210mm, 232쪽, 무선

Printing Technique and Design

The most common way of printing, until the 1960s, was by letterpress (relief printing from type and photo-engraved metal blocks). Type and blocks were rectangular, wedged together for printing in a frame – columns of text type separated by a vertical bar. Tschichold's poster (below) has the structure of letterpress.

Herbert Matter's leaflet, however, conceals the rectilinear framework by using half-tone blocks with rounded and feathered edges, overprinted in colour. Its structure derives from the folds of the conventional format of tourist brochures.

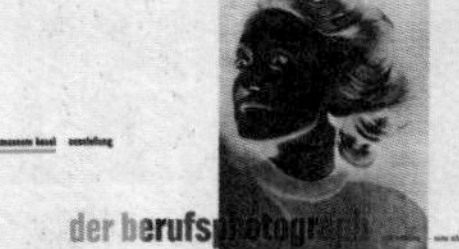

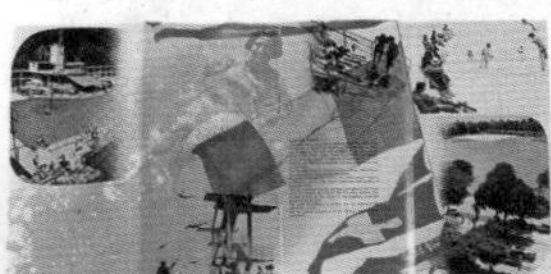

tourist brochure, Zurich 1935 (Herbert Matter)

22

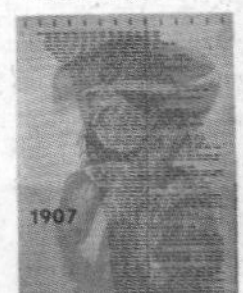

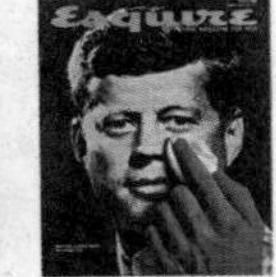

Esquire magazine cover New York 1963 (George Lois)

Sandberg has used the year 1907, literally and typographically, as the vertical axis around which the exhibition is centred. Dates run along the top of the page. The life span of each artist is indicated by the repetition of their surname from year of birth to death.

Colour and Visual Clues

The way we read this *Esquire* cover depends on colour. The photograph of Kennedy, in sepia, distances it in time, reminding us of older images, perhaps even family snapshots. The hand might be ours, the reader's. Its full-colour realism wipes away the sentiment expressed by the 'tears'.

The designer George Lois has used the techniques of the 'New Advertising' of the 1960s, where words (here, 'Kennedy without tears') and image were integrated into a single idea (see p.113).

The role of the red ears in Grapus's complex, almost monochrome theatre poster are discussed on p.197.

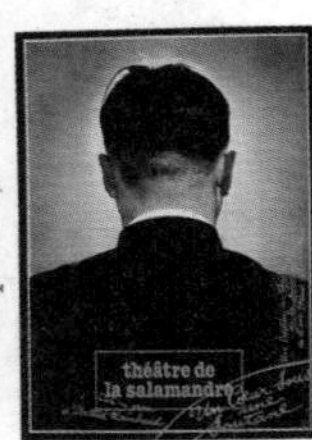

Printing Technique and Colour

23

The Avant-Garde and the Origins of Modernism in Europe

attraction of the public, but the image is only given meaning by the word 'Werbung' (publicity) which it illustrates.

Designers taught themselves photography, the medium approved by all the manifestos. Published at the Bauhaus, Moholy-Nagy's *Malerei, Fotografie, Film* (*Painting, Photography, Film*) discussed the role of photography in graphics, which he described as 'Typophoto':

> Typography is communication composed in type.
> Photography is the visual presentation of what can be optically apprehended.
> *Typophoto is the visually most exact rendering of communication*....
> Photography is highly effective when used as typographical material. It may appear as illustration beside the words, or in the form of 'phototext' in place of words, as a precise form of representation so objective as to permit no individual interpretation.

The year 1929 saw several events that endorsed the interest in photography. Tschichold, with Franz Roh, published a selection of international photography, *foto-auge* (*photo-eye*). Here designers were strongly represented among the pioneers, as they were in exhibitions such as the Werkbund's 'Film und Foto' (1929) in Stuttgart. Among the organizers was Werner Graeff, who used the idea of 'phototext' in a book published for the exhibition, *Es kommt der neue Fotograf* (*Here comes the New Photographer!*), where images broke the text, even mid-sentence, to make a continuous argument.

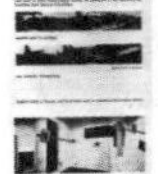

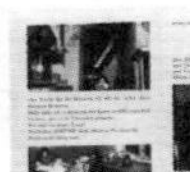

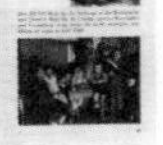

One room in 'Film und Foto' was arranged by John Heartfield. Over the door was the slogan 'Use Photography as a Weapon'. Heartfield's weapons had developed from the playful, chance typographic combinations of his Dadaist work at the end of the First World War to photographic collages made by joining images or parts of images together and rephotographing them, hiding the joins with careful retouching. Their unexpected contrasts and their ironic humour shocked the viewer into acknowledging Heartfield's Communist view of political reality.

60

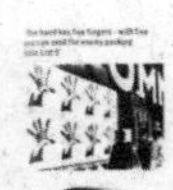

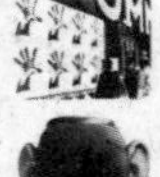

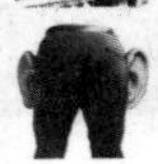

Heartfield's best-known poster, also a cover to the Communist party magazine *Die Rote Fahne* (*The Red Flag*) in 1928, began with the problem of how to get across the idea, and make people remember, that to vote Communist you had to 'vote list five' in the ballot. 'What can you say that's new about it?' Someone reminded him that a hand had five fingers; and that became the slogan and the image.

Most of Heartfield's work in the 1920s was on book jackets. Some used a single photograph, carefully cropped. For the satirical book by Kurt Tucholsky *Deutschland, Deutschland über alles*, Heartfield employed photographs as straightforward illustration as well as in simple, witty montages – attaching ears to a trousered backside, captioned 'Berlin idiots'. The title on the jacket is spoken by a head, half ruling-class and half military, blindfolded by the national flag. On the back are cut-outs of a fist holding a police truncheon aloft and another resting on the handle of a sword, with the ironic legend '*Brüderlich zusammen hält*' ('As brothers, standing together').

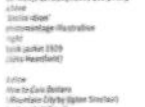

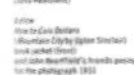

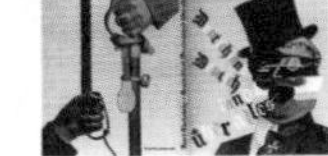

The cover is printed in the patriotic colours of red, yellow and white and all the type is as Teutonic as it could be. Such a use of symbols and signs of nationalism, militarism and capitalism, of law and order, replaced caricature with an economy and effectiveness that was new and brilliant.

Heartfield planned and used his own photographs. For example, his friends, dressed for the part, climbed the scaffolding of a building site, so that they could later be transformed into 'capitalists' climbing a dollar sign, the initial 'S' of the title of the book, *So Macht man Dollars*. Combined with captions and slogans, they could carry a weight of meaning that took them beyond the dynamic combinations of images of the Russians' photomontages.

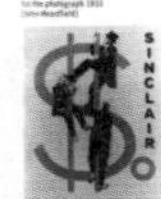

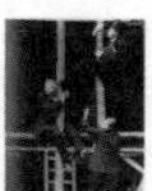

Heartfield scanned newspapers and weekly magazines, where photography was now commonly used to record events, to find pictures as well as political speeches: the images he could distort and recombine with the words in grotesque relationships. His ideas appeared in hundreds of sepia-printed covers to the weekly *Arbeiter-Illustrierte-Zeitung* (*Workers Illustrated*), from 1929 to 1936. Heartfield used a photograph of Hitler giving his customary acknowledgment to followers – an arm raised behind him with the palm upwards, into which a corpulent oversized

Germany

61

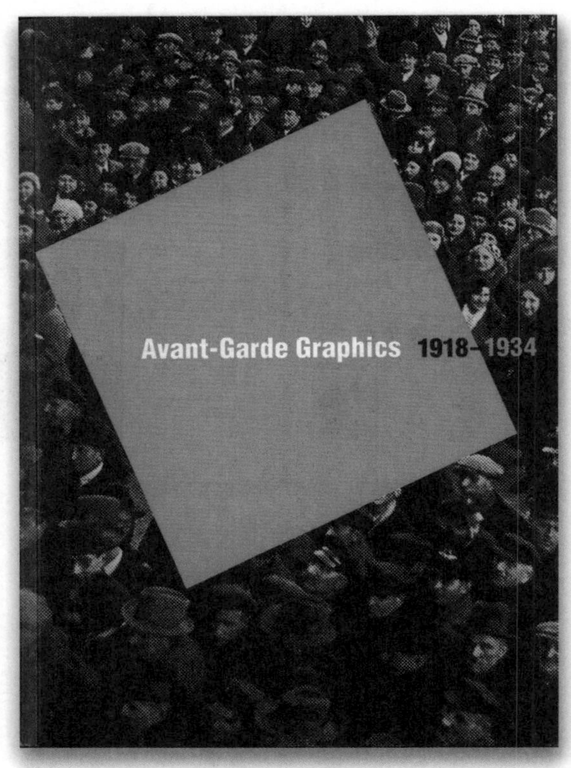

『아방가르드 그래픽Avantgarde Graphics』
루츠 베커Lutz Becker, 리처드 홀리스 지음,
하이워드갤러리Hayward Gallery, 2005,
170×240mm, 96쪽, 무선

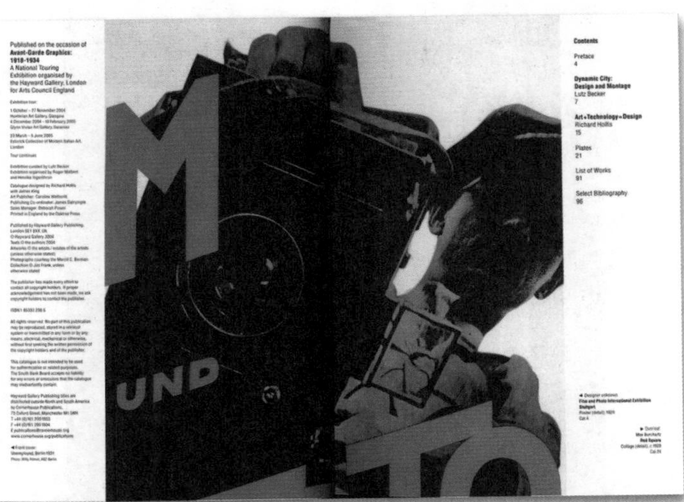

Published on the occasion of
Avant-Garde Graphics: 1918-1934
A National Touring Exhibition organised by the Hayward Gallery, London for Arts Council England

Contents

Preface
4

Dynamic City: Design and Montage
Lutz Becker
7

Art+Technology=Design
Richard Hollis
15

Plates
21

List of Works
91

Select Bibliography
96

 → 54, 59

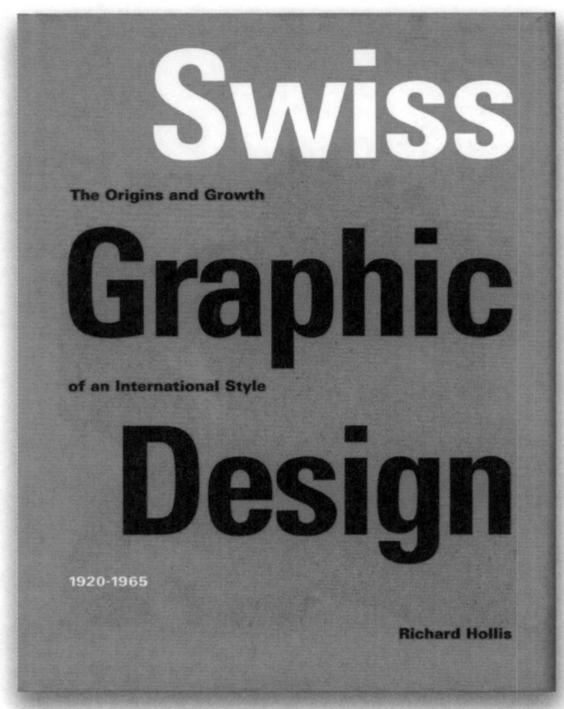

『스위스 그래픽 디자인Swiss Graphic Design』
리처드 홀리스 지음, 템스앤드허드슨, 2006,
210×270mm, 272쪽, 양장

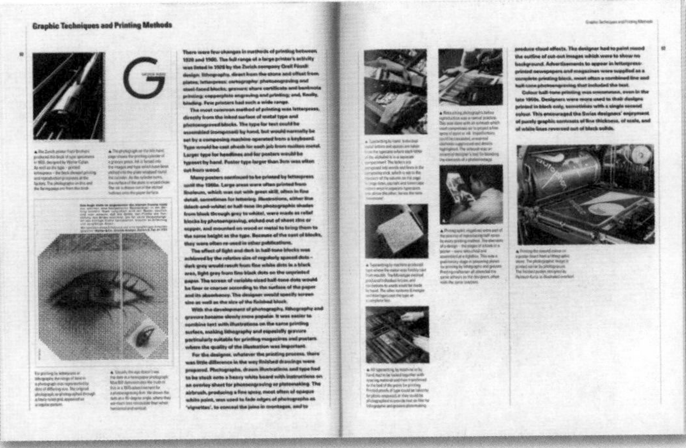

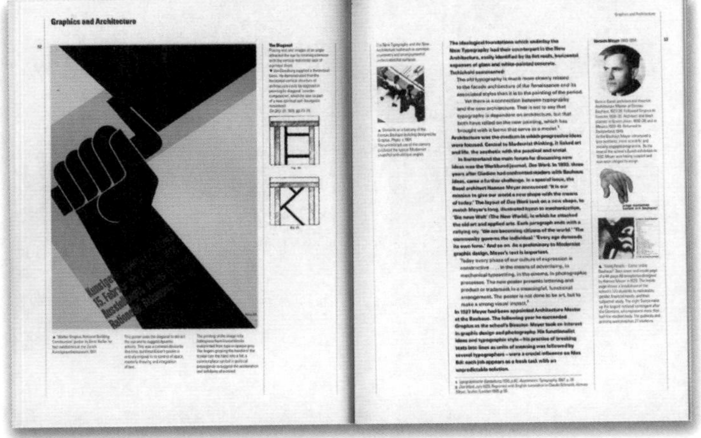

『그래픽 디자인에 관해About Graphic Design』
리처드 홀리스 지음, 오케이셔널페이퍼스Occassional Papers,
2012, 170×250mm, 296쪽, 무선

158 GERMANO FACETTI

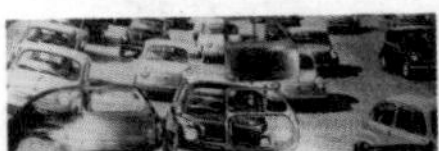

programme included workers' housing placed it in the spirit of Rogers' aspirations. Rogers wanted total transformation, 'From a spoon to a city'.

These were the values that Facetti brought from Milan. When he arrived in Britain in 1950, Facetti was not a graphic designer. His career had been more in the spirit of the Bauhaus, with a basis in architecture. He was a non-specialist: his first published designs in England were a chair and a pair of sandals.

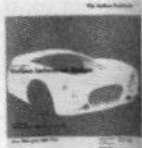

'Italian Industrial Design', photomural with car panels in relief, and poster, printed red and black, 1959

That Facetti was not a graphic designer in the 1950s is not surprising. Graphic design existed only as 'commercial design' – the term coming to supersede 'commercial art' – and was thought of in specialisations, such as 'advertising design' or 'poster design'. It was a poster in 1959 that was Facetti's first piece of published graphics. But it was just one part of the design work that he carried out for an exhibition of industrial design at the Italian Institute in London. With its large photomural, the exhibition was equally Milanese in style; so was the Olivetti London showroom in Kingsway which Facetti designed two years later. The poster, using Bodoni and a cut-out photograph, might have been the work of a number of Milan-based designers such as Max Huber or Albe Steiner.

In 1957, Facetti joined the typography evening class at the Central School of Arts and Crafts where his skills as a locksmith were useful in giving access to forbidden equipment. Run by Edward Wright, the class was experimental and anarchic, regularly attended by a few full-time students extending their day, and by an odd assortment of amateurs, including architects, artists, an art historian and an American photographer on a post-military service grant. It was a practical class: printing was done directly from type. The expressive qualities of the individual letterform astonished Facetti, as did the variety and richness of form he discovered in the alphabet.

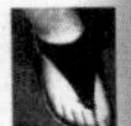

Sandal design, 1954

Red and black printing from woodletter in Edward Wright's class at the Central School, London 1954

The first of Facetti's permanent jobs in London (after several as a building labourer) was as an art editor with Rathbone (later Aldus) Books. Established by the Viennese immigrant Wolfgang Foges, this publishing house introduced a new attitude to illustration. Facetti reminds us that in the early 1950s, 'Foges, jointly with the designer F.H.K. Henrion and the Isotype Institute, established what was then an exciting formula for educational handbooks of which the most famous was *Man Must Measure*: the flow of images, captions and diagrams was planned like a documentary film, while the book could be opened at any page to provide leads onward and backward in the text.'

Books published by Aldus had single topics of general interest, with an educational aim, such as *Man the Maker* or *The Wisdom of the*

GERMANO FACETTI 159

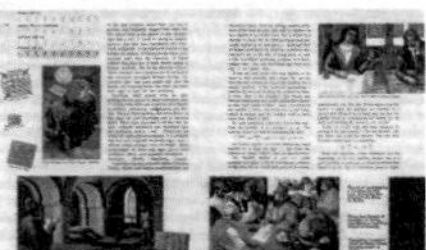

Man Must Measure, Aldus Books, 1955

West. The text was accompanied visual documents that gave a cultural context to the verbal exposition of the subject. This style of art editing had begun in magazines. It was a technique adopted by Moholy-Nagy in America for his didactic book, *Vision in Motion*. This type of book became known in publishing as 'integrated', because it replaced the earlier division of the pages into 'text' and 'plates'. Ironically, extended explanatory captions – the chief feature – had the effect of separating text from image even further. Without intelligent art editing, illustrations and captions became independent of the text. At the same time, art direction could illuminate the text, explaining graphically what things look like and how parts relate to the whole. *Fortune* magazine in the US was the most complete example of the mastery of the diagram as an extension of the text. As television arrived, the image was becoming as important as the word. In this way, the designer's understanding of visual culture became of dominant importance.

In the 1950s and 1960s, the avant-garde showed growing fascination with popular vernacular imagery, particularly American, connected with science fiction, space exploration, B-movies and advertising. In London it was a focus of interest for the Independent Group associated with the Institute of Contemporary Arts. This group and other like-minded young artists, architects and designers – several of whom later met with public success, like Richard Hamilton and James Stirling – produced what Facetti now describes as 'a mini-Triennale' (referring to the celebrated international exhibition held in Milan). *This is Tomorrow* was an exhibition held at the Whitechapel Art Gallery in the Summer of 1956. 'The elements of this exhibition are not only the concern of the artist: they are yours. We all share the same environment; we are all in the same boat.' This was the tone set in the introductory section of the exhibition, where Facetti collaborated with Wright on the imagery contained in a space frame structure designed by Theo Crosby. The catalogue emphasised the use of what were advanced methods at the time – 'decoration is achieved by photographic techniques or by a collage of printed elements'.

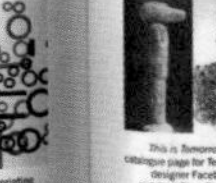

This is Tomorrow, catalogue page for Team One: designer Facetti; architect Theo Crosby, sculptor William Turnbull; designer Edward Wright, 1956

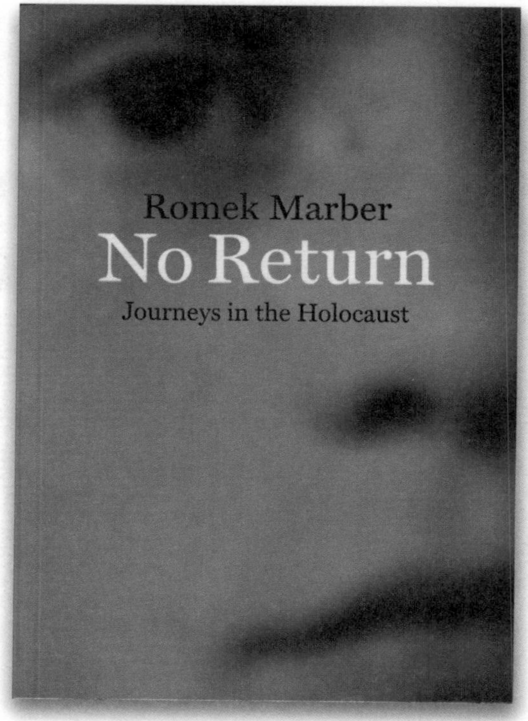

『귀환은 없다: 홀로코스트로의 여정No Return: Journeys in the Holocaust』
로메크 마버Romek Marber 지음, 리처드홀리스(파이브리브스 임프린트)
Richard Hollis(Imprint of Five Leaves), 2010, 146×210mm, 162쪽, 무선

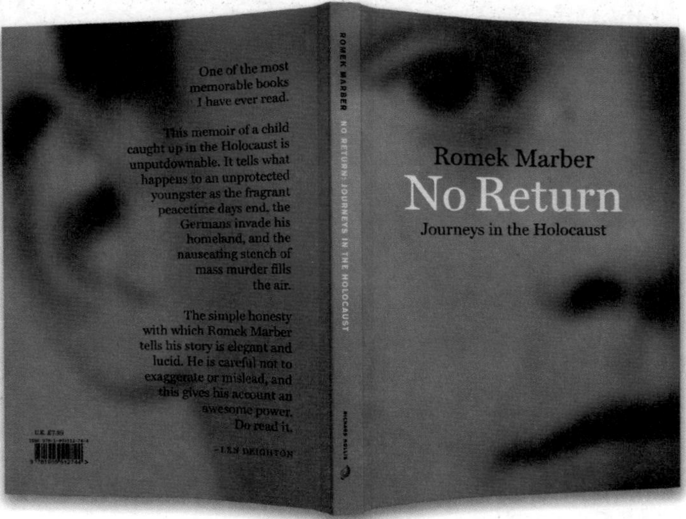
One of the most
memorable books
I have ever read.
This memoir of a child caught up in the Holocaust is unputdownable. It tells what happens to an unprotected youngster as the fragrant peacetime days end, the Germans invade his homeland, and the nauseating stench of mass murder fills the air.
The simple honesty with which Romek Marber tells his story is elegant and lucid. He is careful not to exaggerate or mislead, and this gives his account an awesome power.
Do read it.
– LEN DEIGHTON
ROMEK MARBER NO RETURN: JOURNEYS IN THE HOLOCAUST
Romek Marber
No Return
Journeys in the Holocaust

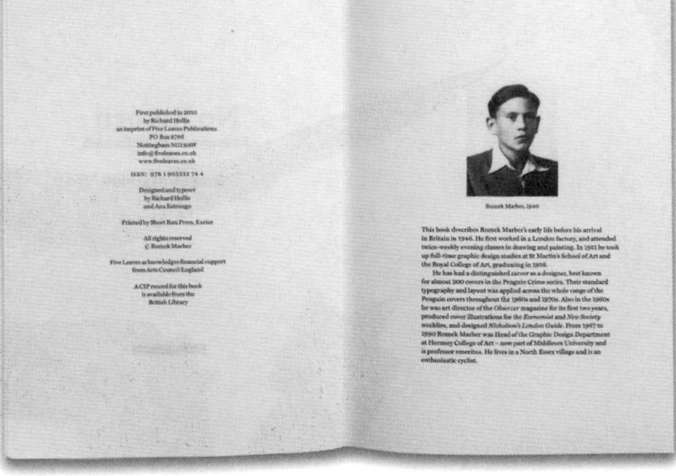
First published in 2010
by Richard Hollis
an imprint of Five Leaves Publications
PO Box 8786
Nottingham NG1 9AW
info@fiveleaves.co.uk
www.fiveleaves.co.uk
ISBN: 978 1 905512 74 4
Designed and typeset
by Richard Hollis
and Ana Estrougo
Printed by Short Run Press, Exeter
All rights reserved
© Romek Marber
Five Leaves acknowledges financial support
from Arts Council England
A CIP record for this book
is available from the
British Library
Romek Marber, 1940
This book describes Romek Marber's early life before his arrival in Britain in 1946. He first worked in a London factory, and attended twice-weekly evening classes in drawing and painting. In 1951 he took up full-time graphic design studies at St Martin's School of Art and the Royal College of Art, graduating in 1956.
He has had a distinguished career as a designer, best known for almost 200 covers in the Penguin Crime series. Their standard typography and layout was applied across the whole range of the Penguin covers throughout the 1960s and 1970s. Also in the 1960s he was art director of the Observer magazine for its first two years, produced cover illustrations for the Economist and New Society weeklies, and designed Nicholson's London Guide. From 1967 to 1990 Romek Marber was Head of the Graphic Design Department at Hornsey College of Art – now part of Middlesex University and is professor emeritus. He lives in a North Essex village and is an enthusiastic cyclist.

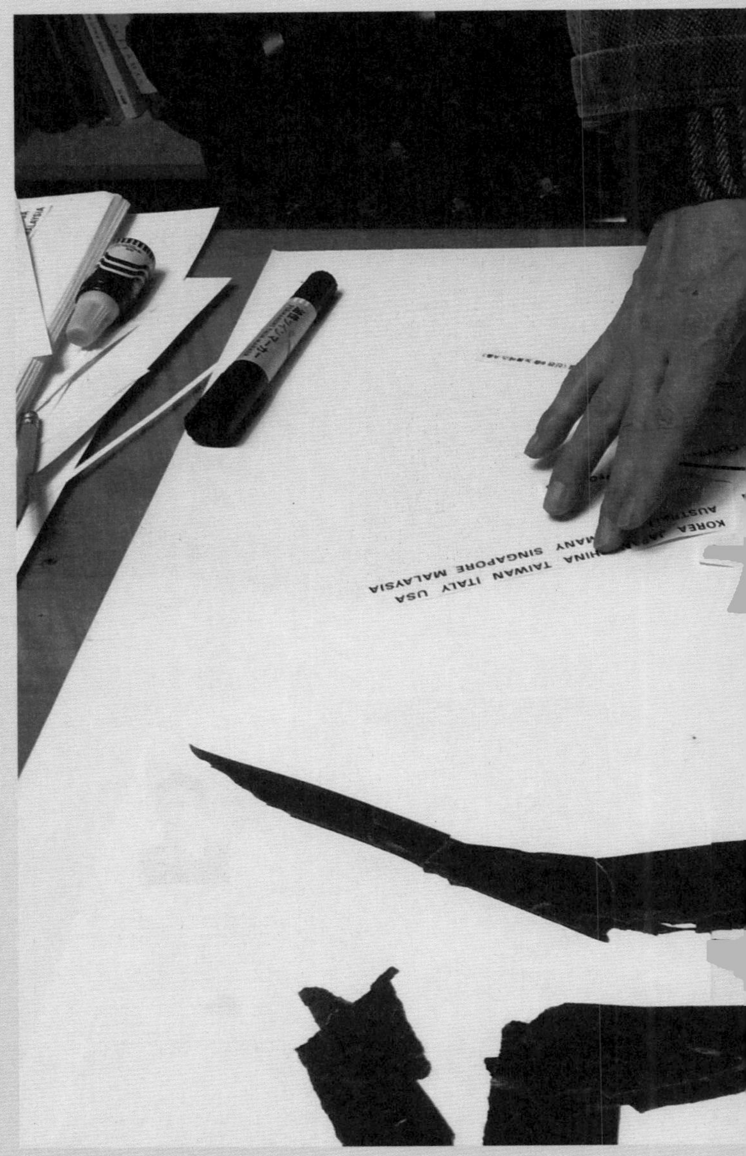
KOREA
SINGAPORE MALAYSIA
TAIWAN ITALY USA

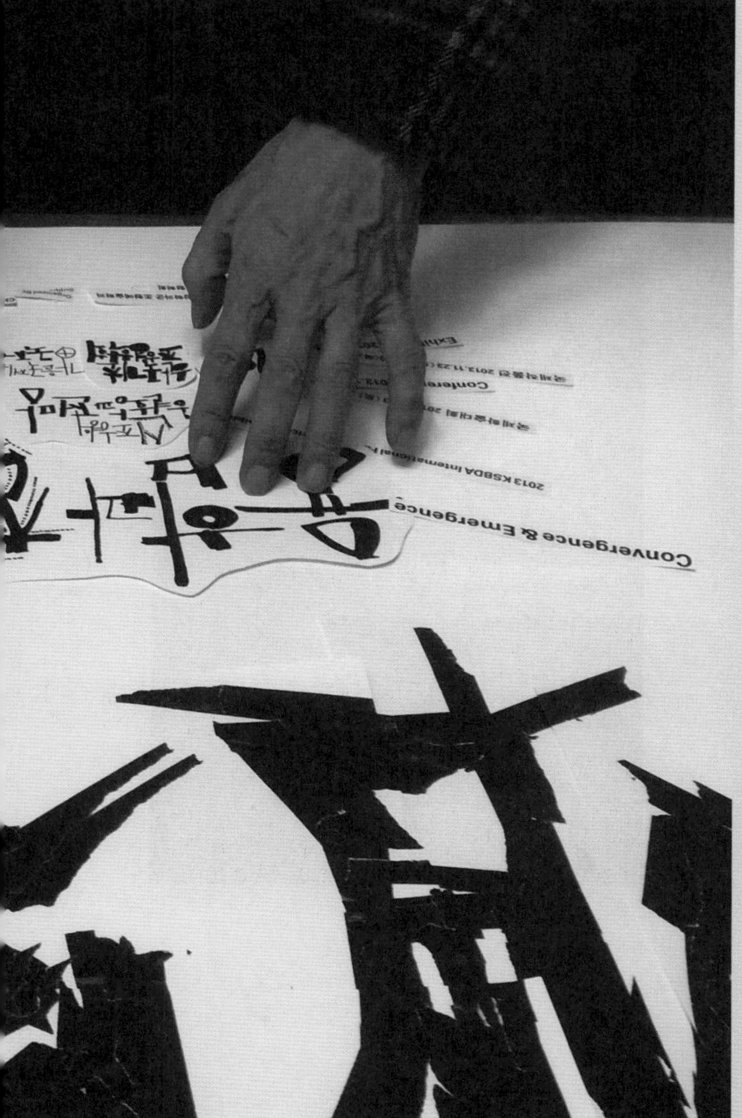

Seoul, 2011 © Kay Jun

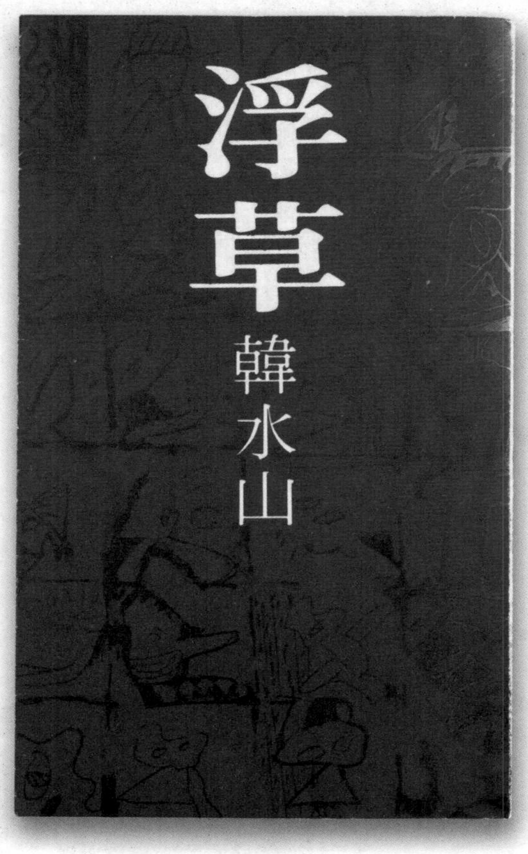

『부초浮草』
한수산 지음, 민음사, 1977,
124×208mm, 368쪽, 무선

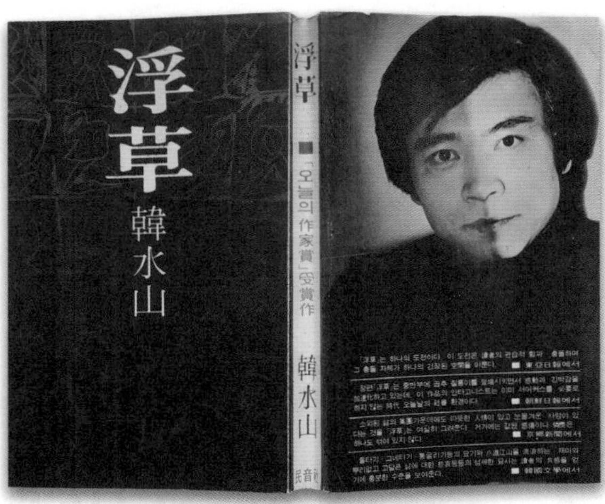
浮草
韓水山
浮草
「오늘의 作家賞」受賞作
韓水山
民音社

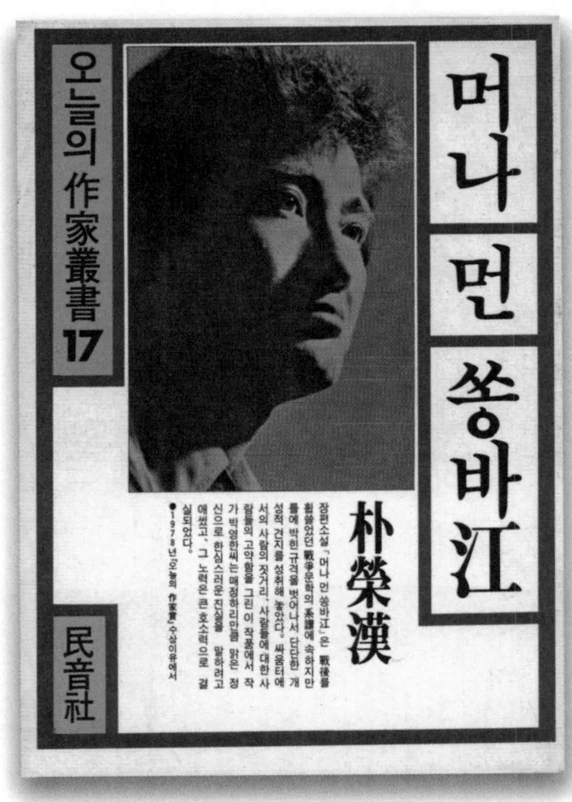

『머나먼 쏭바 강』
박영한 지음, 오늘의 작가총서, 민음사,
1978, 148×210mm, 366쪽, 무선

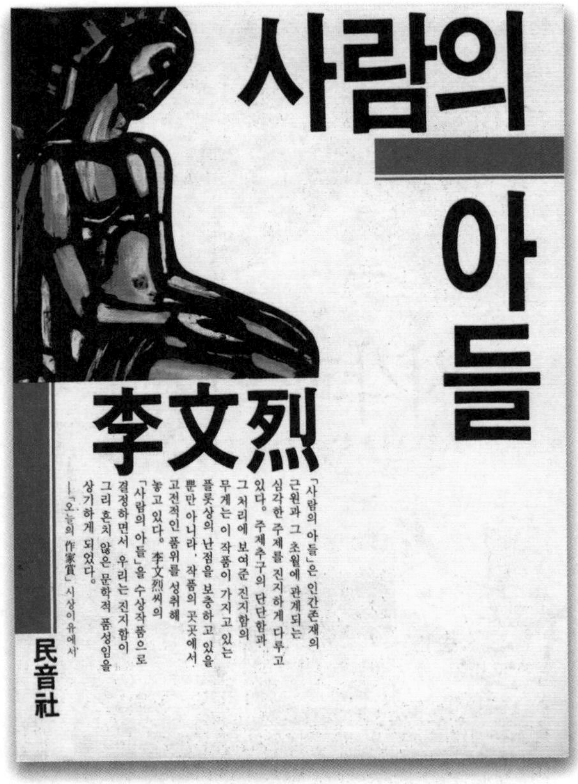

『사람의 아들』
이문열 지음, 민음사, 1979,
152×225mm, 386쪽, 무선

→ 72

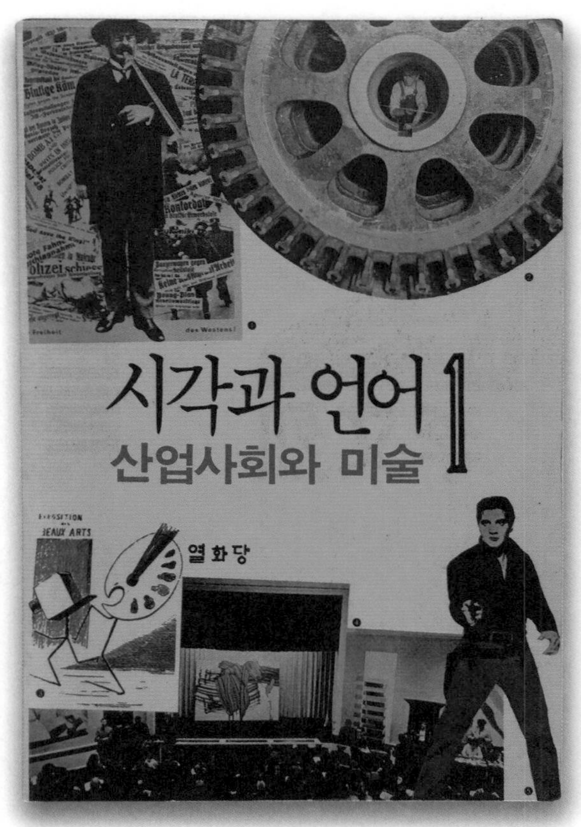

『시각과 언어 1: 산업사회와 미술』
성완경 편집, 열화당, 1982,
152×225mm, 300쪽, 무선

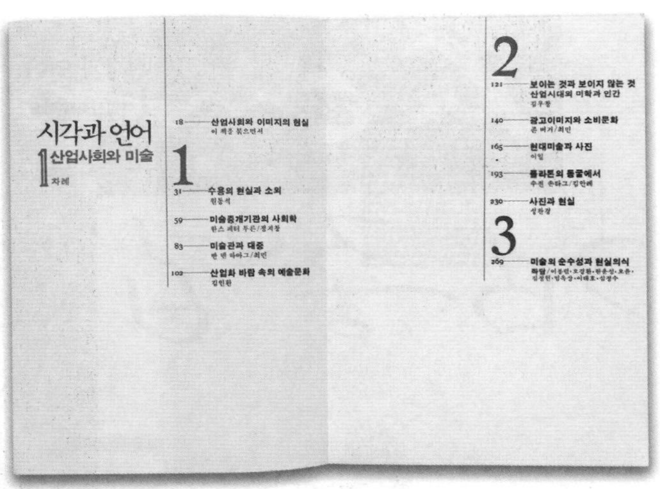

시각과 언어 1 산업사회와 미술

차례

18 산업사회와 이미지의 현실
이 책을 묶으면서

1

31 수용의 현실과 소외
원동석

59 미술중개기관의 사회학
한스 페터 투른/정지창

83 미술관과 대중
반 덴 하아그/최민

102 산업화 바람 속의 예술문화
김인환

2

121 보이는 것과 보이지 않는 것 산업시대의 미학과 인간
김우창

140 광고이미지와 소비문화
존 버거/최민

165 현대미술과 사진
이일

193 플라톤의 동굴에서
수전 손타그/김안례

230 사진과 현실
성완경

3

269 미술의 순수성과 현실의식
좌담
김정헌·임옥상·이태호·심정수

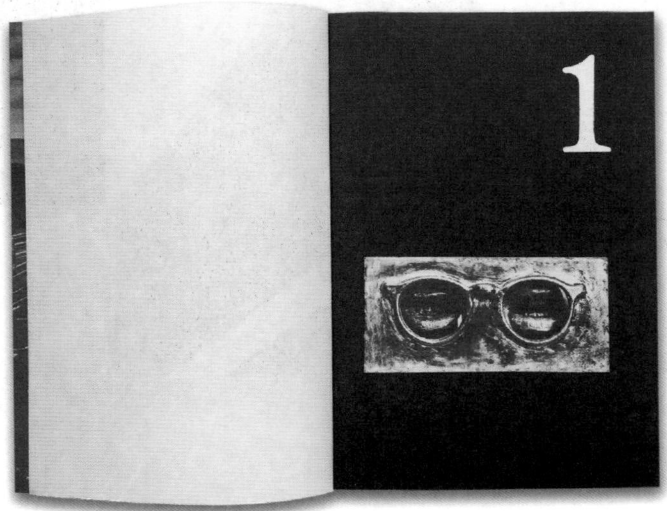

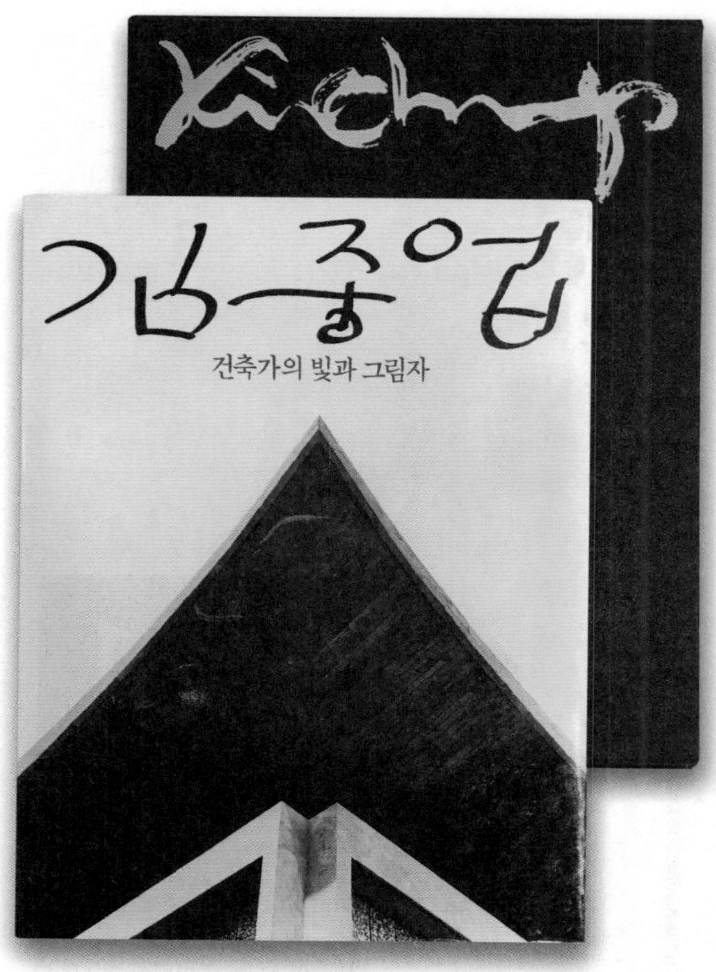

『김중업: 건축가의 빛과 그림자』
김중업 지음, 열화당, 1984,
218×304mm, 296쪽, 양장

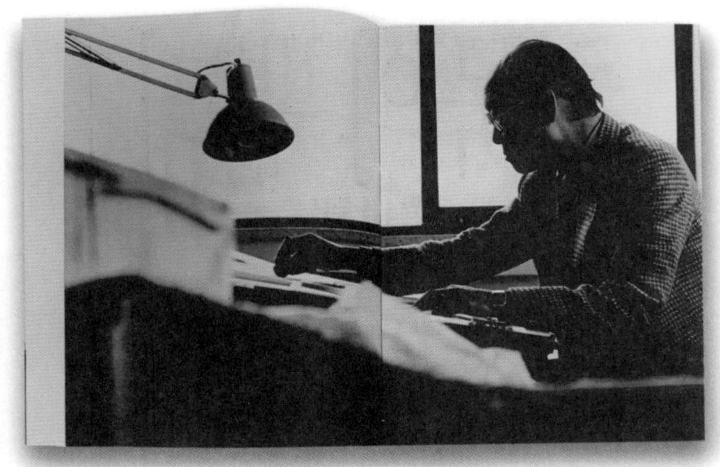

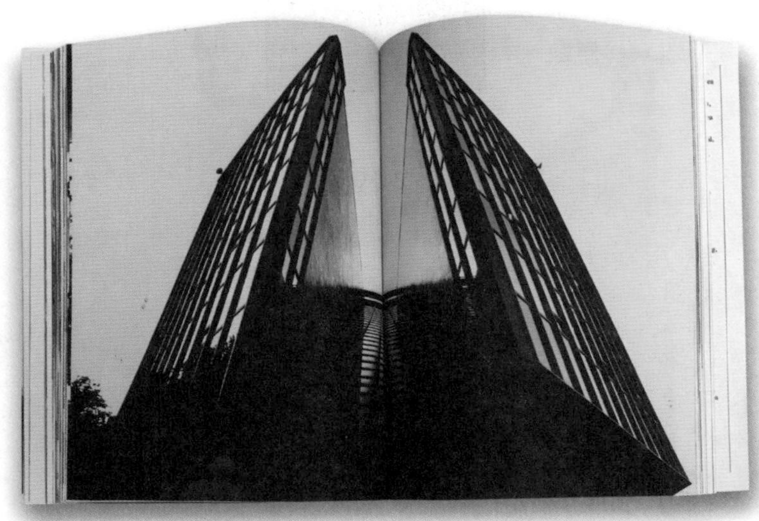

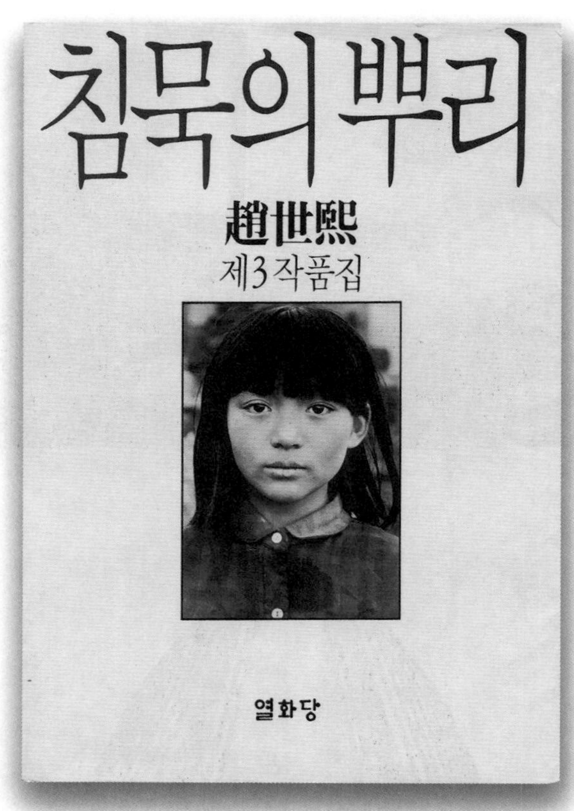

『침묵의 뿌리』
조세희 지음, 열화당, 1985,
152×225mm, 266쪽, 무선

놀라 일어나 드디어 '출발' 했고, 25 년 동안의 노력과 희생 끝에 말 그대로 선진세계에 다달았다. 과거를 돌아보면 인류의 기술은 오랜 시간을 거쳐 발전해 온 것이지만, 미래로 눈을 돌린다면 그것은 25 년 정도면 획득할 수 있는 그런 것이라는 말은, 바로 남의 이런 각성과 노력 그리고 그것의 결과인 월매의 예 때문에 가능해졌다.

시간 여행자는 쉽게 확인할 수 있다. 남이 철을 쓸 때 우리는 농을 했다. 옛 싸움터에 가 보면 지금도 생생하게 떠오르는 것이 있다. 옛날 우리 어른들이 쏜 청동제 대포의 포탄은 바로 포대 밑 바다에 떨어졌는데, 철선에 철대포를 싣고 온 파란 눈의 서양 병사들이 쏜 대포알은 그보다 훨씬 먼 곳에서 하늘을 질러 날아와 우리 어른들의 포대를 산산조각내 버렸다. 우리는 계산을 할 줄 몰랐다. 나는 감수성이 가장 예민했던 소년기와 청년기 일부를 겉으로는 온화하고 지혜가 많아 보였던 할아버지, 그러나 내심으로는 권력에 대한 한없는 욕망 때문에 그 자신은 물론 추종자들의 장기간에 걸친 죄의 무게에 눌려 쓰러질 수밖에 없었던 이승만 집권 시기에 보냈다.

어느날 나는 가까운 과거를 확인하기 위해 50 년대 말 인천 앞바다로 시간 여행을 떠났다. 우리 반만 년 역사 속에서 그 유례를 찾아볼 수 없이 놀라운 것, 그 시대의 과학기술진이 만든 정말 놀라운 3 단계 로케트가, 대부분 일흔 살 안팎의 일생을 마치고 좋은 마사성 정토에 묻힌 과거의 내외 귀빈을 감동시키며 발사대를 떠났다. 그들은 마음속으로 감동받을 준비를 하고 물러나갔다. 그 로케트는 당시의 어른들을 박수치게 만들어 놓고 곧바로 날았을까? 물론 날았다. 다만, 날아가다가 되돌아왔을 뿐이다. 놀라운 로케트는 날아가다가 갑자기 생각을 달리한 듯 역사적인 계산에 그렇게 서툴 수 없었던 그 시대의 어리석은 자들을 향해 되돌아왔다. 혼비백산한 우리의 내외 귀빈들은, 염치불구하고, 세

122

계 곳곳의 싸움터에 군대와 무기를 실어나른 미국 제너럴 모터스의 그 유명한 트럭 뒤로 달려가 납작하게 엎드렸다. 주인을 떠난 어떤 무기가 다시 주인에게 돌아온다는 점만 생각하면, 그것은 어느 대륙 토인부족의 전통적인 무기, 낫모양의 그것을 빼닮았다. 계산이 서툴었던 옛날옛적의 어떤 토인은 적을 향해 던진 무기가 되돌아와 자기를 칠 것에 대비해 언제나 멀치 큰 나무 뒤에 숨었다.

계산이 서툴다는 점에서 우리와 그들은 같다.

50 년대 말로 시간 여행을 떠났던 나는 60, 70 년대를 거쳐 현재로 돌아왔다. 돌아오며 그 다음의 일을 새삼스럽게 확인해 보았는데 표정이라고는 없어 보이는 사람들이 나타나 이미 힘 잃은 자들의 죄를 지적하며 그 죄가 크고 많아 무엇으로도 감추어둘 수가 없었다고 말했다. 그들 가운데는 입가에 미소짓는 사람 하나 없었다. 그들은 좋은 말을 수없이 골라댔다. 그러나 그들이 다음에 한 일을 우리는 결코 잊을 수 없다. 당시의 그들이 한 많은 말은 간단히 다음 몇 마디로 요약할 수 있는 것에 지나지 않았다.

"드디어, 우리가 죄 지을 차례가 되었다!"

과거에로의 우리땅 시간 여행자는 언제나 눈물 머금고 돌아올 수밖에 없다. 나는 바로 그 「시간 여행」이라는 제목의 소설에 '눈물' 이라는 말을 2 백 번 이상 써 넣었다. '집단 통곡' 에 의해 강물이 범람하는 이야기까지 나는 썼다. 작을 때는 가족 단위, 마을 단위, 클 때는 도시 단위 또는 세대 단위, 더 클 때는 무슨 일이 일어나도 결코 고통받지 않을 전체의 1 내지 2 퍼센트를 제외한 대규모의 집단 통곡! 우리 역사 속에서 수없이 마주치게 되는 그것은 도대체 무엇일까? 울 일이 별로 없었던 사람은 모르는 일이다. 눈물은 소금물처럼 맛이 짜다. 조금 울어본 민족은 진짜 눈물 맛을 모른다. 우리는 눈물 맛을 잘 아는 민족이다. 이 세계에 눈물 맛을 우리 이상 잘 아는 민족은 또 없을 것이라는 생각, 다시 말해 한 편의 작품에다 눈물이라는 말을 2 백 번이나 집중해 쓰며 나

123

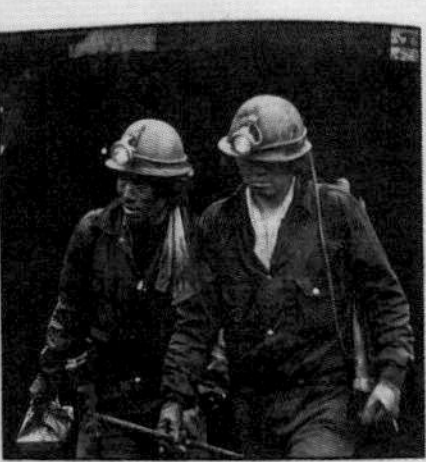

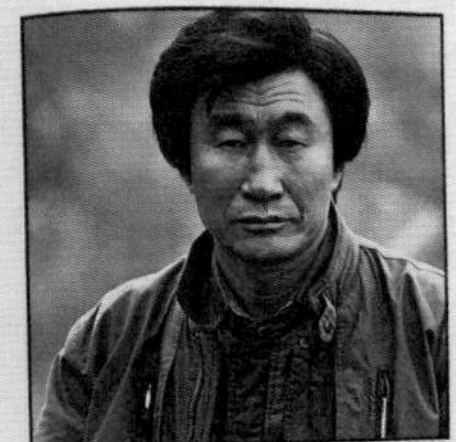

160

161

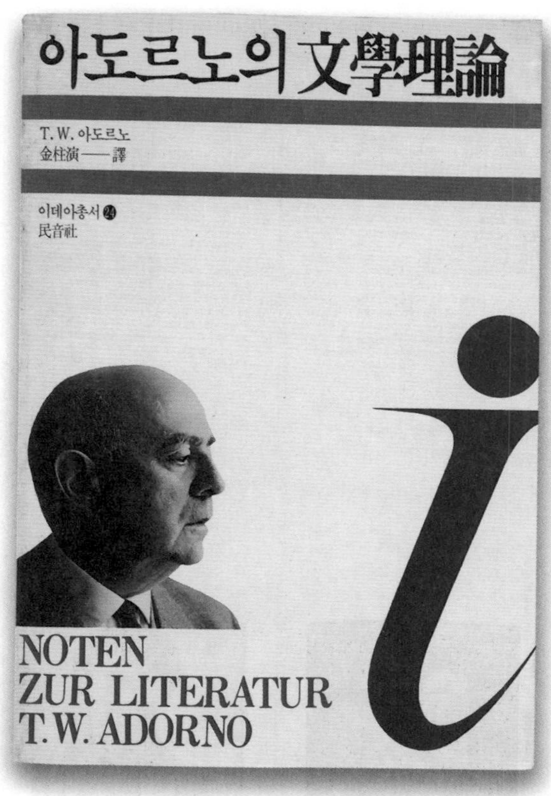

「아도르노의 문학이론Noten Zur Literatur」
T.W. 아도르노T.W. Adorno 지음, 이데아총서,
민음사, 1985, 152×225mm, 196쪽, 무선

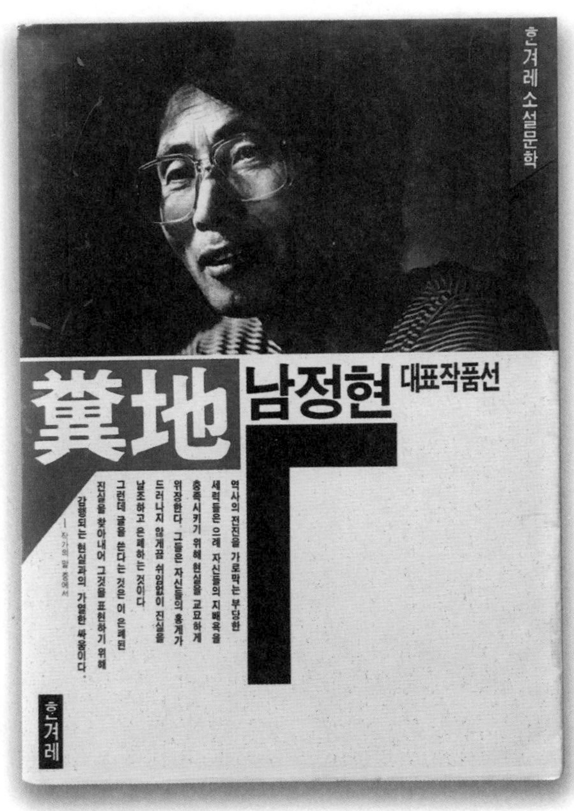

『분지糞地』
남정현 지음, 한겨레, 1987,
152×225mm, 420쪽, 무선

→ 78

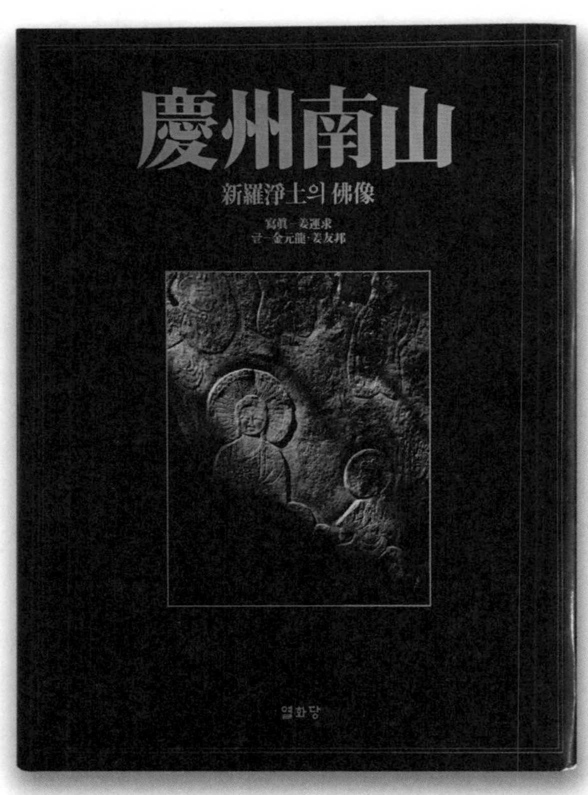

『경주남산慶州南山』
강운구 사진, 김원용, 강우방 글, 열화당,
1987, 257×364mm, 202쪽, 케이스 양장

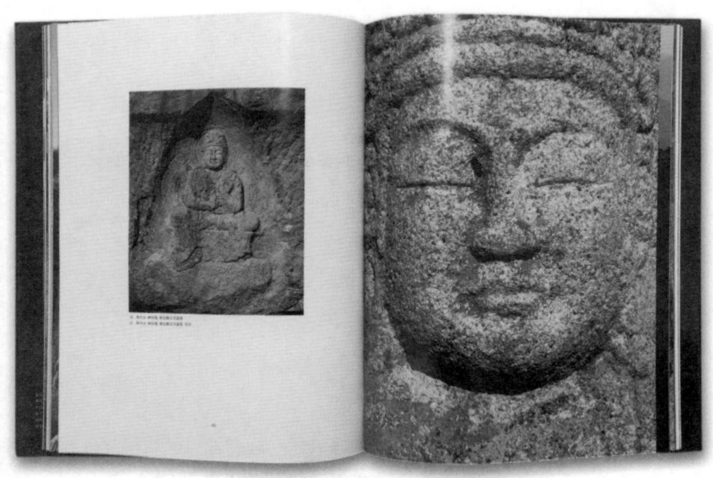

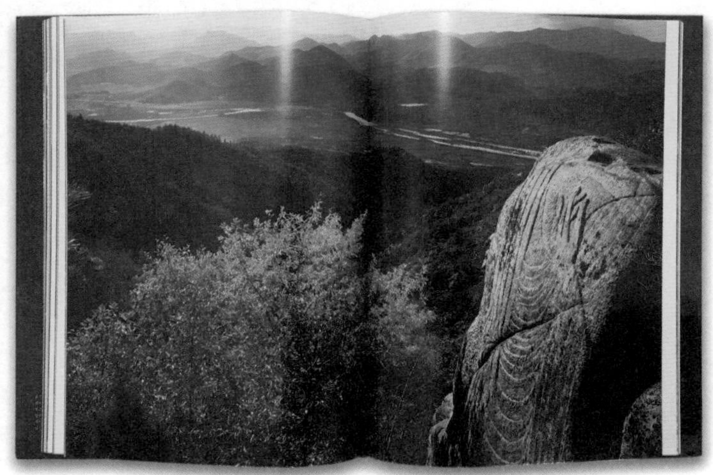

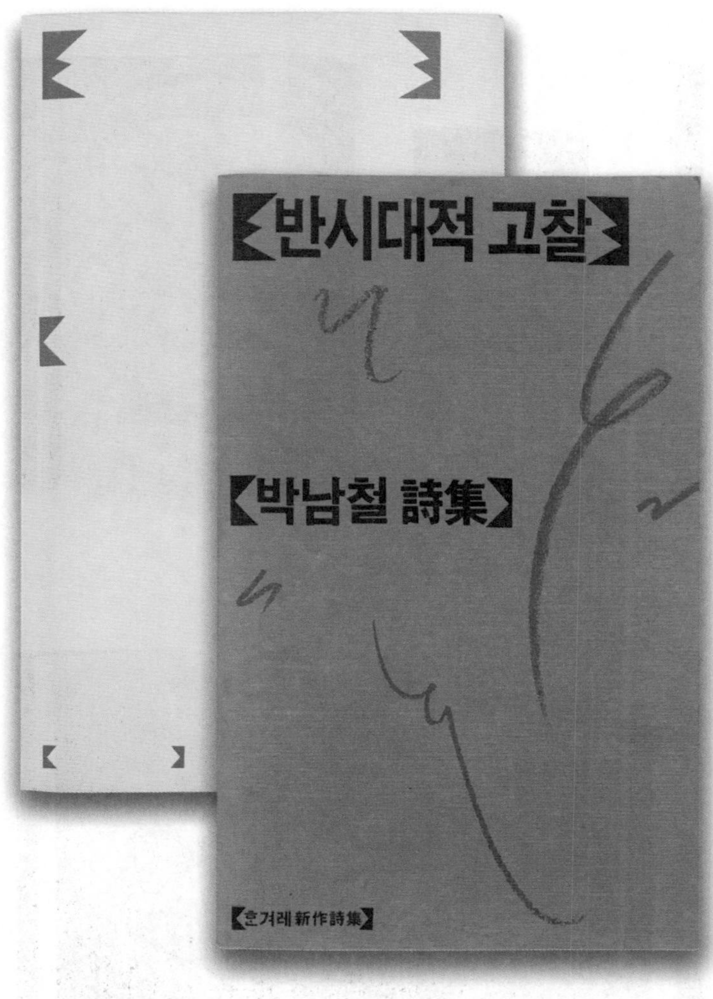

『반시대적 고찰』
한겨레신작시집 1, 박남철 지음, 한겨레,
1988, 128×200mm, 142쪽, 무선

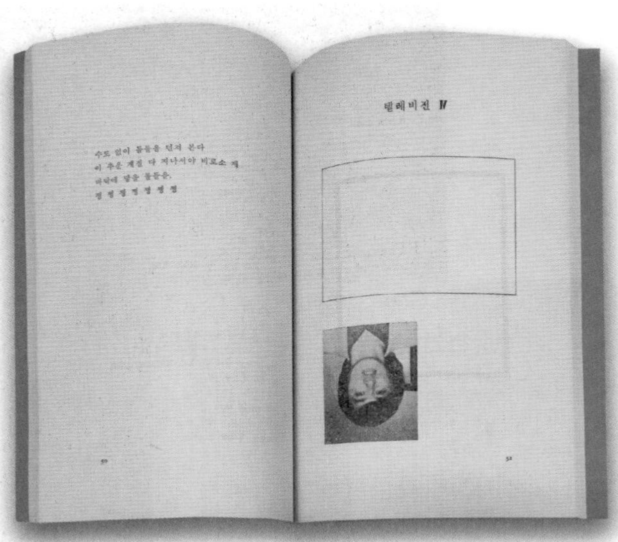

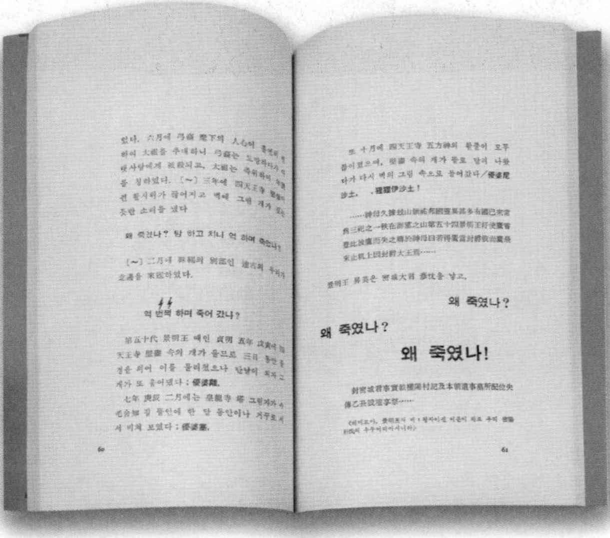

왜 죽였나? 탕 하고 치니 억 하며 죽었나!

억 번쩍 하며 죽어 갔나?

왜 죽였나?

왜 죽였나?

왜 죽였나!

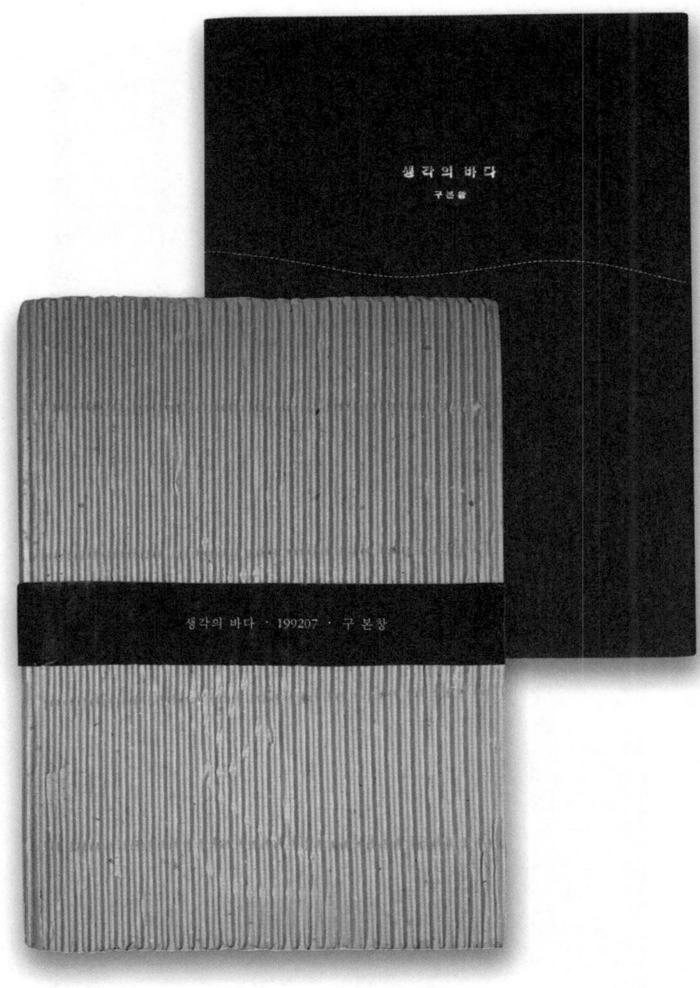

『생각의 바다』
구본창 지음, 행림출판, 1992,
218×304mm, 116쪽, 양장

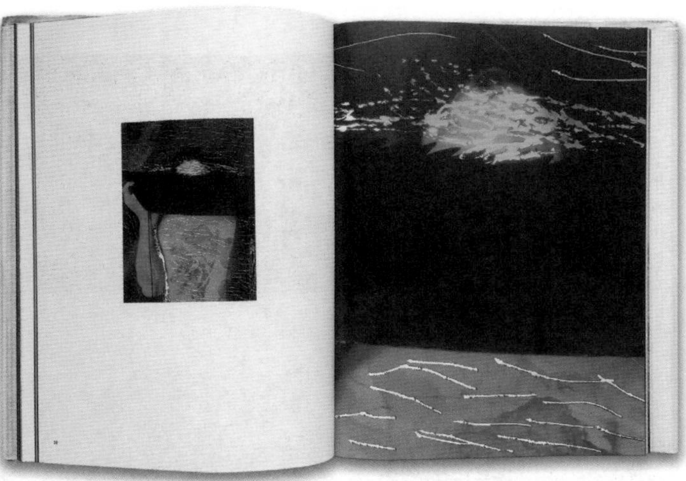

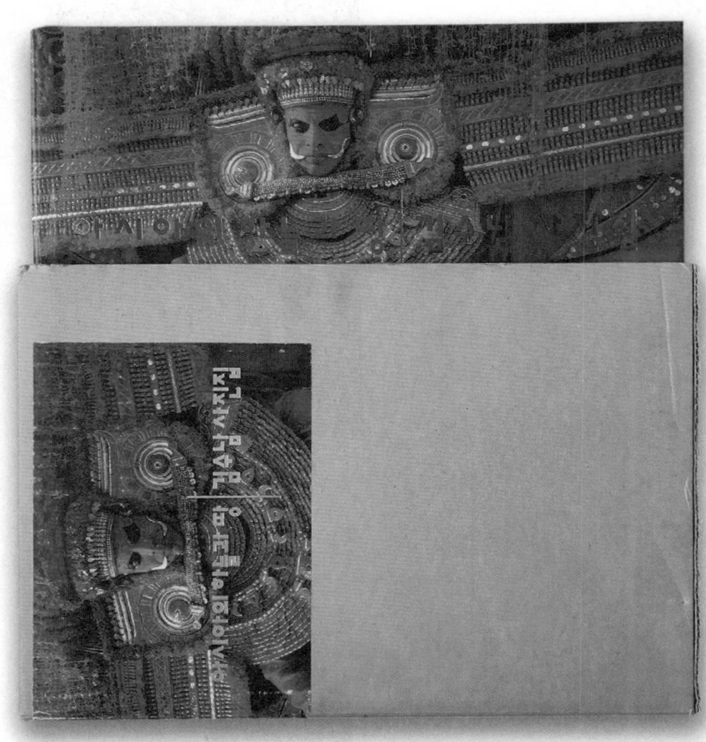

『아시아의 하늘과 땅』
김수남 지음, 타임스페이스, 1995,
304×218mm, 160쪽, 케이스 양장

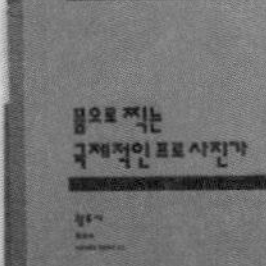
몸으로 찍는
국제적인 프로 사진가

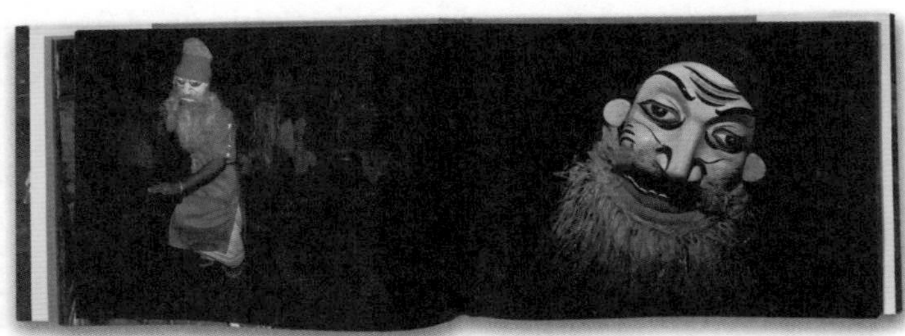

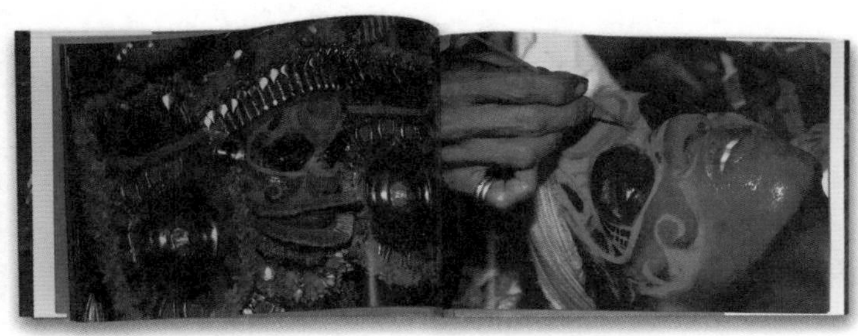

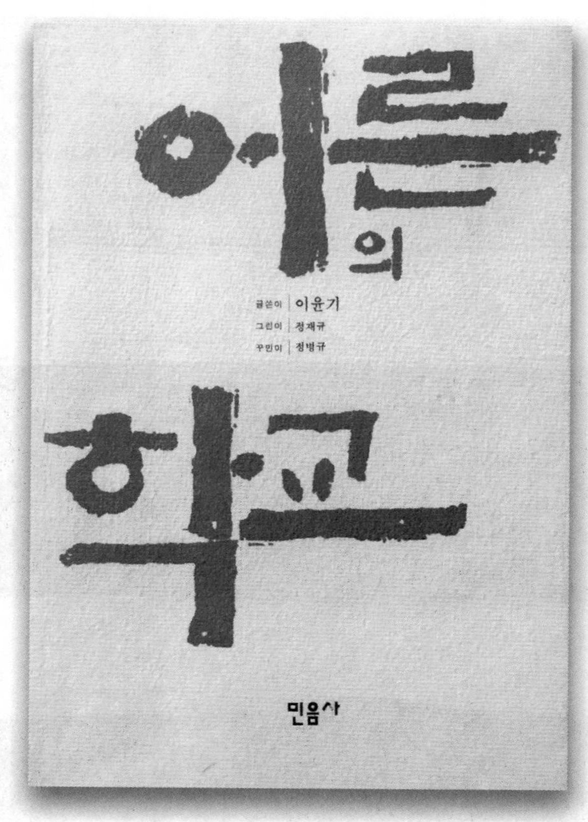

『어른의 학교』
이윤기 지음, 민음사, 1999,
140×210mm, 184쪽, 무선

우리는 이제 노래를 부르지 못한다

내가 가까이 모시는 시인이자 문학평론가인 김영석 교수는 글만 잘 쓰는 것이 아니라 노래도 많이 알고 또 굉장히 잘 부릅니다. 어느 정도로 많이 아는가 하면 우리나라의 흘러간 유행가는 물론이고 「에 루체 반 레 스텔레(별은 빛나건만)」, 「우나 푸르티바 라그리마(남몰래 흐르는 눈물)」 같은 오페라 아리아, 「블루 라이트 요꼬하마」 아류의 곰삭은 일본 유행가 정도는 거의 기본기에 속합니다. 최근에는 「쑥대머리」를 비롯한 판소리 여남은 대목, 육자배기, 흥타령에다 이선희, 김건모의 노래까지 구사하니 바야흐로 가히 종횡무진이라고 할 만합니다. 하지만 이분이 잘 부르는 노래는 역시 「봄날은 간다」, 「목포는 항구다」 같은 우리나라의 흘러간 유행가입니다. 좋은 자리에서 술 한잔 거나하게 오르면 우리는 이런 말로 그에게 노래를 채근하고는 했습니다. 「형, 한번 호릅시다.」

164 우리는 이제 노래를 부르지 못한다

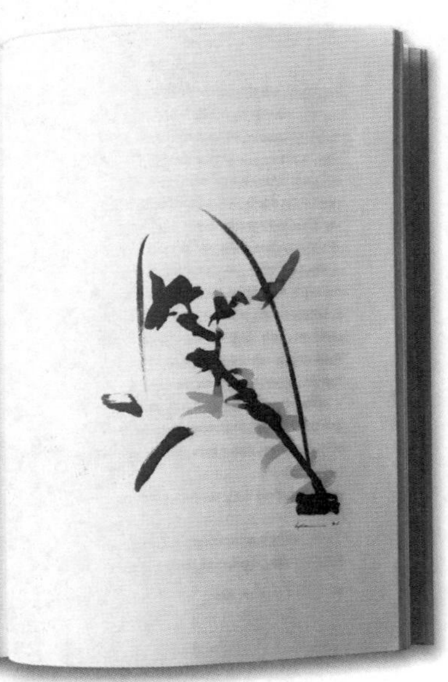

 → 73

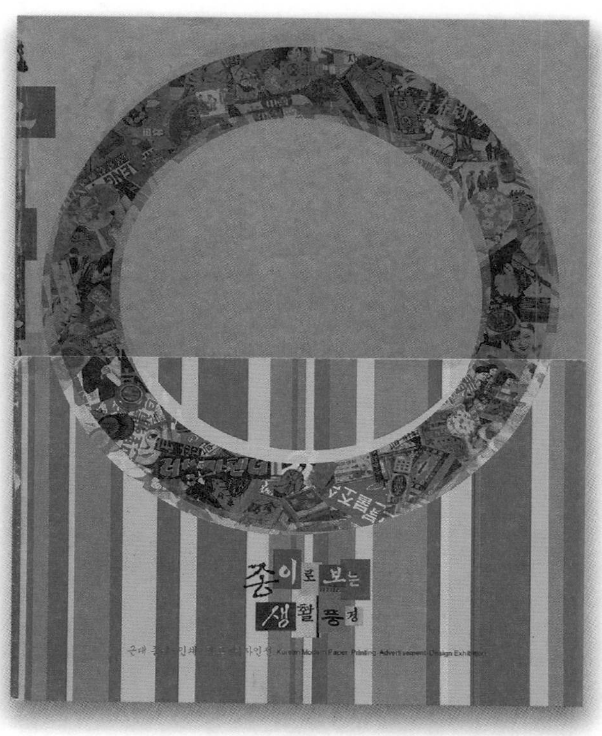

『종이로 보는 생활풍경』
영월책박물관, 2001,
143×180mm, 144쪽, 무선

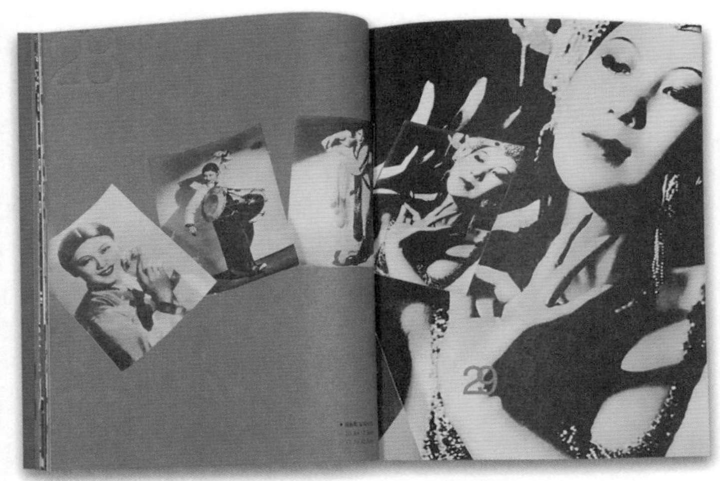
29

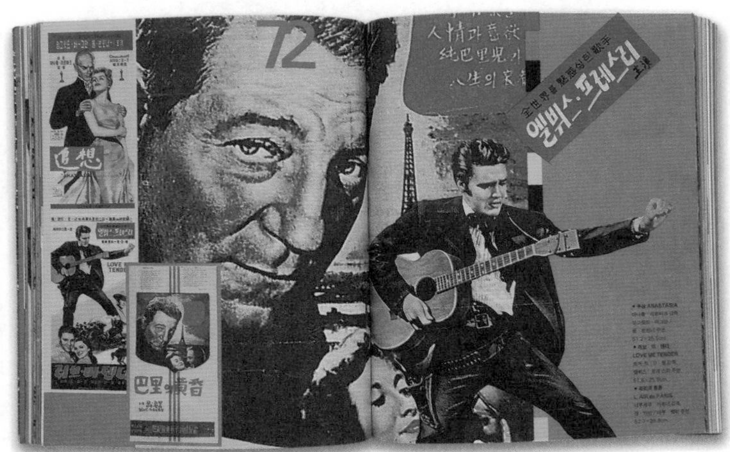
72
人情과 意欲
全世界를 魅惑시킨 歌手
엘비스·프레스리 主演
追想
巴里의 黃昏
LOVE ME TENDER
ANASTASIA

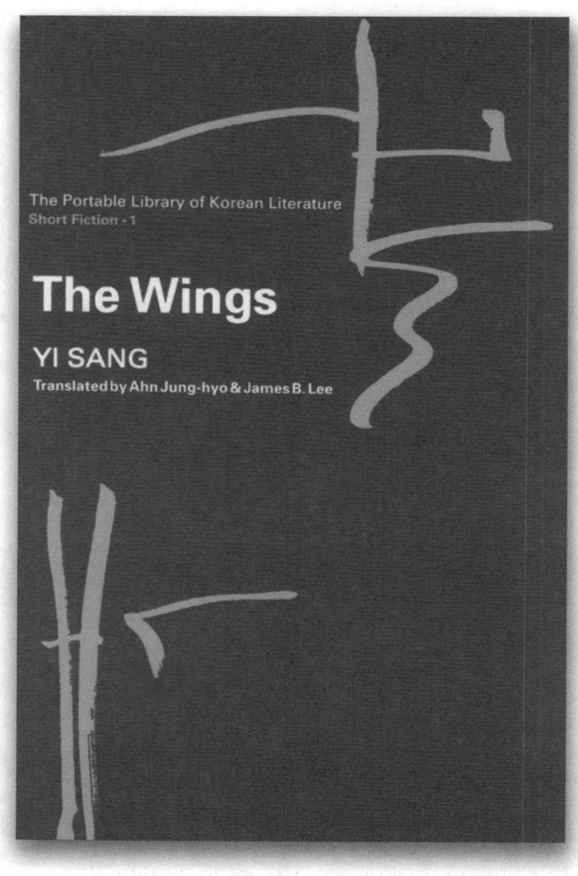

『날개The Wings』
이상 지음, 안정효 외 옮김, 집문당,
2001, 120×185mm, 88쪽, 무선

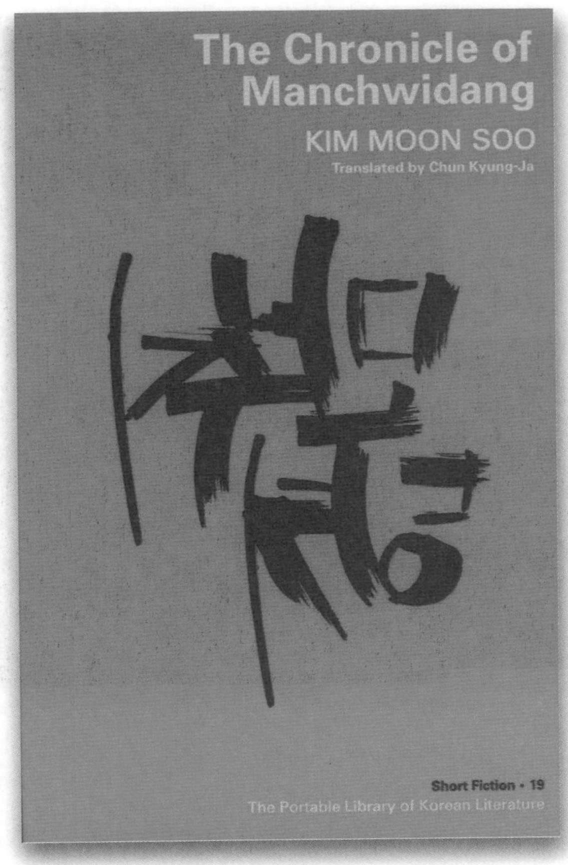

「만취당기The Chronicle of Manchwidang」
김문수 지음, 천경자 옮김, 집문당,
2004, 120×185mm, 86쪽, 무선

『데미안Demian』
헤르만 헤세Hermann Hesse 지음, 전영애 옮김,
민음사, 2009, 144×197mm, 394쪽, 케이스 양장

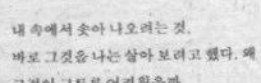
내 속에서 솟아 나오려는 것,
바로 그것을 나는 살아 보려고 했다. 왜
그것이 그토록 어려웠을까.

내 이야기를 하자면, 훨씬 앞에서부터 시작해야 한다. 할 수만 있다면, 훨씬 더 이전으로 내 유년의 맨 처음까지, 또 아득한 나의 근원까지 거슬러 올라가야 하리라.

작가들은 소설을 쓸 때 자기들이 하느님이라도 되듯 그 누군가의 인생사를 훤히 내려다보고 파악하여, 하느님이 몸소 이야기하듯 아무 거리낌 없이 자신이 어디서나 핵심을 짚어내어 써낼 수 있는 양 굴곤 한다. 나는 그럴 수 없다. 작가들도 그래서는 안 되듯이. 그리고 내게는 내 이야기가, 어떤 작가에게든 그의 이야기가 중요한 것 이상으로 중요하다. 내 자신의 이야기이기 때문

7

나에게 해 준 말이나 그 밖의 모든 것이 오늘까지도 의미가 있었고, 당면 문제였으며, 나에게 관계되었다! 그다지 즐겁지 않았던 우리들의 마지막 만남에서 그가 방탕자와 성인에 대하여 말한 것도 갑자기 내 영혼 앞에 환하게 떠올랐다. 나에게도 꼭 그렇게 된 것이었을까? 나는 취기와 더러움 속에서, 마비와 상실 속에서 산 것이 아닐까, 마침내 새로운 인생의 충동으로써 바로 반대의 것이, 정결함에의 욕구, 성스러움에의 동경이 내 마음속에서 살아날 때까지?

그렇게 계속 기억을 따라갔다. 벌써 오래전에 밤이 되었고 바깥에서는 비가 내리고 있었다. 내 기억 속에서도 빗소리가 들렸다. 그것은 마로니에 나무들 밑, 그가 언젠가 프란츠 크로머 때문에 나한테 캐어묻고 나의 첫 비밀들을 알아맞혔던 때였다. 하나하나가 나타났다. 학교 길에서의 대화들, 견진성사 수업 시간들, 그리고 마지막으로 막스 데미안과의 맨 마지막 만남이 떠올랐다.

190

거기서는 무엇이 문제되었던 것인가? 나는 얼른 대답이 떠오르지 않았다. 천천히 생각했다. 그 생각에 완전히 침잠했다. 그런데 이제 다시 떠오른다. 그것도, 우리들은 우리 집 앞에 서 있었다. 그가 나에게 카인에 대한 자신의 의견을 알려 준 뒤였다. 거기서 그는 우리 집 현관문 위에 붙어 있는, 밑에서부터 위쪽으로 넓어지는 마감석 속에 새겨진, 오래되어 마모된 문장(紋章)에 대해서 말했다. 그는 말했었다. 그 문장이 흥미롭다고, 그런 것들에 유의해야 한다고.

그날 밤 나는 데미안과 문장 꿈을 꾸었다. 문장은 끊임없이 모습이 바뀌었다. 데미안이 그것을 두 손에 들고 있었다. 작고 회색인가 하면, 거대하고 여러 색깔이다. 그러나 데미안은 이것이 그렇지만 언제나 똑같은 것이라고 설명해 준다. 그러나 마침내 그는 나에게 억지로 문장을 먹였다. 그것을 삼키자, 삼킨 문장이 내 속에 살아 있어, 나를 다 채우고 안에서부터 나를 파먹어

191

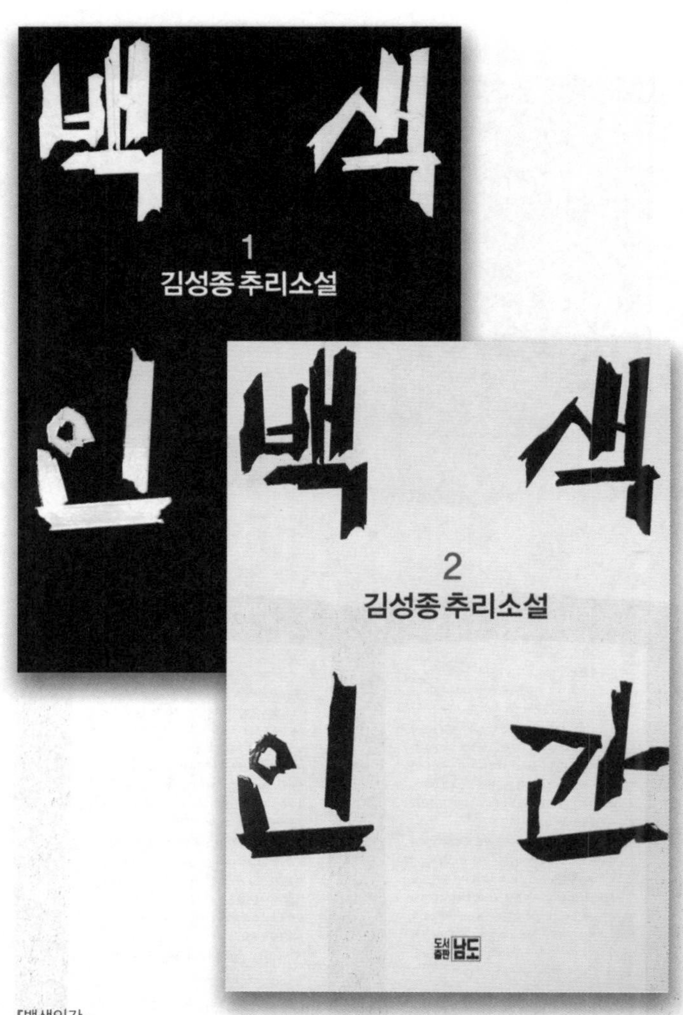

「백색인간」
김성종 지음, 도서출판남도,
2008, 153×224mm, 398쪽, 무선

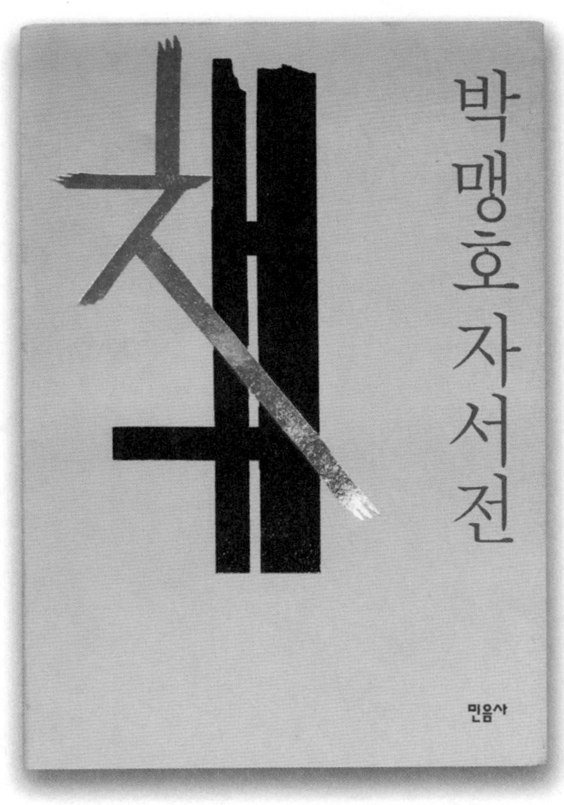

『책; 박맹호 자서전』
박맹호 지음, 민음사, 2012,
153×224mm, 332쪽, 양장

→ 74-76

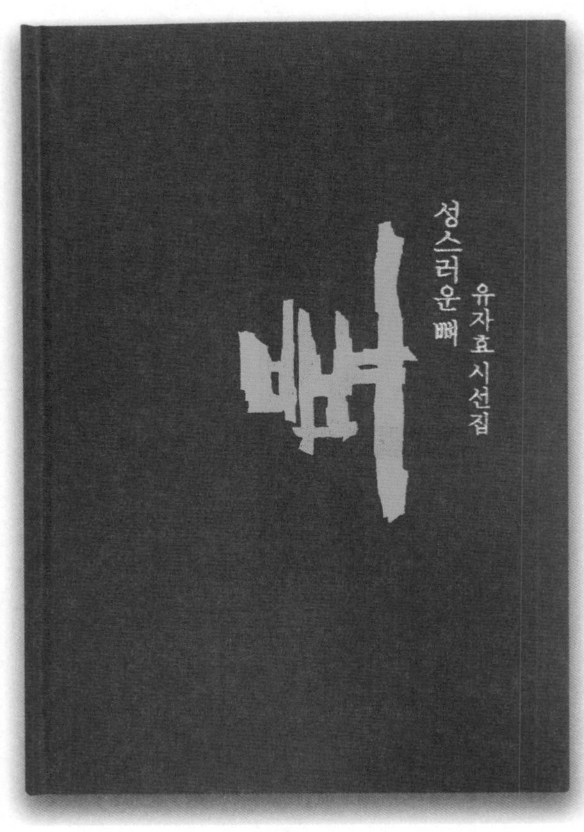

『성스러운 뼈: 유자효 시선집』
박건한 구성 편집, 활판공방(주조, 문선, 식자, 인쇄, 제책) 제작,
시월, 2013, 158×230mm, 150쪽, 케이스 양장

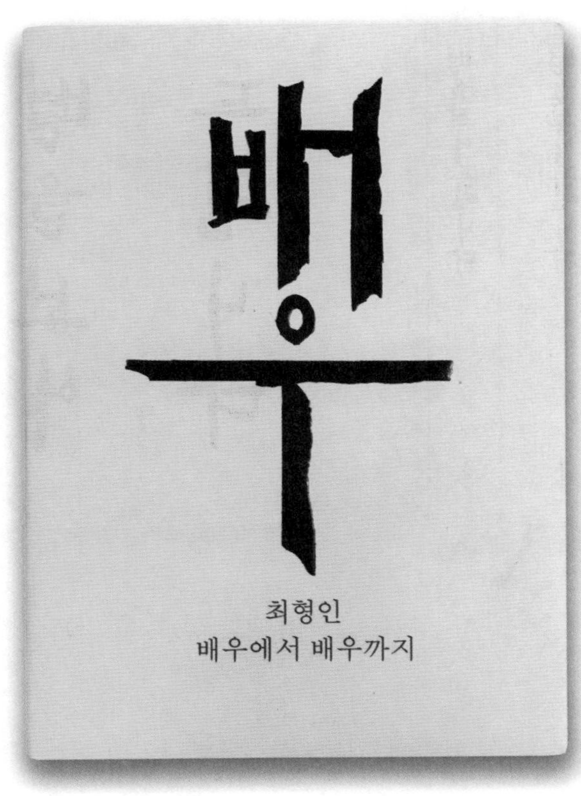

『배우』
최형인 지음, 평민사, 2014,
150×205mm, 234쪽, 무선

 → 74-76

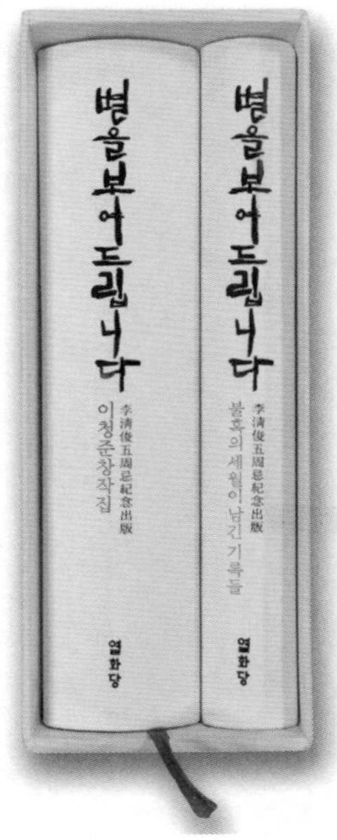

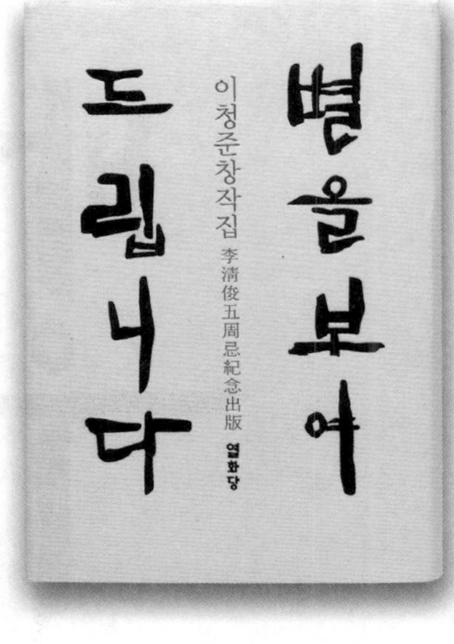

『별을 보여드립니다』
이청준 창작집, 열화당, 2013,
150×232mm, 416쪽, 케이스 양장

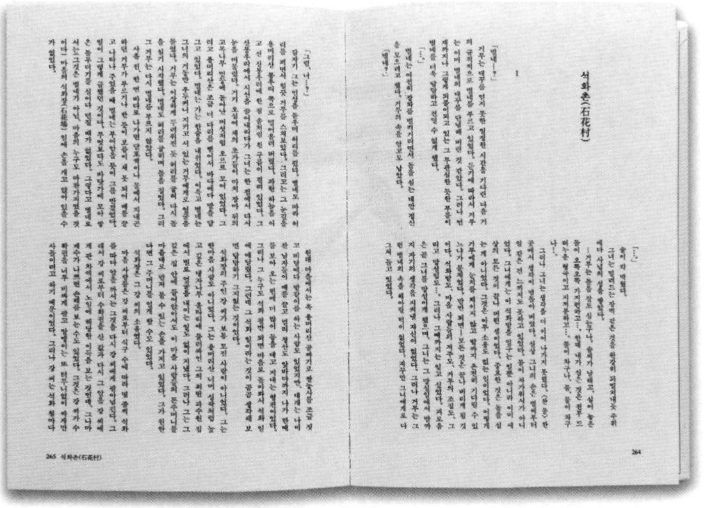

석화촌(石花村)

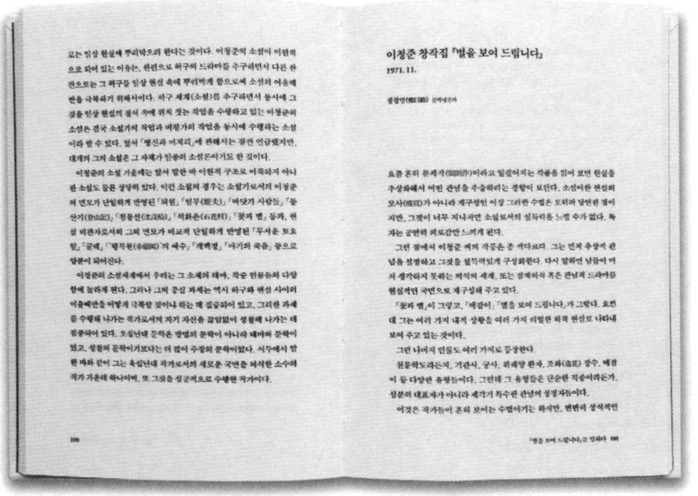

로는 일상 현실에 뿌리박으려 한다는 것이다. 이청준의 소설이 이원적으로 되어 있는 이유는, 한편으로 허구의 드라마를 추구하면서 다른 한편으로는 그 허구를 일상 현실 속에 뿌리박게 함으로써 소설의 이율배반을 극복하기 위해서이다. 허구 세계(소설)를 추구하면서 동시에 그것을 일상 현실의 질서 속에 위치 짓는 작업을 수행하고 있는 이청준의 소설은 결국 소설가의 작업과 비평가의 작업을 동시에 수행하는 소설이라 할 수 있다. 앞서 「병신과 머저리」에 관해서는 잠깐 언급했지만, 대개의 그의 소설은 그 자체가 일종의 소설론이기도 한 것이다.

이청준의 소설 가운데는 앞서 말한 바 이원적 구조로 이룩되지 아니한 소설도 물론 상당히 있다. 이런 소설의 경우는 소설가로서의 이청준의 면모가 단일하게 반영된 「퇴원」「임부(姙夫)」「바닷가 사람들」「등산기(登山記)」「침몰선(沈沒船)」「석화촌(石花村)」「꽃과 뱀」 등과, 현실 비판자로서의 그의 면모가 비교적 단일하게 반영된 「무서운 토요일」「굴레」「'행복원(幸福園)'의 예수」「개백정」「아기의 죽음」 등으로 양분이 되어진다.

이청준의 소설세계에서 우리는 그 소재의 폭과, 작중 인물들의 다양함에 놀라게 된다. 그러나 그의 중심 과제는 역시 허구와 현실 사이의 이율배반을 어떻게 극복할 것이냐 하는 데 집중되어 있고, 그러한 과제를 수행해 나가는 작가로서의 자기 자신을 끊임없이 성찰해 나가는 데 집중되어 있다. 오십년대 문학은 방법의 문학이 아니라 테마의 문학이었고, 성찰의 문학이기보다는 더 많이 주장의 문학이었다. 서두에서 말한 바와 같이 그는 육십년대 작가로서의 새로운 국면을 의식한 소수의 작가 가운데 하나이며, 또 그것을 성공적으로 수행한 작가이다.

이청준 창작집 『별을 보여 드립니다』

1971. 11.

정창범(鄭昌範) 문학평론가

요즘 흔히 문제작(問題作)이라고 일컬어지는 작품을 읽어 보면 현실을 추상화해서 어떤 관념을 추출하려는 경향이 보인다. 소설이란 현실의 모사(模寫)가 아니라 재구성인 이상 그러한 수법은 오히려 당연한 것이지만, 그것이 너무 지나치면 소설로서의 설득력을 느낄 수가 없다. 독자는 공연히 피로감만 느끼게 된다.

그런 점에서 이청준 씨의 작품은 좀 색다르다. 그는 먼저 추상적 관념을 설정하고 그것을 설득력있게 구상화한다. 다시 말하면 남들이 미처 생각하지 못하는 의식의 세계, 또는 잠재의식 혹은 관념적 드라마를 현실적인 국면으로 재구성해 주고 있다.

「꽃과 뱀」이 그렇고, 「매잡이」「별을 보여 드립니다」가 그렇다. 요컨대 그는 여러 가지 내적 상황을 여러 가지 리얼한 외적 현실로 나타내 보여 주고 있는 것이다.

그런 나머지 인물도 여러 가지로 등장한다.

천문학도라든지, 기관사, 궁사, 위궤양 환자, 조화(造花) 장수, 매잡이 등 다양한 유형들이다. 그런데 그 유형들은 단순한 직종이라든가, 신분의 대표자가 아니라 제각기 특수한 관념의 상징자들이다.

어것은 작가들이 흔히 보이는 수법이기는 하지만, 번번이 상식적인

→ 74-76

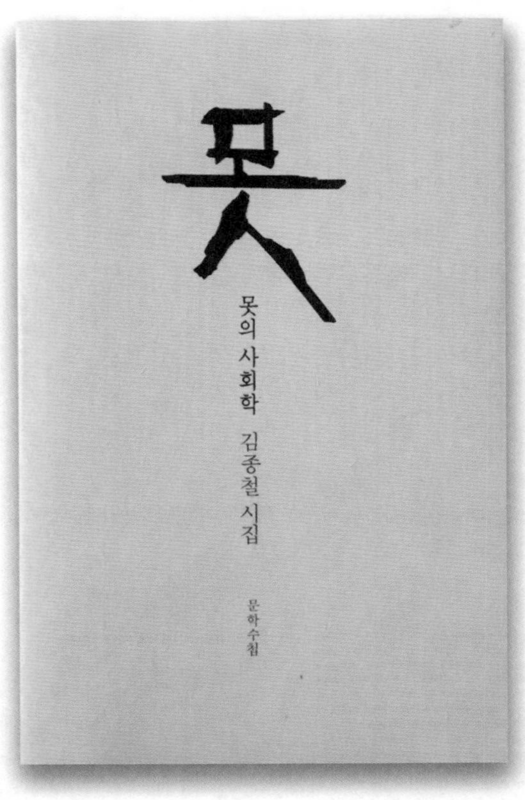

『못의 사회학』
김종철 지음, 문학수첩, 2013,
125×205mm, 144쪽, 양장

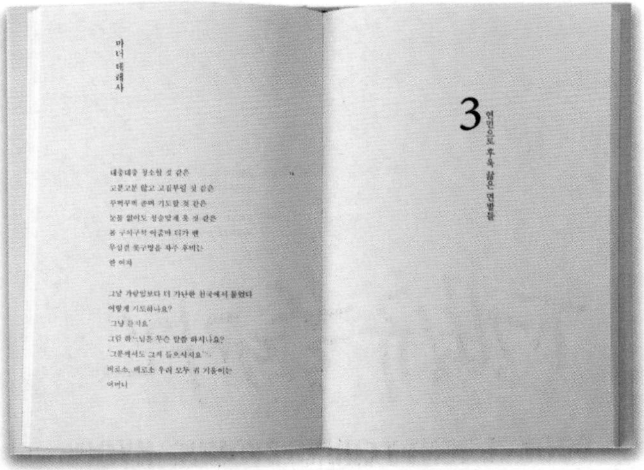

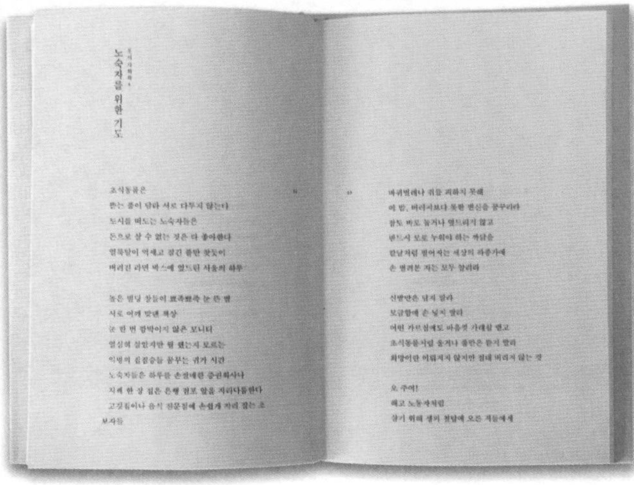

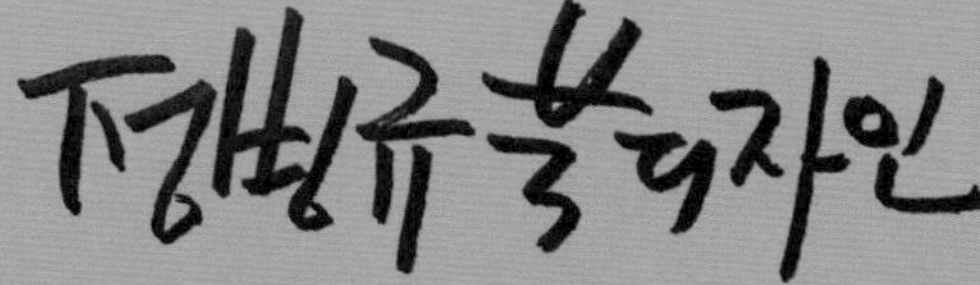

『정병규 북 디자인』
정병규 지음, 생각의바다, 1996,
220×305mm, 280쪽, 양장

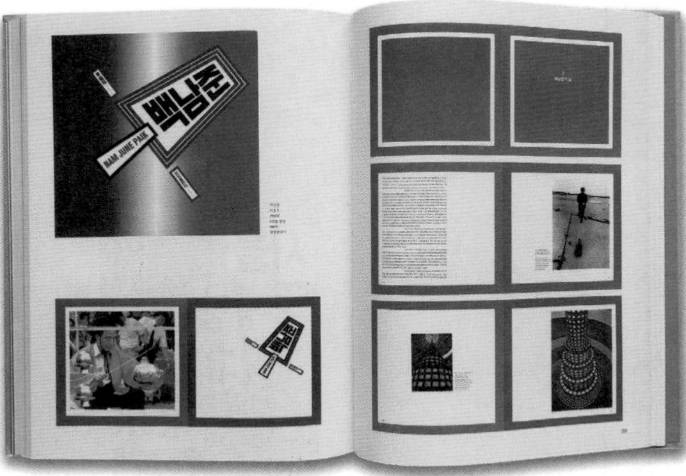
백남준
NAM JUNE PAIK

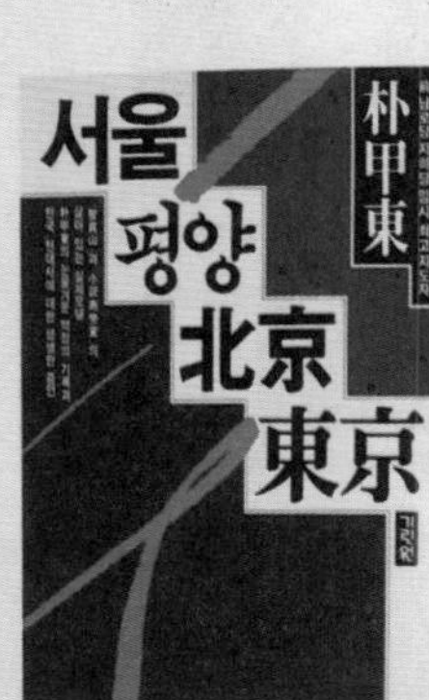

서울·평양·북경·동경
박갑동
1988년
신국판
284쪽
기린원

80년대 미술의 현장과 작가들
유홍준
1987년
신국판 반양장
238쪽
열화당

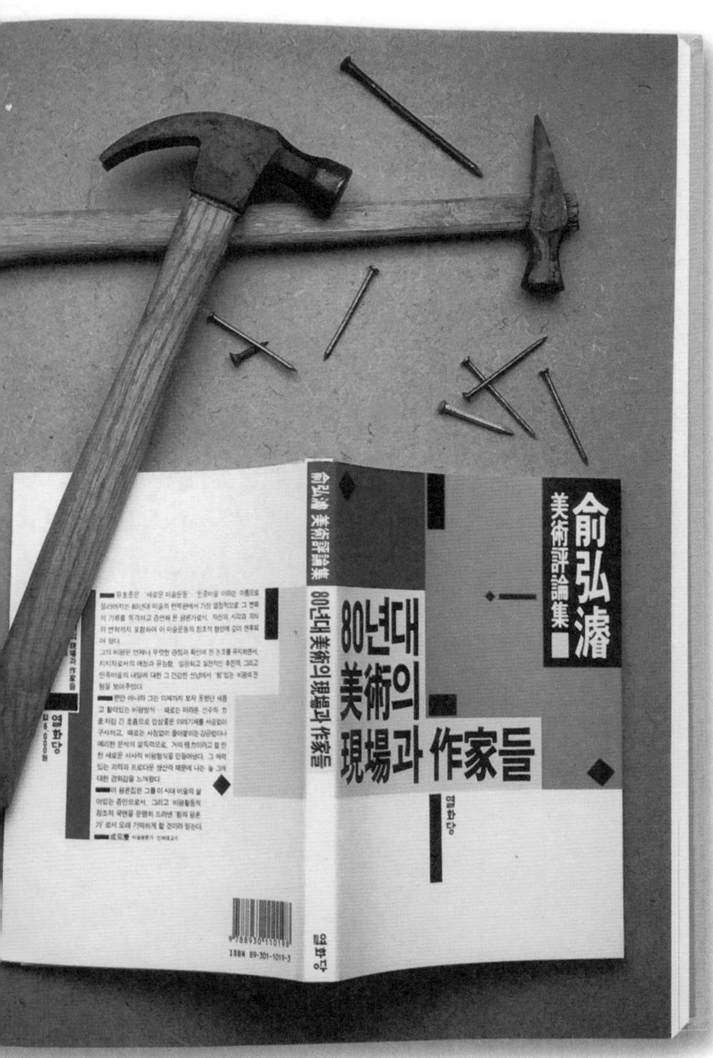
俞弘濬
美術評論集
80년대
美術의
現場과 作家들
열화당
俞弘濬 美術評論集
80년대 美術의 現場과 作家들
열화당
ISBN 89-301-1019-3

 → 73

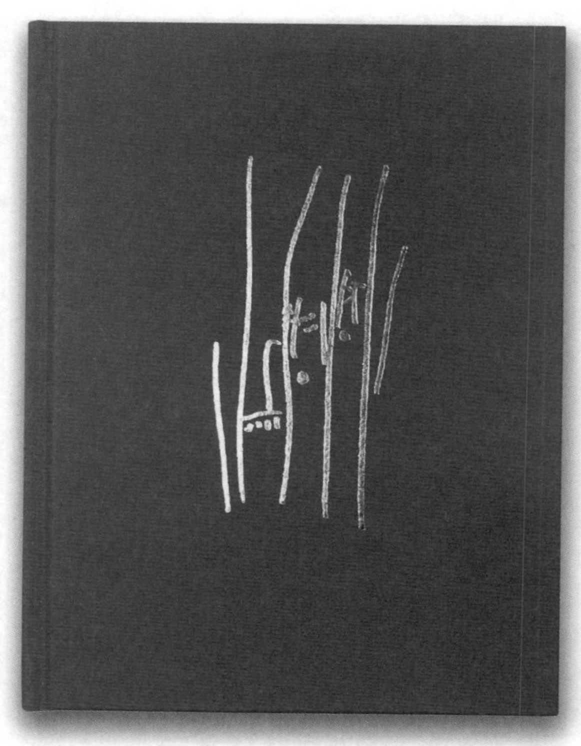

『책의 바다로 간다: 정병규 북 디자인 1996-2006』
정병규 지음, 영월책박물관, 2006,
160×210mm, 192쪽, 양장

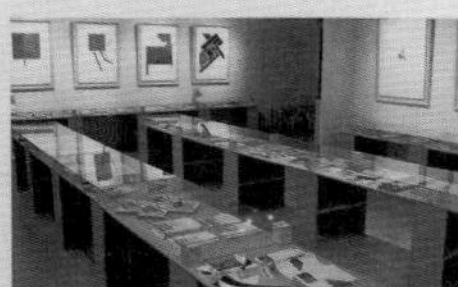

제 1회 정병규 북디자인전, 1996년 6월 1일~10일, 서울, 갤러리 지화

정병규 그리고 그의 디자인 세계

권혁수 디자인평론가 • 대한교과서디자인 연구소 소장

안녕하십니까? 권혁수입니다. 저는 정 선생님을 만나 배우는 후배 입장에서 가깝게 지낸 지 10년 정도 되었습니다. 그 전에는 선생님을 먼발치에서 바라보는 학생이었지요. 우연치 않은 기회에 선생님을 가까이 뵐 수 있게 되었고, 그 후로는 선생님과 가깝게 지내게 되었는데요. 저는 아직 공부하는 입장이어서 선생님에 대해 비평적 입장에서 얘기한다든지, 더군다나 선생님을 인간적 관점에서 어떻다고 얘기한다는 것은 제가 할 수 있는 범위를 벗어난 일입니다. 오늘 저는 제 생각을 중심에 두기 보다는, 디자이너 정병규 선생에 대한 포괄적 이야기를 먼저 한 후, 선생님께서 일반 독자들에게 당신의 작업을 설명했던 영상물을 보면서 저의 코멘트와 함께 선생님의 말씀도 들어보는 방식으로 진행하려고 합니다. 제 외모가 선생님과 비슷한 연배인 것처럼 보이지만 사실은 제가 띠동갑 연하입니다. 선생님은 46년, 저는 58년 개띠이지요. 선생님이 워낙 동안이시고, 저는 워낙 노숙하게 보이기 때문에 그렇게 보이는 것 같습니다. 그러다보니 어느 지점에서 만나지는 부분이 있는 것 같고요. 여러 가지로 선생님과 가까워질 수 있는 기회가 많았지만, 처음에는 그렇지 못했던 게 사실입니다. 결이 너무 같은 사람끼리는 사고가 나잖아요. 선생님은 노래도 좋아하시고, 여러 가지 저와 비슷한 부분이 많습니다.

언젠에 제가 한겨레문화센터에서 강의를 한 적이 있었는데, 마침 선생님께서도 그곳에서 강의를 하고 계시던 시점이라 우리는 수요일마다 일주일에 한 번씩 만날 수 있는 기회가 있었어요. 문화센터 지하에는 강의 뒤풀이로 모이곤 했던 맥주집이 하나 있었고, 강의가 끝나고 거기에 내려가면 선생님이 늘 계시는데도 우리는 서로 외면했습니다. 합석이 되면 그 다음날 어떻게 될지 서로가 너무도 잘 알고 있었기 때문이었겠지요.

지금으로부터 10년 전, 그러니까 1996년에 선생님은 당신의 20여년 동안의 북디자인 작업을 정리하는 전시회를 가졌었습니다.

179

CHONG JAE-KYOO

œuvres et œuvres récentes

L'ÉVÉNEMENT PHOTOGRAPHIQUE

CHONG JAE-KYOO
정재규 작품
24.5X25cm. 2006

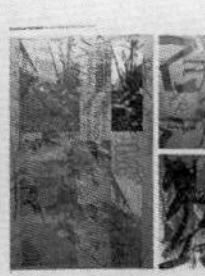

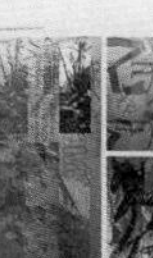

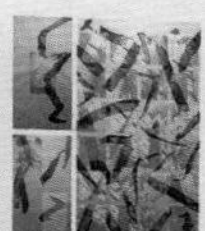

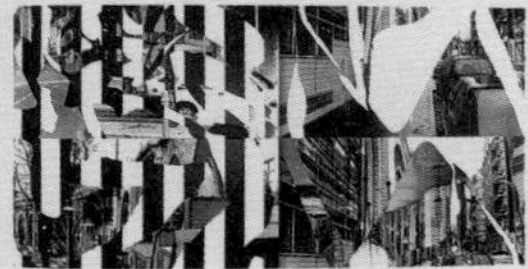

CHONG JAE-KYOO
본문

144

145

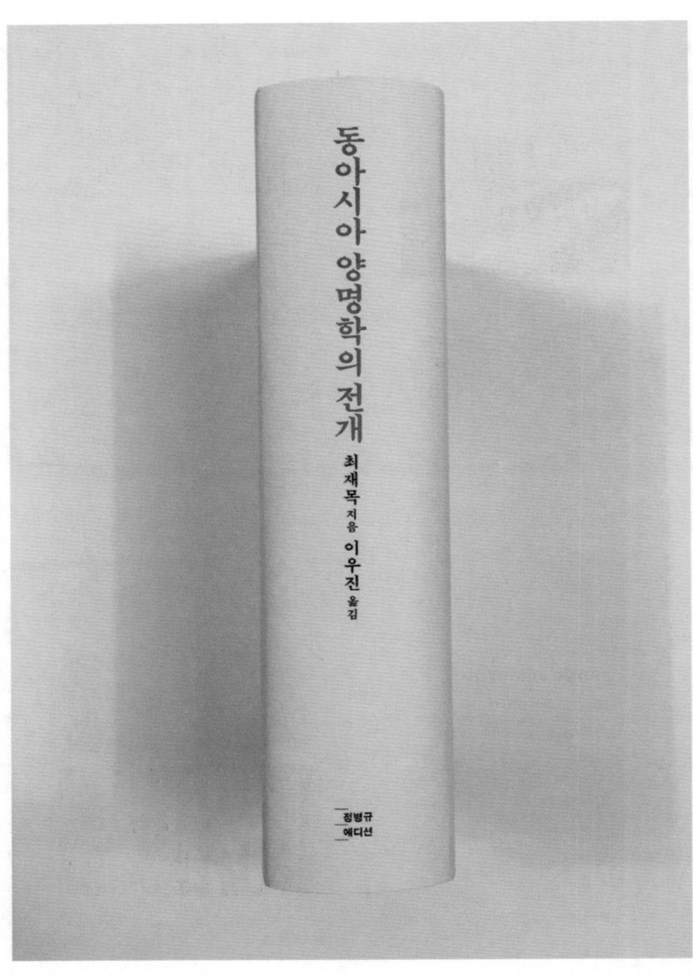

『동아시아 양명학의 전개』
최재목 지음, 이우진 옮김, 정병규에디션, 2016,
125×205mm, 728쪽, 케이스 양장

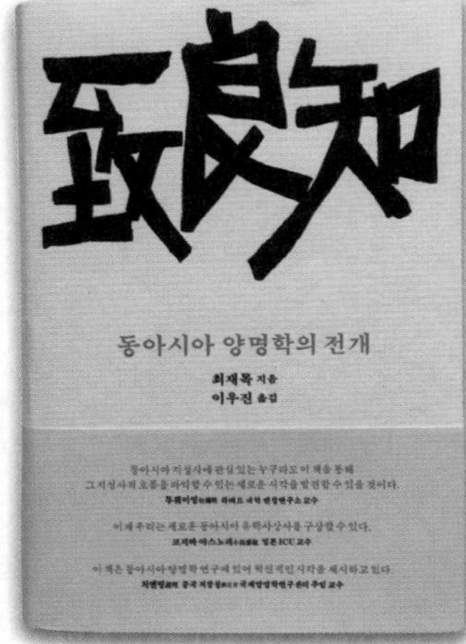
致良知
동아시아 양명학의 전개
최재목 지음
이우진 옮김
동아시아 지성사에 관심 있는 누구라도 이 책을 통해
그 지성사의 흐름을 파악할 수 있는 새로운 시각을 발견할 수 있을 것이다.
이제 우리는 새로운 동아시아 유학사상사를 구상할 수 있다.
이 책은 동아시아 양명학 연구에 있어 혁신적인 시각을 제시하고 있다.

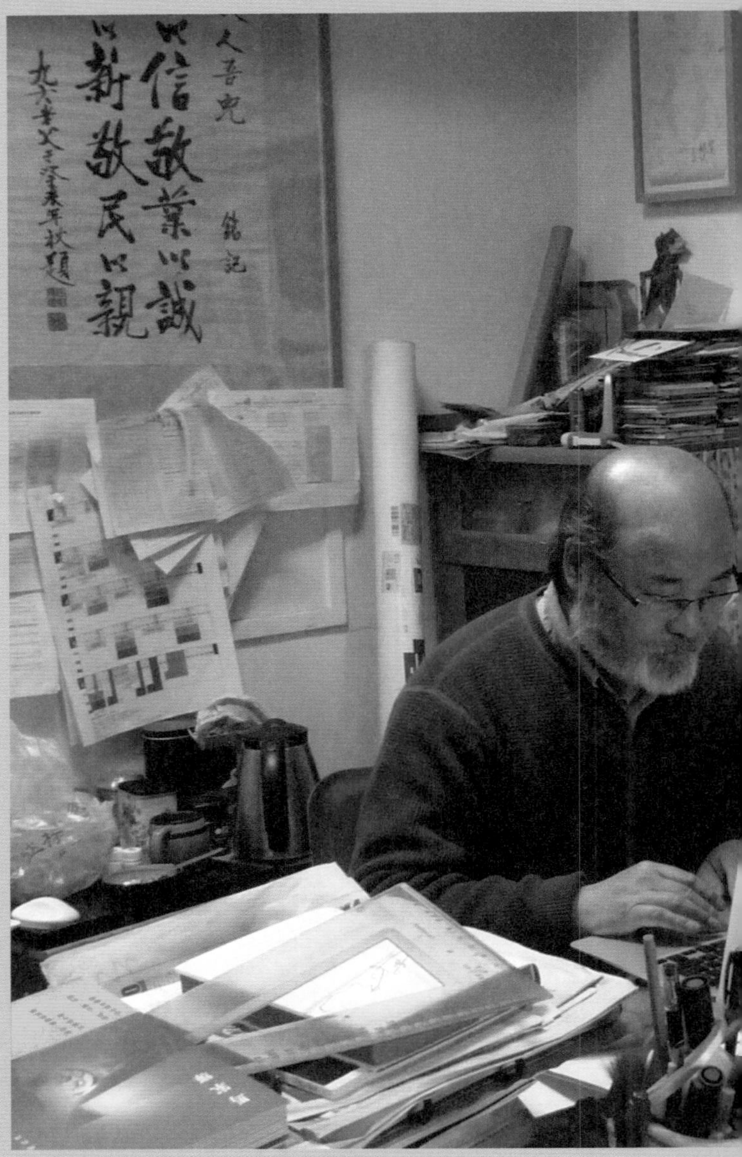
以信敬業以誠
以新敬民以親

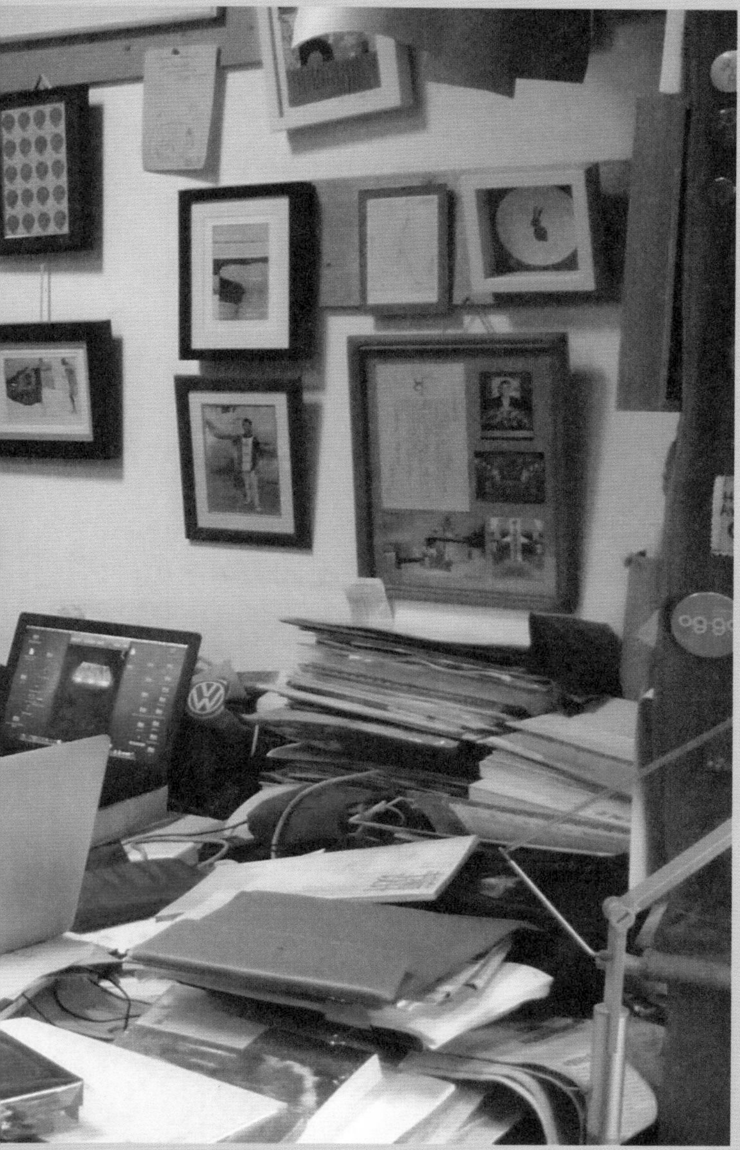

Beijing © Lu Jingren

『주희천자문朱熹榜书千字文』
주희朱熹 지음, 중국청년출판사中国青年出版社,
1999, 530×350mm, 528쪽, 협판장

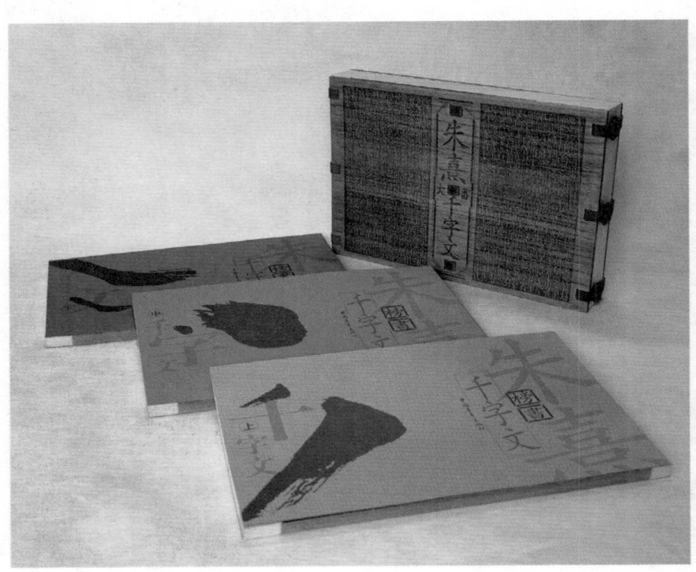

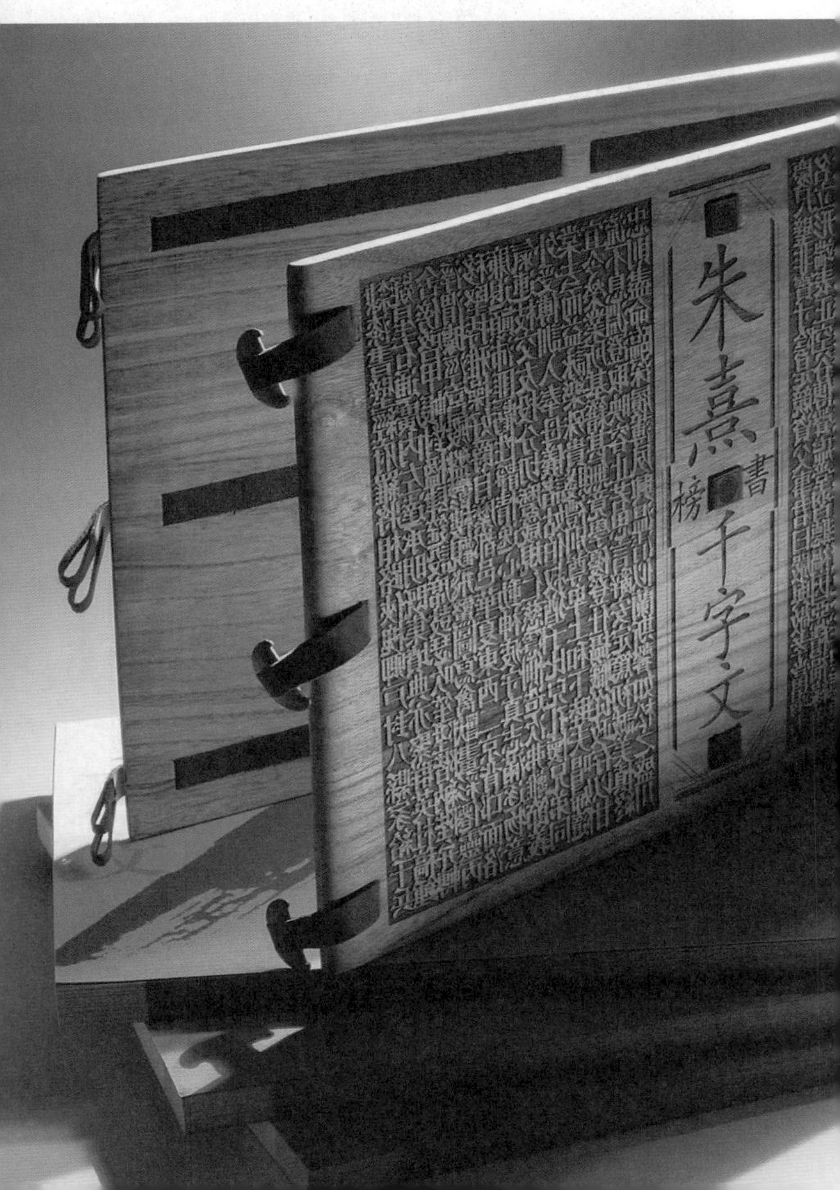
朱熹
書
榜
千字文

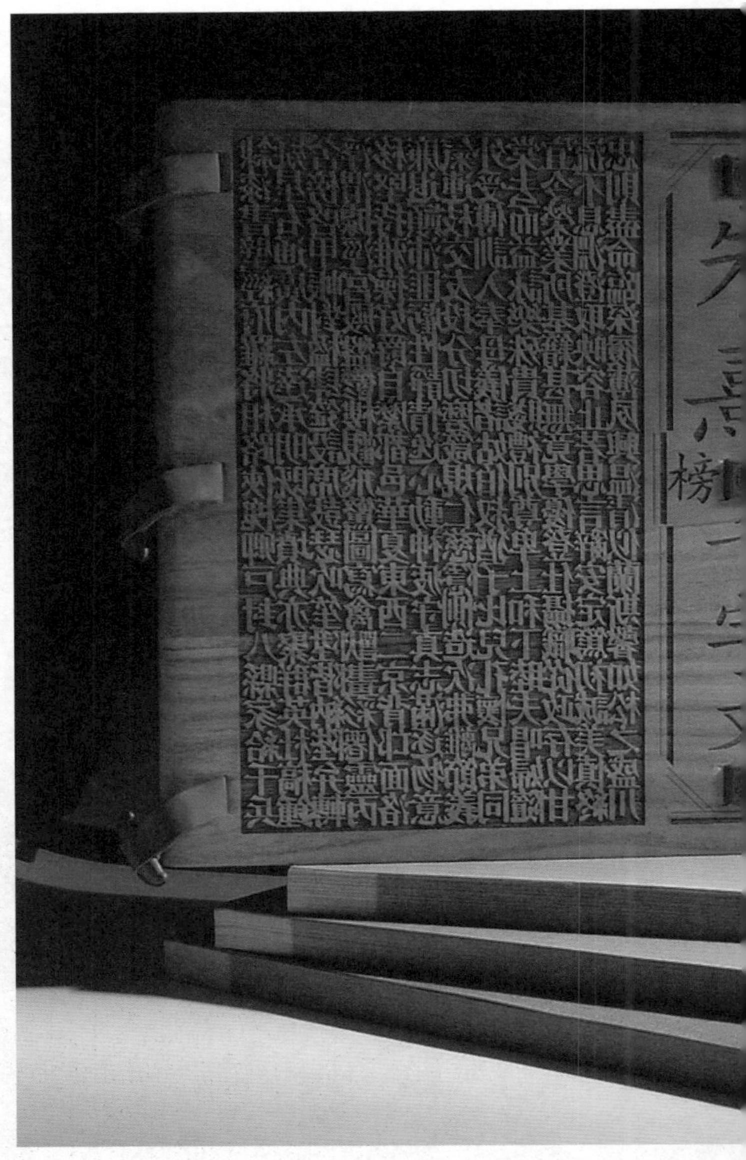
榜

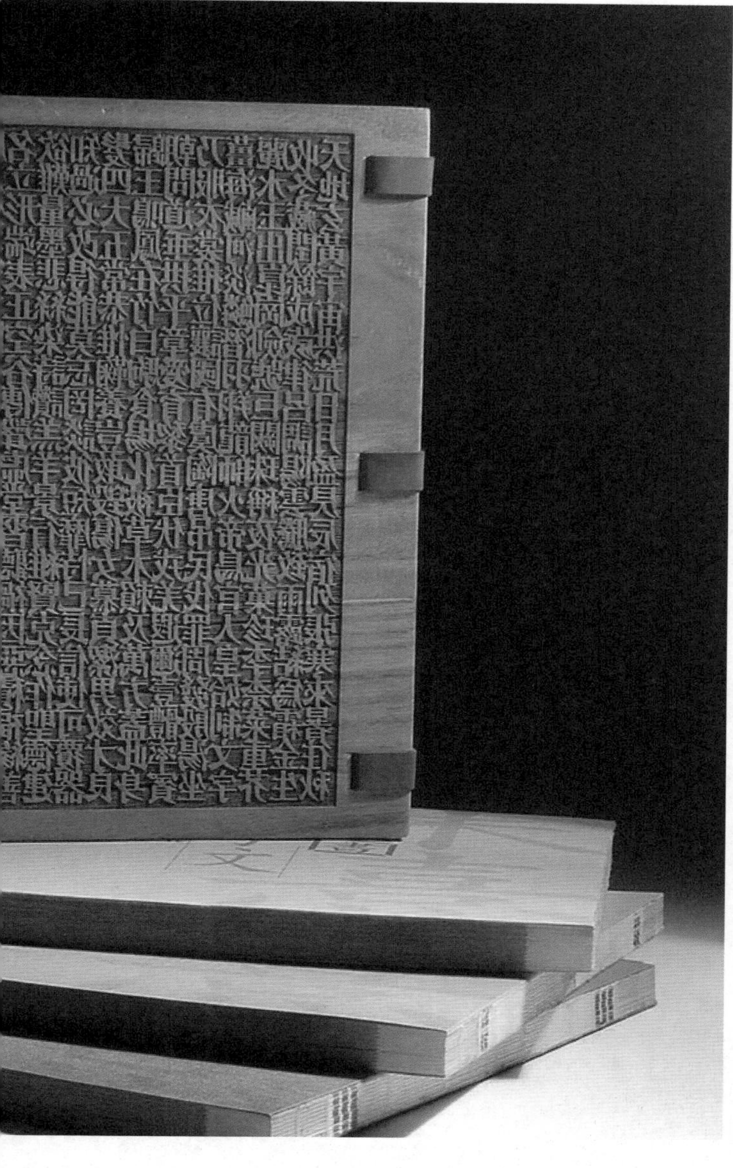

『메이란팡전梅兰芳全传』
리링링李伶伶 지음, 중국청년출판사,
2001, 142×208mm, 636쪽, 무선

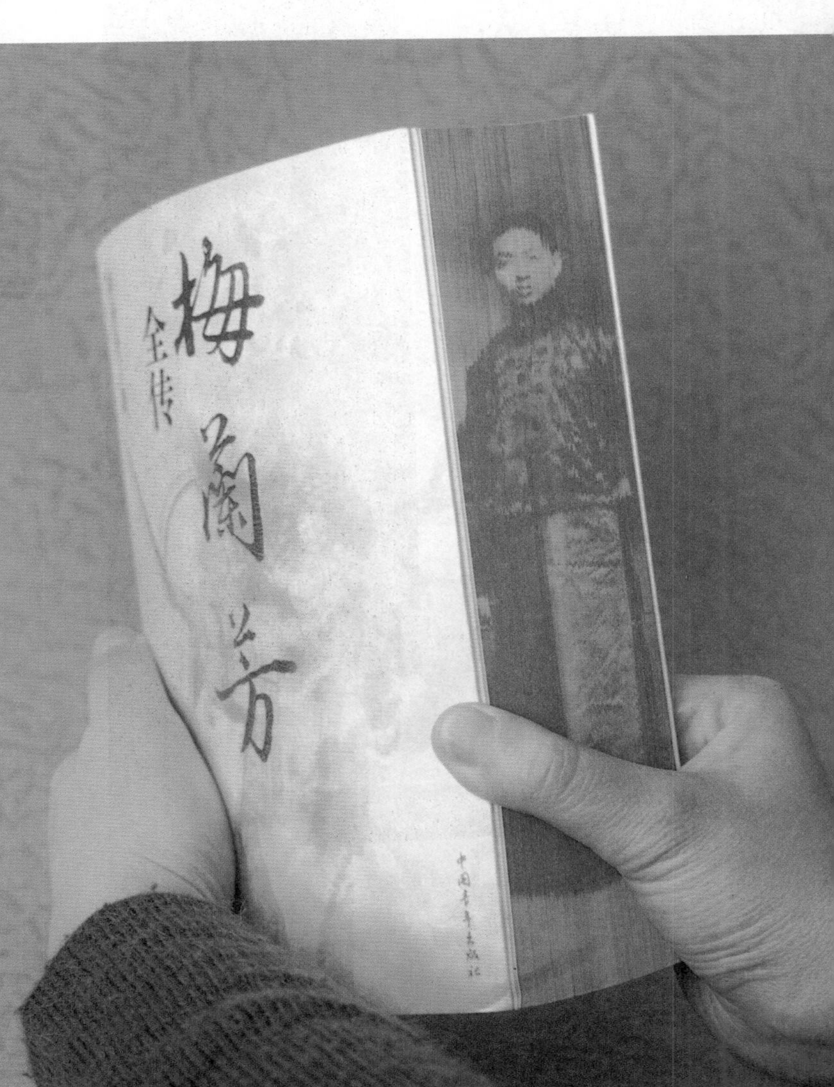

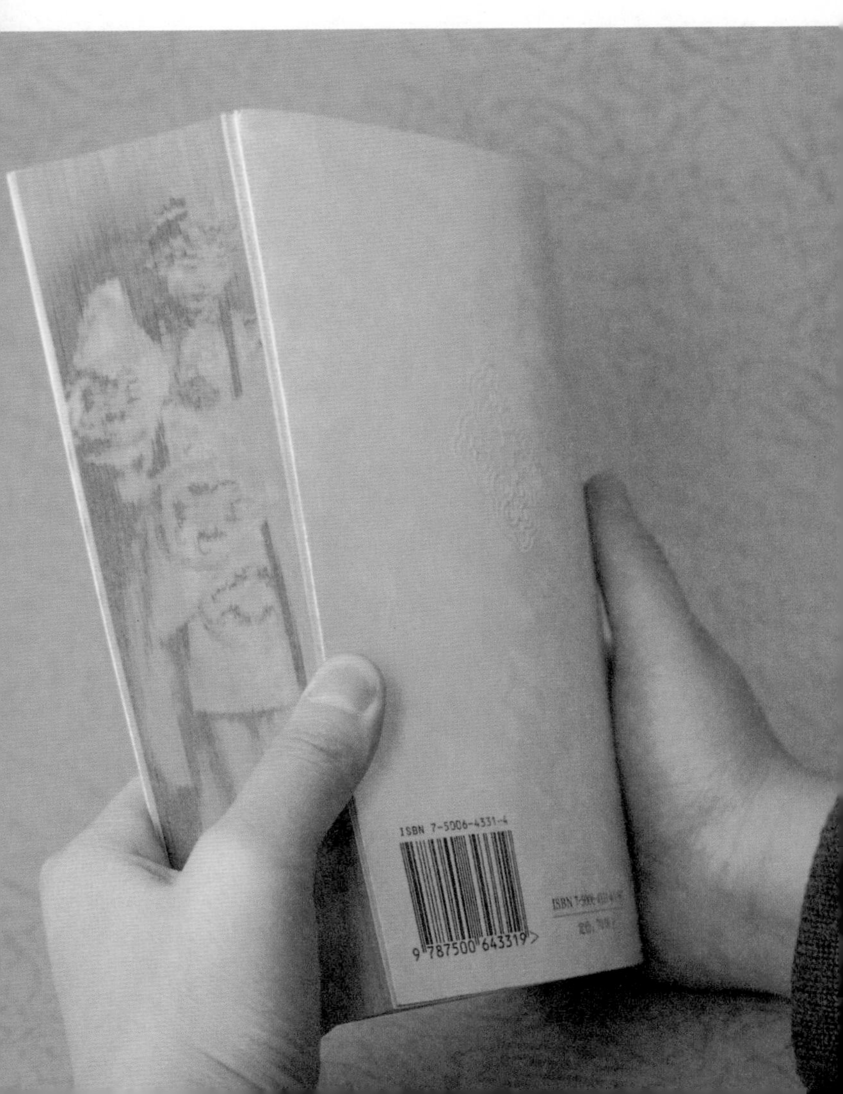
ISBN 7-5006-4331-4
9 787500 643319

 → 90

『중국을 기억하다中国记忆』
중국기억편집부中国记忆編輯部 편집, 뤼징런呂敬人, 뤄민吕旻 디자인,
문물출판사文物出版社, 2008, 250×370mm, 368쪽, 케이스 양장

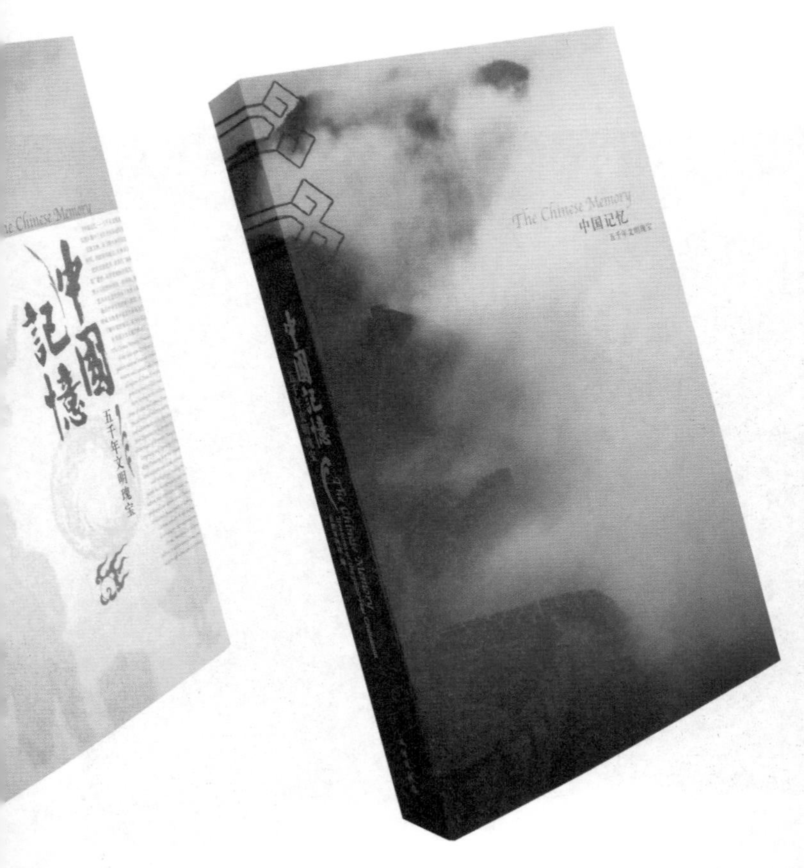
The Chinese Memory
中國記憶
五千年文明瑰宝
The Chinese Memory
中国记忆
五千年文明瑰宝
中國記憶
The Chinese Memory

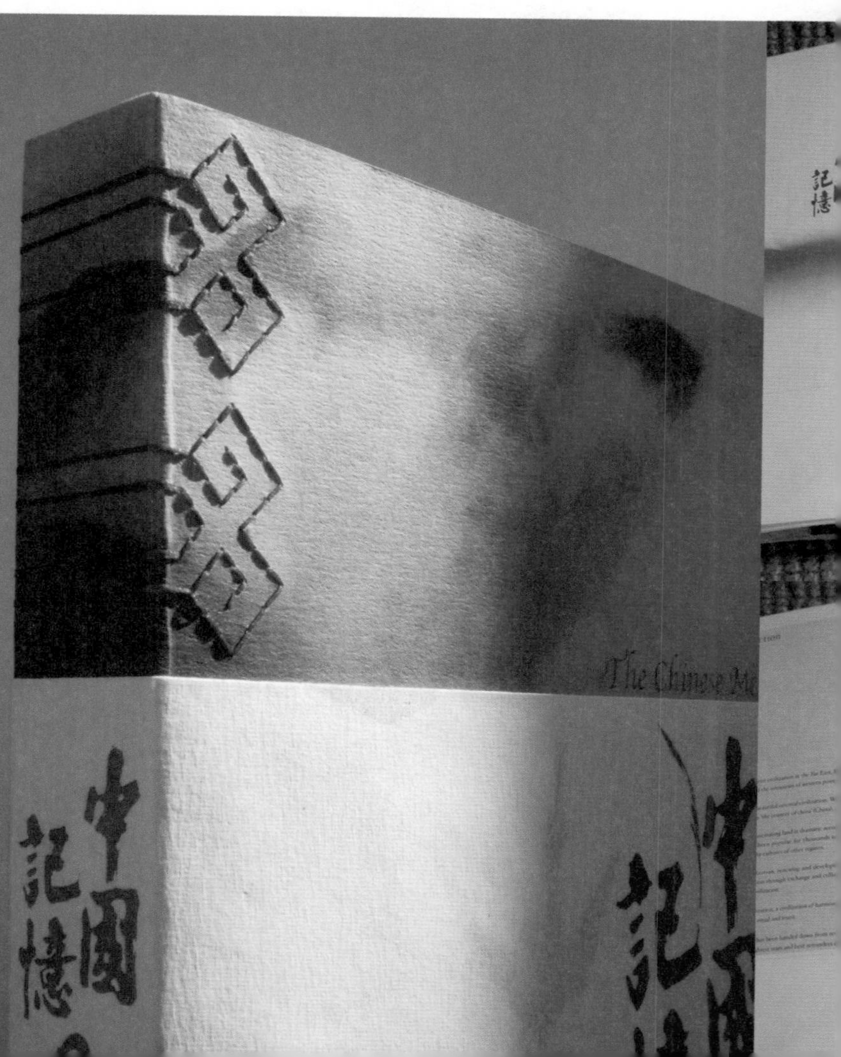
記憶
中國
記憶

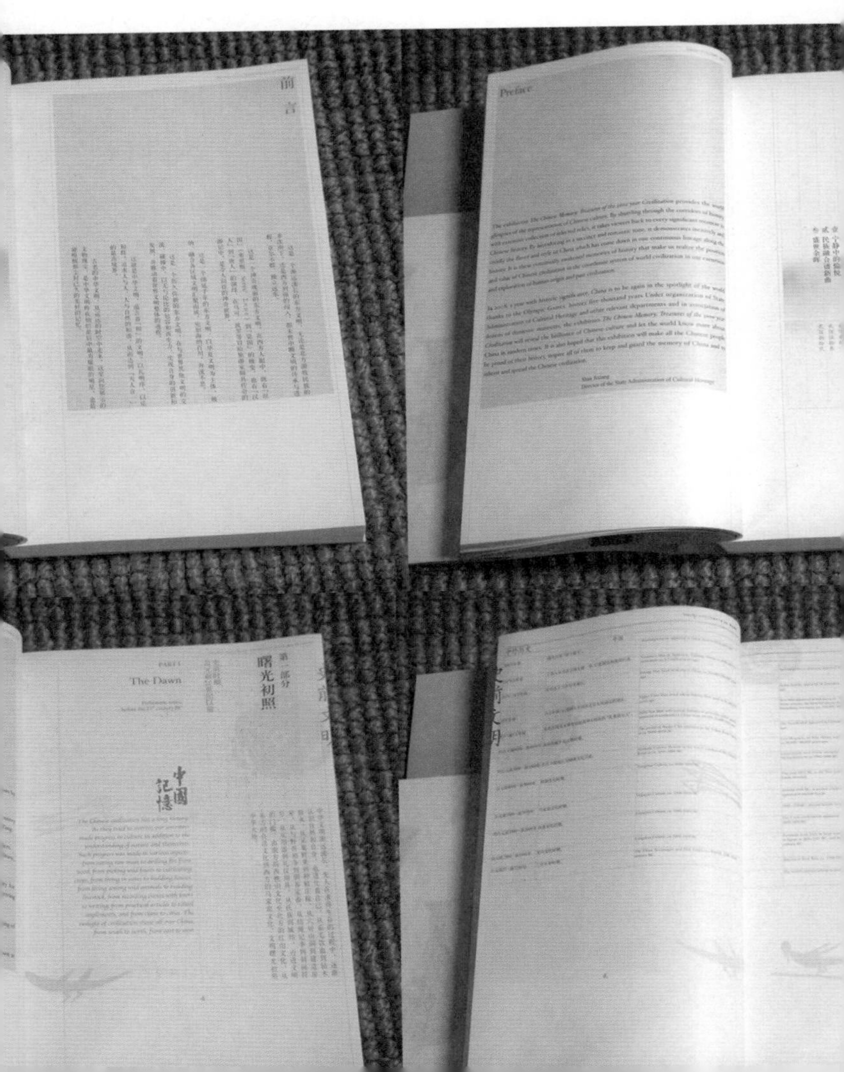

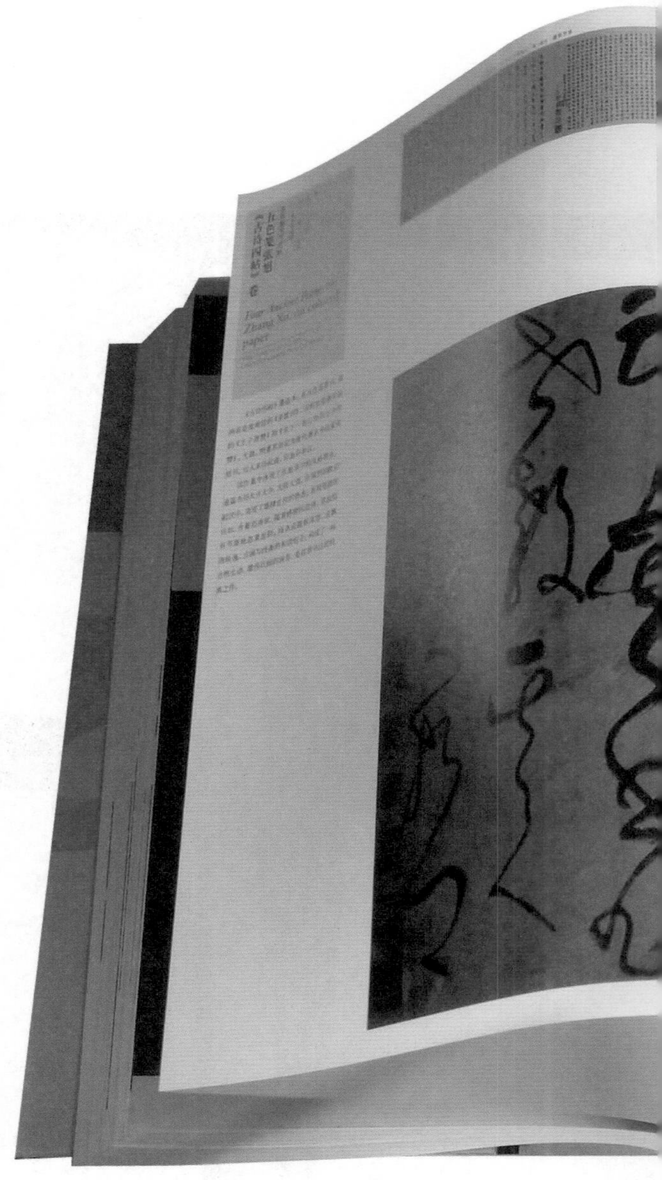

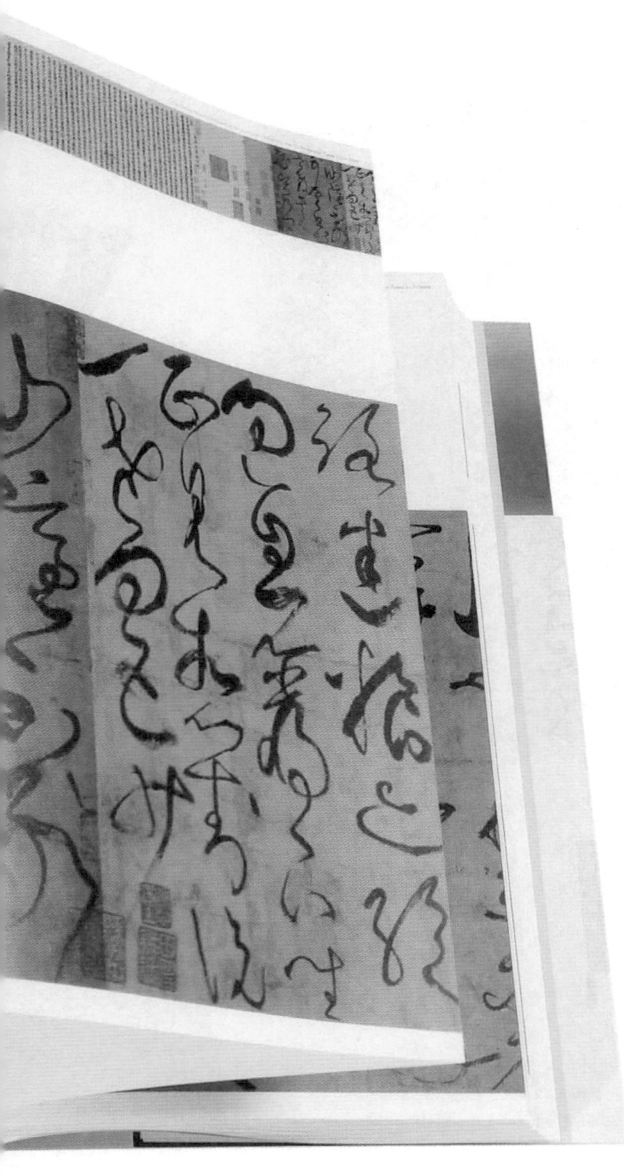

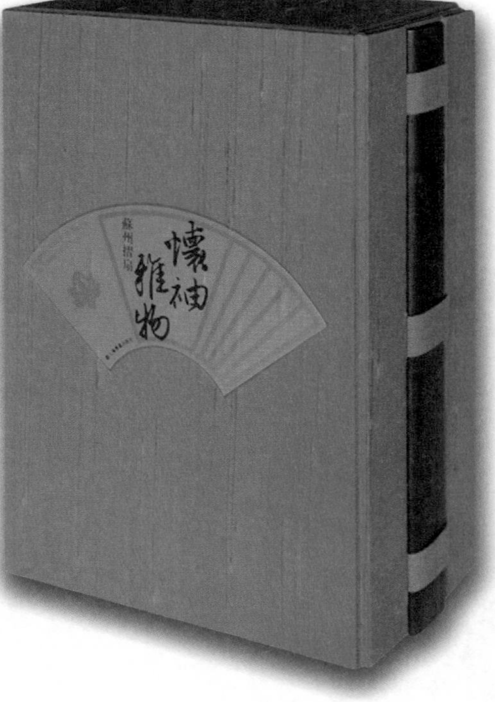

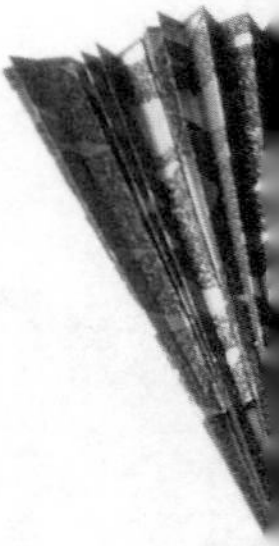

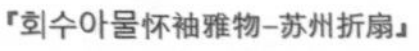

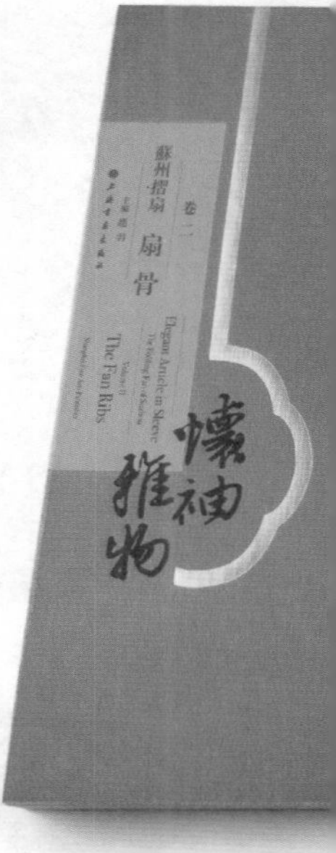

『회수아물怀袖雅物-苏州折扇』
자오위赵羽 편저, 상해미술출판사上海书画出版社, 2010,
298×446mm, 100+168+258+232+70=828쪽, 선장

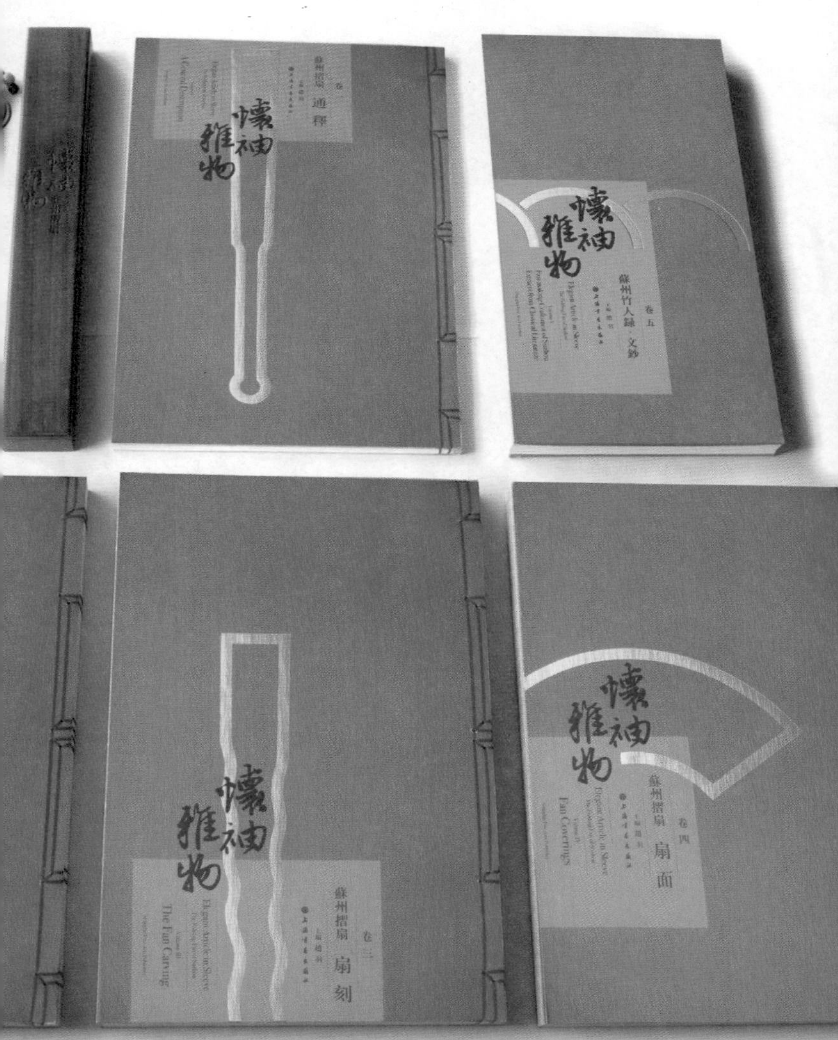
懷袖雅物
蘇州摺扇 通釋
A General Description
卷五 蘇州竹人錄·文鈔
卷三 蘇州摺扇 扇刻
The Fan Carving
卷四 蘇州摺扇 扇面
Fan Coverings

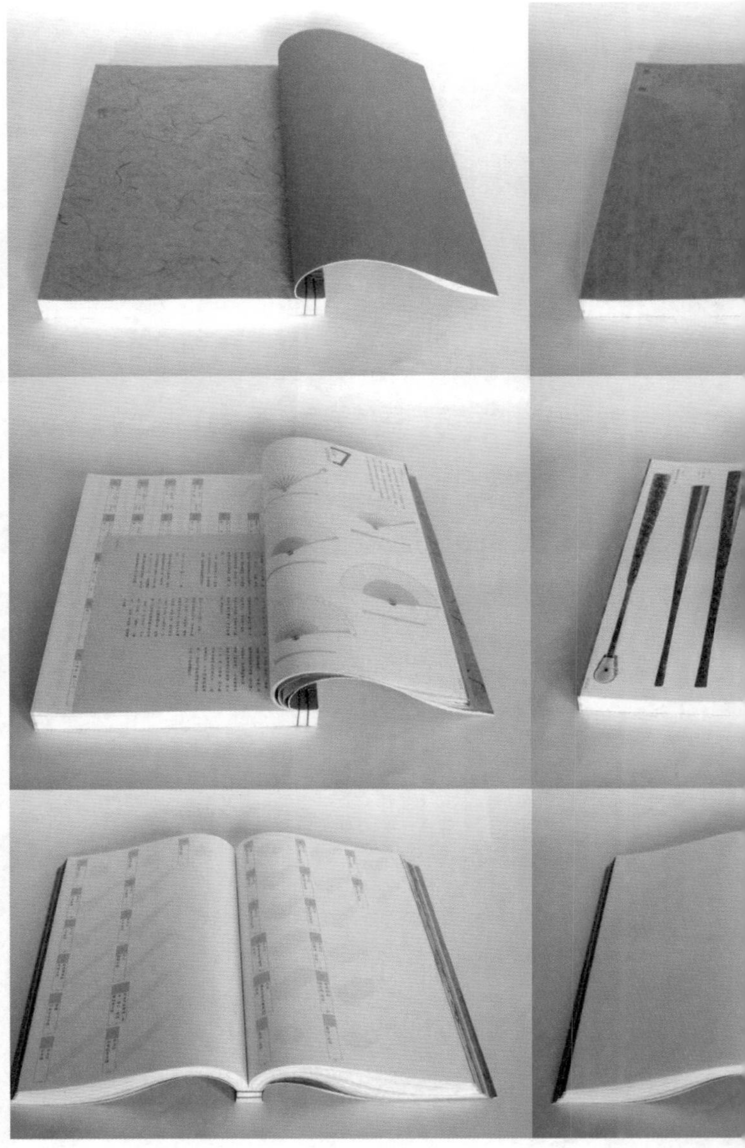

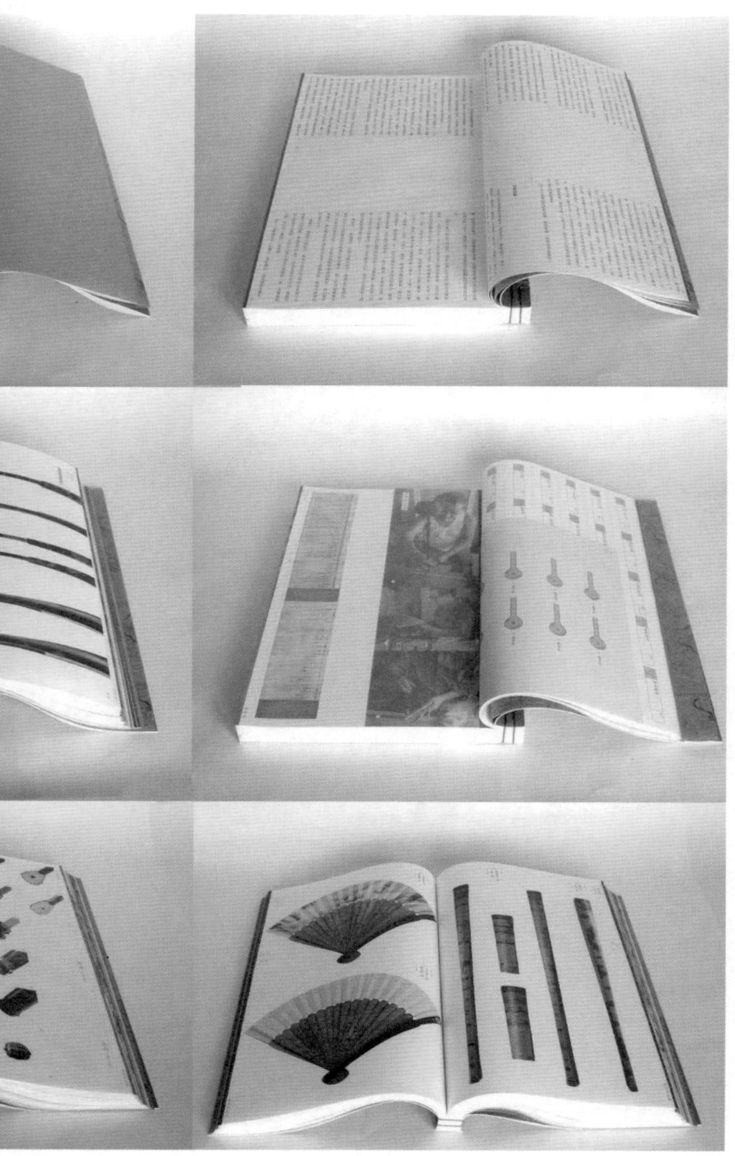

『전지의 이야기剪纸的故事The Story of Paper-cut』
자오시강赵希岗 지음, 뤼징런, 뤄민 디자인,
인민미술출판사人民美术出版社, 2011, 185×250mm, 342쪽, 무선

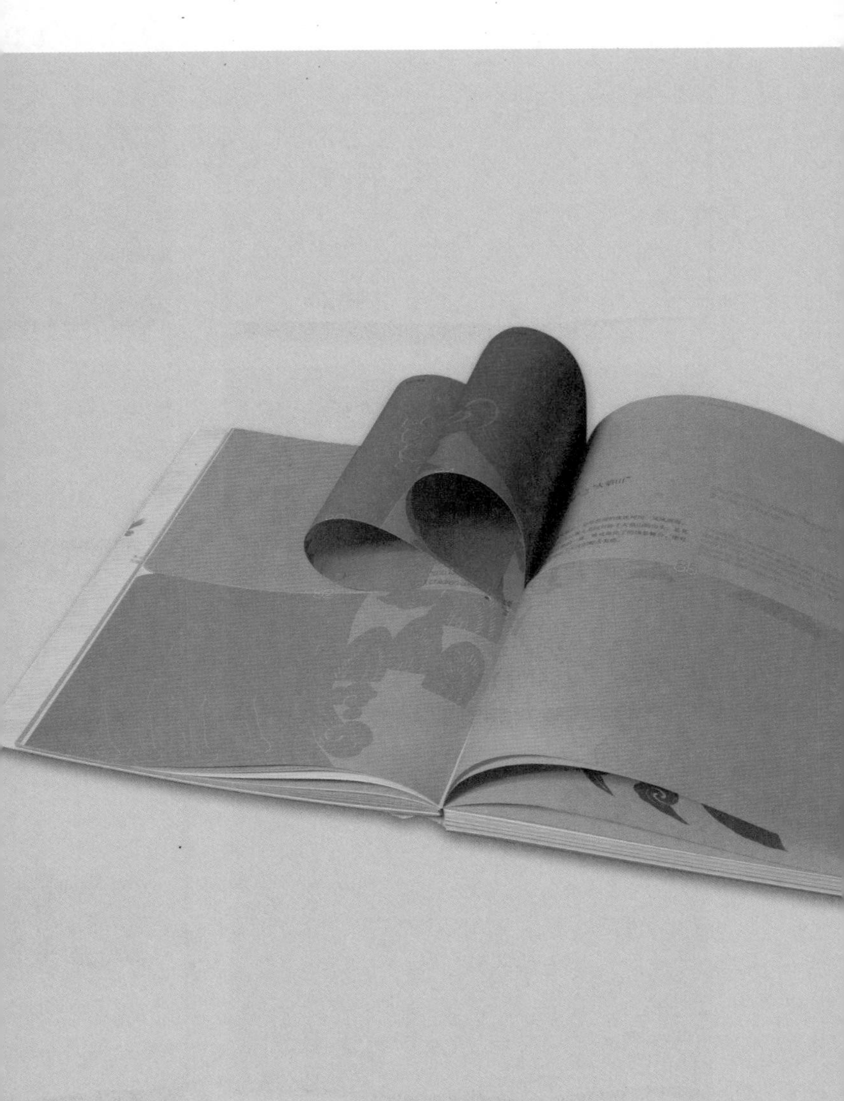

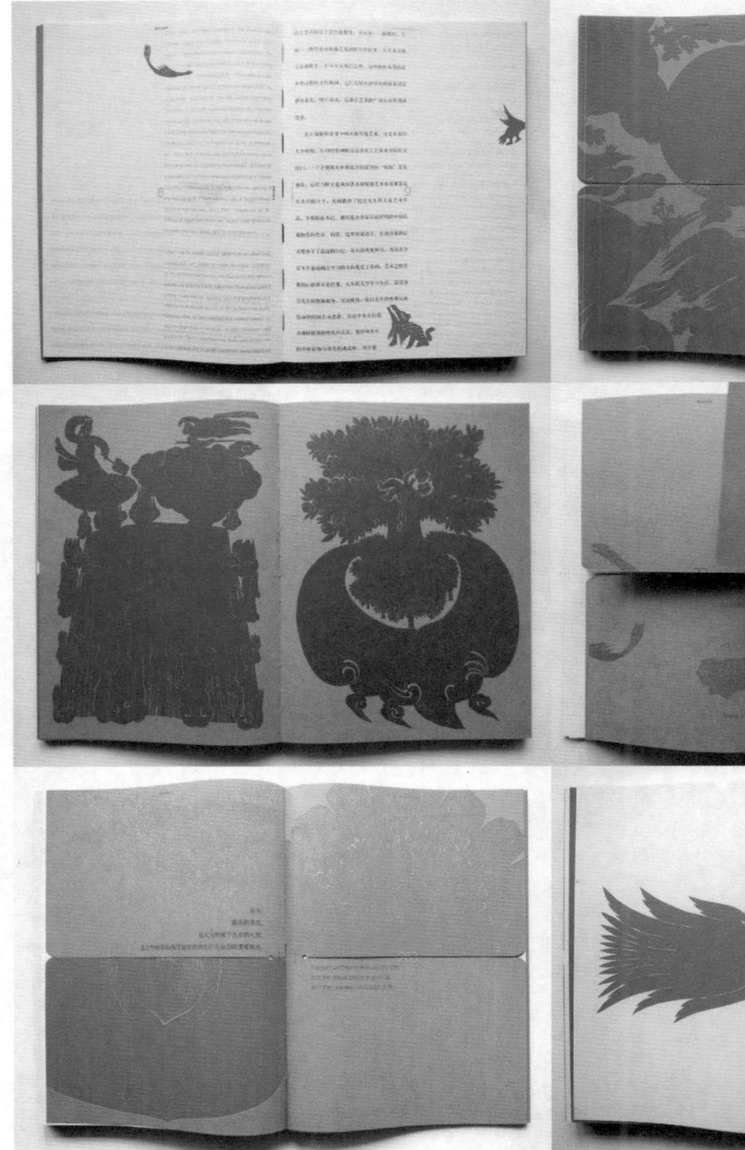

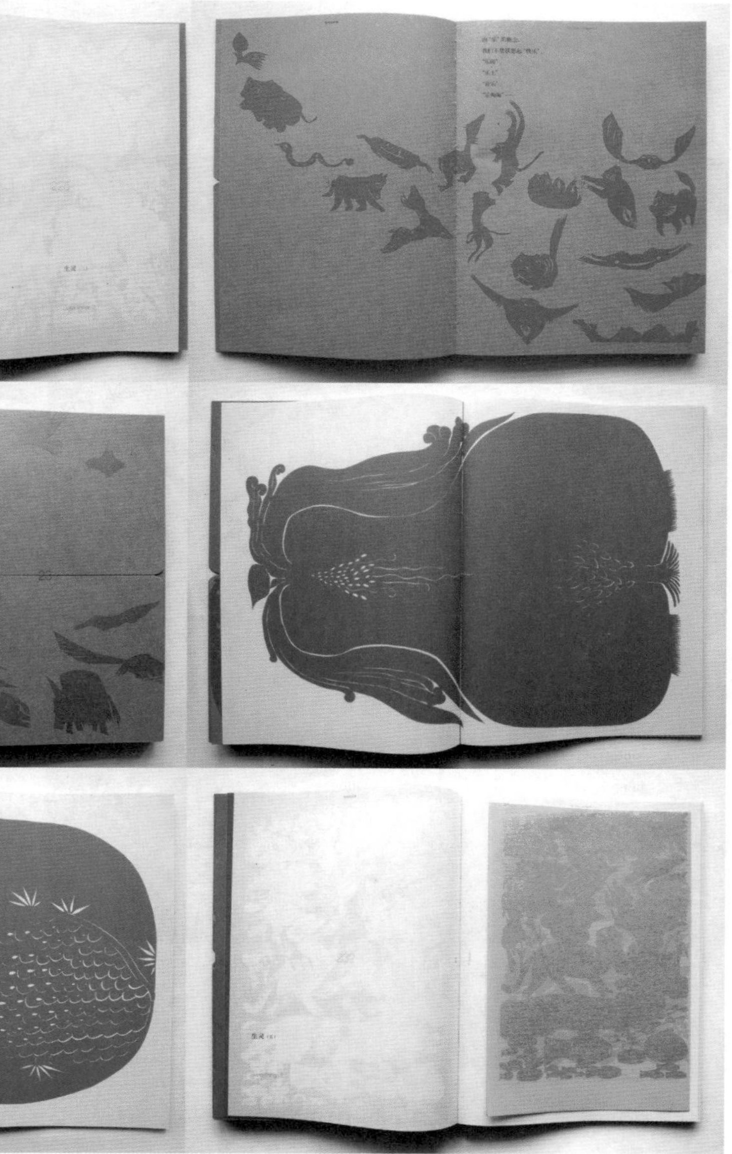

 → 93

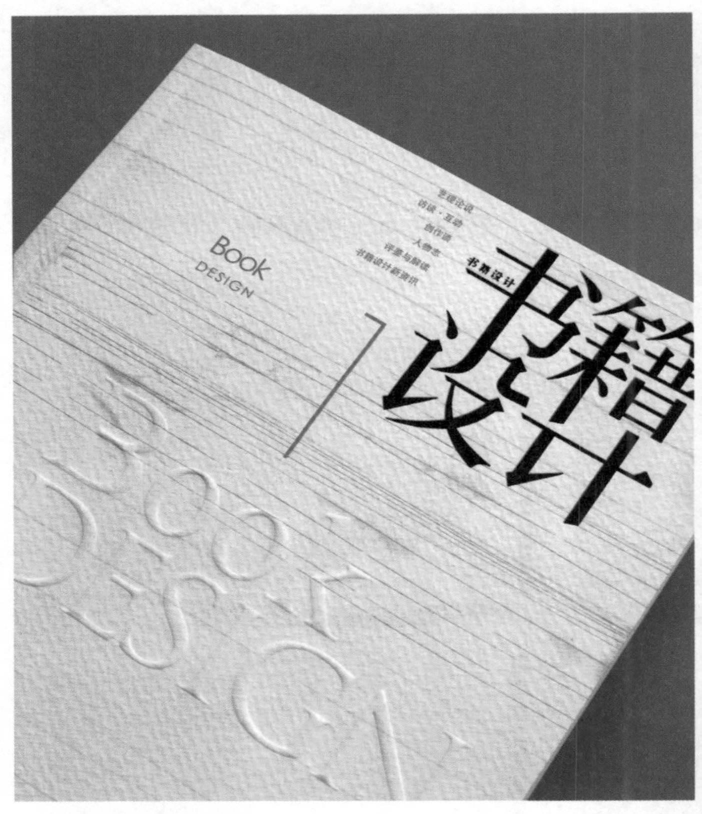

《서적설계书籍设计》
뤼징런 편집장, 류샤오샹刘晓翔, 장즈치张志奇 디자인,
중국청년출판사, 2011- , 196×284mm, 192쪽, 무선

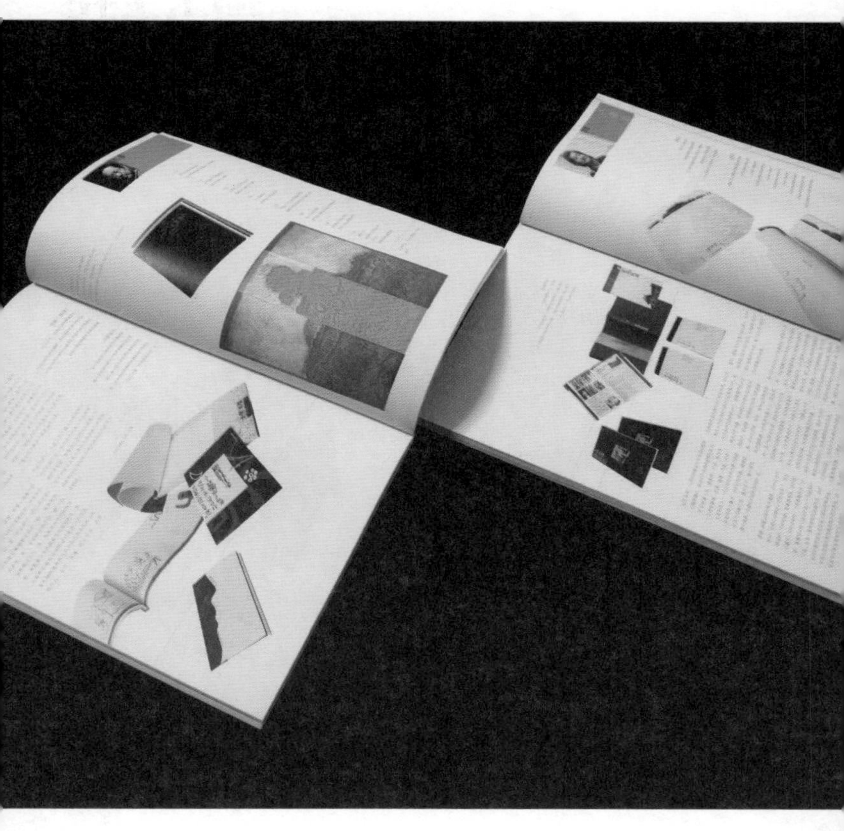

艺理论说
访谈·互动
创作谈
人物志
评鉴与解读
书籍设计新资讯
书籍设计
书籍设计
Book
DESIGN

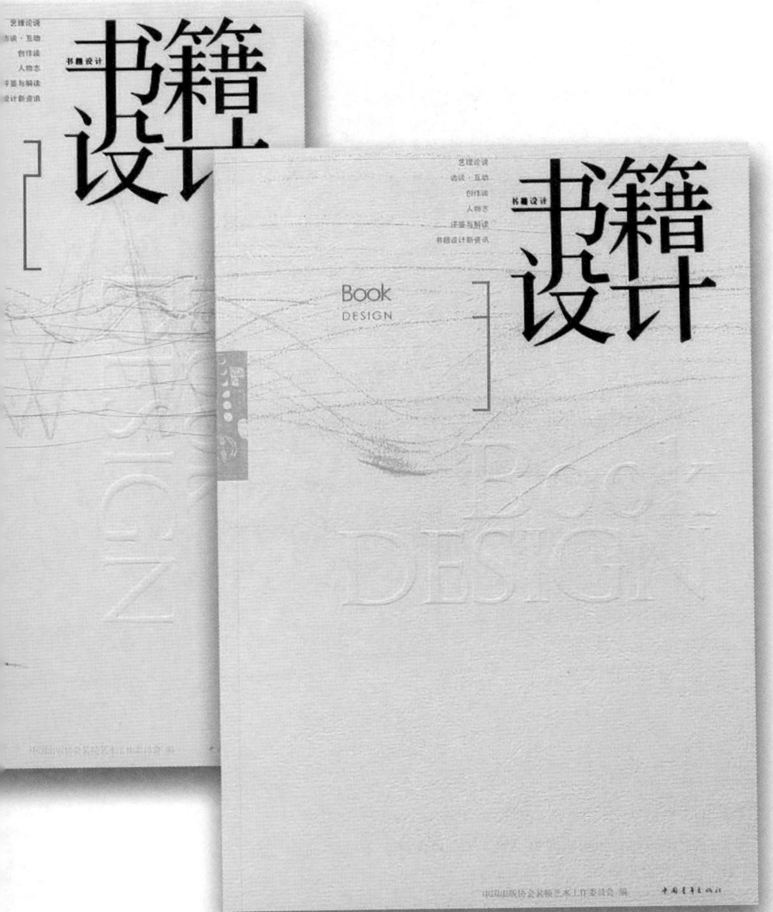
书籍
设计
Book
DESIGN

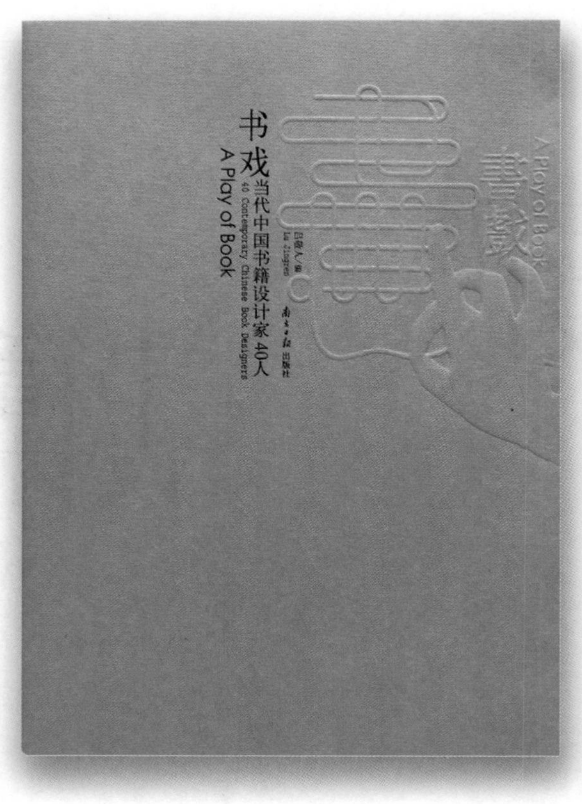

『서극书戏A Play of Book; 중국 현대 북 디자이너 40인』
뤼징런 지음, 남방일보출판사南方日报出版社, 2007,
182×259mm, 260쪽, 사철

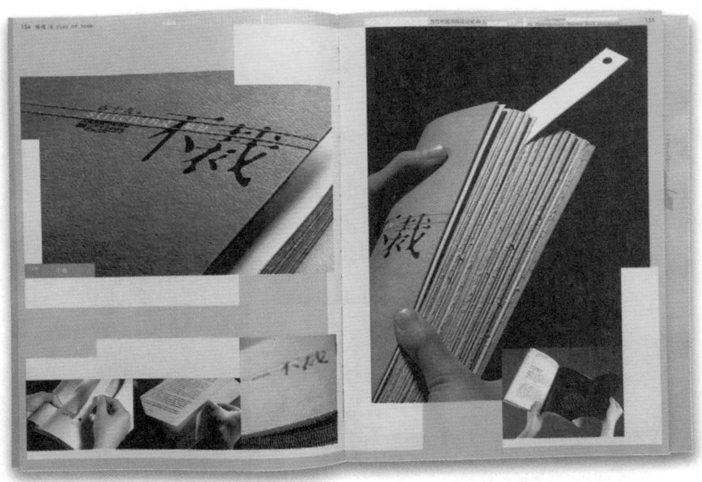

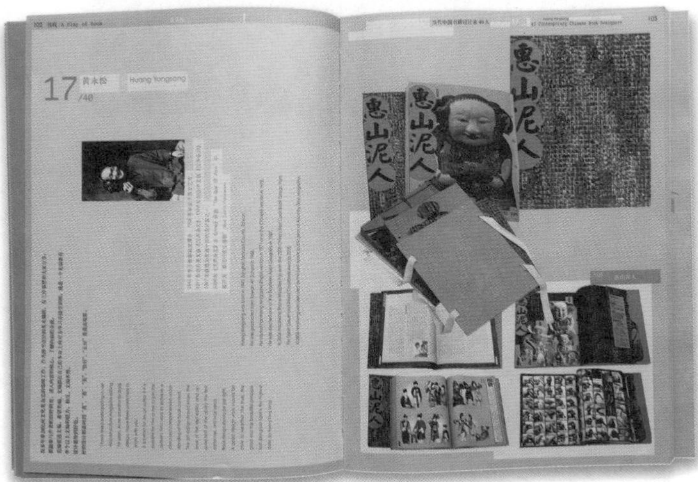

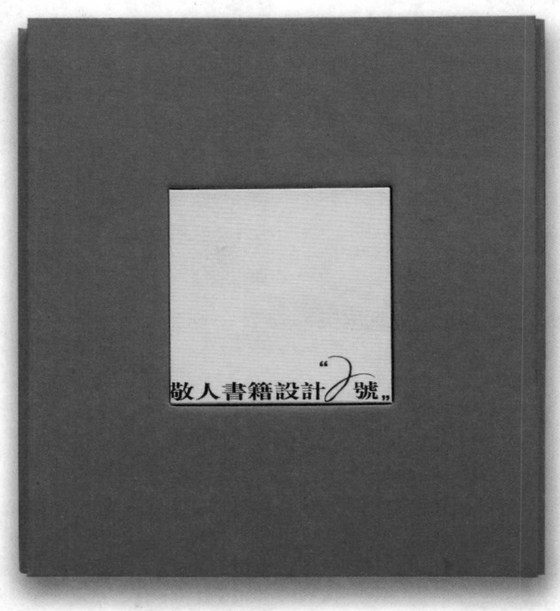

『징런서적설계 2호敬人书籍设计2号』 1 CD-ROM
뤼징런, 전자공업출판사电子工业出版社, 2012,
142×156mm, 216쪽, 하드커버 양장

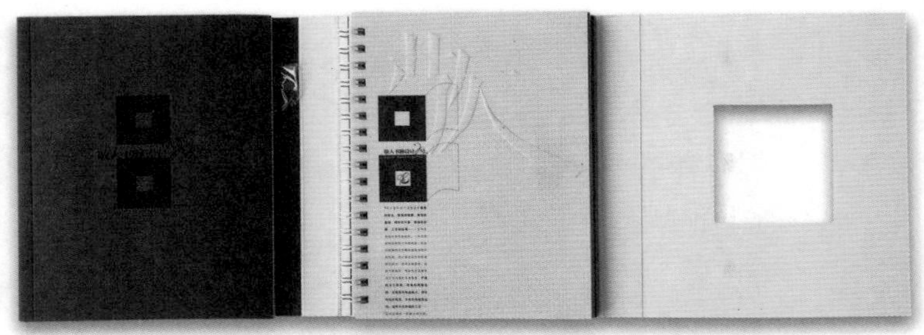

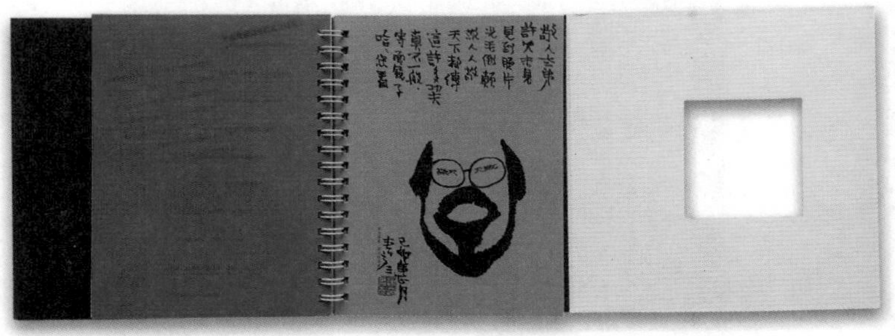

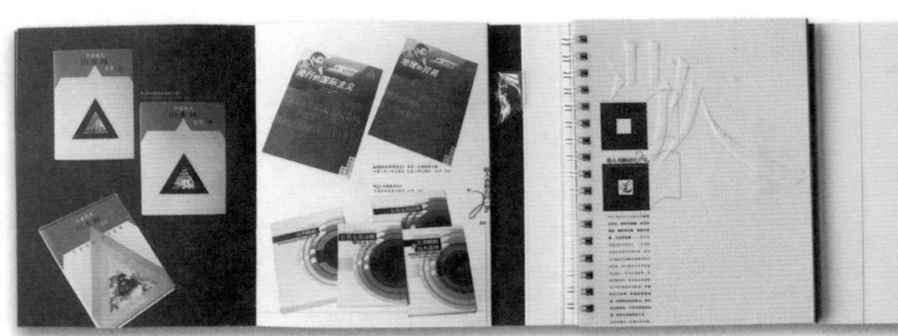
流行的国际主义

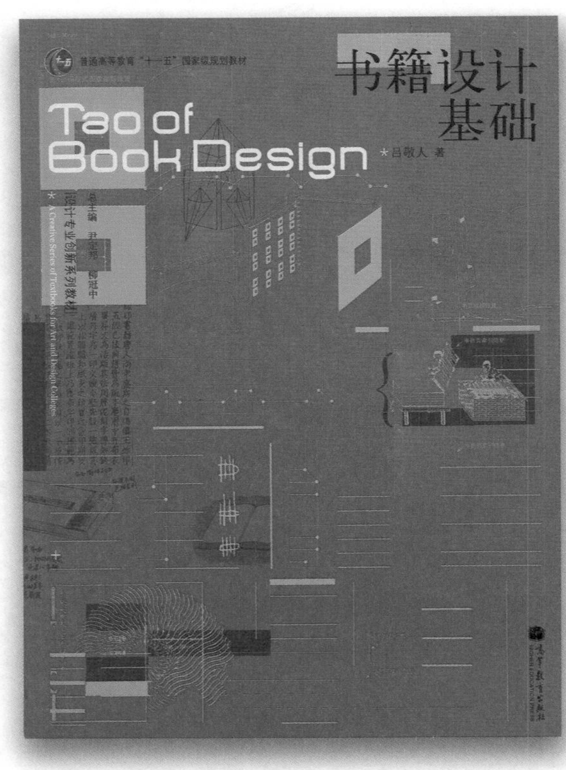

『서적설계기초书籍设计基础』
뤼징런 지음, 고등교육출판사高等教育出版社,
2012, 184×254mm, 290쪽, 무선

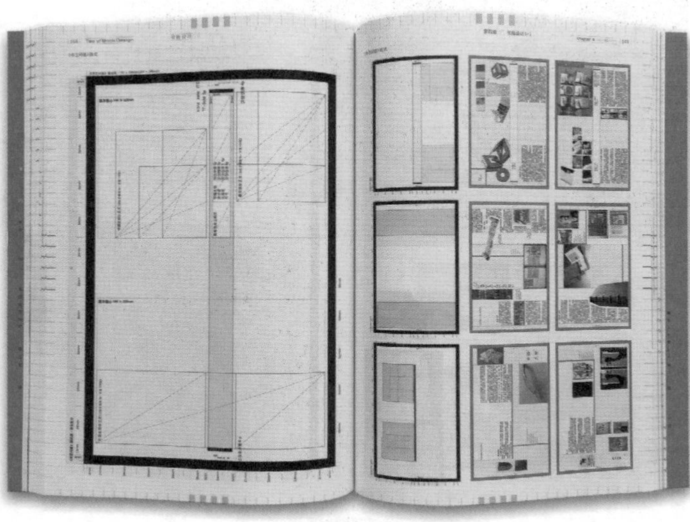

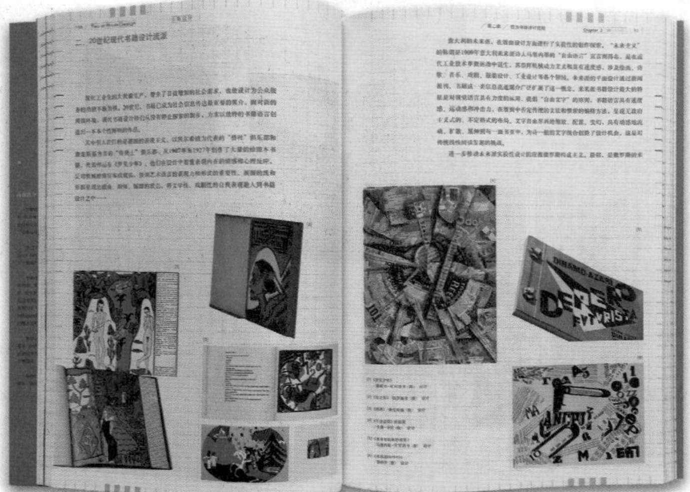

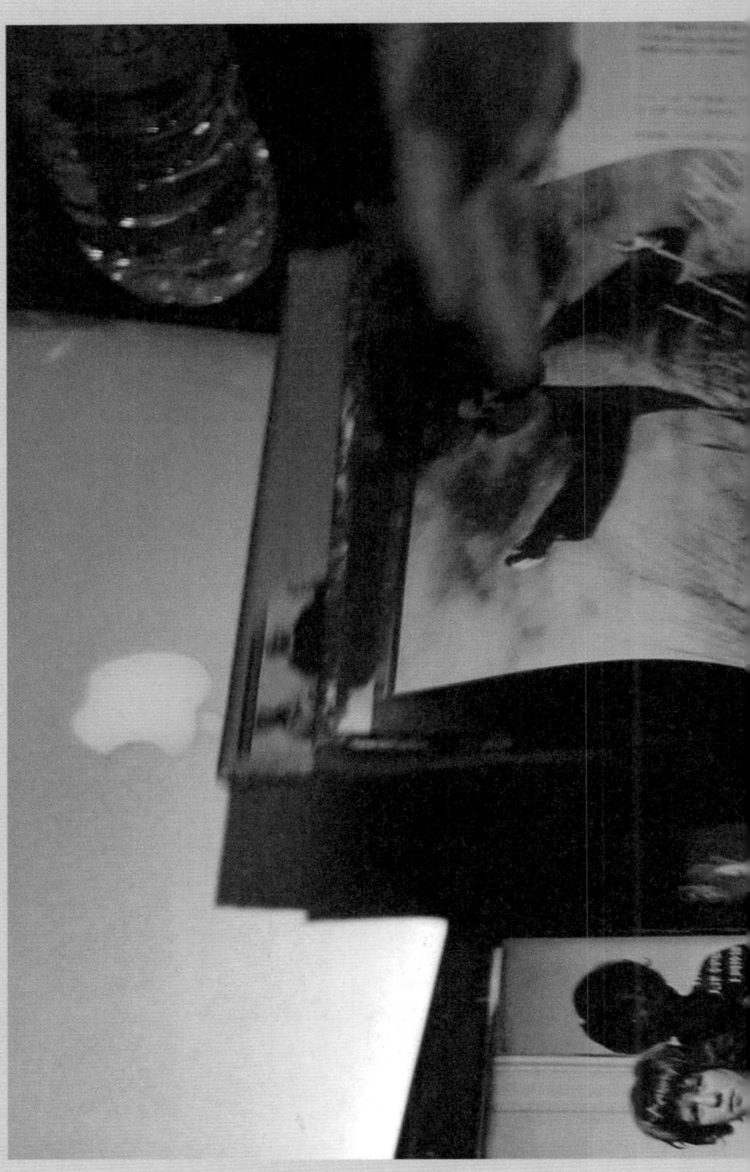

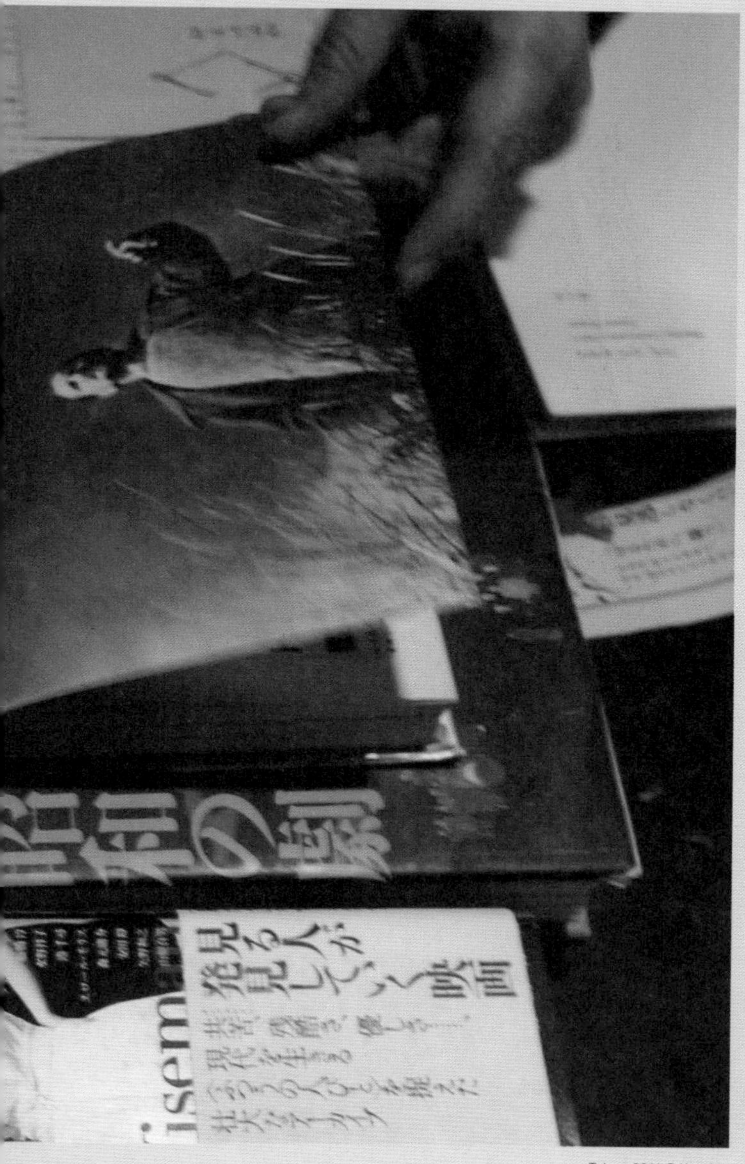

Tokyo, 2011 © Kay Jun

→ 101

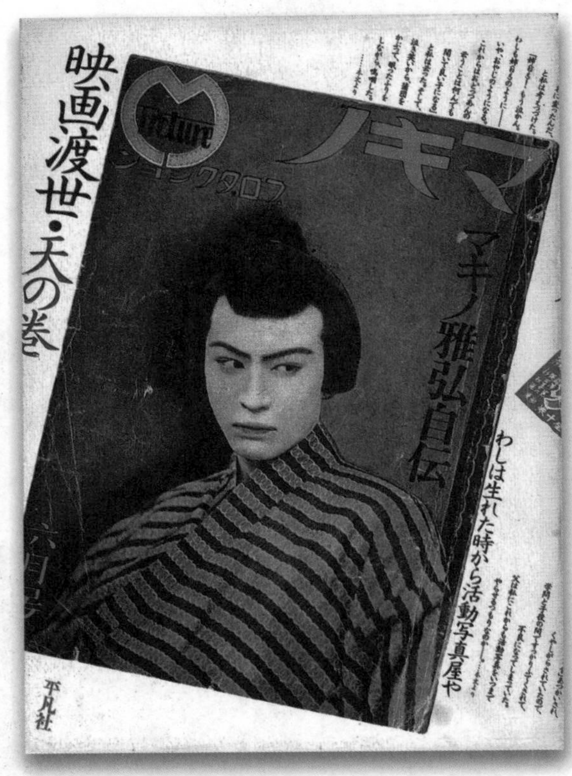

『영화 살이映画渡世』
마키노 마사히로マキノ雅弘 지음,
헤이본샤平凡社, 1977,
148×208mm, 472쪽, 무선

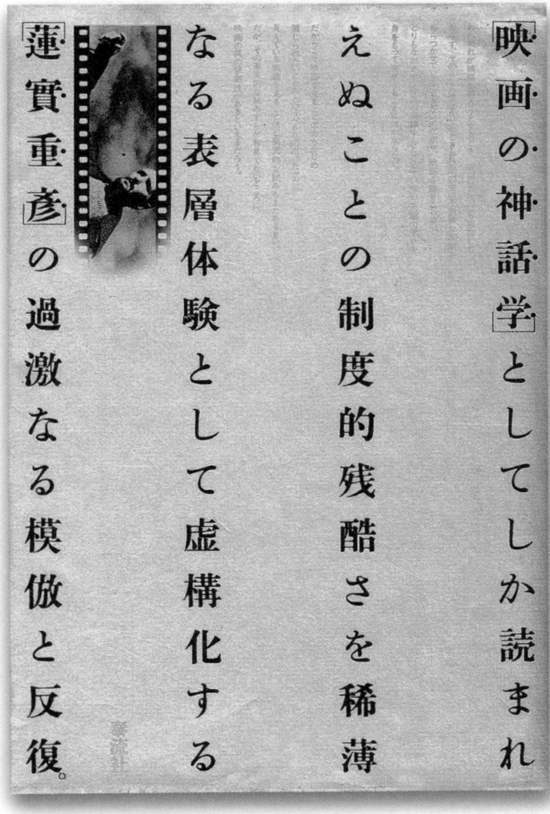

『영화의 신화학映画の神話学』
하스미 시게히코蓮實重彦 지음,
다이류샤泰流社, 1979,
135×195mm, 324쪽, 양장

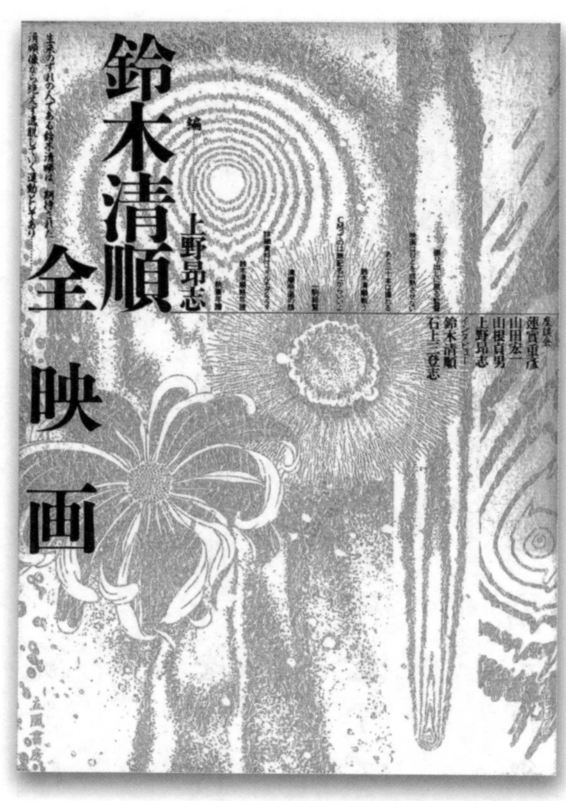

『스즈키 세이준의 전 영화鈴木清順全映画』
우에노 고우시上野昂志 편집, 립푸쇼보立風書房,
1986, 160×218mm, 382쪽, 양장

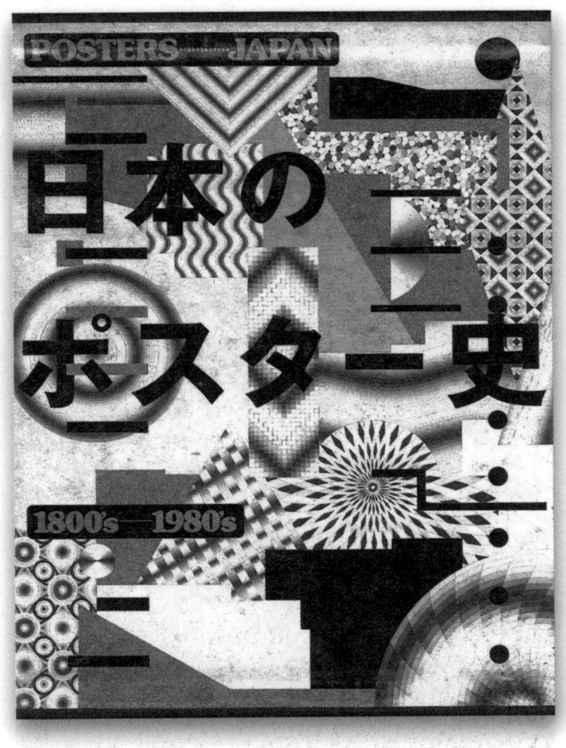

『일본의 포스터사 1800-1980日本のポスター史1800-1980』
나카무라 히데키中村英樹, 다카미 겐시로高見堅志郎 지음,
나고야은행名古屋銀行, 1989, 210×297mm, 318쪽

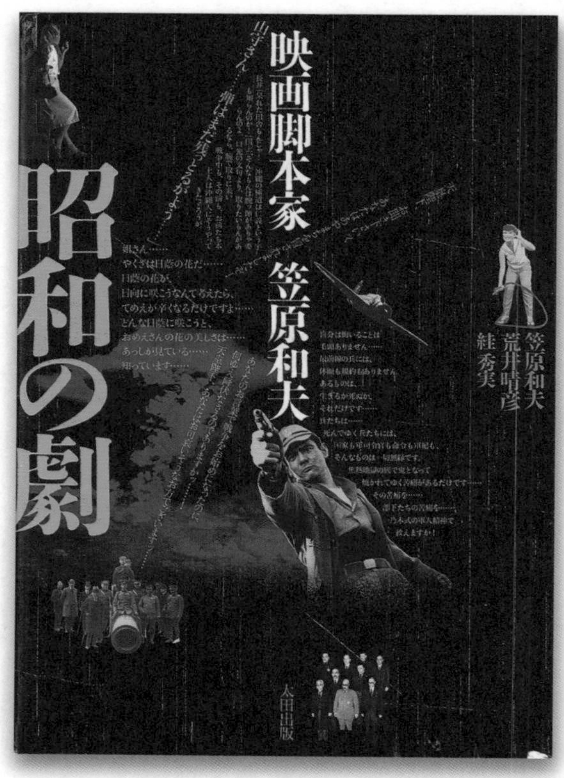

『쇼와 드라마: 극작가 가사하라 가즈오昭和の劇: 映画脚本家笠原和夫』
가사하라 가즈오笠原和夫, 스가 히데미네スガ秀実, 아라이 하루히코荒井晴彦 지음,
오타슈판太田出版, 2002, 146×212mm, 606쪽, 양장

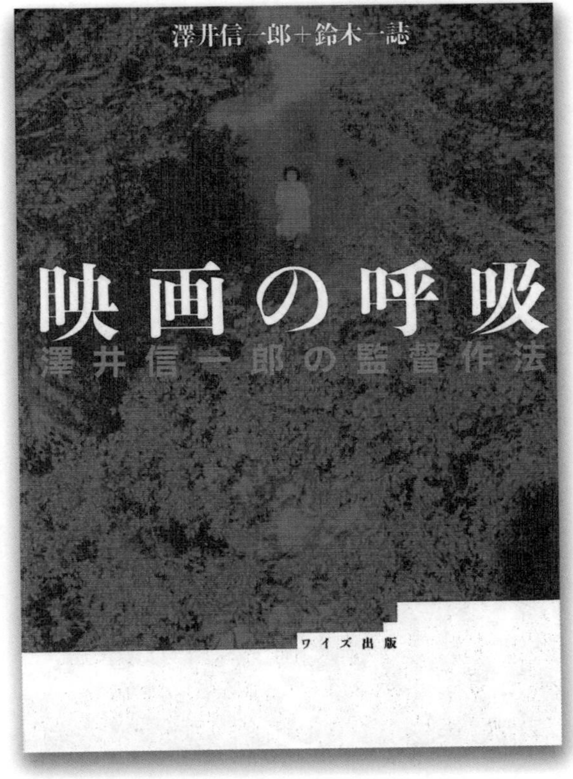

『영화의 호흡: 사와 신이치로 감독 작법映画の呼吸: 澤井信一郎の監督作法』
사와 신이치로澤井信一郎, 스즈키 히토시 지음, 와이즈슈판ワイズ出版, 2006.
158×212mm, 462쪽, 양장

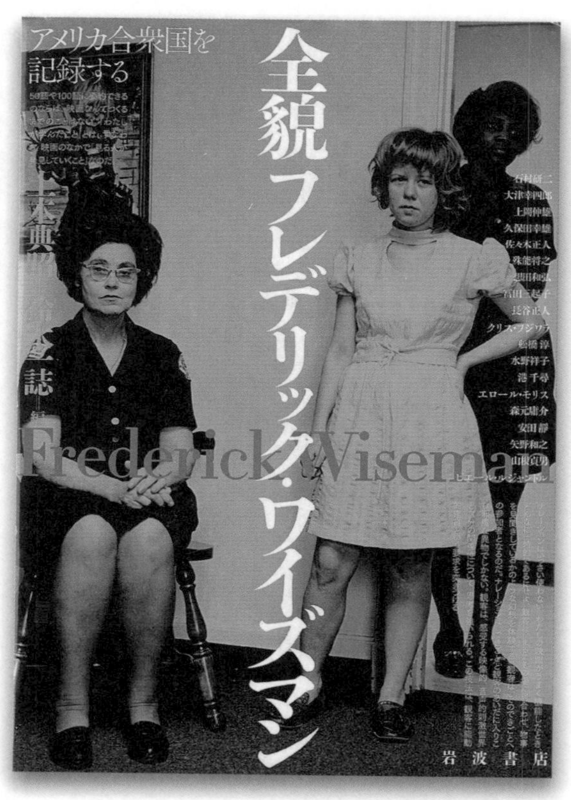

『프레드릭 와이즈먼의 모든 것: 미국을 기록하다
全貌フレデリック・ワイズマン: アメリカ合衆国を記録する』
스즈키 히토시 지음, 즈치모토 노리아키土本典昭, 스즈키 히토시 편집,
이와나미쇼텐岩波書店, 2011, 160×215mm, 600쪽, 양장

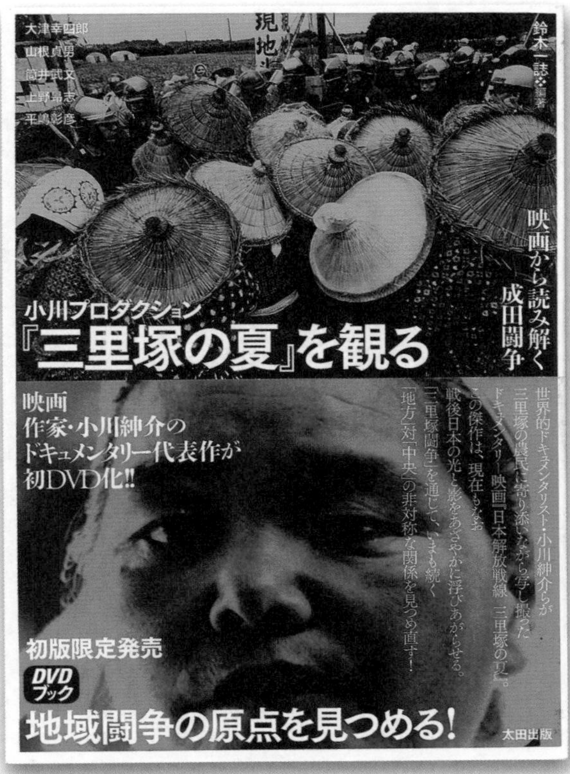

『시내 프로덕션 '산리 즈카의 여름'을 보는 영화에서 해독하는 나리타 투쟁
小川プロダクション『三里塚の夏』を観る 映画から読み解く成田闘争』
스즈키 히토시 지음, 오타슈판, 2012, 150×208mm, 192쪽, 양장

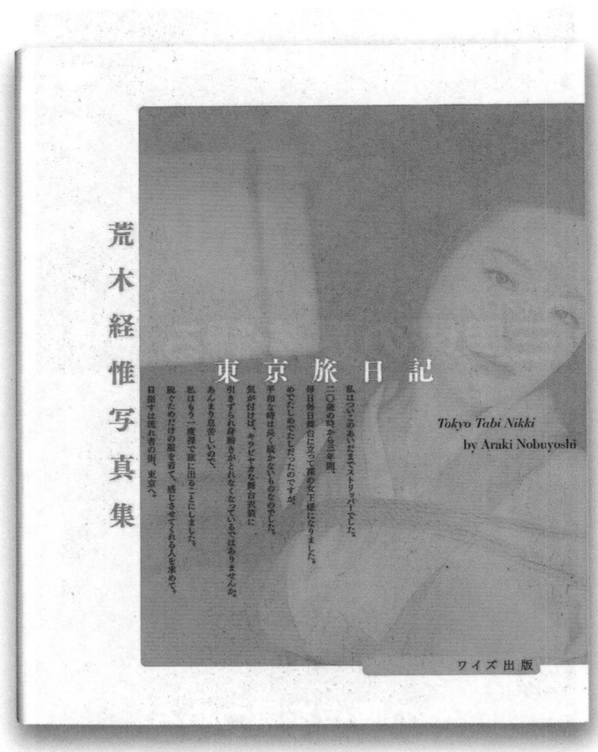

『도쿄 여행 일기東京旅日記』
아라키 노부요시荒木経惟 지음, 와이즈슈판,
2003, 175×215mm, 138쪽, 무선

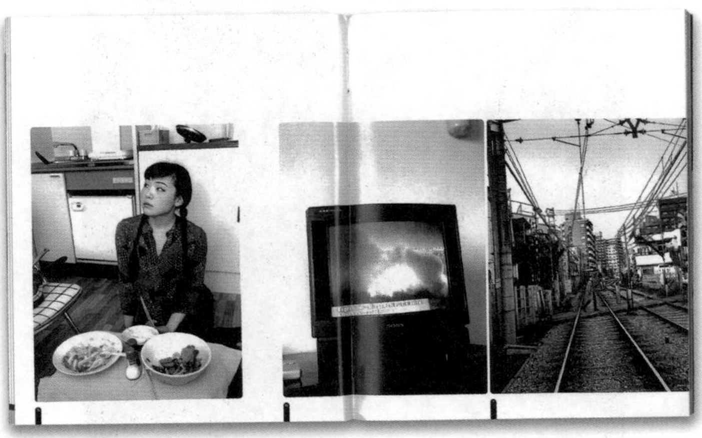

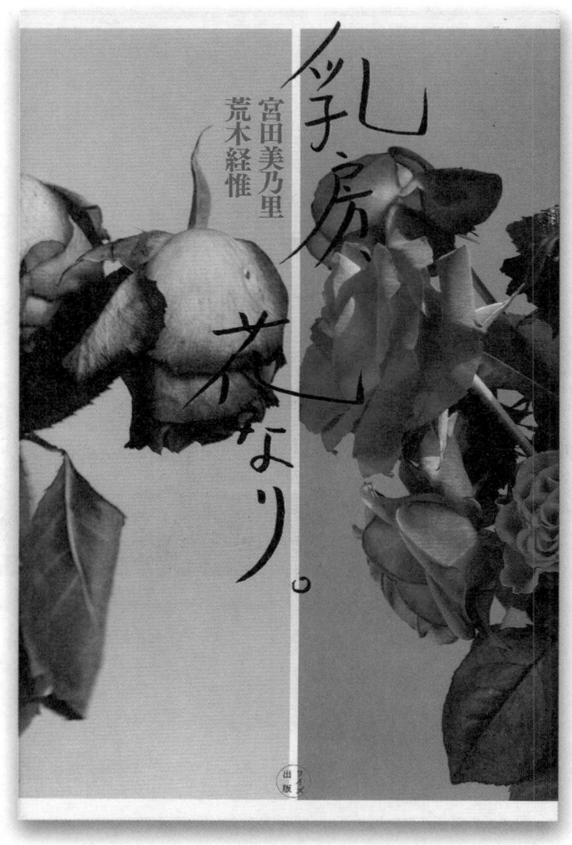

『유방, 꽃이 되다乳房、花なり』
아라키 노부요시 지음, 와이즈슈판,
2004, 192×298mm, 171쪽, 양장

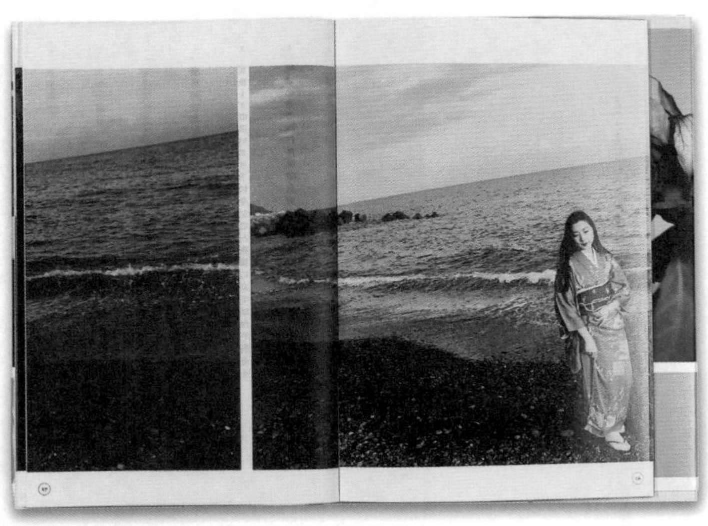

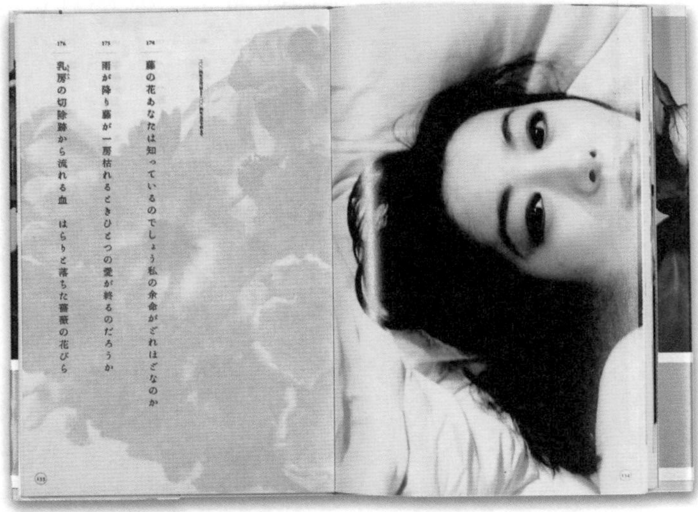
174
藤の花あなたは知っているのでしょう私の余命がどれほどなのか
175
雨が降り藤が一房枯れるときひとつの愛が終るのだろうか
176
乳房の切除跡から流れる血　はらりと落ちた薔薇の花びら

75

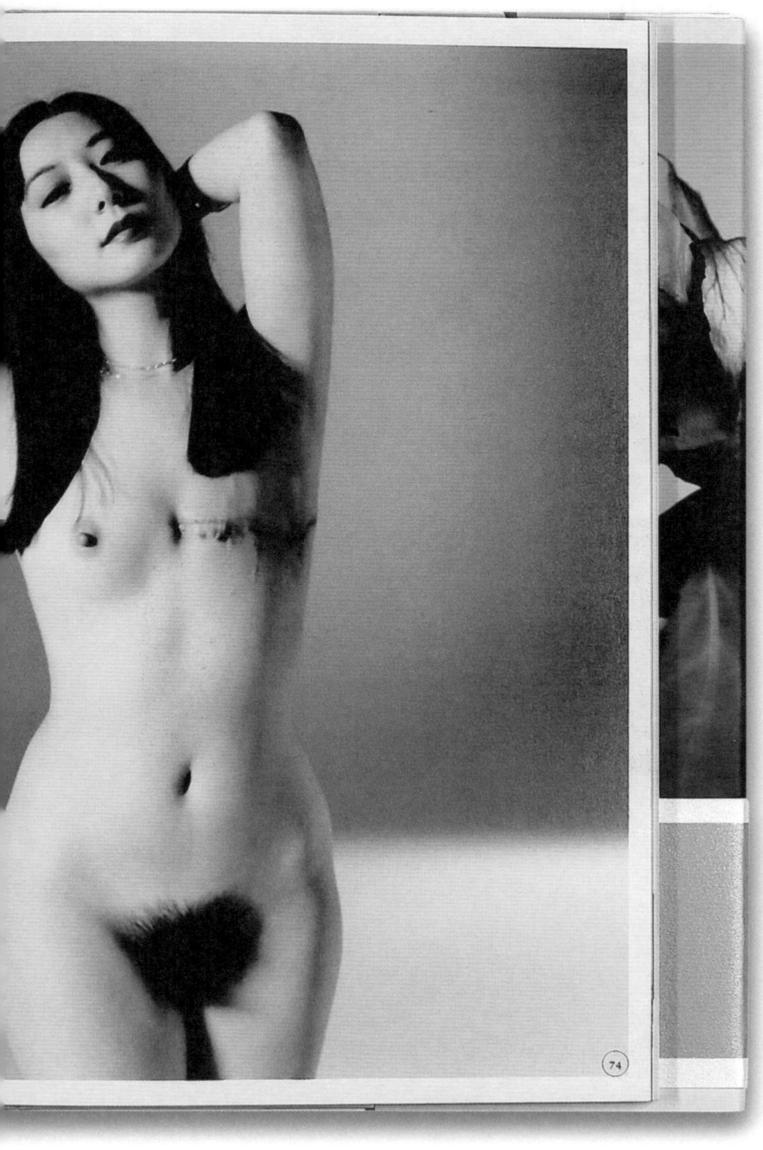

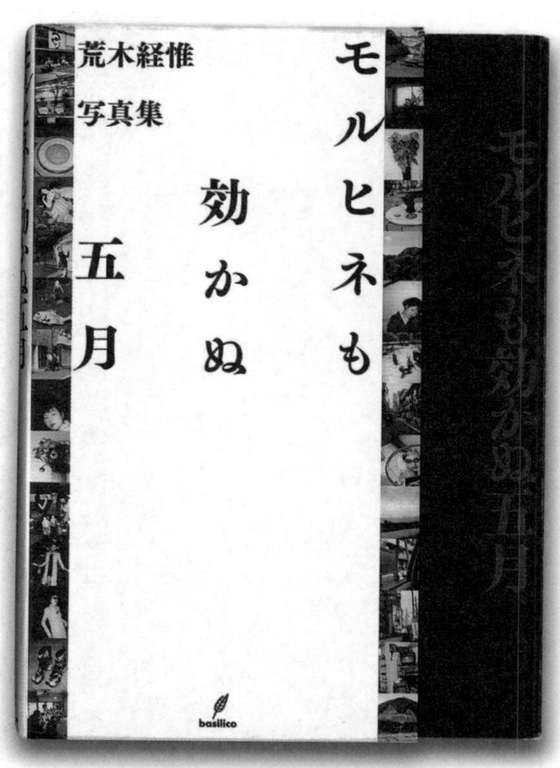

『모르핀도 듣지 않는 5월モルヒネも効かぬ五月』
아라키 노부요시 지음, 바시리코バジリコ, 2004,
148×210mm, 192쪽, 무선

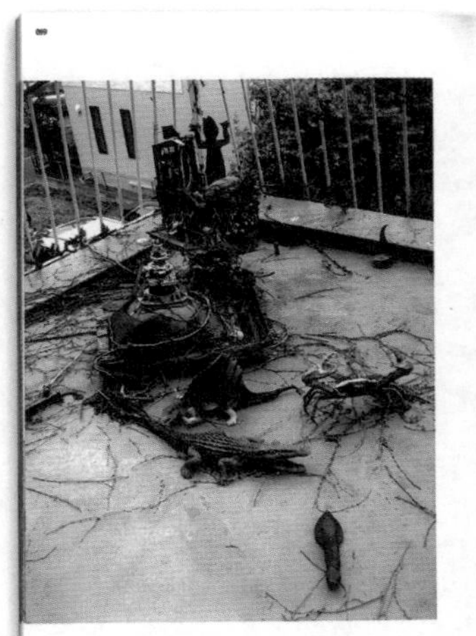

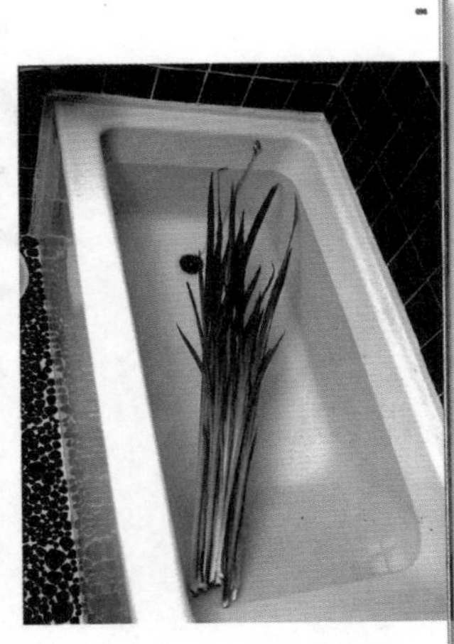

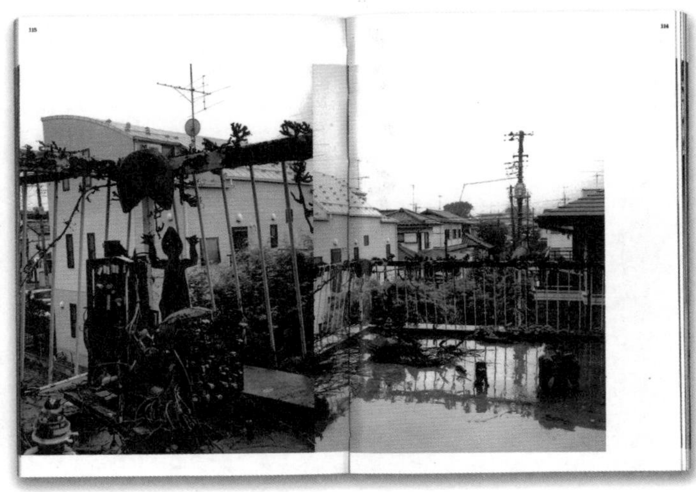

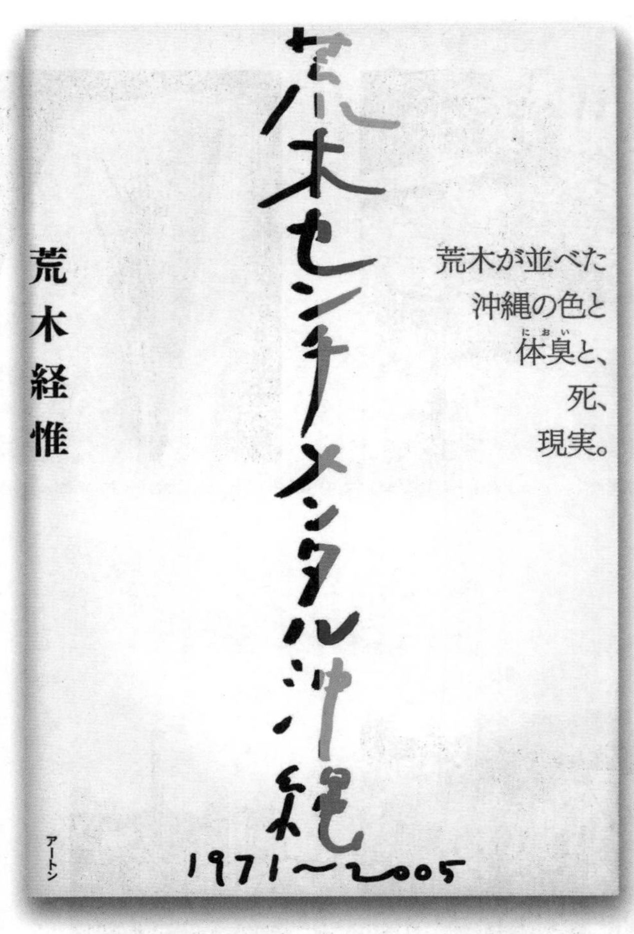

『센티멘털 오키나와 1971–2005センチメンタル沖縄1971–2005』
아라키 노부요시 지음, 아톤アートン, 2005, 202×298mm, 213쪽, 무선

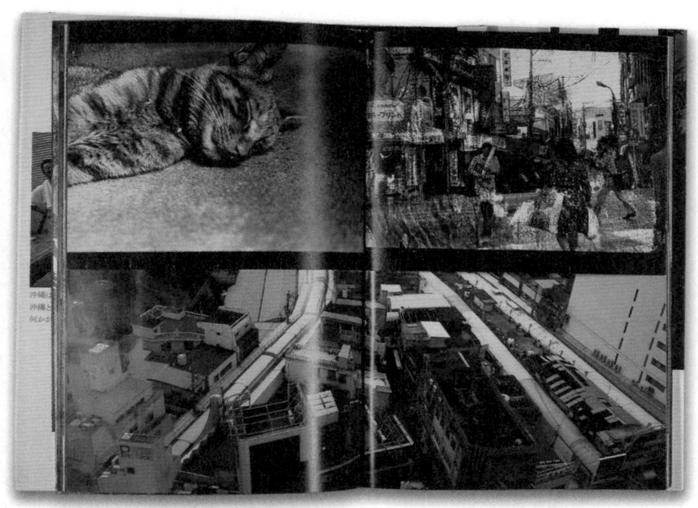

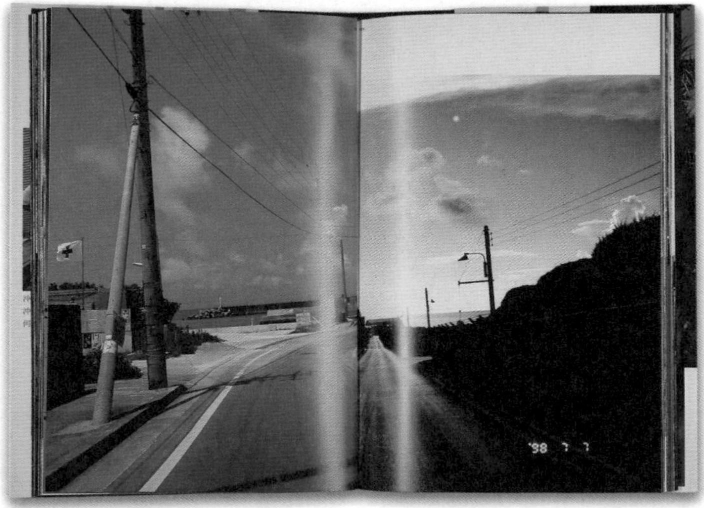
'98 7 7

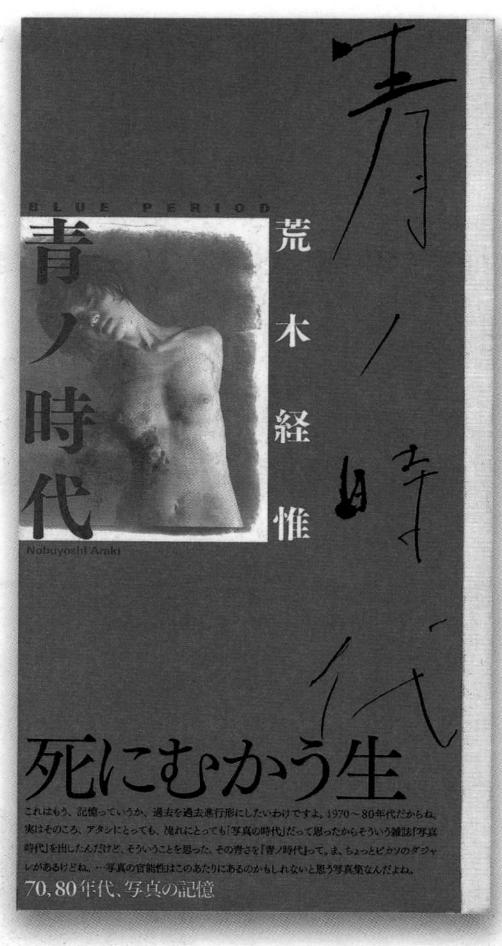

『청의 시대青ノ時代』
아라키 노부요시 지음, 아톤, 2005,
156×304mm, 165쪽, 무선

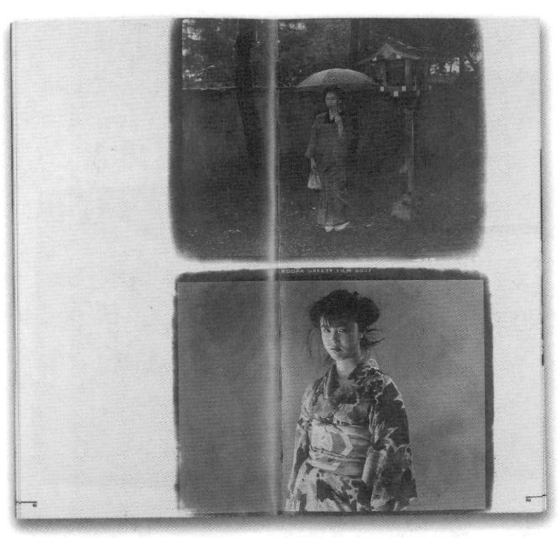
KODAK SAFETY FILM 6037

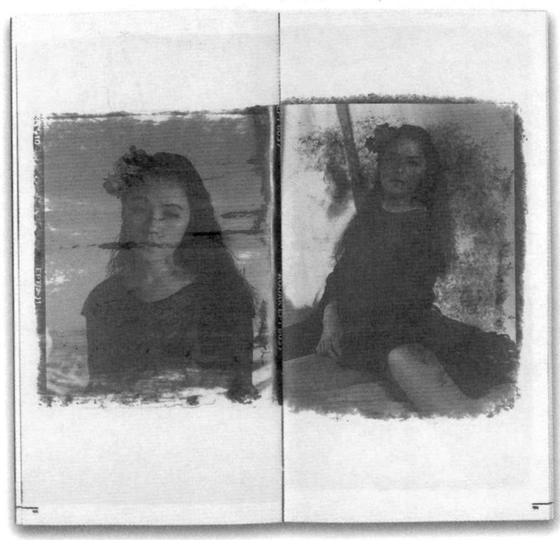

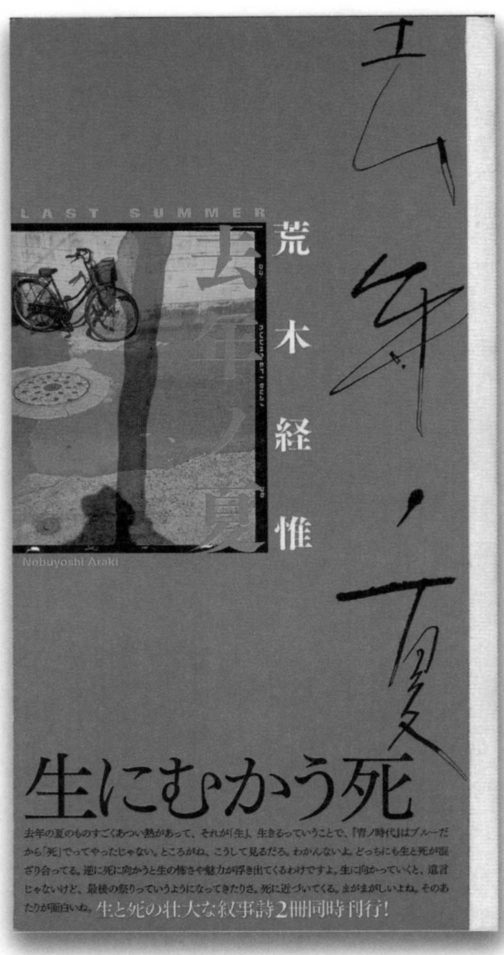

『작년 여름去年の夏』
아라키 노부요시 지음, 아톤, 2005,
156×302mm, 165쪽, 무선

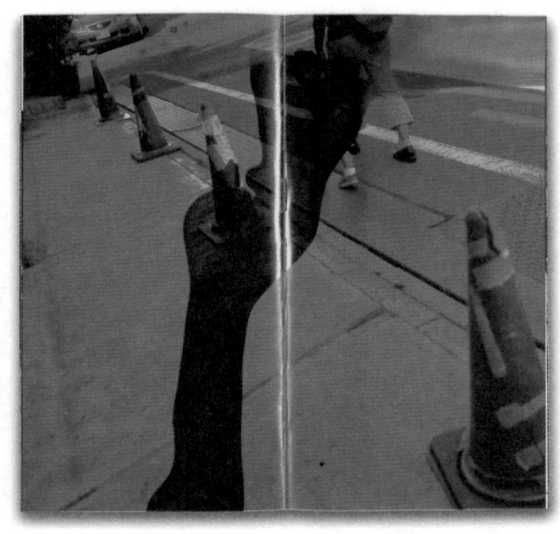

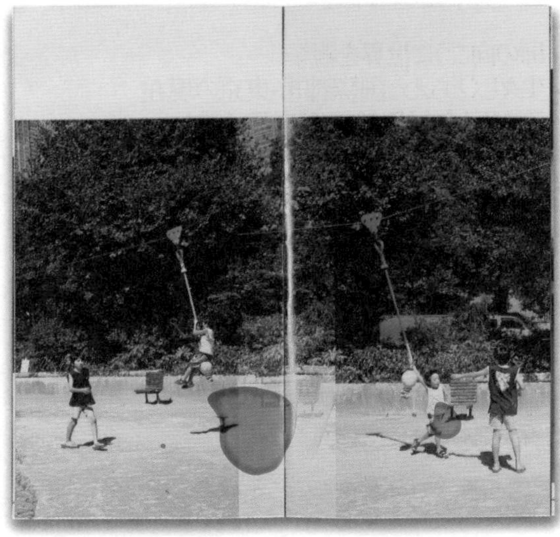

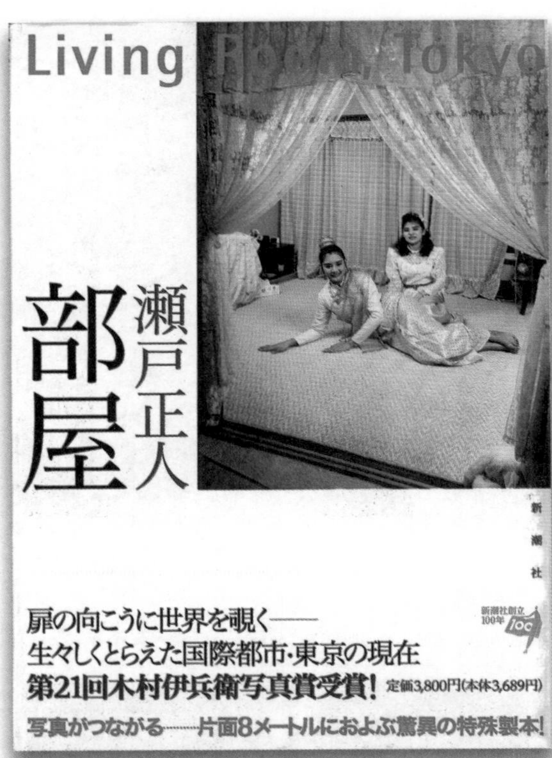

『방: 거실, 도쿄部屋: Living Room, Tokyo』
세토 마사토瀬戸正人 지음, 신초샤新潮社, 1996,
192×265mm, 94쪽, 양장

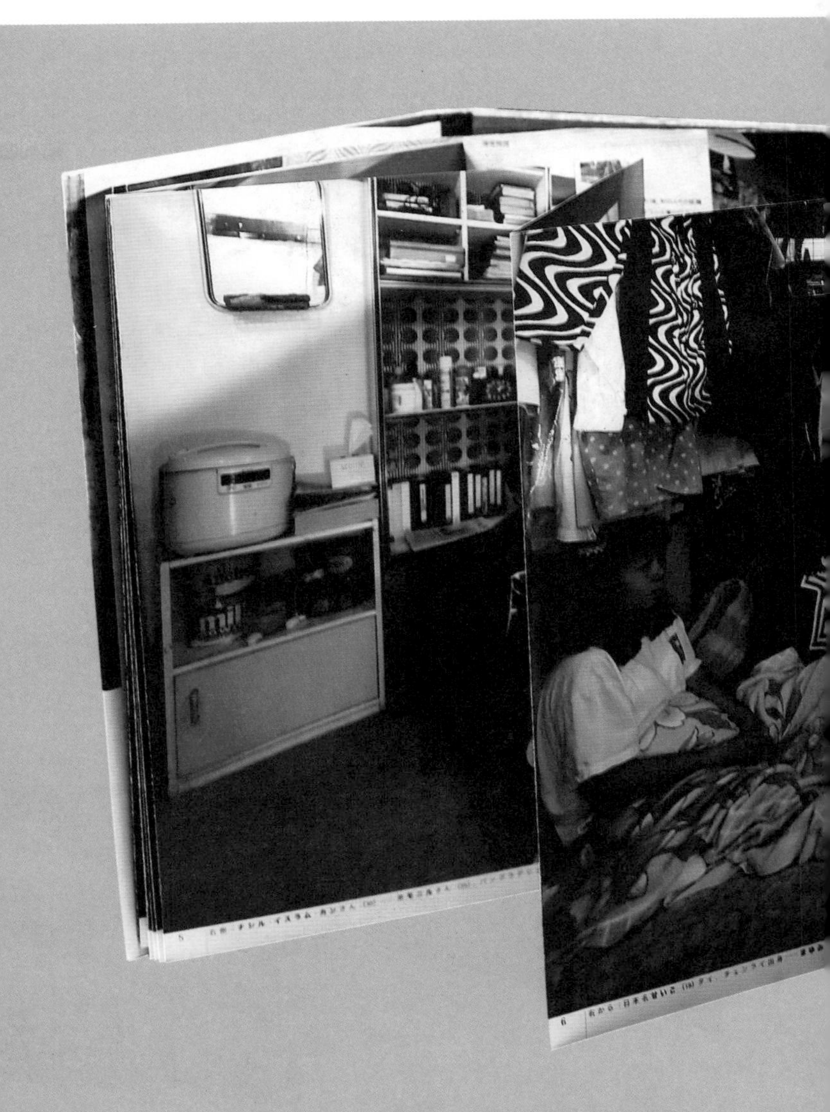

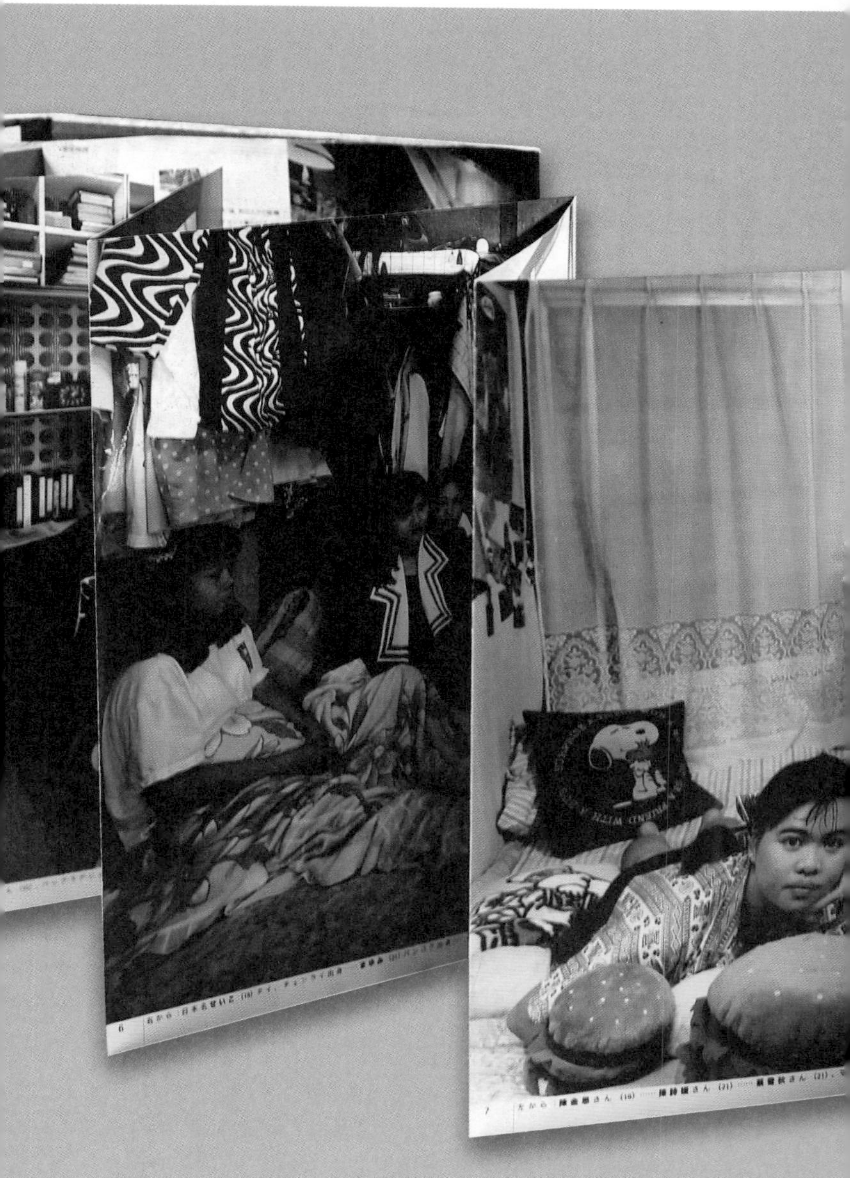

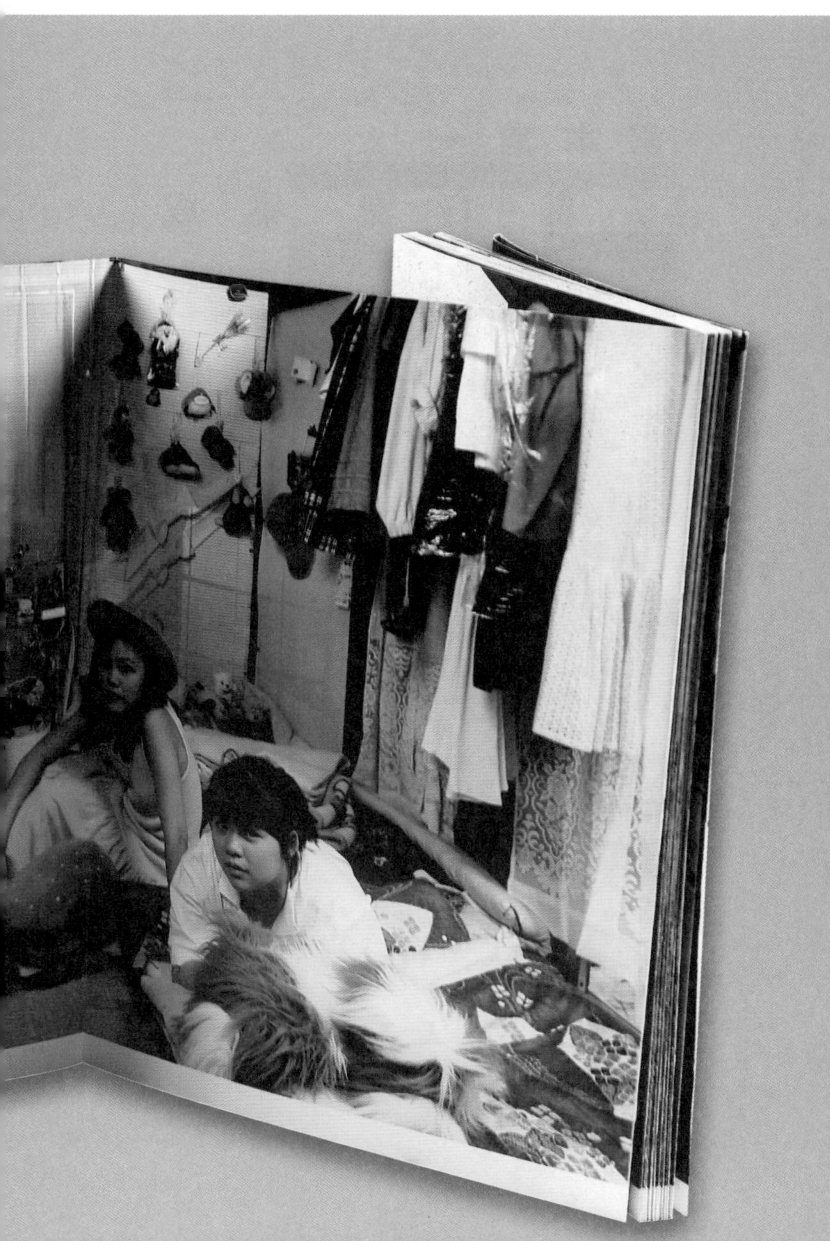

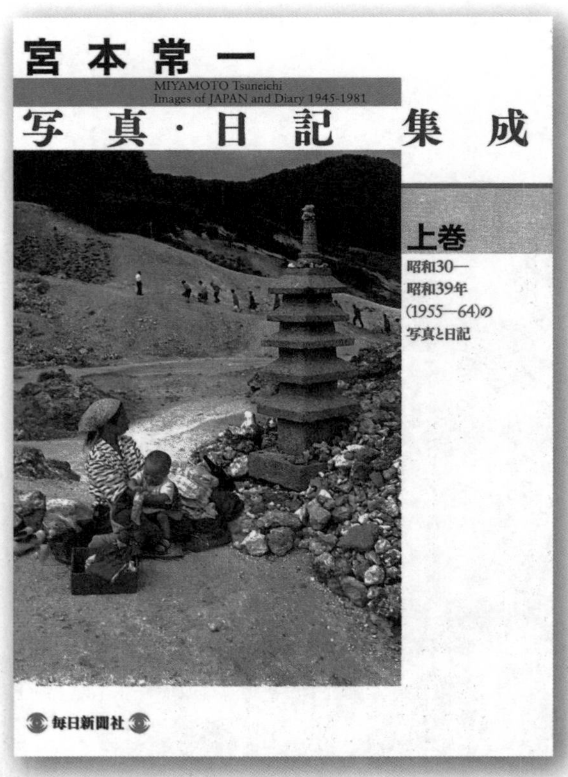

『미야모토 즈네이치 사진 일기 모음宮本常一 写真·日記集成』 시리즈
미야모토 즈네이치宮本常一 지음, 마이니치신분毎日新聞社, 2005,
242×324mm, 케이스 양장

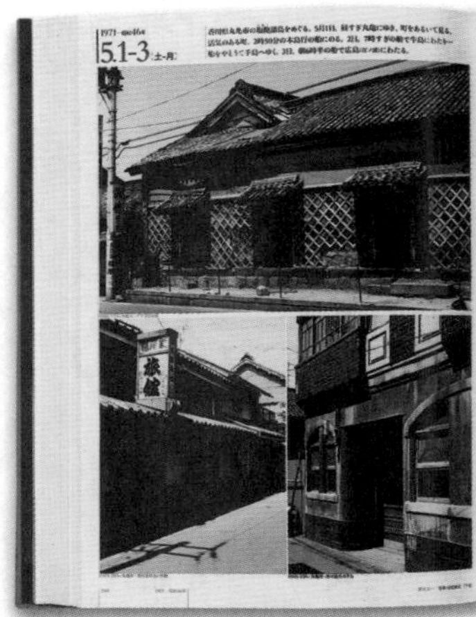

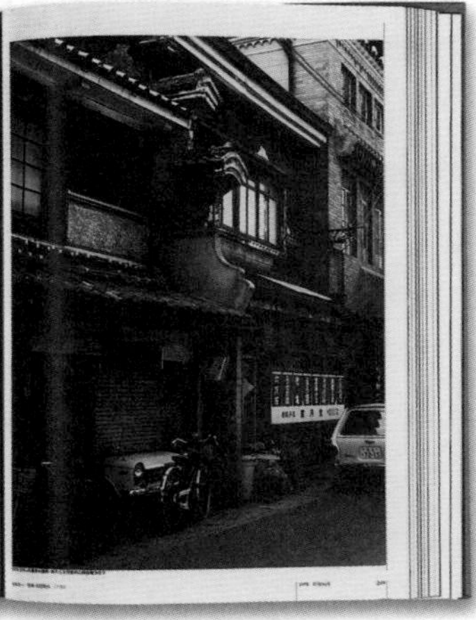

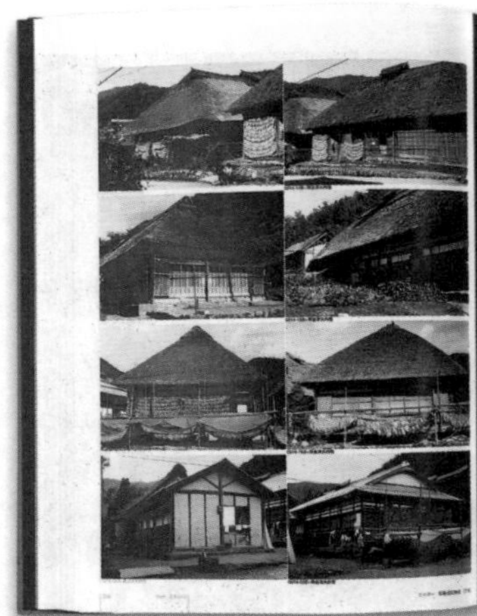

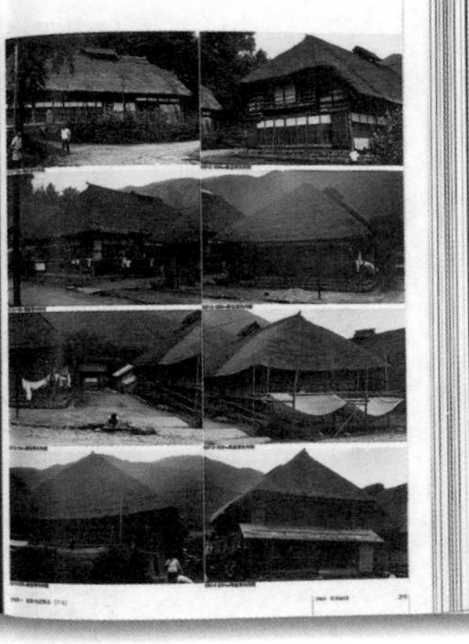

《d/SIGN》
스즈키 히토시,
도다 즈토무戸田ツトム 편집,
오타슈판, 2001- ,
216×276mm, 무선

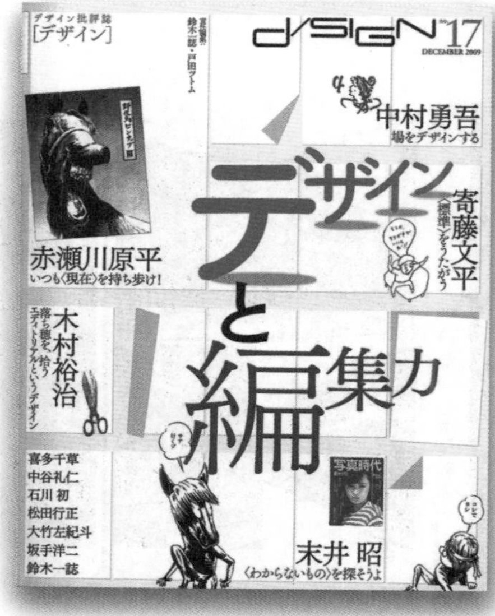

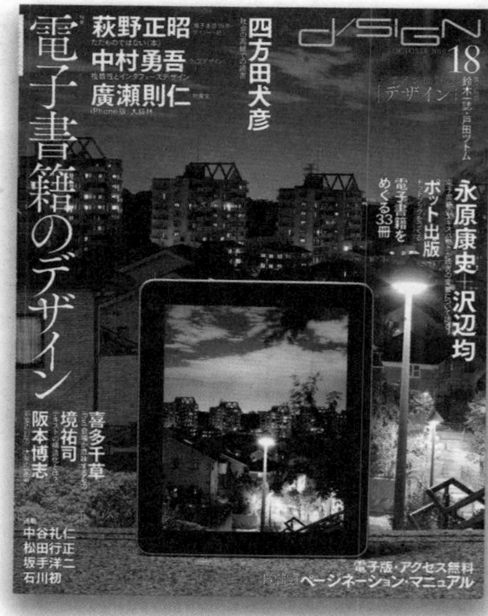

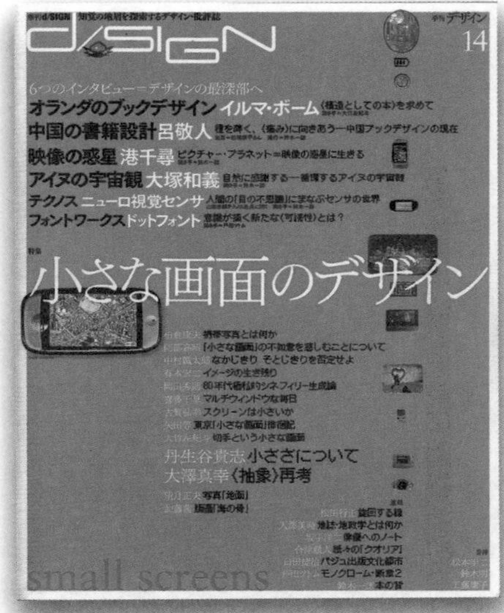
季刊d/SIGN 知覚の地層を探索するデザイン批評誌
d/SIGN
季刊デザイン 14
6つのインタビュー＝デザインの最深部へ
オランダのブックデザイン イルマ・ボーム 〈構造としての本〉を求めて
中国の書籍設計 呂敬人
映像の惑星 港千尋 ピクチャー・プラネット＝映像の惑星に生きる
アイヌの宇宙観 大塚和義
テクノス ニューロ視覚センサ
フォントワークス ドットフォント 意識が導く新たな〈可読性〉とは？
特集
小さな画面のデザイン
丹生谷貴志 小ささについて
大澤真幸〈抽象〉再考
small screens

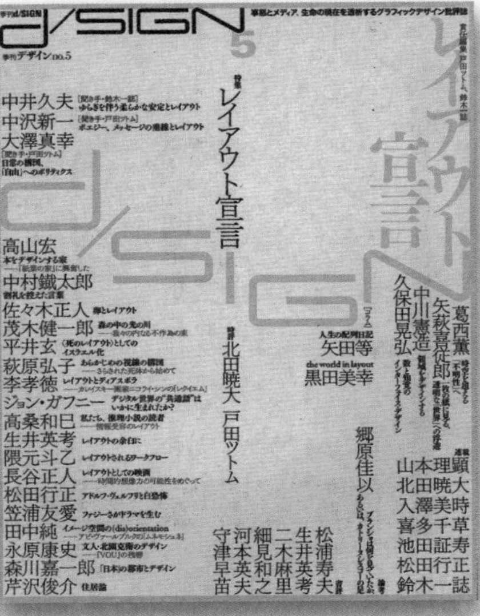
季刊d/SIGN
d/SIGN
事物とメディア、生命の現在を透析するグラフィックデザイン批評誌
季刊デザイン no.5
5
特集 レイアウト宣言
中井久夫
中沢新一
大澤真幸
高山宏
中村鐵太郎
佐々木正人
茂木健一郎
平井玄
萩原弘子
李孝徳
ジョン・ガフニー
高桑和巳
生井英考
隈元斗乙
長谷正人
松田行正
笠浦友愛
田中純
永原康史
森川嘉一郎
芹沢俊介
北田暁大 戸田ツトム
矢田等
黒田美幸
郷原佳以
葛西薫
矢萩喜従郎
中川憲造
久保田晃弘
山本理顕
北田暁大
入澤美時
喜多千草
池田証寿
松田行正
鈴木一誌
松浦寿夫
生井英考
二木麻里
細見和之
河本英夫
守津早苗
レイアウト宣言

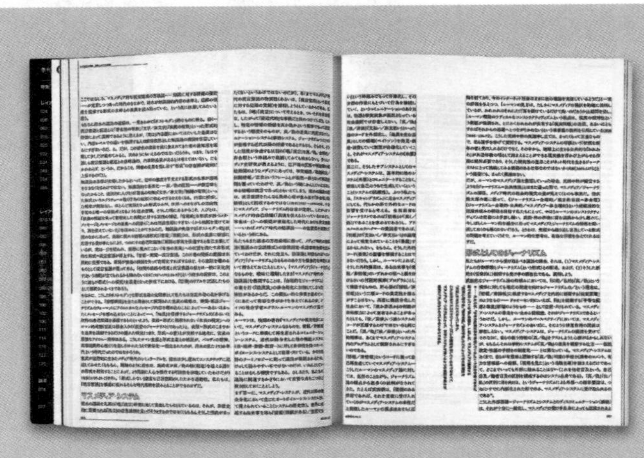

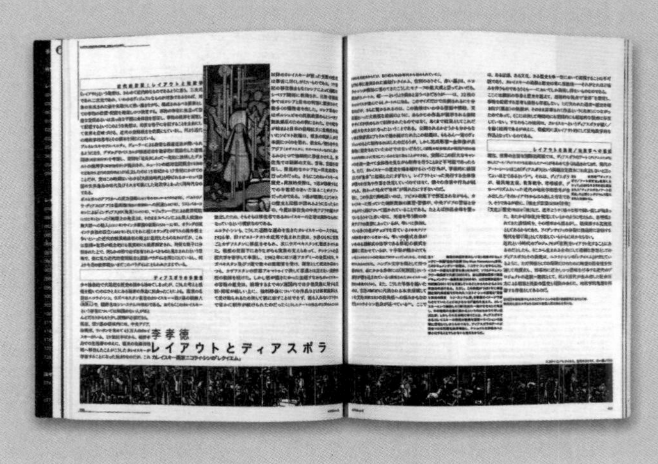

李孝徳

レイアウトとディアスポラ

カレイスキー画家ニコライ・シンの「レクイエム」

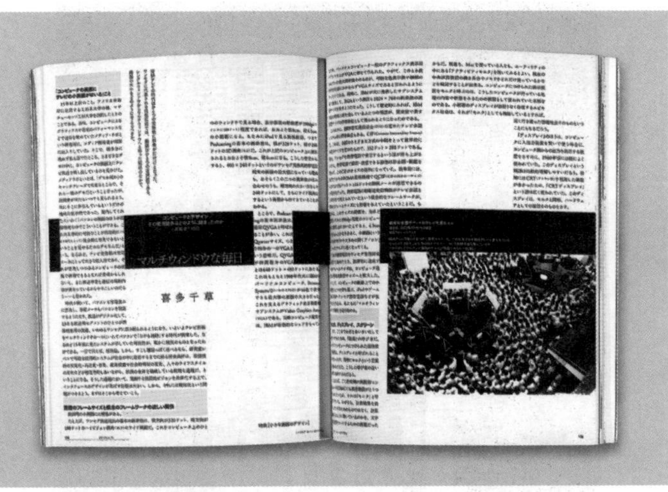
マルチウィンドウな毎日

喜多千草

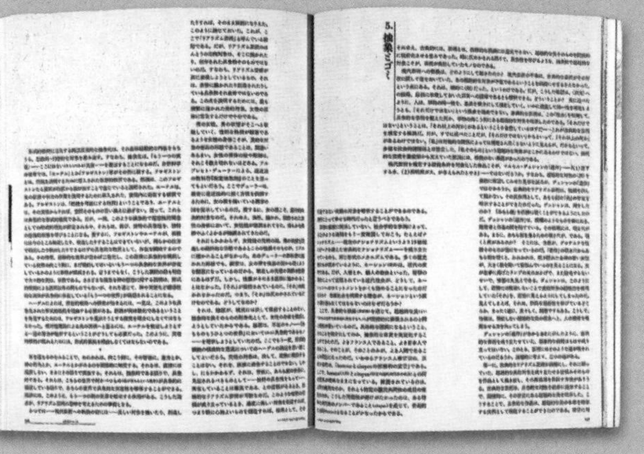

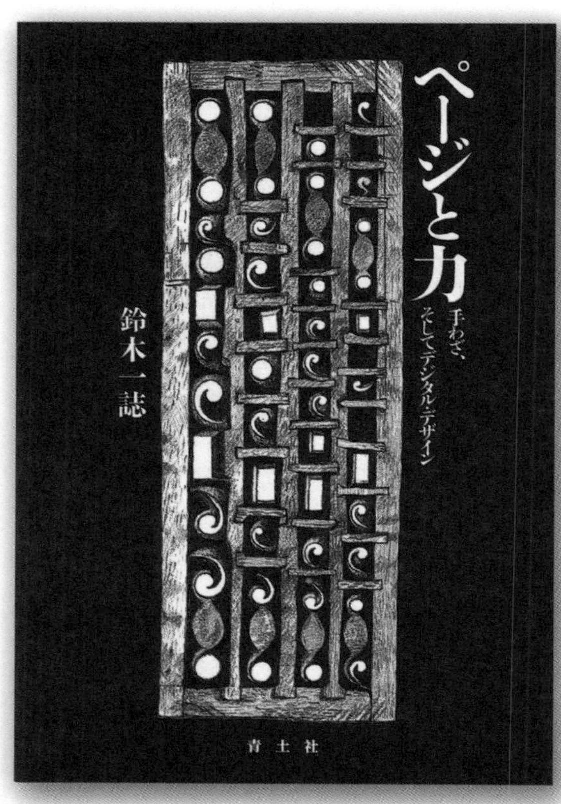

『페이지와 힘, 그리고 디지털 디자인ページと力 手わざ、そしてデジタル・デザイン』
스즈키 히토시 지음, 세이도샤青土社, 2002, 140×190mm, 389쪽, 양장

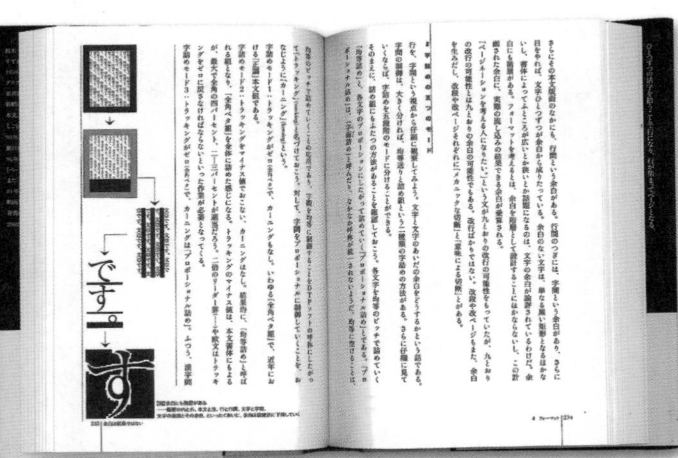

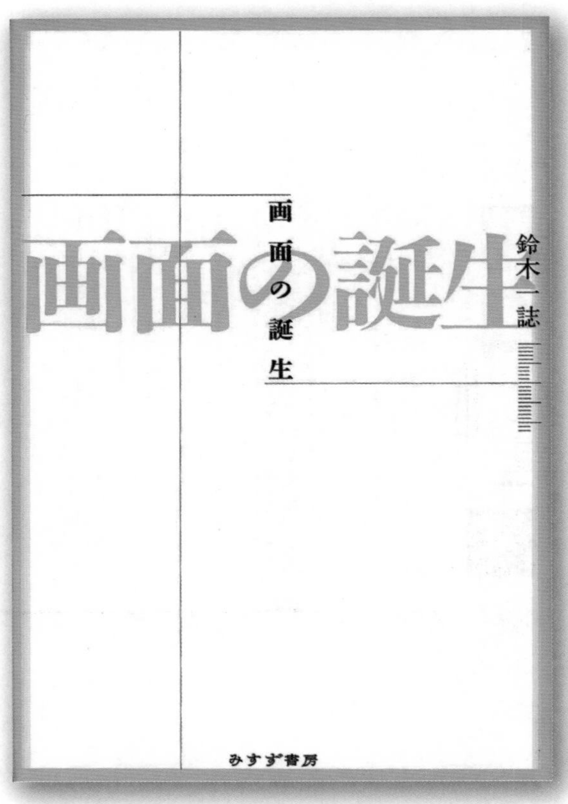

『장면의 탄생画面の誕生』
스즈키 히토시 지음, 미쓰즈쇼보みすず書房, 2002,
136×190mm, 392쪽, 양장

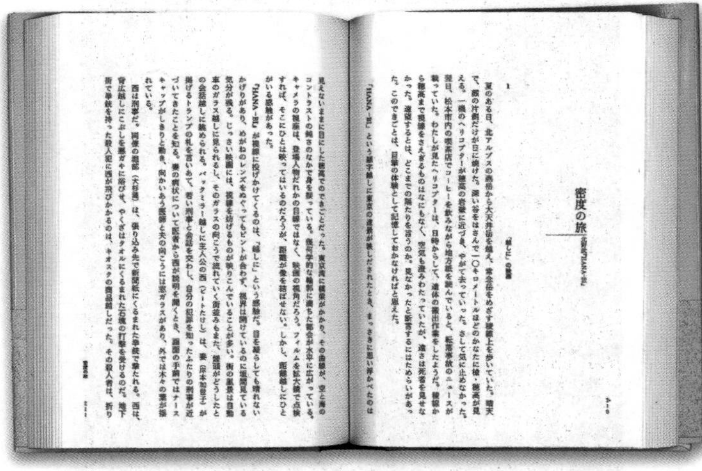

密度の旅

北野武『HANA-BI』

「越しに」の[illegible]

1

夏のある日、北アルプスの燕岳から大天井岳を越え、常念岳をめざす稜線上を歩いていた。晴天で、谷の片側だけが日に焼けた。深い谷をはさんで一〇キロメートルほどのかなたに槍・穂高が見える。一機のヘリコプターが穂高の岩壁に近づき、やがて去っていった。さして気に止めなかった。

翌日、松本市内の喫茶店でコーヒーを飲みながら地方紙を読んでいると、転落事故のニュースが載っていた。わたしが見たヘリコプターは、日時からして、遺体の搬出作業をしたようだ。稜線から穂高まで視線をさえぎるものはなにもなく、空気も澄みわたっていたが、遠さは死者を見せなかった。遠望するとは、どこまでの隔たりを言うのか。見なかったと断言するにはためらいがあった。このできごとは、目撃の体験として記憶しておかなければと思えた。

「HANA-BI」という題字越しに東京の遠景が映しだされたとき、まっさきに思い浮かべたのは見えないままに目にした穂高でのできごとだった。東京湾に観覧車がかかり、その曲線が、空と海のコントラストの鈍さのなかで身を振っている。幾何学的な輪郭に満ちた都会が水平に広がっている。キャメラの視座は、登場人物だれかの目線ではなく、映画の視角だろう。フィルムを拡大鏡で点検すれば、そこにひとは映ってはいるのだろうが、距離が像を結ばせない。しかし、距離越しにひとがいる感触があった。

『HANA-BI』が視線に投げかけてくるのは、「越しに」という感触だ。目を凝らしても晴れないかげりがあり、めがねのレンズをぬぐってもピントが合わず、視界は開けているのに垣間見ている気分が残る。じっさい映画には、視線を妨げるものが映りこんでいることが多い。街の風景は自動車のガラス越しに見られるし、そのガラスの向こうで流れていく街並みもまた、[illegible]がどうしたとの会話越しに眺められる。バックミラー越しに主人公の西（ビートたけし）は、妻（岸本加世子）が掲げるトランプの札を言いあて、若い刑事と会話を交わし、自分の犯罪を知ったふたりの刑事が近づいてきたことを知る。妻の病状について医者から西が説明を聞くとき、画面の手前ではナースキャップがしきりと動き、向かいあう医師と夫の向こうには窓ガラスがあり、外では木々の葉が揺れている。

西は刑事だ。同僚の堀部（大杉漣）は、張り込み先で新聞紙にくるまれた拳銃で撃たれる。西は、背広越しにこぶしを[illegible]に浴びせ、やくざはタオルにくるまれた石塊の打撃を受けるのだ。地下街で拳銃を持った殺人犯に西が飛びかかるのは、キオスクの商品越しだった。その殺人者は、折り

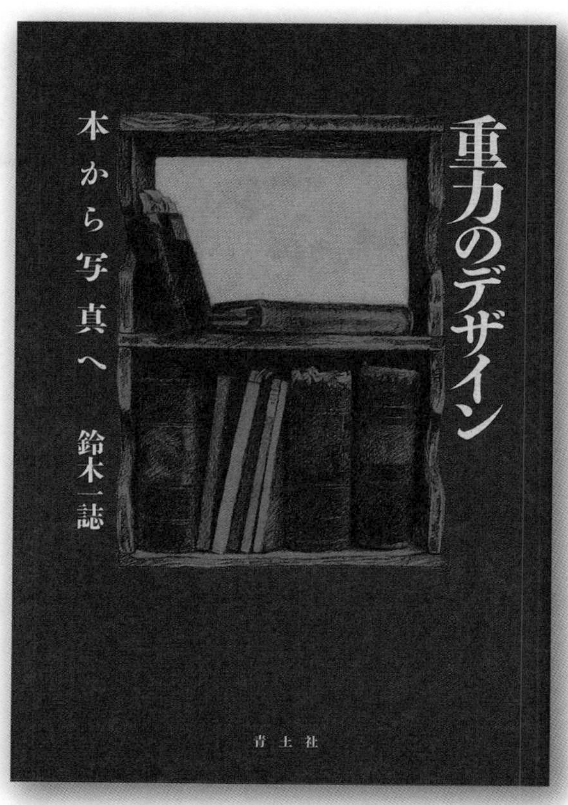

『중력의 디자인: 책에서 사진으로重力のデザイン: 本から写真へ』
스즈키 히토시 지음, 세이도샤, 2007, 132×190mm, 334쪽, 양장

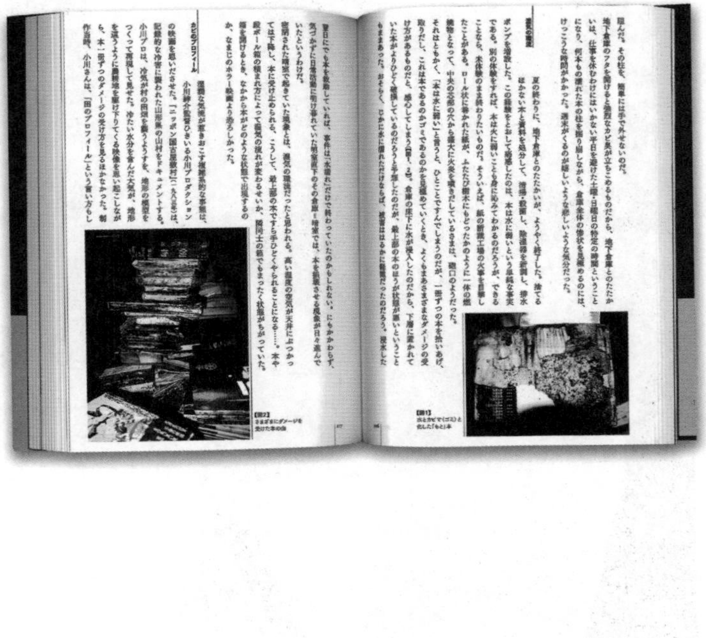
阻んだ。その柱を、簡単には手で外せないのだ。
地下倉庫のフタを開けると強烈なカビ臭が立ちこめるものだから、地下倉庫とのたたかいは、仕事を休むわけにはいかない平日を避けた土曜・日曜日の特定の時間ということになり、何本もの崩れた本の柱を掘り崩しながら、倉庫全体の惨状を見極めるのには、けっこうな時間がかかった。週末がくるのが疎ましいような気分だった。

湿気の[illegible]

夏の終わりに、地下倉庫とのたたかいが、ようやく終了した。捨てるほかない本と資料を処分して、清掃・殺菌し、除湿器を新調し、排水ポンプを増設した。この経験をとおして痛感したのは、本は水に弱いという単純な事実である。別の体験をすれば、本は火に弱いことも身に沁みてわかるのだろうが、できることなら、未体験のまま終わりたいものだ。そういえば、紙の断裁工場の火事を目撃したことがある。ロール状に巻かれた紙が、ふたたび樹木にもどったかのように一体の燃焼物となって、中央の芯部の穴から盛大に火炎を噴きだしているさまは、砲口のようだった。
それはともかく、「本は水に弱い」と言うと、ひとことですんでしまうのだが、一冊ずつの本を拾いあげ、取りだし、これは本であるのかゴミであるのかを見極めていくとき、よくもまあさまざまなダメージの受け方があるものだと、感心してしまう【図1、2】。倉庫の床下に水が侵入したのだから、下層に置かれていた本がよりひどく破損しているのだろうと予想したのだが、最上部の本のほうが状態が悪いということもままあった。おそらく、じかに水に濡れただけならば、被害ははるかに軽微だったのだろう。浸水した

【図1】
水とカビで〈ゴミ〉と化した「もと」本

翌日にでも本を救助していれば、事件は「水漏れ」だけで終わっていたのかもしれない。にもかかわらず、気づかずに日常活動に明け暮れていた明窓直下のその倉庫＝暗室では、本を損壊させる現象が日々進んでいたというわけだ。
密閉された暗室で起きていた現象とは、湿気の環境だったと思われる。高い湿度の空気が天井にぶつかっては下降し、本に受け止められる。こうして、最上部の本ですら手ひどくやられることになる……。本や段ボール箱の積まれ方によって湿気の流れが変わるせいか、隣同士の箱でもまったく状態がちがっていた。箱を開けるとき、なかから本がどのような状態で出現するのか、なまじのホラー映画より恐ろしかった。

カビのプロフィール

深刻な気候が巻きおこす複雑系的な事態は、小川紳介監督ひきいる小川プロダクションの映画を思いださせた。『ニッポン国古屋敷村』（一九八三年）は、記録的な冷害に襲われた山形県の山村をドキュメントする。小川プロは、冷気が村の田畑を襲うようすを、地形の模型をつくって再現して見せた。冷たい水分を含んだ大気が、地形を這うように農耕地を駆け下りてくる映像を思い起こしながら、本一冊ずつのダメージの受け方を見るほかなかった。制作当時、小川さんは、「田のプロフィール」という言い方もし

【図2】
さまざまにダメージを受けた本の山

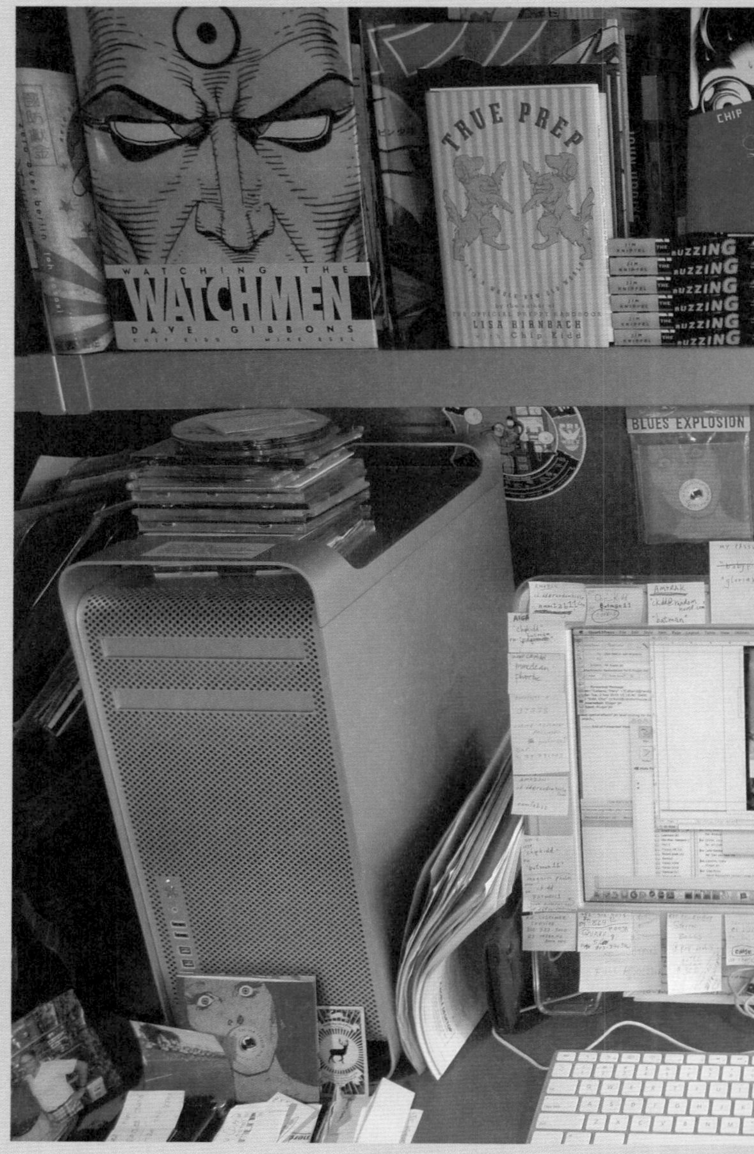
WATCHING THE
WATCHMEN
DAVE GIBBONS
TRUE PREP
LISA BIRNBACH
with Chip Kidd
BLUES EXPLOSION

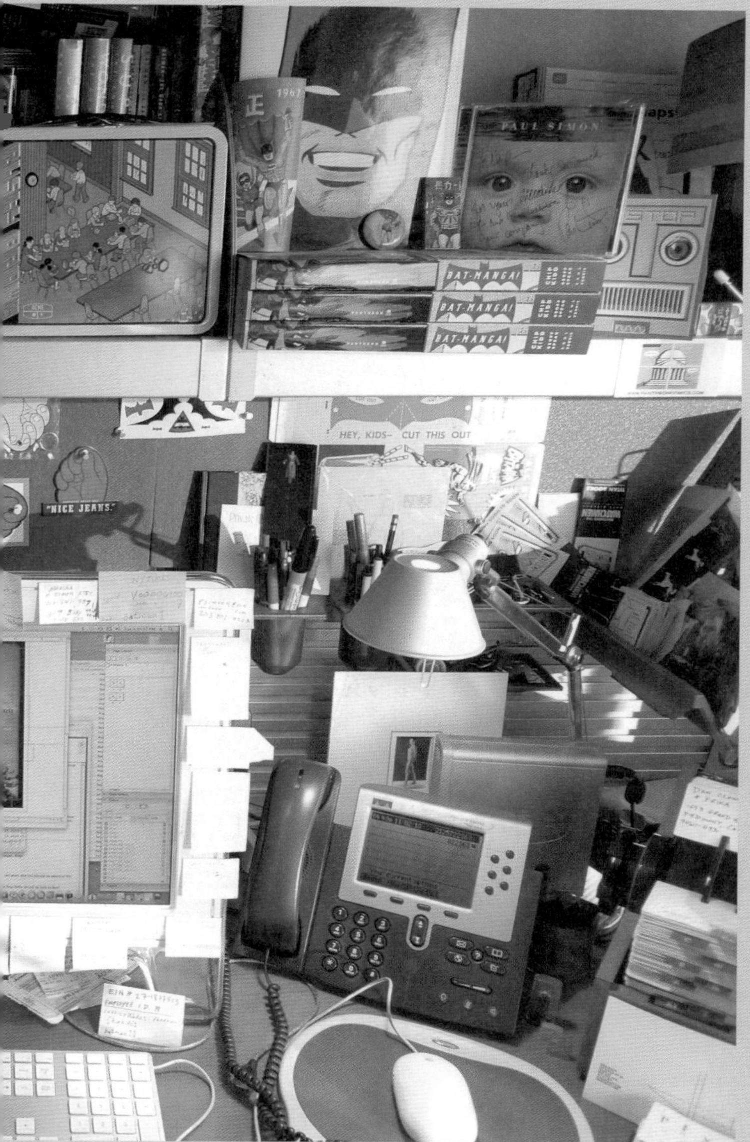

New York, 2010 © Kay Jun

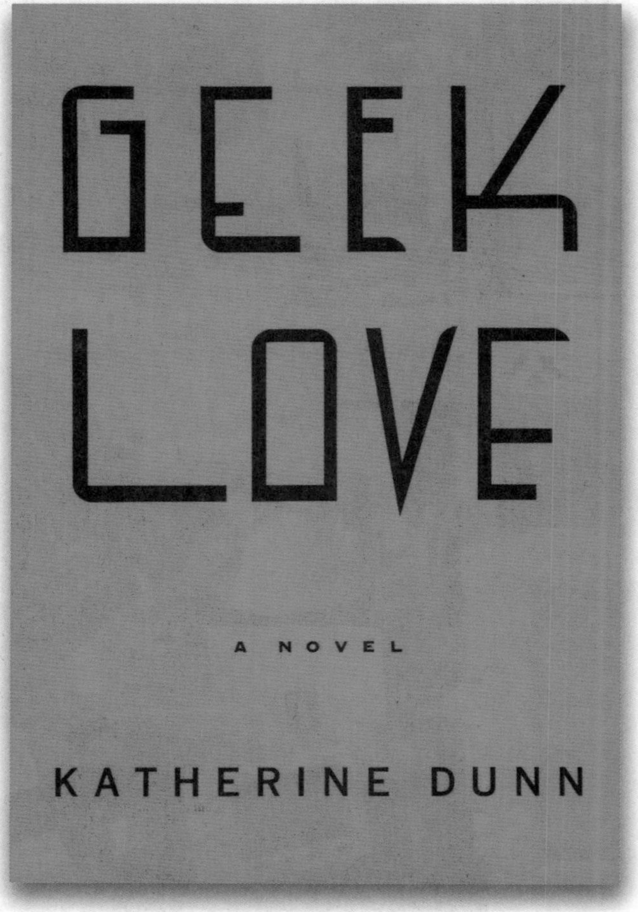

GEEK LOVE

A NOVEL

KATHERINE DUNN

『괴짜 사랑Geek Love』
캐서린 던Katherine Dunn 지음, 빈티지Vintage,
1989, 132×203mm, 348쪽, 무선

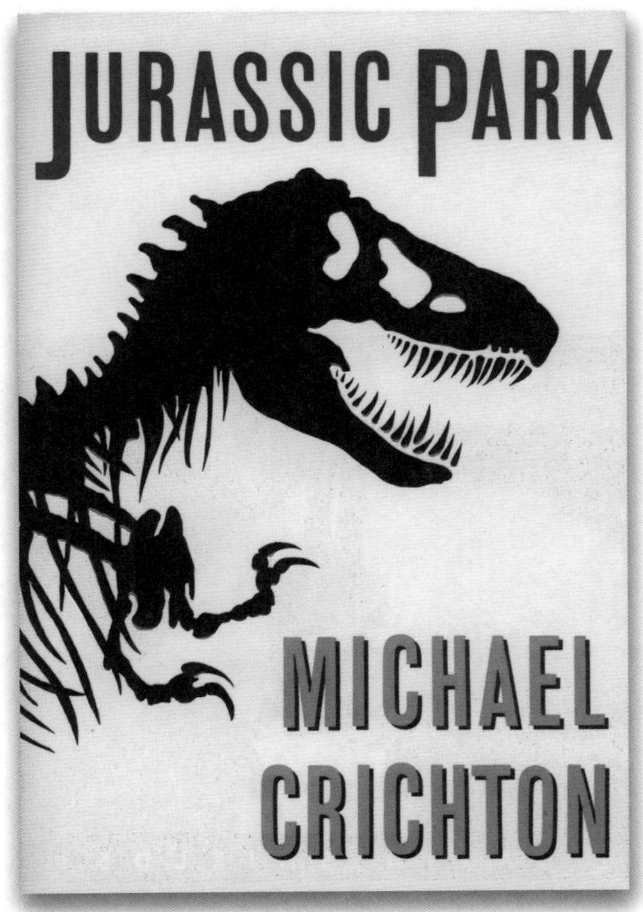

『쥐라기 공원Jurassic Park』
마이클 크라이튼Michael Crichton 지음,
앨프러드 A. 크노프Alfred A. Knopf, 1990,
137×203mm, 400쪽, 양장

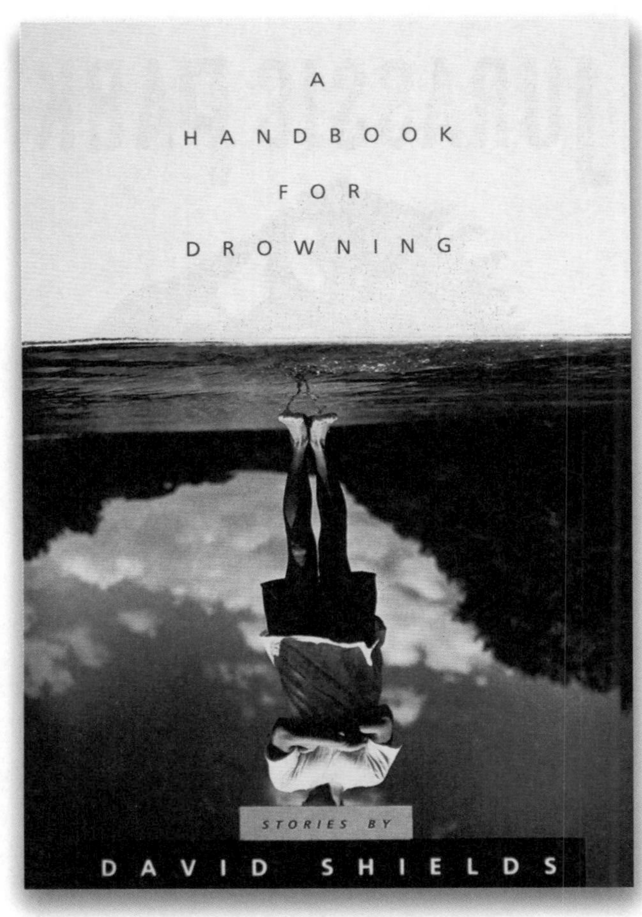

『익사를 위한 핸드북A Handbook for Drowning』
데이비드 실즈David Shields 지음, 데이비드 배리David Barry 사진,
앨프러드 A. 크노프, 1991, 152×228mm, 178쪽, 양장

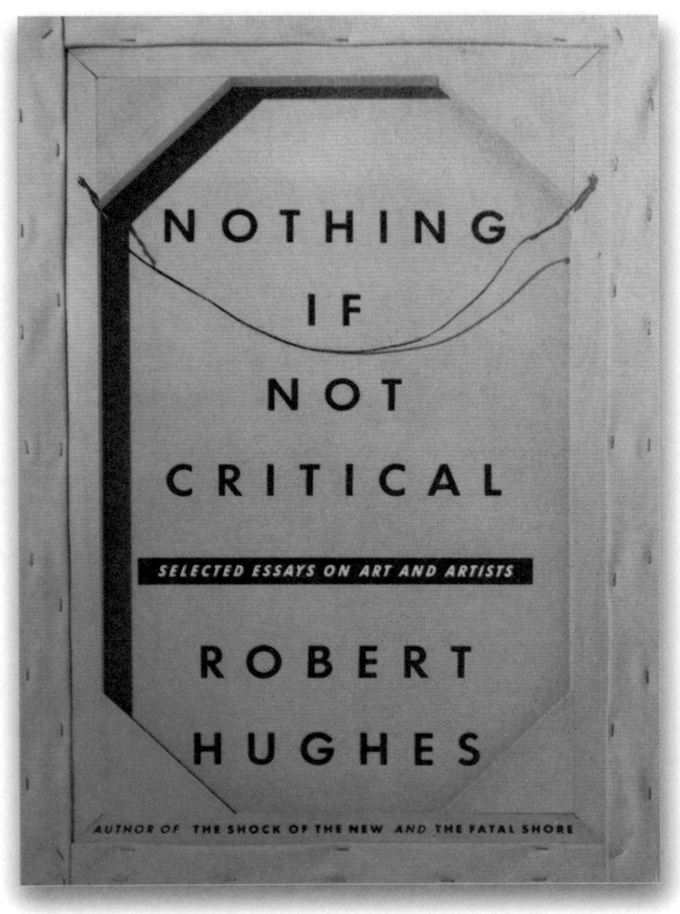

『아주 비판적인Nothing If Not Critical』
로버트 휴즈Robert Hughes 지음, 제프 스피어Geoff Spear 사진,
앨프러드 A. 크노프, 1992, 140×216mm, 448쪽, 무선

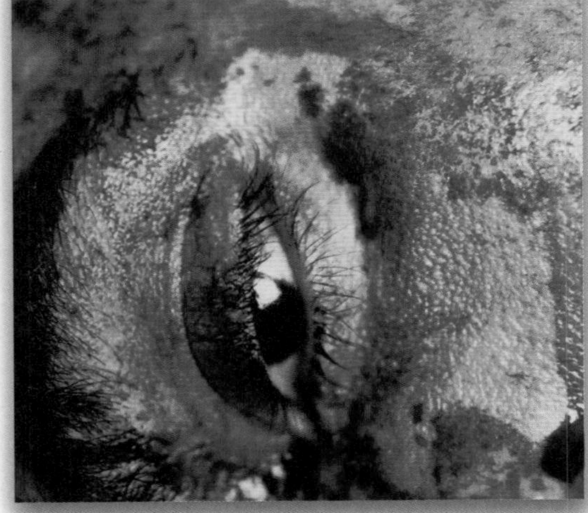

「신약성서The New Testament」
안드레스 세라노Andres Serrano 사진,
노스포인트프레스North Point Press,
1996, 137×216mm, 586쪽, 양장

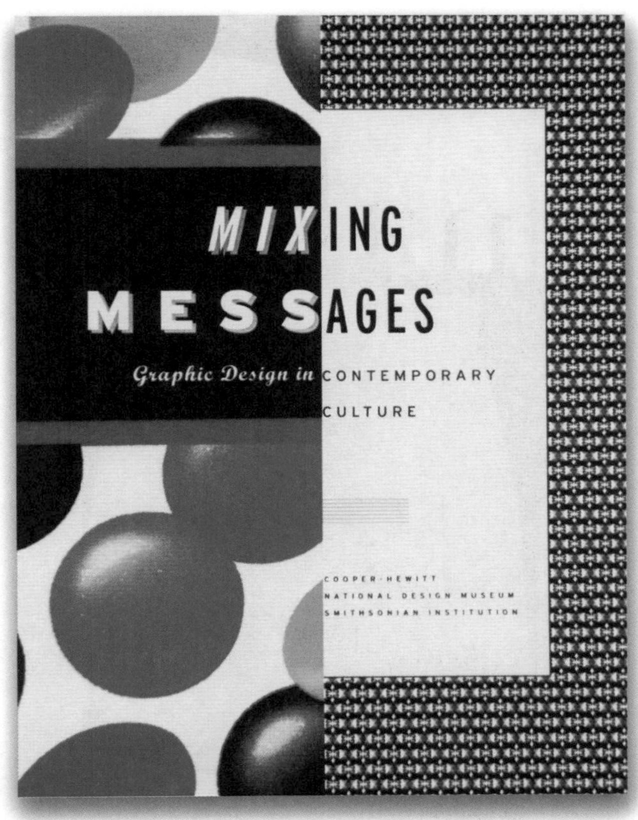

『뒤섞인 메시지Mixing Messages』
엘런 럽튼Ellen Lupton 지음, 프린스턴아키텍추럴프레스
Princeton Architectural Press, 1996,
210×273mm, 176쪽, 무선

 → 117, 119

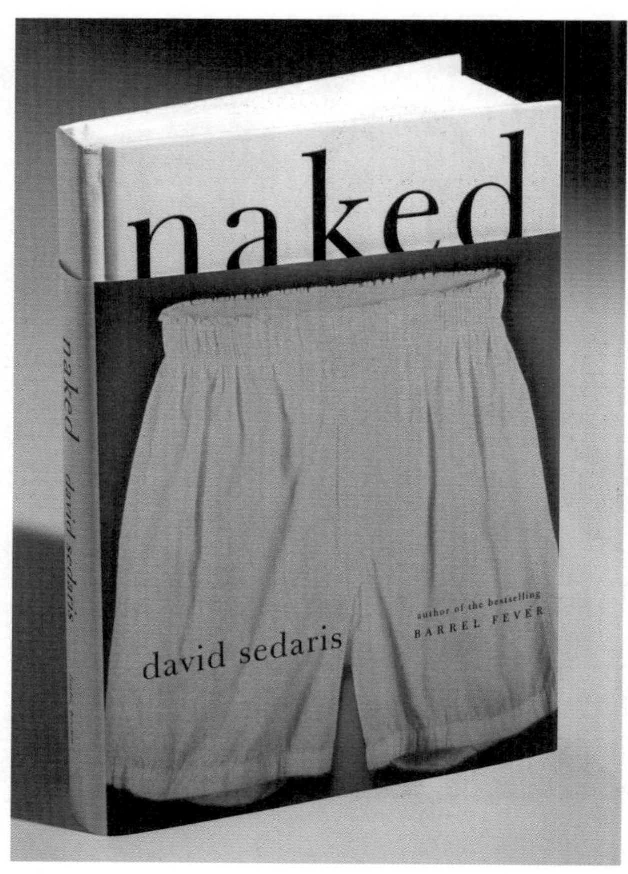

『벌거벗은Naked』
데이비드 세다리스David Sedaris 지음,
리틀브라운컴퍼니Little, Brown & Co,
1997, 147×216mm, 292쪽, 양장

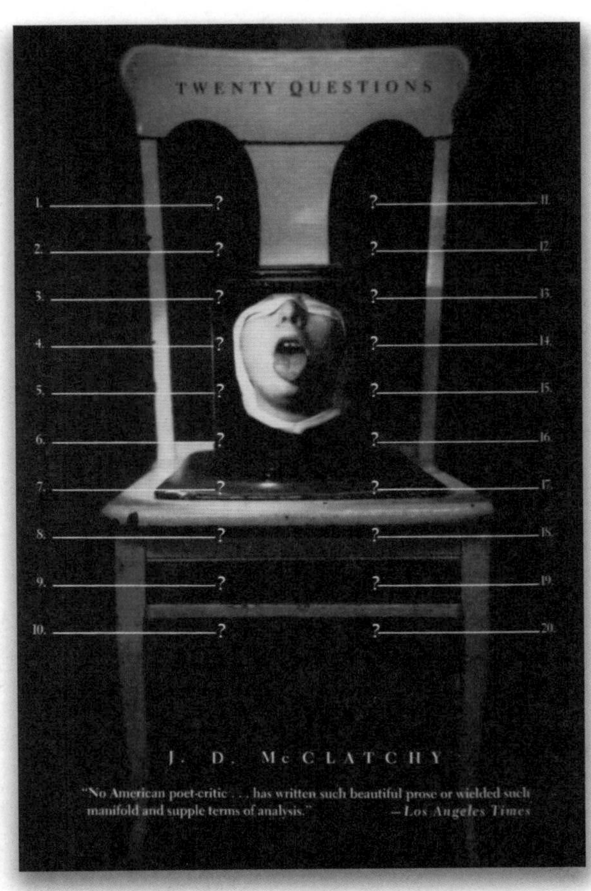

『스무 가지 질문Twenty Questions』
J. D. 매클라치J. D. McClatchy 지음,
컬럼비아대학교출판사Columbia University Press,
1998, 157×236mm, 224쪽, 양장

「세기의 전환Turn of the Century」
커트 앤더슨Kurt Andersen 지음, 랜덤하우스Random House,
1999, 155×234mm, 672쪽, 무선

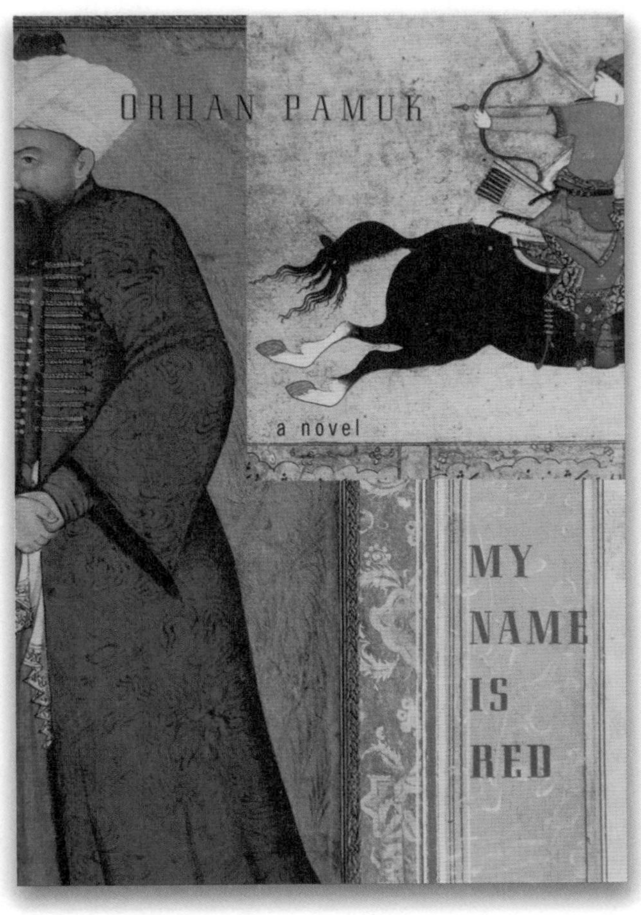

『내 이름은 빨강My Name is Red』
오르한 파묵Orhan Pamuk 지음, 앨프러드 A. 크노프,
2001, 165×241mm, 418쪽, 양장

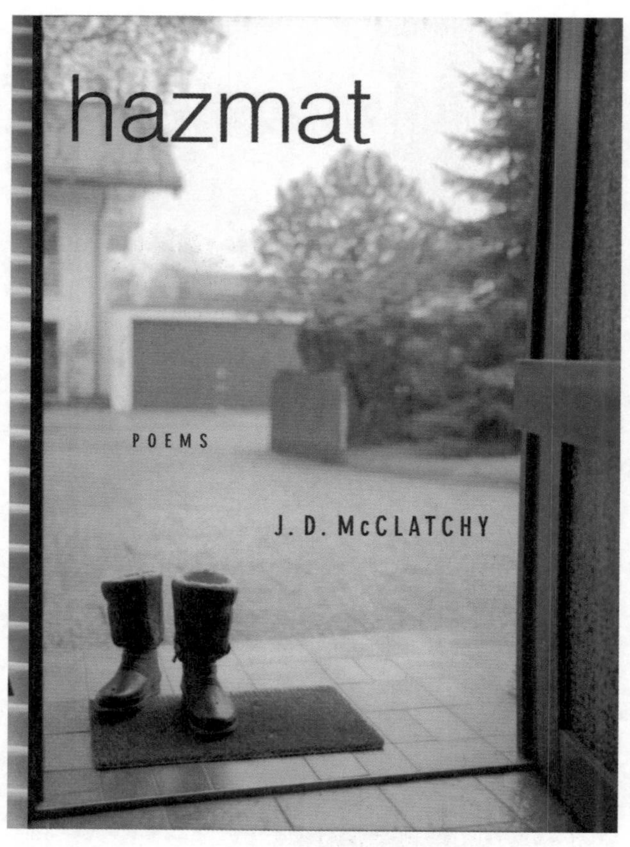

『위험 물질Hazmat』
J. D. 매클라치 지음, 앨프러드 A. 크노프,
2004, 147×213mm, 96쪽, 무선

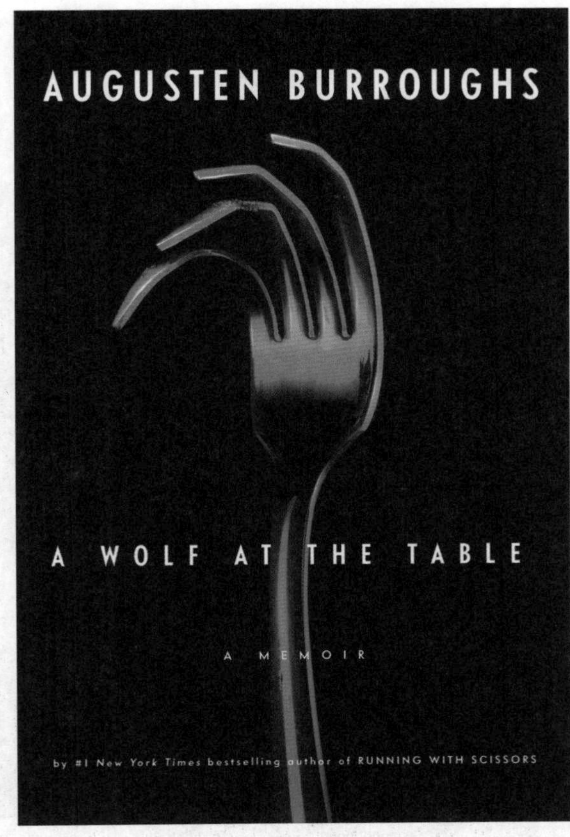

『탁자 앞 늑대A Wolf at the Table』
어거스틴 버로우Augusten Burroughts 지음, 제프 스피어Geoff Spear 사진,
세인트마틴스프레스St. Martin's Press, 2008, 155×203mm, 242쪽, 양장

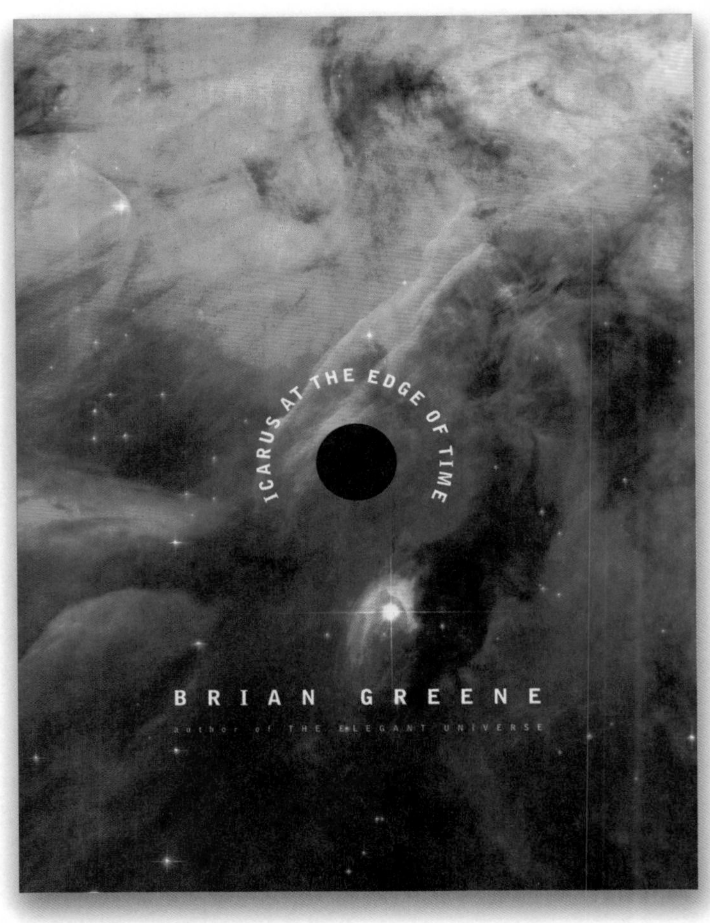

『시간의 가장자리의 이카루스Icarus at the Edge of Time』
브라이언 그린Brian Greene 지음, 앨프러드 A. 크노프, 2008,
228×330mm, 34쪽, 양장

「로라의 처음The Original of Laura」
블라디미르 나보코프Vladimir Nabokov 지음,
앨프러드 A. 크노프, 2009, 167×241mm, 304쪽, 양장

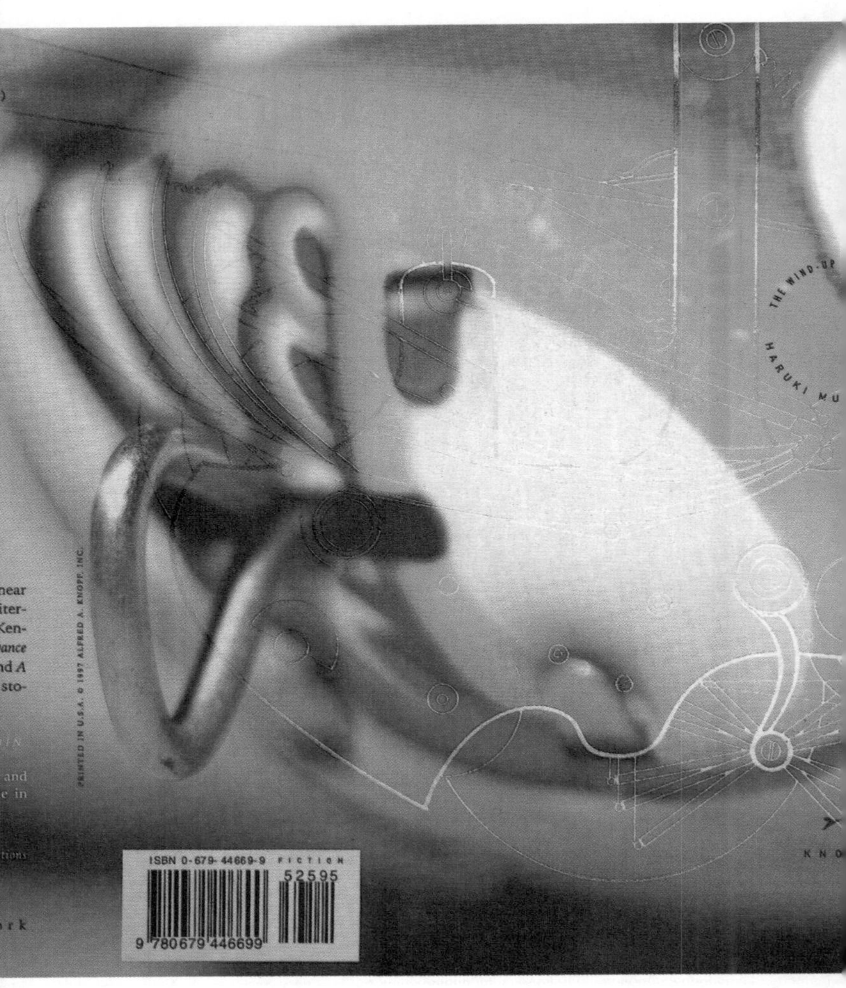

『태엽 감는 새The Wind-up Bird Chronicle』
무라카미 하루키村上春樹 지음, 제프 스피어 사진,
앨프러드 A. 크노프, 1997, 152×228mm, 608쪽, 무선

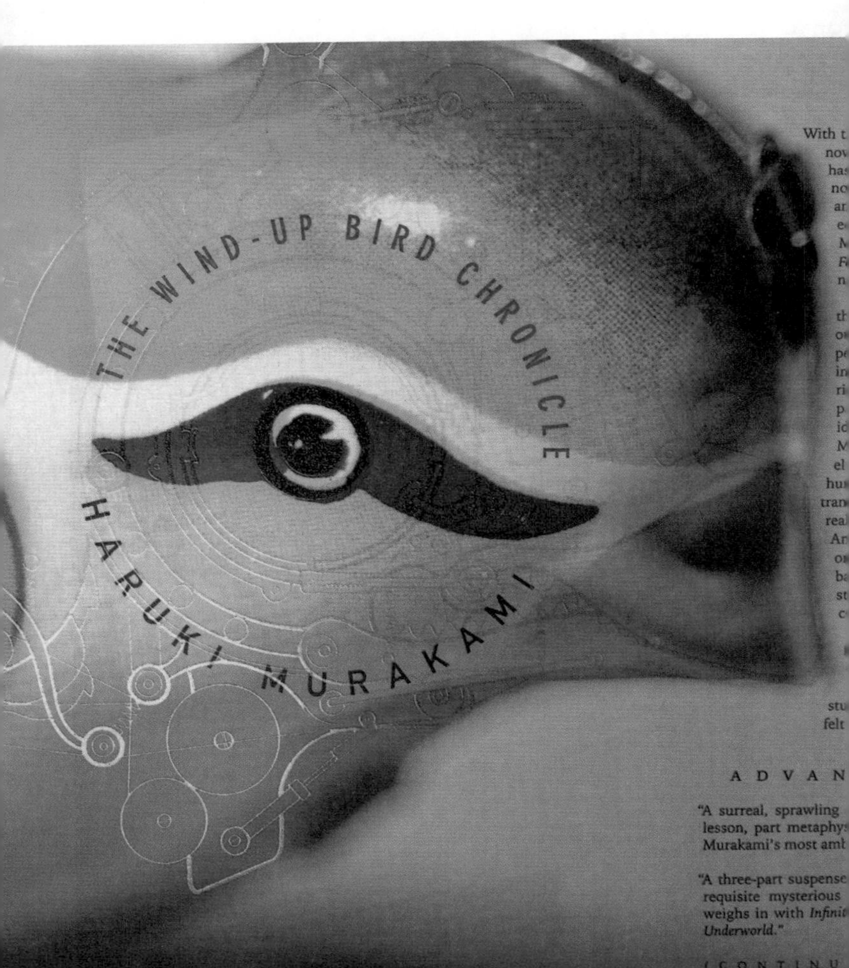
THE WIND-UP BIRD CHRONICLE
HARUKI MURAKAMI

『1Q84』
무라카미 하루키 지음, 앨프러드 A. 크노프,
2011, 160×238mm, 944쪽, 양장

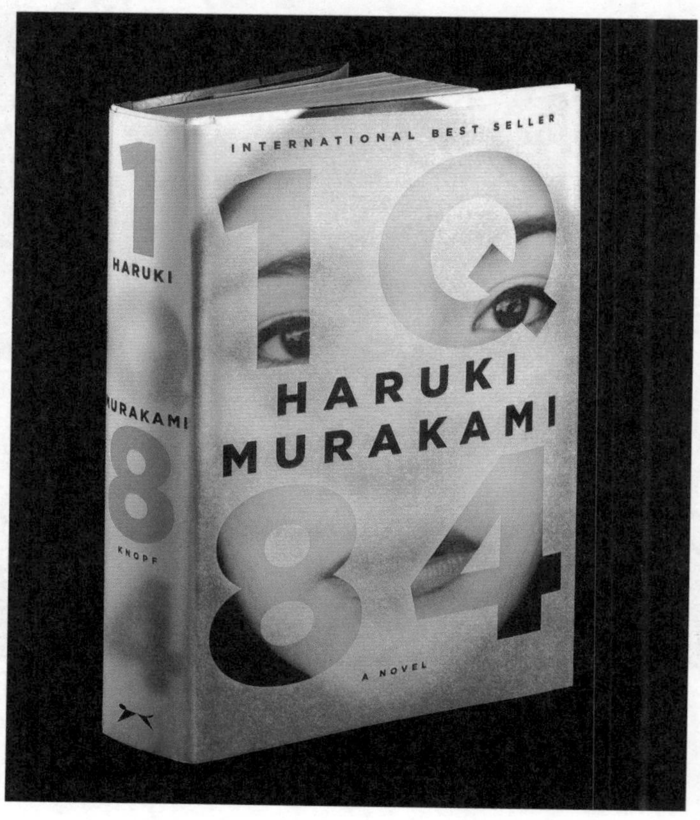

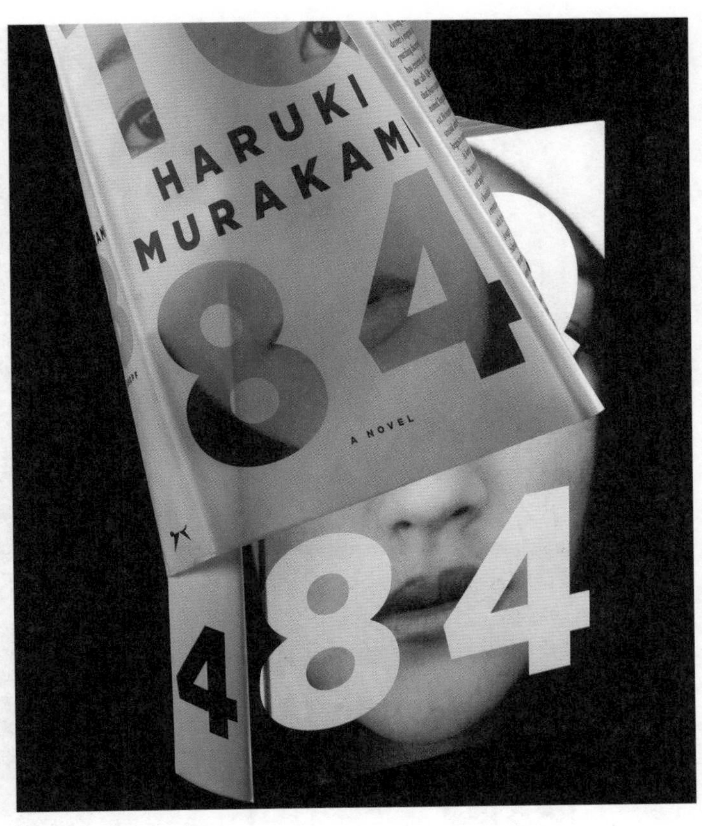
HARUKI
MURAKAMI
84
A NOVEL
84

 → 114, 116

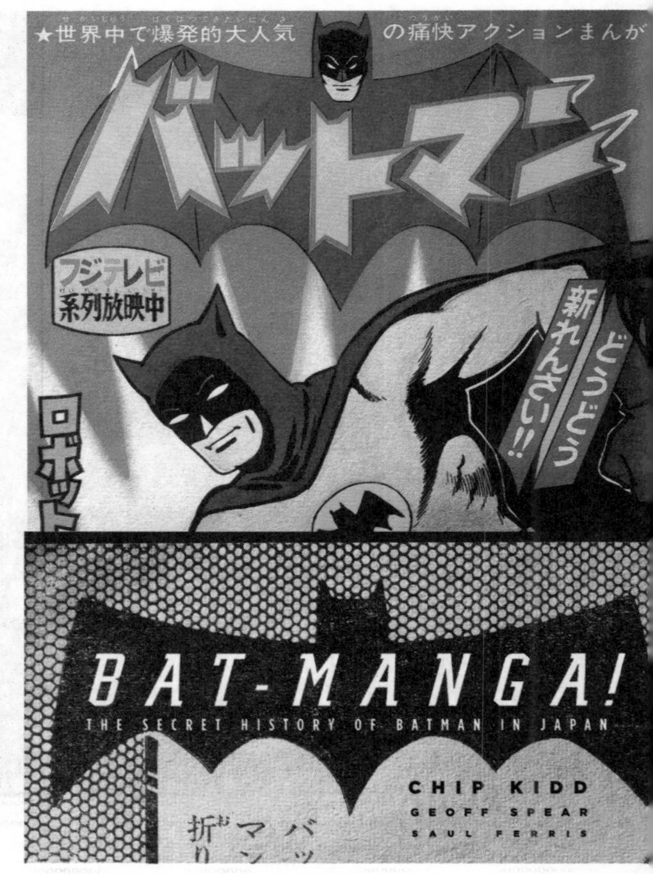

『배트망가: 일본 배트맨의 숨겨진 역사Bat-Manga: The Secret History of Batman in Japan』
구와타 지로桑田二郎 지음, 칩 키드Chip Kidd 편집, 제프 스피어 사진,
판테온북스Pantheon Books, 2008, 218×279mm, 352쪽, 무선

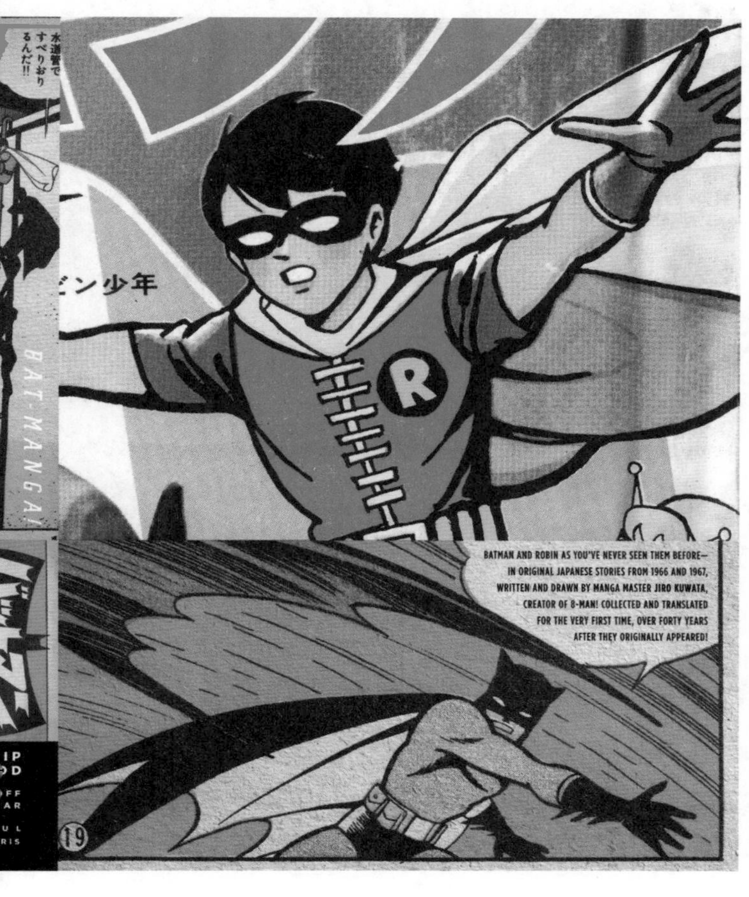
水道管で
すべりおり
るんだ!!
ビン少年
BAT-MANGA!
BATMAN AND ROBIN AS YOU'VE NEVER SEEN THEM BEFORE—
IN ORIGINAL JAPANESE STORIES FROM 1966 AND 1967,
WRITTEN AND DRAWN BY MANGA MASTER JIRO KUWATA,
CREATOR OF 8-MAN! COLLECTED AND TRANSLATED
FOR THE VERY FIRST TIME, OVER FORTY YEARS
AFTER THEY ORIGINALLY APPEARED!
19

 → 116

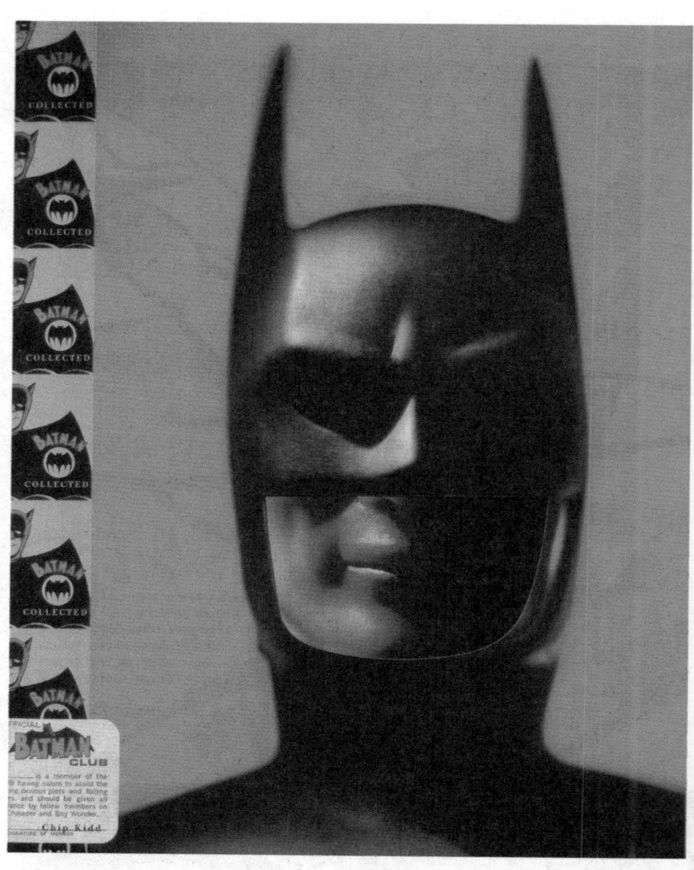

『배트맨 모음Batman Collected』
칩 키드 지음, 제프 스피어 사진, 불핀치프레스Bulfinch Press,
1996, 241×325mm, 276쪽, 양장

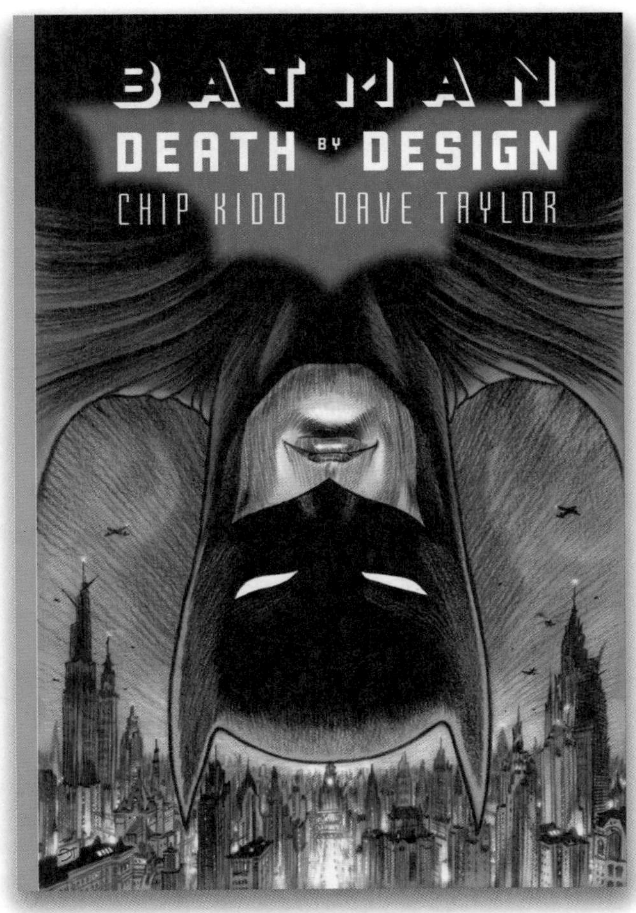

『배트맨: 디자인으로 죽다Batman: Death by Design』
칩 키드 지음, 데브 테일러Dave Taylor 그림, DC코믹스DC Comics,
2012, 188×285mm, 112쪽, 양장

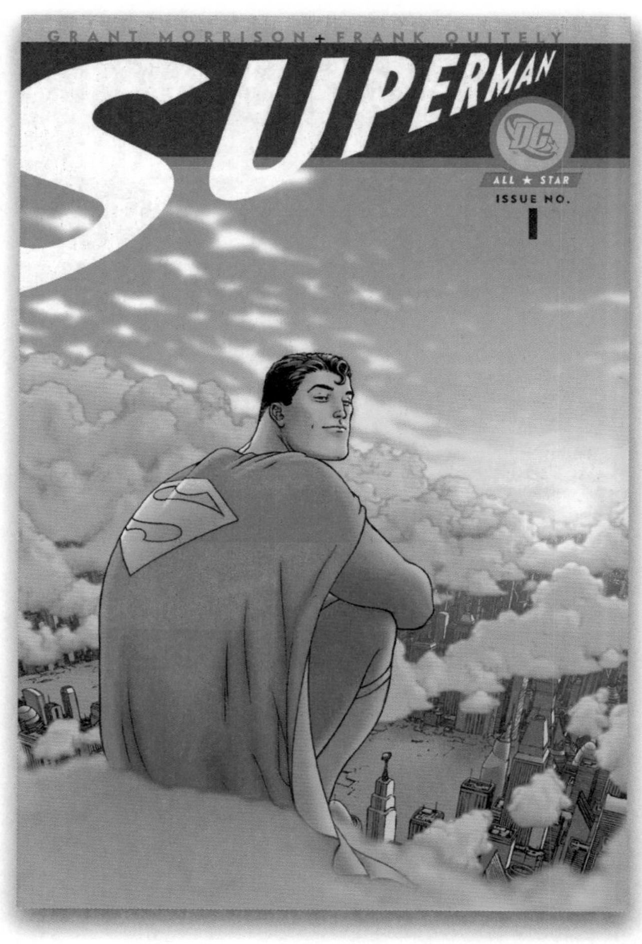

『올 스타 슈퍼맨All Star Superman』
그랜트 모리슨Grant Morrison, 프랭크 콰이틀리Frank Quitely 지음,
DC코믹스, 2007, 175×267mm, 160쪽, 양장

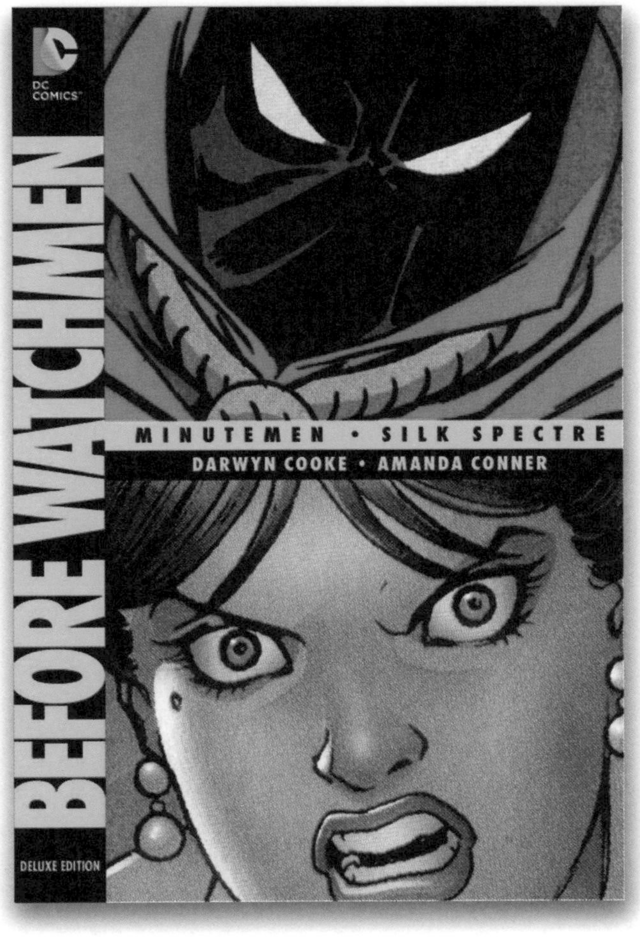

『워치맨 이전: 긴급 소집병/실크 유령Before Watchmen: Minutemen/Silk Spectre』
다윈 쿡Darwyn Cooke 지음, 어맨더 코너Amanda Conner 사진,
DC코믹스, 2014, 167×256mm, 288쪽, 무선

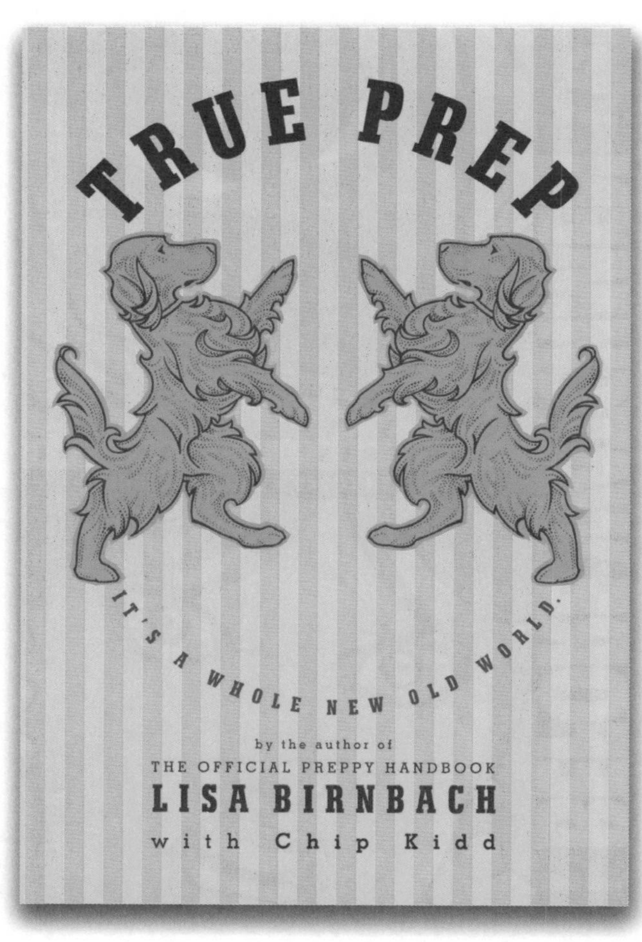

『진정한 프레피True Prep』
리사 번바크Lisa Birnbach, 칩 키드 지음, 앨프러드 A. 크노프,
2010, 139×210mm, 256쪽, 양장

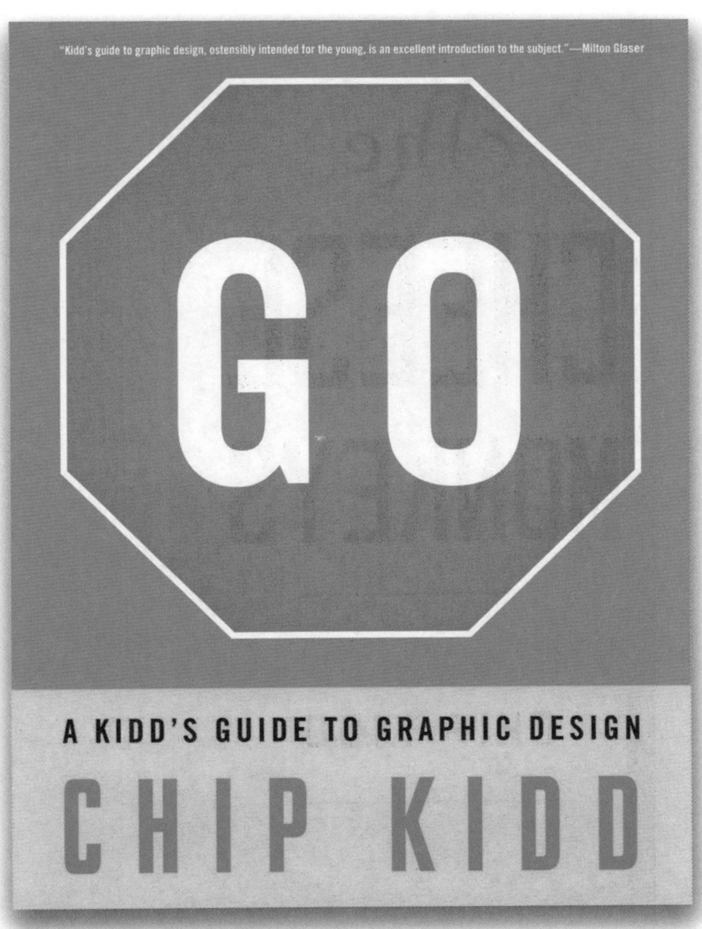

『고: 칩 키드 그래픽 디자인 가이드GO: A Kidd's Guide to Graphic Design』
칩 키드 지음, 워크맨Workman, 2014, 216×279mm, 160쪽, 양장

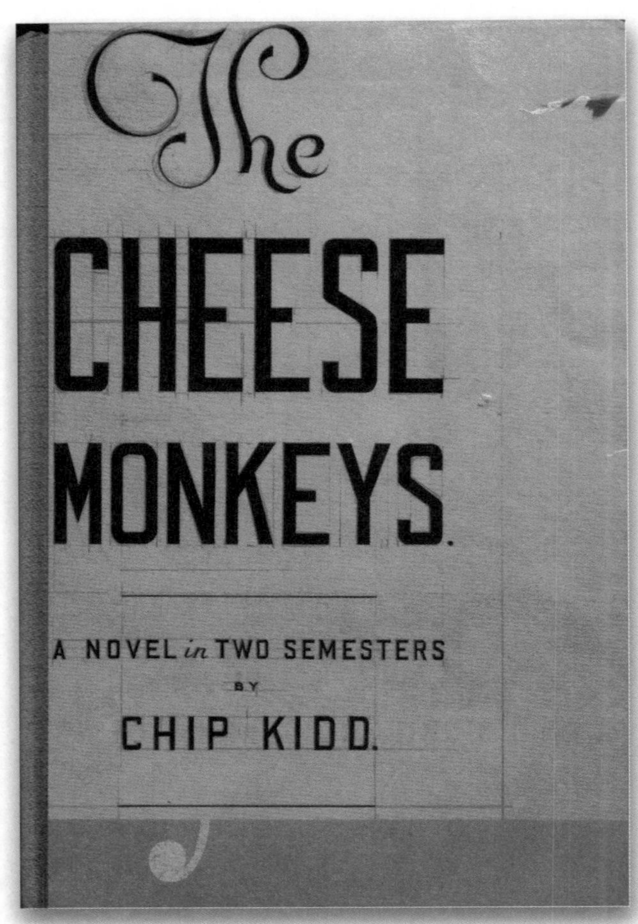

『치즈 원숭이Cheese Monkeys』
칩 키드 지음, 스크리브너Scribner, 2001,
137×200mm, 288쪽, 양장

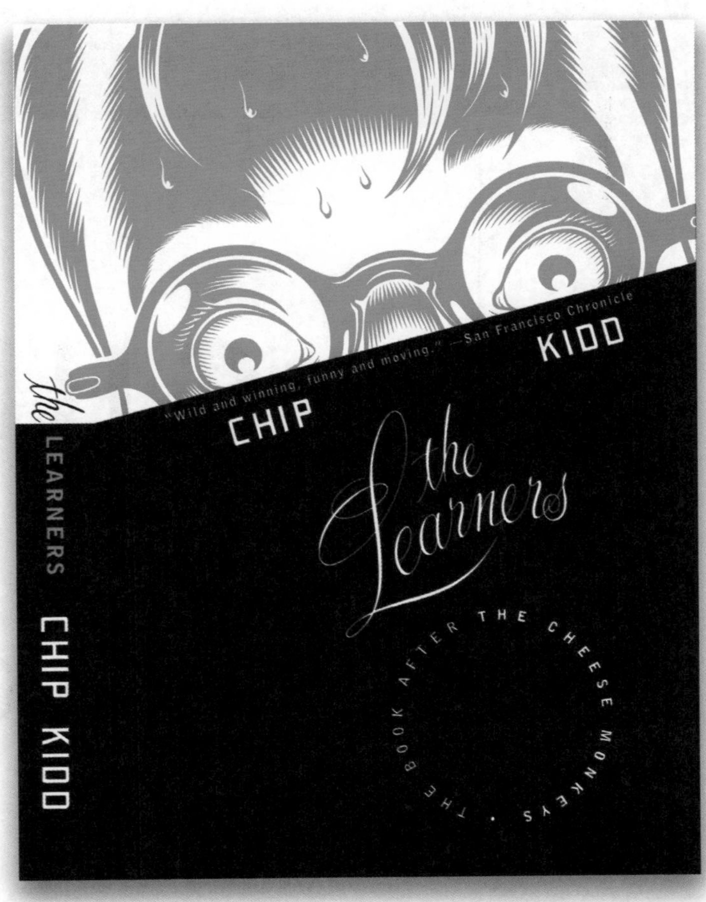

『학습자들The Learners』
칩 키드 지음, 스크리브너, 2008,
140×198mm, 258쪽, 양장

 → 114, 116

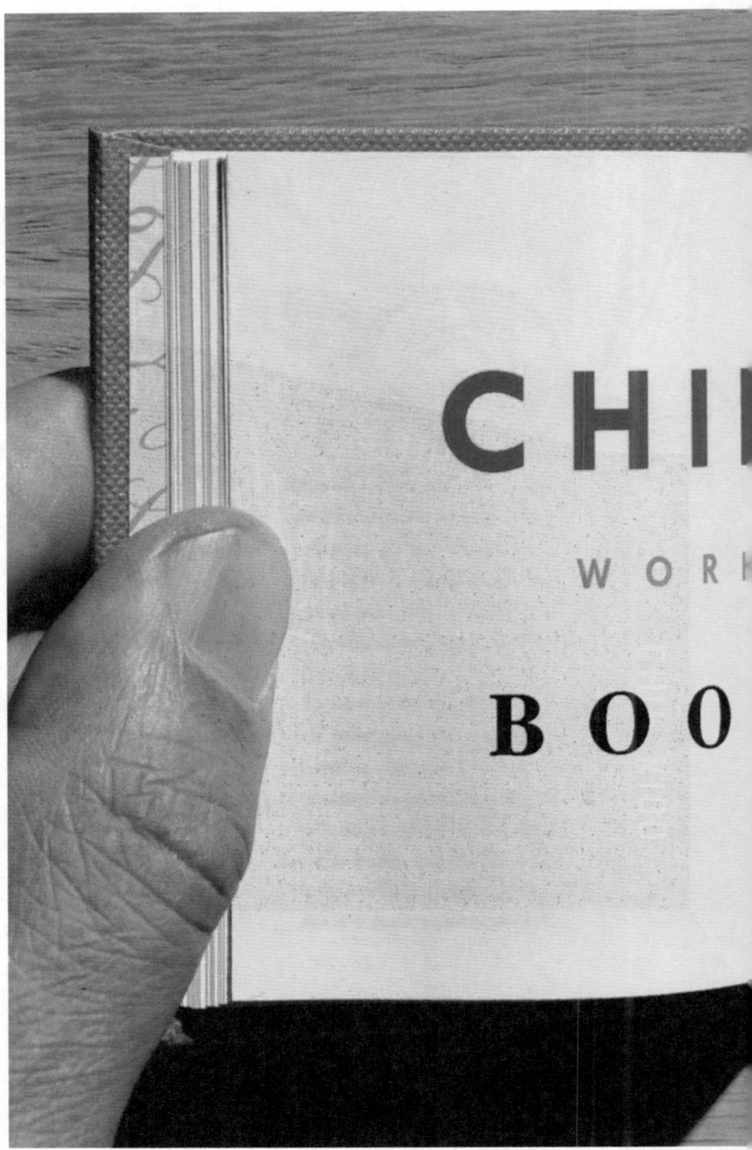

『칩 키드: 제1권, 1986-2006년의 작업들 Chip Kidd: Book One, Work 1986-2006』 칩 키드 지음,

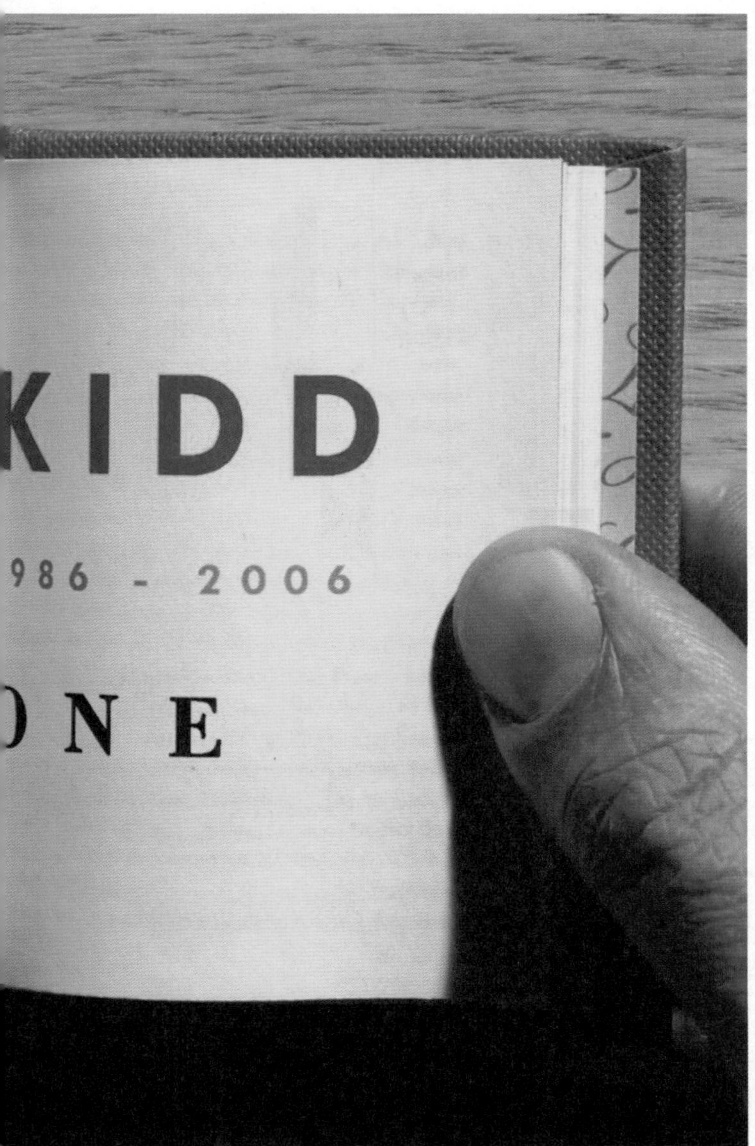

리졸리인터내셔널퍼블리케이션스Rizzoli International Publications, 2006, 228×304mm, 400쪽, 양장

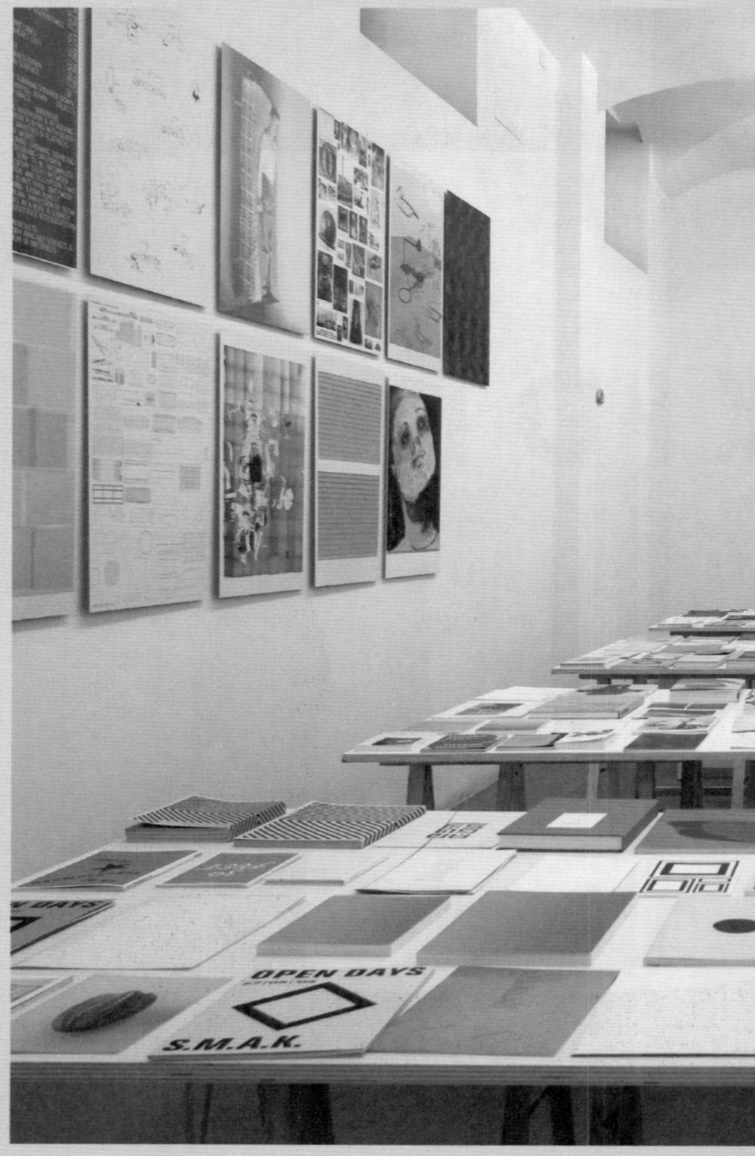
OPEN DAYS
S.M.A.K.

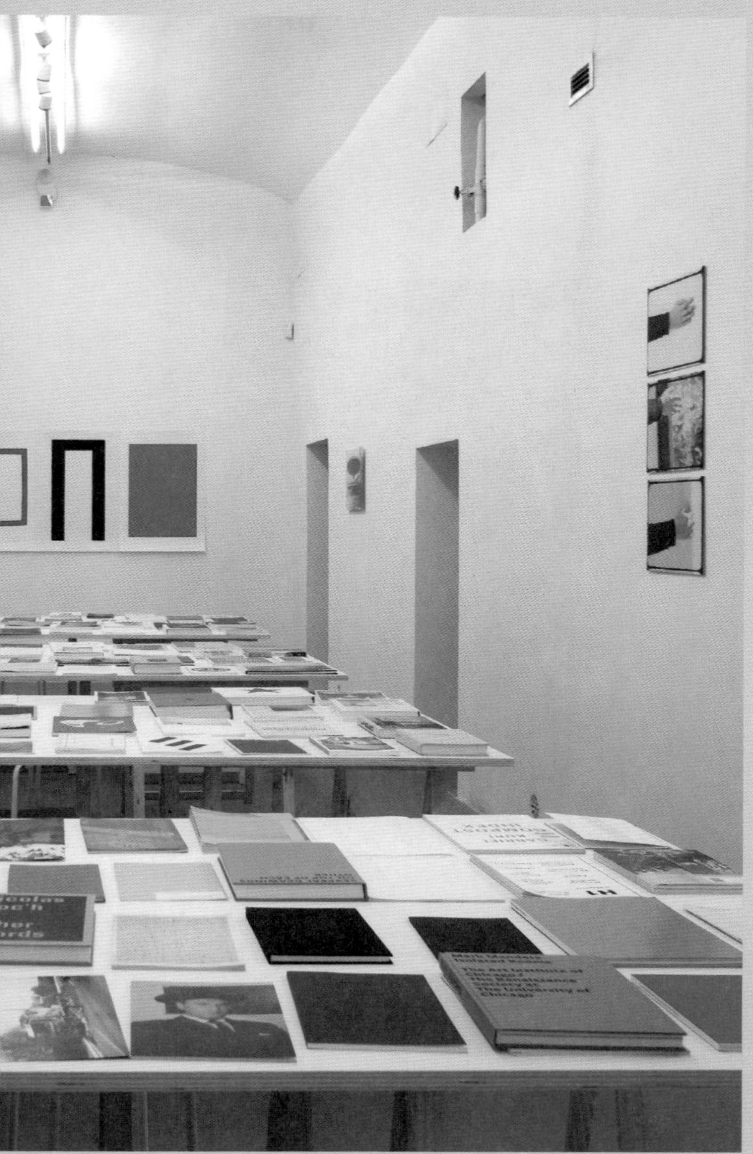

Rome, 2014 © Roger Willems

『로마 폰다지오네 줄리아니에서의 로마퍼블리케이션스
Roma Publications at Fondazione Giuliani, Rome』
로허르 빌렘스Roger Willems 기획·편집·디자인, 로마퍼블리케이션스Roma Publications, 2015, 155×215mm, 136쪽, 콜드글루 사철 스위스 제본에 소프트커버

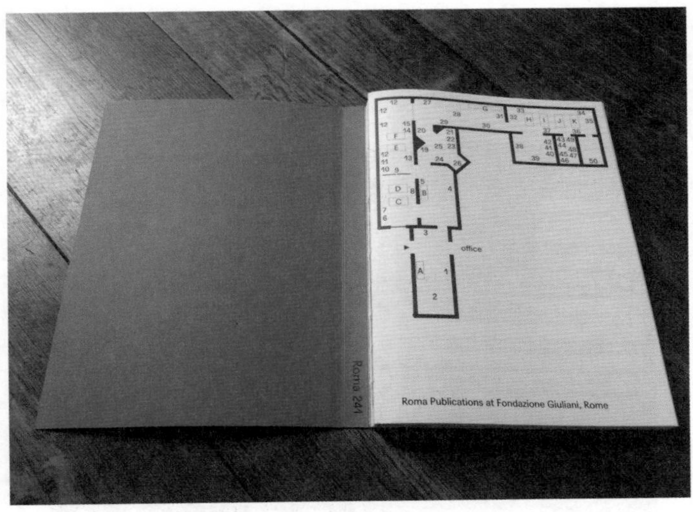
Roma 241
office
Roma Publications at Fondazione Giuliani, Rome

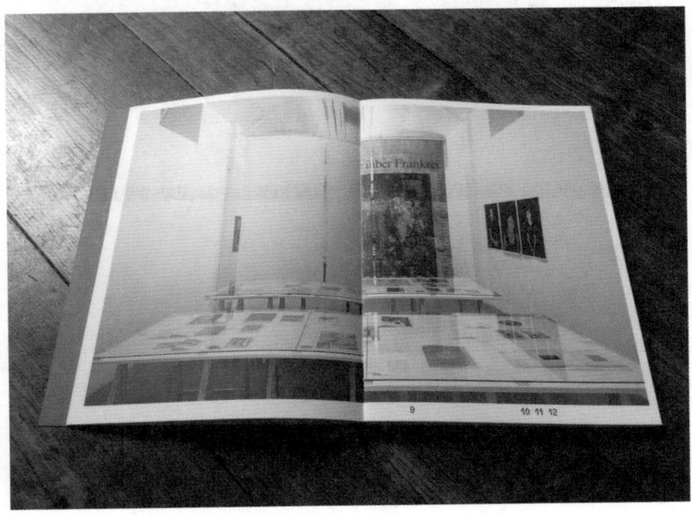
9
10 11 12

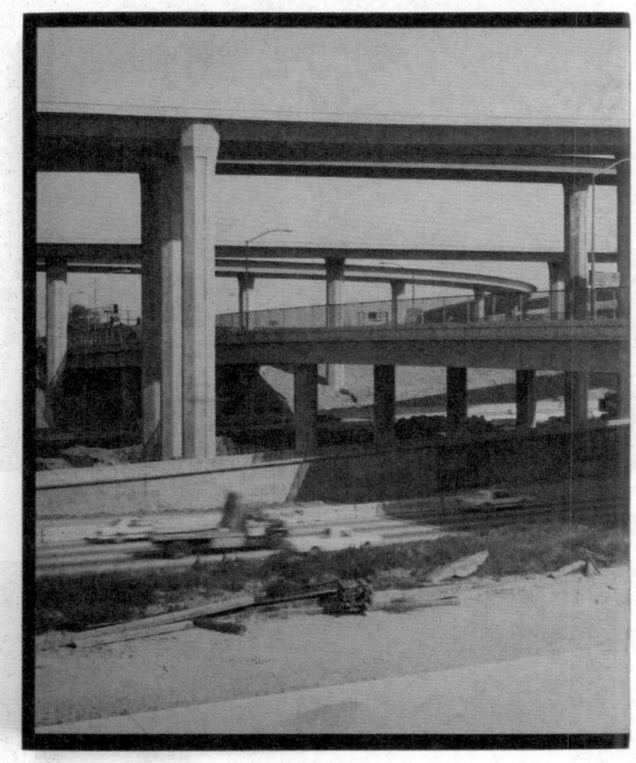

「임페리얼 코트 1993-2015Imperial Courts 1993-2015」
다나 릭센베르그Dana Lixenberg 지음, 로마퍼블리케이션스,
2015, 240×310mm, 296쪽, 오타제본 사철

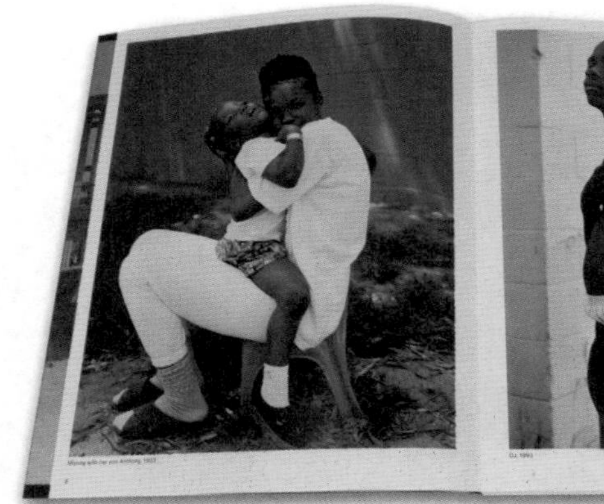

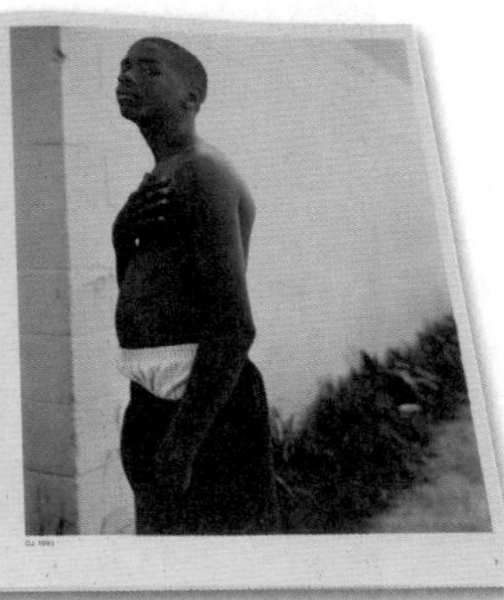

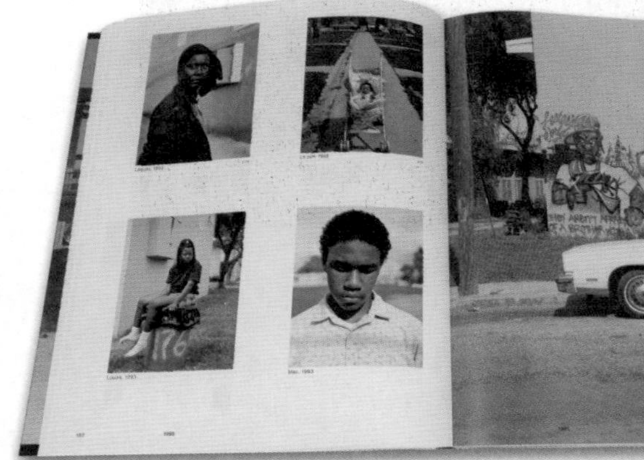

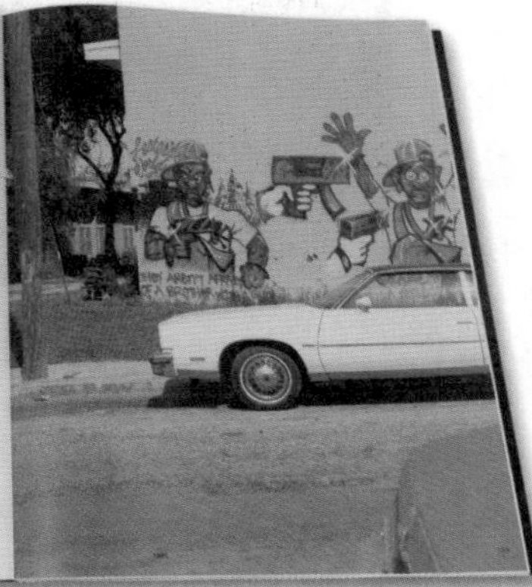

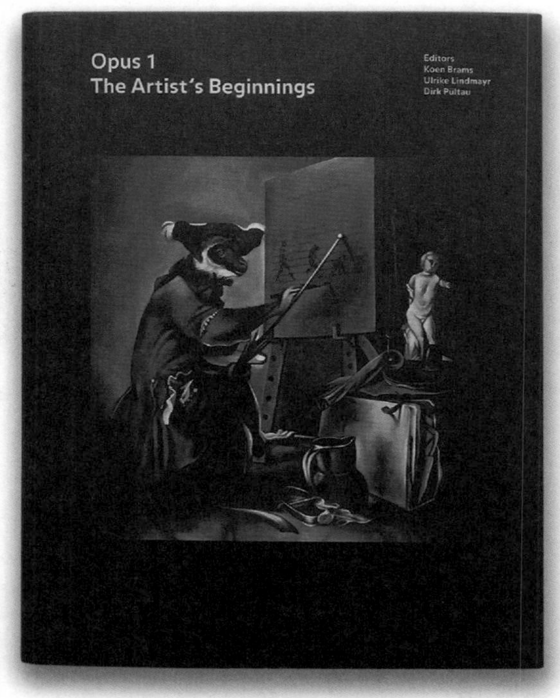

『오푸스 1, 예술가의 시작Opus 1. The Artist's Beginnings』
쿤 브람스Koen Brams, 울리케 린드마이르Ulrike Lindmayr, 디크 퓔타우Dik Pültau 편집,
로마퍼블리케이션스, 2015, 200×250mm, 208쪽, 핫멜트 무선에 종이합판과 종이 덧싸개

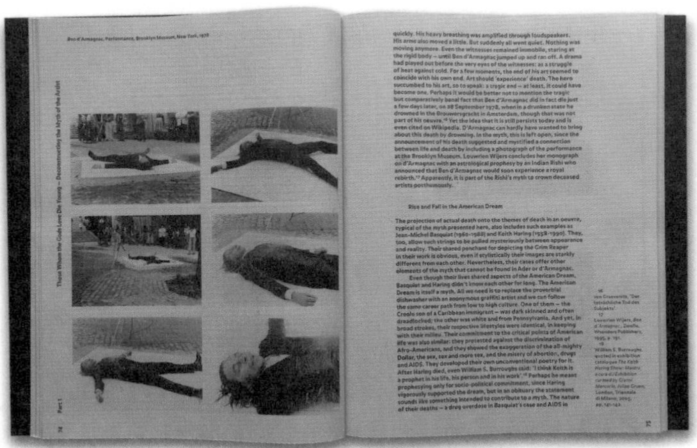

Ben d'Armagnac, Performance, Brooklyn Museum, New York, 1978

These Whom the Gods Love Die Young – Deconstructing the Myth of the Artist

quickly. His heavy breathing was amplified through loudspeakers. His arms also moved a little. But suddenly all went quiet. Nothing was moving anymore. Even the witnesses remained immobile, staring at the rigid body – until Ben d'Armagnac jumped up and ran off. A drama had played out before the very eyes of the witnesses: as a struggle of heat against cold. For a few moments, the end of his art seemed to coincide with his own end. Art should 'experience' death. The hero succumbed to his art, so to speak: a tragic end – at least, it could have become one. Perhaps it would be better not to mention the tragic but comparatively banal fact that Ben d'Armagnac did in fact die just a few days later, on 28 September 1978, when in a drunken state he drowned in the Brouwersgracht in Amsterdam, though that was not part of his oeuvre.[16] Yet the idea that it is still persists today and is even cited on Wikipedia. D'Armagnac can hardly have wanted to bring about this death by drowning. In the myth, this is left open, since the announcement of his death suggested and mystified a connection between life and death by including a photograph of the performance at the Brooklyn Museum. Louwrien Wijers concludes her monograph on d'Armagnac with an astrological prophesy by an Indian Rishi who announced that Ben d'Armagnac would soon experience a royal rebirth.[17] Apparently, it is part of the Rishi's myth to crown deceased artists posthumously.

Rise and Fall in the American Dream

The projection of actual death onto the themes of death in an oeuvre, typical of the myth presented here, also includes such examples as Jean-Michel Basquiat (1960–1988) and Keith Haring (1958–1990). They, too, allow such strings to be pulled mysteriously between appearance and reality. Their shared penchant for depicting the Grim Reaper in their work is obvious, even if stylistically their images are starkly different from each other. Nevertheless, their cases offer other elements of the myth that cannot be found in Ader or d'Armagnac.

Even though their lives shared aspects of the American Dream, Basquiat and Haring didn't know each other for long. The American Dream is itself a myth. All we need is to replace the proverbial dishwasher with an anonymous graffiti artist and we can follow the same career path from low to high culture. One of them – the Creole son of a Caribbean immigrant – was dark skinned and often dreadlocked; the other was white and from Pennsylvania. And yet, in broad strokes, their respective lifestyles were identical, in keeping with their milieu. Their commitment to the critical points of American life was also similar: they protested against the discrimination of Afro-Americans, and they showed the exaggeration of the all-mighty Dollar, the sex, sex and more sex, and the misery of abortion, drugs and AIDS. They developed their own unconventional poetry for it. After Haring died, even William S. Burroughs said: 'I think Keith is a prophet in his life, his person and in his work'.[18] Perhaps he meant prophesying only for socio-political commitment, since Haring vigorously supported the dream, but in an obituary the statement sounds like something intended to contribute to a myth. The nature of their deaths – a drug overdose in Basquiat's case and AIDS in

16 von Graevenitz, 'Der tatsächliche Tod des Subjekts'.

17 Louwrien Wijers, *Ben d'Armagnac*, Zwolle, Waanders Publishers, 1995, p. 191.

18 William S. Burroughs, quoted in exhibition catalogue *The Keith Haring Show: Mostra a cura di / Exhibition curated by Gianni Mercurio, Julian Gruen*, London, Triennale di Milano, 2005, pp. 141–142.

74 Part 1

75

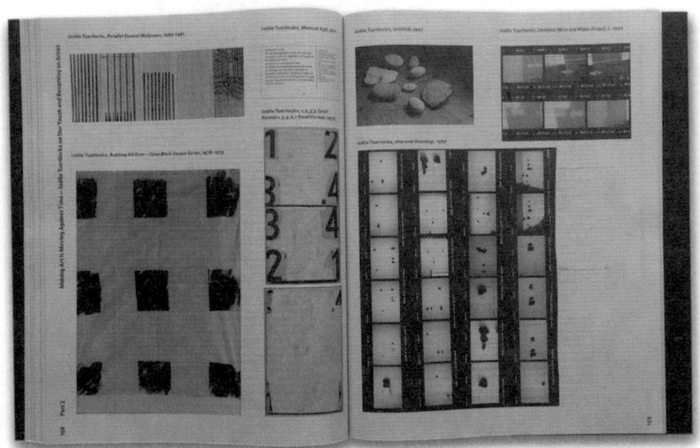

Making Art is Moving Against Time – Joëlle Tuerlinckx on Her Youth and Becoming an Artist

Joëlle Tuerlinckx, *Parallel Easel Wallpaper*, 1980–1981

Joëlle Tuerlinckx, *Rubbing All Over – Open Black Square Series*, 1978–1979

Joëlle Tuerlinckx, *1.2.3.4 Small Format + 3.4.2.1 Small Format*, 1979

Joëlle Tuerlinckx, *Untitled*, 1997

Joëlle Tuerlinckx, charcoal drawings, 1987

158 Part 2

159

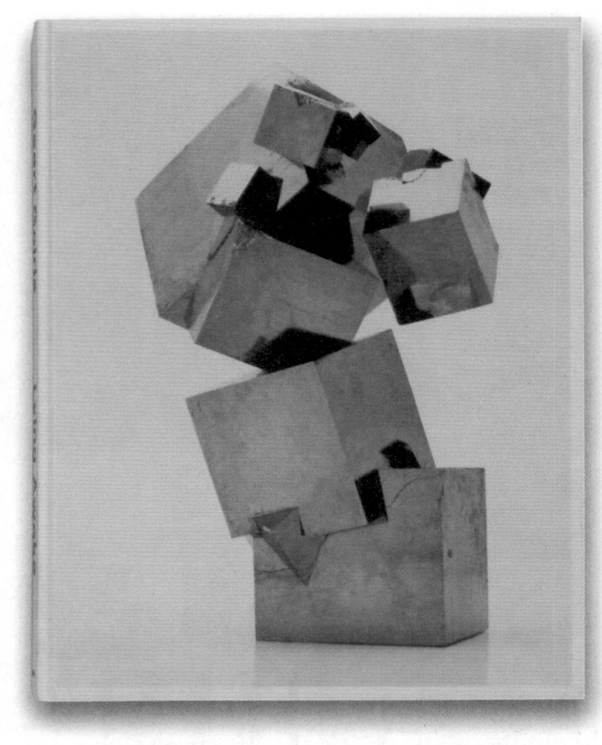

『깨어 있기Lying Awake』
헤이르트 호이리스Geert Goiris 지음, 로마퍼블리케이션스,
2013, 230×310mm, 170쪽+삽지, 핫멜트 양장

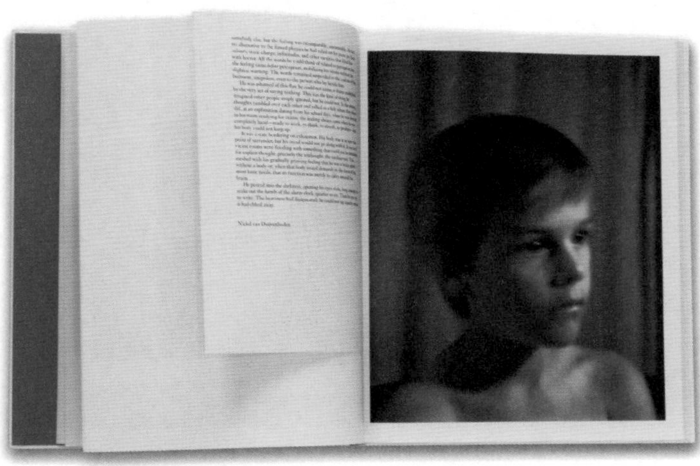

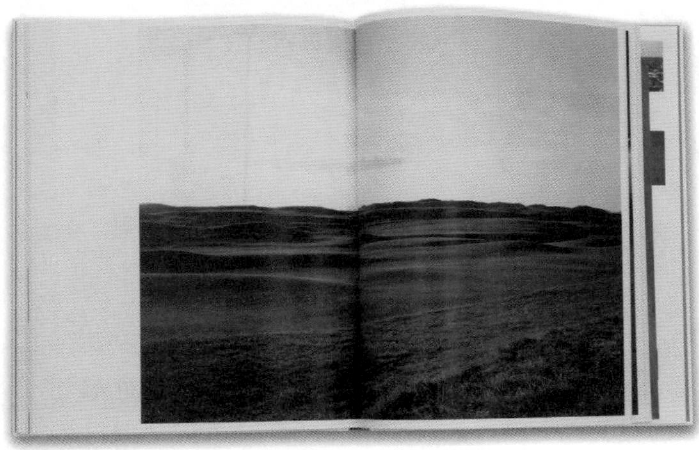

 → 133, 138

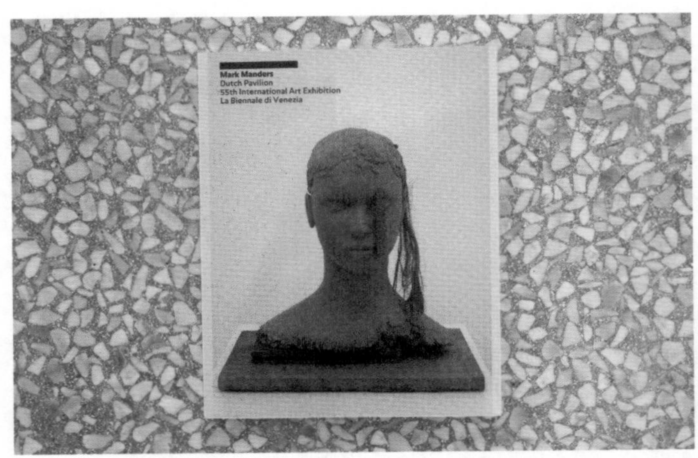

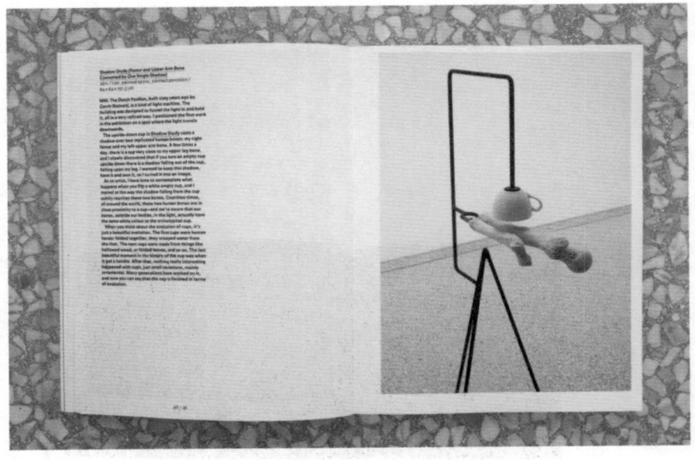

『단절된 문장의 방Room with Broken Sentence』
마르크 만더르스Mark Manders 지음, 로마퍼블리케이션스,
2013, 210×270mm, 176쪽, 콜드글루 사철에 비닐 덧싸개

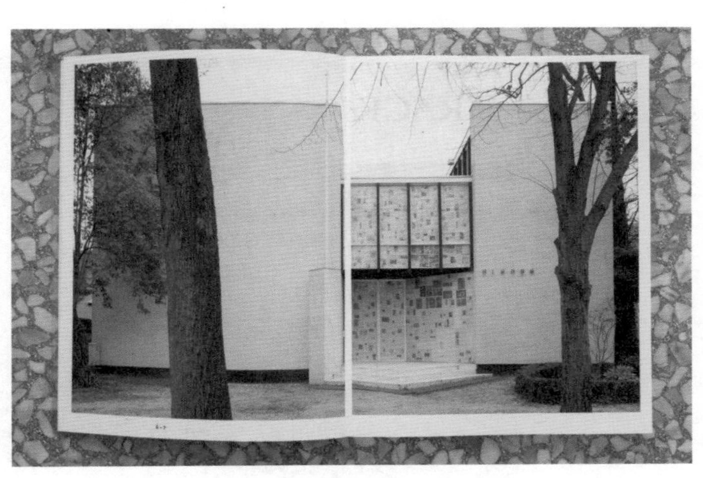

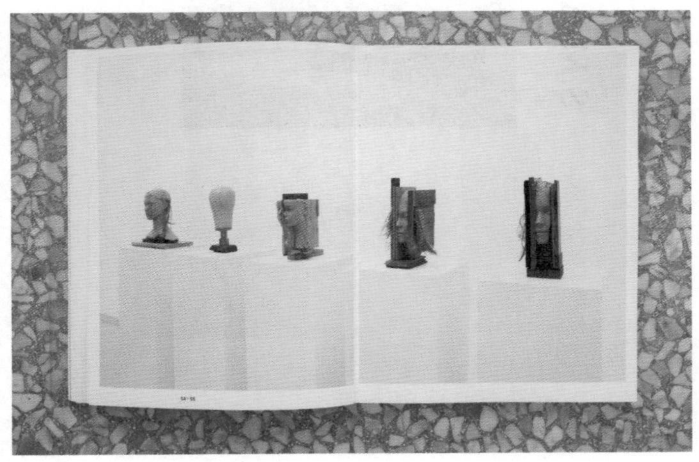

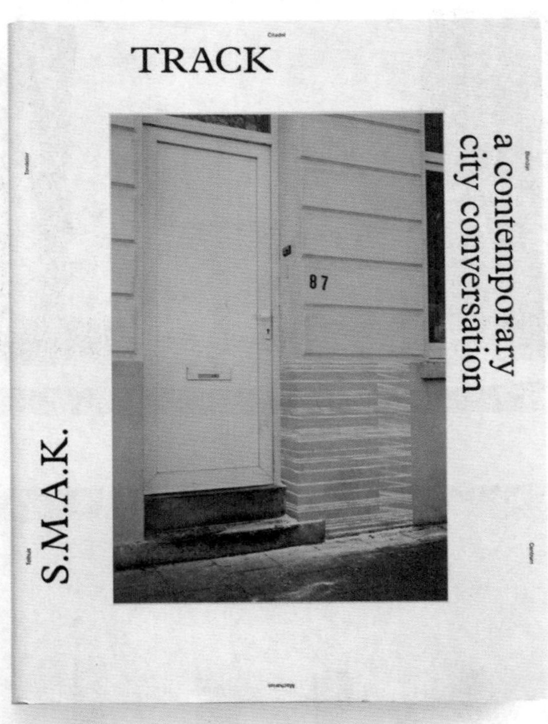

『트랙: 동시대 도시 대화Track: A Contemporary City Conversation』
여러 예술가Various Artists 지음, 로마퍼블리케이션스, 2012,
200×270mm, 376쪽, 핫멜트 사철에 덧싸개

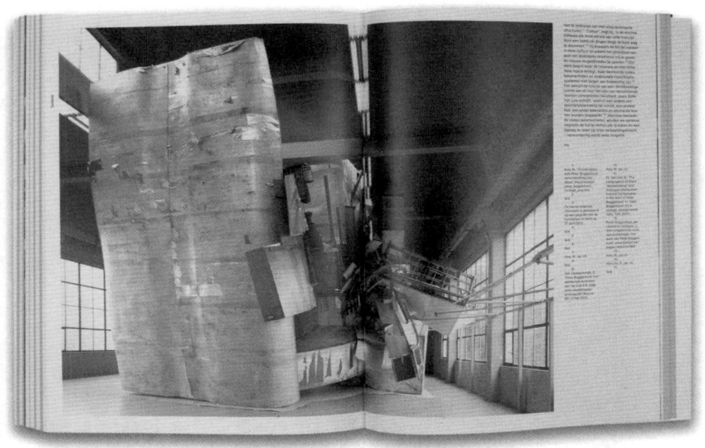

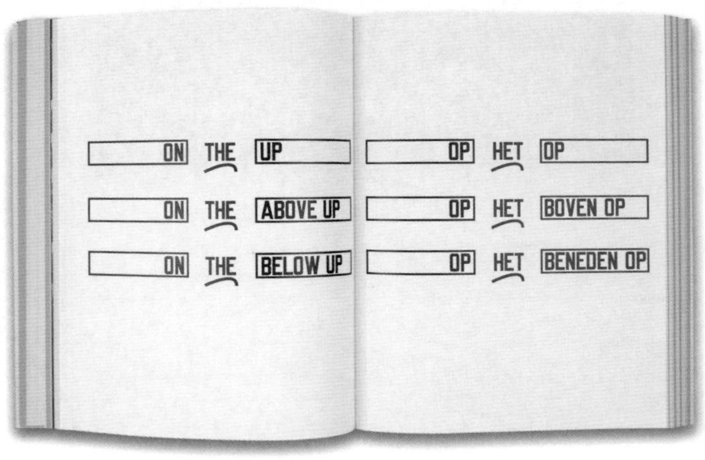
ON THE UP
OP HET OP
ON THE ABOVE UP
OP HET BOVEN OP
ON THE BELOW UP
OP HET BENEDEN OP

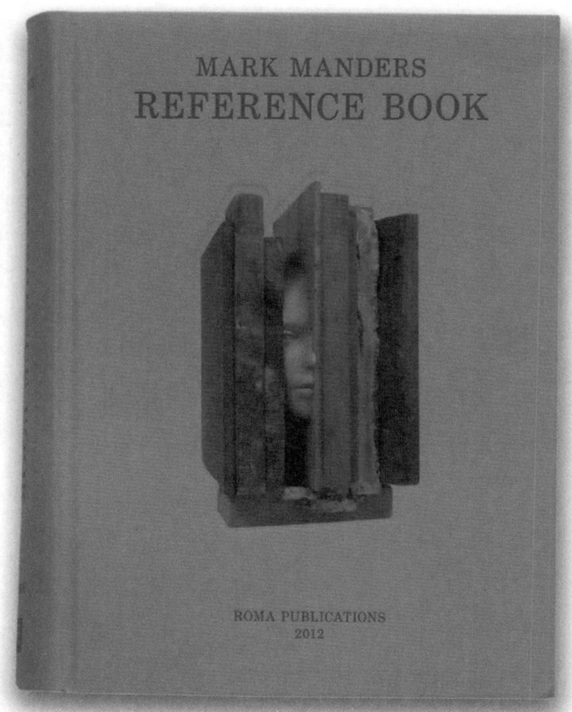

『레퍼런스 북Reference Book』
마르크 만더르스 지음, 로마퍼블리케이션스, 2012,
170×240mm, 536쪽, 핫멜트 사철에 리넨 하드커버

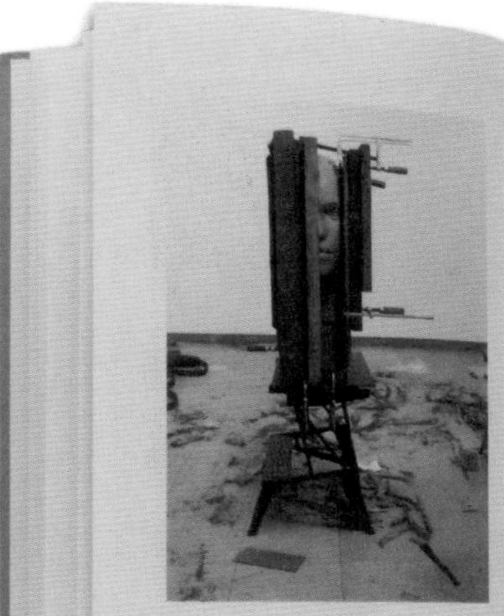

STAGED DISSOCIATION
A CONVERSATION WITH MARK MANDERS

By Nickel van Duijvenboden

After my second visit to Mark Manders' studio I drew a floor plan of the building. I couldn't puzzle it out. I kept overlooking spaces that I either had to insert at the edge or fit into an existing room. The former factory building is large enough to sublease to twenty artists. It would not be far-fetched to say that it comprises several brain ventricles that produce synchronous ideas.

'I always work on several pieces simultaneously,' says Manders as he reveals the next room. 'Usually about twenty-five.' For most artists it would be an impossible situation. They would drown. Manders seems to be immune to that fear. He strolls around like a night watchman in a public building, looking at his unfinished works as if they have been left behind by somebody else. 'All told, I must walk a couple of miles each day. I hardly ever sit down. I'm restless. I keep seeing new things that need doing. But I am in no hurry. I'm under no pressure whatsoever in my studio. I can spare twenty years for a work.'

Twenty years is no arbitrary figure. According to Mark Manders everything he makes was conceived in the late 1980s and early 1990s. His oeuvre is based on a few flashes of insight. The elaboration of the images that then entered his mind is still in progress, 'like a super-slow-motion explosion'. In 1986, at the age of eighteen, he resolved to destine all his works for a 'self-portrait as a building': a fictional space that grows and shrinks organically, a closed system like the human body. Inevitably, this raises the question as to whether the factory in which we are now wandering around could be that building. Reading my thoughts, he murmurs: 'The *Self-Portrait as a Building* is, of course, much larger.' There is something strangely reassuring in those words.

An area in the large hall is separated out with makeshift plastic that flutters almost noiselessly in the wind. In the middle stands a slender tripod holding a small porcelain cup and a human bone. The work emanates austere functionalism. Everything is made by hand, no detail is superfluous. The metal is bent in such a way that the two white objects are suspended elegantly above each other, inescapably. 'This is called *Shadow Study*. At a certain point I noticed that if you turn a cup upside down, a shadow falls out. When I use a cup it is always in the vicinity of my thigh. This led me to think that if I removed my trousers and my skin, my thigh bone would be precisely the same color as the cup—the ideal color on which the shadow could fall. It's entirely logical, it just needed to be made visual. It's a dialogue with Plato.'

In Mark Manders' phrasing, all things sound entirely self-evident, as if you were about to arrive at the same deduction yourself. And yet you sense that the logic is alien. His way of speaking, tentatively and compellingly at the same time, endows him with something enigmatic, notwithstanding the first impression

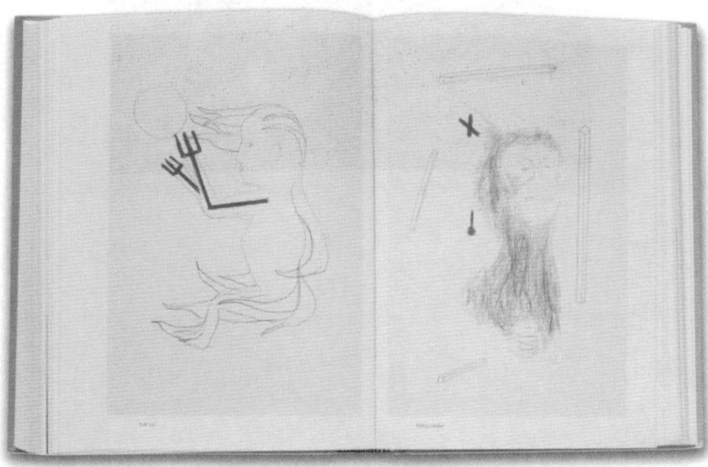

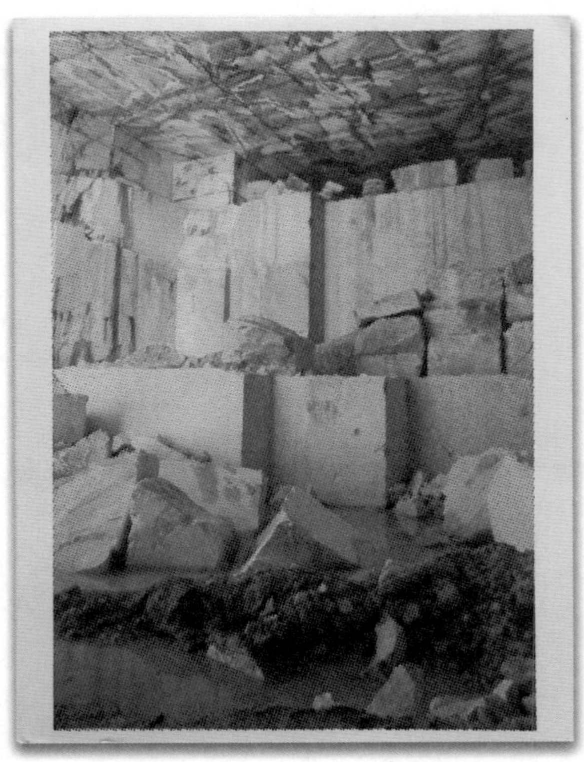

『카라라Carrara』
아글라이아 콘라드Aglaia Konrad 지음, 로마퍼블리케이션스,
2011, 220×290mm, 136쪽, 핫멜트 사철에 마닐라 표지

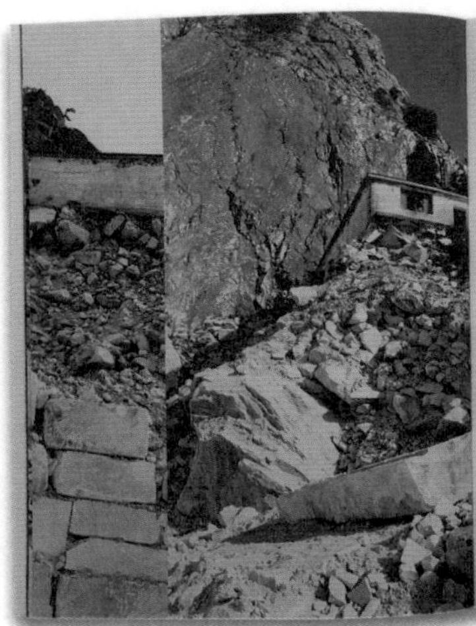

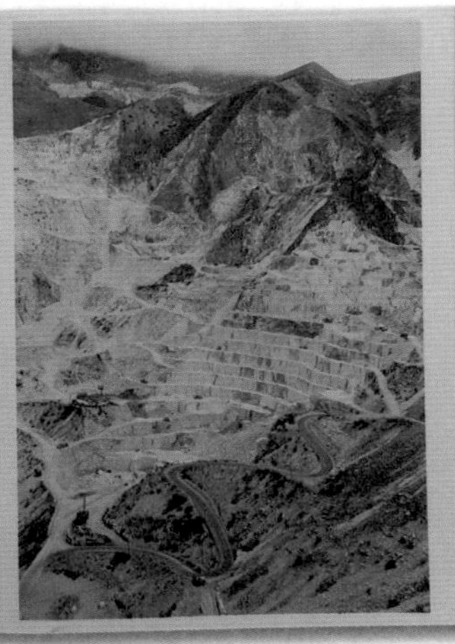

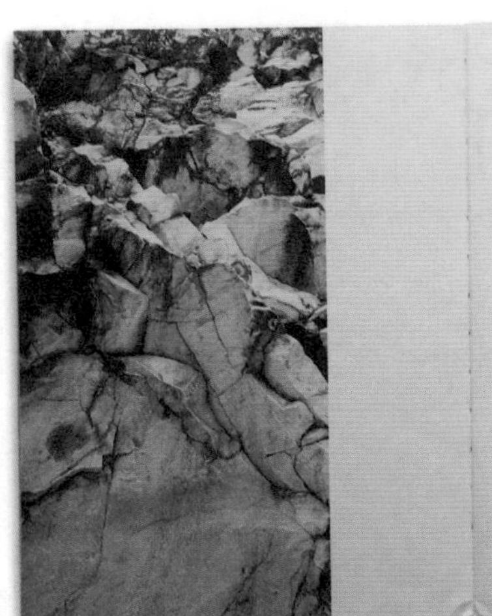
THINK SPACE REMOVAL /
INFORMED DUST /
LANDSCAPE

 → 133, 138

『재발매Reissue』
마르크 나흐트잠Marc Nagtzaam 지음, 로마퍼블리케이션스,
2011, 235×320mm, 128쪽, 사철 오타제본에 플라스틱 덧싸개

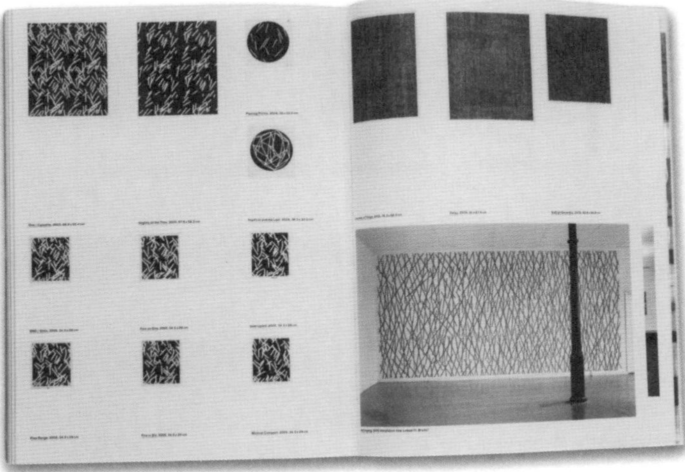

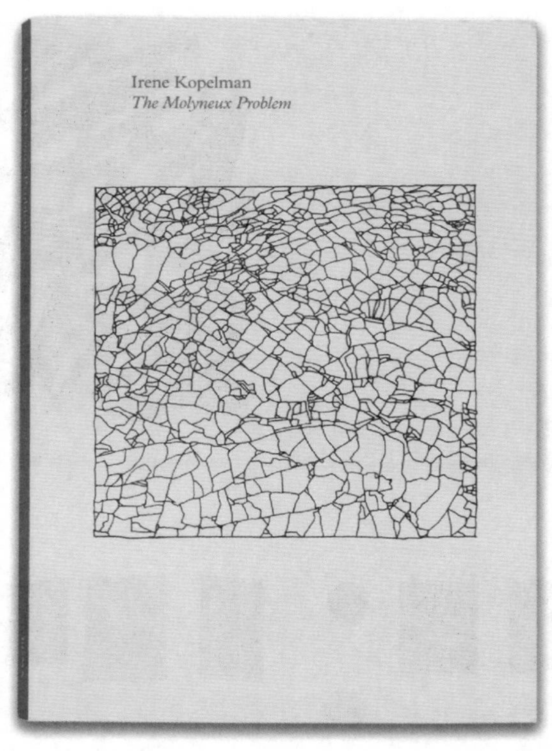

『몰리뉴 문제The Molyneux Problem』
이레네 코펠만Irene Kopelman 지음, 로마퍼블리케이션스, 2011,
165×235mm, 144쪽, 콜드글루 사철

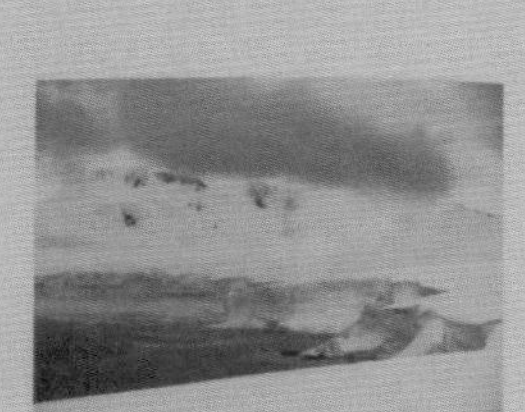

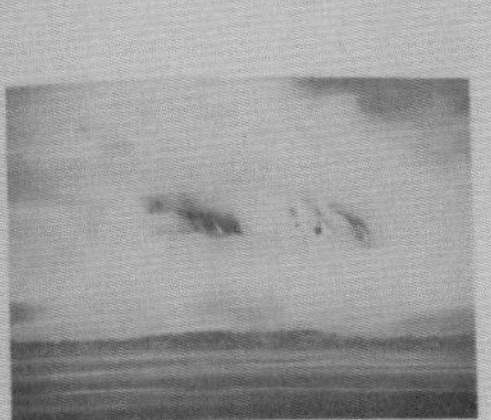

2. LÉVY'S FLIGHT

place, a white cube without any windows. A studio. A studio separate from my house, which rendered art-making work, as in having a job: being in a studio is work. The place where I made art was no longer situated in the backyard of my house, as it had been in Córdoba, and instead of taking a break by watering the plants in the garden I took a break by looking at a white wall. In that environment, I began to reconsider my notion of landscape. Had my work been about landscape? What else could it turn into, if the landscape I was so accustomed to, and which had always inspired me—which I had contemplated and drawn—was no longer there? Should I build a landscape?

My time at the Rijksakademie initiated a whole new process.[1] My work would no longer be about the specific landscape in Córdoba, but about something else that had to do with landscape in general—as a subject matter. Thinking about the Perito Moreno, I knew my interest in landscape was to be found in its textures, its endless variations, forms and patterns. In my studio at the Rijksakademie, and for lack of a physical landscape (other than the Dutch flat polder), I carried out a series of rather autistic experiments, in an attempt to find new systems and subjects, away from the physical landscape. I hammered thin nails into the wall, creating weird optical effects; I created spaces with almost invisible white threads traversing the studio; I put powder in a corner of the studio and produced random patterns with a spinning top, and so on. The most extreme and obsessive of these actions consisted of the creation of a collection of ceramic balls, measuring between 3mm and 10mm, and fabricated in my first three months at the Rijksakademie. I was thinking about how to materialize—and whether it would be possible to materialize—the passage of time. I still have a plastic container filled with these 'oddballs', accompanied by a note from the head of the ceramic workshop at the Rijksakademie, which reads 'balls of the Argentinean girl'.

34

2. LÉVY'S FLIGHT

I kept the note, with the collection, as a memento of that time of utmost confusion, when I was unable to rationalize the tiniest bit of what I was doing.

In a way, it marked the beginning of a new trajectory, the fundamental question of which keeps occupying my work and thinking: What is the impact of the passage of time: on work-related processes, and on the proximity of the maker to the work? From the moment I began to work as an artist, people have reminded me about the necessity to have distance to a work. Is this distance really necessary? For whom is it so fundamental? Time is irrevocably passing, and to me, the simple but important question is: How do I spend it? I focus on one thing or the other and, if lucky, I'll be able to focus on a couple of things at the same time. Where am I going to concentrate my time and energy? The answer is that I decide to concentrate on the process of making itself, and on my reflections throughout this process—in the learning curve that, if everything falls into place, can be traced by the outcome of the work, in its manifestation as an art piece.

Since 2002, I have been negotiating and renegotiating different ways of working without access to the physical source of a natural landscape. After some years, I began to wonder what it would be like to encounter and experience landscape again, after having been detached from it for so long. I thought, during all those years, that my work had shifted focus: I referred to studio walls, stones and pebbles, to stains on the floor, collections of natural science, images and plates in antique books, and so on—but these were definitely permutations of a subject that, in the end, I was longing to be closer to. I began nurturing the idea to do 'field work' again, a desire that was strengthened by the collection of images I had amassed over the years, and organized in files and folders on my computer. An archive of everything that Holland lacked, it contained images of scientific illustrations, contemporary images of landscape fetched from Google, clippings from nature magazines, and so on—anything that could give me the slightest illusion of being in these places, at my drawing table. I had also collected images of volcanic landscapes and lava formations, which included stunning pictures of a volcano on Hawaii; a volcano that, furthermore, is still active and thus keeps altering the landscape of which it is part. In May 2008 I decided to apply for a grant, proposing to go on a field trip to the volcano. The plan started out simple: to travel to Hawaii and to make drawings, collect images, and reconstruct bits and pieces of the landscape, once I would have returned back home.

Once I had been selected for the grant (by the Centro Cultural Montehermoso in Vitoria-Gasteiz, Spain), I had to plan the actual trip. It so happened to be that a friend in Amsterdam, Nina Yuen, grew up on the Hawaiian island I was heading to, and she offered me to stay with her

35

『표면 시리즈Surface Series』
바티아 수터르Batia Suter 지음, 로마퍼블리케이션스,
2011, 230×300mm, 240쪽+레포렐로, 콜드글루 사철

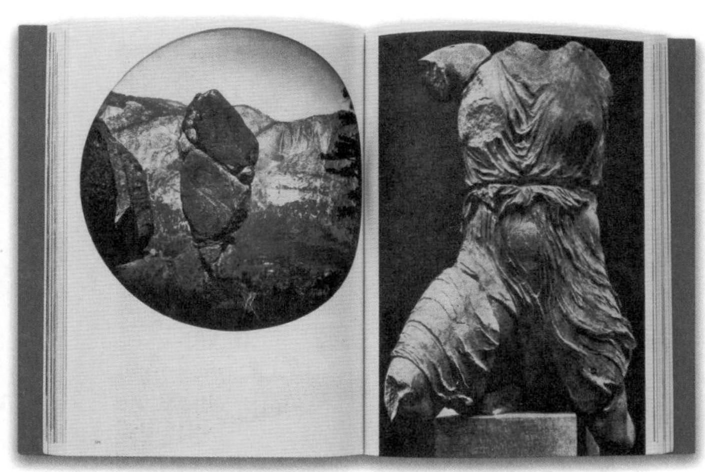

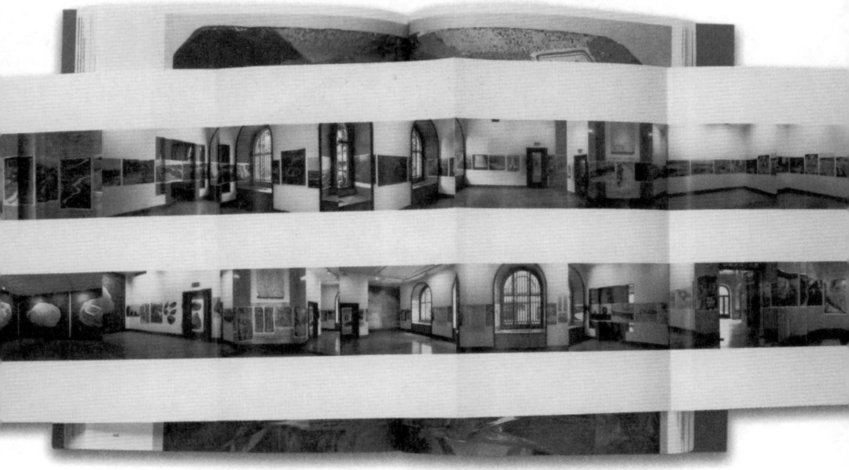

 → 129, 130

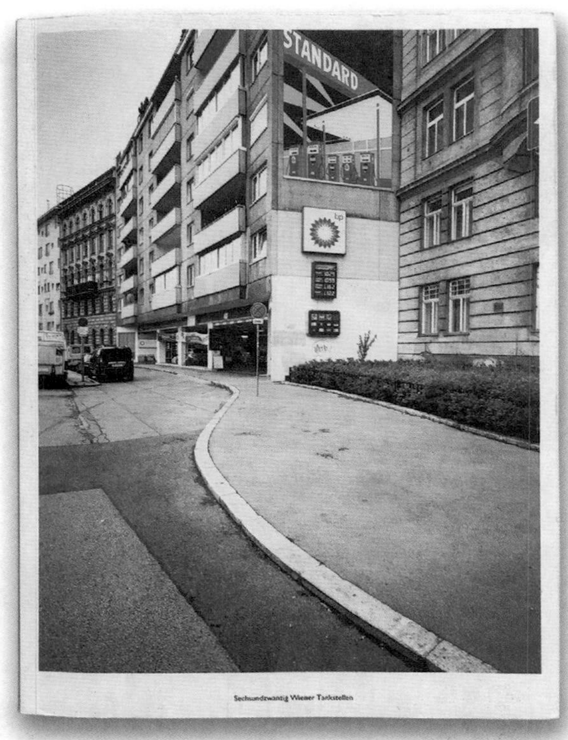

『비엔나 주유소 스물여섯 곳Sechsundzwanzig Wiener Tankstellen』
세바스티안 하켄슈미트Sebastian Hackenschmidt 글, 슈테판 올라Stefan Oláh 사진,
로마퍼블리케이션스, 2010, 170×225mm, 80쪽, 핫멜트 사철에 종이 소프트커버

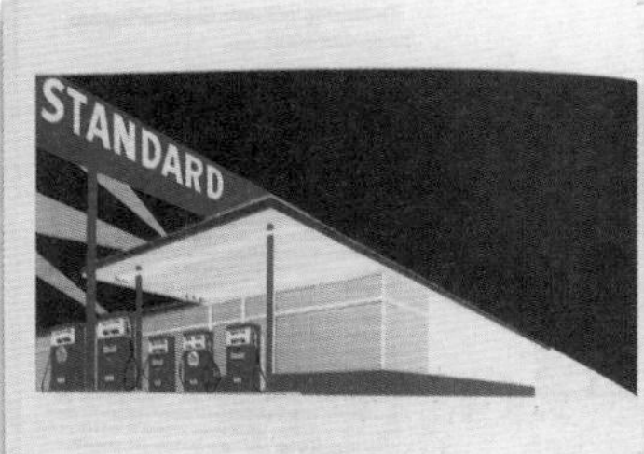

Viennese Gasoline Station Standards

The gasoline station is a place of transit, or—put paradoxically—of temporary standstill. It serves for "tanking up": stocking up on fuel and a brief respite from the strains of driving. Its architecture is characterized by the brevity of visitors' stops: a frequently temporary looking lightweight pavilion architecture in the shadow of advertisements for major oil concerns that are designed to be seen from a distance while moving at speed. Gasoline stations are the marketplaces of a motorized society; the transitions to the mechanic's workshop, drinks store, restaurant or supermarket are frequently flowing ones. The encounters between people at gas stations are appropriately under the sign of market interests. The key trade good is crude oil distilled to produce gasoline: lubricants and fuel for the cogs of Western industrial nations, which have achieved a high degree of mobility. As an oasis in the tide of traffic, the service station publicizes a philosophy of "Drive in! Drive on!"

Today the 1963 painting *Standard Station* by the American artist Ed Ruscha is still valid as the epitome of the gas station: a simple and clean, functional, modern architecture, the most conspicuous elements of which are the gas pumps themselves as well as the word 'Standard' on an oversized billboard. A simple American gas station, then, that at the same time perfectly exemplifies the 'heraldry of seduction,' just as the circle of architects around Robert Venturi observed of the casino complexes in Las Vegas at the end of the 1960s: 'Communication dominates space as an element in the architecture and in the landscape.'[1] As a concrete basis for his prototypical image, Ruscha used a photograph of a gas station in Amarillo (Texas) situated on Route 66, which he had already published in his artist's book *Twentysix Gasoline Stations*. The artist appears to have selected this Texan gas station as his primary image not least because the colossal lettering of 'Standard' could allude beyond the specific trade mark and to a generally valid type of 'architecture of communication.'[2] The Standard gasoline station as standard gas station architecture—or, as formulated by Venturi: 'The big sign and the little building is the rule of Route 66.'[3]

When, as a student, I spent the winter semester of 1995/96 in Vienna I was struck by the gas stations. They appeared strangely anachronistic—as if the competition between the oil companies for their share of the market and drivers' attention had passed the city by and this had stopped the pace of time.

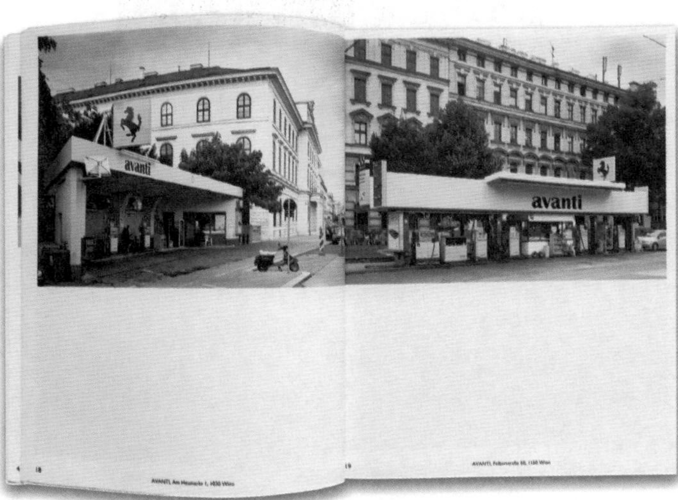

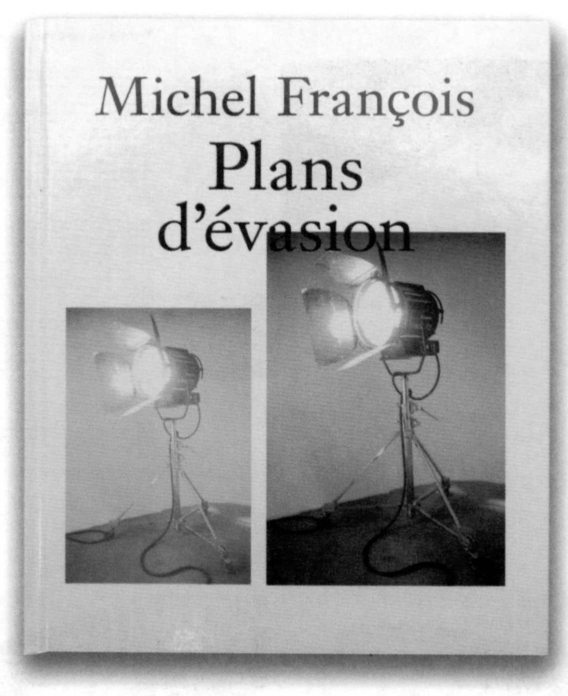

『탈출 계획Plans d'Évasion』
미셸 프랑수아Michel François 지음, 로마퍼블리케이션스,
2010, 210×265mm, 360쪽, 핫멜트 사철에 하드커버

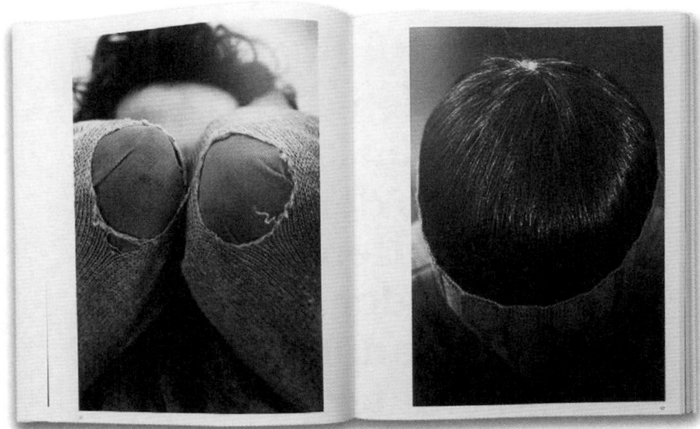

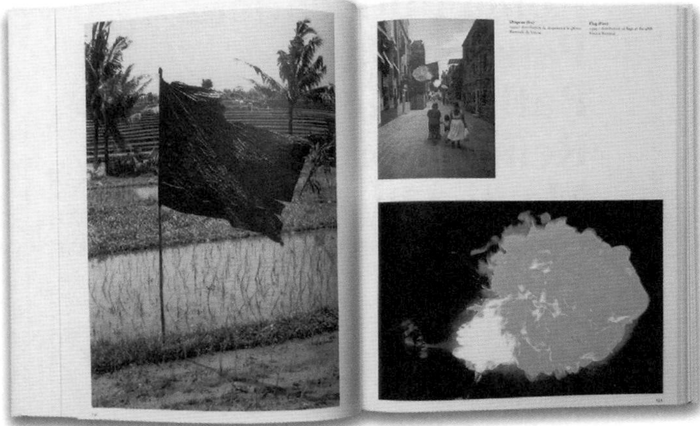

Gwenneth Boelens
Piet Dieleman
gerlach en koop
Sara van der Heide
Martijn Hendriks
Bas van der Hurk
Rob Johannesma
Katja Mater
Marc Nagtzaam
Falke Pisano
Roma Publications
Petra Stavast
Batia Suter
Remco Torenbosch
Martijn in 't Veld

『모더니즘의 가을Autumn of Modernism』
여러 예술가 지음, 로마퍼블리케이션스, 2010,
165x240mm, 112쪽+엽서 두 장, 콜드글루 사철

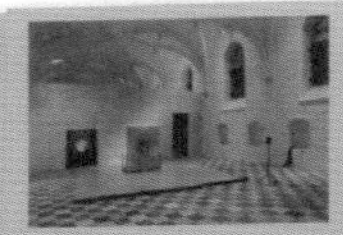

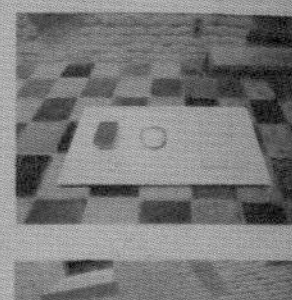

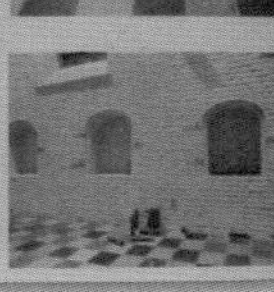

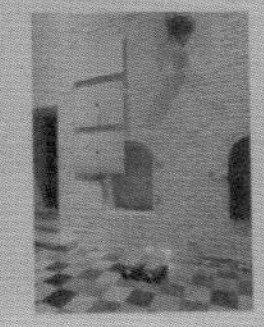

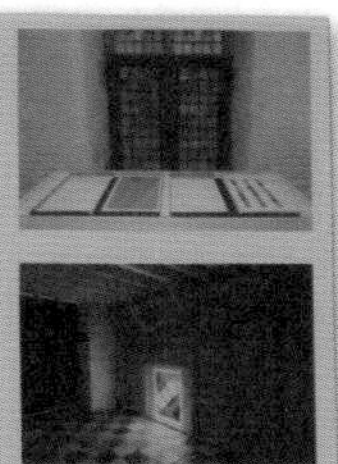

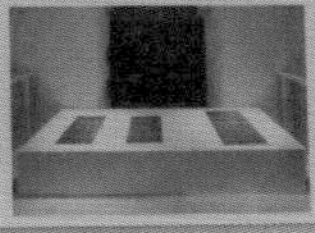

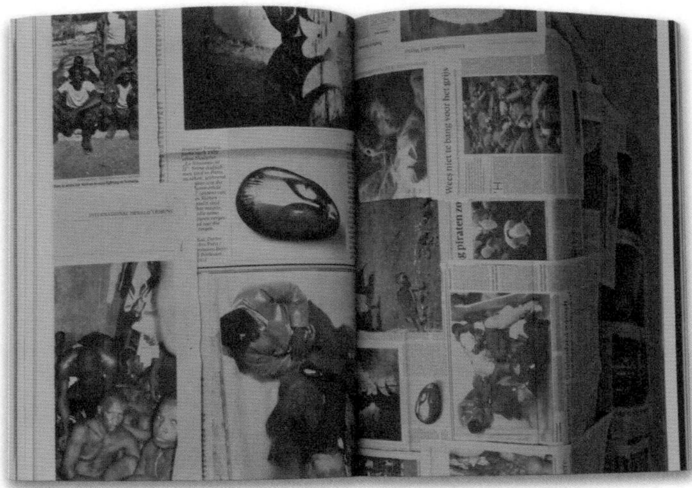

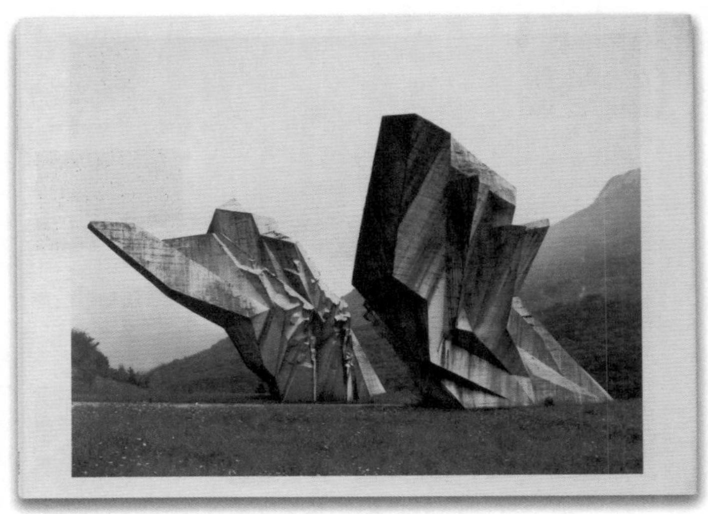

『스포메닉Spomenik』
얀 켐페내르스Jan Kempenaers, 로마퍼블리케이션스, 2010,
335×245mm, 64쪽, 핫멜트 사철에 하드커버와 종이 덧싸개

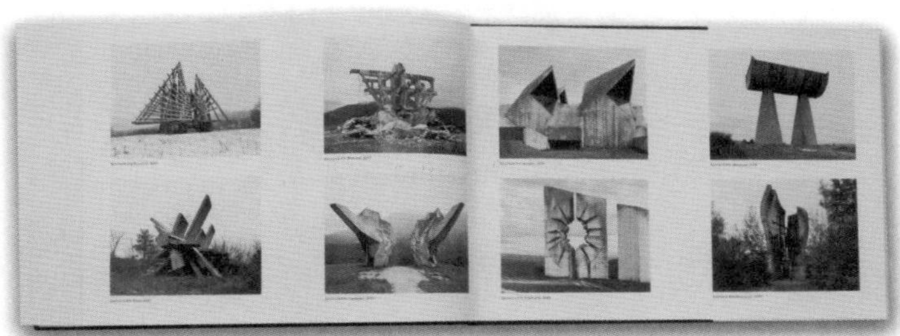

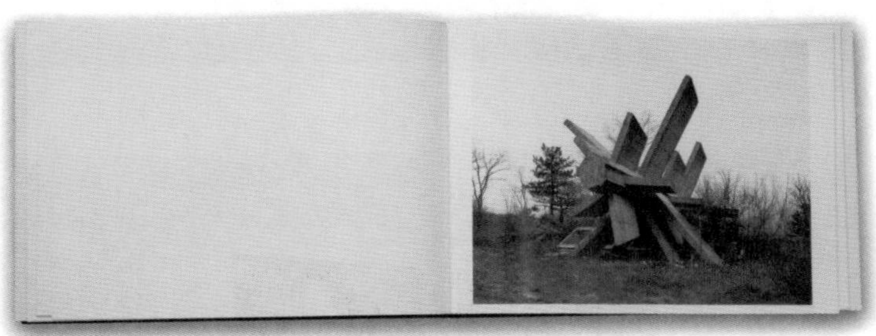

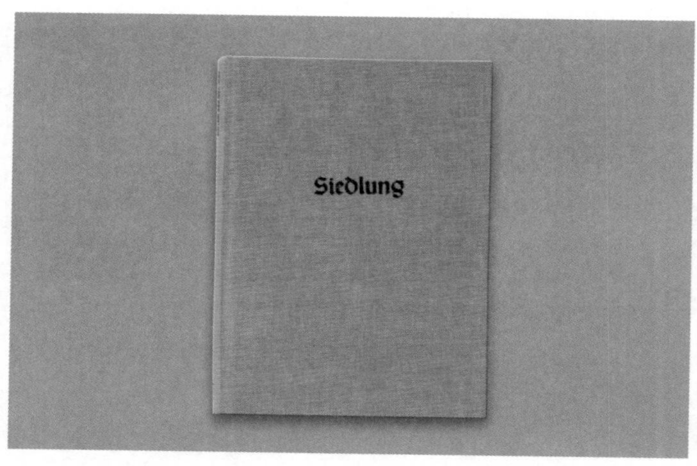

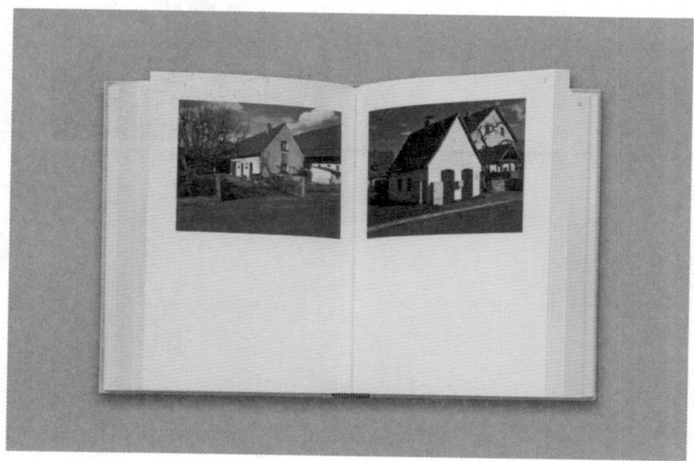

「거주지Siedlung」
에리크 판 데어 베이더Erik van der Weijde 지음, 로마퍼블리케이션스,
2008, 160×220mm, 256쪽, 핫멜트 사철에 리넨 하드커버

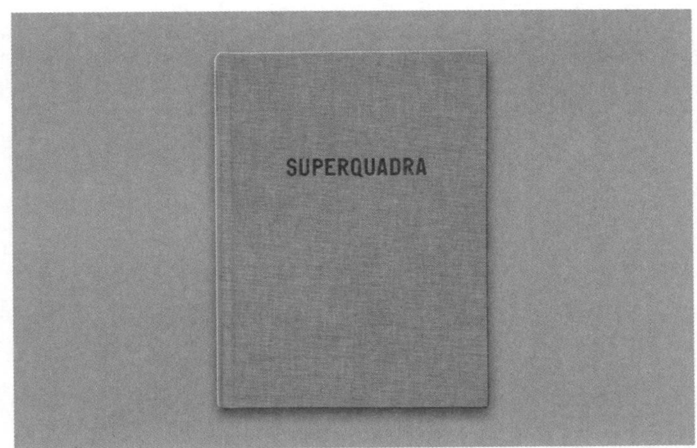

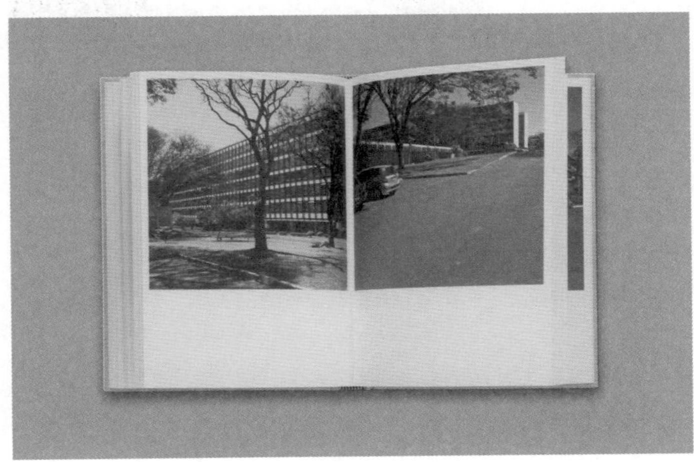

『슈퍼블록Superquadra』
에리크 판 데어 베이더 지음, 로마퍼블리케이션스, 2010,
160×220mm, 176쪽, 핫멜트 사철에 리넨 하드커버

『정면 뷰Frontal Views』
케이스 하웃즈바르트 지음, 로마퍼블리케이션스,
2004, 210×280mm, 92쪽, 콜드글루 사철

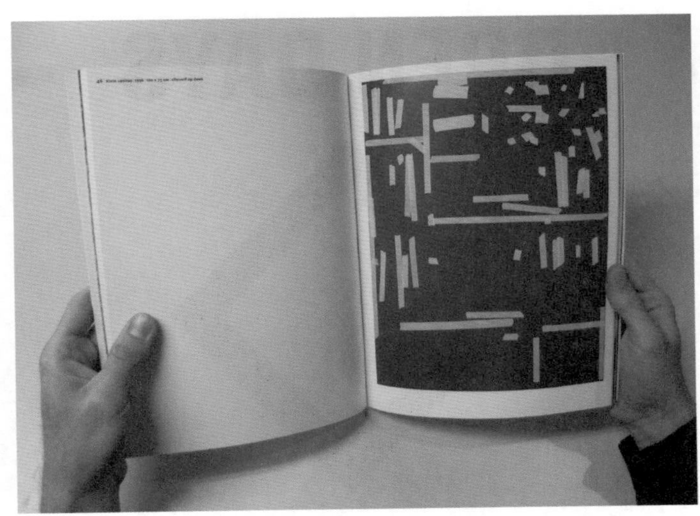

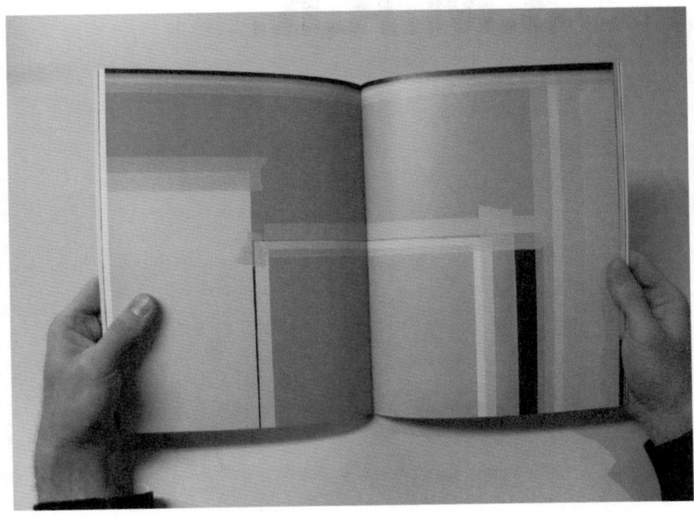

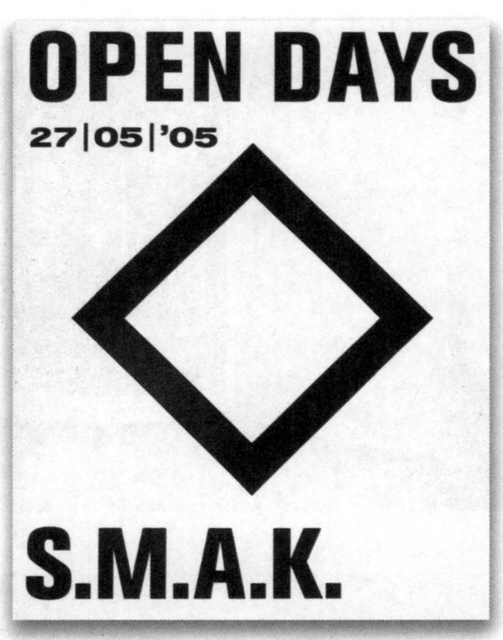

「오픈 데이즈Open Days」
마레이에 랑에라르Marije Langelaar 편집, S.M.A.K. Ghent와 협업,
로마퍼블리케이션스, 2005, 210×270mm, 32쪽, 콜드글루 사철에 벗길 수 있는 커버

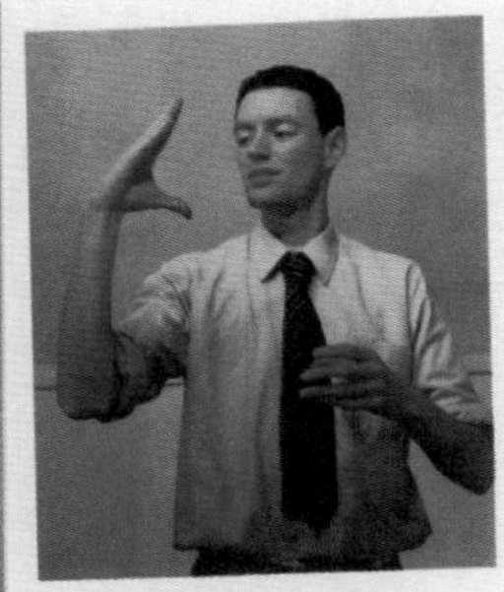

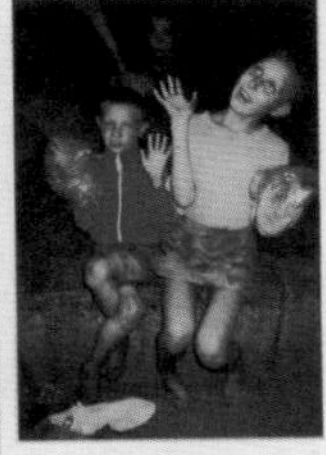

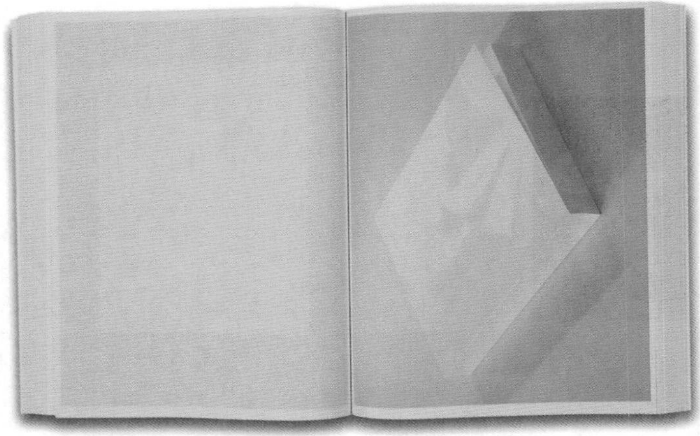

『흰 책White Book』
이나키 보닐라스Ilnaki Bonillas, 로허르 빌렘스 지음,
로마퍼블리케이션스, 2002, 170×220mm, 896쪽, 콜드글루 무선

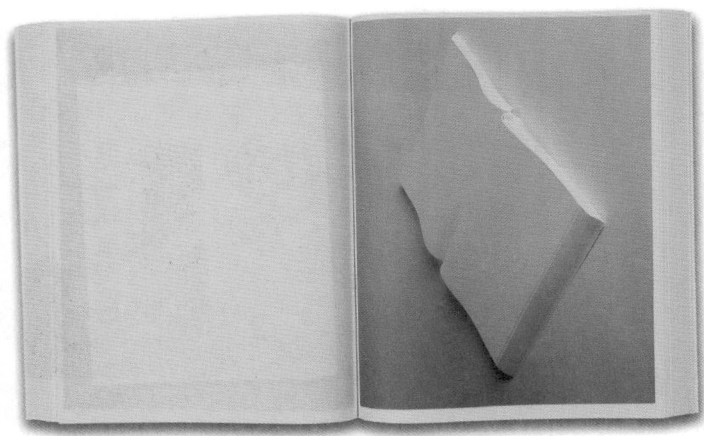

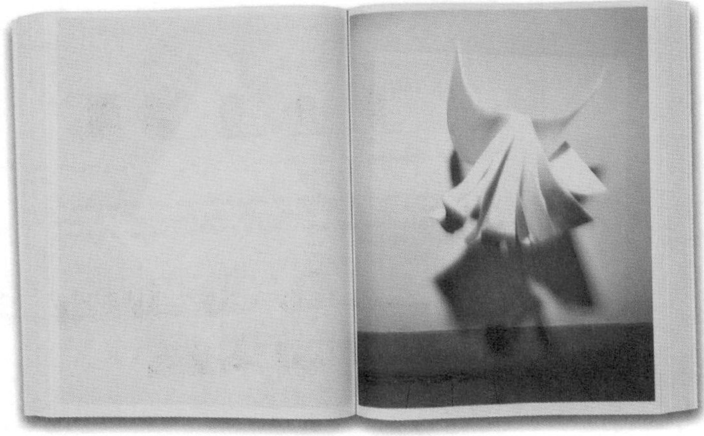

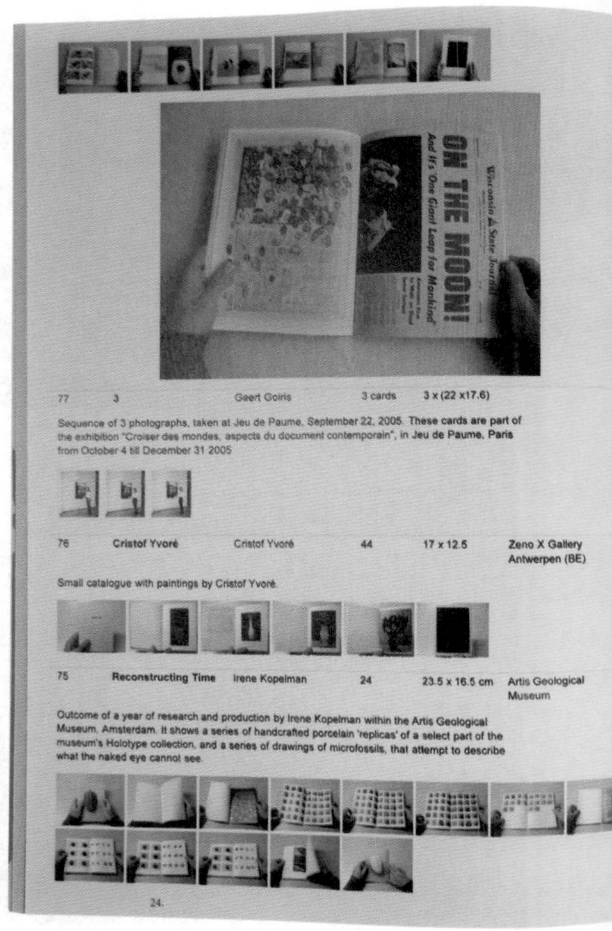

77 | 3 | Geert Goiris | 3 cards | 3 x (22 x17.6)

Sequence of 3 photographs, taken at Jeu de Paume, September 22, 2005. These cards are part of the exhibition "Croiser des mondes, aspects du document contemporain", in Jeu de Paume, Paris from October 4 till December 31 2005

76 | **Cristof Yvoré** | Cristof Yvoré | 44 | 17 x 12.5 | **Zeno X Gallery Antwerpen (BE)**

Small catalogue with paintings by Cristof Yvoré.

75 | **Reconstructing Time** | Irene Kopelman | 24 | 23.5 x 16.5 cm | Artis Geological Museum

Outcome of a year of research and production by Irene Kopelman within the Artis Geological Museum, Amsterdam. It shows a series of handcrafted porcelain 'replicas' of a select part of the museum's Holotype collection, and a series of drawings of microfossils, that attempt to describe what the naked eye cannot see.

24.

『책은 친구를 만든다Books Make Friends』
로허르 빌렘스 편집, 로마퍼블리케이션스, 2006,
150×210mm, 120쪽, 콜드글루 사철에 접지 덧싸개

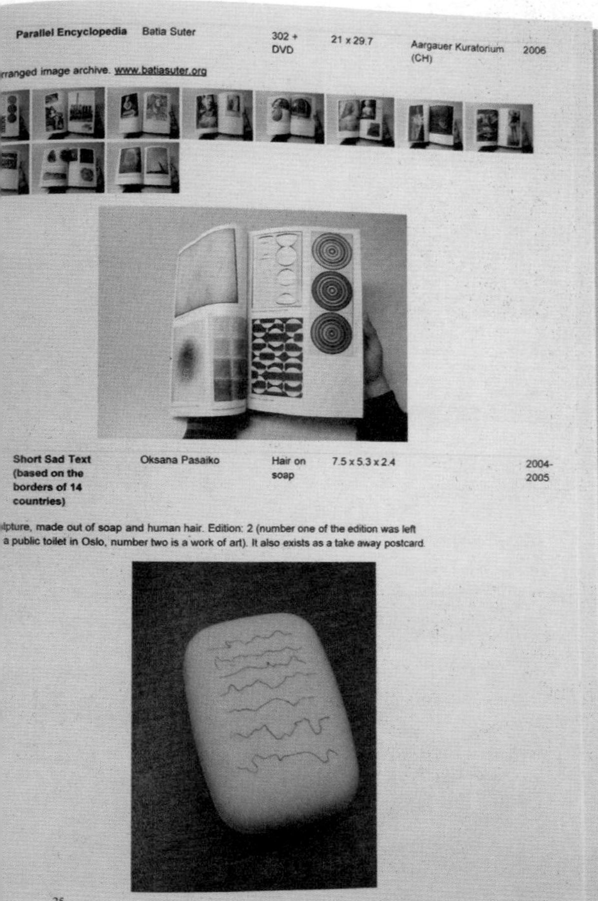

Parallel Encyclopedia	Batia Suter	302 + DVD	21 x 29.7	Aargauer Kuratorium (CH)	2006

rranged image archive. www.batiasuter.org

Short Sad Text (based on the borders of 14 countries)	Oksana Pasaiko	Hair on soap	7.5 x 5.3 x 2.4		2004-2005

lpture, made out of soap and human hair. Edition: 2 (number one of the edition was left a public toilet in Oslo, number two is a work of art). It also exists as a take away postcard.

25.

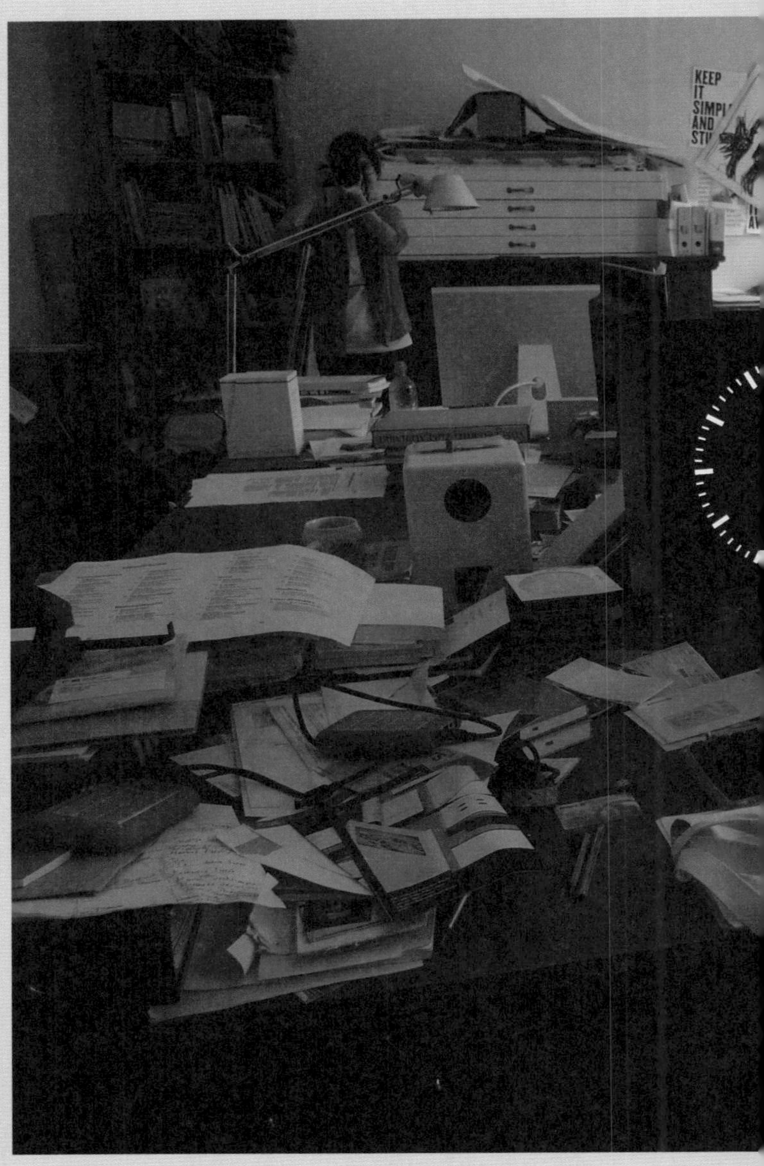
KEEP
IT

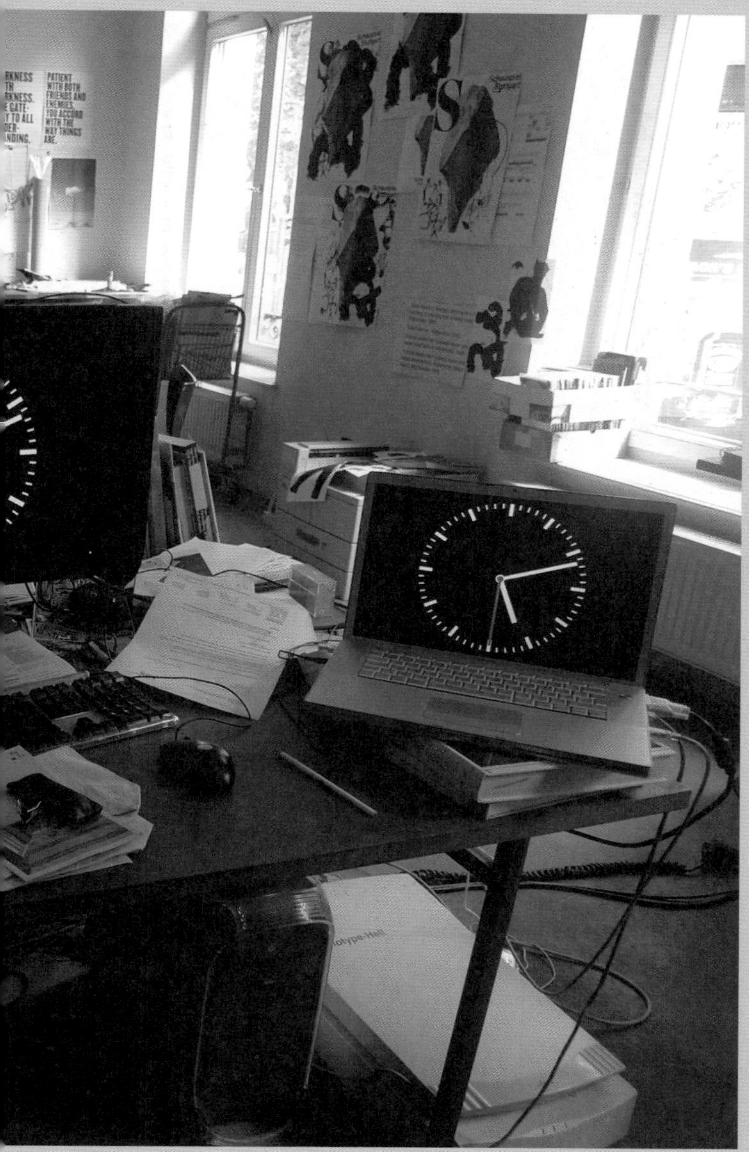

Leipzig, 2013 © Kay Jun

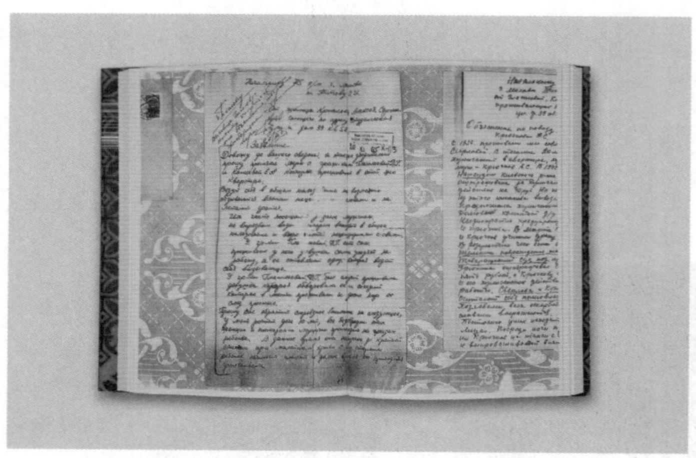

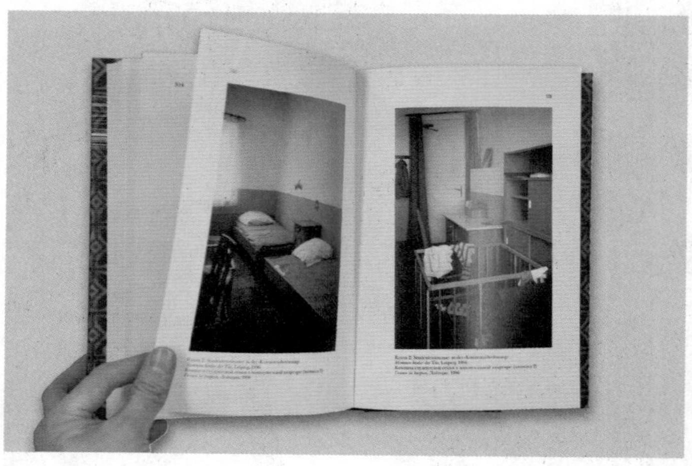

『일야 카바코브, 1964–1983Ilya Kabakov, 1964–1983』
일야 카바코브Ilya Kabakov 지음, 스펙터북스Spector Books, 1998, 158×240mm, 352쪽, 양장 및 무선

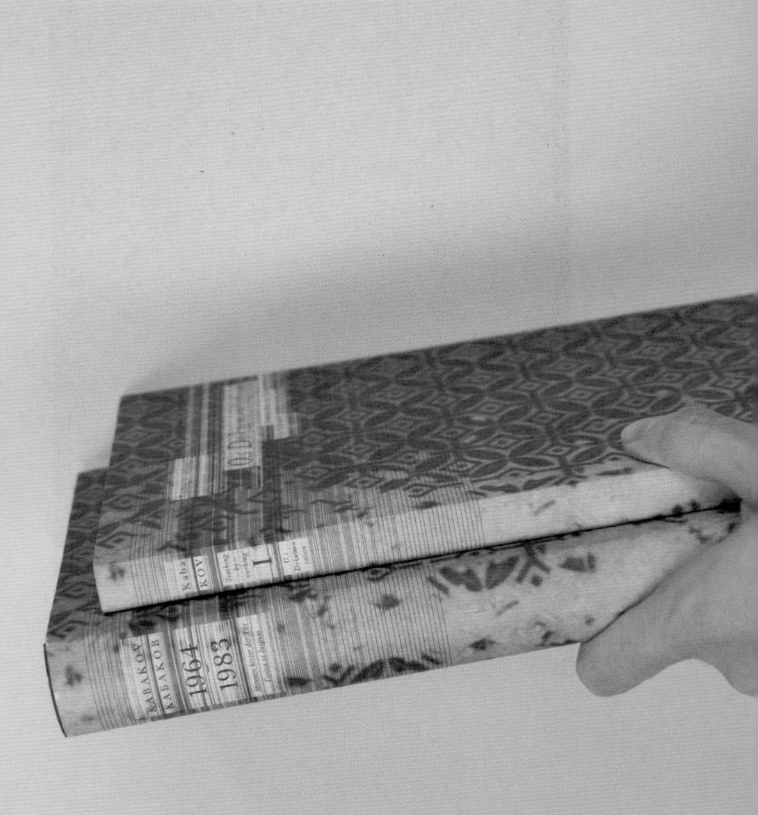
Kaba
KOV
I
KABAKOV
KABAKOB
1964
1983

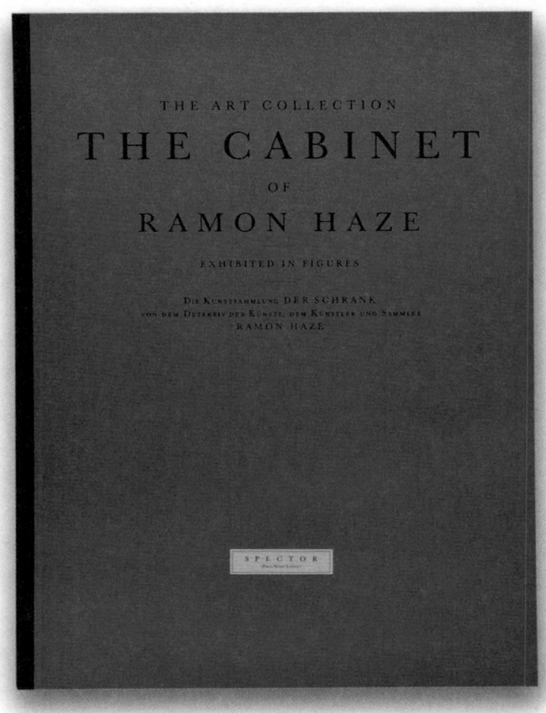

『아트 컬렉션: 라몬 하제의 캐비닛The Art Collection: The Cabinet of Ramon Haze』
홀머 엘트만Holmer Eldmann, 안드레아스 그랄Andreas Grahl 지음,
스펙터북스, 1999, 346×460mm, 86쪽, 양장

STACKING.
STAPELN.
CONSTANTIN BRANCUSI
PLATE III.
TAFEL III.

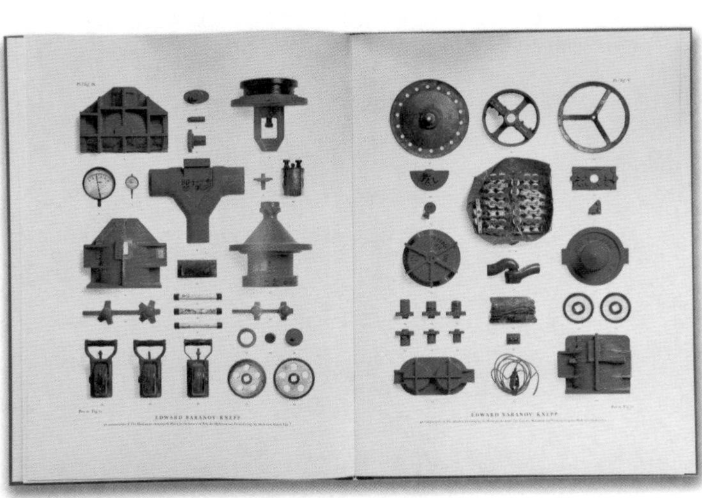
EDWARD BARANOV-KNEPP
EDWARD BARANOV-KNEPP

→ 150

《스펙터 커트+페이스트
Spector Cut+Paste》 1호
2001, 235×297mm, 128쪽

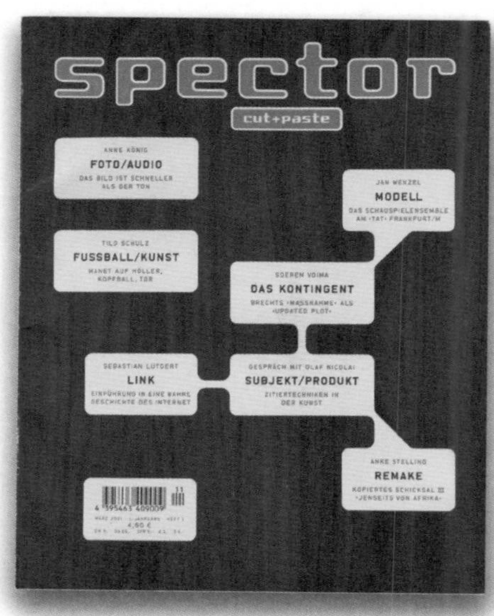

《스펙터 커트+페이스트》 2호
2002, 235×297mm, 128쪽

《스펙터 커트+페이스트》 3호
2004, 235×297mm, 168쪽

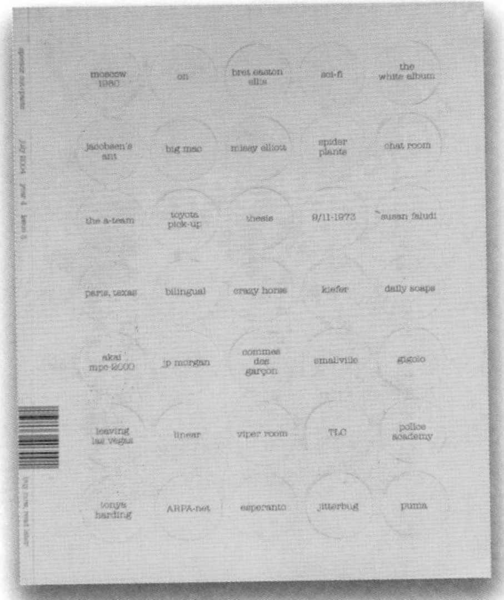

《스펙터 커트+페이스트》 4호
2008, 48쪽

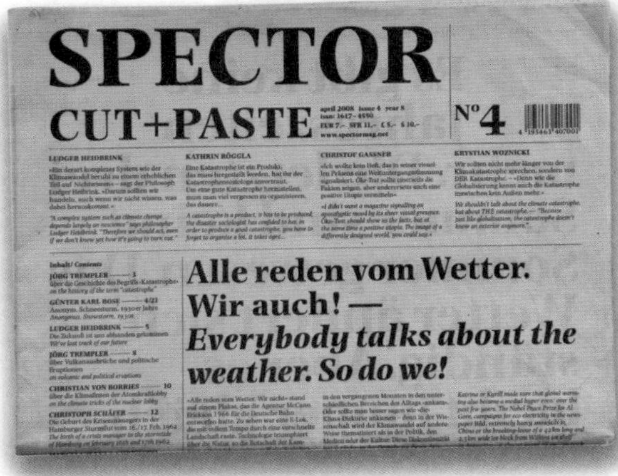

 → 156

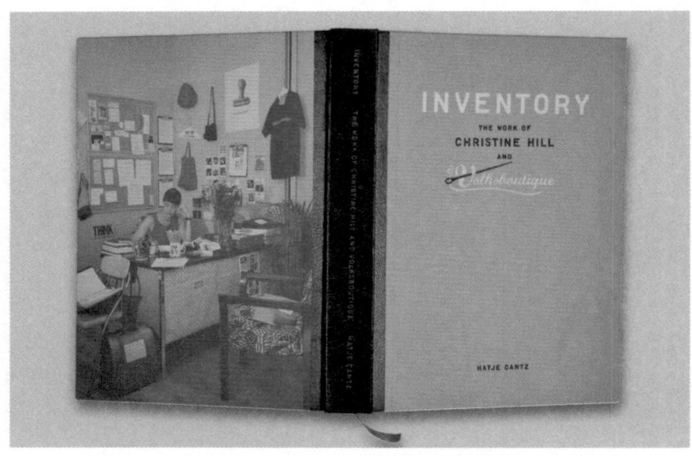

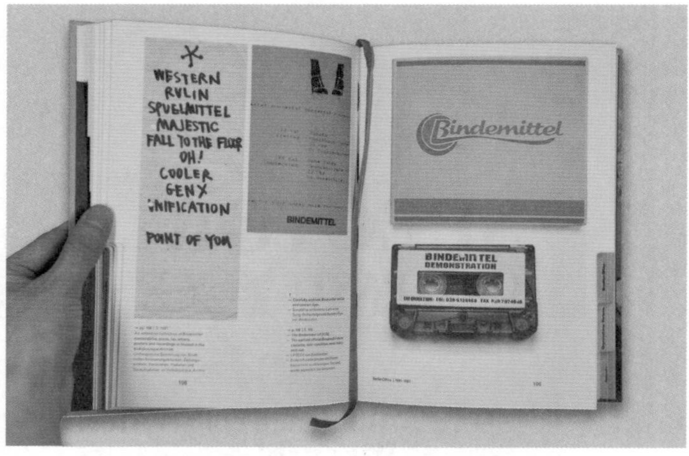

『목록: 크리스틴 힐의 작품과 폭스부티크Inventory: The Work of Christine Hill and VolksboutiqueInventory: The Work of Christine Hill and Volksboutique』
크리스틴 힐Christine Hill 지음, 하티예칸츠Hatje Cantz, 2004, 158×240mm, 240쪽, 양장

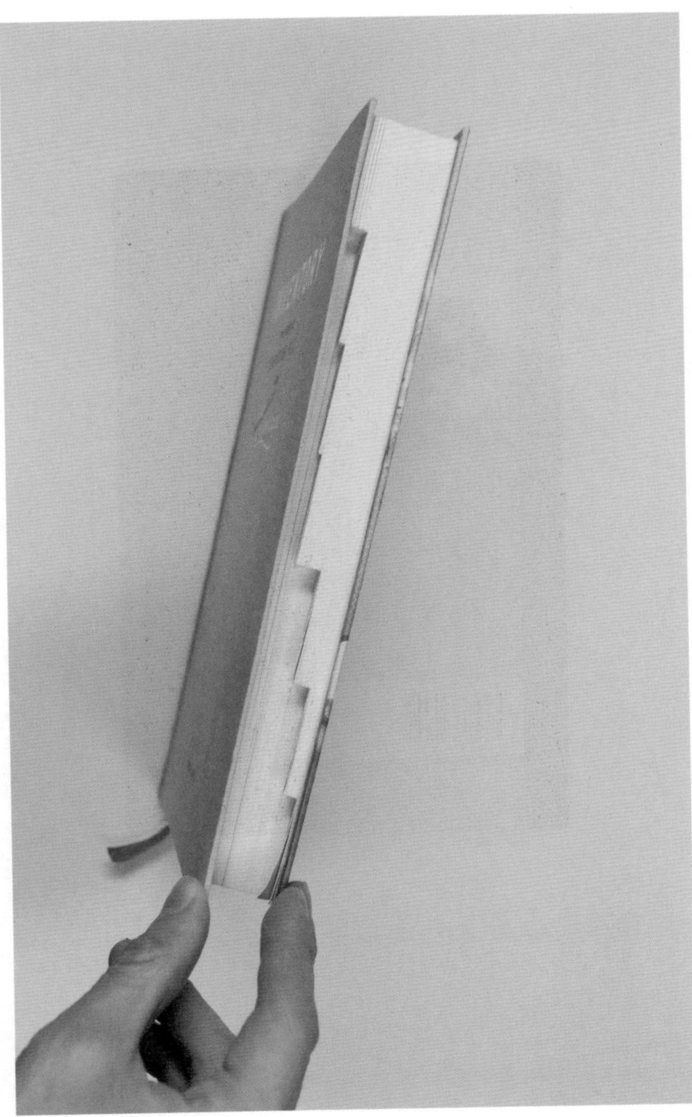

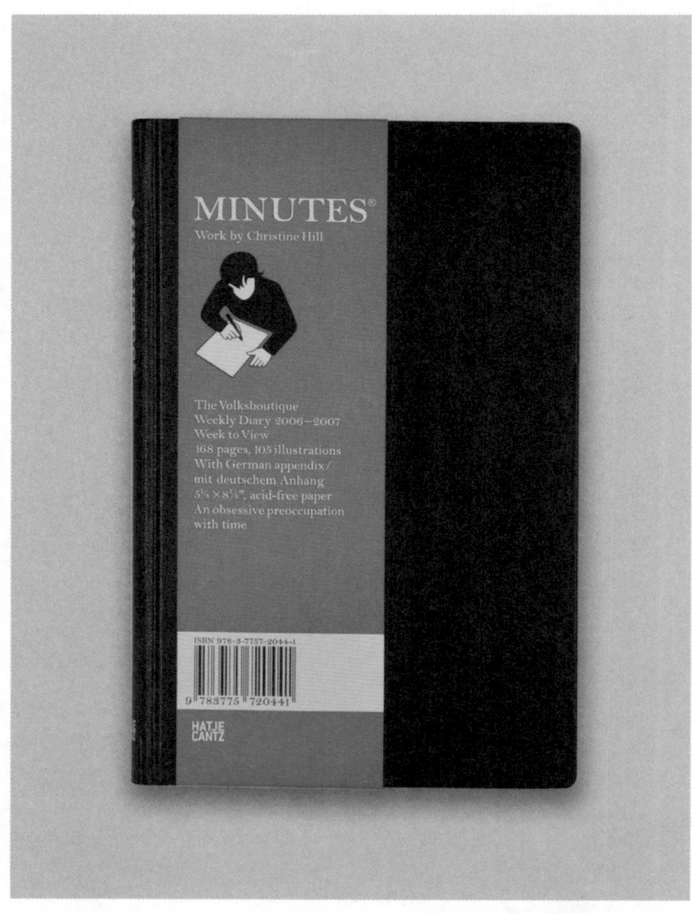

『시간Minutes』
크리스틴 힐 지음, 하티예칸츠, 2007.
138×216mm, 168쪽, 양장

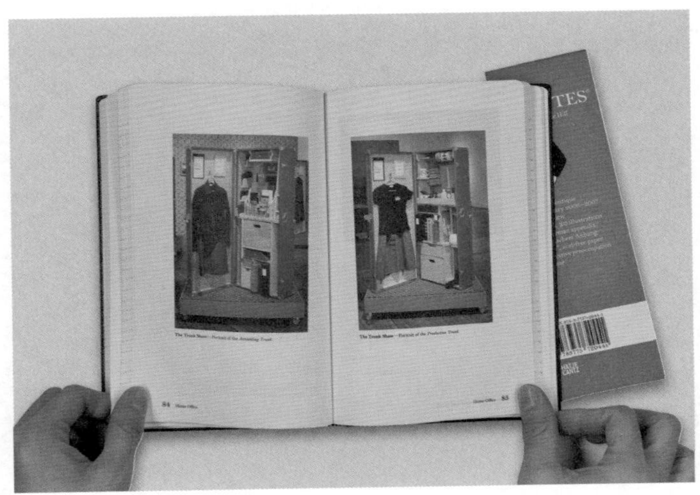

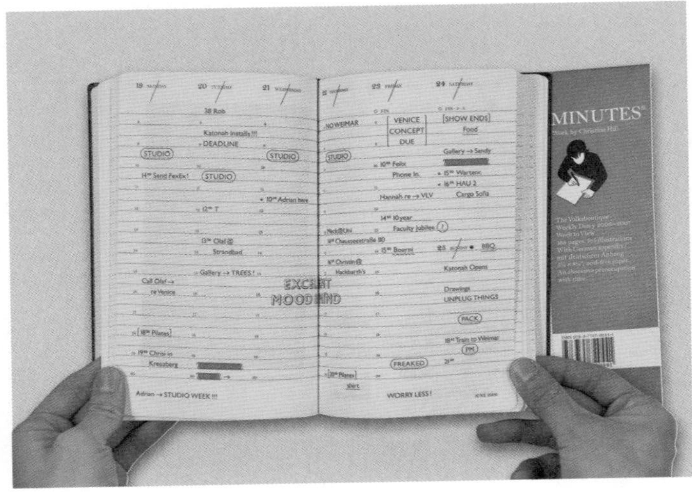
MINUTES
38 Rob
Katonah installs !!!
DEADLINE
STUDIO
STUDIO
STUDIO
STUDIO
NOWEIMAR
VENICE
CONCEPT
DUE
[SHOW ENDS]
Food
Gallery → Sandy
Phone In.
Hannah re → VLV
Cargo Sofa
Faculty Jubilee
Strandbad
Gallery → TREES!
Katonah Opens
Call Olaf →
re Venice
Drawings
UNPLUG THINGS
PACK
[18th Pilates]
Kreuzberg
FREAKED
Adrian → STUDIO WEEK !!!
WORRY LESS!

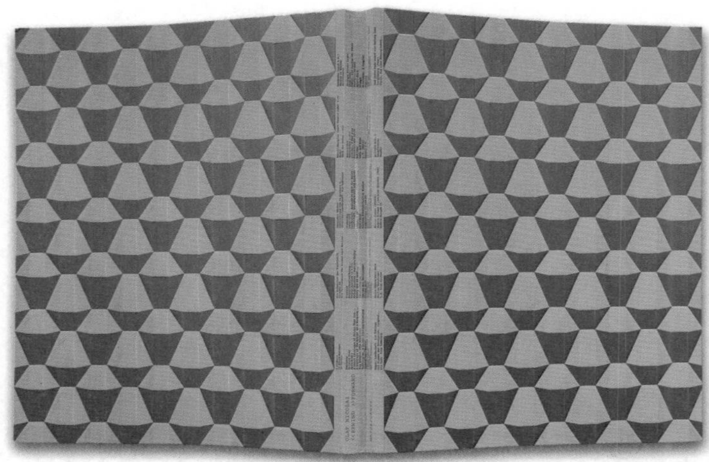

『되감기 앞으로 감기Rewind Forward』
올라프 니콜라이Olaf Nicolai 지음, 하티예칸츠,
2003, 216×267mm, 168쪽, 무선

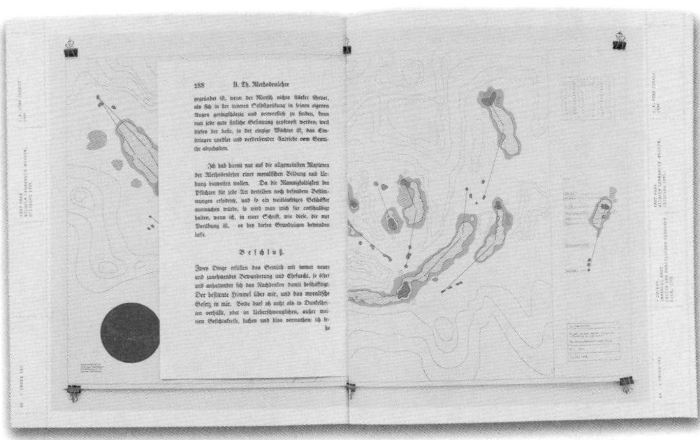
288 II. Th. Methodenlehre
Beschluß.

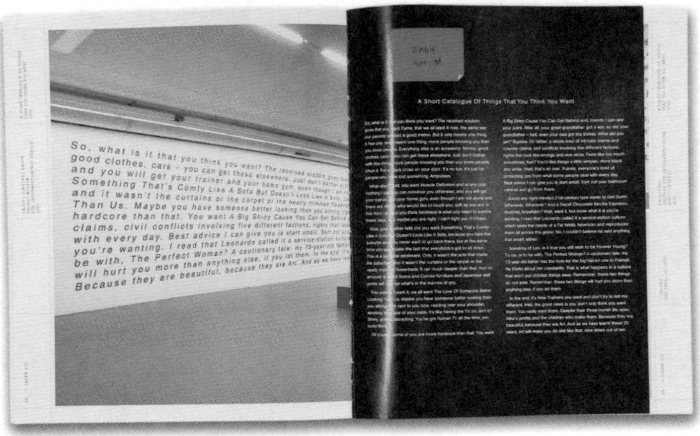
So, what is it that you think you want?
good clothes, cars – you can get these elsewhere.
Than Us. Maybe you have someone better looking than you
with every day. Best advice I can give you is start small.
be with, The Perfect Woman? A cautionary tale: my 73-year-old father
Because they are beautiful, because they are Art.
A Short Catalogue Of Things That You Think You Want

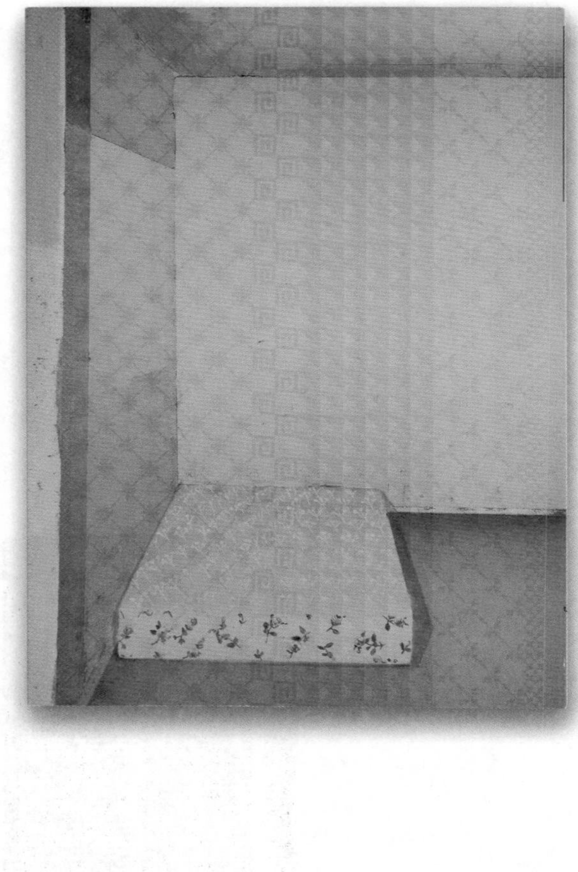

『동시적Simultan』
마티아스 바이셔Matthias Weischer 지음,
하티예칸츠, 2005, 240×320mm, 64쪽, 무선

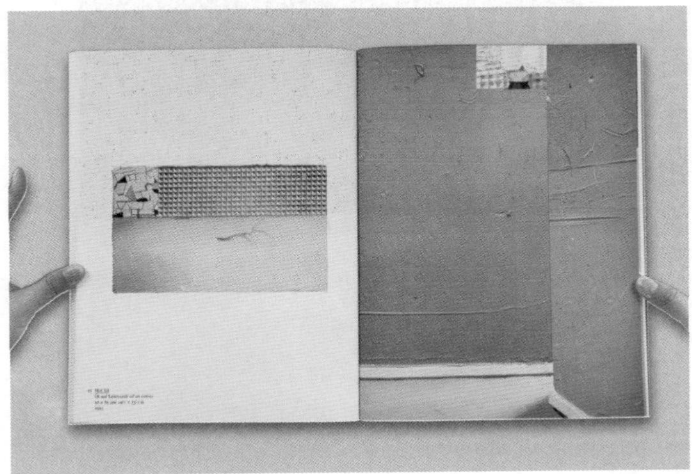

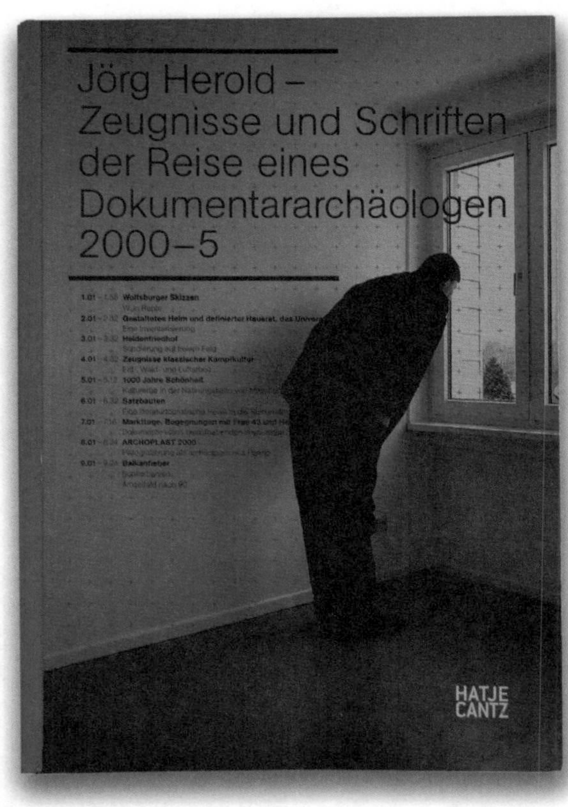

『어느 문헌고고학자의 여정: 증명서와 글2000–5
Zeugnisse und Schriften der Reise eines Dokumentararchäologen 2000–5』
예오르크 헤롤트Jörg Herold 지음, 하티예칸츠, 2005, 210×297mm, 332쪽, 무선

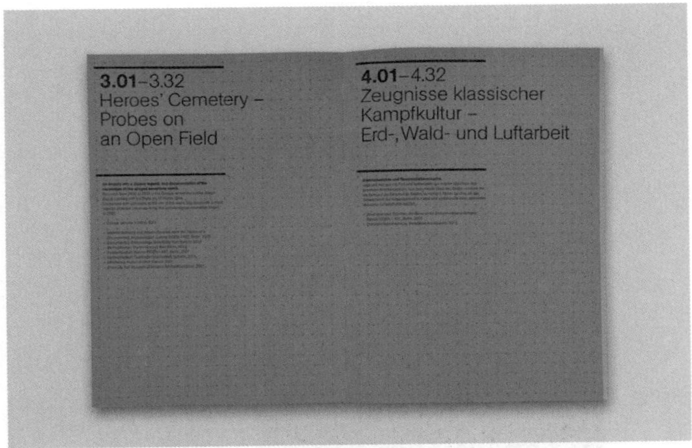
3.01–3.32
Heroes' Cemetery –
Probes on
an Open Field
4.01–4.32
Zeugnisse klassischer
Kampfkultur –
Erd-, Wald- und Luftarbeit

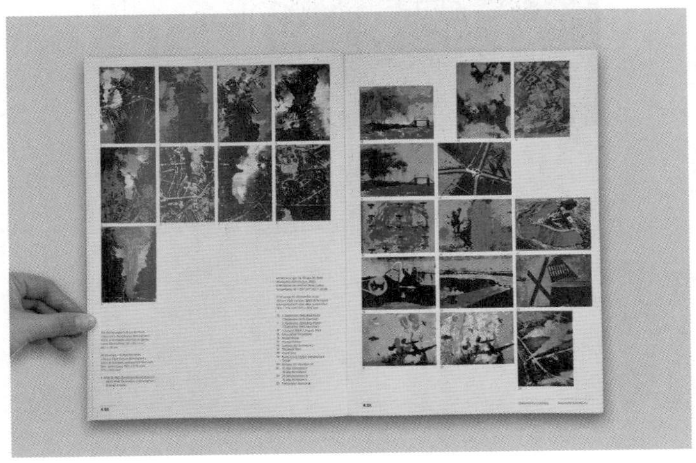

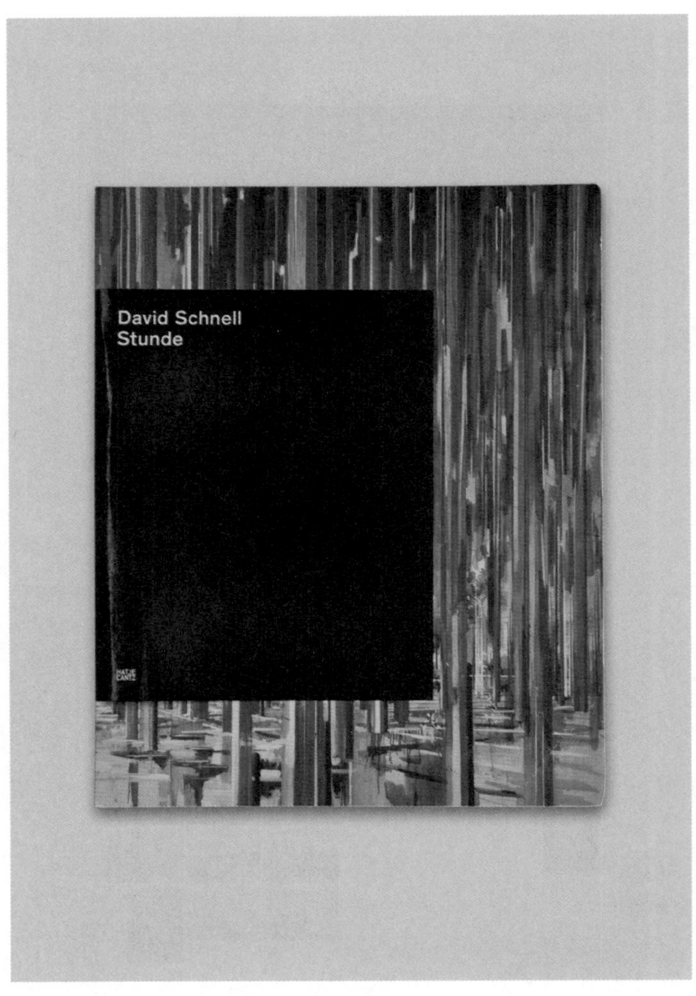

『시간Stunde』
다비드 쉬넬David Schnell 지음, 하티예칸츠,
2010, 235×296mm, 164쪽, 반양장

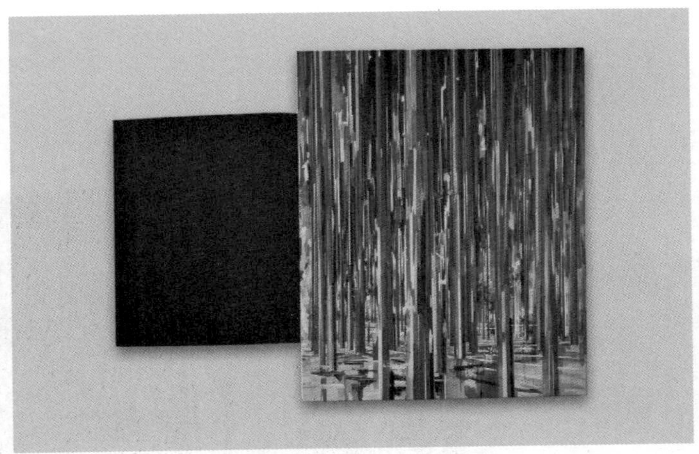

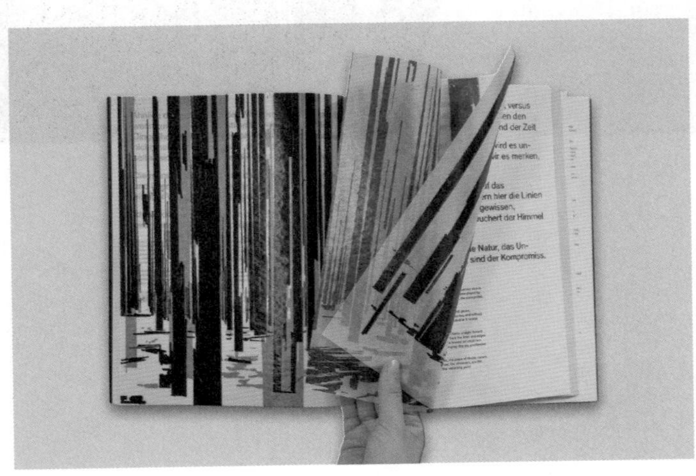
versus
en den
nd der Zeit
vird es un-
vir es merken,
f das
ern hier die Linien
gewissen,
uchert der Himmel
e Natur, das Un-
sind der Kompromiss.

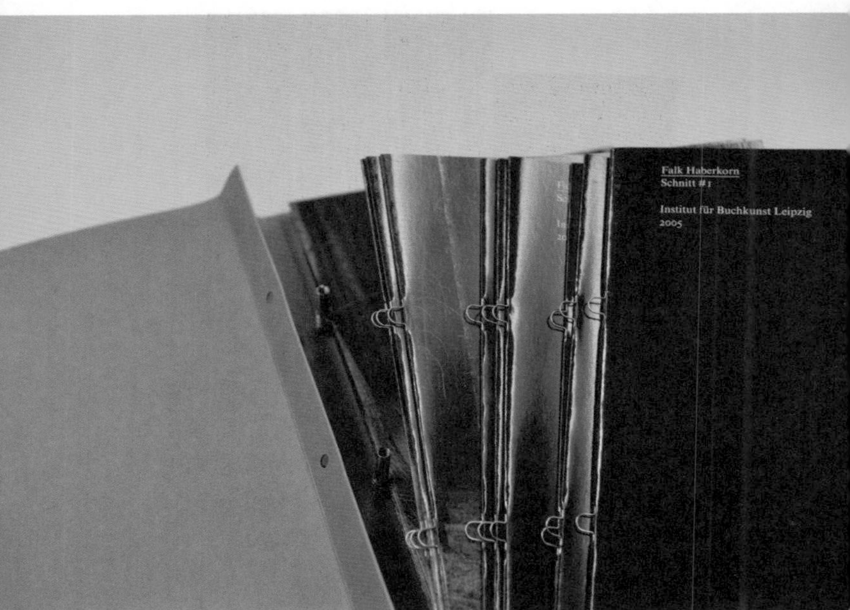

『폐쇄Schliessung』
팔크 하버코른Falk Haberkorn 지음,
라이프치히서적예술연구소, 2005,
148×210mm, 286쪽, 중철

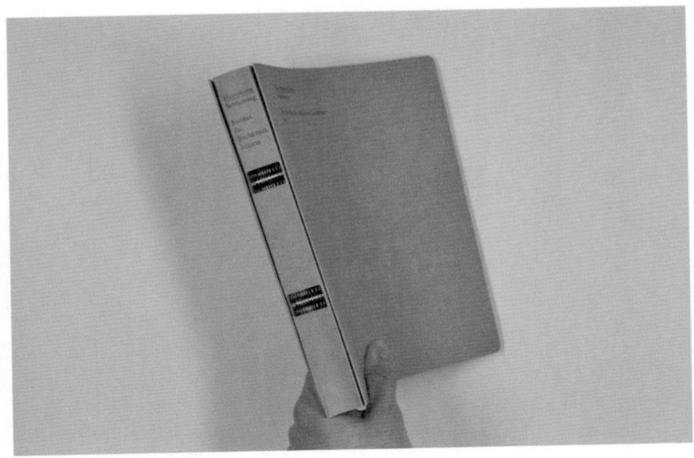

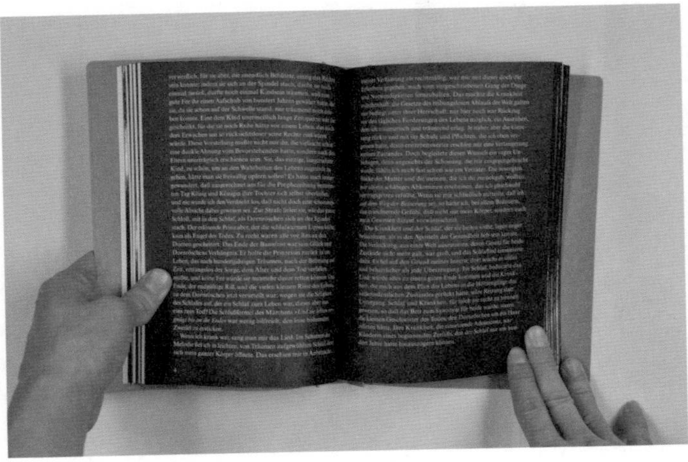

 → 156

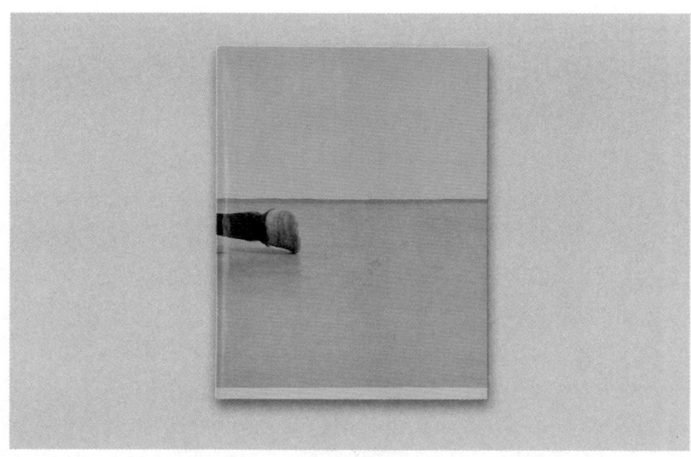

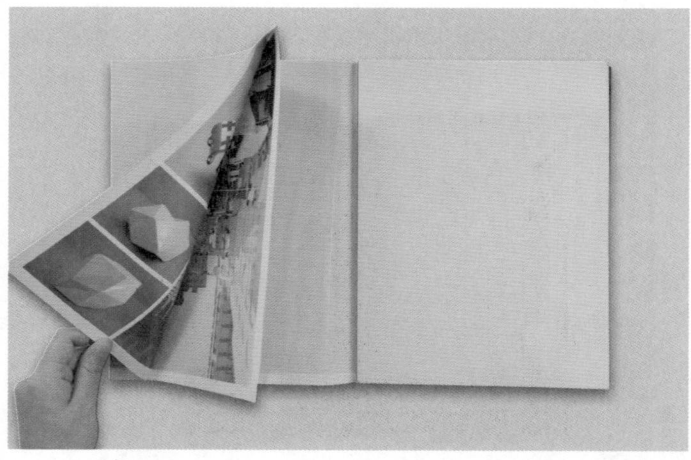

『작업들 2003-2006Arbeiten/Works 2003-2006』
올라프 니콜라이 지음, 현대미술출판사Verlag für Moderne Kunst,
2006, 224×298mm, 56쪽, 무선

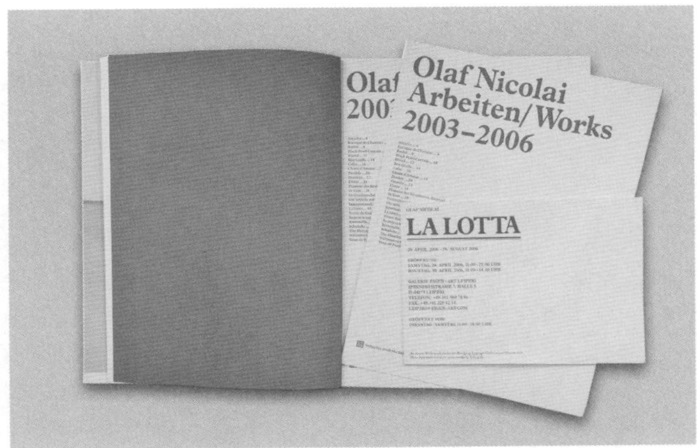
Olaf Nicolai
Arbeiten/Works
2003–2006
OLAF NICOLAI
LA LOTTA

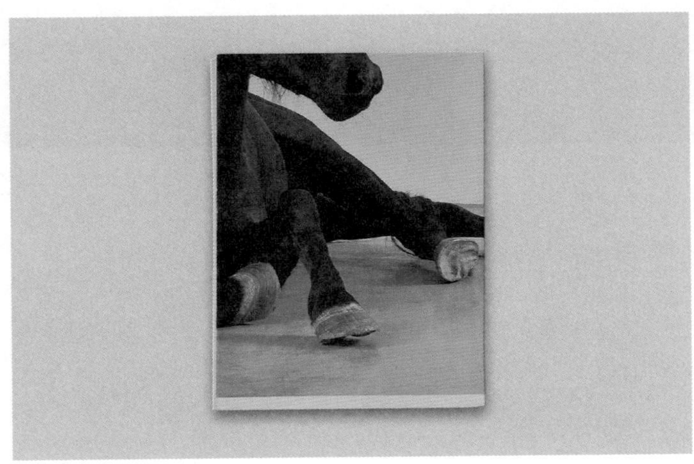

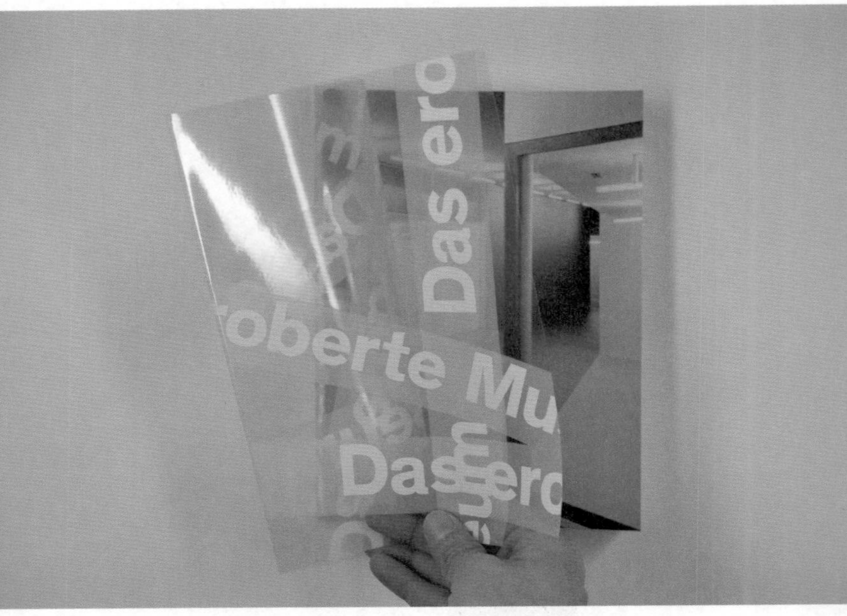

『박물관 점령Das eroberte Museum』
바바라 슈타이너Barbara Steiner 지음,
요비스출판사Jovis Verlag, 2011,
176×242mm, 320쪽, 무선

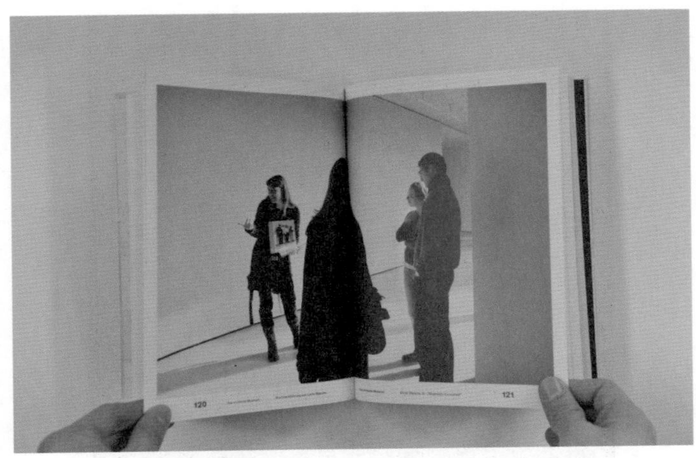
120
121

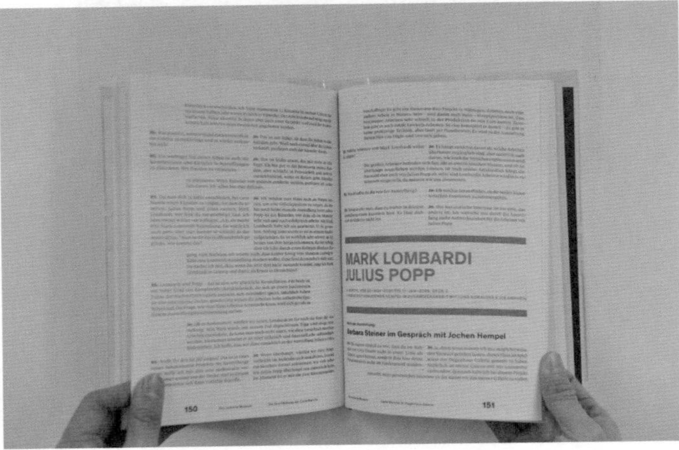
MARK LOMBARDI
JULIUS POPP
Barbara Steiner im Gespräch mit Jochen Hempel
150
151

『발견의 회복The Recovery of Discovery』
시프리엥 가이야르Cyprien Gaillard 지음, 발터쾨니히Verlag Walter König,
2013, 148×210mm, 84쪽, 중철

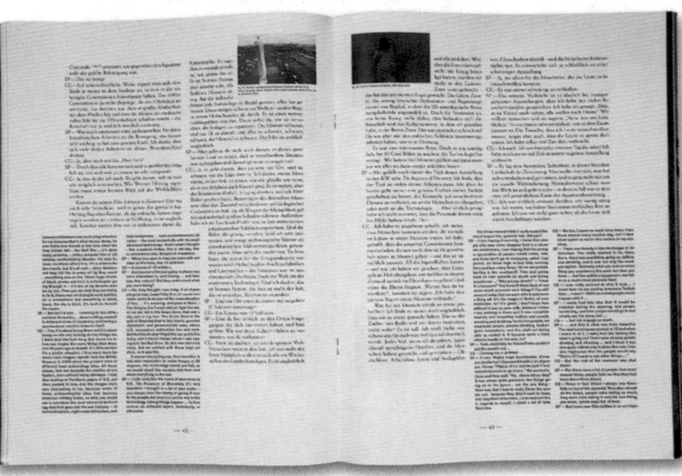

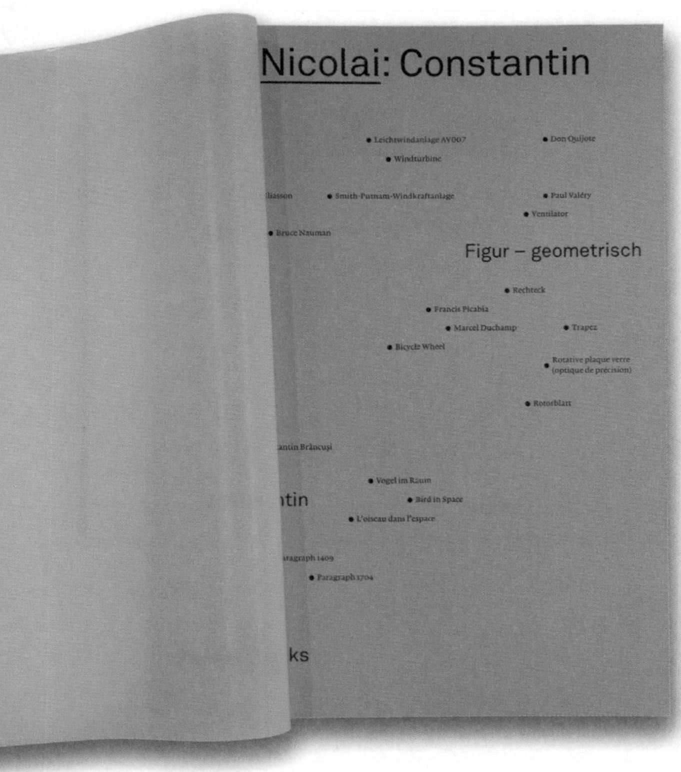

『콘스탄틴Constantin』
올라프 니콜라이 지음, 스펙터북스,
2008, 220×304mm, 28쪽, 중철

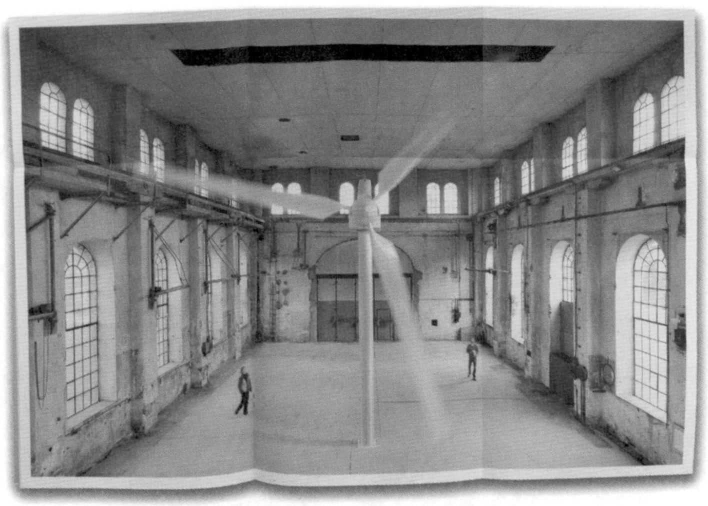

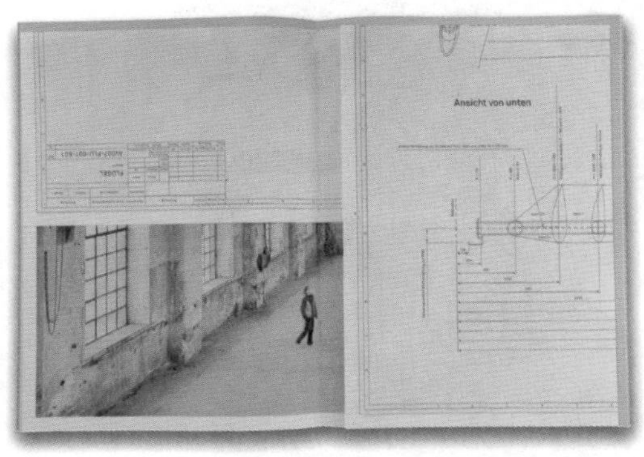
Ansicht von unten

『로다키스Rodakis』
올라프 니콜라이 지음, 스펙터북스, 2008,
205×278mm, 8쪽 접지 포스터

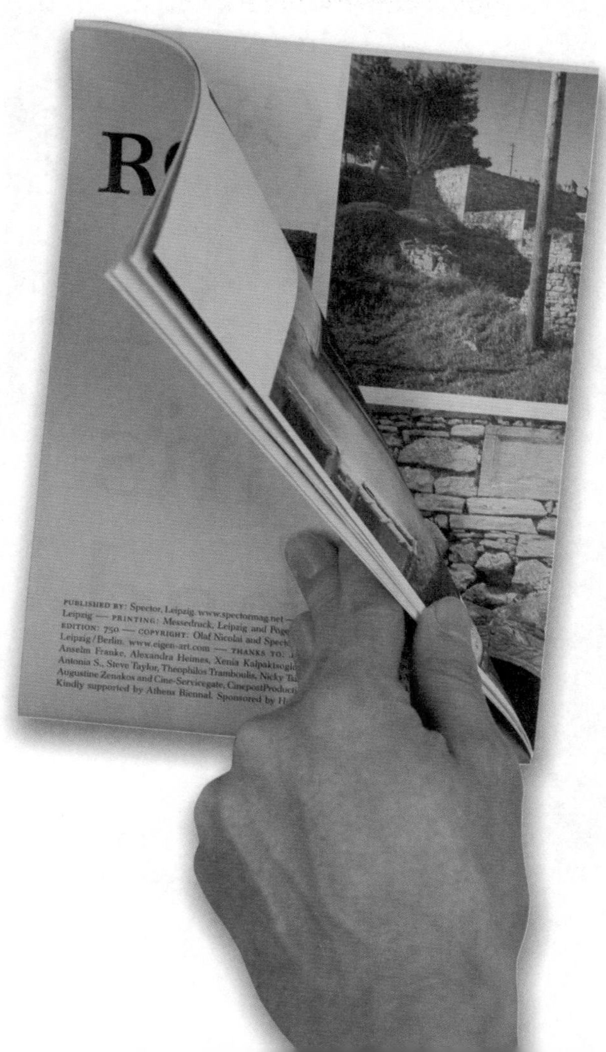

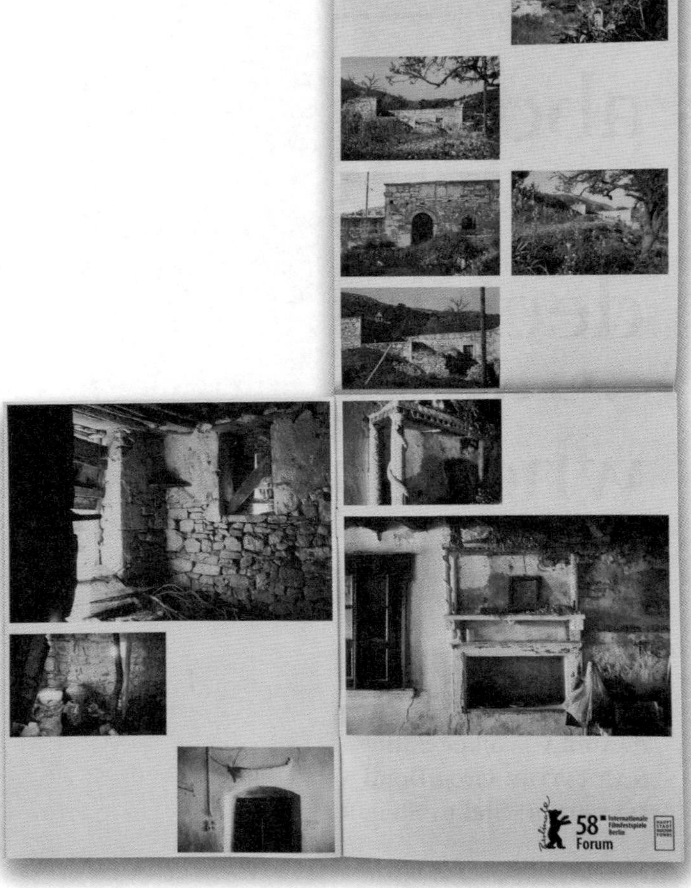
Berlinale
58
Internationale
Filmfestspiele
Berlin
Forum

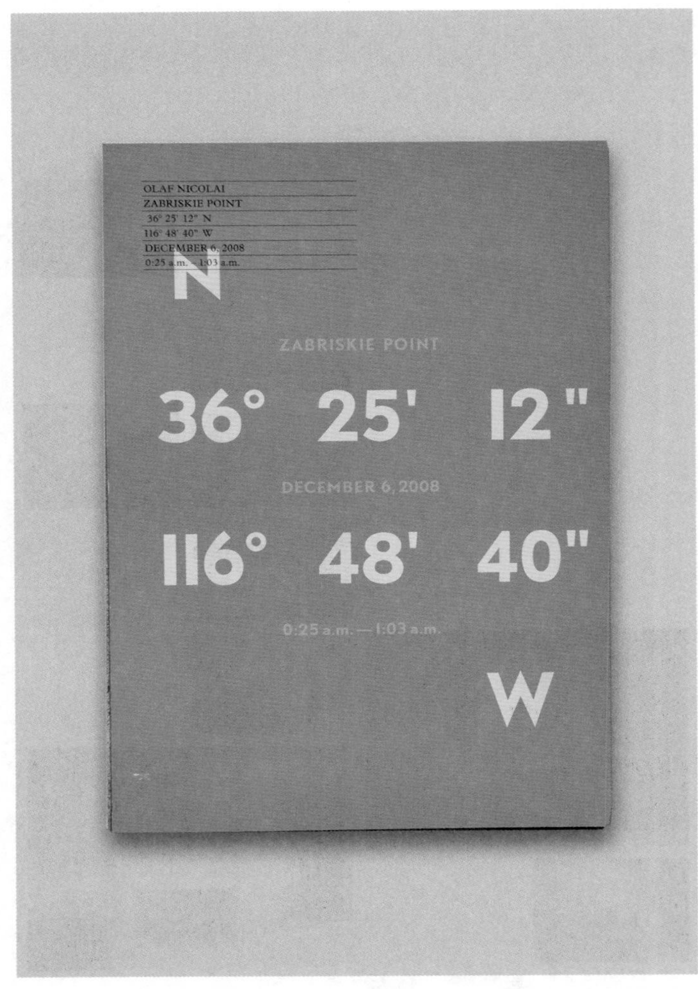

『자브리스키 포인트Zabriskie Point』
올라프 니콜라이 지음, 스펙터북스, 2010,
210×300mm, 80쪽, 무선

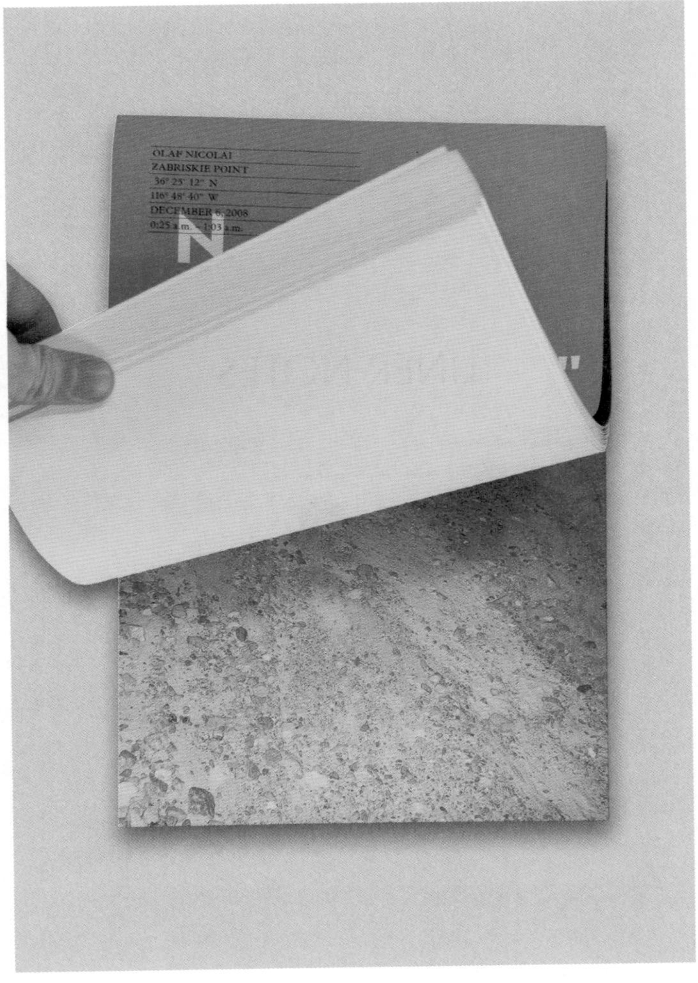
OLAF NICOLAI
ZABRISKIE POINT
36° 25' 12" N
116° 48' 40" W
DECEMBER 6, 2008
0:25 a.m. – 1:03 a.m.

 → 154-156

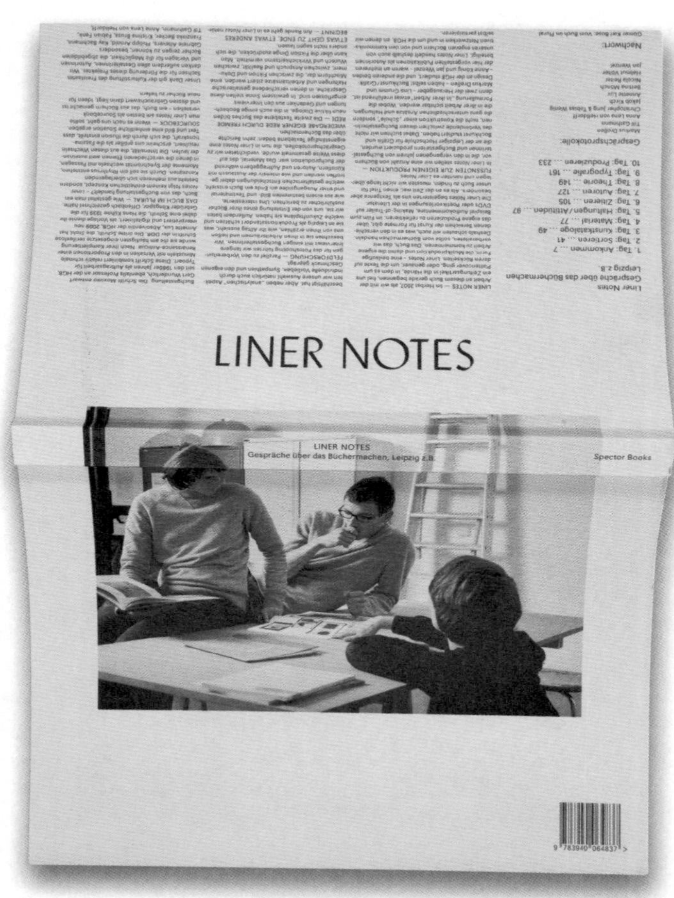

『라이너 노츠: 책 만들기에 관한 대화, 라이프치히의 경우
Liner Notes: Gespräche über das Büchermachen, Leipzig z.B.』
마르쿠스 드레센Markus Dreßen, 리나 그룸Lina Grumm, 안네 쾨니히Anne König,
얀 벤젤Jan Wenzel 지음, 스펙터북스, 2009, 204x282mm, 256쪽, 반양장

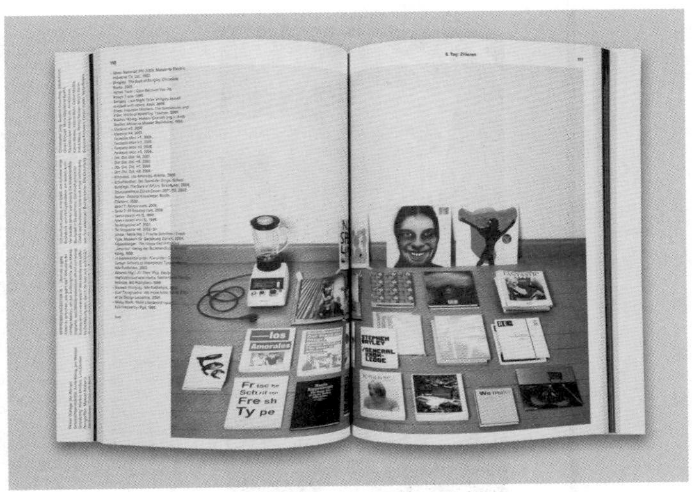
los
Amorales
Fr isc he
Sch rif ten
Fre sh
Ty pe
STEPHEN
BAYLEY
GENERAL
KNOW-
LEDGE

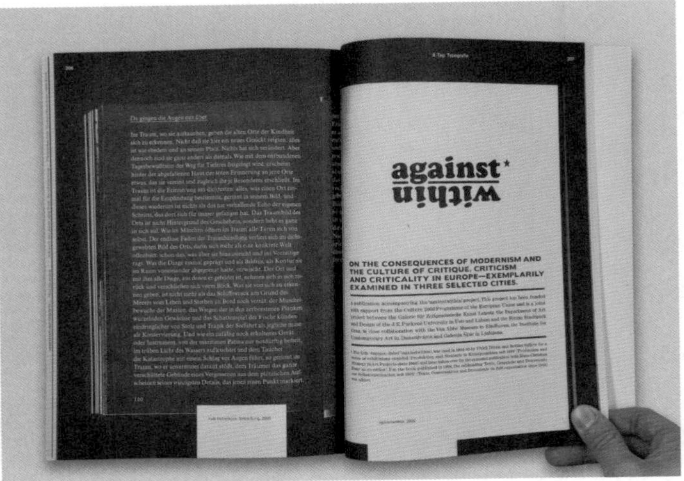
against*
within
ON THE CONSEQUENCES OF MODERNISM AND THE CULTURE OF CRITIQUE, CRITICISM AND CRITICALITY IN EUROPE—EXEMPLARILY EXAMINED IN THREE SELECTED CITIES.

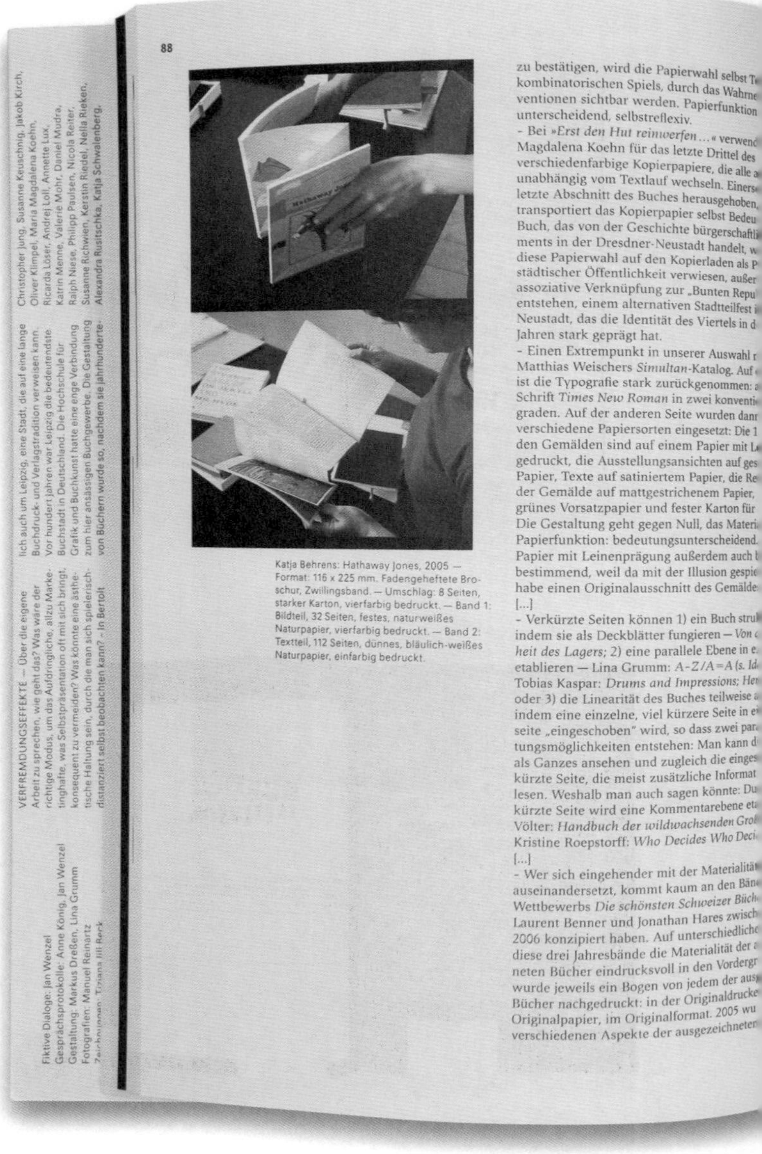

Fiktive Dialoge: Jan Wenzel
Gesprächsprotokolle: Anne König, Jan Wenzel
Gestaltung: Markus Dreßen, Lina Grumm
Fotografien: Manuel Reinartz
Zeichnungen: Tiziana Jill Beck

VERFREMDUNGSEFFEKTE — Über die eigene Arbeit zu sprechen, wie geht das? Was wäre der richtige Modus, um das Aufdringliche, allzu Marketinghafte, was Selbstpräsentation oft mit sich bringt, konsequent zu vermeiden? Was könnte eine ästhetische Haltung sein, durch die man sich spielerisch-distanziert selbst beobachten kann? – In Bertolt

lich auch um Leipzig, eine Stadt, die auf eine lange Buchdruck- und Verlagstradition verweisen kann. Vor hundert Jahren war Leipzig die bedeutendste Buchstadt in Deutschland. Die Hochschule für Grafik und Buchkunst hatte eine enge Verbindung zum hier ansässigen Buchgewerbe. Die Gestaltung von Büchern wurde so, nachdem sie jahrhunderte-

Christopher Jung, Susanne Keuschnig, Jakob Kirch, Oliver Klimpel, Maria Magdalena Koehn, Ricarda Löser, Andrej Loll, Annette Lux, Katrin Menne, Valerie Mohr, Daniel Mudra, Ralph Niese, Philipp Paulsen, Nicola Reiter, Susanne Richwien, Kerstin Riedel, Nella Rieken, Alexandra Rusitschka, Katja Schwalenberg,

88

Katja Behrens: Hathaway Jones, 2005 — Format: 116 x 225 mm. Fadengeheftete Broschur, Zwillingsband. — Umschlag: 8 Seiten, starker Karton, vierfarbig bedruckt. — Band 1: Bildteil, 32 Seiten, festes, naturweißes Naturpapier, vierfarbig bedruckt. — Band 2: Textteil, 112 Seiten, dünnes, bläulich-weißes Naturpapier, einfarbig bedruckt.

zu bestätigen, wird die Papierwahl selbst T
kombinatorischen Spiels, durch das Wahrne
ventionen sichtbar werden. Papierfunktion
unterscheidend, selbstreflexiv.
- Bei *»Erst den Hut reinwerfen…«* verwend
Magdalena Koehn für das letzte Drittel des
verschiedenfarbige Kopierpapiere, die alle a
unabhängig vom Textlauf wechseln. Einers
letzte Abschnitt des Buches herausgehoben,
transportiert das Kopierpapier selbst Bedeu
Buch, das von der Geschichte bürgerschaftli
ments in der Dresdner-Neustadt handelt, w
diese Papierwahl auf den Kopierladen als P
städtischer Öffentlichkeit verwiesen, außer
assoziative Verknüpfung zur „Bunten Repu
entstehen, einem alternativen Stadtteilfest i
Neustadt, das die Identität des Viertels in d
Jahren stark geprägt hat.
- Einen Extrempunkt in unserer Auswahl r
Matthias Weischers *Simultan*-Katalog. Auf
ist die Typografie stark zurückgenommen: a
Schrift *Times New Roman* in zwei konventi
graden. Auf der anderen Seite wurden dann
verschiedene Papiersorten eingesetzt: Die 1
den Gemälden sind auf einem Papier mit L
gedruckt, die Ausstellungsansichten auf ges
Papier, Texte auf satiniertem Papier, die Re
der Gemälde auf mattgestrichenem Papier,
grünes Vorsatzpapier und fester Karton für
Die Gestaltung geht gegen Null, das Materi
Papierfunktion: bedeutungsunterscheidend.
Papier mit Leinenprägung außerdem auch b
bestimmend, weil da mit der Illusion gespi
habe einen Originalausschnitt des Gemälde
[...]
- Verkürzte Seiten können 1) ein Buch stru
indem sie als Deckblätter fungieren — *Von*
heit des Lagers; 2) eine parallele Ebene in e
etablieren — Lina Grumm: *A-Z/A=A* (s. Id
Tobias Kaspar: *Drums and Impressions; He*
oder 3) die Linearität des Buches teilweise a
indem eine einzelne, viel kürzere Seite in e
seite „eingeschoben" wird, so dass zwei par
tungsmöglichkeiten entstehen: Man kann d
als Ganzes ansehen und zugleich die einges
kürzte Seite, die meist zusätzliche Informat
lesen. Weshalb man auch sagen könnte: Du
kürzte Seite wird eine Kommentarebene et
Völter: *Handbuch der wildwachsenden Gro*
Kristine Roepstorff: *Who Decides Who Deci*
[...]
- Wer sich eingehender mit der Materialitä
auseinandersetzt, kommt kaum an den Bän
Wettbewerbs *Die schönsten Schweizer Büch*
Laurent Benner und Jonathan Hares zwisch
2006 konzipiert haben. Auf unterschiedlich
diese drei Jahresbände die Materialität der
neten Bücher eindrucksvoll in den Vordergr
wurde jeweils ein Bogen von jedem der aus
Bücher nachgedruckt: in der Originaldruck
Originalpapier, im Originalformat. 2005 wu
verschiedenen Aspekte der ausgezeichneten

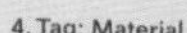
4. Tag: Material

89

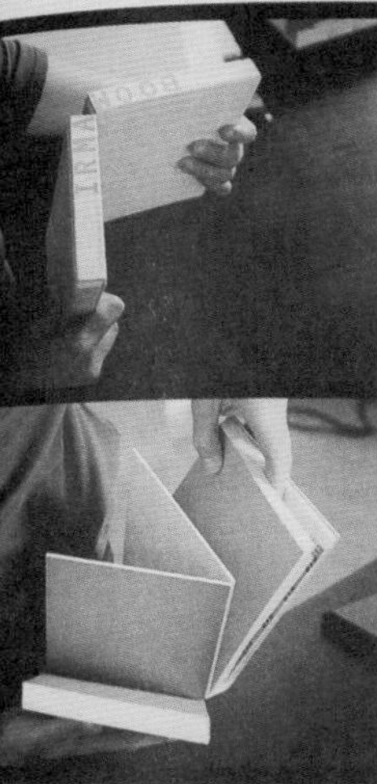

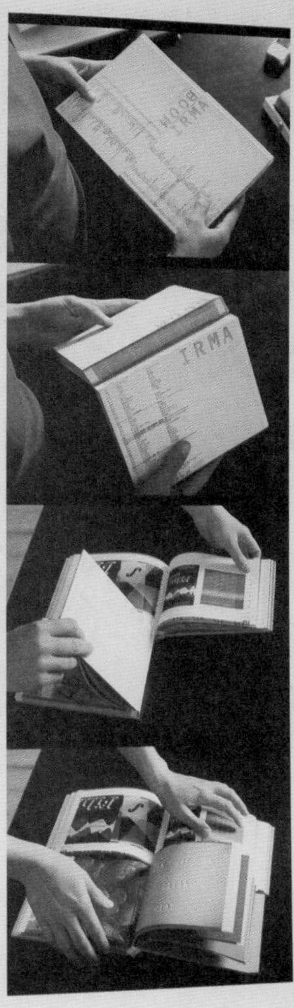

Irma Boom: Gutenberg-Galaxie #2, 2002 — Format: 193 × 290 mm bzw. 193 × 145 mm. Fadengehefteter Pappband / Zwillingsband. — Einband: 2,5 mm Maschinengraupappe, Einbandmaterial Surbalin glatt weiß, zweifarbig schwarz und silber bedruckt, mit partieller UV-Lackierung. Vor- und Nachsatz: Naturpapier, zweifarbig bedruckt, ganzseitig, rekto silber, verso cyan. Der Buchblock ist in der Mitte durch einen Schnitt in zwei Bände geteilt. Die beiden Bände können dadurch auf verschiedene Weise, fortlaufend oder parallel, geblättert werden. — Inhalt: 208 bzw. 416 Seiten, weißes Naturpapier, vierfarbig bedruckt.

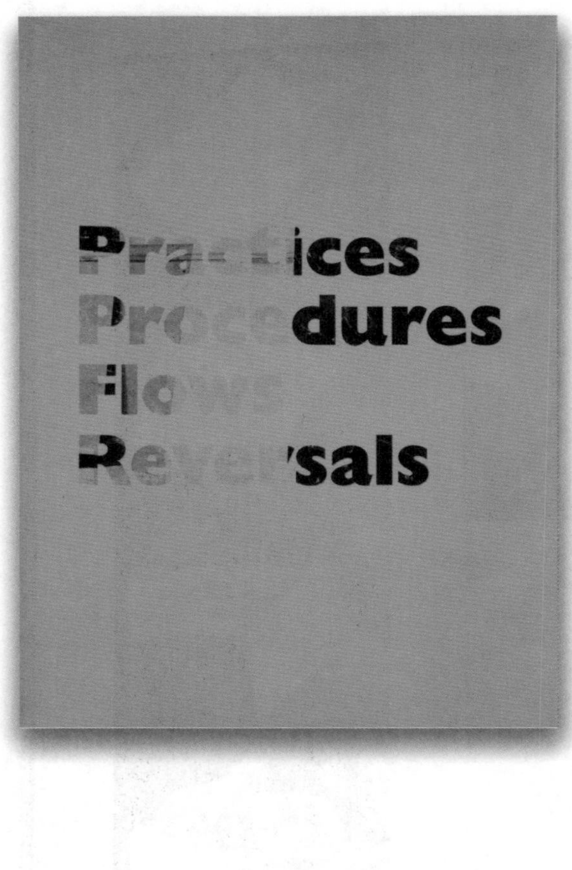

「실행 과정 흐름 역전Practices Procedures Flows Reversals」
율리아 슈미트Julia Schmidt 지음, 스펙터북스, 2010, 233×310mm, 160쪽, 중철

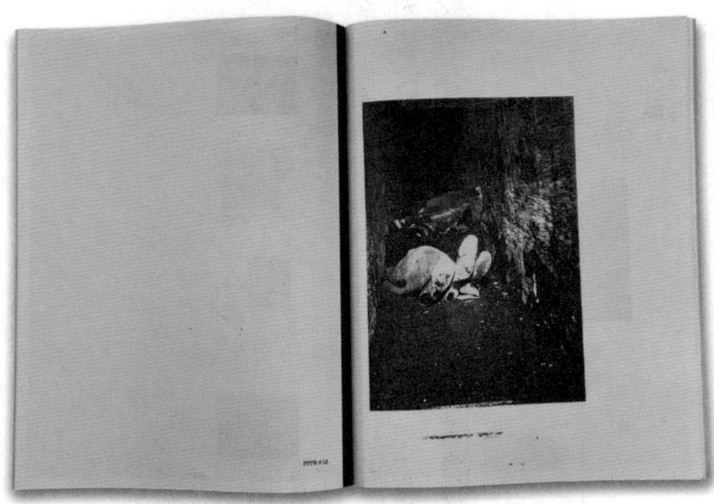

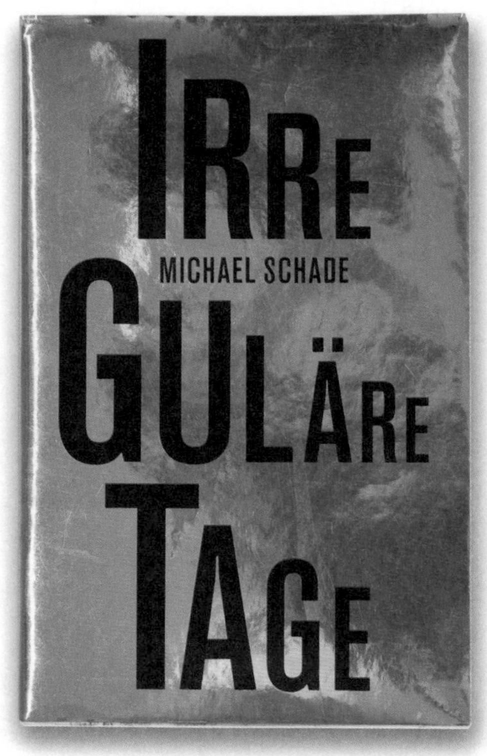

『불규칙한 나날들Irreguläre Tage』
미하엘 샤데Michael Schade 지음, 스펙터북스,
2013, 112×182mm, 224쪽, 무선

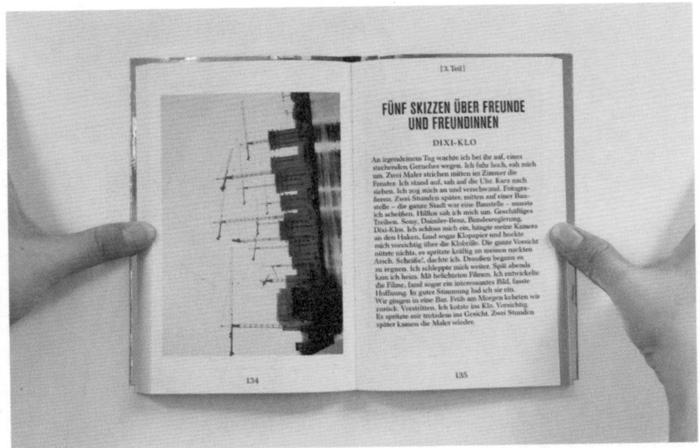

134

[3. Teil]

FÜNF SKIZZEN ÜBER FREUNDE UND FREUNDINNEN

DIXI-KLO

An irgendeinem Tag wachte ich bei ihr auf, eines stechenden Geruches wegen. Ich fuhr hoch, sah mich um. Zwei Maler strichen mitten im Zimmer die Fenster. Ich stand auf, sah auf die Uhr. Kurz nach sieben. Ich zog mich an und verschwand. Fotografieren. Zwei Stunden später, mitten auf einer Baustelle – die ganze Stadt war eine Baustelle – musste ich scheißen. Hilflos sah ich mich um. Geschäftiges Treiben. Sony, Daimler-Benz, Bundesregierung. Dixi-Klos. Ich schloss mich ein, hängte meine Kamera an den Haken, fand sogar Klopapier und hockte mich vorsichtig über die Klobrille. Die ganze Vorsicht nützte nichts, es spritzte kräftig an meinen nackten Arsch. Scheiße!, dachte ich. Draußen begann es zu regnen. Ich schleppte mich weiter. Spät abends kam ich heim. Mit belichteten Filmen. Ich entwickelte die Filme, fand sogar ein interessantes Bild, fasste Hoffnung. In guter Stimmung lud ich sie ein. Wir gingen in eine Bar. Früh am Morgen kehrten wir zurück. Verstritten. Ich kotzte ins Klo. Vorsichtig. Es spritzte mir trotzdem ins Gesicht. Zwei Stunden später kamen die Maler wieder.

135

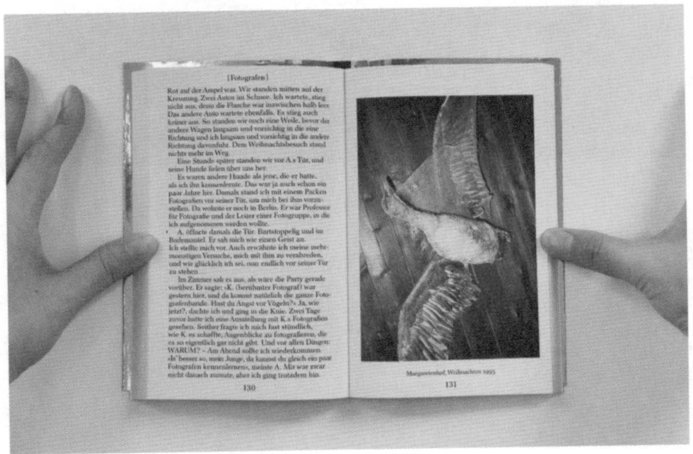

[Fotografen]

Rot auf der Ampel war. Wir standen mitten auf der Kreuzung. Zwei Autos im Schnee. Ich wartete, stieg nicht aus, denn die Flasche war inzwischen halb leer. Das andere Auto wartete ebenfalls. Es stieg auch keiner aus. So standen wir noch eine Weile, bevor der andere Wagen langsam und vorsichtig in die eine Richtung und ich langsam und vorsichtig in die andere Richtung davonfuhr. Dem Weihnachtsbesuch stand nichts mehr im Weg.

Eine Stunde später standen wir vor A.s Tür, und seine Hunde fielen über uns her.

Es waren andere Hunde als jene, die er hatte, als ich ihn kennenlernte. Das war ja auch schon ein paar Jahre her. Damals stand ich mit einem Packen Fotografien vor seiner Tür, um mich bei ihm vorzustellen. Da wohnte er noch in Berlin. Er war Professor für Fotografie und der Leiter einer Fotogruppe, in die ich aufgenommen werden wollte.

A. öffnete damals die Tür. Bartstoppelig und im Bademantel. Er sah mich wie einen Geist an. Ich stellte mich vor. Auch erwähnte ich meine mehrmonatigen Versuche, mich mit ihm zu verabreden, und wie glücklich ich sei, nun endlich vor seiner Tür zu stehen.

Im Zimmer sah es aus, als wäre die Party gerade vorüber. Er sagte: »K. (berühmter Fotograf) war gestern hier, und da kommt natürlich die ganze Fotografenbande. Hast du Angst vor Vögeln?« Ja, wie jetzt?, dachte ich und ging in die Knie. Zwei Tage zuvor hatte ich eine Ausstellung mit K.s Fotografien gesehen. Seither fragte ich mich fast stündlich, wie K. es schaffte, Augenblicke zu fotografieren, die es so eigentlich gar nicht gibt. Und vor allen Dingen: WARUM? – Am Abend sollte ich wiederkommen. »Is' besser so, mein Junge, da kannst du gleich ein paar Fotografen kennenlernen«, meinte A. Mir war zwar nicht danach zumute, aber ich ging trotzdem hin.

130

Margaretenhof, Weihnachten 1995

131

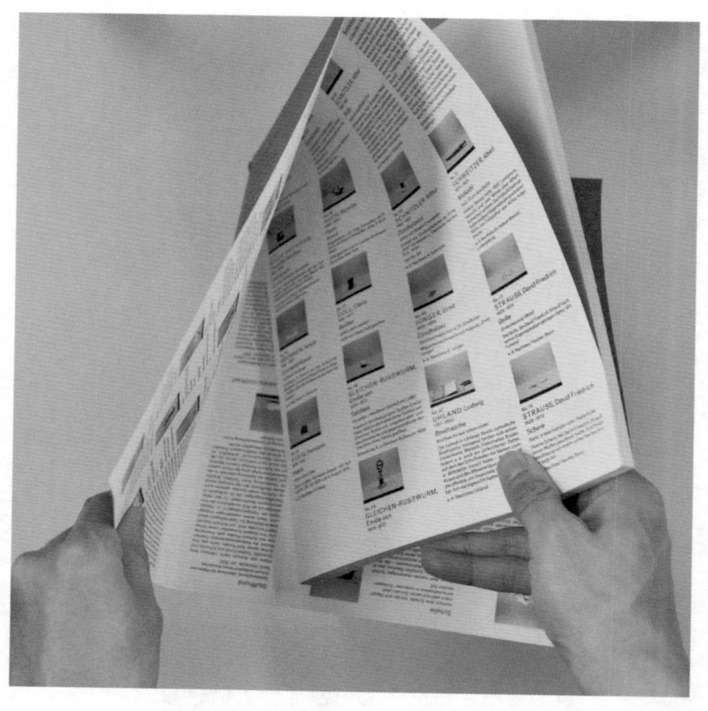

『성서외전Apogryphen』
리카르다 로간Ricarda Roggan 지음, 스펙터북스, 2014,
219×280mm, 96쪽+부록(97×150mm), 무선

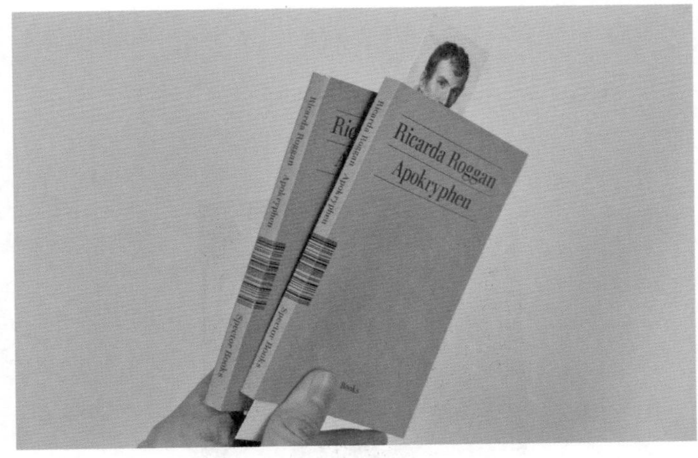
Ricarda Roggan
Apokryphen
Spector Books

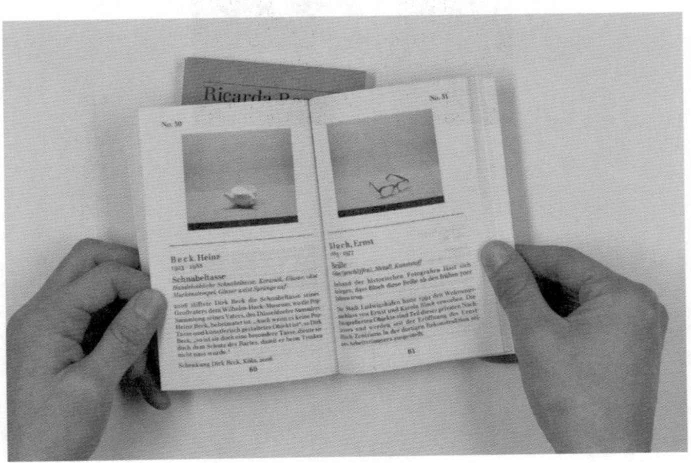
No. 50
No. 51
Beck, Heinz
Schnabeltasse

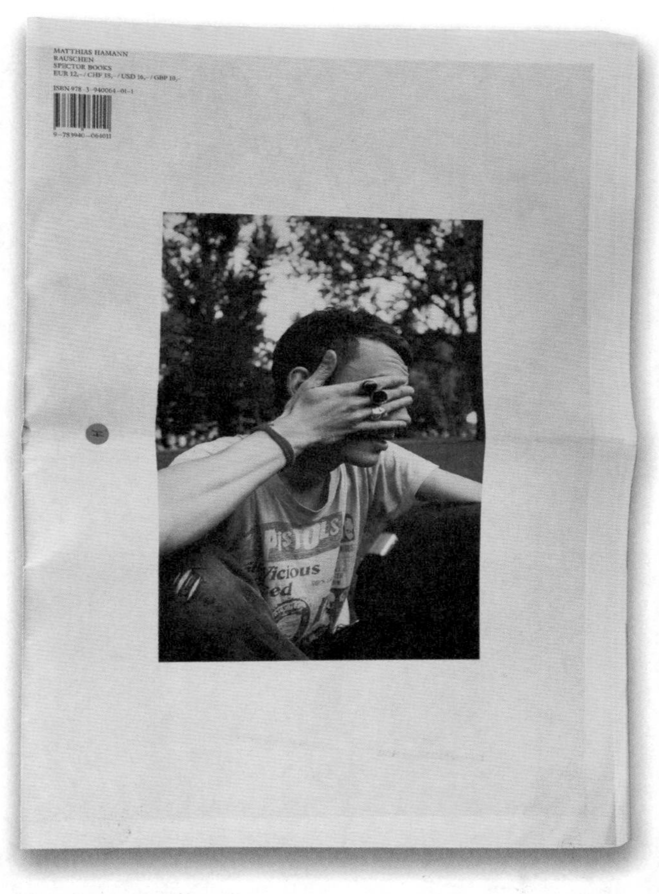

『속삭임Rauschen』
마티아스 하만Matthias Hamann 지음, 스펙터북스,
2009, 160×230mm, 접지형 32쪽 신문

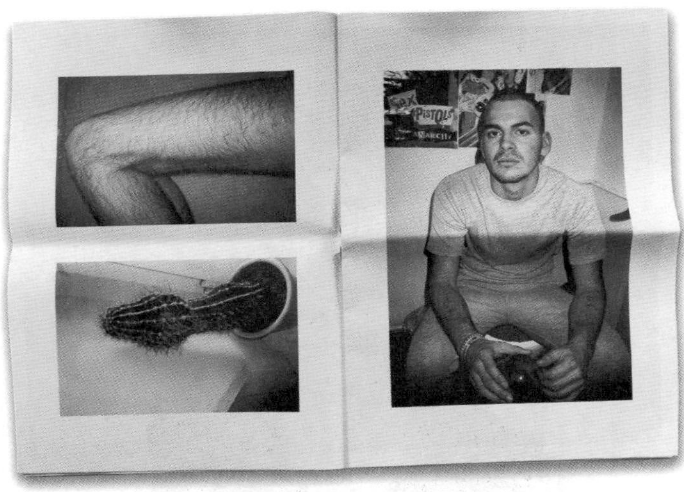

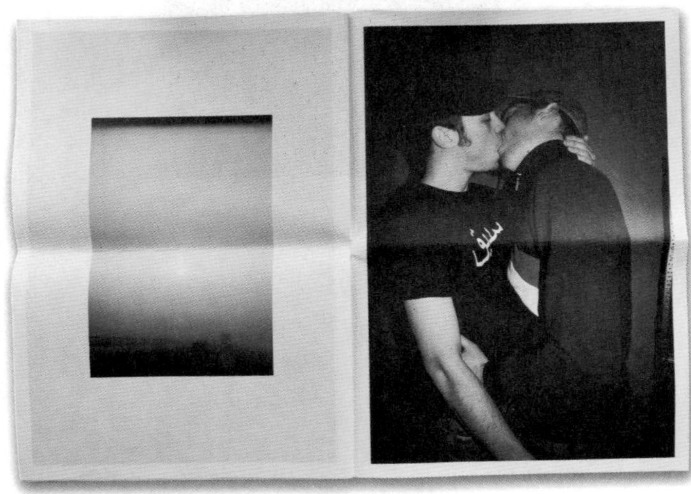

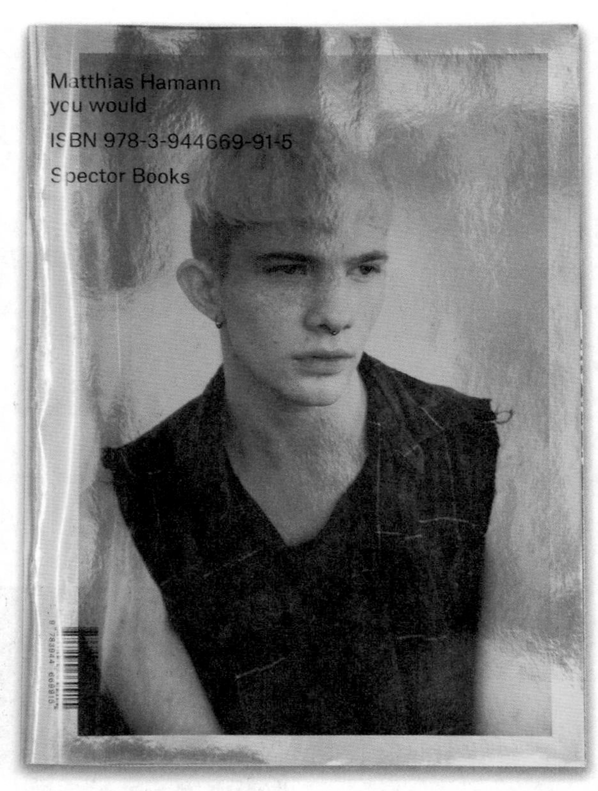

「아마도You Would」
마티아스 하만 지음, 스펙터북스,
2015, 236×320mm, 128쪽, 중철

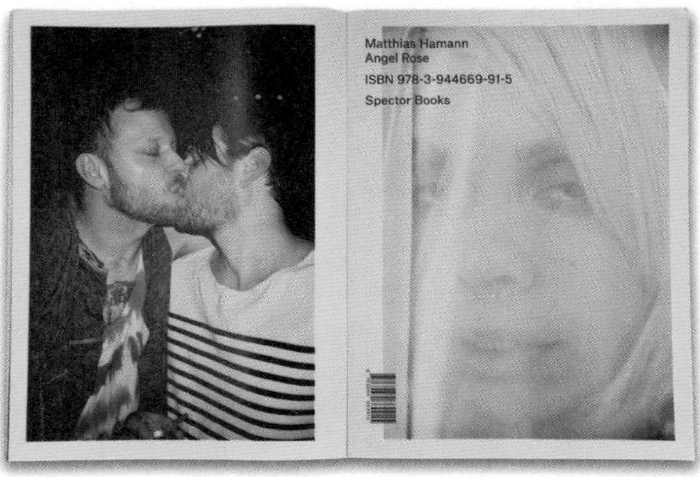
Matthias Hamann
Angel Rose
ISBN 978-3-944669-91-5
Spector Books

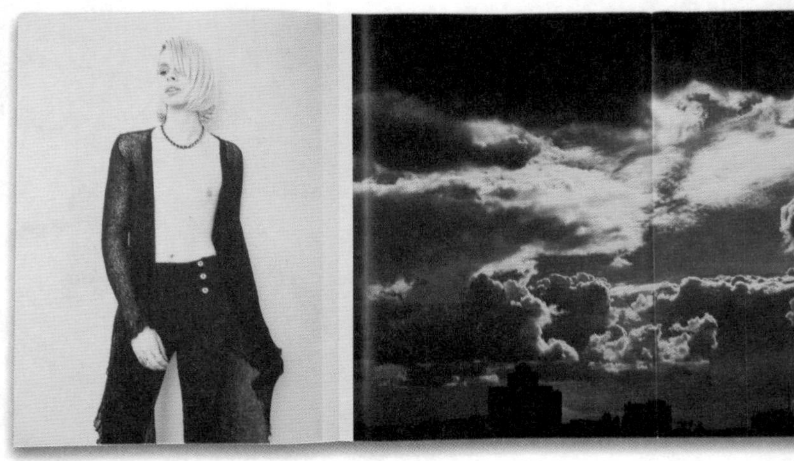

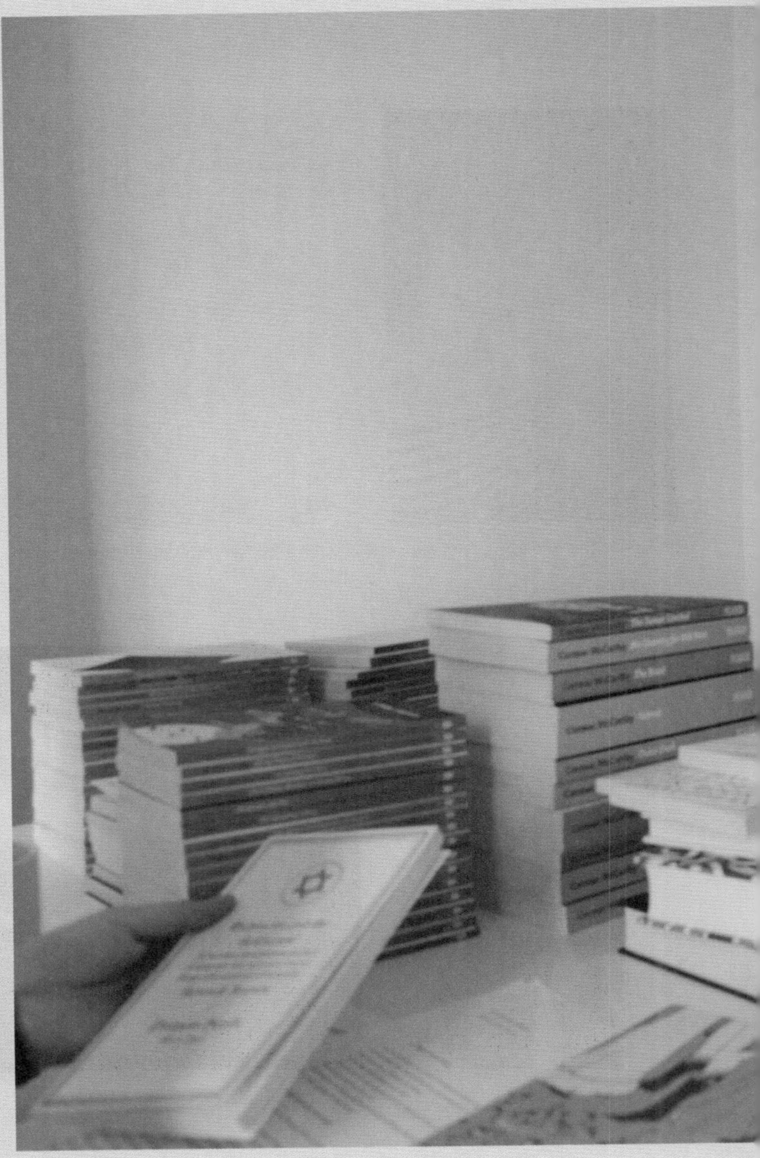

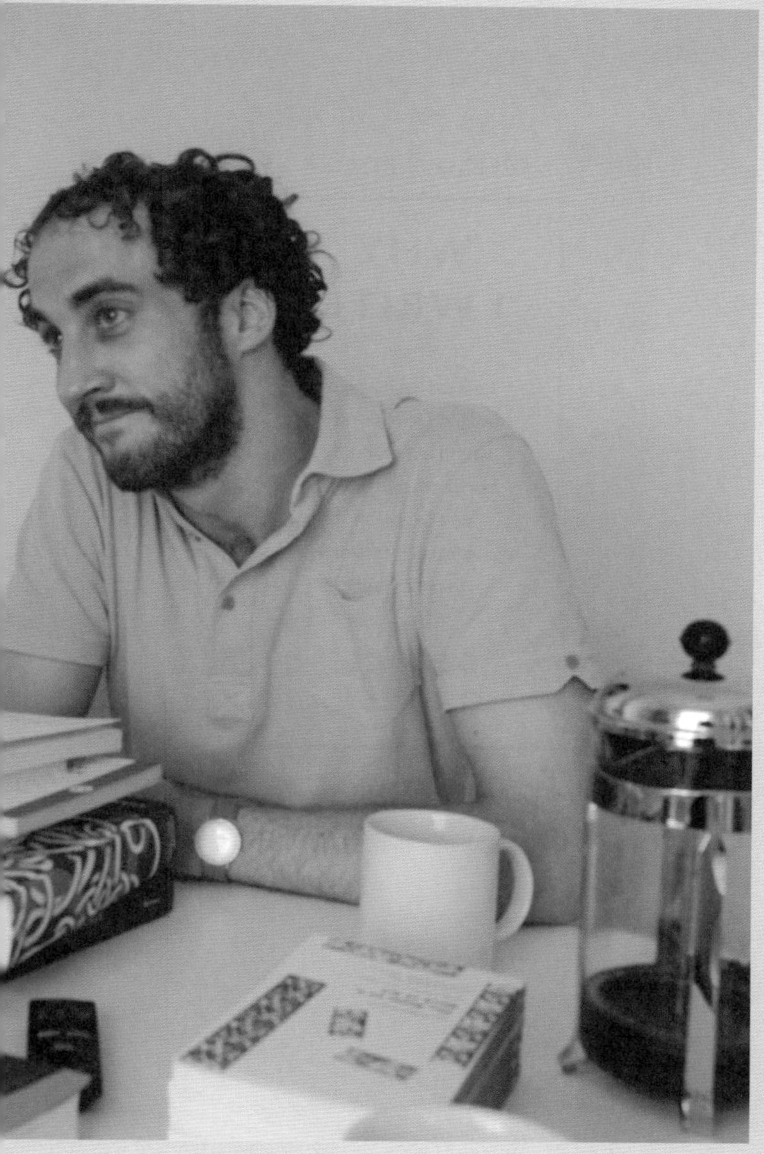

London, 2011 © Ahn Byung-hak

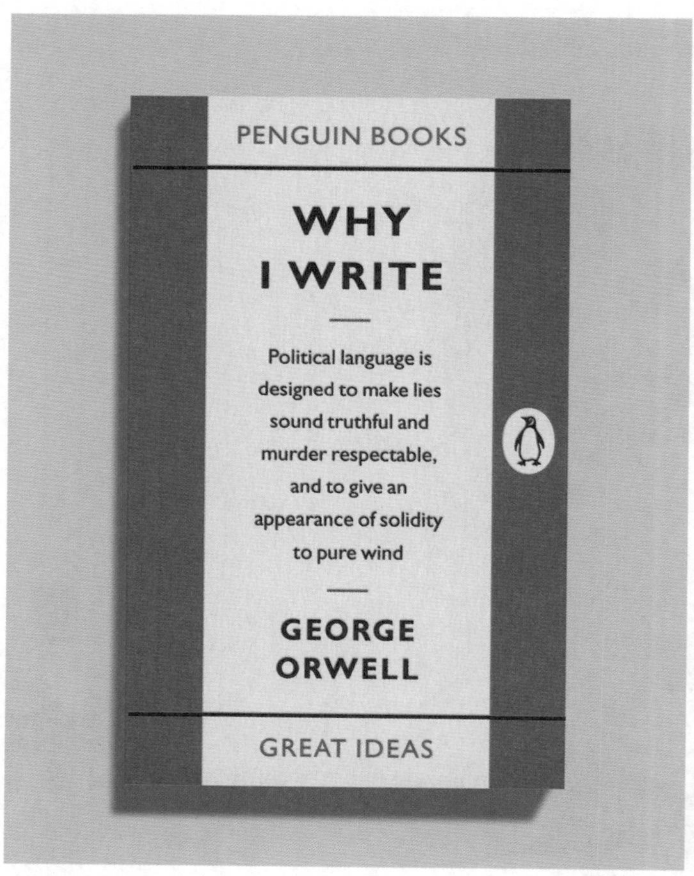

「나는 왜 쓰는가Why I Write」
조지 오웰George Orwell 지음, 그레이트 아이디어 시리즈Great Idesa Series
펭귄북스Penguin Books, 2004, 111×181mm, 128쪽, 무선

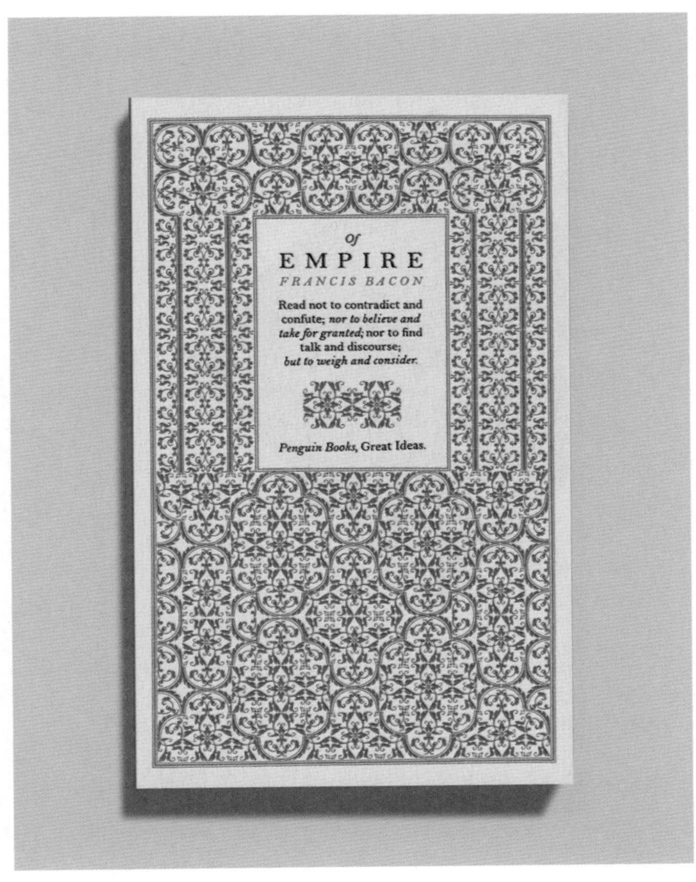

『제국에 관해Of Empire』
프랜시스 베이컨Francis Bacon 지음, 그레이트 아이디어 시리즈,
펭귄북스, 2005, 111×181mm, 112쪽, 무선

→ 163, 166-170, 174

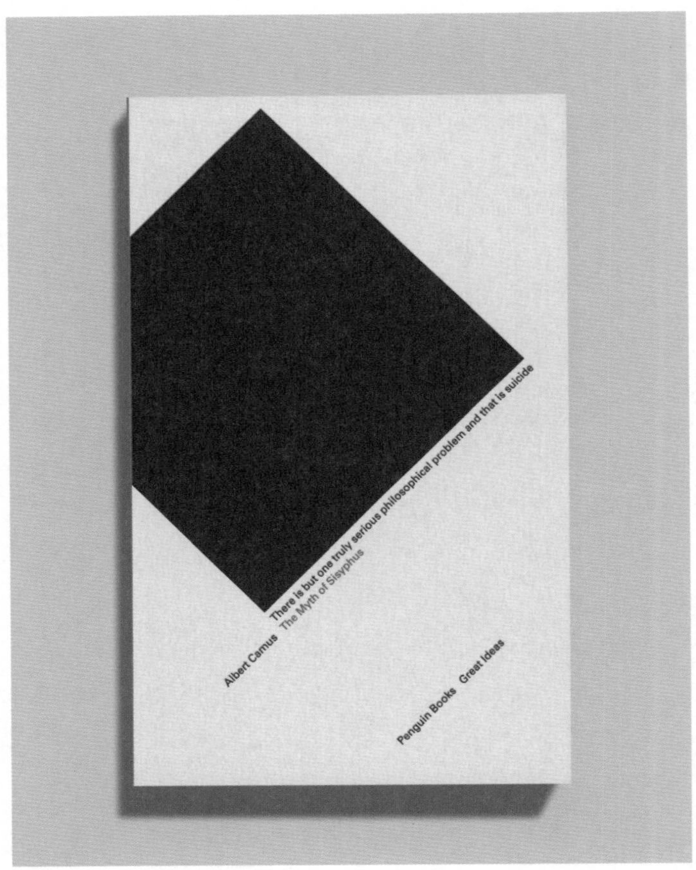

『시지프스의 신화The Myth of Sisyphus』
알베르 카뮈Albert Camus 지음, 그레이트 아이디어 시리즈,
펭귄북스, 2005, 111×181mm, 114쪽, 무선

→ 163, 166-170, 174

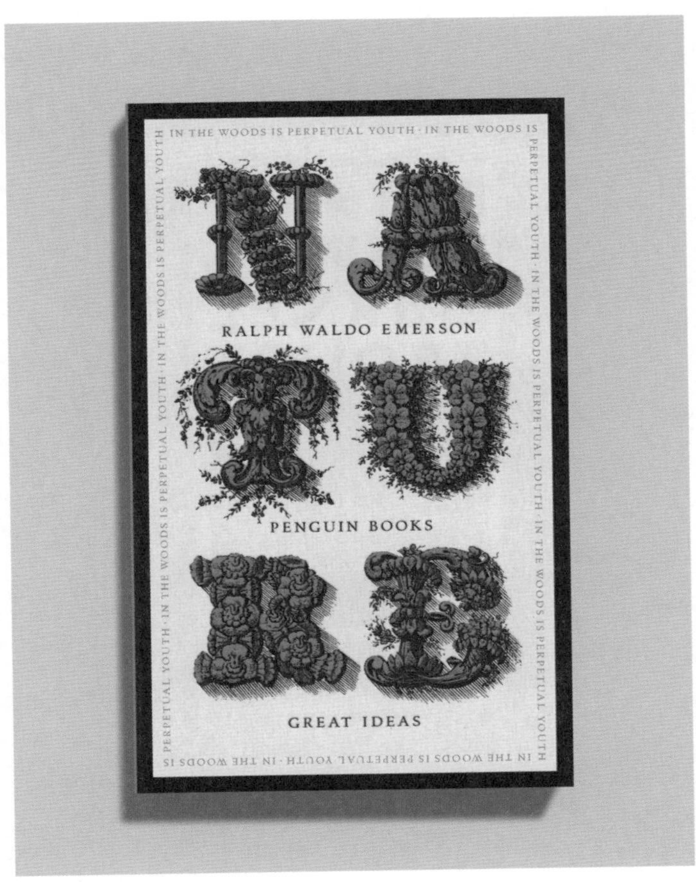

『자연Nature』
랄프 에머슨Ralph Emerson 지음, 그레이트 아이디어 시리즈,
펭귄북스, 2008, 111×181mm, 128쪽, 무선

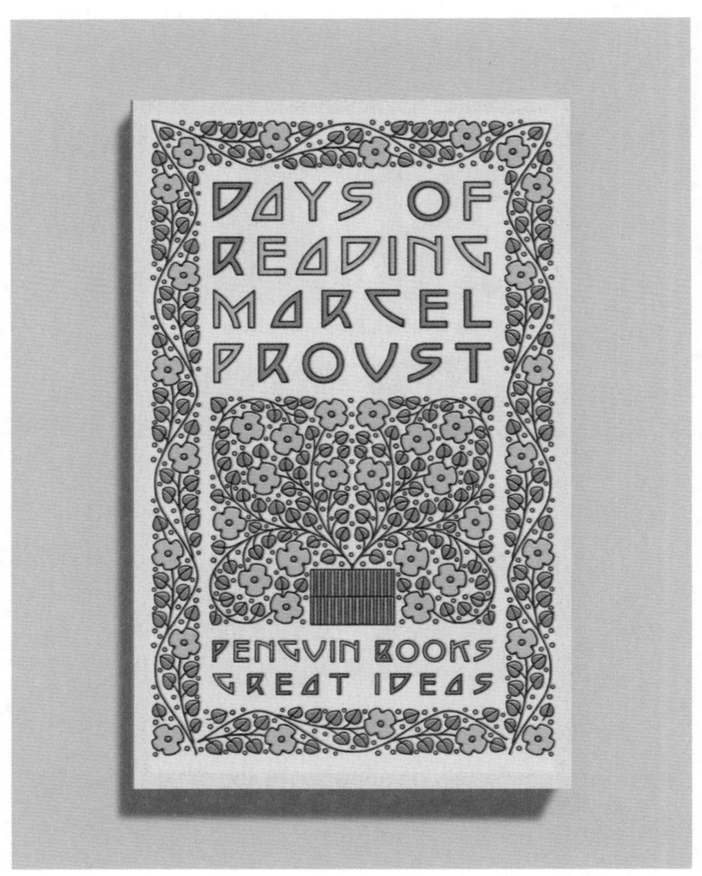

『독서의 나날Days of Reading』
마르셀 프루스트Marcel Proust 지음, 그레이트 아이디어 시리즈,
펭귄북스, 2008, 111×181mm, 128쪽, 무선

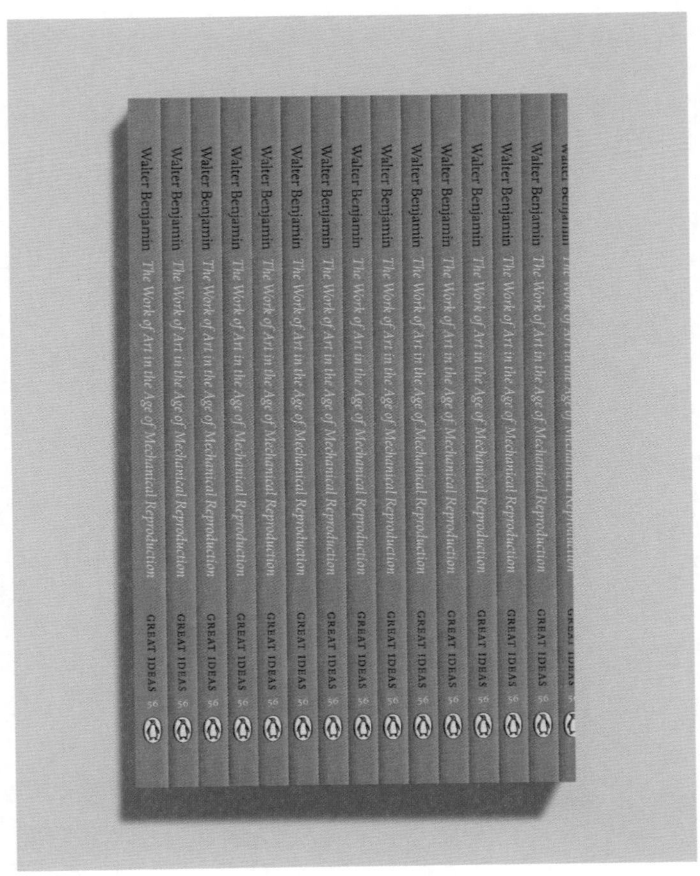

『기술 복제 시대의 예술 작품The Work of Art in the Age of Mechanical Reproduction』
발터 벤야민Walter Benjamin 지음, 그레이트 아이디어 시리즈,
펭귄북스, 2008, 111×181mm, 128쪽, 무선

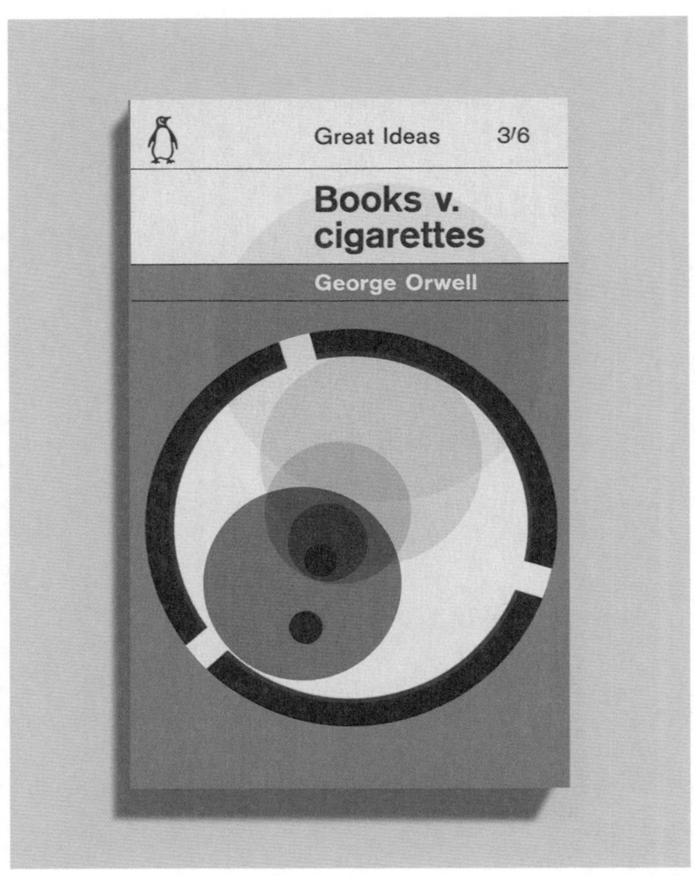

『책 대 담배Books vs. Cigarettes』
조지 오웰 지음, 그레이트 아이디어 시리즈,
펭귄북스, 2008, 111×181mm, 144쪽, 무선

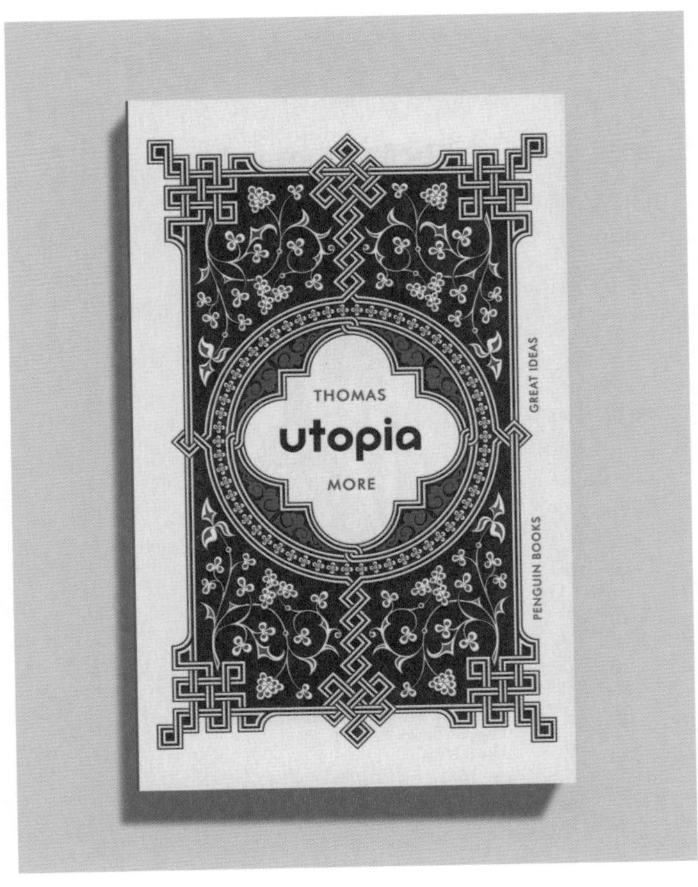

『유토피아Utopia』
토마스 모어Thomas More 지음, 그레이트 아이디어 시리즈,
펭귄북스, 2009, 111×181mm, 160쪽, 무선

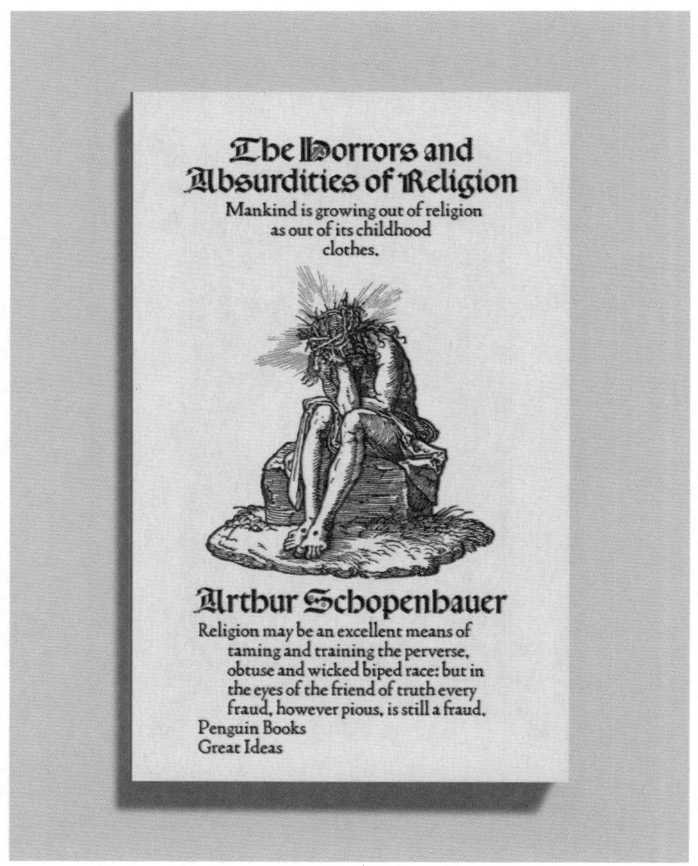

『종교의 공포와 모순The Horrors and Absurdities of Religion』
아르투르 쇼펜하우어Arthur Schopenhauer 지음, 그레이트 아이디어 시리즈,
펭귄북스, 2009, 111×181mm, 128쪽, 무선

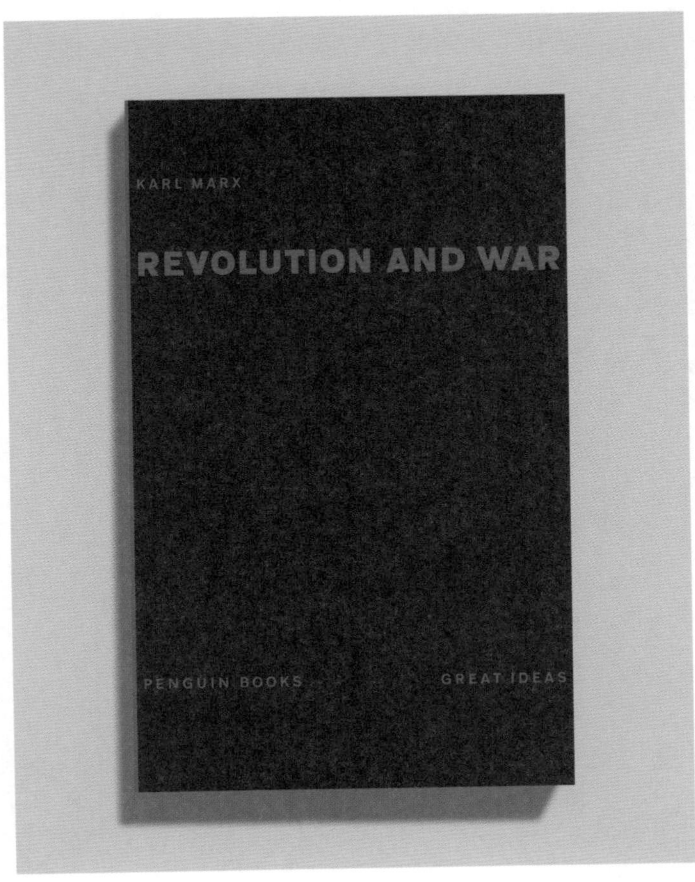

『혁명과 전쟁Revolution and War』
카를 막스Karl Marx 지음, 그레이트 아이디어 시리즈,
펭귄북스, 2009, 111×181mm, 144쪽, 무선

 → 163, 166-170, 174

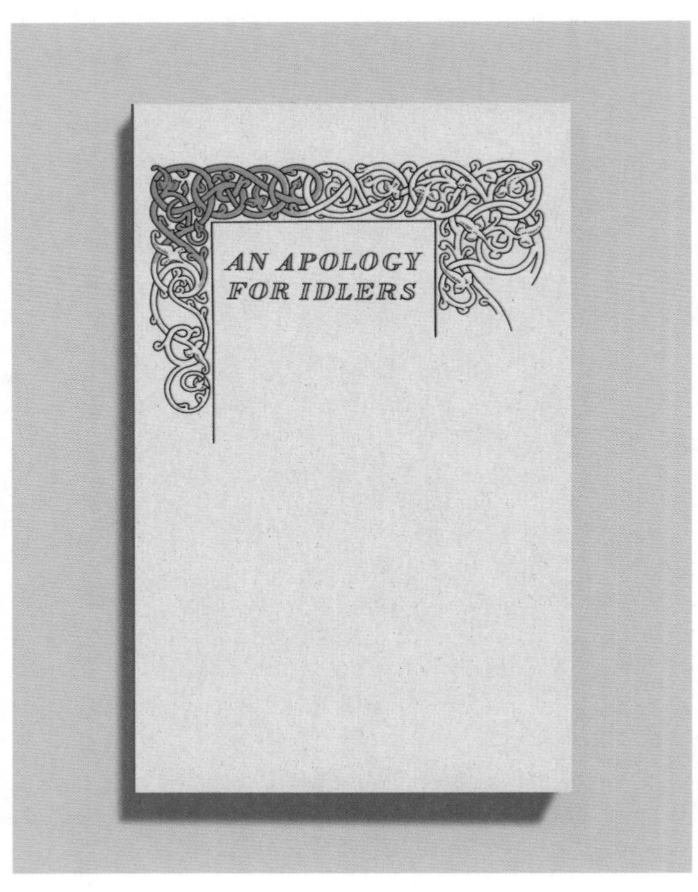

『게으름에 대한 양해An Apology for Idlers』
로버트 루이스 스티븐슨Robert Louis Stevenson 지음, 그레이트 아이디어 시리즈,
펭귄북스, 2009, 111×181mm, 128쪽, 무선

THE GREATEST OF ALL TONICS

for Depression, Brain Fag, Influenza, Anæmia, Headache, Neuralgia, Debility, Indigestion, Sleeplessness.

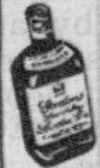

Bar through head and doing well

There was a gasp of horror in the casualty department of Poplar Hospital, London, E., when a 50-year-old workman, Henry Arthur Shelford, of Carson-Road, Canning Town, walked from an ambulance with a steel rod 13 inches long and half-an-inch thick through his head from below his left eye to behind his right ear.

He was rushed to the operating theatre and the bar was withdrawn without causing the slightest injury to either the brain or eye. Shelford is making a good recovery, and is wondering what all the fuss was about.

MACKESON'S STOUT
does you DOUBLE good

George Orwell

Penguin Books

Decline of the English Murder

It is Sunday afternoon, preferably before the war. The wife is already asleep in the armchair, and the children have been sent out for a nice long walk. You put your feet up on the sofa, settle your spectacles on your nose, and open *The News of the World*. Roast beef and Yorkshire, or roast pork and apple sauce, followed up by suet pudding and driven home, as it were, by a cup of mahogany brown tea, have put you in just the right mood... In these blissful circumstances, what is it you want to read about? Naturally, a murder.

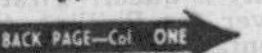

GREAT IDEAS

「영국식 살인의 퇴보Decline of the English Murder」
조지 오웰 지음, 그레이트 아이디어 시리즈,
펭귄북스, 2009, 111×181mm, 128쪽, 무선

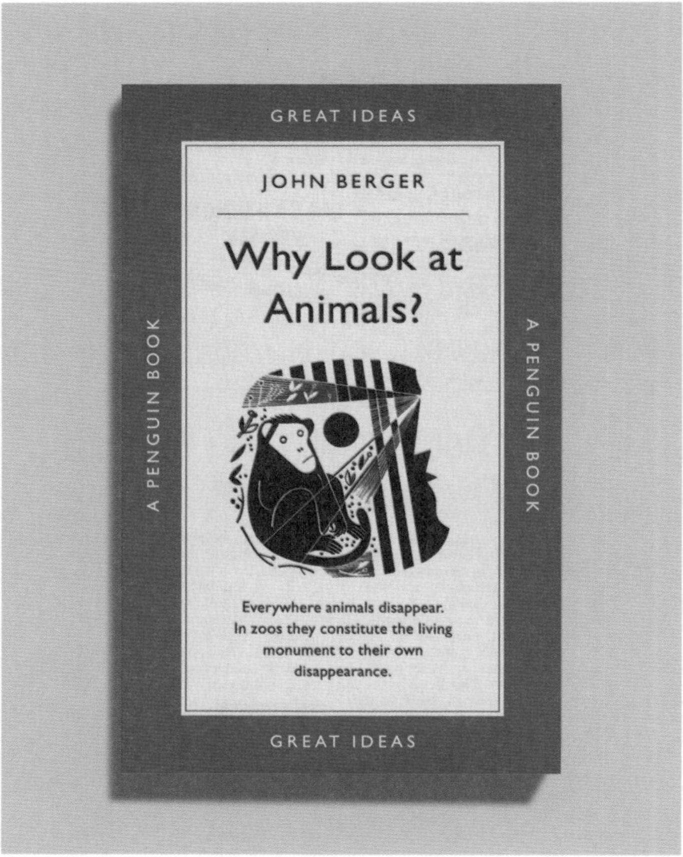

 → 163, 166-170, 174

『동물을 생각하는 이유Why Look at Animals?』
존 버거 지음, 조 맥란Joe McLaren 그림, 그레이트 아이디어 시리즈,
펭귄북스, 2009, 111×181mm, 112쪽, 무선

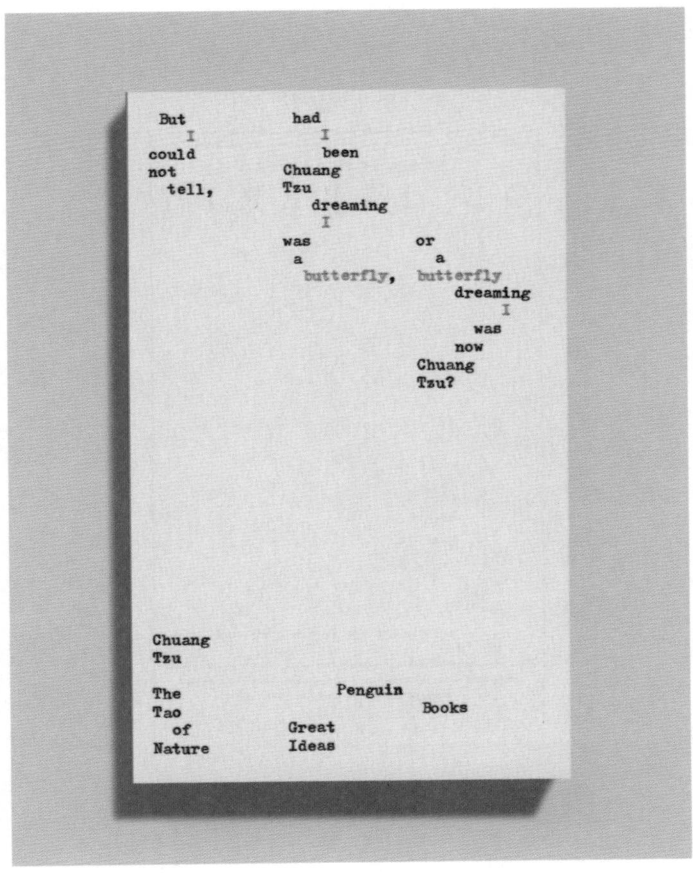

『자연의 도The Tao of Nature』
장자莊子 지음, 필 베인스Phil Baines 북 디자인, 데이비드 피어슨David Pearson 아트 디렉션,
그레이트 아이디어 시리즈, 펭귄북스, 2010, 111×181mm, 176쪽, 무선

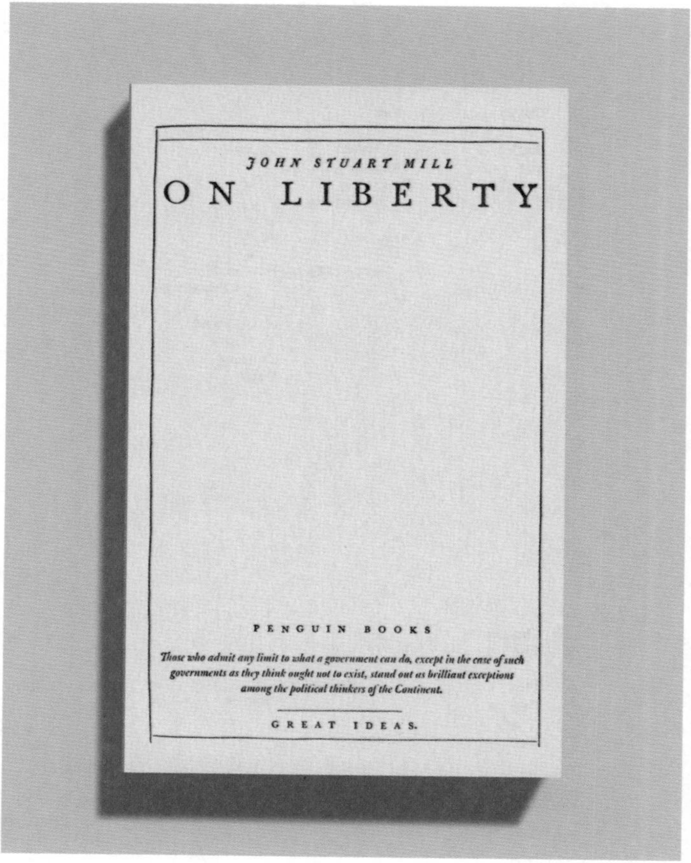

→ 163, 166-170, 174

『자유에 관해On Liberty』
존 스튜어트 밀John Stuart Mill 지음, 그레이트 아이디어 시리즈,
펭귄북스, 2010, 111×181mm, 192쪽, 무선

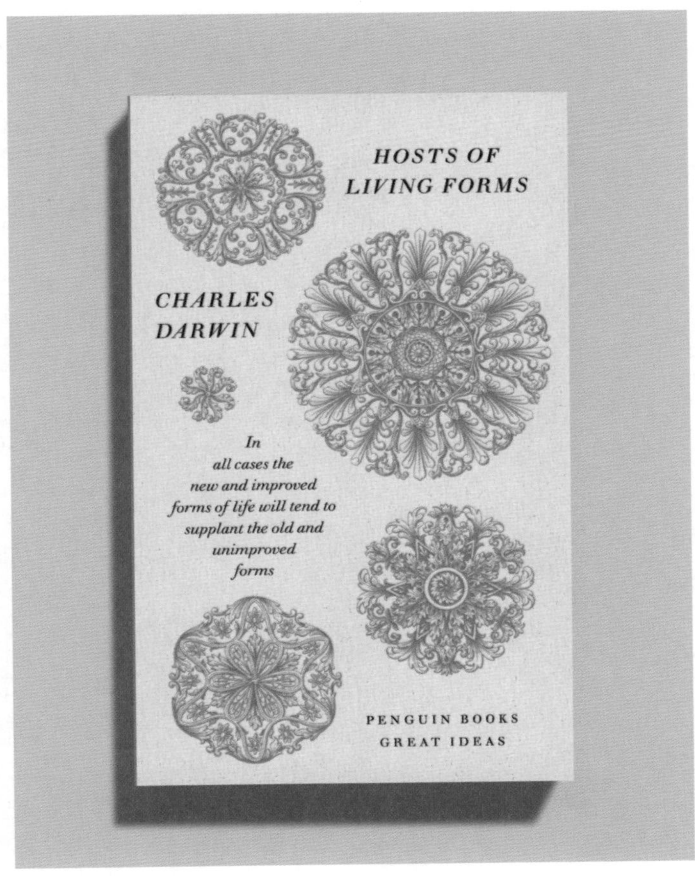

『삶의 방식의 주인Hosts of Living Forms』
찰스 다윈Charles Darwin 지음, 그레이트 아이디어 시리즈,
펭귄북스, 2010, 111×181mm, 160쪽, 무선

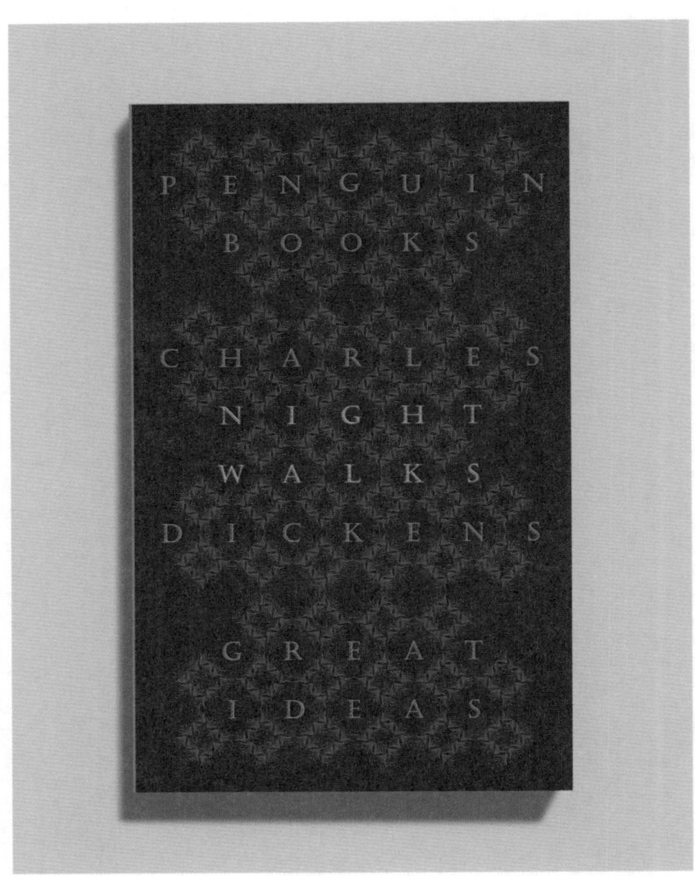

『야행Night Walks』
찰스 디킨즈Charles Dickens 지음, 그레이트 아이디어 시리즈,
펭귄북스, 2010, 111×181mm, 128쪽, 무선

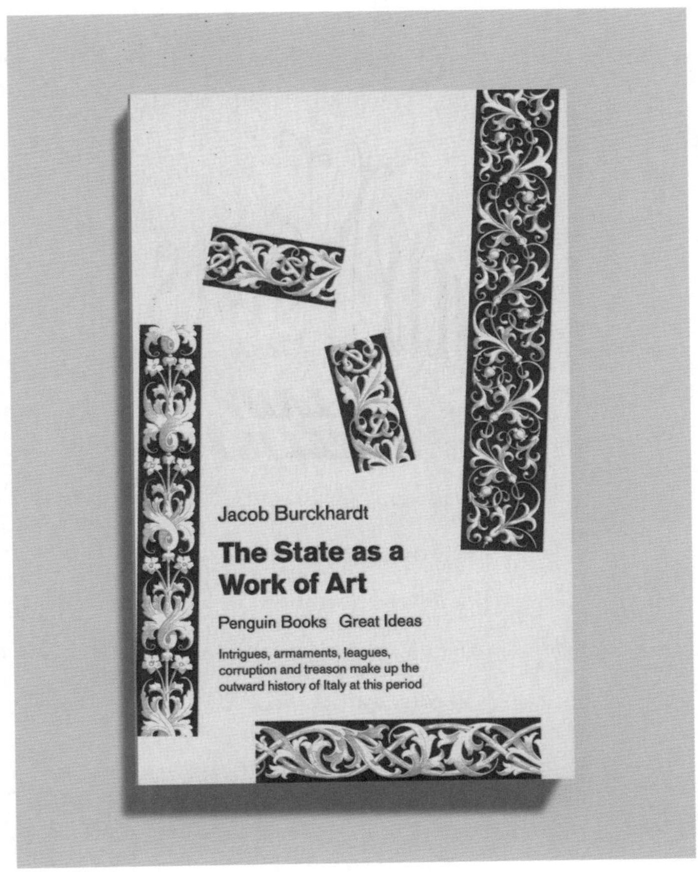

『예술 작품의 상태The State as a Work of Art』
야코프 부르크하르트Jacob Burckhardt 지음, 그레이트 아이디어 시리즈,
펭귄북스, 2010, 111×181mm, 144쪽, 무선

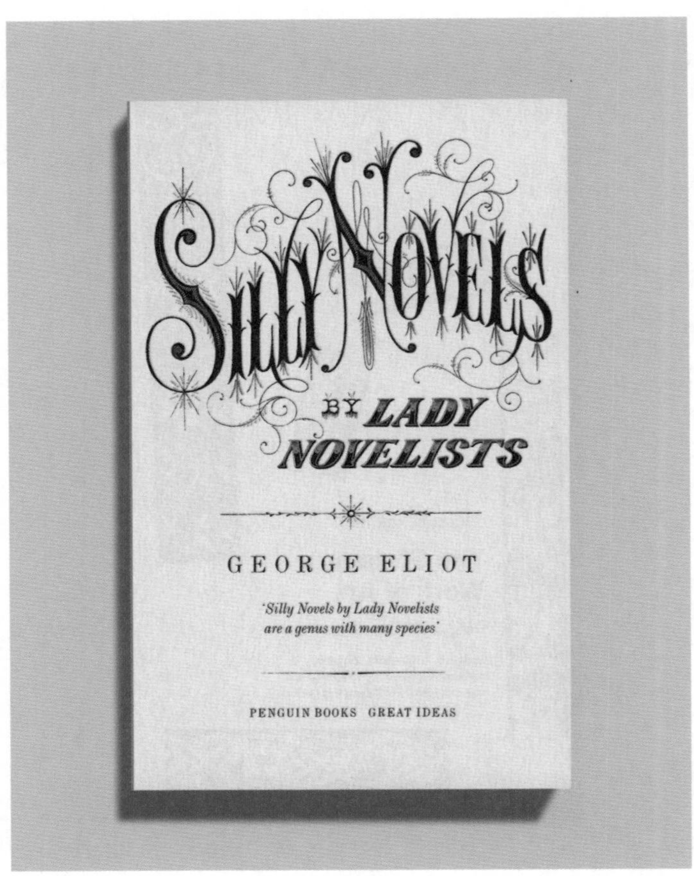

『여류 소설가가 쓴 우화Silly Novels by Lady Novelists』
조지 엘리어트George Eliot 지음, 캐서린 딕슨 디자인, 데이비드 피어슨 아트 디렉션,
그레이트 아이디어 시리즈, 펭귄북스, 2010, 111×181mm, 128쪽, 무선

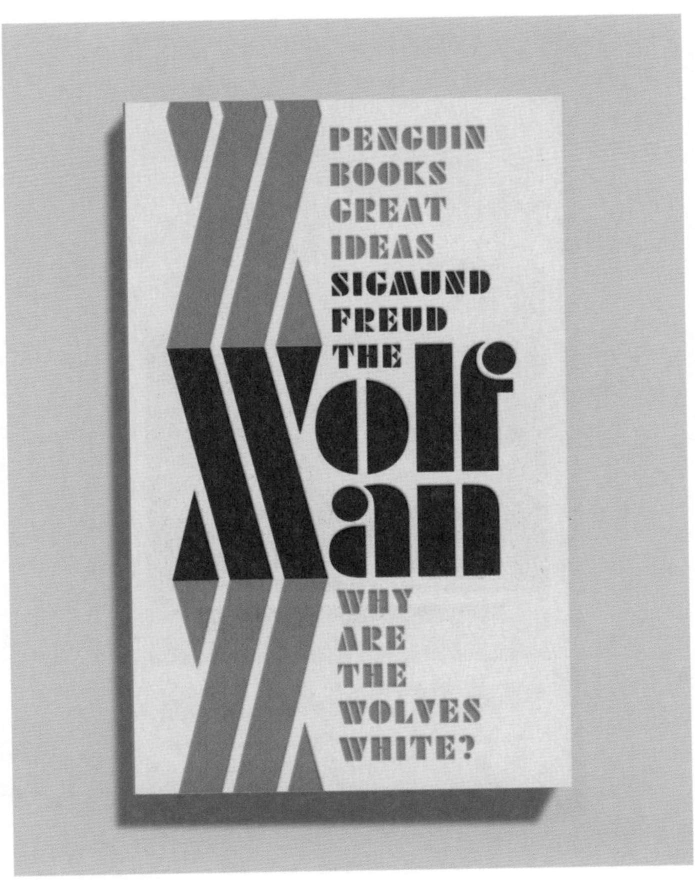

『늑대 인간The Wolfman』
지크문트 프로이트Sigmund Freud 지음, 그레이트 아이디어 시리즈,
펭귄북스, 2010, 111×181mm, 160쪽, 무선

→ 163, 166-170, 174

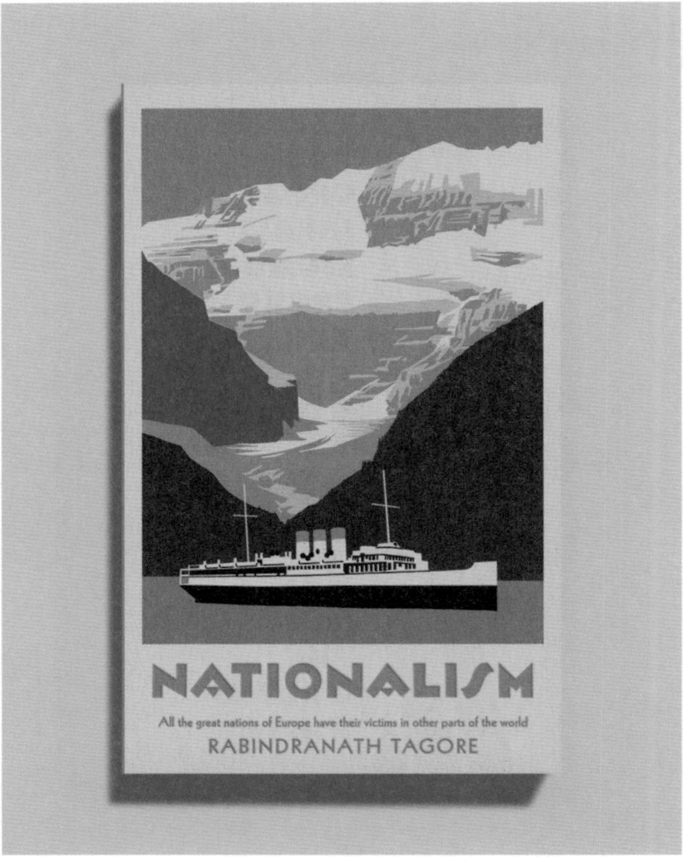

「국가주의Nationalism」
라빈드라나드 타고르Rabindranath Tagore 지음, 그레이트 아이디어 시리즈,
펭귄북스, 2010, 111×181mm, 112쪽, 무선

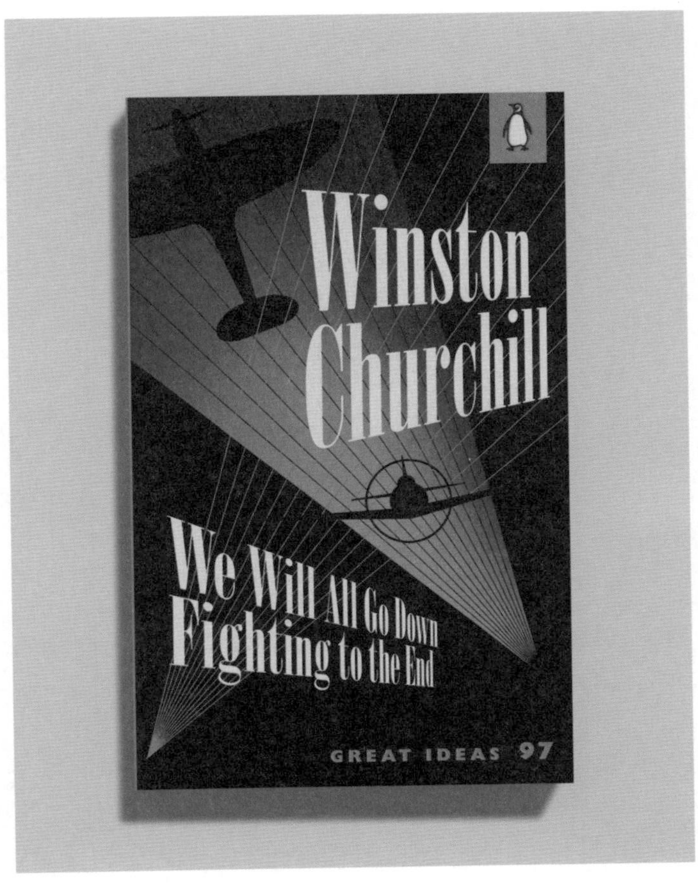

『우리는 끝까지 싸울 것이다We will All go down Fighting to the End』
윈스턴 처칠Winston Churchill 지음, 그레이트 아이디어 시리즈,
펭귄북스, 2010, 111×181mm, 144쪽, 무선

→ 163, 166-170, 174

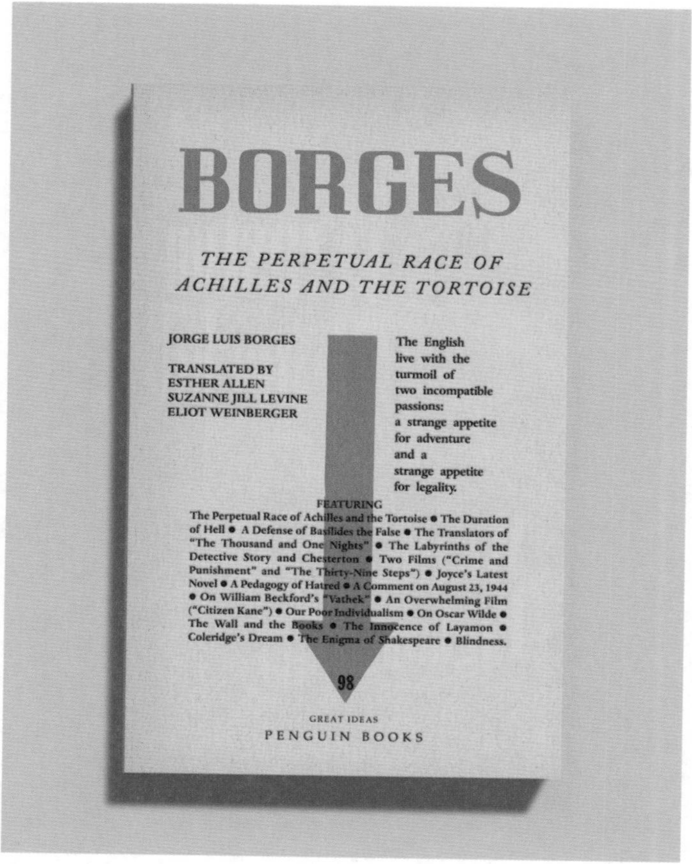

BORGES

THE PERPETUAL RACE OF ACHILLES AND THE TORTOISE

JORGE LUIS BORGES

TRANSLATED BY
ESTHER ALLEN
SUZANNE JILL LEVINE
ELIOT WEINBERGER

The English live with the turmoil of two incompatible passions: a strange appetite for adventure and a strange appetite for legality.

FEATURING

The Perpetual Race of Achilles and the Tortoise • The Duration of Hell • A Defense of Basilides the False • The Translators of "The Thousand and One Nights" • The Labyrinths of the Detective Story and Chesterton • Two Films ("Crime and Punishment" and "The Thirty-Nine Steps") • Joyce's Latest Novel • A Pedagogy of Hatred • A Comment on August 23, 1944 • On William Beckford's "Vathek" • An Overwhelming Film ("Citizen Kane") • Our Poor Individualism • On Oscar Wilde • The Wall and the Books • The Innocence of Layamon • Coleridge's Dream • The Enigma of Shakespeare • Blindness.

98

GREAT IDEAS
PENGUIN BOOKS

『아킬레스와 거북이의 끝없는 경주The Perpetual Race of Achilles and the Tortoise』
호르헤 루이스 보르헤스Jorge Luis Borges 지음, 그레이트 아이디어 시리즈,
펭귄북스, 2010, 111×181mm, 144쪽, 무선

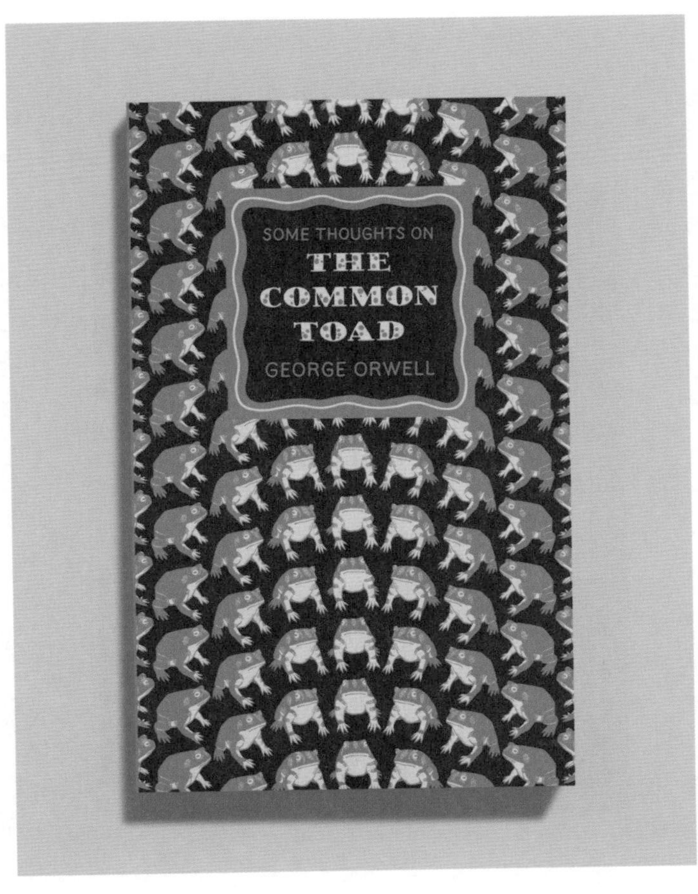

『두꺼비에 관한 단상Some Thoughts on the Common Toad』
조지 오웰 지음, 조 맥란 그림, 그레이트 아이디어 시리즈,
펭귄북스, 2010, 111×181mm, 128쪽, 무선

 → 166

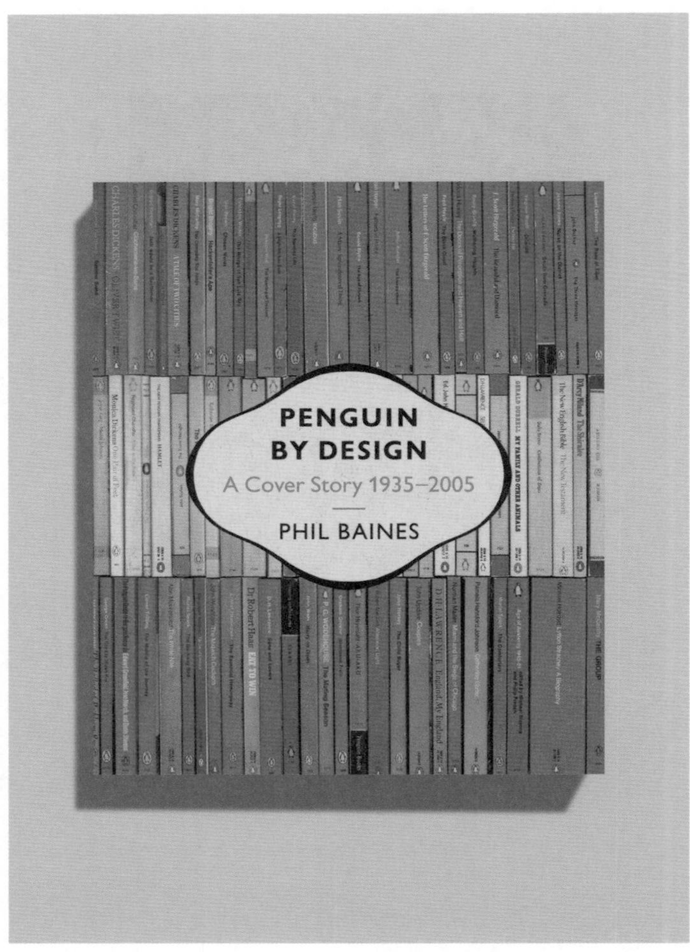

『펭귄 북 디자인 1935-2005 Penguin by Design: A Cover Story 1935-2005』
필 베인스 지음, 펭귄북스, 2005, 186×218mm, 256쪽, 무선

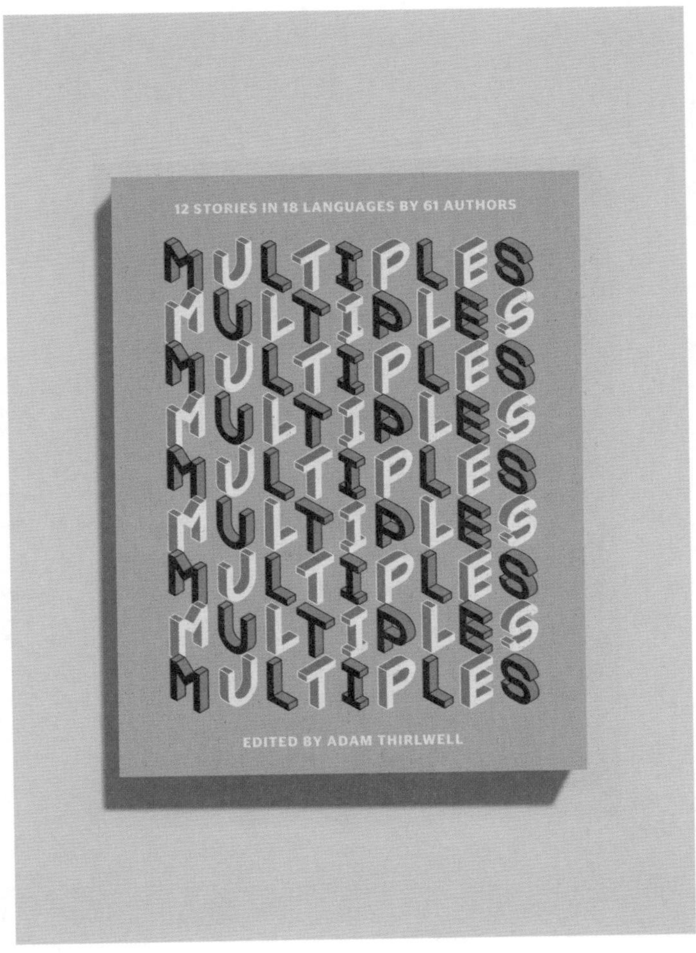

『다양성: 예순한 명의 작가가 열여덟 언어로 쓴 열두 이야기
Multiples: 12 Stories in 18 Languages by 61 Authors』
아담 서웰Adam Thirlwell 편집, 포토벨로북스Portobello Books,
2013, 164×207mm, 448쪽, 양장

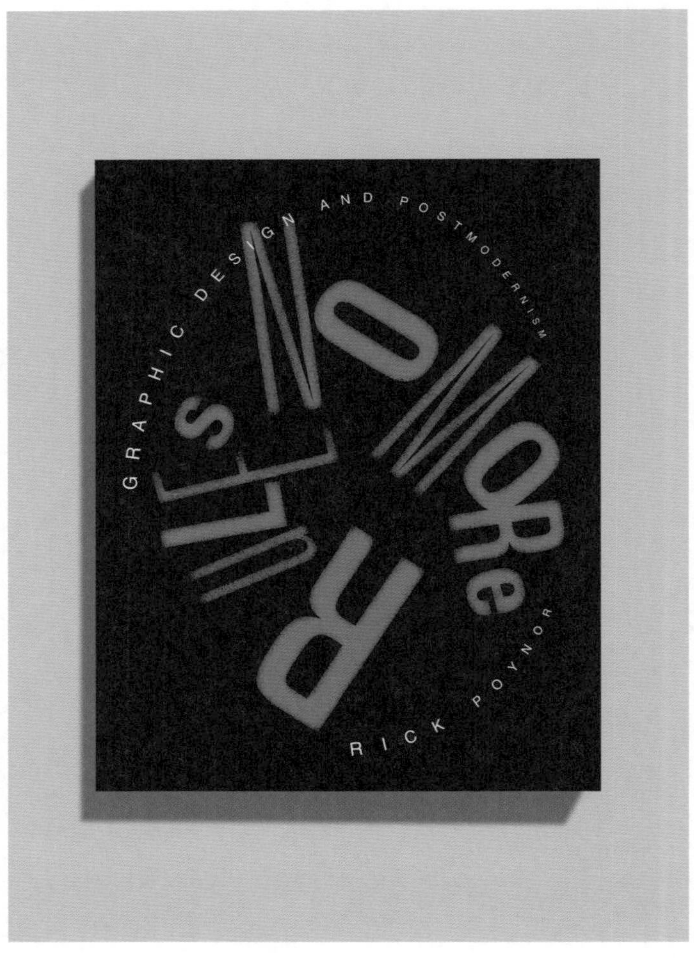

『디자인의 모험No More Rules』
릭 포이너Rick Poynor 지음, 로렌스킹출판사Laurence King Publishers,
2013, 178×229mm, 192쪽, 무선

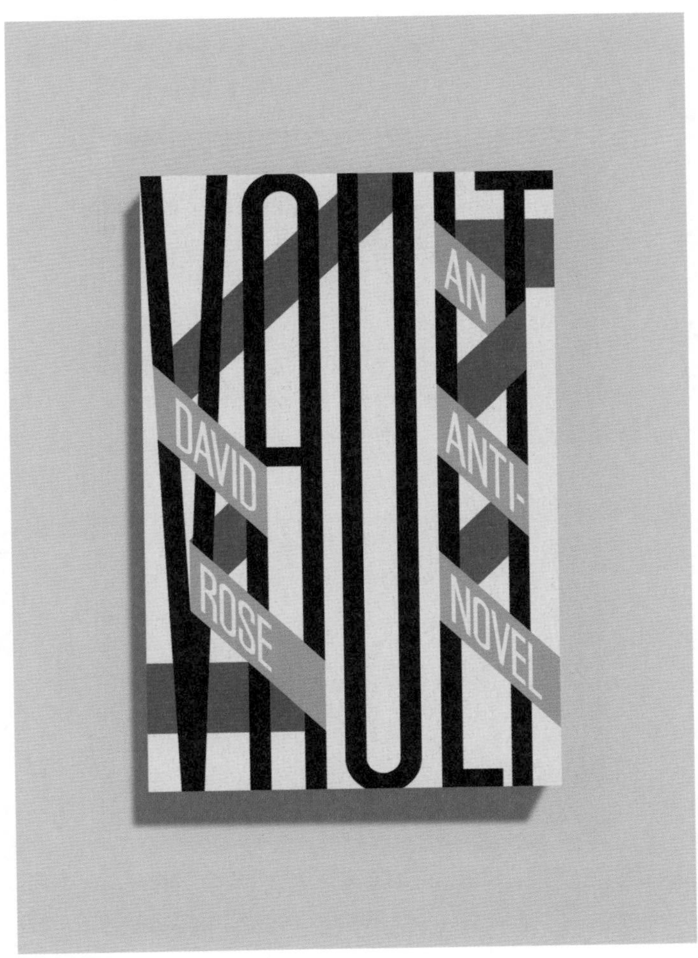

『볼트Vault』
데이비드 로즈David Rose 지음, 솔트Salt,
2011, 127×203mm, 176쪽, 무선

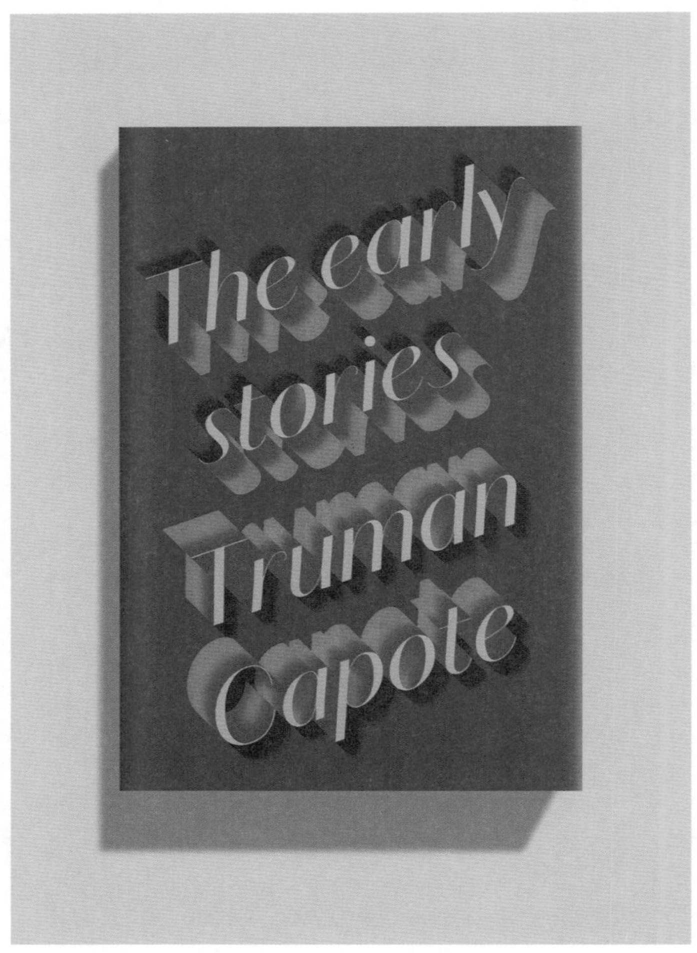

『트루먼 캐포티 초기작The Early Stories of Truman Capote』
트루먼 캐포티Truman Capote 지음, 펭귄북스, 2015,
138×206mm, 192쪽, 양장

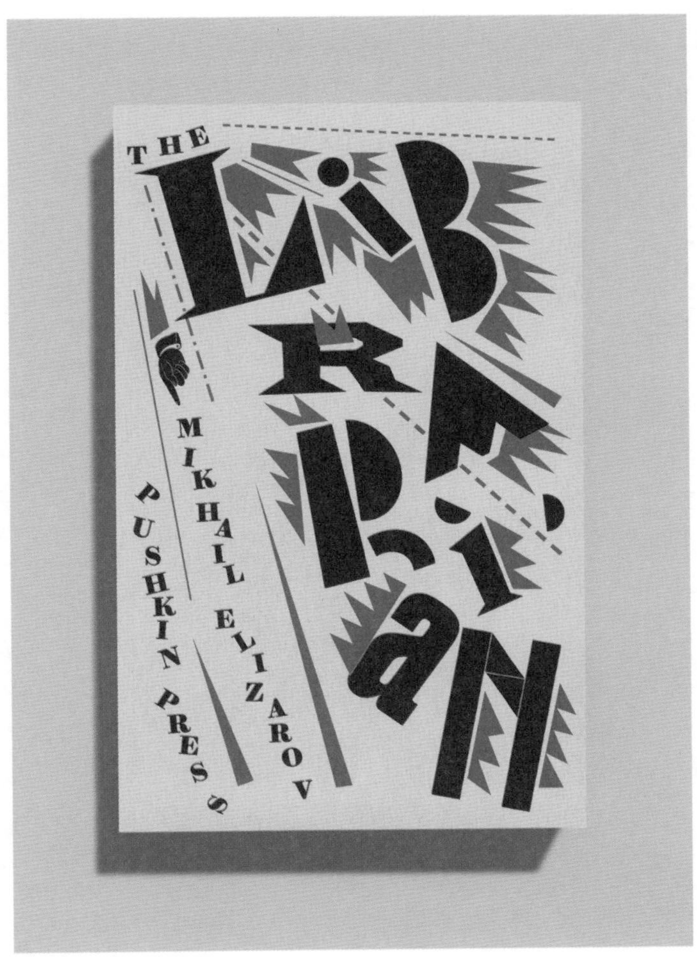

『사서The Librarian』
미하일 엘리자로프Mikhail Elizarov 지음, 푸시킨프레스Pushkin Press,
2015, 135×215mm, 320쪽, 무선

 → 168, 170, 172

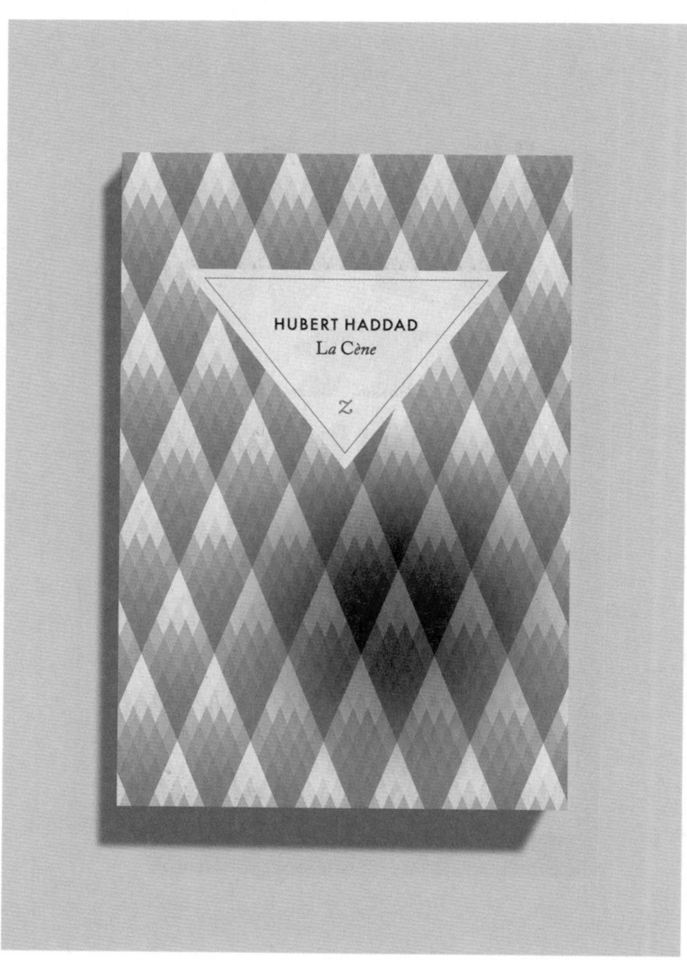

『만찬Le Cène』
허버트 하다드Hubert Haddad 지음, 줄마출판사Éditions Zulma,
재출간, 2005, 120×180mm, 176쪽, 무선

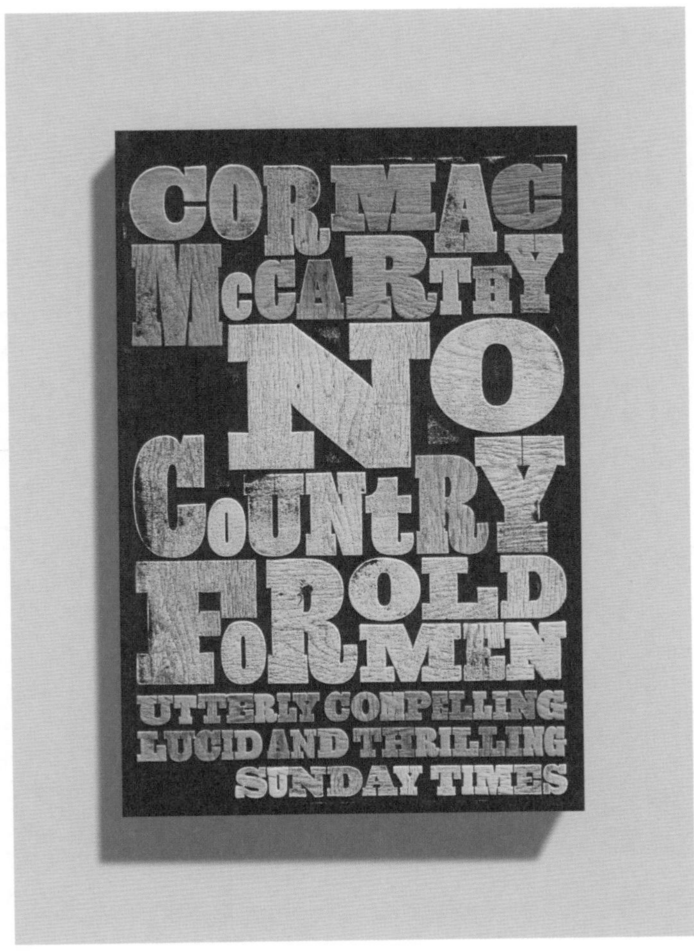

『노인을 위한 나라는 없다 No Country for Old Men』
코맥 매카시 Cormac McCarthy 지음, 피카도르북스 Picador Books,
2010, 196×218mm, 320쪽, 무선

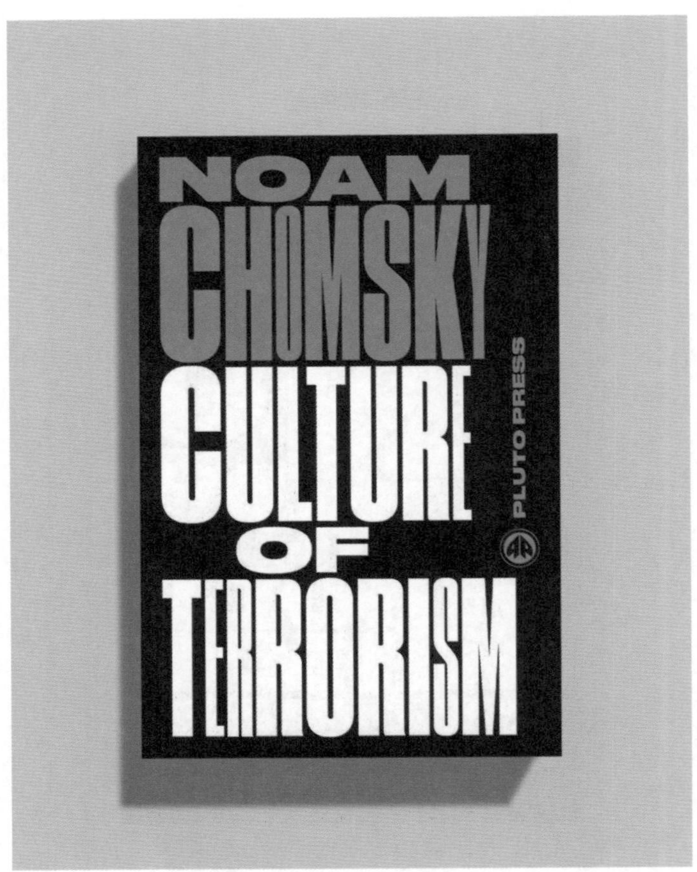

『테러리즘의 문화Culture of Terrorism』
노엄 촘스키 Noam Chomsky 지음, 촘스키 퍼스펙티브 시리즈
Chomsky Perspective Series, 플루토프레스, 2015, 129×198mm, 무선

촘스키 퍼스펙티브 시리즈
플루토프레스, 2015, 무선

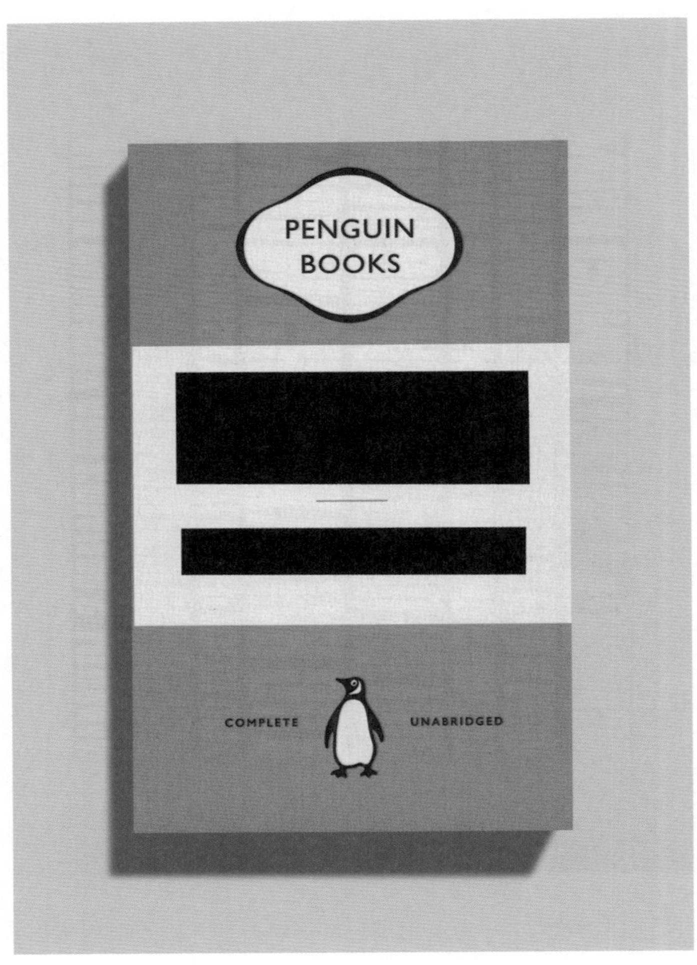

「1984」
조지 오웰 지음, 그레이트 오웰 시리즈Great Orwell Series,
펭귄북스, 2013, 111×181mm, 368쪽, 무선

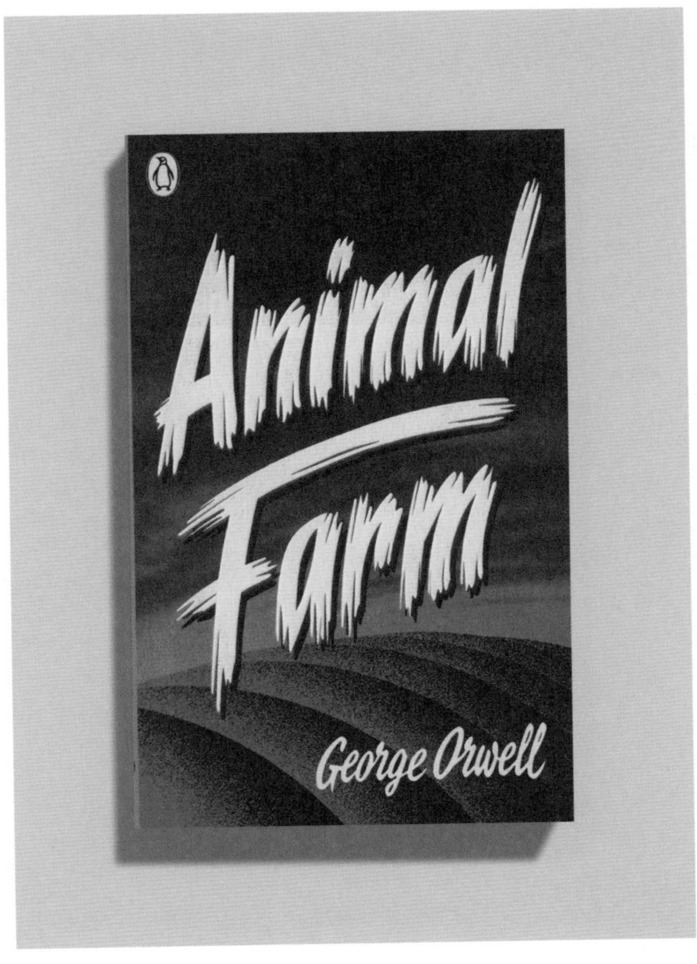

『동물농장Animal Farm』
조지 오웰 지음, 그레이트 오웰 시리즈,
펭귄북스, 2013, 111×181mm, 128쪽, 무선

→ 170, 172-173

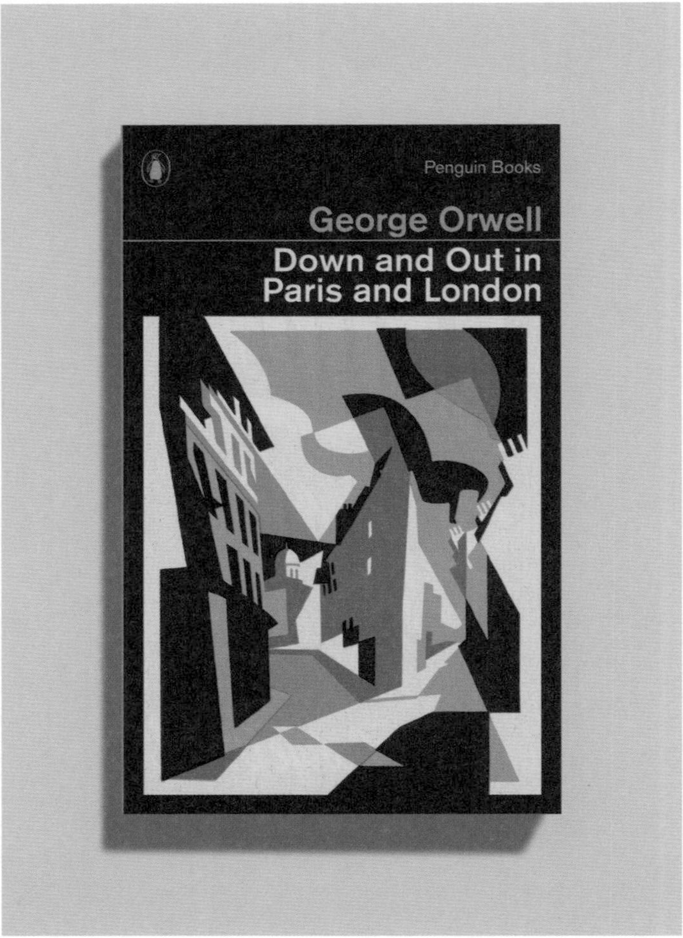

『파리와 런던의 따라지 인생Down and Out in Paris and London』
조지 오웰 지음, 그레이트 오웰 시리즈,
펭귄북스, 2013, 111×181mm, 224쪽, 무선

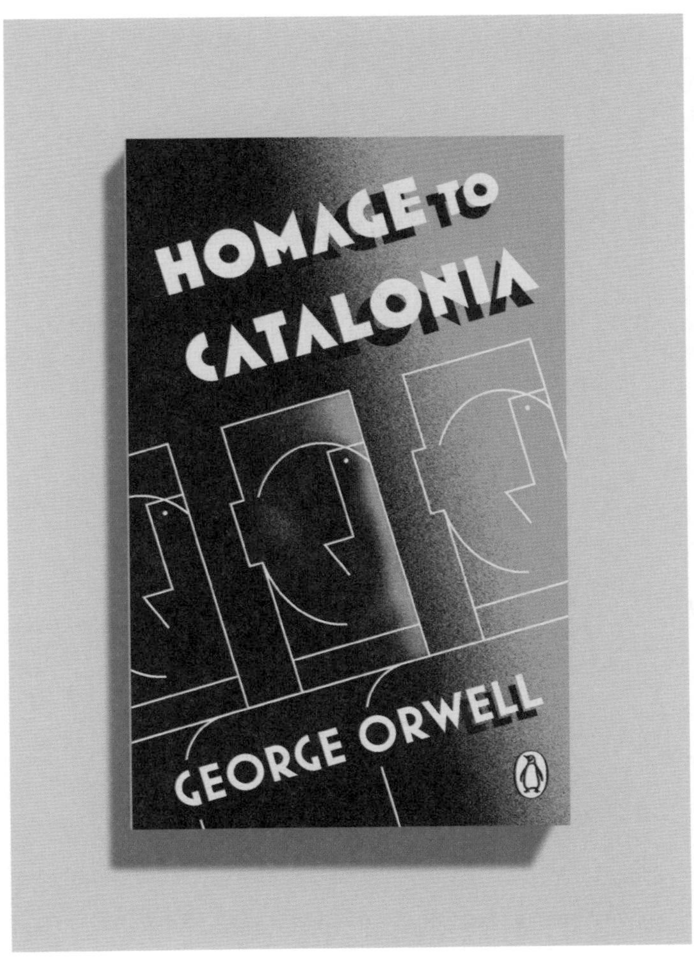

『카탈로니아 찬가Homage to Catalonia』
조지 오웰 지음, 그레이트 오웰 시리즈,
펭귄북스, 2013, 111×181mm, 256쪽, 무선

 → 170, 172

『정치와 영어Politics and the English Language』
조지 오웰 지음, 그레이트 오웰 시리즈,
펭귄북스, 2013, 111×181mm, 32쪽, 무선

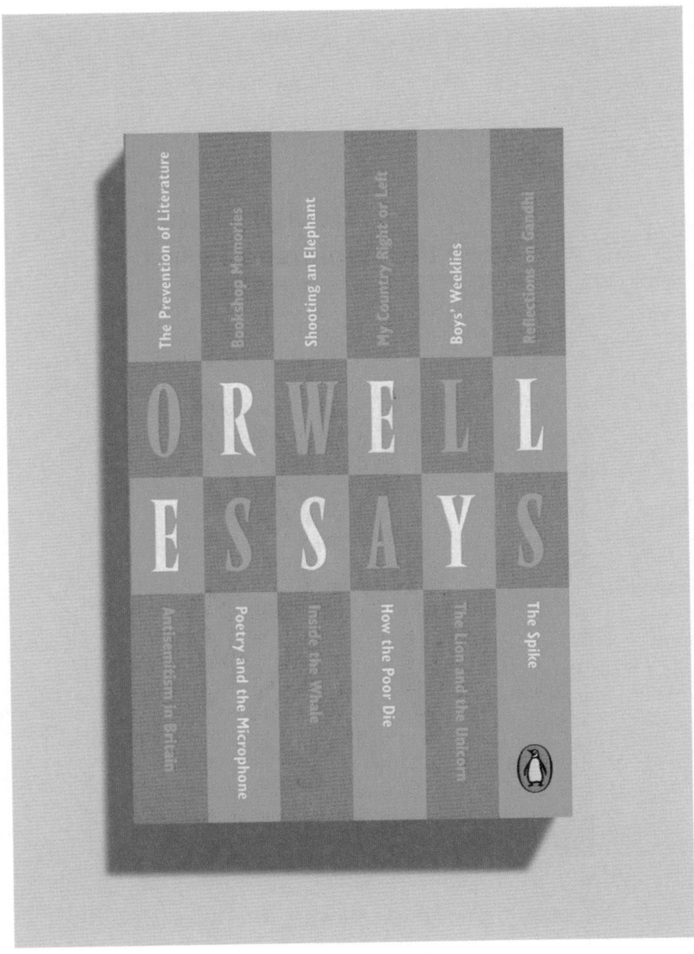

『에세이Essays』
조지 오웰 지음, 그레이트 오웰 시리즈,
펭귄북스, 2014, 111×181mm, 480쪽, 무선

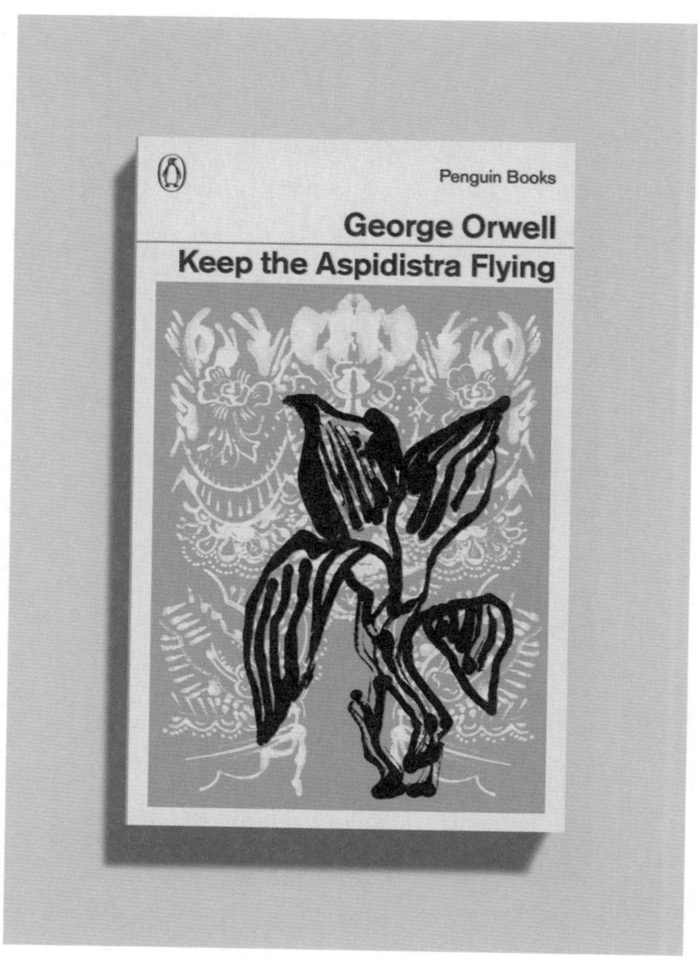

『그 엽란을 날게 하라Keep the Aspidistra Flying』
조지 오웰 지음, 그레이트 오웰 시리즈,
펭귄북스, 2014, 111×181mm, 288쪽, 무선

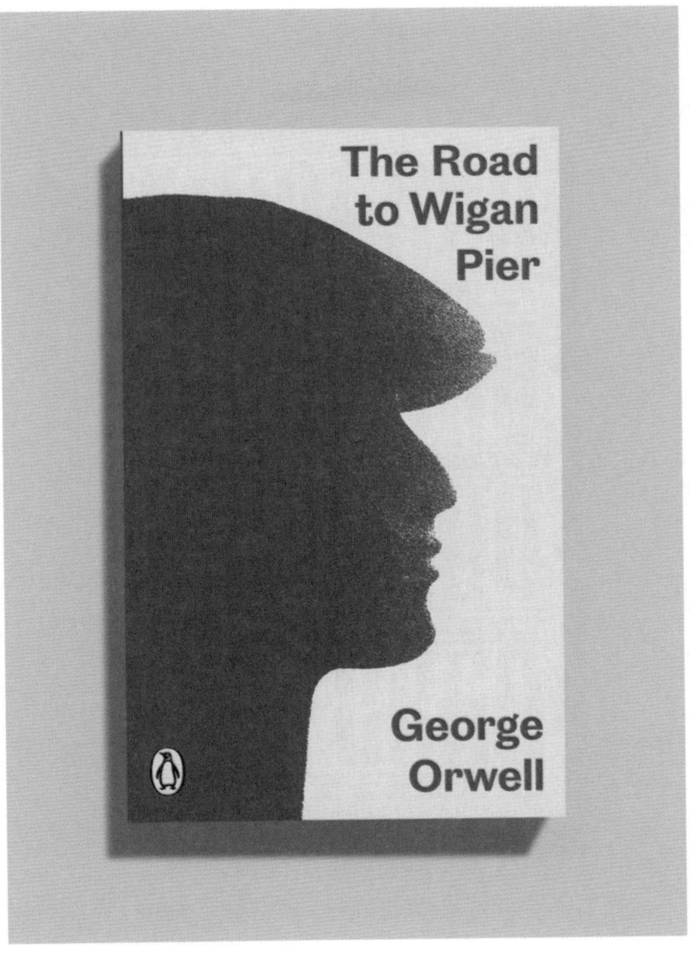

「위건 부두로 가는 길The Road to Wigan Pier」
조지 오웰 지음, 그레이트 오웰 시리즈,
펭귄북스, 2014, 111×181mm, 224쪽, 무선

 → 170, 172

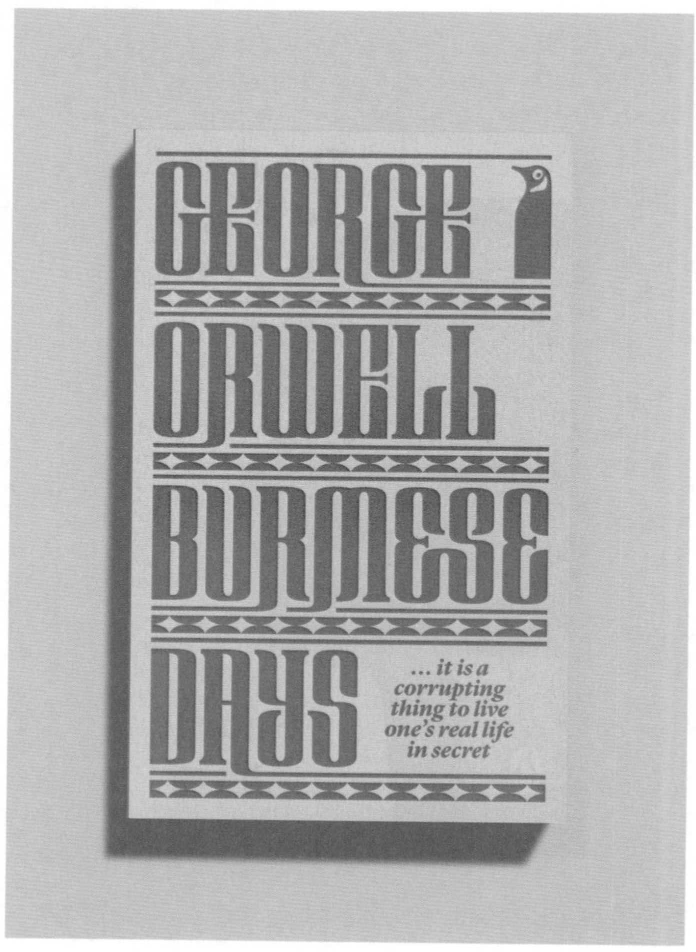

『버마 시절Burmese Days』
조지 오웰 지음, 그레이트 오웰 시리즈,
펭귄북스, 2014, 111×181mm, 304쪽, 무선

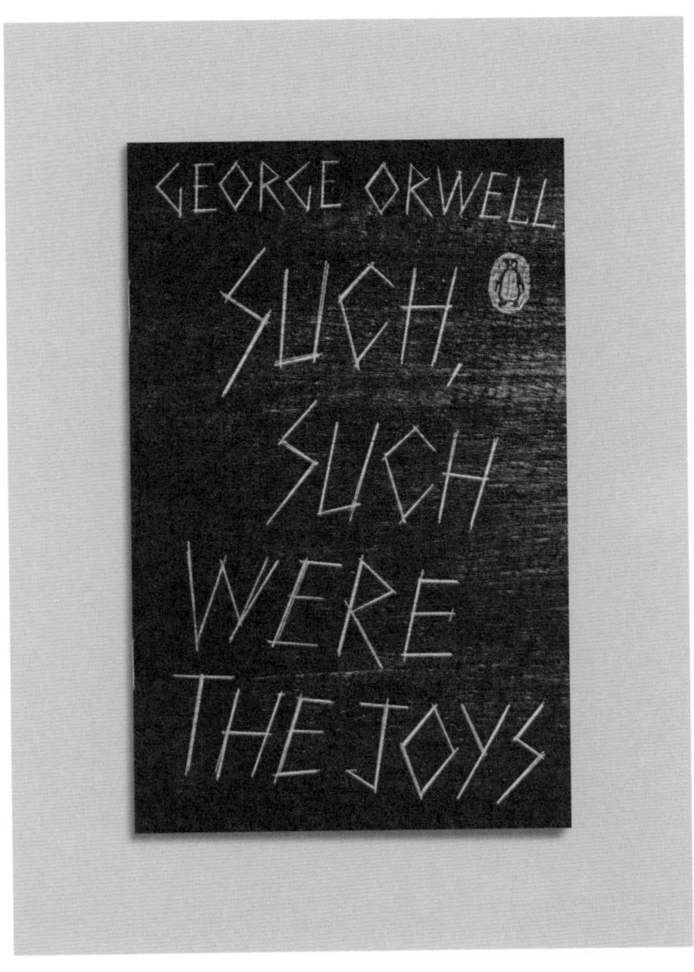

『기쁨은 그렇게 컸다Such, Such were the Joys』
조지 오웰 지음, 그레이트 오웰 시리즈,
펭귄북스, 2014, 111×181mm, 64쪽, 무선

참고 문헌

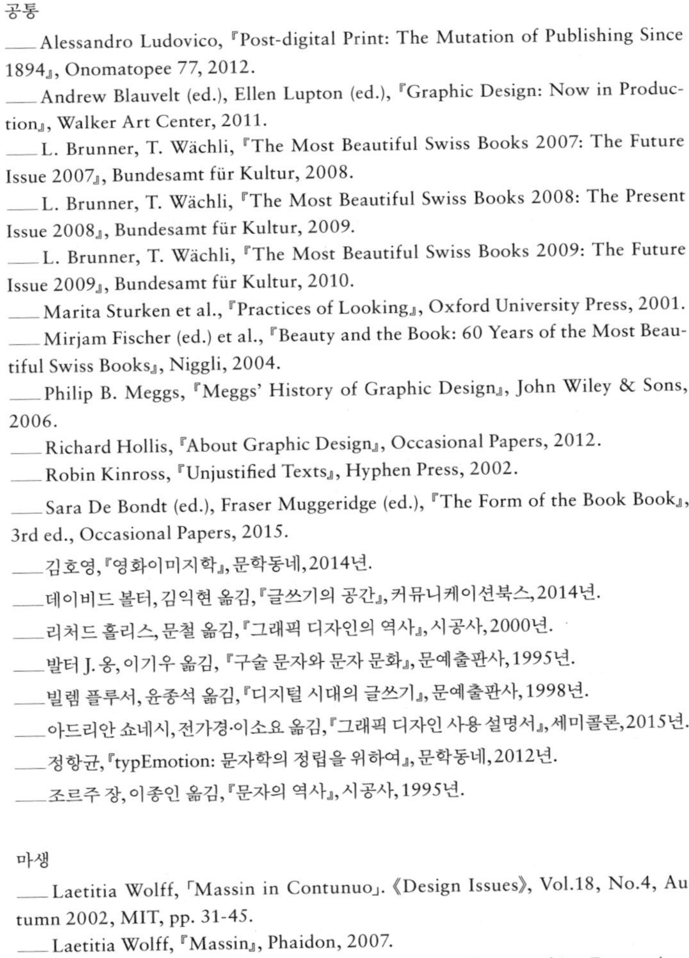

공통

___Alessandro Ludovico, 『Post-digital Print: The Mutation of Publishing Since 1894』, Onomatopee 77, 2012.

___Andrew Blauvelt (ed.), Ellen Lupton (ed.), 『Graphic Design: Now in Production』, Walker Art Center, 2011.

___L. Brunner, T. Wächli, 『The Most Beautiful Swiss Books 2007: The Future Issue 2007』, Bundesamt für Kultur, 2008.

___L. Brunner, T. Wächli, 『The Most Beautiful Swiss Books 2008: The Present Issue 2008』, Bundesamt für Kultur, 2009.

___L. Brunner, T. Wächli, 『The Most Beautiful Swiss Books 2009: The Future Issue 2009』, Bundesamt für Kultur, 2010.

___Marita Sturken et al., 『Practices of Looking』, Oxford University Press, 2001.

___Mirjam Fischer (ed.) et al., 『Beauty and the Book: 60 Years of the Most Beautiful Swiss Books』, Niggli, 2004.

___Philip B. Meggs, 『Meggs' History of Graphic Design』, John Wiley & Sons, 2006.

___Richard Hollis, 『About Graphic Design』, Occasional Papers, 2012.

___Robin Kinross, 『Unjustified Texts』, Hyphen Press, 2002.

___Sara De Bondt (ed.), Fraser Muggeridge (ed.), 『The Form of the Book Book』, 3rd ed., Occasional Papers, 2015.

___김호영, 『영화이미지학』, 문학동네, 2014년.

___데이비드 볼터, 김익현 옮김, 『글쓰기의 공간』, 커뮤니케이션북스, 2014년.

___리처드 홀리스, 문철 옮김, 『그래픽 디자인의 역사』, 시공사, 2000년.

___발터 J. 옹, 이기우 옮김, 『구술 문자와 문자 문화』, 문예출판사, 1995년.

___빌렘 플루서, 윤종석 옮김, 『디지털 시대의 글쓰기』, 문예출판사, 1998년.

___아드리안 쇼네시, 전가경·이소요 옮김, 『그래픽 디자인 사용 설명서』, 세미콜론, 2015년.

___정항균, 『typEmotion: 문자학의 정립을 위하여』, 문학동네, 2012년.

___조르주 장, 이종인 옮김, 『문자의 역사』, 시공사, 1995년.

마생

___Laetitia Wolff, 「Massin in Contunuo」. 《Design Issues》, Vol.18, No.4, Autumn 2002, MIT, pp. 31-45.

___Laetitia Wolff, 『Massin』, Phaidon, 2007.

___Massin, 『Comment Je suis devenu Graphiste』, Typographies Exrpessives, 2009.

___Massin, 『De la Voix Humaine à la Typographie』, Typographies Expressives, 2006.

___ Richard Hollis, 「Language Unleashed」, 《Eye》, Vol.4, No.16, 1995. pp. 66-77.
___ Roxane Jubert, Margo Rouard-Snowman, Steven Heller, 『Massin et le Livre / Massin and Books: : Typography at Play』, Ensad / Archibooks, 2007.
___ 마생, 김창식 옮김, 『글자와 이미지』, 미진사, 1994년.
___ 인터뷰 (대면), 마생 자택, 파리, 2011년 8월 6일.
___ 프리드리히 키틀러, 윤원화 옮김, 『광학적 미디어: 1999년 베를린 강의』, 현실문화, 2011년.

요스트 호훌리

___ Eva Bachmann, 「Ich mach Lesewerkzeuge」, 《Tagblatt》, http://www.tagblatt.ch/intern/focus/Ich-mache-Lesewerkzeuge;art120371,54729, June 10, 2008, St. Gallen.
___ J. C. Bürkle, H. P. Willberg, R. Kinross, J. Hochuli, 『Jost Hochuli: Printed Matter, Mainly Books』, Niggli, 2002.
___ Jost Hochuli, 『Book Design in Switzerland』, Pro Helvetia, Arts Council of Switzerland, 1993.
___ Jost Hochuli, 『Designing Books』, Hyphen Press, 2004.
___ Jost Hochuli, 『Details in Typography』, Hyphen Press, 2008.
___ Paul Shaw, 「Sixty Years of Book Design at St. Gallen, Switzerland」, http://www.printmag.com/design-inspiration/sixty-years-ofbook-design-at-st-gallen-switzerland, 《Print》, June 27, 2011.
___ 《Newwork Magazine》, Issue No. 5. (발행년도 알 수 없음)
___ 인터뷰 (대면), 요스트 호훌리 자택, 장크트갈렌, 2011년 8월 10일.

리처드 홀리스

___ Benjamin Thorel (ed.), 「Ways of Working, Thinking, Living: A Conversation Between Richard Hollis and Abake」, 《Backcover》, Winter/Spring 2010, Editiions B42. pp. 1-11, pp. 21-26.
___ Christopher Wilson, 「Reputations: Richard Hollis」, 《Eye》, Vol.15, No.59, Spring 2006. pp. 26-35.
___ Paul Stiff (ed.), 『Typography Papers 8: Modern Typography in Britain: Graphic Design, Politics, and Society』, Hyphen Press, 2009.
___ Peter Bil'ak, 「Ways of Seeing, book review」, https://www.typotheque.com/articles/ways_of_seeing_book_review, 《Typotheque》, 5 June, 2008.
___ Robin Kinross, 「Designer as author」, https://hyphenpress.co.uk/journal/article/designer_as_publisher, Hyphen Press, 7 July, 2010.
___ Stuart Bailey, 「Way of Working」, https://issuu.com/artistsspace/docs/hollis_spreads/1.
___ 인터뷰(대면), 리처드 홀리스 자택, 런던, 2011년 8월 3일.

___리처드 홀리스, 박효신 옮김, 『스위스 그래픽 디자인』, 세미콜론, 2007년.

정병규
___「국내 첫 북 디자인 전시, 청담동 지현갤러리, 1996년 8월 1일~10일」, 《경향신문》, 1996년 7월 31일.
___「김혜리가 만난 사람: 한국 책의 숨 쉬는 역사, 출판 디자이너 정병규」, 《씨네21》, 2006년 7월.
___박대헌, 『한국의 북 디자인 1883~1983』, 21세기북스, 2013년.
___인터뷰 (대면), 정병규출판디자인 사무실, 서울.
___정병규, 「북 디자인은 모든 그래픽 디자인의 원점」, 월간 《디자인》, 1984년 9월.
___정병규, 『정병규 북 디자인』, 생각의바다, 1996년.
___정병규, 『책의 바다로 간다: 정병규 북디자인 1996~2006』, 영월책박물관, 2006년.
___정병규 외, 『우리 디자인의 제다움 찾기』, 안그라픽스, 2006년.

뤼징런
___뤼징런, 권민서 옮김, 『북+디자인; 뤼징런, 북디자인을 말하다』, 한국출판마케팅연구소, 2008년
___뤼징런 인터뷰, 《서적설계(书籍设计)》 제10호, 중국청년출판사(中国青年出版社), 2013년. pp. 94–143.
___인터뷰 (대면), 뤼징런 사무실, 베이징, 2013년 8월.
___인터뷰 (대면), 류샤오상 사무실, 베이징, 2013년 8월.
___인터뷰 (대면), 리우징, 인민문학출판사, 베이징, 2013년 8월.

스즈키 히토시
___Sato Keiichi, 「Suzuki Hitoshi, Birth of the Screen」, www.yidff.jp/docbox/21/box21-4-e.html
___김경균, 『십인십색: 일본 그래픽 디자이너 10인과의 만남』, 정보공학연구소, 2005년.
___막스 피카르트, 배수아 옮김, 『인간과 말』, 봄날의책, 2013년.
___뱅상 피넬, 심은진 옮김, 『몽타주』, 이화여자대학교출판부, 2006년, 58쪽.
___우스다 쇼지, 변은숙 옮김, 『스기우라 고헤이 디자인』, 한국출판마케팅연구소, 2011년.
___인터뷰 (대면), 경주, 2011년 1월 20일.
___인터뷰 (대면), 스즈키 히토시 사무실, 도쿄, 2011년 12월 4일.

칩 키드
___Bob Minzesheimer, 「Chip Kidd, Book Cover Designer, Unmasked」, http://

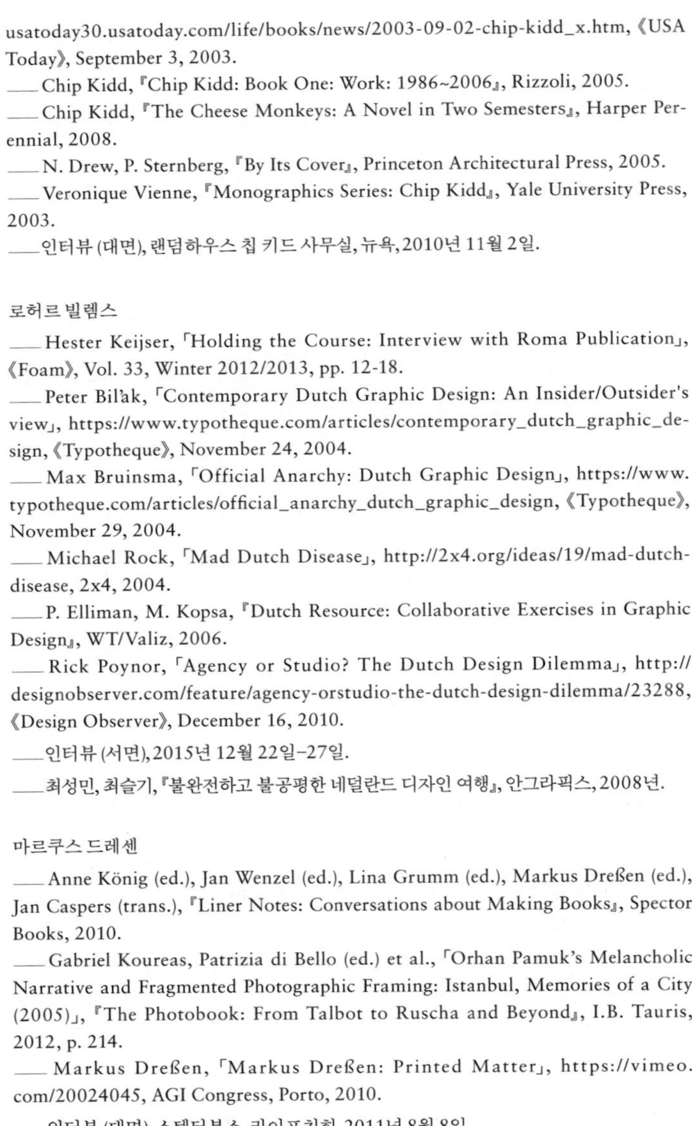

usatoday30.usatoday.com/life/books/news/2003-09-02-chip-kidd_x.htm, 《USA Today》, September 3, 2003.

___ Chip Kidd, 『Chip Kidd: Book One: Work: 1986~2006』, Rizzoli, 2005.

___ Chip Kidd, 『The Cheese Monkeys: A Novel in Two Semesters』, Harper Perennial, 2008.

___ N. Drew, P. Sternberg, 『By Its Cover』, Princeton Architectural Press, 2005.

___ Veronique Vienne, 『Monographics Series: Chip Kidd』, Yale University Press, 2003.

___ 인터뷰 (대면), 랜덤하우스 칩 키드 사무실, 뉴욕, 2010년 11월 2일.

로허르 빌렘스

___ Hester Keijser, 「Holding the Course: Interview with Roma Publication」, 《Foam》, Vol. 33, Winter 2012/2013, pp. 12-18.

___ Peter Bil'ak, 「Contemporary Dutch Graphic Design: An Insider/Outsider's view」, https://www.typotheque.com/articles/contemporary_dutch_graphic_design, 《Typotheque》, November 24, 2004.

___ Max Bruinsma, 「Official Anarchy: Dutch Graphic Design」, https://www.typotheque.com/articles/official_anarchy_dutch_graphic_design, 《Typotheque》, November 29, 2004.

___ Michael Rock, 「Mad Dutch Disease」, http://2x4.org/ideas/19/mad-dutch-disease, 2x4, 2004.

___ P. Elliman, M. Kopsa, 『Dutch Resource: Collaborative Exercises in Graphic Design』, WT/Valiz, 2006.

___ Rick Poynor, 「Agency or Studio? The Dutch Design Dilemma」, http://designobserver.com/feature/agency-orstudio-the-dutch-design-dilemma/23288, 《Design Observer》, December 16, 2010.

___ 인터뷰 (서면), 2015년 12월 22일–27일.

___ 최성민, 최슬기, 『불완전하고 불공평한 네덜란드 디자인 여행』, 안그라픽스, 2008년.

마르쿠스 드레센

___ Anne König (ed.), Jan Wenzel (ed.), Lina Grumm (ed.), Markus Dreßen (ed.), Jan Caspers (trans.), 『Liner Notes: Conversations about Making Books』, Spector Books, 2010.

___ Gabriel Koureas, Patrizia di Bello (ed.) et al., 「Orhan Pamuk's Melancholic Narrative and Fragmented Photographic Framing: Istanbul, Memories of a City (2005)」, 『The Photobook: From Talbot to Ruscha and Beyond』, I.B. Tauris, 2012, p. 214.

___ Markus Dreßen, 「Markus Dreßen: Printed Matter」, https://vimeo.com/20024045, AGI Congress, Porto, 2010.

___ 인터뷰 (대면), 스펙터북스, 라이프치히, 2011년 8월 8일.

데이비드 피어슨

___ Alice Rawsthorn, 「You Can Judge a Book by Its Cover」, http://www.nytimes.com/2013/02/04/arts/04iht-design04.html, 《The New York Times》, Feb 1, 2013.

Emily King, 「David Pearosn」, http://www.cosstores.com/gb/site/home__start.nhtml#column4-pagemodule-0, 《COS Magazine》, Spring/Summer 2011. (현재 접속 안 됨)

___ John L. Walters, 「David Pearson: Inside Out」, 《Eye》, Vol. 20, No. 77, pp. 64-71

___ Mark Sinclair, 「Orwell, Covered Up」, https://www.creativereview.co.uk/cr-blog/2013/january/orwell-covered-up, 《CreativeReview》, 3 Jan, 2013.

P. Baines, S. Hare (ed.), 『Penguin by Designers』, Penguin Collectors' Society, 2006.

___ Peter Terzian, 「Interview with David Pearson」, http://www.printmag.com/article/interview-with-david-pearson, 《Print》, September 24, 2009.

Phil Baines, 『Penguin by Design: A Cover Story 1935~2005』, Penguin Books, 2007.

___ Rob Alderson, 「Graphic Design: Brilliant Book Cover Designer David Pearson Feted at New Show」, http://www.itsnicethat.com/articles/david-pearson-kemistry-gallery, 《It's Nice That》, April 24, 2014.

___ 인터뷰 (대면), 데이비드 피어슨 사무실, 런던, 2011년 8월 3일.

찾아보기

교육 기관

그림스비예술대학 165
라이프치히그래픽서적예술대학 150, 154, 160
리즈예술대학 166
바우하우스 37, 41, 53, 54, 55, 61, 72
베르크플라츠 티포흐라피 129, 132, 136
산드베르흐인스티튜트 136
성요스트미술디자인학교 131, 135
센트럴세인트마틴스 166
센트럴스쿨오브아트앤드크래프트 53, 55
신문출판국교육센터 92
에콜에스티엔느 68
예일대학교 114
울름조형대학 38
웨스트잉글랜드예술대학 55
장크트갈렌미술공예학교 39
정병규시각문화학교 70
첼시스쿨오브아트 53
칭화대학교 93
크랜브룩아카데미오브아트 121
펜실베이니아주립대학교 117
헤릿리트벨트아카데미 136
홍익대학교 70, 78

글자체

길 산스 51, 171
배스커빌 52
보도니 171
블랙레터 169
블록 58
산스 150 57
알레그라 44, 45
유니버설 25
유니버스 38, 61, 169
캐슬론 52
헬베티카 38, 169

단체

AGI 152
국제사회주의자 57
스위스책길드 22
아트디렉터스클럽 21
영국영화협회 61
울리포 19
이달의미국북클럽 22
장크트갈렌미술협회 45
최고의북클럽 20, 21, 23
캘리그래퍼협회 123
파리포토애퍼처재단 134
페이퍼로그 93
프랑스북클럽 21
한국문학번역원 74
한국영상문화학회 74

도서관

세인트브라이드도서관 165
장크트갈렌수도원도서관 39
장크트갈렌주립도서관 45

도시

뉴욕 7, 113, 123, 126, 129, 142
도쿄 7, 69, 99, 100, 107
라이프치히 7, 93, 149, 150, 151, 154, 155, 156, 159, 160, 161, 170
런던 7, 54, 57, 164, 166, 171, 172
바젤 35, 36, 37, 38, 40, 41, 164
베이다황 84, 85, 86

베이징 8, 84, 94
서울 103
장크트갈렌 7, 35, 38, 39, 40, 41, 42, 43, 45, 46, 47, 48
취리히 35, 36, 37, 38, 39, 40, 42, 47, 54
파리 7, 19, 21, 39, 40, 55, 67, 68, 69, 134
파주 83, 155
프랑크푸르트 159, 160

디자인 스튜디오
익스페리멘털 제트셋 143
정병규출판디자인 68, 71
징런북디자인스튜디오 92

박물관
암스테르담스테델레이크박물관 136, 143
영월책박물관 73, 74
취리히공예박물관 36

상
발터르 티만상 134
부커상 59
최고의 네덜란드 북 디자인상 134, 135
출판평론상 100

서점
삼미서옥 94
신화서점 85

시리즈
NRF 23
그레이트 아이디어 163, 165, 166, 167, 168, 169, 170, 172, 173, 174
그레이트 오웰 170, 171, 173
대화 72
더치 프로파일스 139
르 솔레유 23
리마지네르 23, 168
오늘의 작가총서 73
에디치온 오스트슈바이츠 46
이데아 총서 72
튀포트론 44, 45, 46
펭귄 크라임 173
폴리오 23
홍성신서 68
포켓 펭귄 168
그레이트 러브 168
파퓰러 클래식 168
그레이트 저니 168
펭귄 레퍼런스 168

신문
경향신문 71
뉴욕 타임스 114, 115

인물
J. D. 매클라치 114, 149
가브리엘 쿠레아스 157
가스통 바슐라르 98
가스통 이소즈 48
강운구 78
개리 배저 106
구본웅 67
권혁수 68
기쉬 젠 118
김수남 78
김영보 67
김환기 67
네드 드루 120, 122, 123, 124
네빌 브로디 71

노먼 포터 55
닝칭춘 86, 88
다나 릭센베르그 134
모리야마 다이도 103, 106, 110
댄 프리드먼 120
데릭 버솔 168
데이비드 볼터 148, 149, 157, 158
데이비드 세다리스 117, 119
데이비드 카슨 71, 151
디오 헤이어달 21
디터르 룰스트라에터 133
딕 엘페르스 144
라딤 페스코 132
랜돌프 허스트 113
레몽 크노 19, 20
로메크 마르베르 173
로버트 뷔흘러 38
로베르 라퐁 21
로빈 킨로스 12, 41, 42, 47, 54, 56, 63
로빈 피오르 57
록산느 주베르 18, 19, 20, 26
롤란트 슈티거 12, 44, 45, 48
롤랑 바르트 19, 29, 120
루돌프 드 하라크 116, 123
루디 푸흐스 136
루이 아라공 20
루이스 필리 121
류샤오샹 12, 93
리우징 12, 92
리하르트 파울 로제 37, 54
마고 루아드스노맨 21
마레이에 랑에라르 133
마르셀 뒤샹 19
마르쿠스 아우렐리우스 174
마르크 나흐트잠 131, 133, 136, 138
마르크 만더르스 131, 132, 133, 136, 137, 138
마르크 샤갈 20
마키노 마사히로 101
마셜 매클루언 69, 148
마시모 비넬리 72
마쓰오카 세이고 99, 100
마오쩌둥 85
마이클 락 140, 142, 143, 153
마이클 크라이튼 117
마틴 파 106
막스 브라윈스마 142
막스 빌 37, 38, 43
막스 에른스트 20
만 레이 20
메이란팡 89, 90
무라카미 하루키 117
미스 반 데어 로에 33
미하엘 구겐하이머 10
민진기 71
바버라 드 와일드 124
바티아 수터르 133, 138, 141
박맹호 67
발터르 니켈스 136
배수아 98, 110
뱅상 피넬 103
베로니크 비엔 118, 124
볼프강 바인가르트 120
브루스 맥린 58
비어트리스 워드 72
비크 반 데르 폴 168
비허르 비르마 136
빌럼 산드베르흐 137, 144
빌렘 플루서 26, 27
빌리 로츨러 36

빔 크라우얼 136
사이토 유타카 99
사토 게이치 101
새라 아이젠먼 117
섀넌 자미르 158
서니 메타 124
성 그레고리 31
성 아우구스티누스 164
소 플리니우스 31
수전 손택 110
스기우라 고헤이 72, 86, 87, 103, 105, 106, 107, 109
스즈키 세이준 100
스탠리 모리슨 52
스테판 오브리 21
스테파니 라우서 118
스튜어트 베일리 56, 60, 61
스티븐 헬러 121
아라 귈레르 157
아라키 노부요시 103, 105, 107, 108
아르튀르 랭보 21
아이반 바르타니언 106
아치 퍼거슨 124
안네 쾨니히 150
안상수 83, 155
안지미 71
알렉산드로 루도비코 147, 148
앙드레 바쟁 152
앙드레 브레통 19
앙리 베르그송 98
앤서니 프로스하우그 55
앨런 레인 53
앨빈 러스티그 123, 124
얀 벤젤 150
얀 치홀트 9, 25, 37, 40, 41, 42, 43, 53, 61, 122, 123, 171
얀 판 토른 136, 139
에드 루샤 130, 157
에드워드 고트샬 21
에드워드 라이트 53, 55
에드워드 영 171
에리히 프롬 68
에릭 길 52
에밀 루더 38, 40, 42, 55
에밀리 킹 170
에이드리언 쇼네시 51
에이드리언 프루티거 40, 45
에이프릴 그레이먼 120
엘런 럽튼 117, 163
예안 레이링 136
오르한 파묵 117, 157
올라프 니콜라이 156, 159
외젠 이오네스코 20, 24, 29
요나스 니더만 45
요코 다다노리 106
우르술라 호홀리 33, 34, 44, 47
우융 88
워커 에번스 122
월터 J. 옹 26
윌리엄 드위긴스 122, 123, 124, 125
윌리엄 로렌스 21
윌리엄 모리스 53
윌리엄 캐슬론 52
율리 페이터르스 130
이기웅 67
이대일 97, 98
이상 67
이윤기 79
이인성 67
이제하 68

이주홍 67
이중한 79
이청준 68
이탈로 칼비노 19
이혜리 78
인젤 뷔허라이 170
자크 데리다 120
장 지오노 23
장 콕토 20
장샤오위안 85, 86
정현웅 67
제르마노 파체티 173
제시카 헬펀드 51
제프 스피어 116
조 매클래런 165
조르주 장 25
조르주 페렉 19
조지 오웰 170, 171, 172, 173
조혁준 71
존 골 124
존 버거 59, 60, 61, 62
존 업다이크 117
주홍 88
쥘 로맹 23
진경생 86
짐 스토더트 167, 175
찰스 슐츠 115
카럴 마르텐스 56, 135, 136
카린 골드버그 120, 121
캐럴 카슨 118, 124, 125
캐서린 딕슨 166, 167
케이스 하웃즈바르트 133, 141
켄 갈랜드 54
코르넬 빈들린 11
코맥 매카시 117, 168
콜린 매케이브 61
크리스 웨어 115
크리스틴 힐 156
테오 판 두스뷔르흐 144
도다 즈토무 109
파울 로제 37, 54
파울 슈타인 21
파트리치아 디 벨로 158
페테르 빌라크 140, 142, 143
폴 디니 116
폴 랜드 54, 123
폴 쇼 24, 42
폴 스턴버거 120, 122, 123, 124
폴 엘리먼 130
프랑수아 르 리오네 19
프레더릭 와이즈만 103
프리드리히 키틀러 27
피에르 불 23
피에르 포쇼 22
피트 몬드리안 144
피트 즈바르트 144
필 베인스 166, 167
필리퍼 판 카위테런 133
하리 시르만 144
하스미 시게히코 101
학우지 86, 87
한수산 68
한스 페테르 빌베르크 38, 39
한스 흐레먼 132
허버트 매터 61
허버트 스펜서 53
허브 루발린 21
헤르만 슈트렐러 43, 44
헤르베르트 매더르 45
헤르베르트 바이어 25, 72, 124

헤릿 리트벨트 144
헤이르트 호이리스 133
호소에 에이코 106
호안 미로 19
황영쑹 83

인쇄소
졸리코퍼 39

잡지
d/SIGN 109
MPT 55
SGM 43
TM 40, 43
게브라우흐스 그라픽 122
긴카 106
노이에 그라피크 38
뉴 소사이어티 59
닷닷닷 60
두 36
디자인 69, 70
레뷰 스위스 드 램프리메리 43
리앙 21
바우하우스 156
소설문예 68
수지서지 93
슈바이처 그라피셰 미타일룽겐 43
스펙터 커트 + 페이스트 150
시네마 100
씨네21 71
아이 56
포암 132
프로보쿠 106

전시장
문화역서울284 17
서울시립미술관 110
지현갤러리 71
화이트채플갤러리 58

주요 용어
DTP 71
국제주의 타이포그래피 25, 34, 43, 55, 64
나치 37, 41, 122
낱자 76
더치 디자인 142
독립 출판 57, 63, 80, 108, 126, 131, 154
동아시아 80, 83, 87, 93
디자인 안 하기 140
로마자 24, 29, 31, 75
마버 그리드 173
마이크로 타이포그래피 10, 46, 59
매크로 타이포그래피 10
모더니즘 25, 40, 41, 42, 51, 54, 55, 56, 57, 63, 64, 72, 116, 123, 144
문학 17, 18, 19, 20, 23, 25, 29, 36, 43, 52, 55, 98, 119, 149, 153
문화대혁명 84, 86, 94
미술공예운동 53
미크로튑 151
사진식자 87
새로운 타이포그래피 25, 41, 43, 53, 73, 123
소규모 출판 131, 137, 150, 153, 160, 170
슈퍼텍스트 17, 18, 19, 30
스위스 모더니즘 55, 56, 64
스위스 타이포그래피 33, 34, 35, 36, 37, 38, 39, 40, 41, 43, 47, 72, 151
아방가르드 22, 41, 54, 59

알파벳 30, 72, 75, 77, 83
오너먼트 169
이미지로서의 활자 169
인문학 79
인본주의 25, 144
일책일자 72, 73, 74, 75
잡지 36, 39, 40, 43, 55, 56, 57, 59, 69, 77, 93, 106, 109, 113, 122, 123, 132, 147, 150, 151, 154, 156
장정 67, 68, 86, 87, 88
재매개 147, 148, 149, 158
저자의 죽음 101, 149, 154
제1차 세계대전 39
제2차 세계대전 22, 36, 37, 52, 53, 144, 160
제3의 스위스 타이포그래피 33, 34, 35
코덱스 142, 148, 176
테이프 타이포그래피 72, 74, 75, 76
편집자 19, 21, 68, 69, 70, 71, 73, 74, 83, 86, 99, 109, 115, 116, 124, 125, 126, 166
포스트모던 그래픽 디자인 120, 121, 122, 124
표현적 타이포그래피 19, 20, 21, 23, 24, 27, 30, 31
한글 캘리그래피 75
한글의 상형성 75, 76
홀리시안 56
화이트 큐브 17, 18, 164
활자 23, 24, 26, 27, 31, 34, 45, 52, 59, 69, 72, 73, 74, 75, 169
활판 87
후기구조주의 121
훈민정음 76, 77, 78
희곡 29, 155

출판사
Fw: 북스 132
SUN 136
VGS 45, 46
갈리마르 21, 23, 24
고단샤 86
랜덤하우스 113, 117, 121, 124
로마퍼블리케이션스 13, 129, 130, 131, 132, 133, 134, 135, 136, 137, 139, 140, 141, 145
맥밀란 168
민음사 67, 68, 69, 72, 73
세미콜론 51, 54
슈타이들 130, 131
스펙터북스 149, 150, 151, 154, 155, 156, 159, 160, 161
시공사 58
아그파 46
아셰트 21
애퍼처파운데이션 129, 130
에디숑줄마 168, 170, 172
열화당 59, 61, 67, 69, 159
인민문학출판사 92
인젤 170
주어캄프 124, 168
중국청년출판사 85, 86
티포그라피엑스프레시프 19
파이돈 166
파이브리브스 63
펠리칸북스 173
펭귄북스 42, 63, 124, 163, 165, 166, 167, 168, 170, 171, 172, 173, 175
플루토프레스 57
하이픈프레스 46, 63
하티예칸츠 130

한스후버 40
홍성사 68
화이트북스 168, 170, 172
현실문화 27

출판사 임프린트
SGM북스 44
리처드홀리스 63
앨프러드 A. 크노프 117, 121, 123, 124, 125, 126
작업실유령 19
피카도르 168, 172

행사 / 전시
고서적페어 126
뉴욕아트북페어 125, 126, 129
동아시아 책의 교류 93
라이프치히도서박람회 91, 93, 159, 160
바젤아트북페어 164
상파울루비엔날레 132
생각의 바다로 간다 73
스위스의 아름다운 책 10
이것이 내일이다 54
타이포잔치 17, 18, 19, 30, 83
프랑크푸르트도서전 160

활자 주조사
드베르니&페뇨 23
모노타입 57
베르톨트 58

사진 출처

안병학 530
양지태 484-515, 520-529
전가경 178, 214, 252, 290, 368, 408, 482
정재완 210-213, 229, 232, 233-249, 251, 288, 289, 292, 293, 295-297, 300-305, 309, 310, 312-319, 324-331, 333, 335, 362-367, 446-449, 453-473, 476, 477, 480, 516-518

이 외의 사진과 도판은 열 명의 디자이너로부터 제공받았습니다.